井深梶之助日記　大正編

明治学院

井深梶之助　1915（大正 4）年頃

ブラウン教授来朝歓迎会記念写真

明治学院礼拝堂前　1916（大正 5）年 5 月

前列右より 3 人目　A.W. ブラウン（ユニオン神学校教授）　4 人目　井深梶之助

第八回世界日曜学校大会　1920（大正 9）年 10 月

写真右より　井深梶之助　J. マクラレン　渋沢栄一

井深花子
1915（大正 4）年

第二十九回高等学部卒業記念写真
1918（大正 7）年
前列中央が井深梶之助

太平洋問題調査会日本代表記念写真
ハワイ・ホノルルにて　1925（大正 14）年
前列右より　4 人目　井深花
二列目右より 5 人目　井深梶之助

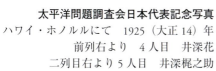

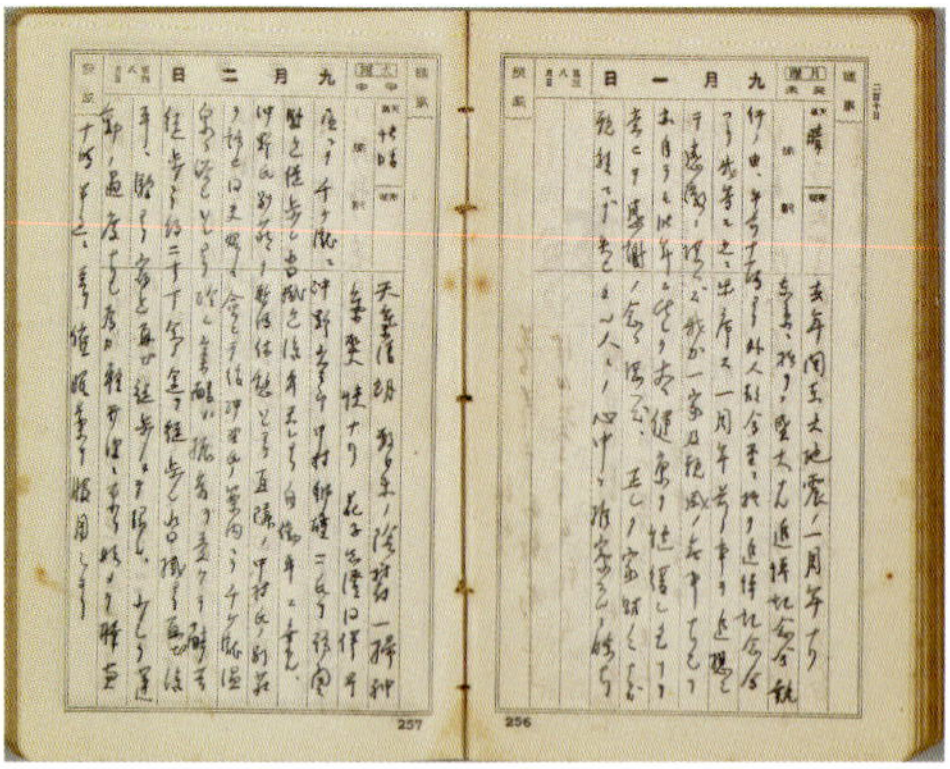

日記　1924（大正 13）年 9 月 1 日条

関東大震災から 1 年が経過し、軽井沢滞在中に「外人教会堂」（原文ママ）で開催された追悼会の記述

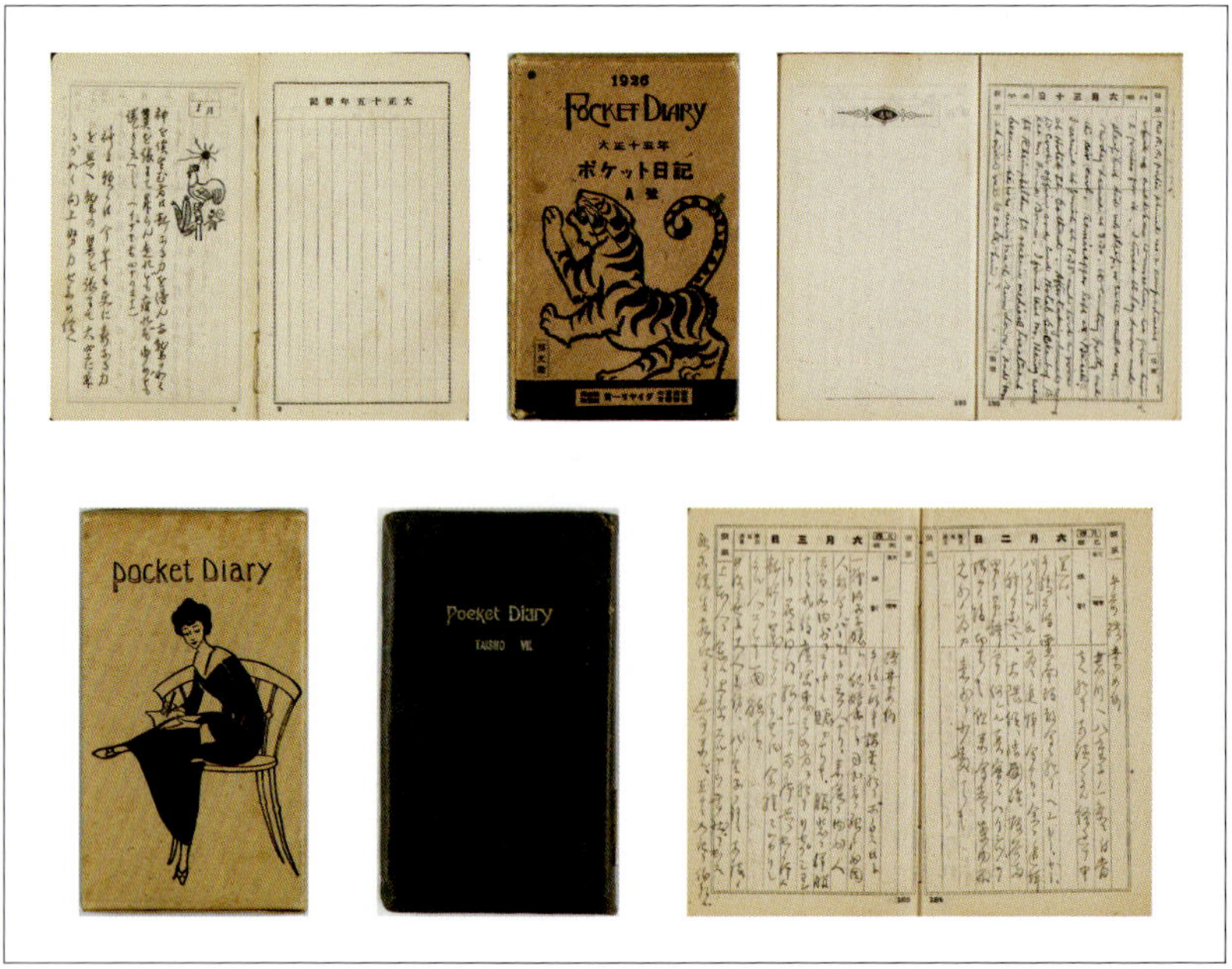

井深梶之助日記原本

井深梶之助日記　大正編

井深梶之助日記の刊行に寄せて

明治学院長　鵜殿博喜

井深梶之助は明治、大正、昭和を駆け抜けながら、明治学院という学校の基礎を造り、学校を発展させたという点で、明治学院の歴史においてかけがえのない人物です。それと共に、明治時代以降のキリスト教の、とりわけプロテスタントの歴史において重要な働きをし、大きな影響を与えた人でもありました。内村鑑三や植村正久のように書物という形で自分の神学を残した人ではないので、井深梶之助はその活動の大きさに比して、井深自身について知る手がかりは意外と少なく、『井深梶之助とその時代』（全三巻）は井深の自伝も含んだ貴重な記録です。

このような事情もあり、明治学院歴史資料館と明治学院大学キリスト教研究所の合同プロジェクトが立ち上がり、井深梶之助の日記の翻刻作業が始まりました。そうして編集委員諸氏並びにこのプロジェクトに加わってくださった研究者の方々が多大な時間と労力をかけた成果として、今般井深梶之助の膨大な手書きの日記（英文日記の邦訳も含めて）の翻刻出版に至ることができました。この日記の翻刻出版は、克明に日々を記した井深の日記をとおして、近代日本のなかで井深梶之助という一人のキリスト者がどのように生き、どのように時代を見、どのような活動をどんな思いで行ったかを知ることができます。また井深の時代の研究に井深日記を重要な資料として提供することで、学術的にも大きな意味のある業績であると確信します。

この井深梶之助日記の翻刻に携わった方々のご努力に多大の敬意を払うと共に、その成果を公にできることを学院として誇りに思います。

二〇二四年三月

井深梶之助日記　大正編

目　次

目　次

凡例

明治学院が所蔵する井深梶之助の日記を翻刻し公開するにあたって、編集方針を以下のように定めた。

一、原本を明治、大正、昭和の三期に分け、三巻を刊行する。各巻の記事の配列は年代順とする。

二、翻刻にあたっては、記事内容の忠実な活字化を旨とする。ただし、読解の便を考慮して、日本語による本文について次のような校訂をほどこす。

1 句読点を適宜施し、改行をおこなう

2 漢字は原則として通用字体とする。異体字も通用字体に統一する

3 人名については原文表記のままとする

4 仮名遣いについては原則として原文のままとする

5 合略仮名「ξ、ヿ」等については「こと、コト」等と翻字する。また、畳字（反復記号）については、仮名一字の場合は「ゝ」または「ヽ」、漢字一字は「々」、二字以上の場合は「〱」または「〲」に統一する

6 数字および各種記号、括弧、傍点、傍線等は原則として原本通り再現する。図形についても原本の再現をめざして作図する

7 抹消、訂正のうち翻字が必要と判断される箇所については、見せ消ち線等原本の記載を再現してこれを残す。た

だし、単なる書き損じ類については除外する

8 誤字、脱字等で文意が不明な場合には本文右傍に［ママ］と付記し、正字が明らかなものについては本文右傍に［ ］を付して補正する。また、脱字と思われる箇所については［ ］をもって本文を補い、衍字については［衍］を本文右傍に注記する。なお、読解に支障のない限りでの当字や当時の慣用に属する表現については、原文のままとする

9 欄外記入については［欄外］と注記して翻字する。ただし、本文の続きが欄外にまで及んだと判断される場合には本文にふくめる

10 通年日記帳使用の場合、本文記載のない日付については［記載なし］と注記する

11 原本の破損等により判読不能な場合には、予想される該当字数を□□で示す

三、英語による本文について次のような校訂をほどこす。

1 数字、カンマ、ピリオド、サイドライン等は原則として原本通り再現する。図形についても原本の再現をめざして作図する。また頻出する人名の省略表記は文脈上明らかであれば、補足せず原本通り再現する

2 抹消、訂正のうち翻字が必要と判断される箇所については、見せ消ち線等原本の記載を再現してこれを残す。ただし、単なる書き損じ類については除外する

3 本文を補訂する場合、［ ］を用いて筆者による補足（ ）と区別する。ただし、確定的でない場合には［?］とする。また、判読不能な箇所については［判読不能］と記載する

4 英語による日記文については日本語訳を付載する。日本語訳は校訂した英文を訳出する。訳者による補足は［ ］で挿入する

5 日本語訳中の人名と肩書の表記については、文脈にふさわしいものを採用する

四、日本語による日記に一部英語によるものが混在する場合、英語文を当該箇所に掲出し、日本語訳を付載する。ただしＹＭＣＡやＳＳ（日曜学校）等の語句については、そのまま翻訳せずに用いた。

五、本書各巻に人名索引を付録する。人名の抽出にあたっては、キリスト教界や明治学院関係者等、井深梶之助と関わりのふかい人物を中心とする。また、家族、親戚については一部の人物のみとする。

六、年月日表記については原本のままとする。ただし、解題等においては西暦と和暦の併記を原則とする。

七、口絵、扉および解題中に掲載する写真は、注記をおこなわないかぎりすべて明治学院歴史資料館所蔵である。扉写真は当該日記に関連する当時の写真資料に加えて、日記原本等を撮影したものを用いてかんたんな説明を加える。

八、右記以外の編集上の重要事項については、必要に応じて解題等で言及する。

付記

本書の日記本文には、今日的な人権意識に照らして適切さを欠く記述がふくまれている。編集委員会としては、これをそれぞれの時代における社会通念の反映とみなし、あえてそのまま公開することに史料的な価値があるものと判断した。明治学院および本書に関わるすべての者として、もとより差別的な言辞を肯定し、またそれを助長する意図はまったくない。むしろ本書中の記事が正当な歴史的検証を受けることにより、平等で健全な社会と国際関係を構築する一助となることをつよく願うものである。

井深梶之助日記　大正編

一九一三（大正二）年

6月13日から1週間ニューヨーク州レイク・モホンクで開催された
第10回万国学生基督教青年会に出席した井深梶之助（前列①）
写真には、津田梅子（前列②）やJ. R. モット（前列③）、
W. M. ヴォーリズ（後列④）、G. M. フィッシャー（後列⑤）などを見ることができる
［写真は吉田与志也氏の提供による］

一月一日（水）
午後、荒川夫婦及ビ静江、康夫、英子ト共ニ西公園及ビ箱崎神社ニ散歩ス。
午前、長崎文雄方へ電話ヲ懸置タルニ、午後四時ニナリ先方ヨリ電話ヲ懸来ル。依ツテ余及文六、千代共ニ談話ヲ交換スルコトヲ得タリ。福岡ニ在リテ長崎ト話ヲナスコトヲ得タリ。実ニ便利ヲ感ジタリ。
北風吹キ、寒気強シ。市中ハ甚タ静カナリ。

一月二日（木）

午前、文六ト共ニ山川総長ヲ訪問シテ挨拶ヲナシ、ソレヨリ博多停車場ニ往キ、楼上ニテ午餐ヲ喫シ、大宰府ニ往ク。初詣ノ人雑踏ス。二日市駅ニテ下車シ、鉄道馬車ニテ天満宮ニ往ク。神社ハ見ルニ足ラズ。後ノ山上ニ登レバ眺望中々ヨシ。奈良ニ似タル所アリ。

帰途、観世音寺ノ木像、梵鐘等ヲ見、都督府ノ旧跡ヲ見、二日市ノ停車場マデ歩行ス。

昨日ト違ヒ今日ハ晴天無風、散策ニハ最モ良キ天気ナリキ。午後四時、帰宅ス。

来ル七日ニハ盛ナル「ウソカヘ」アリト聞テ何事ぞ「真の道」を教へたる神の祭に「うそ」のやりとり

一月三日（金）
天気晴朗、気温暖和ナリ。
午前十一時四十分、荒川夫婦ニ見送ラレテ博多駅ヲ出立ス。三時半、下ノ関錦波楼ニ投ズ。主人、和田方行ヲ招キ晩餐ヲ共ニス。主人、我ラノ為ニ謡曲二曲ヲ謡フ。流ハ喜多流ノ由、中々苦労シタルモノト見ユ。羽衣ノ一部ト蝉丸ノ一部ヲ謡ヒタリ。
突然、秋月致氏ヨリ電報アリ。来六日、永井久一郎氏ノ葬儀説教ヲ是非頼ムトノコトナリ。何ノ為ナルガ分ラズ、ソノ人ヲ知ラズ、困ルト返電ス。

一月四日（土）
晴天。
午前九時五十分、下ノ関発車。汽船ヲ変へテ汽車トナシタルガ為ニ一等ニ乗ルコトヲ得タリ。宮島附近ノ光景、海上帆船ノ点々タル処、真ニ画モ及バザル風景ナリ。実ニ天下ノ絶景ト云フベシ。
大阪迄ハ汽車中大分込合ヘリ。但同所東ハ安臥スルヲ得タリ。

一月五日（日）

午後二時、無事帰宅。

熊野、秋月両氏来ル。永井氏ノ為ニ説教ヲ懇請セラル。

夫人ハ信者ノ由、又次子ハ鷲津貞二郎氏ニシテ、生前求道者ノ由ナリ。遺族ヨリ立テノ依頼ノ由ナレバ、遂ニ承諾シテ準備ニカヽル。行伝十七ノ廿七ヲ題トナス。

一月六日（月）

午前九時、東京青年会館ニ於テ永井久一郎氏ノ葬儀アリ。官民共ニ会葬者多シ。約六百名ト見受ケタリ。

一月七日（火）

午前ハ不在中来リタル来書ヲ整理シ、至急ノ書状ヲ発ス。

午後三時ヨリ青年会館ニ於テ教勢調査ニ関スル教会同盟トミシヨン同盟ノ聯合委員会アリ。五時ヨリモツト氏来朝ニ付準備委員会アリ。教勢調査ニ付テハ費用ノ問題アリ。

一月八日（水）

神学部始業式ヲ挙ク。

但イムブリー、オルトマンス両氏ハミシヨン同盟会ノ為、松永氏ハ病気ノ為欠席ス。

依テ授業ハ来ル十日ヨリ始ムルコトニ決ス。

一月九日（木）

沼澤七郎氏来訪。

午後四時ヨリ青年会館ニ於テ教会同盟特別委員会ヲ開キ、教勢取調委員ト地方委員ノ選定ニ付協議ヲナス。

一月十日（金）

普通学部始業式ヲ挙ク。

偶々訪問シタルガスツト氏ノ演説ヲ請フ。同氏ハ先年米国ニ於テ面会シタル人ナリ。現在ハ南京ニ於ケル諸教派聯合ノ神学校長ナリト云フ。父ノ病気ノ為ニ暫時帰国スト云ヘリ。

神学部ニ於テ授業ヲ始ム。

午後、片山ヲ訪問ス。

一月十一日（土）

イムブリー氏基督教信仰要義ヲ翻訳ス。殆ント脱稿ス。

高輪教会ニクリスマス祭アリ。家族皆往ク。

稲垣陽一郎氏来リ、一泊ス。

一月十二日（日）

神田青年会館ニ於ケル故原誼太郎氏葬儀ニ会葬シ、基督教青年会同盟ヲ代表シテ吊詞ヲ読ム。

帰途、真野父子ノ家ヲ訪問ス。

片山夫婦、ゆき子ヲ連レテ来ル。

一月十三日（月）

出院授業如例。

ミユウチアル保険会社へ送金ス。

一月十四日（火）

授業如例。

午後七時ヨリ宅ニ於テ神学部懇話会ヲ開ク。オルトマンス氏、シヤウエト氏ノ著書ヲ紹介ス。如例年一同ニ汁粉ヲ振舞フ。七八杯ヲ傾ケタル者アリ。オルトマンス氏モ三杯ヲ傾ケタリ。一同歓ヲ尽シテ帰ル。来会者二十一名。但松永氏ハ風邪ノ為来ラズ。田嶋氏ハ妻君ノ病勢悪シキガ故ニ来ラズ。

一月十五日（水）

授業如例。

オルトマンス氏ヨリモ亦自叙伝ノ概略ヲ請ハレタルガ故ニ起草ス。

一月十六日（木）

授業如例。

自叙伝ノ稿ヲ続ク。

彦三郎、午後八時半、新橋ニ到着ス。

一月十七日（金）

授業如例。

夜ニ入リミスウエスト嬢来リ、田嶋氏妻遂ニ死去ノ由ヲ告グ。且明後日午後其葬儀ニ於テ説教ヲ依頼セラル。

一月十八日（土）

午前、出院執務如例。

午後、赤坂病院ニ田嶋氏ヲ訪問ス。

帰途、沼澤氏ヲ訪ヒ、又勝治方ヲ訪問ス。

彦三郎ヨリ手猟ノ朝鮮雉子二番ヲ送来ル。

一月十九日（日）

午後二時、牛込教会ニ於テ田嶋氏妻ノ葬儀アリ。同氏ノ依頼ニヨリ、余、説教ヲナス。

夜ハ寄宿舎ニ於テ説教ス。三浦太郎氏、寄宿舎ノ取締ニ付訴フル所アリ。熊野氏ノ監督不行届ナリト認ム。依ツテ自今ハ必ラズ一週一回ツヽハ自ラ見廻ルベキヤウニ忠告シタリ。

一月二十日（月）

授業如例。

午後三時ヨリ伝道局常務委員会ニ出席ス。旅順及大連教会ノ事件ニ付報告ス。

一月二十一日（火）

授業如例。

午後七時ヨリ食堂ニ於テ寄宿舎生ノ親睦会アリ。熊野、水芦、都留、三浦、余、各々彼等ニ対シテ希望ヲ述べ、注意ヲ与フ。中原ノ舎監ハ全然失敗ナリシガ如シ。

一月二十二日（水）

授業如例。

午後六時、食後、真澄ト清見ト十畳ノ間ニふとんヲ敷キタル所ニテ角力ヲ取居タルニ、如何ナルハヅミナリシカ真澄ハ左足ノ脛骨ヲ挫折シタリ。医士大川氏へ直チニ連レ行カシメタルニ療治叶ハズ、同氏ノ忠告ニヨリ東京病院ニ連レ往キ、X光線ニテ検査シタルニ果シテ三寸許斜メニ折レタリ。早速入院スルコトニ決シ、ソレ〳〵取当ヲナス。花子付添居ル事トナス。実ニ不慮ノ災難ナリ。

一月二十三日（木）

授業如例。

午後、病院ヲ訪問ス。昨夜ハ痛ヲ訴ヘテ安眠セザリシ由ナレトモ、幸ニ発熱セズ。午前ハ落付居タル由ナレトモ、午後ハ少々ジレキミナリシ。

夕刻ヨリ富士見町教会ニ開カレタル伝道局理事会ニ出張ス。長崎ノ皆田ノ外ハ各理事出席ス。

十時半過、帰宅シテ見レバ、下女ふじの国元ヨリ母危篤直チニ帰ヘレトノ電報来レリトノコトナリ。泣面ニ蜂トハ此事カ。

一月二十四日（金）

午前、授業如例。

午後一時ヨリ伝道局理事会ノ続キアリ。募金ノ方法其他ニ付議シ、旅館ニ於テ丸山傳太郎氏ヨリ支那伝道ノ報告ヲ聞キ、晩食ヲ共ニシテ散解《〔ママ〕》ス。

帰途、病院ニ立寄ル。別条ナシ。但疼痛ヲ訴フ。

おくに、おさく、おてつ、寿枝四人見舞呉レタルヨシ。

一月二十五日（土）

午前、病院ヲ訪問シ、花子入替リテ暫時帰宅ス。真澄能ク寝ル。寿枝来ル。

午後、片山、勝治、健次、松永夫人来訪ス。

午後二時過、ギブス綳帯ニ改ム。セメントニテ局部ヲ包ミ堅ムルナリ。其時大ニ痛ガリタリ。

急キテ帰宅、二人引ニテ三縁亭ニ赴ク。漸ク間ニ合フ。

即チ余ノ司会ニテ大会議長歓迎会ヲ開ク。植村、熊野二氏ノ歓迎ノ辞、多田氏ノ演説、中松氏ノ答辞、田川、星野ノ演説等アリテ、食卓ニ就キ亦数人ノスピーチアリ。出席百十八人、盛会ナリ。

一月二十六日（日）

清見、於常ニ連ラレテ病院ニ見舞ニ往ク。自分モ早昼ニテ病院ヲ訪問シ、ソレヨリ急キテ富士見［町］教会ニ於ケル聯合礼拝ニ赴ク。余、祈祷ヲナシ、多田氏ノ説教アリ。会衆三百名位ト見受ケタリ。先以テ成功ト云テ可ナラン。

帰途、病院ニ寄リ清見ヲ連レテ帰ル。先以テ漸々快方ナリ。

一月二十七日（月）

授業如例。

午後二時ヨリ青年会館ニ於テ教会同盟常務委員会ニ出席。来四月四日同盟大会開設ノコトニ決ス。

帰途、病院ニ寄ル。お咲、おとよ、おしづ等訪問中ナリキ。文二氏モ来ラレタリトノコト。

先日ノ狂歌ニ対シ返歌アリ。

なきもせず語りもやらぬうそのとりうそは語らぬ教なるらん

中々面白シ。

幸ニ真澄ハ追日軽快ナリ。

一月二十八日（火）

寒誠強シ。

授業如例。

神学部教授会ヲ開キ、本年度ノ夏期講習会ノコトヲ定ム。オルトマンス、山本、都留ノ三人ヲ委員トナス。又カタローク委員ヲ山本、都留二人トナス。

一月二十九日（水）

授業如例。

午後、病院ヲ訪問ス。真澄ハ日々快方ナリ。

一月三十日（木）

授業如例。

午後、病院訪問。

帰途、彦三郎ノ借宅ヲ訪問ス。移転祝トシテ鯛二尾ヲ贈ル。

一月三十一日（金）

授業如例。

午後、伝道局常務理事会ヲ開キ、特別伝道、支那伝道、修養会其他ノコトニ付協議シタリ。丸山傳太郎氏ノ伝道方針ニ付質問シタルニ、甚タ不得要領ナリ。種々説諭ノ上漸ク支那人教会建設ノ目的ヲ以テ将来ハ伝道スベキコトヲ約束シタリ。

［一月補遺欄］

真野文二氏の返歌

なきもせすかたりもやらぬうそのとりうそは語らぬをしへなるらむ

よりて又よめる

うそからもまことの出るためしありときくはまことかうそのとりかへ

なにしおは丶ふかくはせめしうそのとりうそもまことでとほる世なれば

はしめからうそとしりつ丶うそのとりかへてよろこぶ人ぞうそなれ

二月一日（土）

午前、下女久ヲ連レ病院ニ赴ク。看護婦ハ昨日限リ断リタリ。真澄モ追日軽快ニ赴ケリ。

ドクトルミントンヨリ回答アリ。頗ル要領ヲ得ズ。汽車汽船ノ切符ヲ送ラル可ナラン云々。最モ充分ノ旅費ヲ支弁ストノ提供《〔ママ〕》ナリシニ。

健次、軍医委托生ノコトモ、愈去月卅一日ノ官報ニ発表ナリタルコトヲ沼澤ヨリ電話ニテ通知［ア］リ。健次ヲシテ垣本孝章氏及ビ沼澤ヘ礼ニ往カシム。

二月二日（日）

母上、まき子ト清見同道、病院ヲ訪問ナサル。自分ハ終日在宅、留守番ヲナス。

夜、寄宿舎ニテ山本秀煌氏、ヘボン先生ノコトヲ話ス。寄宿舎ノ気風ハ三浦舎監ノ尽力ニ由リテ大ニ改善セラレタリ。中原ハ全然失敗ナリキ。

二月三日（月）

授業如例。

午後三時ヨリ徒歩ニテ病院ヲ訪問ス。逐日快方、昨夜モ安眠シタリトノ事ナリ。

二月四日（火）

授業如例。

午後、青年会館ニ於テ東京基督教教育委員会ヲ開キ、高等部聯合ノ事ニ付懇談ヲナス。

其後、モット氏ノ諮問ニ対シテ調査分担ヲ定ム。

元田氏トドクトルミントンヨリノ回答ニ付相談ノ上、尚一応フヒシヤール氏ト相談スルコトトナス。

昨日ハ節分ノ由、寒気著シク減退シタルヲ覚ユ。

二月五日（水）

授業如例。

午後三時ヨリ再ビ徒歩ニテ病院ヲ訪問ス。真澄ハ逐日快方ナリ。明日ヨリハ綳帯ヲ一日一回ツヽ解カント医師ハ云ヘリ。

ミスデビス、来訪ス。

途中、号外ヲ見ル。議会ハ再ビ停会トナル。遂ニハ解散ナラン。

二月六日（木）

午前、弐〔年〕級ノ授業ヲナシ、内務省宗教局ヨリノ招致ニ応ジテ出頭、局長ニ面会シタルニ、ピータルス及ビダンロップノ二人ガ近日朝鮮ヨリ帰リ、在日本ノ宣教師ノ同意ヲ得バ排日運動ヲ起サントスルノ情報ヲ得タリ。就テハ左様ナルコトノナキヤウ未然ニ防ガレタシトノ依頼ナリキ。余ハ二人ノ人物ニ由リテ観察スルニ決シテ左様ナコトアルマジ、然レトモ総督府ノ処置ニシテ不当ト認ムルコトアラバ、之ヲ指摘スルコトハ躊躇セザルベシトノ意ヲ答ヘ置ケリ。

普通部ノ教員会ヲ開キ、試験日割、卒業式等ノコトヲ定ム。ミントン氏ヘ自伝及写真ヲ送ル。

二月七日（金）

午前、授業如例。

午後、常務理事会ヲ開ク。リフォームドミションヨリ申出タル外国教師授業時間ハ一人十五時間ヲ最多度トナスコト、又ソノ時間数ハプレスビテリアンミショント同数タルコトトノ件ニ付、両ミション代表者間ニ一議論アリ、決スルコト能ハズ。来週、両ミションノ協議会ヲ開クコトトナス。又教員増給ノコトモ懸按トナス。

要スルニ明治学院ハ両ミションヨト日本人ト三者ノ中間ニ立ツノ不利アルモノトス。根本的解決ヲ要ス。

二月八日（土）

青年会館ニフヒシヤール氏ヲ訪ヒ、ミントン氏ヨリノ来状ニ付協議ヲナシタルニ、自分ヨリソノ事情ヲ先方ヘ交渉シテ見ルベシトノコト故、即チ依頼シタリ。

帰途、丸善書店ニ寄リおとぎ話《〔ママ〕》の本ヲ交換シ、病院ヲ訪問ス。当直医ニ退院ノ期ヲ糺シタルニ入院ノ日ヨリ四週間ヲ要スト云ヘリ。

二月九日（日）

高輪教会ニ於テ説教ス。教会ハ頗ル寂寥タリ。

彦三郎来ル。又、沼澤父子来訪。

午後、病院ヲ訪問シ、清見ヲ携ヘテ帰ル。

二月十日（月）

出院授業如例。

昨日、西恩寺候宮中ニ召サレテ、時局ヲ医救セヨトノ詔ヲ受タリトノ報告アリ。人心ハ非常ニ激セリ。

午後ニ至リ、又復停会ノ号外出、夜ニ入リテ内閣総辞職ノ決心ナリトノ号外来ル。政友会ハ満場一致ヲ以テ不信任案ヲ撤回セザルニ決シタリトノコトナリ。是レカラハ政友会ノ責任ナリ。断然ソノ局ニ当ルハ此時ナリ。千載一遇ノ機会ハ今ナリ。

二月十一日（火）

昨日ハ衆議院ノ正門前ニ於テ群衆ト巡査トノ間ニ衝突アリ。数十人ノ負傷者ヲ生ジ、延テ都新聞、国民、報知、やまと、二六、読売、六新聞社ノ攻撃、交番ノ焼打ト一大紛擾ヲ起シタリ。今朝ニ至リテ始メテ之ヲ知ル。

午後、青年会館ニ於ケルスミス、ロツビンス二氏ノ演説ヲ聞キ、宝亭ニ於テ晩餐ヲ共ニシ、ソレヨリ富士見町教会ニ赴キ、紀元節礼拝ノ演説ヲナス。題ハ祭政一致ノ詔ヨリ三教会同マデナリ。

桂内閣総辞職ノ号外出ツ。亦大阪ニモ騒動ノ飛火アリトノ号外アリ。

本日ハ全ク平和ナリ。

二月十二日（水）

授業如例。

午後、志賀數之助氏ヲ訪問シテ吊意ヲ述ブ。

高等学部教授会ヲ開キ、学生ノ願書ニ就キ、又同部ノ前途ニ就テ種々評議シタレトモ別段ニ名案ナシ。

二月十三日（木）

午前九時半ヨリロビンス氏及男子四部合唱ノ一行ヲ迎ヘソノ唱歌ヲ聞キ、且ロ氏ノ演説ヲ聞ク。中々痛快ナル演説ナリキ。弁舌モ達者ナリキ。

山本伯、内閣組織ノ大命ヲ蒙ルトノ号外出ツ。

午後、和田みゐ、お静ト共ニ来訪ス。おてつも亦同時ニ来ル。

病院ヲ訪問ス。愈軽快。ギブスハ来ル十八日ニ取ルベシトノ事ナリ。

二月十四日（金）

授業如例。

午後、高輪教会ニ於テ教［会］員志賀數之助氏妻君ノ葬儀アリ。

青年会同盟事務委員会出席、諸種ノ報告アリ。朝鮮鉄道青年会ノコトニ付、小松、フヒシヤルノ二人ヲ調査委員トナス。丹羽氏ノ処置ニ就キ不満アリ。

二月十五日（土）

午前、伝道局常務理事会ニ出席ス。東京ニ於ケル修養会ノコト、又大連教会ノコトニ付決議ス。

午後、プレスビテリアン及リフオームド両ミシヨンノ協議会アリ。明治学院ノ前途ニ就キ種々ノ意見アリ。遂ニ三名ノ委員ヲ挙ゲテ両ボールドニ提出スベキ陳情書ヲ起草セシムルコトトナス。ライク、イムブリー、井深ヲ委員トナス。

二月十六日（日）

午前ヨリ病院ニ往キ、花子ト更代ス。真澄、愈快方、近日退院ノ見込ナリ。

二月十七日（月）

授業如例。

真澄、明日退院ノ筈ニ付礼状ノ用意ヲナス。

政友会代議士会強硬ノ態度ヲ示シ、総理及ビ陸海大臣ノ外ハ政党員タルベキコトヲ議決ス。今ハ山本伯ノ態度如何ニアリ。是レニテ行ハルレバ大成功ナリ、大進歩ナリ。

二月十八日（火）

授業如例。

午後十二時半、病院ニ往キ真澄ヲ退院セシム。最早大ニ元気恢復シ、只歩行ニ不自由ナルノミ。尚病院ニ通フノ必要アリトノコトナリ。

夜、オルトマンス氏方ニ於テ神学部懇話会アリ。渡邊勇助、パルウジヤト神ノ国トノ関係ニ付講演ヲナス。

二月十九日（水）

授業如例。

午後三時、青年会館ニ於テモツト氏ノ諮問ニ対スル調査委員会ヲ開ク。事ハキリスト教教育ノコトニ関ス。

二月二十日（木）

授業如例。

昨夜一時半比ヨリ神田三崎町ヨリ出火、折柄大風ノ為大火トナル。学校ニテ類焼セルモノ多シ。国民英学会其他ニ見舞ヲナス。

帰途、片山ニ往ク。夫婦共ニ不在ナリキ。

二月二十一日（金）

授業如例。

午後六時、ドクトルデヤリングニ招カレテ築地精養軒ニ赴ク。主人方ハ同氏並ニテニー氏、グリセット氏、客ハ元田作之進ト余ノ二人ノミナリキ。其他ニ平岩、星野、角倉ノ三氏招カレタル由ナレトモ来ラザリキ。東京学院発展策ニ付種々相談アリキ。

二月二十二日（土）

午前六時三十分、品川出発、十二時半着岡。直チニ西草深町大嶋聯隊長ノ客トナル。光氏ハ停車場ニ出迎タル由ナレトモ、見失ヒタル由ニテ後ヨリ来ル。同氏ノ案内ニテ臨済寺ヲ見物シ、徳川家康公ノ幼年時代ノ遺物ヲ見ル。其他ノ宝物アリ。

夜、物産陳列所楼上ニ於テ光氏ト共ニ演説ス。折悪大雨ナリシカドモ百余名ノ聴衆アリキ。

井上医学士ノ家ニ招カレテ晩餐ノ饗応ヲ受ク。

二月二十三日（日）

午前、教会ニ於テ説教シ、午後ハ大嶋宅ニ於テ婦人会ノ為ニ講話シ、夜又教会ニ於テ説教ス。何レモ小集会ナレトモ、一同大満足ノ様子ナリ。

メソヂスト始メ他教会モ不振ノ様子ナリ。

二月二十四日（月）

午前十一時四十九分出発、帰京ノ途ニ就ク。列車中ニ毛利官治氏アリ。名古屋ヨリ帰途ナリ。午後五時、無事帰宅ス。

二月二十五日（火）

授業如例。

石原氏来訪、浅草教会補助ノ件ニ付相談アリ。

二月二十六日（水）

昨夜雪降ル。

授業如例。

河西氏ヲ呼ビ、同氏受洗ノ決心アルヤ否ヤヲ確メ、尚石原氏ニソノ手続ヲ依頼シタル赴ヲ告ク。同氏モ愈ソノ決心ヲナシタルコトヲ告白セリ。固ヨリ強ヒテ勧ムベキ事柄ニ非レトモ、今ソノ決心ヲ聞テ余モ欣喜ニ堪ヘザル旨ヲ告ケタリ。

二月二十七日（木）

授業如例。

午後五時ヨリ芝三縁亭ニ学院理事及ビ新ニ嘱托シタル商議員ノ懇談会ヲ開ク。中嶋久萬吉、富安保太郎、依田雄甫、嶋﨑春樹、北村重昌、石川林四郎ノ諸氏及ビ外国人ニテハランデス、ライク、ホフサンマル、ブース、オルトマンス、主人役ハ余及ビ熊野氏ナリ。

中嶋氏ハ工業学校ヲ主張シ、嶋崎氏ハ外国語学校ヲ勧メ、富安氏ハ普通学部分離説ヲ唱ヘタリ。

二月二十八日（金）

授業如例。

午後三時、常務理事会ヲ開キ、来年度ヨリ五年四年三年ヲ各一級ツヽニナスコト、並ニ廣田、内山ノ二氏ヲ断ルコトニ付評議ノ上議決ス。

三月一日（土）

早朝、四谷南伊賀町床次竹二郎氏ヲ訪問シ、来二十三日卒業式演説ヲ依頼シタルニ、心地好ク承諾シ呉レタリ。

三浦太郎氏ヲ夕飯ニ招キ寄宿舎ノ事情ヲ聞ク。

桃澤お静来リ会見ス。

在米ヘーデンス氏ヨリ書状来ル。キリスト教大学ノ計画ハ先ヅ高等科ヨリ着手スルニ非レバ望ナシトノ意ナリ。我等ノ兼テ主張シタルガ如シ。

三月二日（日）

午前、礫川伝道教会ニ於テ説教シ、聖餐ヲ守リ、且ツ委員二名ニ教会ノ政治、長老ノ職務、小会ノ事務等ニ付話ヲナス。

石原氏方ニテ午餐ヲ喫シ、渡邊、真野及渋谷ヘ廻リ、真澄入院中ノ答礼ヲナス。

荒川千代子ヨリ親展書達ス。容易ナラザル心配ノ様子ナレトモ、ソノ意味判然セズ。何カ神経ヲ起シタルニハアラザルヤ。

三月三日（月）

授業如例。

午後、内務省宗教局長ヨリ依頼ニヨリ出頭シタルニ、外務省及文部省ヨリノ交渉ニヨリ、ポールトランドノ万国会ニ何人カ出席スル人ハナキカトノ相談ナリキ。依リテ先方トノ交渉ノコトヲ話シタルニ、ソレナラバ尚外務省ノ方ヘソノ旨ヲ通シ置クベシトノコトナリキ。

ソレヨリ伝道局理事例会ニ赴ク。

夜ニ入リ熊野氏来訪、後藤槌雄ノコトニ付相談アリ。又ホフサンマール氏来リ、チヤツペルニ於テ学生ノ英語演説ノコトニ付相談アリ。

三月四日（火）

授業如例。

神学部教授会ヲ開キ、夏期講習会ノ件其他ニ付協議ヲナス。

青年会館ニ於テ来月モツト氏来朝ノ節学生大会ノ役割ニ

付相談ス。

ソレヨリ元田氏ト共ニ、坂井徳太郎氏ヲ本郷同志会ニ訪ヒ、渡米旅費ノ件ニ付相談シタルニ、同氏モ至極同感ナルガ故ニ早速外務大臣ニ謀ルベシト約束シタリ。

三月五日（水）

授業如例。

熊野氏方ニ於テ学院キリスト信者ノ懇談会ヲ開キ、河西氏受洗決心並ニ朱牟田氏数年前受洗ノ披露アリ。晩餐ヲ共ニシ懇談ヲナシテ散ス。

芝中学教員柴田忠徳ト云フ人来リ、神学研究ノ志アルコトヲ語ル。芝中会ノコトハ先日元田氏ヨリ聞タル所トハ大ニ相違ノ点アリ。規律ハアレトモ精神教育ハ零ナリ。

坂井氏へ書類ヲ郵送ス。

三月六日（木）

授業如例。

午後、普通部教員会ヲ開キ、卒業式其他ノ件ニ付協議ヲナス。

午後五時ヨリ植村氏宅ニ於テ横浜旧友会ヲ開ク。来ル者、真木、稲垣、熊野、吉田、山本及余ノ六人、主人共ニ七人ナリ。押川氏ハ病気ノ為欠席。押川ノ信仰恢復ノコトヲ相談ス。

三月七日（金）

授業如例。

午後二時、協力伝道委員会アリ。木更津伝道教会其他ノ報告アリ。浅草教会、明星教会合併ノ件ニ付調査委員ヲ挙ク。

エチケーミロル氏来リ、宮城中会協力委員ノ件ニ付相談アリ。

三月八日（土）

午後、神学部及高等部教授会協議会ヲ開キ、高等第三年級ノコトニ付相談ヲナシ、又常務理事会ヲ開キ、後藤槌雄ノ件ニ付協議シ、本人ノ反省ヲ催スコトトナス。

三月九日（日）

午後、銀座会館ニヘンドルソン氏ノ講演ヲ聞カンガ為ニ往キシニ、何カ差支アリテ出演セズ。何カ年若キメソデストノ教師ノ説教アリシガ、実ニ聞クニ堪ヘザリキ。

夕、寄宿舎ニ於テ講演ヲナス。

三月十日（月）

授業如例。

三月十一日（火）

授業如例。
午後三時、青年会館ニ於テモット氏協議会准備委員ノ最終会議ヲナス。
七時ヨリ青年会同盟事務委員会ヲ開ク。

三月十二日（水）
普通学部第五年級試験ヲ行ヒ、答案ヲ調査ス。

三月十三日（木）
授業如例。
午後、青年会館ニ於テ東京キリスト教教育会ヲ開キ、余ハ高等教育合同ノ件ニ付発議シ種々討論アリタレトモ、青山ハ合同ヲ好マザルノ意志明白ナリ。東京学院ハ誠実賛成ナルガ如シ。
花子ト共ニランデス氏方ニ招カル。熊野二夫婦並ニ都留夫婦モ招カレタリ。

三月十四日（金）
授業如例。
遊佐敏彦、婦人ト関係アリ退学ヲ願出ツ。臨時教授会ヲ開キテ之ヲ許可ス。

三月十五日（土）
午後一時、普通部教員会ヲ開キ、五年級ノ及落ヲ定ム。六十三人中二人ヲ除クノ外ハ悉ク卒業セシム。
都留氏ヲ訪問ス。
本科神学生楢崎武三郎ハ去ル九日何処ト〔ママ〕モ出発シ、豆州網代ヨリ電報ト書状ヲ同窓生ニ発シタリ。其内容奇異ニシテ軌道ヲ脱シタリ。少シク精神錯乱ノ虞アリ。依テオルトマンス氏ト協議ノ上、間宮要ヲ迎ヘニ遣ス。ソノ居所ハ三島駅ノ本多屋ト云フ旅店ナリシコトヲ知レリ。即チ同地ヨリ約束ノ柘植ト云フ女ノ許ニ電報ヲ打チ来リシニ由リテ知ルコトヲ得タリ。

三月十六日（日）
昨夜電話ニヨリ、大屋権平氏ヲ四谷南寺町ニ訪問ス。フヒシーヤル氏モ又来ル。朝鮮鉄道青年会ノコトヲ聞キタルニ、最初ヨリキリスト教ノ事業タルコトハ認メ居ラザルナリ。今回望月ヲ嘱托ト為シタルニ付而ハ愈ソノ名前ヲ明ニシタルモノナリ。丹羽氏ノ云ヒタル所トハ大ニ相違セリ。任免ノ権ハ彼ニアリト明言セリ。営業課長三本?ト云フ人モ同席セリ。
間宮ヨリ電報来ル。今日楢崎ト共ニ帰ルト。夜十時比、二人ニテ帰ル。楢崎ハ大ニ恥ルモノ、如シ。可成ナダメテ帰シタリ。

三月十七日（月）
授業如例。
午後、水上へ送ルベキ祝物ヲ買ハンガ為ニ、花子同道三越へ赴ク。
帰途、ミスウヰスト方へ立寄リ、楢崎ノ帰リタルコトヲ告ク。
三月十八日（火）
神学部授業如例。
三月十九日（水）
高等部第一年級学年試験ヲ執行ス。
三月二十日（木）
神学部授業如例。
三月二十一日（金）
午後二時半ヨリ青山学院ニ於テ日曜学校生徒大会アリ。今回来朝シタル日曜学校委員ハインツ氏一行ヲ歓迎ス。余、英語ニテ歓迎ノ辞ヲ述ブ。一行中数名ノ子供ニ対スル話アリ。一行大満足ノ様子ナリ。ハインツ氏ハ頻リニ余ノ英語ヲ賞讃シテ措カズ。是非ツーリヒノ大会ニ出席スベシト云フ。
三月二十二日（土）
午後二時、普通学部第二十八回卒業証書授与式ヲ挙グ。卒業生六十名。松岡、白南薫ノ二人英語演説ヲナス。松岡ハ成功セリ。床次竹二郎氏ノ演説ハ趣意ハ好ケレトモ演説ハ拙ナリ。来賓ハ例年ヨリモ多シ。殊ニ外国人ハ床次氏ノ説ヲ聞カンガ為ニ来リシカ如シ。
七時ヨリ帝国ホテルニハインツ氏一行ノ歓迎会食アリ。主人役ハ阪谷市長、渋澤男爵、鴻野、左右田等ノ実業ノ外ニ、小崎、鵜飼等ノクリスチアン側ノ人ナリ。来会者二百五十名。盛会ナリキ。市長ノ英語演説ハ拙極マレリ。ハインツ氏ノ演説ハ成功ナリキ。
三月二十三日（日）
［記載なし］
三月二十四日（月）
ハインツ氏ヨリ招カレテ帝国ホテルニテ午餐ヲ供ニス。同氏ハ余ニ向テ是非共日本ヲ代表シテツウリヒニ於ケル万国日曜学校大会ニ出席スベキヲ勧誘シ、余若シ往カバソノ旅費トシテ金壱千円ヲ寄附セント提《[案]》供ス。余ハソノ好意ヲ感謝シテ、尚熟考ノ上確答スベシト約束シタリ。但ソレト同時ニ既ニ万国市民大会ニ出席ノコトニ略々約束シタルコトヲモ告ゲタリ。

夜ハ高峰譲吉氏ノ招キニ依リ、永阪上塩原又策氏方ニ於テハインツ氏及ビ他数名ト共ニ日本食ノ餐応ヲ受ク。

三月二十五日（火）

本日モ亦ハインツ氏ニ招カレテ帝国ホテルニ於テ午餐ヲ供ニス。日本ノ日曜学校理事等モ共ニ招カル。其席上ニ於テハインツ氏ハ再ビ余ノ承諾ヲ求メタルニ由リ事情ヲ説明ス。日本ノ理事等モ是非余ノ往カンコトヲ求メタレトモ、今直チニ応ジ難キ事情ヲ述ブ。

帰宅ノ上、ハインツ氏ノ好意ヲ謝シ、且ツ遺憾ナガラ直チニソノ請ニ応シ難キ旨ヲ認メ、イムブリー氏ニ相談ノ為ソノ下書ヲ同氏方ニ持往キタレトモ、九時半過迄帰ラザリキ。

三月二十六日（水）

早朝、ブラオン氏ニ電話ヲ以テ昨夜認メタル書面ノ趣意ヲハインツ氏ニ伝ヘクレンコトヲ依頼シ、且ツ余ヨリ書面ヲ送ラントスルコトヲ告ゲタリ。然ルニイムブリー氏ハ昨夜ハインツ氏ト会見ノ節、再ビ余ノコトニ付キ相談アリ、又々再考スルコトトナリ、種々イムブリー氏ト相談ノ結果、条件次第ニテハツウリヒニ往クベキ旨ヲ返答スルコトトシテ、ソノ交渉ハイムブリー氏ニ托シタリ。

普通学部教員会ヲ開キ、生徒ノ及落ヲ定メ、高等部教授会ヲ開キ、来学年ノ学科ヲ議シ、又神学部教授会ヲ開ク。

三月二十七日（木）

ハインツ氏一行、午前八時三十分ノ列車ニテ出発ノ筈ニ付、新橋停車場ニ見送ル。然ルニハインツ氏ハ疲労ノ為一列車後レタリトノコトニ付、小﨑氏同道ホテルニ同氏ヲ訪フ。朝飯ヲ食シナガラ例ノ如ク打解ケテ物語ル。又余ノツウリヒ行ヲ勧ム。告別シテ去ル。同氏ヨリオリブオイル、ヒーナツバタ、トメトウカチアプノ贈物アリ。

午後、子安ノ井深家ヲ訪問シ、夕食ノ饗応ヲ受ケ、指路教会ニ於テ横浜英語学校ノ卒業式ニ臨ミ、一場ノ演説ヲナス。卒業生十七名アリ。

三月二十八日（金）

高峰譲吉氏ヲ飯倉ノ宅ニ訪ヒ、ハインツ氏ト交渉ノ結果ヲ語リ、旅費不足分ノコトニ付同氏ノ意見ヲ問フ。尚一考スベシトノコトナリ。

文雄ヨリ今朝男子誕生、母子健全ノ電報達ス。

帰途、外務省ニ寄リ阪井徳太郎氏ヲ尋ネ、旅費ノ件並ニ三年後日本ニ万国日曜学校大会ヲ開クコトニ対シ外務当局者ノ意見ヲ尋ルコトニ付キ打合ヲナス。

午後、理事会ヲ開キ、東京学院高等科ト我ガ高等学部トヲ合ハセルコトニ付評議ノ上可決ス。又聖学院神学部ノコト、都留氏ヲ教授ニ任ズルコト等ニ付評議ス。

三月二十九日（土）

午前九時ヨリ東京学院ノテニー、グレスセットノ三［ママ］氏来リ、高等学部ノ科目ニ就キ彼我ノ相違ヲ比較シ、高等中学校及ビ慶應大学予科ノ課目ヲ参酌シテ我ガ課目ヲ改正ス。

午後二時、麹町教会ニ於テ市内教会員ノ信仰修養会アリ。笹倉氏司会ヲナシ、余モ亦簡単ナル勧メヲナス。会後、教役者ダケノ打合アリ。

三月三十日（日）

午後二時、麹町教会ニ於テ信仰修養会アリ、出席ス。

三月三十一日（月）

午前、神学部授業如例。

午後、東京学院教師ト学科受撲［授業］ニ付協議ス。

四月一日（火）

午前九時、全国青年会大会ヲ青年会［館］ニ開ク。元田氏司会、余、開会ノ辞ヲ述ブ。

午後一時五十分、モット氏夫婦ヲ新橋停車場ニ迎フ。丹羽清次郎氏モ同行シタルヲ以テ先ヅ京城青年会ノ事情ヲ聞ク。金麟ノ所為甚タ拙ナリトノコトナリ。

横浜ニ赴キ小田原屋ニテ夕食ヲ喫シ、中会ニ出席シ中途ヨリ帰京ス。

四月二日（水）

花子、仙台ニ向ヒ出立ス。

青年大会ニ於テ、余、司会シ、モット氏ハ学生青年会成敗ノ原因ニ就テ有力ナル演説ヲナス。

午後、小石川植物園ニ親睦会アリ。一同撮影ス。

夜、大会ニ於テ原田助氏、先ヅ教会ト青年会トノ関係ニ付演説シ、引続キモット氏ハ指導者ノ必要ト代価ト云フ題ニテ復有力ナル演説ヲナス。

演説前ニ宝亭ニ於テ同盟委員及主事ノ会食アリ、且委員会アリ。帝大青年会ヨリ申出タル憲法改正案ニ付評議ノ上取調委員ヲ挙ク。

モット氏ハ京城青年会ノコトニ付ニ［テ］意見ヲ述ブ

四月三日（木）

午前九時、大会出席。ピーホデー氏、宗教ノ社会化ト云フ題ニテ頗ル有益ナル演説ヲナス。但通訳者未熟ニシテ甚タ気ノ毒ノ思ヲナセリ。

昼ニハ奥田文相ノ招待ニヨリ日本クラブニ往キ、原田助、原六郎ノ両氏ト共ニ午餐ノ饗応ヲ受ク。例ノ宗教々育ニ関スル訓令ニ就キ語リタルニ、今暫時猶予ヲ与ヘヨトノコトナリ。其他教育上ノコトニ付種々ノ打解ケタル談話アリ。

四月四日（金）

午前九時、青年会大会出席。山室氏ノ有益ナル講演ヲ聞ク。

十一時ヨリ統一基督教会ノコトニ付、帝大青年会代表者ト会見シテ陳情ヲ聞キ、更ニ午後五時ヨリ同盟委員会ヲ開キテ審議ニ附ス。議決セズ更ニ取調委員五名ヲ挙ク。余、元田、平澤、石川、岡田ノ五人当選ス。

午後一時半ヨリ教会同盟大会ヲ開キ、報告ノ後役員ノ選挙ヲナス。余ハ同盟会長ニ挙ゲラレ、小崎、平岩副会長トナル。常議員十七名、幹事二名、会計二名ヲ挙ク。

夜ハ慈善事業、文学、教育等ノ問題ニ付懇談ヲナス

四月五日（土）

最終ノ演説アリ。高木壬太郎氏ノ講演、頗ル適切ナリキ。

モット氏ノ困難ノ利益ト云フ演説ヲ以テ閉会ス。

十二時ヨリ宝亭ニ於テ取調委員会ヲ開キ、統一教会ニ公文ヲ贈リテ、青年会同盟ノ憲法ヲ承認スルヤ否ヤヲ問合スルコトトナセリ。

三時ヨリ伝道局常務委員会ヲ開ク。

四月六日（日）

午前九時前、帝国ホテルニハインツ氏及ビブラオン氏ヲ迎フ。モット氏モ来ル。但シ遅刻シタルガ為ニ碌々相談スルノ暇ナクシテ、直チニ自働車ニテ寺内総督ヲ訪問ス。モット氏先ヅ話ヲナシ、頭本氏通訳シ、後ニ寺内氏話ヲナシ政治ノ方針ヲ説明シ、信教ノ自由ヲ妨害セザルコトヲ主張ス。ジレットノコトニ付テハ明答ヲ避ケタレトモ、好マザル意向ヲ示セリ。

帰途、ホテルニ寄リ、ハインツ氏ト語ル。旅費ノコトニ付テハ尚モット氏ト談合スベシトノコトナリキ。

小崎氏ヲ訪問シ、明日ノコトヲ頼ミ、彦三郎氏ヲ訪問シ、外務省ノ方ノコトヲ尚一応話シ呉ル、ヤウニ頼ミ置キタリ。

熊野氏来ル。浅井友太郎氏夫人来ル

四月七日（月）

午前十時ヨリ築地精養軒ニ於テキリスト教主義教育ニ関スル会議アリ。モット氏ノ質問ニ対シテ種々ノ意見アリ。

引続キキリスト教主義大学創立委員ノ会アリ。討議ノ後、午餐ヲ共ニシ、午後ニハ宣教師配置問題又ハ伝道地占領問題ニ付意見ノ交換アリ。宮川ト海老名トハ正反対ノ説ヲ出シタルハ頗ル奇ナリキ。平岩モ海老名ト同説ナリキ。帰途、帝国ホテルニ立寄リ、ピーホデー氏ト会見。講演ノ題ハイエスノ社会的教訓、第壱回ハ其原理、第二回ハソノ応用ト定ム。

四月八日（火）

午前九時ヨリ前日ニ引続キ日本人丈ノ協議会アリ、種々ノ議論アリ。

夕食後、各々委員会ヲ開キ、大体ニ於テ外国委員ノ意見ヲ採用シ、日本文ノ起草ヲ鵜崎康五[午]郎氏ニ托ス。明朝迄ニ認メ来ル約束ニテ分ル。

婦人部決議案作製ノ助勢ヲナス。

四月九日（水）

午前午前八時三十分ヨリモツト氏ノ協議会ニ出席、教育委員長トシテ決議案ヲ提出ス。

十二時ヨリ会場ヲ辞シ、小崎氏ト共ニ帝国ホテルニ往キ、ハインツ及ビブラオン氏ト共ニ午餐ヲ喫ス。ハインツ氏ヨリ旅費壱千円ヲ受領ス。残額ノ五百円ハツウリヒニ於テ受取ル筈ナリ。

四人相携ヘテ大隈伯邸ニ至リ会談ス。高田慎蔵、江原素六ノ二氏モ亦来会ス。

同邸ヲ辞シ、自働車ニテ精養軒ホテルニ帰ル。モツト氏ノ演説アリ。ソレヨリ青年会同盟委員会ヲ開キ、モツト氏ヨリ朝鮮青年会ノコト並ニ同盟信仰上ノ基礎ニ関シテ話アリ。一同会食シテ後、委員会ヲ開ク。

四月十日（木）

午前、コンフヱレンス出席。モツト氏ヘ感謝状ヲ添ヘ、七宝ノ花瓶壱対、香爐壱個ヲ日本人側ヨリ贈呈ス。

午後、コンフヱレンス予定通終結ス。青年会同盟委員[会]ヲ開キ、統一教会ノ問題ヲ議シ、更ニ書面ヲ送リ、且平澤、笹尾、岡田ノ三氏ヲ委員トシテ委員ノ意志ヲ告ゲシムルコトトナス。

ヤガテモツト氏ハ朝鮮ヨリ代員トシテ来リタルアンデルウード、エビソン、李商在、申興雨外壱人ヲ紹介ス。ア氏挨拶ヲナシ、同盟加盟条件其他ニ付質問ヲナシ、明晩七時三十分、青年会館ニ於テ再会見ヲ約束シテ分ル。

四月十一日（金）

午後五時、コンフヱレンス終結ス。始ヨリ終ニ至ルマデヱデンボロー宣教大会ノミニへチウルナリキ。モツト氏ノ人格ハ感服ノ至ナリ。

午後五時ヨリ青年会館ニ於テ青年会同盟委員会ニ於テ相談会ヲ開キ、加盟許可ノ条件ニ付評議ヲナス。意見区々ナリシガ、モツト氏来リテ漸ク議一決シ、楼上ニテ朝鮮人側ト会見シ、逐条審議ノ上些少ノ修正ヲ加へテ加盟ニ同意シ、之ヲ浄書セシメ、双方ヨリ五名委員之ニ署名スルト定メテ分ル。一時ハ余程難問題ナラントセシガ、寛大ノ態度ヲ以テ臨ムベキコトトシテ決着シタリ。

四月十二日（土）

午前九時、青年会館ニ於テ教会同盟常務員会ヲ開キ、継続委員十五名ヲ選定ス。十一時ヨリ外国宣教師側ノ継続委員ト聯合委員会ヲ開ク。残余十五名ノ内十人ヲ選挙スルコトトシテ投票ニ掛ル。

其時自分ハ中座シテ、朝鮮ヨリ来リタルアンドルウード、アビソン、李商在、申興雨、南［欠字］憶五人ト同盟加入契約書ニ署名ス。モツト氏［立］合人トシテ署名ス。日本人側ハ余ノ外ニ元田、新渡戸、笹尾、丹羽ノ五人ナリ。

ソレヨリ三河亭ニテ午餐ヲ共ニシ、支那人青年会館前ニ往キ、紀念ノ為撮影ヲナス。

四月十三日（日）

午前十時、芝教会ニ於テ説教ス。説教ノ後、長老、執事ト共ニ午餐ヲ喫シ、治会上ノコトニ付懇談ヲナス。

午後、桃澤氏、信乃ヲ同道シ来リ、三浦太郎氏ト会見シ、結納ノコトニ付打合ヲナス。

夜、海岸教会ニ赴キ、説教ヲナス。

四月十四日（月）

神学部授業開始ス。

午後五時半ヨリ上野精養軒ニ於テ帰一協会ノ晩餐会ニ招カル。ピーホデー、メービー両氏ノ演説アリ。来会者ハ主トシテ教育ニ関係アル人々ナリキ。菊地、金子等ノ人物モ見エタリ。

四月十五日（火）

授業如例。

四月十六日（水）

授業如例。

神学部教員生徒撮影。

植木旅店ニ李源競及ビ金麟ヲ訪ヒ、朝鮮青年会ガ日本青年会同盟ニ加入シタルコトヲ告グ。

四月十七日（木）

午前、出院授業如例。

午前〔後カ〕、李、金、二人ノ案内ニヨリ上野精養軒ニ至ル。海老名、宮川、牧野氏等モ来ル。余ハ朝鮮会加盟ノ手続キヲ話シ、独リ先キニ辞シ去ル。

フヒシヤール氏方ニ往キ、青年会同盟委員ト共ニモット氏ト会見、同氏ノ意見ヲ聞キ、次ニ続〔継〕続委員ト共ニモット氏ニ会見シ又同氏ノ意見ヲ聞キ、互ニ意見ヲ交換ス。

四月十八日（金）

外務省ニ出頭シ、松井次官ニ面会シ、大正五年ニ万国日曜学校大会ヲ東京ニ開会スルコトニ対シテ外務当局ノ意見ヲ聞キタレトモ、不得要領ナリ。只差支ナカ［ラ］ントノ返事ヲ得タルノミ。

十二時半ヨリ外務大臣ノ午餐会ニ招カル。正賓ハモット、メービー、ピーボデー氏ナリ。日本人側ニテハ高橋、菊地、桜井、金子、神田、鎌田、高田等ナリ。

坂〔阪〕谷市長ノ自働車ニ便乗シテ大隈伯邸ニ赴ク。モット、メービー、ピーボデー氏、グリーン、ハリス氏等モ来ル。日本人側ハ牧師達ナリ。伯ノ演説アリ、モットノ演説アリ。遂ニ大統領ニ宛且日本人会長ニ宛電報ヲ報スルコトニ決議シタリ。

四月十九日（土）

米国総領事サモンス氏ヨリ午餐ニ招カル。モット氏夫婦正賓ナリ。

領事館ニ往キタルニ、馬車ニテ山手ノ自宅ニ送ラル。

食後、花子ハ再ビ馬車ニテ新港桟橋迄サモンス氏ト同乗ス。

天洋丸ハ乗客及見送人ニテ大混雑ナリ。早々ニシテ辞シ帰ル。

帰途、子安井深家ニ立寄リ暇乞ヲナス。

四月二十日（日）

午後、花子、真澄、清見一同、大武館ニテ撮影ス。

自分ハソレヨリ外務大臣官舎ニ赴キ礼ヲ述べ、小石川松平子爵邸ニ赴キ暇乞ヲナシ、渋谷ニ往キ勝治方ニテ夕食ヲ喫シ、沼澤ヲ訪問ス。

四月二十一日（月）

午前、出院如例。

午後、三浦太郎氏ノ結納ヲ桃澤家ニ携ヘ往キ、静子立合ノ上信乃子ニ渡ス。

ソレヨリ片山ヲ訪問ス。半西洋造ニテ、間数ハアレトモ間取リ不器用ナリ。
ミロル氏方ニ花子共々招カル。三浦氏結納ノ祝宴ノ如シ。真野夫婦、桃澤夫婦、我等二人、信乃子幷ニ三浦太郎及ビ三人ノ妹ナリ。一夕ノ歓ヲ尽シテ帰ル。ミロル氏ハ自分ノ子ノ如クニ思フガ如シ。

四月二十二日（火）

午前、授業如例。
午後三時ヨリ講堂ニ於テピーボデイ氏ノ講演アリ。題ハキリストノ社会的教訓ニテ、今日ハソノ原理即チ主義ヲ説キタリ。キリストノ教ハ主義ニシテ規則ニ非ズ。内的精神ニシテ外形ニ非ズ。我彼等ノ為ニ我ガ身ヲ潔ムノ意義ヲ社会的ニ解釈シタリ。弁舌ハ達者ノ方ニハ非ズ。本ヲ読ム方面白味アリ。数日前ノ青年会館ノ演説ト大同小異ナリキ。

四月二十三日（水）

本日ヨリ授業ヲ休ム。
学生同盟大会ノ演説ヲ草ス。
午後四時ヨリ理事会ヲ開キ、来年度ノ予算ヲ議定ス。日本ノ理事ハ余ノ外ニハ磯邉氏ノミ出席ス。会後宅ニ於テ晩餐ヲ饗ス。
熊野氏ハ年百八十円、余ハ三百円増額ノ予算可決セラル。但ホールドニ於テ承認スルヤ否ヤハ未定ナリトス。

四月二十四日（木）

午後三時ヨリ宅ニ於テ三学部教員ノ懇親会ヲ催ス。谷氏ノ外ハ悉ク来会ス。但シ外国教師連ハ他ニ集会アリ、三時半ニ退席シタリ。千葉氏キリスト教教育ニ付簡単ニ意見ヲ述べ、余モ亦簡単ニ演説ヲナス。其後一同庭ニ出テ、沙嚢ヲ投ゲ運動ヲナス。

四月二十五日（金）

基督教大学創立委員会幷ニ青年会同盟委員会ニ出席ス。青山ハ兎角合同ヲ好マザルモノ、如シ。前途甚タ望多カラズ。

四月二十六日（土）

午後五時ヨリ沼澤家ニ招カル。真野文二氏、勝治夫婦、彦三郎夫婦モ共ニ招カレ、鄭重ナル日本料理ノ饗応アリ。

四月二十七日（日）

午後二時、青年会［館］ニ於ケル支那ノ為ノ祈祷会ニ出席ス。

四月二十八日（月）

午前十一時ヨリ青年会館ニ於テ教会同盟常務委員会ヲ開

キ、加州排日事件ニ付テブライアン氏へ電報ヲ発スルコトニ議決ス。
ソレヨリ宝亭ニ於テ午餐ヲ共ニス。

三時ヨリコールマン氏方ニ於テ日曜学校理事会ニ於テ小崎及ビ余ノ為ニ送別祈祷会ヲ開ク。江原氏モ政友会ヨリ派遣セラル、コトトナリタルガ故ニ、又同氏ノ為ニモ送別ノ祈ヲナス。

夫レヨリ余ハ伝道局常務理事会ニ出席。

帰途、真野氏ニ立寄リ、暇乞ヲナス。

四月二十九日（火）

午前、神学、普通両学部ノ礼拝後、生徒一同ニ向ヒ告別ノ訓示ヲナス。

午後、神学部教授会ヲ開キ、引続キヒーボデー氏ノ講演アリ。

直チニ高等部教員会ヲ開ク。

ホフサンマー氏方ニ於テ茶話会アリ。

江原氏ヲ訪問シ旅費ノ件ヲ尋ネタルニ、未タ話ヲセズトノコトナリキ。

帰途、帝国ホテルニ往キ、ピーボデー氏ニ謝意ヲ表センカ為ニ名刺ヲ残ス。

四月三十日（水）

正金銀行ニ往、信用状ヲ買ヒ、帰途、三越ニテ買物ヲナス。

［補遺欄］

餞別覚
一　金三十円也　真野文二
一　化粧道具　同老人
一　金五円也　沼澤
一　ハンケチ半打　片山寛
一　ハンケチ　鮮魚数尾　熊野
一　金五円也　母上
一　靴下半打　井深浩
一　ハンケチト靴下二足　井深勝治
一　靴下壱打　浅井友太郎
一　ハンケチ壱箱　桃澤

五月一日（木）

早朝、江原氏ヲ訪問シタルニ、既ニ外出セラレタリ。外務省ニ阪井徳太郎氏ヲ訪問シタルニ、是レ亦同志会へ往テ不在ナリ。電話ヲ借リテ話シタルニ、例ノ事ハ尚懸案ナリトノコトナリ。但午後総理大臣秘書官ニ問合ノ上返答スベシト。

然シテ午後ノ電話ニヨレバ、愈壱人ニ付一五〇〇ダケ支出スルコトニ決定シタリトノ事ナリ。

夕刻、青年会館ニ往キ、江原、服部、山本三人ノ為送別会ノ席ニ列ス。阪井氏ト尚面談シテ委細ノコトヲ聞キタリ。

沼澤久仁子、真野咲子送別ニ来ル。各餞別ヲ持来ル。

五月二日（金）

早朝、江原氏ノ宅へ赴キ、同氏ノ帰宅ヲ待チ金三千円ヲ受領シ、直チニ小﨑氏ノ宅ヲ訪ヒ、同夫人ニ弐千円ヲ渡ス。内五百円ハ余ノ分ヲ贈リタルナリ。

午後、大隈伯爵ヲ訪問シテ暇乞ヲナシ、又市役所ニ阪谷男爵ヲ訪問ス。同男ハ日米問題ニ付テ頗ル憂慮スル旨ヲ告グ。

勝治夫婦、片山寛、健次等来リ、留別ノ晩餐ヲ共ニス。

五月三日（土）

朝飯後、家族一同礼拝。彦三郎夫婦来ル。

品川停車場へハ学院ノ教員、生徒一同並ニ井深勝治夫婦、沼澤夫婦、真野夫婦、同正雄、片山とよ、桃澤静子等見送ル。母上、真澄、清見モ品川迄見送ル。

十時廿九分ノ列車ニテ横浜ニ赴キ、直チニ港務部ニ往キ荷物ヲ預ク。花子、勝治、健次、井深とせ子、熊野、三浦ノ六人ヲ携へ、万珍亭ト称スル支那料理屋ニ往キ午餐ヲ喫シ、港務部ノ船ニテ本船ニ乗込ム。

津田梅子、江原、服部、山本氏等ハ後ヨリ乗込ム。

五月四日（日）

早朝起床、入浴ス。

昨夜来風起リ、浪高シ。

同室ノ井上氏ハ少々船気ナリ。

午前十時三十分、礼拝アリ。一英国教師司式ス。式ハ監督教会式ナリ。

夕食後、江原氏ノ室ニ往キ快談ス。

津田梅子氏ハ終日室外ニ出ズ。

オルケストラノ催アレトモ、聞カズシテ就寝。

五月五日（月）

天気快晴。風浪漸ク静カナリ。

津田嬢モ甲板ニ出ツ。

牧師ジオーニス氏其他二三ノ米国［人］我等ニ来リテ曰ク、船中徒ラニ日ヲ送ランハ残念ナリ、毎日談話ヲ開キテハ如何、先ツカリオルニヤ問題ヲ以テ始メント欲ス、貴意如何ト。我等ハ直チニ同意シテ、服部綾雄氏ヲ発題者ト定ム。然ルニ其後米国人側ニ異議アリテ見合ハスコトトナリタリ。

夜ニ入リ音楽室ニ於テ日本人ノ懇談会ヲ開ク。津田嬢ハ日本ノ礼服ハ古風ヲ保存スベキコトヲ主張シタリ。

高峰譲吉氏ヨリ無線電信アリ、直チニ返電ヲ発ス。

五月六日（火）

半晴半曇ノ天気。存外寒シ。

新渡戸氏ノ「ジヤパニースネーシヨン」ヲ津田氏ヨリ借覧ス。英文ノ達者ナルハ感服ノ外ナケレトモ、何トナク厭味アル文章ナリ。所謂「気障《キザ》」ナ文章ナリ。

一英人アリ。船中ニ於テ決シテ加州問題ヲ論ズベカラズト忠告ス。

夜ハ音楽室ニ於テ又々談話会ヲ催ス。シヨーンズ氏、スピーヤ氏等モ来リ談ズ。

五月七日（水）

曇天、案外寒ク、且浪高シ。

昨日ニ続キ新渡戸氏ノ新著ヲ読ム。ソノ博識驚クベシト雖、少シク之ヲ謬ルノ嫌アリ、且日本ノコトニ付テハ杜撰ト思ハル、点少シトセズ。譬ヘバ無茶ナ人ヲ茶道ヲ知ラヌ人ト解スルガ如シ。

午後、食堂ニ於テヒリピンニ於テ農業課長タリシテイロルト云フ人ノ話アリ。

夜ハ音楽室ニ於テ再ビ日本人会ヲ催ス。

五月八日（木）

起床入浴如例。気候ハ著シク晴気ヲ催セリ。

午後、船客中ノ旅行実験談アリ。パルシーノ葬式談、ミロン島ノ象狩談等アリ。

夕食ニハ婦人連ハ日本ノ「着物」着用ニテ食卓ニ就キ大ニ賑ヒタリ。

夜ハ舞踏アリ、一寸見タレトモ馬鹿ラシクシテ見ルニ堪ヘズ。早々ニシテ寝ニ就キタリ。

五月九日（金）

午前ハ午後ノ演説ノ準備ヲナス。

午後三時ヨリ服部氏先ツ簡略ニ日本ノ政作ニ付話シ、余ハ日本ノ教育ニ付二三十分演説シタリ。俄カニ用意シタル割ニハ大喝采ヲ博シタリ。演説後、幾人トナク来リテ礼ヲ述ベタルモノアリ。

其後種々ノ遊戯アリテ面白シク日ヲ送リツ、アリ。

今朝ヨリ余程暖気ヲ催シタリ。

五月九日。今日ハアンチポードデーナリ。海上平穏ニシテ遊戯盛ナリ。

午後ハ支那デーニテ曹氏ノ支那改革ノ話アリ。

五月十日（土）

起床入浴如例。暖気大ニ加リ夏ノ如シ。

午後二時半ヨリ船長ネルソン氏ノ話アリ。彼ハ中々ノ滑稽家ナリ。但低音ニシテ十分ニ聞取難カリシハ遺憾ナリ。彼ハ太平洋ヲ横切ルコト、今回ニシテ百二十五回ナリト云ヘリ。

四時ヨリ三等ノ日本人船客ノ為ニ服部、江原、津田梅子三氏ノ話アリ。婦女子ニ菓子ヲ送ル。彼等ハ嬉々トシテ喜居タリ。

晩ニハ日本食ノ饗応アリ。外人ノ方ニハ仮装行列、舞踏会アリテ中々盛ナリ。

五月十一日（日）

海上平穏無風。

正午過、モンゴリヤ号ト出逢ヒ、此方ヨリボートヲ下シテ先方ニ漕付、郵便物ヲ交換シ且密航者三人ヲ（男子）乗移シテ日本ニ送返シタリ。無聊中ノ出来事トテ、船客一同ノ注意ヲ惹キタリ

午後、ジヨンース［ママ］氏ノ有益ナル説教アリ。

日曜日丈ニ船中静粛ナリ。

夜ハ如例音楽室ニ於テ談話ヲナス。

五月十二日（月）

午後五時半、ホノルル桟橋ニ着。内外ノ出迎人多シ。リチヤールド氏ハ自働車ヲ以テ我等ヲ出迎フ。内外ノ新聞記者、先ヅ我等ヲ撮影シ、直チニリチヤルド氏ノ宅ニ案内セラレ、内外ノ重立タル人々ニ面接ス。領事永瀧氏、正金銀行支店長等モ来ル。

喫茶ノ後、中央学院ニ於ル演説会ニ臨ム。服部氏先ヅ加州問題ニ付テ例ノ如キ演説ヲナシ、余ハ単ニ数言ノ挨拶ヲナシ、江原氏モ平和的ノ談話ヲ為セリ。聴衆ハ千余名ニテ盛会ナリキ。

九時四十分閉会。直チニ自働車ニテ望月クラブニ往キ、入浴ノ後、日本食ノ饗応ヲ受ケ、寝ニ就キタルハ十三時半頃ナリキ。留守宅ヘノ書信ヲ認メタリ。

五月十三日（火）

六時半起床、七時ニ朝飯ヲ喫シ、自働車ニテ先ヅ領事館ヲ訪問シ、同氏ノ案内ニテ最近ノ耕地、日本人カンプノ実況ヲ視察シ、デーマン氏ノ庭園ヲ見、リチヤールド氏宅ヲ訪問シ、ミッドオーシヨン学院ヲ訪問シテ一言ノ挨

捗ヲ述べ、ソレヨリ水族館ヲ見物シ、帰途市中ニテ絵はがきを求め、〔ママ〕十一時半比、コリヤ号ニ帰ル。見送人多ク、雑踏ヲ極ム。正午過、奏楽中ニ出帆ス。

ホノルル滞在中雨天勝ナリシモ、愉快ヲ時〔三〕ヲ移シ、但英字新聞ノ演説ノ報告ハ甚タ無完全ニテ誤報多シ。

五月十四日（水）

午前ヨリ天候宜シカラズ、少シク荒模様ナリ。

午後、食堂ニ於テミス津田ノ日本婦人ニ関スル講話アリ。頗ル好評ヲ博シタリ。英語ノ達者ナルコトハ今更ナガラ感服ノ外ナシ。恐ク英語ニ於テハ日本婦人中嬢ノ右ニ出ルモノアラザルベシ。

五月十五日（木）

雨天ニテ冷気ヲ催シ来ル。

午後、元ノデンバー市長スピヤ、地理学者フヤーバンクス、ウガンダノ宣教師ウオーカルス氏等ノ実験談アリ。中々面白カリキ。フ氏ノ説ニ、日本ノ杉トカリフオルニヤノ大本トハ別種ナレトモ兄弟ノ如シ、前世界ニ於テ共通ノ先祖ヲ有シタルコト推知スベシト。

五月十六日（金）

今日ハ出発以来ノ好天気ナリキ。

午後ハ東洋ノ婦人ト云フ題ニテ、先ツ曹夫人ノ演説アリタレトモ、低声ニシテ聴取ルコト能ハズ。其他三四婦人ノ話アリタレトモ格別ノコトナシ。

午後四時二十五分、「ホノルルアン」号ニ出逢フ。

五時ヨリ三等室ノ日本人五十名許リノ為ニ演説ヲナス。

久振ニテ月ヲ見ラレタリ。海上静カニシテ、寝ニ就クハ惜シキ心地シタリ。

五月十七日（土）

運送店ノ人来リ、荷物ヲ預ル。

桑港帝国ホテルへ宛無線電信ヲ発ス。

朝来雨天ナリ。

午後ニハアルゼンチン共和国ノ人ウーチチック氏ノ手紋ニ関スル面白キ講演アリ。英人プトナム氏、ソノ論文ヲ英訳シテ朗読シタリ。ウ氏ノ説ニヨレバ人ノ指紋ハ誕生ヨリ死ニ至ルマデ変ルコトナシ。又如何ニ焼クトモ削ルトモ復旧ノ形ニ返ルト云ヘリ。講演ノ後ニ指紋ヲ取リテ貰ヒタル人モ数名アリキ。

夕刻、再ビ日本人ノ三等船客ノ為ニ演説ヲ試ム。今回ハ彼等ノ希望ニ依レリ。

五月十八日（日）

昨夜来寒気加ハリ来ル。且ウネリ在リテ船動揺ス。

午前ノ礼拝ニハ僅ニ二十余名ノ出席者アリタルノミ。

人々上陸ノ用意ニ忙ハシ。

午後三時、江原、服部、山本、余ト三[四]人ニテ小祈祈[祷]会ヲ催ス。

五時半比、三等客ノ一日本人、突然海中ニ身ヲ投ズ。精神錯乱ノ為ナリ。船長ハ直チニ船ノ方向ヲ転ジテ円ヲ描キ、ボートヲ下シテ探見セシメタレトモ、遂ニ見出スコトヲ得ザリキ。三重県ノ伊東某ト云フモノ、由ナリ。

五月十九日（月）

正午過、仮碇泊所ニ於テ検査ヲ終リ、旅券ノ検査ヲ受ケ桟橋ヨリ上陸シタルハ二時比ナリキ。ストルヂ氏ノ案内ニテ直チニ南太平洋鉄道会社ニ行タレトモ、寝台ハ悉ク売切レタリト云フ。

桟橋ニ帰リ待ツコト二時間余ニシテ漸ク検査ヲ終ル。但待タセラレシノミテ何ノ故障ナシ。

井上氏ト共ニ帝国ホテルニ投ス。主人ノ案内ニ依ル。江原、服部両氏ハフヤールモントホテルニ投ス。

夜ハ領事沼野安太郎氏ノ招待ニヨリ同氏宅ニ於テ日本食ノ饗応アリ。我等ノ一行並ニ当地ノ重立タル日本人数名モ招カル。但食事ハ九時ヨリ始リ、十一時半過帰館ス。

五月二十日（火）

朝、主人ト共ニ鉄道会社ニ行キ、明日午前十時二十分発ノ切符ヲ求ム。

服部氏来ル。共ニ小川ホテルニ往キシニ、牛嶋来リガイ氏ト共ニ我等ヲ饗応ス。

ソレヨリフヘヤルモントホテルニ往キ、ドクトルジヨルタン氏ト面談ス。排日問題ニ付縷々陳ル所アリ。領事モ来会ス。

ソレヨリスタルヂ氏ヲ訪問シテ後、日本人伝道団ニ於テ数名ノ日本人ニ談話ス。

七時比帰館シテ、荷造ヲナス。

五月二十一日（水）

午前九時三十分、帝国ホテルヲ出発ス。

ホテルノ主人幷中村鉄次郎氏、渡船場迄来ル。スタルヂ氏ハオークランド迄見送ル。アウトルック及其他ノ雑誌ヲ送ラル。

昨夜来冷気ナリシガ、サクラメント以東ハ盛夏ノ気候ナリ。ロッキー山ノ景色ハ雄大ナリ。左右ノ山上ニハ残雪崆々タリ。

五月二十二日（木）
昨夜ハ暑気強ク、扇風器アルニモ拘ラズ殆ンド睡眠シ兼タリ。殊ニ上段ノ寝台ナリシ為ニ動揺甚タシク、不愉快ノ一夜ヲ送リタリ。
終日暑気強ク、砂塵ノ中ノ旅行不愉快ナリ。
壱弗七十セントヲ出シテ下ノ寝台ヲ求ム。
五月二十三日（金）
昨夜来冷気トナリ、大ニ凌易シ。
早朝、ポートル特ニ余ニ告ゲテ曰ク、日本天皇ハ大患ニ罹レリトノ電報アリト。直チニ起床シテ新聞ヲ見ルニ、成程陛下ハ肺炎ニ罹ラレテ熱度高シ。但危篤ニハアラズトナリ。主戦党ノ毒害ナリ云々ノ風説アレトモ、固ヨリ信ズルニ足ラズ。
東行スルニ従ヒ土地モ豊カニ、耕作モ進歩セルヲ見ル。且ツ前後左右満目悉ク平原ニシテ一山ヲ見ズ。沃野千里トハ実［ニ］之ヲ謂フカ。
五月二十四日（土）
昨夜ハ何故カ安眠ヲ得ザリキ。
途中、線路ニ破損ノ場所アリ。一時間許進行後レタリト云フ。然レトモ漸ク取返シテ、十時三十分ニシカゴニ着シタリ。而シテ辛ジテ十時三十分出発ノ急行車ニ接続スルコトヲ得タリ。
ネグローノポートル至極深切ナル男ニテ、種々注意ヲ与ヘ呉レタリ。午後三時二十分、ライマト云フ所ヨリハインツ氏ニ電報ヲ出ス。
午後九時五十五分、ピッポルグニ着ス。予期シタルハインツ氏ハ停車場ニ居ラズ。ホテルニ往ク覚悟ニテ念ノ為電話ヲ以テ問合ハセントシタル所ヘ一紳士来リ、我ハハインツナリト云フ。但シ突然電報ニ接シテ君ノ誰ナルヲ知ラズト云フ。一応説明ヲ聞キタル後、夫人ニ紹介シ「ピットビル」ホテルニ案内シ呉レタリ。直チニ入浴シテ、数日来ノ垢ヲ落ス。
五月二十五日（日）
Got up at 6.30 and had a warm bath.
After breakfast got ready and waited for Mr. Howard Heinz to call. He came a little after nine with his aunt and took me to the East Liberty Presbyterian Church. I saw and spoke a few words at the Sunday School. After the Church services he took me to his own home in the hill. It is a beautiful place, had nice lunch, then he and his wife took me to the Carnegie

Institute, then called on Mr. Guthrie who is just been appointed ambassador to Japan. Then we went over Mr. H. J. Heinz home.

Saw Meis Heinz, had dinner. He took me to the First Presby. Church where I happened to see old Mr. Davis.

6時半に起床、朝風呂に入った。

朝食後に準備を整えてミスター・ハワード・ハインツの訪問を待つ。彼は9時少し過ぎに彼の叔母と共にやって来て、私をイースト・リバティー長老派教会に案内してくれた。日曜学校に出て短いスピーチをした。教会での礼拝が終わると、丘の上の彼の自宅へ行く。すばらしいところだ。美味しい昼食をいただいた。その後彼と夫人と共にカーネギー研究所へ行き、さらに先ごろ駐日大使に任命されたミスター・ガスリーを訪ねる。その後H・J・ハインツ氏宅へ。

メイズ・ハインツ会って晩餐となった。彼に連れられて第一長老教会に行ったところ、懐かしいことにミスター・デイヴィスに遭遇した。

五月二十六日（月）

Left the Pitt Hill Hotel 6 A.M. and took the 6.45 train to New York. After changing cars at Philadelphia and Trenton arrived at Princeton 5.40. Came to the Princeton Inn. And met Miss Tsuda and other women delegates. Pretty soon Dr. Mott came into my room and told me that I might stay where I was though the other men delegates are staying at Hodge Hall. After dinner[,] or rather supper[,] we all held the first session of the Committee. Dr. Mott gave a most inspiring report. He is a wonderful man, a man of wonderful insight and energy. He puts me to utter shame.

ピットヒル・ホテルを朝6時に出て6時45分のニューヨーク行き列車に乗る。フィラデルフィアとトレントンで乗り換え、5時40分にプリンストンに到着。プリンストン・インに来た。そこでミス・ツダなど女性の代表団に会った。やがてドクター・モットが私の部屋入ってきて、他の代表団たちはホッジ・ホールに滞在しているが、私はここにいていいと言った。晩餐というより軽い夕食後に全員が委員会の最初のミーティングに出た。ドクター・モットの報告は非常に感動的だった。実にすばらしい人物、見事な洞察と活力の持ち主だ。比べて我が身が恥ずかしく思うほどである。

五月二十七日（火）

Miss Morse gave her report. Other reports followed hers. In the morning, subcommittee on finances in the afternoon and reception at Prof. Eeardman[sic]. Philderson[?] spoke on the work in non-Protestant countries. He spoke with fullness and intensity which was quite striking. It was after ten when the meeting adjourned. These are very busy days indeed.

ミス・モースが報告を行う。続いていくつもの報告があった。午前中に財務に関する小委員会、午後にはプロフェッサー・アードマンによる歓迎パーティ。フィルダーソン［？］が非プロテスタントの国々での活動について話した。内容の濃い話に大変感銘を受けた。解散になったときは10時を過ぎていた。とにかく忙しい日であった。

五月二十八日（水）

The subject for the morning session was the reports of the Basis Committee. I moved an amendment to the Basis and it was recommitted to the committee. President Hibbins gave a reception to us in the afternoon.

The report in Literature and Publication was discussed in the evening.

午前中の議題は基本委員会の報告についてだった。私は基本委員会の修正案を提出し、委員会に付託された。午後にヒビンズ会長が歓迎会を開いた。

夕方からは文学と出版についての報告書が討議された。

五月二十九日（木）

Business in the morning.

Basis committee in the afternoon.

French woman[‘s] movement not admitted into the Federation. Russian movement was admitted. The place and time of [the] next conference was[sic] discussed but not decided.

午前中は実務。

午後は基本委員会。

フランスの婦人運動は連盟に認められず。ロシアの運動は認められた。次回大会の場所と日程が話し合われたが、結論には至らず。

五月三十日（金）

Baron Nicholay was admitted as a full member. Dr. Friis’ letter was read[,] and [a] telegram was sent to him. Next conference is to meet in China [in] three years, but the final decision is to rest with the next special meeting of the general committee. In the evening[,] Dr. Mott and Miss Rouse were re-elected as general secretaries. So were Dr. Ferin and Mr. Selin though this was no small discussion. Mr. Mott read his correspondences with Mr. Leony an Episcopal clergyman in Rome.

ニコライ男爵が正会員として認められる。ドクター・フリースの手紙が読まれ、彼に電報が打たれた。次回の大会は3年後に中国でと大筋で決まるが、最終決定は次の一般委員会特別会議にゆだねられた。夕方にはドクター・モットとミス・ラウズが総主事に再選された。またドクター・フェリンとミスター・セリンも、ただしかなり議論があった。ミスター・モットはミスター・レオニーとの通信を読む。彼はローマの聖公会聖職者である。

五月三十一日（土）

The subcommittee met Mr. Lowrie and held a conference on the question of the Italian movement which seems to me quite on a wrong basis. I do not like the man either. Took 11.15 train to New York. After lunch at the Pen. Station we came to the Training School 135 East 52nd Street. We all went in motor busses（8 in all）to a reception guided by Mr. and Mrs. C. H. Dodge and Miss Grace Dodge at their home at River dale on Hudson. It is a very beautiful place. We came back in the same motor busses provided for us.

小委員会にミスター・ロウリーが参加、イタリアの運動について協議したが、私にはその運動は土台が間違っているように思えた。人物も好きになれない。11時15分の列車でニューヨークへ。昼食後、ペン・ステーションから東52丁目135番の訓練学校に行く。全員（合計8人）エンジン・バスに乗り、ミスター・C・H・ドッジ夫妻とミス・グレース・ドッジの案内で、ハドソン川沿いのリバーデイルの住まいでのレセプションに参加する。大変風光明媚なところである。手配していただいた同じエンジン・バスで帰った。

六月一日（日）

In the morning went to the First Ave. Church and heard Dr. Jowel preach a very good sermon. His subject God's leading in the[sic] every details of individual life. His point was it was the details that made up the final destiny, just as snowflakes contributes to make the avalanche. But in order to know this Divine leading three steps were necessary. 1. Surrender of will,

2. Constant wakefulness, 3. Unflinching obedience. The Church was full. In the afternoon, Mr. Ohno called and purveyed his complaints about his wife's lacking of sympathy. He took me to a Japanese restaurant. Wrote letters to home.

朝、一番街の教会に出かけ、ドクター・ジョエルの大変立派な説教を拝聴した。主題は神が人生のあらゆる細かな場面で人を導くということ、最終的な運命は小さなことが集まって、たとえば雪のひとひらが積もり積もって雪崩となるように、決まるということ。しかしこの神の導きを知るには、3つの段階が必要だという。1. 願望を棄てること、2. 常に意識を明瞭にしていること、3. ひるまぬ従順。教会は満員であった。午後にミスター・オオノが訪ねて来てどうも妻に思いやりがないという愚痴をこぼす。彼に連れられて日本食レストランに行った。家に何通か手紙を書く。

六月二日（月）

The party left the Training School 8 P.M., then took a large river boat from 42nd St. pier. Reached West Point a little after noon, and saw the pretty parade of the cadet army specially ordered by the President in honor of the Conference. Went through the buildings. From there took a special train to New Paltz. Then we [got] in carriages to Lake Mohonk Hotel where we were received by Mr. Samuels[?]. The place is a charming spot, the air is just delicious. The Hotel is big and most comfortable.

In the evening the conference began. I was put in the chain and gave the opening address.

一行は訓練学校を夜8時に出て、42丁目の埠頭から大型の川船に乗り、正午少し過ぎにウェストポイントに到着、士官学校生によるすばらしいパレードを見せてもらう。これは校長がこの大会のために特別に指示したもの。建物の中も案内された。ここから特別列車でニューパルツへ向かう。途中乗り換えてレイク・モホンクへ。ホテルでミスター・サミュエルズ［？］に迎えられた。魅力的な土地で、空気が実にすがすがしい。ホテルは大きく快適である。

夕方から大会が始まった。私は依頼されていたため開会の演説をした。

六月三日（火）

Got up early. Cool and bracing air is wonderful. In the morning session Dr. Mott gave in masterly way the progress of the［判読不能］work the wide world over； U.S. followed a period of intercession led by R. Wilder Then we broke up into three different secessions.

In the afternoon was a meeting of all Japanese delegates and decided to hold a prayer meeting and report every other meeting after the breakfast. Took a long walk over the hill. Received a letter from home.

早朝に起きる。ひんやりと身の引き締まる空気が心地よかった。午前の会ではドクター・モットが世界での［判読不能］活動の進捗について見事な報告を行う。その後米国についての話となり、次にR・ワイルダーが導くとりなしの祈りの時間がとられる。その後は 3 つの別々の会に分かれた。

午後には日本人代表団だけの会合があった。そして朝食後に祈りの集まりと、ミーティング一回おきに報告会をしようと決めた。丘で長い散歩をする。家からの手紙を受け取った。

六月四日（水）

In the morning session Miss Rouse read her report. Sectional meetings. The best methods of presenting the gospel to students in non Ctn. country.

In the afternoon took a walk to the observatory. Fine views in［sic］all sides.

In the evening Dr. Cairns spoke on Christ's Revelations of God.

午前中にミス・ラウズが報告を行う。部門ごとのミーティング。非キリスト教国の学生に福音書を伝える最上の方法について。午後は観測所まで歩いてみた。周囲全部が美しい眺めだ。晩にはドクター・ケアンズがキリストによる神の啓示について話す。

六月五日（木）

In the morning[,] Paster Le Seur spoke on the influence of Germany and its significances to the Federation.

Sectional meeting Principles underlying on efficient union or association.

In the afternoon committee meeting on Italian movement.

In the evening[,] Miss Pendleton, Pres. of Wellesley and Dr. Cairns spoke. The latter's address quite disappointing.

午前中、ルスール牧師が連盟へのドイツの影響とその重要性について語る。部会は効率的な同盟あるいは連合会の基礎となる原則について。午後は委員会、イタリアの運動について。夕方はウェルズリー大学学長のミス・ペンドルトンとドクター・ケアンズが発表した。後者の話は期待外れであった。

六月六日（金）

Baron Nicholay gave a very interesting address on the needs and opportunities of student movement in Russia.

In the afternoon the Chinese delegates gave a reception to all other delegates. They had their new national flag in the parlor, and made clever speeches. There are 25 Chinese at this conference.

In the evening[,] Dr. Speer gave a powerful address on Jesus Christ as our Example.

ニコライ男爵がロシアにおける学生の運動の必要性と機会について非常に興味深い演説を行う。

午後に中国代表団が他の代表団を招いたパーティがあった。新しい国旗を広間に飾り、巧みなスピーチをした。この大会に中国人は25名いる。

晩にはドクター・スピアがイエス・キリストをわれらの模範とする力強い演説をした。

六月七日（土）

In the morning Mr. Yui and Mr. Brockman made strong appeals for China. Sectional meeting（4）was rather dull.

A little after noon a severe thunder storm broke out[,] but after the rain it became quite cool.

In the［evening］Dr. Speer spoke again but was not quite so efficient as last night.

ミスター・ユイとミスター・ブロックマンが中国に向けた強いアピールを行う。分科会（部門）（4）はいささか退屈だった。

正午を過ぎたころに強い雷雨となったが、雨が上がるとたいへん涼しくなった。

［晩］にまたドクター・スピアがスピーチしたが、昨夜ほどの出来栄えではなかった。

六月八日（日）

A beautiful Sunday morning.

Bishop Brent preached from Rev. 4 : 1–2 a powerful sermon, one of the greatest sermons I have ever heard. It was of high［-est］intellectual order and yet deeply spiritual.

The conference has just closed. It has been a most delightful and in some respects one of the most remarkable I have ever attended. Dr. Mott's closing address was strong. Mr. Hunton, a negro, gave a very good address in "Negro Race" this afternoon.

好天に恵まれた日曜の朝。

ブレント主教が説教し、ヨハネの黙示録　4章1〜2節に基づき、力強い説教を行う。私が聴いた中でも最高の部類に入る。高度に知的でありながら、深い霊性に満ちていた。

閉会となった。非常に楽しく、またこれまでに出席した中でも目覚ましい会であった。ドクター・モットの閉会演説は力強かった。黒人のミスター・ハントンが「黒色人種について」というすばらしい演説をした。

六月九日（月）

Left Lake Mohonk with the party after nine A.M. and got in New York 3.30 P.M.

Mr. and Mrs. Ohori were at the Pier to meet me. Came with them to 102 West 123rd Street. Saw Mr. Arakawa, Miss Takiya and several Japanese young men boarding with them.

一行と共にレイク・モホンクを午前9時過ぎに発ち、ニューヨークに午後3時半に到着。オオホリ夫妻が埠頭に出迎えてくれる。2人と共に西123丁目へ赴く。ミスター・アラカワやミス・タキヤほか、若い日本人が数名同乗していた。

六月十日（火）

Got up early and in company with Mr. Ohori took an early train from the Pennsylvania Station to Asbury Park where the Synod of the Reformed Churches session.

Saw Dr. Chamberlin the secretary of the Foreign Board.

In the morning I was invited to sit as a correspondent member and to speak but business took a good deal of time and I was introduced only in the afternoon. I spoke for ten or fifteen minutes. I spoke［about］what the Reformed Church did for Japan for the Church of Christ in Japan, for the Meijigakuin and finally for myself. They received my speech well.

Afterwards several men and women spoke to me and cordially thanked me for it.

早起きし、ミスター・オオホリと共にペンシルベニア駅から早い列車でアズベリー・パークに向けて発つ。そこで改革派教会の大会が開かれた。

海外宣教委員会の主事であるドクター・チェンバレンに会う。

午前中に特派員として参加しスピーチするよう頼まれたのだが、業務に時間がかかり、紹介されたのは午後になってからであった。10〜15分のスピーチをした。改革派教会が日本や日本基督教会、また明治学院に、そして私個人に対してしてくれたことについて述べた。スピーチは好意的に受け入れられた。

その後何人かの男女が話しかけてきて、私に丁寧な礼を述べてくれた。

六月十一日（水）

Left Asbury Park with Ohori 7.25 A.M. Got into New York about 9. Bought railway ticket to Eagles Mere Park Pa. On the way found some letters waiting. At 3 P.M. the wedding of Miss Takiya to Mr. T. Arakawa took place. There were some dozen Americans and twenty or more Japanese friends were present. I officialized. The room was decorated with palms and peonies. Ice cream was served. The bride and the groom have gone to Asbury Park. It is getting quite warm. Received letters from Mr. Jerome Greene and Dr. Sanchez[?] inviting me[.]

朝7時25分、オオホリと共にアズベリー・パークを後にする。ニューヨークには9時頃到着。ペンシルヴァニアのイーグルス・ミア公園への列車の切符を購入。途中で何通か手紙を受け取った。3時からミス・タキヤとミスター・T・アラカワの結婚式が行われた。

数十人のアメリカ人と20人かそれ以上の日本人の友人が出席し、結婚の公的宣言を私が引き受けた。部屋にはシュロの葉やボタンの花が飾られていた。アイスクリームが出た。新郎新婦はアズベリー・パークへ向けて発った。かなり暑くなってきた。ミスター・ジェローム・グリーンとドクター・サンチェス［？］から招待状を受け取る。

六月十二日（水）

Went to see Dr. Harriman at his office. He has not changed since I saw him three years ago. His wife is better. Dr. Chamberlain invited me to lunch with him and Dr. Speer at the Natural Art's Club. Went to Fullin[?] St. to buy triangle and curve for Arakawa and then walked to Yokoda company. Saw Mr. Jerome Greene at his office. He invited me to dine with

him at the Century Club. After dinner time he took me over to the Harvard Club. Had a good talk with him. He advised me to make the university entirely non sectarian but simply base it upon Xtn idealism.
He as the sec. of the Rockefeller foundation is a very important man.
ドクター・ハリマンのオフィスを訪問。事務所を訪ねる。3年前にお会いしたときと変わらない。夫人の体調は改善した由。ドクター・チェンバレンに、ドクター・スピアと一緒に昼食をとろうと誘われ、ナチュラル・アート・クラブを訪ねる。フリン［?］通りへ行って、アラカワのために三角定規と曲線定規［?］を買う。それからヨコダカンパニーまで歩いた。ミスター・ジェローム・グリーンのオフィスを訪問。事務所を訪ねる。センチュリー・クラブでの夕食に招かれた。夕食後ハーバード・クラブに連れて行ってもらう。じっくり話ができた。
彼から、大学を完全に無教派にし、単純なキリスト教の理想主義に基づいたものにするようアドバイスを受ける。
彼はロックフェラー財団の役員であり、非常に重要な人物だ。

六月十三日（金）

In the morning wrote letters to home and several friends. Left New York by 8.50 P.M. for Eagles Mere Conference. Took the Central R.R. of N.J changed cars at Philadelphia to Phil. & Reading. Found Wilder and Cutt in the same train. Succeeded after some difficulty in getting a berth. The ticket agent in New York evidently neglected to attend to the matter.
午前中は家や友人らに手紙を書いて過ごす。ニューヨークを夜の8時50分に出てイーグルス・ミアの大会に向かう。ニュージャージー・セントラル鉄道に乗り、フィラデルフィアでフィラデルフィア・アンド・レディング鉄道に乗り換える。同じ列車にワイルダーとカットが乗っていた。寝台を得るのに多少の手間がかかった。ニューヨークで切符の手配担当者が明らかに放置していたようだ。

六月十四日（土）

We were to change cars at Halls but after being to place to get our breakfast we went to Willamsport and then came back to Halls. And after changing twice finally came up to Eagles Mere. I was at once taken to one of the cottages; “Alpine” It is a rude structure but awesome to the purpose. There are a large number of such cottages. The place has not begun to compare in natural beauty with Lake Mohonk. Everything is very [good] yet very rude here. The lake is larger but no rocks about it. There are some hotels on the other side of it. Wilder gave an address in the morning. Sunset meeting by the lake and a group meeting in the evening.

ホールズ駅で乗り換える予定だったが、朝食を摂るために下車してウィリアムスポートに行き、ホールズまで戻った。二度乗り換え、ようやくイーグルス・ミアに到着。私はすぐに「アルプス」コテージのある場所に案内された。素朴な造りであるが立派に用を果たしている。そんなコテージがたくさんある。ここは自然の美においてレイク・モホンクには及ばないようだ。すべてがとてもよいのだが、まだまだ粗雑である。湖は大きいが岩はない。向こう岸にいくつかホテルがある。朝はワイルダーがスピーチした。日没のミーティングが湖のそばで、晩にグループ・ミーティングが開かれた。

六月十五日（日）

Mr. Brockman spoke about the recent changes in China. In the afternoon I spoke on the laws & ethical problems of new Japan. Dr. Chamberlain wanted my notes. He thought it could be published in the Outlook or the Independent. A German Sec. wanted to translate it into German. Brockman made another strong appeal for China. Brockman, McMillan, Miss Welles and myself left Eagles Mere in an automobile at 8.15 and rode in it for thirty miles or more. Then took train for Phil. where changed again for New York.

ミスター・ブロックマンが中国の最近の変化について話す。午後には私が、新しい日本における法と倫理的な問題について語った。ドクター・チェンバレンが私の原稿を所望した。それを「アウトルック」か、あるいは「インディペンデント」の記事として出版できると考えたのだ。ドイツの主事の1人がドイツ語に訳したいという。ブロックマンが再び中国について力強いアピールをした。ブロックマン、マクミラン、ミス・ウェルズと私で8時15分に自動車でイーグルス・ミアを発ち、30マイルかそれ以上乗った。その後フィラデルフィア行き列車に乗る。そこでまたニューヨーク行きに乗り換えた。

六月十六日（月）

Arrived rather tired at New York about 10 o'clock. Found a note from Mr. Severance saying he can see me between 11 and 12 o'clock this morning. Therefore I changed my dress and went to his office about 11.30. After asking a few questions he said when I asked if he would not be willing to give $10,000 for a new lot. He said he could not give so much but will give $7,500 for this purpose if we get it within two years. Thanked him for it. Went to Pres. Board and Dr. Speer took me and Dr. Brown to Princeton Club to lunch. Went to Board again and had some checks cashed And with Ohori went to the Y. S. Bank to get Travellers Cheque. Called on the council, bought us steamer tickets, [and] R. way tickets to Washington. In the evening spoke with Japanese young men.

10 時くらいにいささかくたびれてニューヨークに着く。ミスター・セヴェランスからのメモを受け取る。午前 11 時から 12 時までなら会えるという。そこで服を着替え、11 時半頃に彼のオフィスに出向いた。いくつかの質問の後に、彼に新たに 1 万ドルの寄付を願えないかと尋ねると、そこまでの大金は出せないが、7 千 500 ドルならばこの目的のために与えよう、2 年以内にと言ってくれた。彼に謝意を表した。長老派の理事会に行く。そこでドクター・スピアが私とドクター・ブラウンをプリンストン・クラブでの昼食に招いてくれる。再び理事会へ戻っていくらか小切手を現金化。そしてオオホリと一緒に横浜正金銀行に行き、トラベラーズチェックを発行してもらう。カウンシルに出向いて汽船の切符とワシントンへの鉄道の切符を買う。晩には日本人の若者たちと語り合った。

六月十七日（火）

Yesterday afternoon a telegram came from Viscount Chinda inviting me to dinner tonight but had to decline it on account of my engagement with Dr. Goucher this noon. Went to the club on time and took lunch with Drs. Goucher, Burlin, Mott and Shailer. There was with us Mr. Williams of Nankin University. He spoke first and then I spoke. Asked Committee opinion in regard to the Union in [the] college department. They favor union[s]. Then I said what was needed most is men in this country who will give his life for it. Dr. G. at first did not agree but Dr. B. and M. thought I was right about it.

［欄外］I had only 20 minutes or so to speak & answer questions.

昨日は午後に珍田子爵から電報で今日の夕食への誘いがあったが、ドクター・ガウチャーと昼に約束があったため、やむなくお断りした。時間通りにクラブに行き、昼食をとる、いずれもドクター・ガウチャー、ドクター・バーリン、モットとシャイラーも一緒だった。南京大学のミスター・ウィリアムズも同席した。まず彼が話し、その後私が話す。大学部門の連合に関して委員会の意見を聞いた。連合に賛成とのことだ。私は、さらに必要なのは、この国のために、命を捧げる人々だと言った。ドクター・Gは、はじめは賛成しなかったが、ドクター・BとMは私の言うことは正しいと考えた。

［欄外］私が話して質問に答えるのに、20分しかなかった。

六月十八日（水）

Took 12.30 A.M. train from New York and arrived at Washington 7.12. After having breakfast at the station I went to the Embassy about 8 o'clock but the clerk was still in bed and would not come out. I sent up the telegram from the Ambassador and then he hurriedly came down and excused himself. Later on Mr. Hanihara came and advised me to call on the Ambassador which I did. He received me kindly and invited me to be his guest. At 3 P.M. he took me and Messrs. Soeda & Kamiya to the State Department and introduced me to Secretary Bryan who was most cordial and freely talked on the California question. He said he coined a new phrase "nothing final between friends" Viscount gave me on the other side to the soldiers homes[.] Mr. Hanihara gave me & Ushijima and Abiko drove around Rock Creek & invited us to a dinner at the Rest Gordon of The Raleigh Hotel.

ニューヨークから夜中の12時半の列車に乗り、朝7時12分にワシントン到着。駅で朝食を済ませ、8時くらいに大使館を尋ねたが、事務官はまだ寝ており、出てこない。私が大使からの電報をわたすと急いでやってきて謝罪した。後でミスター・ハニハラが来て、大使を訪ねるよう勧めるので、それに従った。

彼［大使］は親切に迎えてくれ、客としてもてなしてくれた。

午後3時に大使は私とミスター・ソエダとカミヤを連れ

て国務省に行き、ブライアン長官に紹介してくれた。長官は非常に友好的で、カリフォルニアの［排日土地法］問題に率直な意見を述べた。彼は「友人の間で決定的というものはない」という言い回しを考案したのだそうだ。子爵は私を反対側の兵隊の家へ送ってくれた。ミスター・ハニハラは私とウシジマ、アビコをロッククリークにドライブに連れて行ってくれ、またラレー・ホテルのレストラン・ゴードンでの晩餐に招待してくれる。

六月十九日（木）

Ambassador took me and Messrs Soeda & Kamiya to the White House at 10.25 and introduced us to President Wilson, who received very cordially. Mr. S. spoke for the affiliated chamber of Commerce and I spoke for the Church Federation in Japan. I expressed our appreciation of what he is doing towards just & fair solution of the Cal. Land question and assumed him of our confidence in his administration. He spoke about selecting the ambassador to Japan with special care.

Ambassador, Mr. Soeda & myself were invited to luncheon to Mr. Bryan's. Both he and Mrs. Bryan were much cordial. Mr. B. spoke of his experience in Japan, his weakness for white radish. Took 4 P.M. train and got in New York 9 o'clock.

大使に伴われ、私とミスター・ソエダ、カミヤは10時25分にホワイトハウスを訪問。ウィルソン大統領に紹介され、暖かい歓迎を受けた。ミスター・Sが商工会議所の支部について、私は日本の教会連盟について話した。私は彼がカリフォルニアの土地［法］問題に対して正しく公平な解決をめざしてくれていることに感謝し、彼の政権に信頼を置いていることを表明した。彼は日本駐在大使を注意深く選んでいることを語った。

大使とミスター・ソエダと私はミスター・ブライアン宅での昼食会に招待される。ブライアン夫妻はとても暖かく迎えてくれた。ミスター・Bは日本での経験を語り、大根が苦手だと言った。午後4時の列車に乗り、9時にニューヨークに着いた。

六月二十日（金）

Spent most of the morning in writing letters and packing. At 1 P.M. I was invited by Mr. & Mrs. Arakawa with Mr. & Mrs. Ohori to a Japanese Restaurant "Wakamatsu" and enjoyed a really fine Japanese dinner. I was astonished to see how complete a Japanese dinner it was. In the afternoon went to Macy's to buy a things[sic] to take home with me.

At the supper I treated the inmates of the house with ice cream and strawberries and gave them short talk. Mr. & Mrs. Ohori came to my room and had a long talk. They complained of each other and I gave them "a lecture".

手紙を書くことと荷造りに午前中のほとんどを費やす。午後1時にアラカワ夫妻から、オオホリ夫妻とともに日本食のレストラン「ワカマツ」に招待され、美味しい和食を楽しんだ。和食として何からなにまで整っているのに大変驚いた。午後にはメイシーズに出かけて日本にもって帰るものを買う。

夕食時、同宿の人たちにアイスクリームとイチゴをふるまい、簡単な挨拶もした。オオホリ夫妻が私の部屋まで来てくれ、長く話し込んだ。2人がお互いに愚痴を言うので、私は軽い「訓戒」を垂れておいた。

六月二十一日（土）

Left the house 8.30 in automobile. Mr. & Mrs. Ohori & Mr. Takiya came with me. Shirao & two other young men came to the steamer. Prinz Friedlich Wilhelm is a very large ship. But it is full. Somehow I do not like it very well. The day is fine and the sea quiet. The deck is full of people and hardly any room to move about. Everybody is speaking German and I can not but feel that I am in a strange land or alien Sea. At the table there sits next to me [a] Roman Catholic priest who shakes terribly. Evidently he is a victim of smoking or drinking or both.

自動車で宿を8時30分に発つ。オオホリ夫妻とミスター・タキヤが同行。シラオと青年2人が汽船まで見送りに来てくれる。プリンツ・フリードリッヒ・ヴィルヘルムは非常に大きな船だ。それが満員である。どうも居心地がよくない。晴天で、海は穏やかである。甲板は人でごったがえし、動く隙間もないほどだ。皆ドイツ語を話しており、自分が見知らぬ土地、または異国の海にいる気がしてならない。その後テーブルにつくと隣にローマ・カトリックの神父が座り、ひどく体が震えていた。あきらかに煙草か飲酒、あるいは両方のせいであろう。

六月二十二日（日）

Good weather & calm sea all day. Only it was a little foggy in the morning. Dame Introduced me to a Hungarian Minister and his wife. A Methodist preacher and his wife sit opposite to me at the table. They are going to the Convention at Zurich. Three more people told me that they too are going to the Convention. Read Bryan's "Fruits of the Tree"

ずっと好天で海も穏やかな日。朝に多少霧がかかった程度である。年配の婦人が私をハンガリー人の牧師とその夫人に紹介してくれる。テーブルの向かいにはメソジスト派の牧師と夫人がいた。チューリッヒでの会議に行くと言う。同じ会議に行くという人が他にも 3 人いた。

ブライアンの著書『木になる果物』を読む。

六月二十三日（月）

A calm sea and fine weather all day.

Noisy on the deck but slept a good deal.

まる 1 日海は静かで晴天。

甲板が騒がしいが、よく眠れた。

六月二十四日（火）

Fine day again. We made 435 miles yesterday. The first day it was 393 and the second day the same, the day before yesterday 410.

Read the guidebooks on Switzerland & Italy.

また好天の日。昨日は 435 マイル進んだ。初日は 393 マイル、2 日めも同様、一昨日は 410 マイルだった。

スイスとイタリアの旅行案内書を読んで過ごす。

六月二十五日（水）

It was foggy in the morning but in the afternoon it cleared off. I am feeling perfectly well but it is getting tedious.

朝方霧が出たが、午後にはきれいに晴れた。体調はすこぶる良いが、いささか退屈になってきた。

六月二十六日（木）

A fine weather again.

Wrote a long letter to Dr. Imbrie. Wrote to Mr. Sakai too giving an account of my interviews with President Wilson and Secretary Bryan.

Wrote also to Mano congratulating him on his appointment as the President of the Kyushu University. Wrote also to the Ohori and the Arakawas thanking them for their attention during my stay in New York. They had dancing which was funy[sic] to say the least.

また好天となる。

ドクター・インブリーに長い手紙を書いた。ミスター・サカイにも、ウィルソン大統領とブライアン長官との会見について説明する手紙を書く。
マノにも九州［帝国］大学総長就任を祝う手紙を書く。
オオホリとアラカワ夫妻にもニューヨークで世話になった礼を書いた。彼らはダンスを披露してくれたが、それは控えめに言っても面白かった。

六月二十七日（金）

A fine day again - have been lazy and have done nothing.
今日も晴天。怠けて何もせずに過ごした。

六月二十八日（土）

A beautiful day, warm and nice on the deck. The sea as smooth as a lake.
Wrote several letters and post cards
Sighted land at 4.30 P.M. and arrived at Plymouth at 11.30. About 180 passengers got off. Left the port at 11 : 50.
すばらしい好天で暖かく、甲板で過ごすのが心地よい。
海が湖のごとく滑らかである。
何通か手紙と葉書を書く。
陸が午後4時30分に見え、11時30分にプリマスに着いた。180名ほどの乗客が下船。11時50分に出港した。

六月二十九日（日）

Got up at 4.30 A.M. and got in the harbor of Cherbourg at 6.25. Went through the custom house and left the place 7.22 A.M. reaching Paris 1.15 P.M. I became acquainted with a young Swiss on board the steamer. We agreed to travel together as far as Basel, and we helped each other. His name is Jean Aemisegger. He is a designer in N.Y. After buying the R. R. tickets we took lunch together and walked along the Bourvald[sic] and then took supper at a restaurant where I was surprised to the wife of the proprietor speak a few Japanese words. We took 9 P.M. train to Zurich. ~~Aemisegger left to Basel~~.
朝の4時30分に起床。6時25分にシェルブール港に入った。税関を抜けて出発したのが朝7時22分、パリに着いたのが午後1時15分であった。私は汽船の上で若いスイス人と知り合いになった。バーゼルまでは一緒に行こうということになり、2人で助け合う。ジャン・エミゼッガーという青年だ。ニューヨークでデザインの仕事をしている。列車の切符を買って、共に昼食をとり、大通りをぶらぶら歩き、とあるレストランで夕食にしたが、驚いたことに店主の夫人が少し日本語を話した。午後9時の列車でチューリッヒをめざす。~~エミゼッガーは~~

~~バーゼルへと発った~~。

六月三十日（月）

The R.R. porter showed us a compartment which we could have to ourselves. We gave him 2 francs for it. I tried to lay down and sleep but did not sleep or could not. The day dawned at 3.30. The country ［is］ pretty and the air cool. Aemisegger left to Basel. I arrived at Zueich at 8.35 and took a room at Hotel St. Gothard. After taking lunch went to Cook's office and Hotel Gloekenhof to see Mr. Frank Brown. I found that Mr. Heinz went to Rheinphelden［sic］ to receive medical treatment because he was very much run down. And Mr. ［Brown］ advised me to call him.

列車のポーターが車室に案内してくれ、そこをわたしたちだけで独占できた。お礼に2フランを渡した。寝ようと横になったが結局眠らなかった、というより眠れなかった。朝3時30分には夜が明けてきた。美しい国であり、空気はひんやりしている。エミゼッガーはバーゼルへと発った。私はチューリッヒに8時35分に到着、ザンクト・ゴットハルト・ホテルに部屋を取った。昼食をすませてからクックの店、そしてグロッケンホフ・ホテルにミスター・フランク・ブラウンを訪ねる。ミスター・ハインツがラインフェルデンに行ったと知った。大変疲れて体調が悪く、治療を受けるためだそうだ。ミスター・ブラウンに、見舞いに行くよう勧められる。

七月1日（火）

I took 9.45 train to Rheinphelden［sic］ and got there 11.30 and walked down to the Hotel de Salines. I found Mr. Heinz as cordial as ever. He at once invited me to dine with him and his sec. He talked over different matters and took walk with me and took supper with me in time for me to take 7. P.M. train. He also invited me to stay with him at the hotel until the convention. I told him that I did not need more money for my travelling expenses. He said he appreciated it very much because he had spent a good deal of money already.

9時45分にラインフェルデン行き列車に乗り、11時30分に着いて、サリーヌホテルへ向かう。ミスター・ハインツはいつものように暖かく迎えてくれる。すぐに彼とその秘書と共に午餐しようと誘われる。彼と様々な話をし、共に散歩をし、夜7時の列車に間に合うよう夕食を共にした。また、会議までこのホテルに泊まればどうかと誘ってくれた。私はこれ以上旅費をかけられないと話した。彼はもうすでにかなりの出費をしていたため納得し、感謝もしてくれた。

七月二日（水）

Came over to Hotel Glockenhoff where Mr. Brown is staying. It is a family hotel or pension. More quiet and cheaper than St. Gothard. Went over to Bour au Lac and saw Dr. Bailey, Mr. Lawrence and Mr. Brenner and found that I was down in the Program for two more addresses of which I knew nothing before. But I have to get ready for them. There is at the Hotel a Methodist Bishop J. C. Hartzell[,] who is in Africa. He is a very interesting man to talk with. In the afternoon I took a ride to the top of Uettiberg. The view was fine. Only that there were clouds at distance though the day was fine and the Alps could not be seen. But the whole city of Zurich and the Limmat valley are at your feet.

ミスター・ブラウンのいるホテル・グロッケンホフを訪ねた。家族経営の小ホテル、あるいはペンションである。ザンクト・ゴットハルトより静かだし安価だ。バウアー・オ・ラック・ホテルに行き、ドクター・ベイリーとミスター・ローレンス、ミスター・ブレナーに会う。そこで初めて、私が予定より２回余分に演説する日程となっていることを知った。しかし準備はしなければならない。ホテルにはアフリカで活躍しているメソジスト司教であるＪ・Ｃ・ハーツェルがいた。話して非常に楽しい人物である。午後には車でユトリベルク山に行った。景観が美しかったが、遠くに雲があり、こちらは晴れていたがアルプスは望めなかった。しかしチューリッヒとリマト渓谷の全景が眼下に一望できた。

七月三日（木）

Bought a few presents for mother, Hana and [the] children. Wrote letters to home and friends.

母上と花、子供たちに土産を買う。家や友人らに手紙を書いた。

七月四日（金）

I took 9.35 A.M. train for Rheinfelden where I was invited to come by Mr. Heinz. It is an old town on the Rhein and the Hotel Salines Where he is stopping with his son is a first[-]class hotel and a kind of sanatorium. I am glad to be here where it is so quiet. They gave me a very fine room. In the afternoon we took a walk through the town and then he & I took a carriage ride to the other side of the river which is German soil.

He asks me questions about his addresses which he has to make at the convention. His son is a very different type of man from his father.

朝9時35分の列車で、ミスター・ハインツに招かれていたラインフェルデンへ。ライン川沿いの古い街で、彼が息子と泊まっているホテル・サリーヌは一流のホテルでもあり、一種のサナトリウムでもある。大変静かな場所で、来てよかったと思う。立派な部屋を提供された。午後には街の中を散策し、その後彼と私の2人で川の向こうへ馬車でわたると、そこはもうドイツ領である。

彼が大会ですることになっている演説について、いくつか質問された。息子は彼とは全く違うタイプである。

七月五日（土）

Yesterday I helped Mr. Heinz in going over his address. Today I read to him my address and he made several suggestions from a practical point of view. They seemed to me reasonable and I made up my mind to recast the whole thing, making it more practical and adopted for the audience.

He presented me with a cane which he bought in the town. He gave it as a birthday present.

I wrote my address on the Sunday School and Reli. Givers Education and worked until late at night.

昨日はミスター・ハインツの演説原稿の手伝いをした。今日は私が彼に原稿を読み、それに対して実際的観点からいくつか提案をもらった。的を射ていると思ったので、全部を書き直すこととし、より実際的に、聴衆に合わせたものにしようと決めた。

街で買ったというステッキを見せてくれた。それを誕生日の祝いとしていただいた。

夜更けまでかけて、日曜学校と献金教育についての演説原稿を書く。

七月六日（日）

I rewrote my address and showed [it] to Mr. Heinz and he liked it much better. In the afternoon Mr. Heinz took me in an automobile to Augst to see the great Electonic[sic] Dinamo by the water power. It is a wonderful work costing 13.000.000 Francs. Wrote a letter to Dr. Dunborn[?]

Worked on my address till late at night and got ready for leaving tomorrow.

書き直した原稿をミスター・ハインツに見せると、格段に良くなったと言ってもらえた。午後に彼に連れられて自動車でアウグストに行き、水力発電所を見学した。すばらしい設備であり、建設に1300万［スイス］フランかかったとのこと。ドクター・ダンボーン［？］に手紙を書く。

夜は遅くまで演説原稿を書き、明日早くに発つ準備もした。

七月七日（月）

Left with Mr. Heinz and his son the hotel at Rheinphelden [sic] a little before 11 A.M. and came to the Hotel Golckenhof at 1 P.M.

In the afternoon Mr. Kozaki called and compared our notes since we left home. Together[,] we went to the office of the Convention and paid the fee, received the badge[,] and found some mail from home. All is well at home.

午前11時少し前、ミスター・ハインツとご子息と共にラインフェルデンのホテルを出て、午後1時にホテル・グロッケンホフに到着。

午後、ミスター・小崎が訪ねてきて、出国してからの双方の覚書の突き合わせをした。一緒に大会の事務室に出向き、費用を払い、バッジをもらい、何通か手紙を受け取る。家は皆つつがなくやっているとのこと。

七月八日（火）

The convention began at 4.30 in the Town Hall[sic] which is a beautiful building. It accommodates 2,000 and it was full. The opening exercises were very good but the sermon was too long. I was asked to pronounce the benediction in Japanese.

In the evening words of welcome from different representative and response were made by delegates from six continents. The meeting was too long.

［第七回世界日曜学校］大会が4時30分、美しいコンサートホールのトーンハレで開会された。2千人を収容する会場、そこが一杯である。

開会式は非常に良かったのだが、説教が長すぎた。私は日本語で祝祷を唱えるよう求められた。

晩にはそれぞれの代表からの歓迎の言葉に対し、6大陸からの代表団による応答の言葉があった。これにかなり時間が取られた。

七月九日（水）

The Forum at the Tonhalle. Dr. Mayer's message was very good. So was President Bailey's message. Reports of Commission on Europe and the address in Modern Sunday School were good[,] too. In the afternoon went to the Executive Committee meeting and presented the invitation from Japan.
The evening at the Tonhalle again. Reports on South Africa.

トーンハレでフォーラム。ドクター・メイヤーの挨拶が非常に良かった。ベイリー会長の挨拶もすばらしかった。ヨーロッパに関する委員会報告も大変立派だ。午後に執行委員会のミーティングに出て、［大会を］日本に招致する件を発表した。

晩は再びトーンハレで。南アフリカに関する報告。

七月十日（木）

The morning at the Tonhalle. Report on India. £1600 for India presented from Scotland. Roll call of Nations began with Russia, Sweden, Spain, Germany and Bulgaria.
In the afternoon went to the Executive Committee. Reports and findings of six commissions took long time. As I had to speak in the evening I left before this, finally acted on our invitation. But Kozaki stayed and saw the committee agree unanimously to accept it. In the evening the Dinner Party had the whole thing to itself. The convention on the proposal of Mr. Heinz supported by Sir Francis Belsey unanimously voted in favor after hearing this invitation need[ed] by myself.

午前中はトーンハレ。インドについての報告。インドにスコットランドから1600ポンドの寄付提示があった。参加各国が点呼を受けて一言述べる「ロールコール」。ロシアから始まり、スウェーデン、スペイン、ドイツ、ブルガリアと続いた。

午後には執行委員会に行く。6つの委員会がそれぞれ報告し結論を述べるので、時間がかかった。私は晩にスピーチをしなければならないので、その前に退席し、最終的には招致に応じた。しかし小崎が残って、委員会が満場一致でこれを受け入れたのを見届けた。晩餐会があり、夜はそれに費やされる。

大会は、フランシス・ベルゼー卿の支持を受けたミスター・ハインツの提案に基づき、私自身がこの招致の必要性を訴えた後、満場一致で賛成票を投じた。

七月十一日（金）

In the morning went to the Fraumunster Church. Kozaki responded to the Roll Call of Nations. He read his address for five minutes. It rained heavily all day as it has been raining every day since the Convention began.

In the afternoon I went to the conference at the Methodist Church and spoke on correlating the Bible Study in Mission Schools with that of in the Sunday Schools.

In the evening the Tonhalle. Bishop Harzele reported on Moslem world.

朝の会場はフラウミュンスター教会。小崎がロールコールに応じた。彼は5分ほどスピーチした。大会が始まってから毎日雨模様だが、今日はまる1日強い降りだった。

午後、メソジスト教会での会議に出て、ミッション・スクールでの聖書研究を日曜学校でのそれと比較して話をした。

晩はトーンハレ。ハーツェル主教がイスラム教の世界について説明をした。

七月十二日（土）

In the morning a memorial service for Mrs. Hartshorn. Dr. Zwemer gave a splendid address in Moslem world pointing out that it was ripe unto Harvest. Subscriptions were then taken up amounting to $1200,000. The Budget is 400,000 dollars more. New officers were nominated and elected. They put me on the Executive Committee. Mr. Heinz paid for Kozaki life membership. In the afternoon there was a concert. The missionaries from Japan, Formosa and Korea and Kozaki & myself had a Banquet at the Tonhalle restaurant 20 people in all.

午前中にミセス・ハーツホーンのための追悼礼拝が行われる。ドクター・ツエマーがイスラム教の世界について優れた演説を行い、機は熟したと指摘する。寄付金は120万ドルに達した。予算にはまだ40万ドル足りない[？]。新たな役員が推薦され、選出された。私は執行委員に任命された。ミスター・ハインツが小崎の生涯会員の会費を支払った。午後にはコンサートがあった。日本と台湾、韓国からの宣教師と小崎と私でトーンハレのレストランで晩餐会、総勢20人だった。

七月十三日（日）

In the morning went to the Tonhalle. After the service there

was ［a］ children's service. The Hall was full.
In the afternoon was invited to the farewell meeting of the Tour party by Mr. Heinz and spoke a few words. Mr. Kinear invited Kozaki & myself to dinner. In the evening attended the Executive. A long discussion about the budget for the next three years. Came back 11.30.
午前中はトーンハレへ。礼拝の後で子供たちの礼拝があった。ホールは満員であった。
午後にはミスター・ハインツが視察団の送別会を開き、スピーチをした。ミスター・キニアが小崎と私を夕食に呼んでくれる。晩は執行［委員会］に出る。今後3年間の予算について、長い議論がなされた。11時30分に戻る。

七月十四日（月）

Rain ceased and it is very hot.
Stayed in the room all morning writing my address on Sunday School and Religious Education in Japan tomorrow afternoon.
In the afternoon attended the Executive Committee meeting. Long discussion again on the budget and on the division of fields between Great Britain and America. The budget is too large. Sir Robert Laidlaw invited us and Mr. Heinz and the two general secretaries to dinner and we talked about the next convention in Tokyo. Dr. Merger appealed for subscriptions for extending the Sunday School work.
雨が止み、ひどく暑くなった。
午前中は部屋で、明日の午後にする予定の日本の日曜学校と宗教教育についての演説原稿を書いていた。
午後から執行委員会のミーティングへ。再び予算と、英国とアメリカの分野の分担についての長い討議。予算が巨額すぎる。サー・ロバート・レイドローが私らとミスター・ハインツと2人の総主事を晩餐に招き、東京での次回大会について話し合った。ドクター・ミーガーが、日曜学校の活動を拡大するための寄付を募った。

七月十五日（火）

The last day of the convention. In the morning went to the Tonhalle. Kozaki spoke a few words of thanks for accepting our invitation. In the afternoon went to the Executive Committee meeting and also spoke at the smaller hall on the Sunday School and the Religious Education in Japan.
In the evening the Hall was crowded and I was called upon to

speak about our invitation without any further notice. I was told to keep within ten minutes. Therefore I began with referring to Kozaki's speech in the morning and proceeded to give the reason why the conventions should be held in Tokyo, and closed with renewing our invitation.

But Mr. Heinz was quite disappointed because I did not speak more fully about the commission.

大会最終日である。午前はトーンハレに出る。日本での開催を承認してくれたことに小崎が簡潔に感謝の言葉を述べた。午後には執行委員会のミーティング、また小ホールの方で日本における日曜学校と宗教教育についてスピーチした。

晩には大ホールは混みあっており、私は日本への招致について話すよう言われたが、その後は特に指示もない。10分以内に収めるように言われる。そこで私は朝の小崎のスピーチに触れ、大会を東京で開くべき理由について述べ、招待の言葉をくり返して締めくくった。

しかしミスター・ハインツはかなり失望していた、私が委員会について詳しく触れなかったためだ。

七月十六日（水）

Early in the morning I called on Mr. F. Brown and explained the situation. He thought I was quite right but kindly offered to see Mr. Heinz about the matter. He did so and told me to see him myself. So I went to his room and found him in much better humor. I apologized to him for my oversight in not speaking more fully about the commission and he very cordially accepted and took out [a] 500 franc bill and presented it to me to meet the expenses of my stay in Europe. So it ended all right. Went to the Museum and the University and called on Mr. Heinz again to say good bye to him.

朝早めにミスター・F・ブラウンを訪ねて事情を説明した。彼は私の言い分を正当と思ってくれたが、親切にミスター・ハインツに取り次いでくれ、私に直接会うようにうながす。そこで部屋に行ってみると、彼の機嫌はかなり良くなっていた。私が委員会についてもっと詳しく述べなかったのは過失であったと詫びると、彼は快く受け入れてくれ、ヨーロッパ滞在費の足しにするよう、500［スイス］フラン札を出してくれた。ということで丸く収まった。美術館と大学を訪ね、またミスター・ハインツのところに寄っていとまごいをした。

七月十七日（木）

Kozaki and I left Zurich 7.25 A.M. for Milan.

Saw snowcapped Alps, beautiful lake and water falls. St. Gothard was magnificent. Arrived at Milan at 12.30, went to Hotel Victoria. After lunch went to the Cathedral. It is more imposing inside. After that we went to the castle and then to S. Maria delle Grazie but were too late to see the Last Supper. Milan is evidently a prosperous city, full of the people are active[sic].

小崎と共に朝7時25分にチューリッヒを発ってミラノに向かう。

雪をいただいたアルプス山脈や美しい湖、滝が見えた。ザンクト・ゴットハルト［峠］は絶景だった。ミラノに12時30分に到着、ホテル・ヴィクトリアへ行く。昼食後に大聖堂へ行った。内部はさらに壮麗である。その後、城、さらにサンタ・マリア・デッレ・グラツィエ教会に足を延ばしたが、時間が遅く、［ダ・ヴィンチの］最後の晩餐は見られなかった。ミラノは見るからに豊かな都市である、活気ある人々で満ちている。

七月十八日（金）

Left Milan by 7.10 train for Venice.

The scenery is quite different now. It looks more like Japan with mulberry trees and corns. Tops of hills are dotted by monasteries. Arrived at the station 11.30 and took a gondora to the Hotel Angreterre which just opposite the monument on the Grand Canal. After lunch we were taken by the guide to a store called［判読不能］glass manufacturing beads and I bought a couple of tea cups & saucers for L. 30. On the way back we were again taken to another store and bought a few more cups［for］tea. This is a very interesting city. An Italian worship is in harbor. And at night there was illumination on shore and a great crowd of people.

ミラノを7時10分の列車で発ち、ヴェネツィアへ向かう。

風景は一変した。桑の木やトウモロコシ畑があり、むしろ日本に似ている。丘の上に修道院が点在している。駅に11時30分に着き、ゴンドラを雇ってホテル・アングレテーレへ。カナル・グランデ（大運河）沿いの大建築のすぐ向いにあるホテルだ。昼食をとってから案内人に、ビーズを製造している［判読不能］ガラスという店に案内された。私はティーカップとソーサーを2客ばかり30リラで買った。帰り道にはまた別の店に案内され、さらに茶碗を買うことになった。この都市は大変面白い。港ではイタリア語での礼拝がある。夜には岸に照明があてられ、たくさんの人々が出歩いている。

七月十九日（土）

Left Venice by 10.15 and arrived at Florence 5.30.

We passed through many tunnels which reminded me of the Sasako & Suwatoge tunnels. It was very hot and disagreeable. On arriving at the hotel I took a hot bath which refreshed me very much.

After dinner we went out & walked round the Dome which is huge pile of marble and seemed by moon light very imposing. The city is old, the streets are narrow, only a few automobiles, many cabs or carriages. The people do not seem to be very busy cutter.

ヴェネツィアを10時15分に発ち、フィレンツェに5時30分着。

途中トンネルをいくつも通り、笹子や諏訪峠のトンネルを思い出した。非常に暑くて不快であった。ホテルに着いて熱い風呂に入り、かなりさっぱりした。

夕食後外に出て大聖堂をぐるりとめぐってみた、巨大な大理石の建造物である。そして月明かりに照らされ、とても立派である。古い街で道路は狭く、自動車は少ししかいない。さまざまな馬車が行き交っている。人はあまりせかせかしていない。

七月二十日（日）

In the morning went to the duomo or the cathedral. There were some sixty people inside and a priest was preaching. The inside is quite plain. From there we went to Galleria Uffizi and Pitti Palace.

The latter contains a greater number of masterpieces than the former. The works of Raphael and Titian are wonderful. Murillo's Madonna is very fine too. These pictures are too wonderful to be described.

In the afternoon took a tram ride round the city.

午前中にドゥオーモに行く。60人ほどが集まり、神父が説教していた。内部はかなり地味である。そこからウフィツィ美術館とピッティ宮殿に足を延ばす。

後者のほうが傑作の数が多い。ラファエルやティツィアーノの作品がすばらしかった。ムリーリョの聖母子も珠玉である。こうした絵画の崇高さはとうてい言葉で表わすことができない。

午後には路面電車で市内を回った。

七月二十一日（月）

Left Florence by 6.20 A.M. train. Kozaki went to Rome. He is to sail for America on the 23rd from Naples. Came to Milan 2.30 and took the train for Lausanne at 3.25. The views of the sunset at Apls were magnificent. Went through the long Simplon Tunnel. Arrived at Lausanne 10.30 P.M. Went hotel National. It was a long day and ride.

朝6時20分の列車でフィレンツェを後にした。小崎はローマに向かう。彼は23日にナポリからアメリカ行きの船に乗るのである。ミラノに2時30分に着き、3時25分のローザンヌ行きに乗る。アルプスに沈む日没の風景は雄大であった。長いシンプロン・トンネルを通る。ローザンヌに着いたのは夜の10時30分だった。ナショナル・ホテルに行く。長い一日であり旅であった。

七月二十二日（火）

Went to the Cathedral where Calvin preached. Saw the Art Gallery in the University. There are some fine pictures. Left Lausanne by 3.55 P.M. and came to Geneva 5.15. Took a room in Hotel International where opposite to station.

The view of the Aples and the lake was splendid. Took a walk in the “English Garden” on the lake. It is a very pretty place. The city seems to be full of tourists. It is a little warmer here than Lausanne where it was quite cool. Very fine day.

かつてカルヴァンが説教をした［ローザンヌ］大聖堂を訪ねる。大学付属の美術館を見る。立派な絵画が何点かあった。ローザンヌを午後3時55分に出発し、ジュネーブに5時15分に着いた。駅の向かいのホテル・インターナショナルに部屋をとる。

アルプスや湖の眺望は実に見事だった。湖のほとりの「英国庭園」を散策した。端正な公園である。街は観光客であふれているようだ。かなり涼しかったローザンヌよりは多少暖かい。天気は上々であった。

七月二十三日（水）

Thunderstorm last night. But it cleared up in the morning. Took a walk to the University and the Museum. Then went to the Russian Consulate where my passport［was］endorsed.

6 Francs for it. In the afternoon took a tram ride to the cemetery which is pretty but nothing special. About 4 o'clock it began to rain again [and] became really chilly. Made up my mind to start on July 30th from Moscow if possible instead of Aug. 6. Now that my work is done in Europe I am very anxious to return.

昨夜は雷雨。だが朝にはきれいに晴れ上がった。大学と美術館まで歩く。その後ロシア領事館に行ってパスポートに裏書してもらう。6スイスフランだった。午後には路面電車で墓地を訪ねたが、これといって特別なところではなかった。4時頃に再び雨が降り出し、ひどく寒くなった。モスクワから8月6日ではなく7月30日に戻ろうと決めた。もうヨーロッパでの仕事は済んだのだから、一刻も早く帰国したい。

七月二十四日（木）

Left Geneva by 6.50 A.M. and came in returned to Zurich 2.30 P.M. The trip was pleasant and interesting well worth the money（Fc. 276.75）Venice and Florence were most interesting. After taking lunch at Glockenhof to which I retuned I went to Cook's office and tried to transfer my berth from Aug. 6 to July 30th. But it seemed difficult to do it and they advised me not to run the risk. So I have to stay here nine long days. It is raining and quite cold, not at all summer.

ジュネーブを朝6時50分に発って、午後2時30分にチューリッヒに戻ってきた。今回の旅は楽しく興味深かった。出した金額（276.75スイスフラン）だけのことはある。とりわけヴェネツィアとフィレンツェが面白かった。再びグロッケンホフに行ってそこで昼食後、［トーマス］クックのオフィスに行って8月6日の寝台切符を7月30日に換えてもらおうと交渉した。ところがどうもそれは難しいようで、無理をしないほうが良いと言われる。そのため9日も長々と待たねばならない。雨降りで寒く、まったく夏らしくない。

七月二十五日（金）

Spent most of the day in writing letters and packed up my things too so that I can leave at any time.

Wrote to Mr. W. W. Carman to whom Dr. Speer gave me a letter of introduction but I could not see [him]. Sent him a copy of our statement about Meiji Gakuin. Wrote to Izumi and Goshi in England & Scotland.

ほぼ一日、手紙を書き、いつでも出られるよう荷造りするのに費やした。
ミスター・W・W・カーマンにも一筆書いた。ドクター・スピアが紹介状をくれたのだが、会うことができなかったのである。明治学院についての声明の写しも同封した。イングランドとスコットランドにいるイズミとゴウシにも書いた。

七月二十六日（土）

In the morning wrote a lengthy letter to Mano and returned by mail his Baedeker on Switzerland and northern Italy which were of great use to me.
As I had a slight headache I took a boat ride on the lake to the other end. The views were not so good as I expected but the day was fine and it was a pleasant ride. Left at 2.30 and came at 7.30. I am finding it here rather dull, having nothing specially to do.
午前中は真野に長い手紙を書き、郵送でスイスと北イタリアのベデカー旅行案内書を返却する。これは大変役にたった。
軽い頭痛を感じたため、遊覧船で湖の反対岸まで行ってみた。期待したほど良い景色ではなかったが、好天で楽しい舟遊びだった。2時30分に出て、戻ったのは7時30分である。ここはどうも退屈でいけない、特に何もすることがない。

七月二十七日（日）

First went to the Fraumunster Church which I found fairly full. I did not stay more than ten minutes because the service was in German. At eleven I went to the St. Anna Chappel where a Dr. Good preached in English to the American tourists. About 50 people were present. In the afternoon called on Mr. Jun Ishiwara and took with him a long walk over the hill. He came to my pension[?] and took supper with me. We had a very pleasant chat.
まずはフラウミュンスター教会へ。ほぼ満員であった。礼拝がドイツ語だったため、10分足らずで退散する。11時に聖アンナ教会に行く。そこではドクター・グッドがアメリカ人観光客向けに英語で説教していた。50人ほどが出席していた。午後にはミスター・イシワラ・ジュンを訪ねる、そして彼と丘で長い散歩をした。その後私のペンション［？］へ来て一緒に夕食をとった。大変楽しく談笑した。

七月二十八日（月）

Dr. James Good called at the hotel and asked me if I would not like to go with him to Einsiedeln where there is a famous Abby and where Zwingli first preached the gospel. I met him at the Zwingli's musee where he explained many things to us. The autograph letters of Zwingli, Bullenger, Calvin, Lady Jane Gray et ce. We took train at 11 A.M. and got to Einsiedeln about 1 P.M. We saw the "black" Virgin Mary and a number of pilgrims worshipping her. Dr. Miller of the Heidelberg Uni. of Ohio and his family were with us. Dr. Good & I returned together. He gave me a copy of his "History of the Swiss Reformed Church since the Reformation" He is very good to me.

ドクター・ジェームズ・グッドがホテルに来て、一緒にアインジーデルンに行かないかと言う。有名な修道院があり、ツヴィングリが初めて福音を説いた土地だという。彼とはツヴィングリ博物館で会って、いろいろな説明をしてもらったのである。ツヴィングリを始め、ブリンガー、カルヴァン、レディー・ジェーン・グレイなどの自筆書簡が展示されているとのこと。11時の列車に乗ってアインジーデルンに午後1時くらいに到着。「黒い」聖母マリア〔絵画〕と、それを拝む巡礼の人々を見た。オハイオ州ティフィンのハイデルベルグ大学のドクター・ミラーとその家族も同行した。ドクター・グッドと共に帰った。彼に「宗教改革以後のスイス改革派教会の歴史」を1冊いただいた。とても親切にしてもらった。

七月二十九日（火）

In the morning went to the Art Gallery where I saw some very good paintings.

In the afternoon went to the Cooks' office again but they have not heard from Berlin yet. They are very slow. Took a long walk to the west side of the lake. It was quite warm today. It felt like summer. Many people were sitting by the lake side.

午前中は美術館に行っていくつか一流の絵画を鑑賞した。午後に再びクックへ行ってみるが、まだベルリンから返事がないそうだ。ずいぶんのんびりしている。湖の西岸を長いこと散歩した。今日はかなり暑くなった。夏らしく感じた。湖畔に多くの人が座っていた。

七月三十日（水）

Took 7.35 train to Rigi-Kulm via Lucern. At first hesitated a

little but the proprietor earnestly recommended assuring me that there was no danger whatever. I am glad I went. The climb by the rail is interesting. The view at the top is simply magnificent. The lofty snow caped peaks spread before your eye like a panorama while blue lake lit below like mirrors. Mists hang below while the air is perfectly clean above.
It is necessary to reach a certain altitude to get a clear view of the peaks. Here is a lesson for spiritual understanding.
朝7時35分の列車に乗り、ルツェルン回りでリギ・クルム山へ。最初はためらったのだが、店主が何も危険なことはないと熱心に勧めてくれる。行ってみてよかった。電車で山登りをするのは楽しかった。頂上からの眺めは実に壮大だ。目の前には峩々たる連峰が雪を戴き、その下で湖が鏡のように輝いている。下方には霧がかかっているが、上の方はきれいに晴れて鮮明に見えた。
山頂をしっかりと見るにはある程度の高さまで登らなければならないのだ。霊的な理解についての教訓にもなる。

七月三十一日（木）

Packed up my things so that I am ready to leave any time. Wrote another letter home describing my recent visit to Einsiedeln and Rigi-Kulm. In the afternoon took a walk to Zurich-Horn, a fine view from there. Cooks' office has not heard from Berlin.
荷造りは済み、もういつでも出られる。最近のアインジーデルンとリギ・クルムへの小旅行について、家にまた手紙を書いた。午後はチューリヒホルンまで歩いた、ここも景色が良い。クックのオフィスにはまだベルリンから返事が来ない。

八月一日（金）

Bought a small gold watch for mother. Thought she would be pleased to get it. Mr. Ishiwara called in the afternoon and we took a walk to the Western end of the lake where there is a small park. Dr. Good invited me to go out with him on the lake to see the fireworks. Because this is the Swiss Independence Day. We went in the steamer about 7 P.M. which made a circuit in the lake and came back just in time for the fireworks. There were bon fires on the hills and illumination [at] different villages as well as the city of Zurich. It is a very pretty show. The people were very quiet.
母上に小さな金の時計を買った。きっと喜んでもらえるだろう。午後にミスター・イシワラが訪ねて来たので、

［チューリッヒ］湖の西端まで歩いてみる。そこに小さな公園がある。ドクター・グッドが招いてくれ、花火を見に共に湖に出かけた。今日はスイスの建国記念日なのである。午後7時くらいに乗り込んだ汽船は湖をぐるりと一周し、ちょうど花火に間に合うよう戻ってきた。丘にはチューリッヒ周辺の村のたき火やイルミネーションが見られた。壮観である。人々は静かに見物していた。

八月二日（土）

At last bade good bye to Zurich where I had certainly spent a month. Took 7.16 train, had intended to take all my things into the car but the porter insisted that one of them was too large. So I had to check it to Berlin. When I came to Basle [sic] and the German Customs House I found that my valise was not there. They sent it via Strasburg. This is what I was just afraid of [sic]. Paid for a telegram to have it send directly to Berlin. The train lost time and I could not change car[s] at Manheim but succeeded in making connection at Kreiensen. And got in Berlin a little before 1 A.M. Took a taxi and came to the Hospis am Bahnhof Friedrich Str.

1カ月も過ごしたチューリッヒに、やっとお別れである。7時16分の列車に乗る。荷物はすべて車室に入れるつもりであったが、ポーターが荷物の1つが大きすぎると主張する。仕方がないのでベルリンまで別に預けることになった。バーゼルに着いてドイツの税関で確認すると、私のカバンは来ていない。ストラスブール経由で送られたようだ。心配した通りになってしまい、自費で電報を打って直接ベルリンに送ってもらう。列車が遅れ、マンハイムで乗り換えができなかったが、クライエンゼンで追いついた。ベルリンに着いたのは夜中の1時近かった。タクシーでフリードリヒ通りのホスピス・アム・バンホーフへ行く。

八月三日（日）

Young Mr. Yamada to whom Mr. Ishiwara had written about my coming here called. I invited him to dinner and after dinner we called on Mr. Shakerofe[?] who was at home. After a while we took a walk in Tear Garten and then rode in a taxi to the suburb where we rested a while. Then Mr. S. took us to a restaurant in Unter den Linden and treated us to a very good dinner. I had a very pleasant time with them which was quite unexpected on my part here in Berlin. They walked with me to my hotel. In the morning[,] I secured my sleeping berth as far as Kalish.

若いミスター・ヤマダが来た。ミスター・イシカワが、私が来ることを知らせていたのだ。彼を午餐に誘い、食後に2人でミスター・シャッケロフ［?］を訪ねると、在宅であった。しばらくしてから外に出てティーアガルテンへ歩き、そこからタクシーで郊外へ行き、少し休憩した。それからミスター・Sに連れられてウンター・デン・リンデンのレストランに行き、極上の夕食をいただく。ベルリンで彼らと楽しいひとときを過ごすなど、期待していなかった。帰りは2人がホテルまで歩いて送ってくれた。朝、とりあえずカリシュまでの寝台は確保する。

八月四日（月）

Went to the International Sleeping Car Comp. and had my baggage insured for M.500, and paid M.5 also asked them to forward the baggage for which I paid M.2. Walked along the Friedrich Str. bought a few more presents for the friends and [people at] home.

Left Berlin, Friedrich Bahnhoff 12.33. Mr. Yamada came to see me off.

国際寝台車会社に行き、荷物に500マルクの保険をかけて5マルク払い、またその荷物を転送してもらうのに2マルク払った。フリードリヒ通りを歩いて、友人、家族にまた少し土産を買った。

フリードリヒ［通り］駅から12時33分にベルリンを出発、ミスター・ヤマダが見送ってくれた。

八月五日（火）

At Kalish the boundary between Germany and Russia I had to change cars, and had quite a time. That is I had to have my passport examined, buy a ticket for Platzkart and go through the Custom House with my baggage and hadbags[sic], and all that by myself [with] nobody to help me. They did not understand English either.

When I got into the new Russian car I found myself with Russians in the same compartment. They spoke a few English words, but I found out that one of them was going to the same station that I was going after arriving at the Brest station. We became friends and we went in one carriage and he took me to see the Kremlin too, and helped me very much. I waited for the International Express where I met several Japanese who were going by the same train. Among others Prof. Kano, and Mr. Taki. I was glad to have with me some other Japanese passengers.

ドイツとロシアの国境にあるカリシュで乗り換えねばならず、非常に手間取った。というのもパスポートの検査を受け、席札を買わねばならなかったのである。それから荷物と手荷物を持って税関を通るのも、誰も助けがいないのですべて1人でやった。英語も通じなかった。

新たにロシアの列車に乗り込むと、車室にはロシア人たちがいた。英語は少ししか話せないが、そのうち1人が、ブレストに着いてから私が行くのと同じ駅をめざしていることがわかった。彼と仲良くなり、同じ車室で旅をした。

クレムリンに案内してくれるなど、何かと助けてくれた。

国際特急を待っていると、同じ列車で行く日本人がいた。その中にはプロフェッサー・カノ、ミスター・タキがいた。他に日本人の乗客がいて嬉しい。

八月六日（水）

[記載なし]

八月七日（木）

Afterwards I found out that in the same train there were in all ten Japanese going home, which made it very pleasant. We went from one car to the other quite frequently and had our meals at the same table[,] also.

For three days after leaving Moscow it was very hot and dusty, very disagreeable. But after or rather from the Ural Mountain[s] it became cooler and quite comfortable. Besides[,] the presence of so many fellow countrymen in the same train made the otherwise tedious journey endurable.

結局、同じ列車で帰国する日本人は合計10人いるとわかった。これでずいぶん楽しい旅行になった。車室を行き来し、また食事は同じテーブルでとるなどした。

モスクワを出て3日間はひどく暑い上、埃っぽく、かなり不快であった。その後、というよりウラル山脈からは涼しく、なかなか快適になった。そのうえ同じ列車にたくさんの邦人がいて長旅も耐えられた。そうでなければ退屈きわまりない旅だったろう。

八月八日（金）

The scenery among the Ural Mountain[s] and [a] round

the Baikal Lake are rather picturesque.

At Manchuria, Harbin[,] we have had to go through the Customs once, largely [a] matter of forms but rather irksome. Moreover I had to recheck my baggage from Harbin to Changchun and had to pay a trifle excess on it. After Harbin the journey became quite a burden. I felt tired and sick. It was hot and I could not sleep.

ウラル山脈、その後のバイカル湖沿いは、絵のように美しかった。

満州ハルビンで税関を通る必要があった。ほぼ書類上だけのことだが、面倒に感じる。その上ハルビンから長春までの荷物の料金も必要で、ちょっとした出費であった。ハルビンからは旅にかなり苦痛を感じた。疲労し、体調も悪い。暑すぎてよく眠れない。

八月九日（土）

At Mukden I met Hisae at the station who told me that Hiko was not there but in Kobe. She did not at all look well.

Prof. Kano and Mr. Taki stopped at Mukden. Major Haraguchi went on to Dairen.

奉天の駅でヒサエに会い、ヒコはここではなく神戸にいると知らされた。ヒサエは顔色がすぐれなかった。

プロフェッサー・カノとミスター・タキは奉天で降りた。ハラグチ少佐は大連へと向かった。

八月十日（日）～八月十四日（木）

［記載なし］

八月十五日（金）

午後二時着車。雨降ル。

二時四十分発車。列車長某ハ信者ニシテ余ノ名ヲ知リ居リ、種々便宜ヲ与ヘタリ。即チ余ノ為ニ別ニ一室ヲ与ヘ呉レタルガ為ニ、自由ニ休息スルコトヲ得タリ。

ハルピン以南ハ連日連夜ノ疲労俄カニ身ニコタヘ、且咽喉アシク、睡眠不足ノ為著シク衰弱ヲ感ジタリ。

八月十六日（土）

午前十時半、南大門着。龍山ニ於テ丹羽清次郎、望月興三郎、伊東春吉氏等出迎フ。南大門ニテハ渡邉暢、井口弥壽彦氏等及水上父子出迎ヘラル。挨拶ノ後、水上氏銀行舎宅ニ投ス。

午後、丹羽清次郎、渡邉暢氏等ノ訪問ヲ受ク。伊藤［ママ］、金麟氏等モ来ル。

八月十七日（日）

午前十時ヨリ日本キリスト教会堂ニ於テ礼拝ス。牧師ノ説教アリ。其後余ハ極簡単ニ欧米ニ於ケル二大会ノ情況ト之ニ関スル所感ヲ述ブ。

夜来雨降リ、蒸暑シ。

八月十八日（月）

丹羽氏ノ案内ニテ総督府ニ赴キ、民政総監山懸氏、倉富司法部長、石塚農工商部長等ヲ歴訪シ、ソレヨリ大屋鉄道管理局長ヲソノ官宅ニ訪問シテ後、新龍山ノ鉄道青年会館ヲ一見シ、鉄道工務部長岡村氏ヲ訪問シ、附近ノ料理店ニテ昼食ヲナス。但鉄道青年会ノ好意ナリ。

四時、渡邉氏ノ官宅ニ於テ小集会アリ。鰻飯ノ饗応アリ。出席者ハ当地ノ重立タル信者ナリ。

ソレヨリメソジスト教会堂ニ於テ青年会主催ノ演説会アリ。米国及瑞西ニ於ケル大会ノ情況ヲ演説ス。

八月十九日（火）

京城日報記者高賀貞雄氏来訪。李商在通訳ヲ同道シテ来ル。先約アルヲ以テ午後再会ヲ期シテ分ル。

丹羽氏ト共ニ昌徳宮秘苑、博物館、動植園ヲ巡覧シ、ブロックマン氏方ノ午餐ニ至ル。他ノ客ハ渡辺、丹羽、山縣、ワールプラス並ニ主税局長鈴木穆氏ナリ。

ソレヨリ朝鮮青年会館ヲ訪ヒ、李商在ニ面会シ帰ラントスル時、学務局長関屋貞三郎氏ニ会フ。

安洞ニ津田鍛雄ヲ尋ネタレトモ転居シテ行先不明ナリ。方向ヲ転ジテ日本人青年会ノ前ヲ通リ石塚氏ノ官宅ニ赴キ、日本料理ノ饗応ヲ受ケタリ。故国ノ事ニ付種々話アリ。

八月二十日（水）

学務局長関屋貞三郎氏ノ招待ニヨリ銀行クラブニテ午餐ヲ共ニス。渡邉院長、丹羽氏モ同席ス。関屋氏トハ初メテ会見シタルガ、一見如旧識、学務局長トシテ最適任ノ人ト思ハル。更ニ官吏風ノナキ人ナリ。朝鮮人ノ性質、教育等ニ付キ談話ヲナス。

八月二十一日（木）

午前九時五十分、南大門ヲ出発ス。

水上一家族、渡邉覆審院長、丹羽清次郎氏等ノ見送ヲ受ク。又図ラズ綱嶋佳吉氏ノ同列車中ニアルヲ発見ス。同氏ハ満州伝道ヨリ帰途ナリ。途中ノ山々ニ大分若キ松ノ木ノ生成スルヲ見ル。蓋植林ノ効果ナラン。

釜山停車場ニハ秋元牧師、新聞記者其他ノ人出迎ヘ、船中ニテ暫時談話ヲナシタリ。
船ハ弘済丸ナリ。税関吏ハ船中ニテ荷物ヲ検査セリ。
八月二十二日（金）
午前八時、門司ニ着ス。同時ニ荒川文六モ亦福岡ヨリ来リ迎フ。予テ注文ノ測量器機ヲ渡シ且少々ノ土産ヲ千代子ニ送ル。
同九時、発車、東ニ向フ。沿路山水ノ景色ハ例ノ如ク旅人ノ目ト心トヲ楽マシムルニ足ル。
寝台ハ取ラザリシガ、汽車中楽々眠ルコトヲ得タリ。
八月二十三日（土）
午後一時四十一分、品川ニ着車ス。
停車場ニハ家族、親類、学院ノ職員等出迎フ。
帰宅後、夕食中、白井胤録氏来リ、談話ヲ求メラル。
八月二十四日（日）
午後、真野、勝治、沼澤ヲ訪問シテ、留守中ノ礼ヲ述ブ。
文二ハ昨夜北海道ニ向ケ出発。予テ頼レタルポートカルドアルバム二個ヲ土産ニ贈ル。勝治方ニハアルバムトモザイクブローチ二個ヲ贈ル。沼澤ニハスプーン半打ヲ贈ル。沼澤ニテ夜食ヲナシ、緩話シテ帰宅ス。
八月二十五日（月）
小松武治氏来訪ス。
熊野氏、家族ト共ニ葉山ニ赴ク。
ドクトルイムブリーヲ訪問シテ旅行中ノ話ヲナシ、且不在中ノ事共ヲ聞ク。
八月二十六日（火）
石原保太郎氏来訪、来月初旬鎌倉ニ於テ開カルベキ教役者会ニ於テ欧米視察談ノ依頼アリ。承諾ス。
八月二十七日（水）
咲子、豊子来訪中、桃澤氏自分ノ息ト和田勁トヲ携へ来ル。将サニ食事セントスル処へ沼澤氏モ亦来ル。都合七人ノ来客ニテ、一時ハ大分混雑シタリ。
八月二十八日（木）
真野老人来訪、午餐ヲ饗ス。
八月二十九日（金）
[記載なし]
八月三十日（土）
午後二時ヨリ植村氏宅ニ於テ伝道局理事会アリ。諸種ノ報告アリ。概シテ不振ノ状態ナリ。献金モ墓々シカラズ。大ニ憤発ヲ要ス。唯笹倉氏大連出張ハ大成功ナリキ。
伝道局会議前ニ大会常置員会アリ。来ル大会ノ準備ニ付相談アリ。

又会議前ニ白井新太郎氏方ヲ訪問シテ、ニウヨルクニ於ケル同氏子息ノ状況ヲ報告シタリ。

八月三十一日（日）

午前九時、高輪教会ニ於テ礼拝ス。

九月一日（月）

午前十時、東京市役所ニ阪谷市長ヲ訪問シテ、ツウリヒニ於ケル日曜学校〔大会〕ノ模様ヲ語リ、且三年後東京ニ開カレントスル大会ニ就テ尚賛助ヲ求ム。

外務省ニ坂井徳太郎氏ヲ訪問シ、米国大使館並ニ国務卿訪問ノ事情ヲ語ル。大臣ニハ追テ面会スル筈ナリ。

健次、同志会ニ入塾ス。

九月二日（火）

花子同道、午前九時十九分発ノ汽車ニテ鎌倉坂ノ下ナル真野家ノ別荘ニ入ル。休息旁閑ヲ得テ欧米ノ友人ニ出スベキ書状ヲ認メンガ為ナリ。

真野氏ノ別荘ハ二階建ニテ、下ハ玄関三畳、八丈、七丈、離レ八丈、台所、女中部屋、湯殿、理髪所三丈、二階ハ八丈、六丈二間。間取ノ工合最モ好ク普請モ上等ナリ。

九月三日（水）

八幡社前ニ至リ鎌倉彫ノ硯箱ヲ見タレトモ、代価ノ高キ割ニ意ニ満ルモノヲ見出サヾリキ。

九月四日（木）

［記載なし］

九月五日（金）

午後二時五十分、鎌倉ヲ発シ帰宅ス。停車場ニテ原田健吉氏ニ出会、同車シテ帰ル。

井深於トセ殿来訪、一泊セラル。

九月六日（土）

午前八時、江原素六氏ヲ訪問ス。既ニ外出シテ面会ヲ得ズ。

大隈伯ヲ訪問ス。暫時待チタル後面会シテ、米国及ビ欧州ニ於ケル世界大会ノ模様、且ワシントンニ於テ大統領ウヰルソン氏ニ、国務卿ブライアン氏ニ面会シタル時ノ事等ニ付語ル。綱嶋佳吉氏モ同時ニ訪問シ同席シタリ。

外務省政務局長阿部守太郎氏、自宅門内ニ於テ暗殺セラル。対支問題騒キノ結果ト推察セラル。

九月七日（日）

高輪教会ニ於テ礼拝シ、聖餐ヲ守ル。

午後、片山、桃澤、真野ヲ訪問ス。文二殿ハ昨夜北海道ヨリ帰宅セラレタル由ニテ、晩餐ヲ共ニシテ緩話ニ時ヲ移シテ帰ル。福岡行ハ十五日比ノ由ナリ。

九月八日（月）

午前、山本忠興氏、田嶋進氏等来訪。

長尾半平氏二男ノ遺骸、午後一時五十分新橋到着ニ付出迎フ。疫痢ニテ急ニ死シタル由ナリ。一年前ニ三男ヲ失ヒ、今又二男ヲ失フ。同情ニ堪ヘズ。一昨日吊電ヲ発シタリ。

青年会館ニ於ケル教役者会ニ出席シ、日曜学校ノ改善、開展ノ必要ニ付所感ヲ述ブ。

九月九日（火）

嶋貫兵太夫氏、昨日病死ノ赴ナリ。

早朝、長尾氏ヲ御殿山ニ訪問シテ同情ヲ表ス。

夜ニ入リホフサンマー氏夫婦来訪ス。

九月十日（水）

午後、真野家ヲ訪問シテ荷物ノ手伝ヲナス。

片山とよ子、ゆき子を携へ来ル。

阿部守太郎氏ヲ暗殺シタル青年岡田満ナルモノ自殺シタリトノ号外出ツ。

九月十一日（木）

午前八時半、講堂ニ於テ普通学部始業式ヲ執行シ、自分ハ一場ノ演説ヲナス。

式後、教員会議ヲ開キ、三四ノ復校願ノ件並ニ秋期修学旅行ノ件ヲ議決ス。

ゼームスバラ氏、来訪問《ママ》。

ドクトルゼームスグード氏へ礼状ヲ出ス。

九月十二日（金）

午前、高等部授業。

午後三時、日曜学校協会理事会ニ出席シテツウリヒニ於ケル大会ノ事情ヲ報告シ、且三年後ノ東京ニ於ケル大会ニ付注意ヲ与ヘ置キタリ。

六時ヨリ青年会館ニ於ケル平和協会及青年会共同ノ日米問題演説会ニ出席ス。平澤氏司会シ、山本氏先ツ演説シ、次ニ余ハ人種的衝突ト宗教トノ関係ニ付演説シ、江原氏ハ雑感ヲ演べ、添田氏ハ日米問題ノ今後ニ就キ注意ヲ与ヘタリ。終ニ坂谷男爵ノ挨拶テ閉会シタル後ニ、例ノ向軍治氏ハ会場ニ於テ反対ノ演説ヲ試ミタリ。

九月十三日（土）

午後、花子ト共ニライク、ホフサンマール、イムブリー、ライシヤール、ランデス氏等ノ宅ヲ訪問ス。

ランデス氏ハ廿日出発、帰国ノ由。

九月十四日（日）

午前、高輪教会ニ於テ礼拝。

午後、真野咲子氏、暇乞ニ来ル。

六時ヨリ亀島町偕楽園ニ於テ真野氏告別ノ晩餐ニ招カル。真野ノ親類約三十人。食事前並ニ食事中撮影ス。料理、支那料理ナリ。

九月十五日（月）

和田ヘ三浦ノ婚姻ノ時期ニ付キ照会ノ書状ヲ発ス。

午後五時、青年会常務理事会ニ於テプリンストンニ於ケル万国委員会並ニモーホンク湖ニ於ケル同盟大会ノコトヲ報告ス。

委員会後、フエルプス氏ヨリ青年会ノ福音主義ヲ固守スルノ必要ニ付訴フル所アリ。早稲田大学青年会ノ事ニ付同盟主事ノ失態ヲ訴フ。

午後二時半、高等学部教員会ヲ開キ、東京学院ノ人ト打合ヲナス。

九月十六日（火）

午前八時三十分、真野夫婦新橋ヲ発車ス。見送人多シ。

松平子爵、山川健次郎夫婦其［他］知名ノ人少カラズ。

午後二時、常務理事会ヲ開キ、バプチスト神学院ト弐科目ニ就テ共同スルコトニ付議決シ、且ランデス氏ノ留守中ジヨンソン氏ニ弐科目ノ教授ヲ嘱托スルトヲ決ス。

引続キバプチスト神学校教員ト協議会ヲ開キ、時間割ニ付協議ス。

九月十七日（水）

授業如例。

講堂ニ於テ生徒一同ニ講話ヲナス。即チ誤レル愛心ト題シテ現今ノ青年ヲ戒ム。岡田満ノ事件ヲ其最近ノ実例トナス。

午後二時、中六番町教会ニ於テドクトルグリンノ葬儀ニ列ス。内外ノ会葬者中知名ノ人多シ。

本日ノ朝日新聞幷ニ時事新報ニ女子学院ノ内訌ト題セル記事アリ。朝日ノ方ハ故意ニ悪シ様ニ記シタルモノナリ。何者カ遺恨者ノ所為思ハル。

九月十八日（木）

授業如例。

インブリー氏ヨリ矢嶋氏ニ関スルミシヨン側ノ話ヲ聞クニ、最初ノ考ニテハ夏休後矢嶋氏ニ相談ノ上実行スル筈ノ処、ミスシヨンマン、ミセスマコーレー等ガ他言シタルガ為ニ、不得止ミスミリケンヨリ北海道へ書面ヲ送リタル由ナリ。其手順ヲ誤リタルノミニテ、其厚意ハ明白ナリ。

九月十九日（金）

授業如例。

九月二十日（土）

ランデス氏夫婦、出立帰国。職員、生徒ト共ニ品川停車場迄見送ル。

午後、花子同道、三田通ニ往キ、器物及ビ椅子ヲ購フ。

夜、小石川原町伝道教会ニ於テ説教ス。聴衆ハ三四十名ナリキ。

九月二十一日（日）

午前、勝治氏並ニ沼澤ヲ訪問シ、俊雄結婚ノ時日ニ付問合ヲナス。

夕、寄宿舎ニ於テ講話ヲナス。人種的衝突ト宗教ニ付語ル。

九月二十二日（月）

神学部始業式ヲ挙行ス。

本年度ヲ限リ東京神学校ト弐科目ニ就テ授業ヲ共ニスルコトトナレリ。

千葉、テニー、佐藤、高橋、曽根氏等列席ス。

九月二十三日（火）

午前、授業如例。

午後四時ヨリ宅ニ於テ横浜旧友会ヲ催ス。来会者、押川、植村、吉田、稲垣、真木、熊野、山本ノ七人ニテ、一人モ欠席ナシ。手料理ノ夕飯ヲ饗シ、一同欣然トシテ帰ルヲ見ル。

九月二十四日（水）

彼岸中日ニ付、真澄、清見ヲ携ヘテ青山ニ参ル。

九月二十五日（木）

授業如例。

午後六時、横浜ニ赴ク。横浜キリスト教青年会館新築計画発表演説ノ為ナリ。然ルニ同時ニ市会議員選挙アリ、聴衆意外ニ少シ。依テ主意ヲ変ジテ他ノ演説ヲナス。即チ人種的衝突ト宗教トノ関係ニ付演説シテ帰ル。

九月二十六日（金）

午前、授業如例。

午後、済生会事務所ニ沼澤氏ヲ訪問シ、ソレヨリ渋谷ノ勝治方ニ赴ク。本日十二時過、俊雄帰京シ、後刻渋谷ニ来ラントスルヲ以テナリ。四時過、俊雄来ル。果シテ三井ノ方ハ待命ニテ、六ケ月後ハ自ラ同社ト関係ノ〔ヲ〕絶スル訳ノ由ナリ。サレバ結婚ハ敢テ急カザルコト〔ママ〕赴ヲ確メタリ。七郎殿及俊雄ト共ニ晩食ノ饗応ヲ受ク。

中山昌樹氏来訪、打狗行ヲ断ル。

九月二十七日（土）

午前、伝道局常務理事会出席ノ為横浜ニ赴ク。

帰途、子安ノ井深家ヲ訪問ス。

九月二十八日（日）

午前、高輪教会ニ於テ礼拝。

午後七時、寄宿舎ニ於テ講演ス。即チツウリヒニ於ケル世界日曜学校大会ノコトニ付語ル。

九月二十九日（月）

午前、授業如例。

午後三時ヨリ青年会同盟事務所建築図案委員会ヲ開ク。フエルプス氏ヨリ図案ノ根本ニ付異論アリ、懸案トナス。四時ヨリ同所ニ於テ教会同盟常議員会ヲ開ク。議事後、小﨑、山本及ビ余ノ為ニ簡単ナル歓迎会アリ。

九月三十日（火）

授業如例。

十月一日（水）

午前、授業如例。

午後ヨリ鎌倉ニ於ケル教役者会ニ赴ク。来会者五十五六名アリ。

夜ハ説教者ノ使命ト云フ題ニ就キ懇談アリ。旅館ハ松岡ナルガ、畳一丈ニ一人ノ割当ニテ随分雑踏ナリ。殊ニ河合氏ノ大イビキニハ閉口シタリ。

十月二日（木）

午前、教役者会ニ於テ欧米旅行中ノ所感ヲ談ズ。

午後ハ笹尾氏ノ講演アリ。独逸語タツプリノ演説ニテ、大分「アテラレ」気味ナリキ。四時ニナリタレバ、途中ヨリ退席、帰京シタリ。

十月三日（金）

午前九時ヨリ富士見町教会ニ於ケル伝道局理事会ニ出席ス。

伝道ノ成蹟ハ高知ヲ除ク外ハ孰レモ思ハシカラズ。

十月四日（土）

午前九時、富士見町教会ニ於テ大会開設。多田氏ノ説教アリ。説教ハ用意不充分ノ感ヲ懐カシメタリ。毛利氏、議長ニ指名セラレ投票、当選ス。依例諸種ノ報告アリ。

午後ヨリ夜ニ懸協議会トナシ、教会ノ組織、伝道、社会事業等ニ就テ意見ノ交換アリ。笹尾氏ハ突然、大会直轄神学校及ビ教育局設立ノ意見ヲ述ベタリ。其動揺面白カラズ。

十月五日（日）

午後二時、富士［見］町教会ニ於テ大会議員一同ノ為聖餐ヲ守ル。自分ノ司会司式ニテ、光小太郎氏説教ス。説教ハ成功ナリキ。其精神頗ル強ク、人ヲ感動セシ［メ］タリ。

帰途、沼澤氏ヲ訪問シ且勝治方ニモ立寄ル。

十月六日（月）

午前午後、大会議事。

午前九時半、教会同盟並ニ大会ヲ代表シテ組合教会総会ヲ訪問ス。星野氏又大会ヲ代表ス。

帰途、文部省ニ立寄、宗教局長ニ面会シテ、教会ノ為ニ法人組織ノ件ニ付質問ス。

夜、青山学院ベリー氏方ニ於テドクトルガウチヤルニ会見シ、基督教大学設立ノ件ニ関シテ米国側ノ意見ヲ聞ク。其答弁極メテ不満足ナリ。シユネーダー、イムブリー、ライシヤール等列席ス。

十月七日（火）

午前ヨリ大会議事。

教師受験者六名及第、議場ニ紹介ス。

午後、小崎、平岩、川澄等ノ訪問アリ。

午後四時、台湾応援伝道ノ為出発セントスル人々数名ノ為送別祈祷会ヲ開ク。自分ハ彼等ニ向ヒ送別ノ辞ヲ述ブ。

夜ハ富士見軒ニ於テ議長慰労会アリ。来会者百六十名、頗ル盛会ナリ。議長ノ演説モ成功ナリキ。送別会並ニ慰労会ハ議員一同ニ大満足ヲ与ヘタルガ如シ。

十月八日（水）

午前九時、青年会館ニ於テ大会並総会議員ノ聯合懇談会ヲ開ク。組合方百名余、日基方七十余名。小崎司会シ、毛利、原田、日匹、高木貞衛四氏所感ヲ開陳シ、支那ノ為ニ祈リ、自己紹介アリテ散会ス。

同所ニ於テ大会常置員会ヲ開キ、今文ニ於テ午餐ヲ喫シ、富士見町教会ニ於テ伝道局理事会ヲ開ク。理事長重任。

星野氏ニ応援伝道ノ主任者タランコトヲ交渉シテ、半バ其承諾ヲ受ク。

十月九日（木）

授業如例。

午後二時、青年会館ニ於テ宣教大会継続委員会ニ出席ス。

内外人凡テ廿五名。自分ハ投票ノ結果委員長ニ挙ケラレ、又常務委員長ニ挙ゲラレタリ。副委員長ハマケンジー氏、書記ハデアリング氏、松野氏ナリ。

モット氏ヨリ約束ノ伝道費四千弗（壱ケ年分）ヲ送リ来ル。直チニ伝道委員ヲ挙ゲテ計画ヲ立ルコトニ決ス。日本人ノ負担二万二千五百円。宣教師側同額ナリ。

散会後、宝亭ニ於テ常務委員会ヲ開キ、植村ヲ関東部長、宮川ヲ関西部長、平岩ヲ副委員長、小崎ヲ会計委員長ニ挙グ。日本キリスト教会ノ負担ハ三千円、組合同額、メソジスト六百円也。

十月十日（金）

授業如例。

本月一日以来、連日連夜ノ集会ニテ疲労ヲ覚ユ。

十月十一日（土）

午後三時、講堂ニ於テミセスバンストリームノ葬式アリ。

午後六時半ヨリ九段坂上メソジスト教会ニ於テ小崎氏ト共ニ日曜学校世界大会ニ付報告演説ヲナス。

其後、植村、小崎両氏ト共ニ、来春ロンドン監督イングラム氏ヲ日本ニ招クコトニ付協議ヲナス。

公爵桂太郎遂ニ逝矣。幸運児モ末路ハ非運ナリキ。

十月十二日（日）

和田みゑ、俊雄、信乃上京シタルニヨリ桃澤氏ヲ訪問ス。

十月十三日（月）

授業如例。

十月十四日（火）

授業如例。

午後、神学部教授会ヲ開ク。

午後四時ヨリ青年会同盟建築委員会ヲ開キ、同盟事実[務]所図案ノ調査ヲナス。

十月十五日（水）

授業如例。

午後七時、高輪教会ニ於テ牧師逢坂元吉郎氏ト松本操子トノ結婚式アリ。植村氏司式、我等ハ立会人トナリテ世話ヲナス。

十月十六日（木）

授業如例。

午後、隅田川ニ於テ学院生徒ノボート競漕アリ。奨励ノ為参観ス。四時過ヨリ雨天トナル。

十月十七日（金）

午後四時半、九段偕行社ニ於テ俊雄、房子結婚ノ披露会アリ。主人ハ井深勝治、和田又四郎代理仙太郎。媒妁人ハ沼澤夫婦ナリ。来客三十人余。日本食ノ饗応アリ。食事ノ終レル比、早稲田大学生ノ灯燈行列ノ九段阪ヲ過ルヲ見ル。本日同大学創立三十年紀念祝典アリ、自分モ招カレタレトモ右婚姻ノ為ニ自分ハ欠席シ、熊野氏ヲ代理ニ出シタリ。

十月十八日（土）

午前十一時ヨリ伝道局常務委員会ニ出席ス。

同二［ママ］時ヨリ継続委員常務委員会ヲ開キ、ロンドンノ監督イングラム氏ヲ日本ニ招待スベクモツト氏ニ依頼スルコトヲ可決ス。

引続キ東部伝道委員会ヲ開キ、伝道責任者其他ノ事項ニ付協議ス。

十月十九日（日）

午前九時、芝増上寺ニ於テ桂公爵ノ葬式ニ参列ス。内外朝野知名ノ人々会葬者多シ。読経其他ノ儀式ハ低音ニテ聞ヘザリキ。幸運児タリシ桂太郎ノ末期ハ寧ロ悲惨ナラズトセズ。

夜、寄宿舎生ノ為ニ講話ヲナス。詩篇九十篇モーセノ祈ヲ題トナス。

十月二十日（月）

午前、授業如例。

午後四時、富士見町教会堂ニ於テ三浦太郎、和田信乃子ノ結婚式アリ。植村氏司式、我等二人媒妁人タリ。式後、偕行社ニ於テ洋食ノ餐応アリ。新夫婦ハ稲毛ニ旅行シ、来賓ハ尚緩談時ヲ移シテ後帰ル。

十月二十一日（火）

授業如例。

十月二十二日（水）

授業如例。

午後、青年会同盟常務委員会ヲ開ク。プロツクマン氏、清国ニ帰途列席シテ、天津ニ於ケル日本人青年会ト支那青年会同盟トノ関係ニ付意見ヲ述ブ。新来ノ幹事ブラオン夫婦幷ニスワン氏モ一寸出席シタリ。

十月二十三日（木）

授業如例。

夕刻ヨリ三浦徹、同太郎夫婦、和田みゑ子ヲ招キテ晩餐ヲ饗ス。

十月二十四日（金）

授業如例。

午後、山本秀煌氏来リ、細君ガ実家ニ往キテ帰家スルヲ拒絶シ困難ナル赴ヲ告グ。依テ相共ニ石原保太郎氏方ヲ訪問シテ相談ヲナス。裁判沙汰ハ絶対ニ不可ナルコトヲ告ゲタリ。

十月二十五日（土）

午前、美術展覧会ヲ瞥見ス。今年ハ西洋画ヨリモ日本画ノ方優勢ナリ。又日本画第二科ハ著シク洋画ニ接近シ、之ニ反シテ洋画中ニハ日本画ニ接近シタル少カラズ。兎ニ角ニ洋画ハ見ルベキモノナシ。彫刻ニ至リテハ全然見ルニ足ラズ。

午後、学院ノ「テニス」大会アリ。但自分ハ今回文部大臣ヨリ招待セラレタルモノ、打会々［合会］ニ出席シ、当日文部ニ向テ開陳スベキ事項ニ付相談ス。小崎、海老名、元田、石川喜三郎、石川角次郎、本城昌平、千葉勇五郎及ビ余ノ八人集会ス。但元田ハ招待者ノ中ニ加ハラズ。其他ハ今井、吉澤、植村ノ三人、合セテ十一人ナリト云フ。

十月二十六日（日）

午前十時、富士見町教会ニ於テ植村ノ為ニ説教ス。会衆ハ過半学生青年ナリ。凡テ三百名内外ハアリタリト思フ。帰途、片山、桃澤両家ヲ訪問ス。何レモ無事ナリ。

三浦徹氏ハ盲腸炎ノ為聖ルカ病院ニ入院シタル由ナリ。

十月二十七日（月）

午前、授業如例。

午後二時ヨリ大隈伯邸ニ於テ日曜学校世界大会ノ為相談会アリ。渋澤、阪谷氏等出席ス。江原氏ノ開会ノ辞、小崎氏ノ報告ノ後、大隈伯ノ賛成演説アリ。引続キ渋谷［澤］、阪谷氏等ノ所感アリ。賛成委員十五名ヲ大隈伯ニ托シテ挙ルコトニ定ム。

十月二十八日（火）

授業如例。

午後七時、外務大臣官邸ニ於テ晩餐会アリ。主人側ハ大臣、次官並ニ局長。客ハ江原、金子、渋澤、中野、添田、新渡戸、神田、小崎、井深、元田等、近頃米国ニ旅行シ日米問題ノ為ニ尽シタル人々ナリ。

食後、別室ニ於テ江原、添田二氏ノ報告演説アリ。其後、自分ハ朝鮮ノ陰謀裁判事件ノ為ニ米国ノ同情ヲ失ヒタルコトニツキ一場ノ話ヲナシ、元田、小崎モ亦所感ヲ述ベタリ。大臣ハ懇切ニ謝辞ヲ述ベタリ。

十月二十九日（水）

午前、授業如例。

午後、青年会館ニ於テ教会同盟常務委員会ヲ開キ、教会便覧出版ノ件、初週ノ祈祷題目ノコト其他ヲ議決ス。

十月三十日（木）

授業如例。

午後三時ヨリガウチヤール氏ヨリ申出ノ在東京ノ諸キリスト教主義合同ノ件ニ付明治、青山、立学、東京、聖学院ノ代表者間ニ意見ノ交換ヲナス。立教、青山ハ合同ヲ好マズ。単ニ同盟ヲ欲スト云ヘリ。種々討論ノ後、立案委員五名ヲ選定シテ解散シタリ。委員ハライフスナイドル、ベリー、ライシヤール、グレセツト、大東ノ五名ナリ。合同ハ到底困難ナラン。

十月三十一日（金）

午前八時、天長節祝賀ヲ挙行ス。

午後二時、上野ニ於ケル大正博覧会場上棟式ニ列席、中途ヨリ帰ル。

夜九時、花子同伴、外務大臣夜会ニ出席ス。小崎氏夫婦モ同ク出席ス。会場ノ装飾美麗ナリ。来客三千人ト号ス。後ニハ身動キモ出来ザル程ノ人ナリ。舞踏初リタレトモ見ルコトモ出来ズ。十一時半頃ニナリ食堂ハ漸ク開カレタレトモ、其乱暴混雑名状スベカラズ。実ニ愧態ナリ。是非共改善アリタキモノナリ。責メテハ音楽デモ聞カセルコトニシテハ如何、或ハ折詰ニセバヨカラン。

天気快晴、市中ノ人出実ニ夥多シ。

十一月一日（土）

午前九時、オルトマンス氏帰省ニ付品川マデ見送ル。

ソレヨリ直チニ文部省ニ出頭ス。田所氏出勤ナシ。武部？参事官ニ面会ス。但普通学部改称願ハ不聴届トノコトナリ。

帰途、上野漆工競技会ヲ見ル。但本年ハ格別見ルベキモノナシ。

三時、高輪教会堂ニ於テ宮地氏長女ノ結婚式アリ。但司式不慣ナルト、附添人ノ気ノキカザルガ為ニ頗ル間ノ抜ケタル儀式ニテ、実ニ気ノ毒千万ナリキ。

外務大臣官邸ニ答礼ニ往ク。

十一月二日（日）

午前、沼澤、井深両家ヲ訪問ス。

夜、寄宿舎演説ニ出席ス。

十一月三日（月）

授業如例。

正午、柴田久之輔氏来訪。午餐ヲ饗ス。

明日出発ノ準備ヲナス。

十一月四日（火）

正午ヨリ文部大臣ノ招待会ニ出席ス。

招カレタル者ハ凡テ十一名ナリシガ、植村ハ台湾行中ニ付欠席シタリ。小﨑、海老名、平岩、元田、吉沢、千葉、石川角次郎、石川喜三郎、本城昌平及ビ余ノ十人。主人側ハ文部大臣、次官、宗教局長、普通学務局長、参事官、及数名ノ属官ナリ。

食卓ニ於テ大臣ノ挨拶アリ。余ハ一同ヲ代表シテ謝辞ヲ述べ、且神社参拝ノ事、学校ニ於ケル教員及ビ生徒ノ信教ノ自由ノ件、及ビ彼ノ十二号訓令ノコトニ付大臣ノ注意ヲ促シタリ。

食後、別室ニ於テ小﨑、海老名、平岩等モ夫々希望ヲ開陳シタリ。大臣ノ態度及ヒ言語ハ極メテ鄭重懇到ナリシ。恐クハ神仏ニ対スルトハ自ラソノ赴ヲ異ニシタルモノアラン。挨拶中ニモ内訌、教役者ノ不品行等ノ語ハ絶対ニナカリシ。

十一月五日（水）

昨夜七時新橋発ノ急行ニテ西下ス。神戸ニテ一時間待合セ、再ビ西下ス。

明石駅ニテ不図梅田信五郎ニ会フ。同氏ハ倉敷ニテ下車ス。

昨夜ハダブルボルス［ママ］ヲ取リタレトモ、余リスチームノ熱キ為ニ安眠ヲ得ザリキ。

午後八時過、広島着。ヘレフオード氏ニ迎ヘラレ、同氏ノ客トナル。

公会堂ニ於テハ演説最中ナリキ。

入浴シテ就眠ス。

十一月六日（木）

午前九時ヨリ広島女学校講堂ニ於テ教役者修養会アリ。

祈祷会ノ後、余ハ先ヅ去四日ノ文部大臣請待会ノ模様ヲ述べ、然ル後ニ他宗教ニ対スル我等ノ態度ニ就テ演説ス。即チ一面吾人ノ事業ハ建設的ニシテ、凡テ従来ノ教ノ真理ヲ保存及完成スベキモノナルト同時ニ、根本的ニ相違ノ点ハ飽マデモ之ヲ主張シテ簱織［旗幟］ヲ明白ニスベキコトヲ述ブ。平岩氏ハ半バハ追懐談ト伝道者ノ資格ト［ニ］付テ語ル。

其後、一同ニ弁当ノ饗応アリ。

○夜ハ公会堂ニ於テ演説会アリ。平岩氏ハ仏教意識ト基督教意識ト云フ題ニテ一時間半許ノ長談義ヲナス。余ハ宗教ト国家ノ関係ニ付テ四十分許語ル。聴衆ハ五百名以上、広島ニテハ珍ラシキ会ナリトノコトナリ。

十一月七日（金）

午前八時四十五分、広島女学校ノ講堂ニ於テ生徒一同ニ講話ヲナス。幼稚園ヨリ高等科マデ備ハリタル一個ノ学校ニシテ、中々能ク行届居ルガ如シ。校長ハ西村某ト云フ人ナリ。

ソレヨリ教会ニ往キ、婦人会ノ為又一場ノ話ヲナス。教会ハ如何ニモ微弱ナリ。

午後ハ休息ノ後、ヘレフオード氏ニ案内セラレテ己斐村ノ菊ヲ観ル。然レトモ見ルニ足ラズ。

夜ハ教会ニ於テ時代ノ要求ト基督教ト云フ題ニテ演説ス。

十一月八日（土）

午前七時三十二分発ニテ出発、小郡ニテ乗換へ、午後一時半、山口ニ着ス。然ルニ直チニ高等商業学校ニ招カレテ一場ノ演説ヲナス。校長始職員一同出席、傾聴ス。即チ日米問題ニ就テ談ジタリ。

夜ハ教会ニ於テ欧米旅行所感ヲ述ブ。聴衆ハ小会堂ニ充満セリ。細川氏赴任以来未曾有ト云ヘリ。実ニ気ノ毒ナル事共ナリ。

宿泊所ハ医師縄田和四郎ト云フ人ノ宅ナリ。本人ハ求道者ニシテ、夫人ハ熱心ナル信者ナリ。同氏ハ萩焼ノ菓子皿一箇ヲ贈ル。

十一月九日（日）

午前、教会ニ於テ説教ス。三教会聯合ノ礼拝式ヲ為セリ。為ニ会堂モ満員ナリキ。

昼ニハ高等商業学校長、県事務官、中学校其他有志家ノ招待ニテ菜香亭ト云フ茶亭ニテ午餐ノ饗応アリ。食事中、教育ト宗教トノ関係ニ付談ズ。官立学校ノ教員ガ如此会ヲ催シタルハ未曾有ノコトナリト云ヘリ。且学校ヨリ謝意ヲ表スル為ニ大内塗ノ硯箱一個ヲ送ル。

帰途、青年会寄宿舎ヲ見ル。入舎生ハ僅ニ五人ナリ。出入ノ便宜シカラズ。

夜、教会堂ニ於テ再ビ演説ス。聴衆前夜ノ如シ。

十一月十日（月）

午前七時二十五分、山口出発。細川、縄田其他ノ人々停車場マデ見送ル。

小郡ニテ急行ニ乗換ヘル。急行券二円ヲ払フ。

門司ニテ長尾半平氏ニ面談ス。

午後八時過、長崎ニ安着ス。文雄夫婦出迎フ。廣津氏、ホオキヱ氏等モ出迎フ。兎ニ角ニ文雄方ニ一泊スルコトトナシ、同所ニ赴キ投ズ。

十一月十一日（火）

午前八時、指定ノ旅館平戸町池田屋ニ転ズ。ソレヨリ商品陳列所二枝商店等ヲ見物シテ帰館シタルニ、大町源重郎氏来訪。同氏ニ案内セラレテ又市内ヲ少シク見物シ、然シテ後、同氏宅ニ招カレ叮嚀ナル夕食ノ饗応ヲ受ク。

夜ハ青年会館ニ於テ紀念演説会アリ。瀬川氏、先ヅ両校ノ歴史ヲ述べ、次ニ余ハ教育ト宗教ノ関係ニ付テ演説ス。終ニピータルス氏ハ両校ノ理想ニ付演説シタリ。聴衆ハ五百名位ト見受ケタリ。生徒ノ数三百四五十名ナリ。先以テ盛会ナリ。

十一月十二日（水）

午前十時半ヨリ東山学院創立廿五年祝賀祝典アリ。学院ノ歴史、校長ノ式辞、知事其他数名ノ祝詞アリ。余ハ二十分許演説スベキ筈ナリシガ、正午近クナリタルガ故ニ僅ニ数言ノ祝詞ニ止メタリ。

午餐ニハホオキヱ氏方ニ招カル。

午後二時ヨリ梅香﨑女学校ノ祝典ニ出席ス。知事ノ祝詞ニ次キ自分モ二十分許ノ祝詞演説ヲナス。本校ハ来年四月下ノ関移転シ、山口ノ光城学校トノ合併ノ筈ナリ。

梅田信五郎氏、旅館ニ来訪ス。

夜、文雄方ニ赴キ懇談ス。

十一月十三日（木）

瀬川浅氏ノ案内ニテ香蘭社焼ノ陶器ヲ一二種購求ス。

鎮西学院ヲ訪問シタル。恰カモ礼拝時間ナリシヲ以テ礼拝後一場ノ講話ヲ試ム。

ソレヨリ東山学院ニ於ケル教役者協議会ニ一寸出席ス。

ホオキヱ、廣津氏等ニ告別シテ去ル。

文雄方ニ往キ、一同ニテ附近ノ写真店ニ往キ撮影ス。文雄方ニ於テ午餐ノ振舞ヲ受ケ、一寸旅店ニ寄リ、三時ノ汽車ニテ出発ス。文雄夫婦、梅田氏夫人、大町源重郎氏、ホオキヱ、廣津氏等停車場ニ見送ル。

七時、福岡着。時ニ大雨トナル。大学青年会員数名モ出迎フ。電車ニテ荒川家ニ来リ投ス。子供等麻疹後ニテセキニ苦ムモノアリ。

十一月十四日（金）

午前、一人ニテ物産陳列所ヲ見ル。但見ルベキ程ノモノナシ。位置モ甚タ不便ナリ。只紀念ノ為一二ノ陶器ヲ求ム。

午後ハ文六ノ案内ニテ工科大学及ビ医科大学ヲ参観ス。種々珍ラシキモノヲ見ル。屍蠟ノ如キハ最モ奇ナリ。ソレヨリ青年会寄宿舎ニ往キ、十数名ノ信徒及ビ求道者ニ会見シ一場ノ談話ヲナス。ソレヨリ文六ト共ニ真野家ニ往キ、晩餐ノ饗応ヲ受ク。千代子モ招カル。自分ハ真野ニ一泊スルコトトナル。

十一月十五日（土）

午前、一人ニテ博多ノ市中ヲ見物ス。商品陳列所其他ヲ見ル。荒川家庭ニテ家族一同ト共ニ撮影ス。午餐後、荒川夫婦及ビ真野咲子ニ送ラレ出発ス。門司及ビ下ノ関ニテ暫時休息ノ後、七時十分特別急行車ニテ出立ス。

十一月十六日（日）

午後八時二十五分、新橋着。人車ニテ帰宅。一同無事安全ナリ。

十一月十七日（月）

出院事務ヲ見ル。

十一月十八日（火）

出院授業如例。

午後一時半、鵜飼猛氏夫人ノ葬式ニ会葬ス。ソレヨリ真野家、渋谷ノ井深及ビ沼澤ヲ訪問シテ帰宅ス。

十一月十九日（水）

出院授業如例。

十一月二十日（木）

長崎、山口、広島等へ礼状ヲ出ス。

十一月二十一日（金）

出院授業如例。

十一月二十二日（土）

授業如例。

徳川慶喜公逝去。最後ノ将軍、大政奉還者トシテ天下ノ同情深シ。先帝ノ崩御ニ続キテ前将軍ノ逝去アリ。人ヲシテ自ラ世勢ノ推移ヲ思ハシム。

午後四時、芝教会堂ニ於テ菊地錢太郎氏長男ト山本秀煌氏長女トノ結婚式アリ。式後、芝三縁亭ニ於テ祝宴ニ招カル。

十一月二十三日（日）

午前、横浜指路教会ニ於テ説教ス。題ハ建国ノ基ナリ。

夜、寄宿舎ニ於テ一場ノ話ヲナス。

午後、イムブリー氏来リ、朝鮮人ノ為赦罪ヲ乞フコトニ付相談アリ。

十一月二十四日（月）
授業如例。
午後、青年会館ニ於テ東京五キリスト教学校代表者ノ協議会アリ。合併ノコトハ到底見込ナキモノ、如シ。立教ト青山トハ同盟ヲ主張ス。但青山ハ不得止ハ合同モスベシトノ意ヲ洩シタリ。
夜、三河亭ニ於テ学制研究会ノ会食アリ。江原氏歓迎ノ為ナリ。
其後、元田氏ヨリ、日米問題ニ関シ通商局長ヨリ相談アリタルコトニ付話アリ。
十一月二十五日（火）
授業如例。
真野文二、沼澤、勝治ヲ招キテ夕食ヲ饗シ、歓談時ヲ移シテ帰ル。
十一月二十六日（水）
授業如例。
十一月二十七日（木）
授業如例。
十一月二十八日（金）
授業如例。
十一月二十九日（土）
午後一時半ヨリ女子学院講堂ニ於テ日本基督教会婦人伝道会社第一回総会アリ。余ハ外国ニ於ケル婦人伝道事業ノ歴史ニ就テ一場ノ演説ヲナス。中々盛会ナリ。
六時ヨリ富士見軒ニ於テ東京英語会並ニ外遊会ノ聯合会アリ。米国大使カスレー氏夫婦及ビ津田梅子氏正賓タリ。数名ノ英語演説アリ。出席者百二十人。中々盛会ナリキ。
十一月三十日（日）
本日、徳川慶喜公ノ葬儀アリ。最後ノ将軍トシテ天下ノ同情深シ。但自分ハ会葬セズ。
夜、寄宿舎ニ於テ講話ヲナス。エホバ統御シ給フ、全地ハ喜ブベシ、万民ハ戦慄スベシト云フ主意ニテ、維新以来日本ノ発展ニ付所感ヲ述フ。
十二月一日（月）
授業如例。
午後三時ヨリ青年会館ニ於テ在米日本人後援会設立ノ件ニ付小﨑、海老名、山本ノ三人ヨリ相談アリ。植村、高木壬太郎、元田及ビ余ノ[四]三人出席。大体ニ於テ賛成ノ意ヲ表ス。
会後、植、小、海、高、及自分ノ五人ニテ今文ニ往キ

「牛鍋」ヲ共ニス。

一昨日来俄カニ寒気ヲ催シタリ。

十二月二日（火）

授業如例。

都留氏就職式招待状ヲ発送ス。

十二月三日（水）

授業如例。

午後、神学部教授会ヲ開キ、試験時日其他ノ事ニ付議決ス。

コオワデスヲ読了ス。ロマ帝国末路ノ人情、風俗叙シ得テ妙ナリ。リギヤノ堅信、ピニシアスノ苦心惨膽［澹］、人ヲシテ同情ニ堪ヘザラシム。ネロ帝ノ暴虐無道、神人共ニ容レザル所ナリ。

十二月四日（木）

授業如例。

午後三時、普通部教員会ヲ開キ、試験時日其他ニ付評議ス。

十二月五日（金）

授業如例。

十二月六日（土）

午後二時、神学部ニ於テ都留仙次氏ノ神学教師及ビ教授任職式ヲ行フ。東京中会員委員秋月氏司会、余、式辞ヲ読ミ、植村氏、告辞ヲ与フ。都留氏ハモアバイト碑文ニ付講演ス。先以テ成功ナリ。

益富氏来訪、鉄道青年会ノコトニ付種々話アリ。

十二月七日（日）

午前、横浜指路教会ニ於テ説教ス。

米国ゼームス夫人ヨリカルマン氏ヲ経テ学院ヘノ寄附金壱万弗ヲ送リ来ル。数回ノ書面ヲ送リタル結果ナレトモ、望外ノ賜ナリ。

沼澤七郎氏来訪、海軍墓地購入ノ件及勝治一身上ノコトニ付種々話アリ。

十二月八日（月）

午前、授業如例。

石原氏来訪、長男義雄氏ノ妻離婚ノ事情ニ付話アリ。

青年会ニ於テ在米同胞後援会発起人会アリ。趣意書、規則、予算等ニ付評議ス。

青年会同盟委員会アルベキ筈ナリシニ、東京青年会理事会ノ為開会スル能ハズ、空シク帰ル。

十二月九日（火）
授業如例。
花子、真澄、清見ヲ携ヘ本郷中央会堂ニ往キ、クワーバデスノ活動写真ヲ見ル。評判程ニアラズ。ペトロニアスノ人物最モ好シ。ビスシアスハ人格卑シクシテ極メテ不出来ナリ。リジアモ美人ニアラズ。ウルサスハ好シ。チロハ中々ノ骨折役ナリ。
十二月十日（水）
授業如例。
午後、沼澤ノ転宅ニ付小石川林町百三十三番地ノ借宅ニ赴キ、夕刻マデ手伝ヲナス。新宅ニテ間取モ宜シク善キ家ナリ。
十二月十一日（木）
授業如例。
十二月十二日（金）
授業如例。
十二月十三日（土）
午前八時四十九分、品川発、午後三時半、静岡ニ着ス。大嶋陸軍大佐、清水久次郎氏停車場御[迄カ]迎ヘラル。即チ大嶋氏ノ客トナル。本年二月モ同家ノ客トナリタルコトアリ。
夜七時、静岡「クラブ」ニ於テ国家ト宗教ニ付テ講演ス。聴衆百四十名余。学校教員モ少カラズト云フ。
静岡ハ気候暖和ニシテ春ノ如シ。東京トハ余程ノ相違ナリ。
十二月十四日（日）
午前十時、伝道教会ニ於テ説教ス。会衆二十名許。
午後、クラブニ於テ婦人ノ為ニ講話ヲナス。題ハ女子ノ徳育ト基督教。聴衆ハ百二三十人ナリ。女学校生徒モ見ヘタリ。
井上医学士ノ招ニヨリ、クラブニ於テ西洋食ノ饗応アリ。大嶋、清水二氏モ共ニ招カル。
夜、再ビ講演ス。現代ノ要求ト基督教ニ付テ講演シタリ。聴衆ハ百二十人許、注意シテ聞居タリ。
会後、清水、長田氏等、大嶋氏ノ宅ニ来リ祈祷ヲナス。
十二月十五日（月）
午前八時四十九分、静岡出発、午後二時無事帰宅ス。但午前十一時比、東京ニハ強キ地震アリ。講堂損ジタル赴ナリ。留守宅ハ一同無事ナリ。
十二月十六日（火）

授業如例。

午前八時比ヨリ降雪、終日降続キ、夜ニ入リテ止ム。積ルコト五六寸、初雪ニハ珍ラシキ積リ方ナリ。

十二月十七日（水）

普通学部五年級修身科試験ヲ行フ。其他授業如例。地上尚白ク銀世界ナリ。

十二月十八日（木）

高等部第二年級倫理試験ヲ行フ。

十二月十九日（金）

学期試験ヲ行フ。

本科二年説教学ノ試験ヲナス。

十二月二十日（土）

午後二時ヨリ学院理事会ヲ開キ、セベレンス氏遺族ニ於テ亡父ノ志ヲ継キ七千五百弗寄附ノ件、並ニゼームス夫人ヨリ壱万弗寄附ノ件ヲ報告ス。理事会ヨリ謝状ヲ送ルベキコトヲ決ス。高等部合同賛成ノ議ヲ決ス。

十二月二十一日（日）

柴田行久氏、勝治方、和泉氏留守宅並ニ赤十字病院ニ中嶋ケイ子ヲ訪問ス。正ニ危篤ノ状態ナリ。同人ハ山本政元氏ノ女ナリ。

十二月二十二日（月）

午前、別科三年及ビ一年ノ試験ヲナス。

午後二時ヨリ青年会［館］ニ於テ教会同盟常務員会ヲ開ク。

同五時ヨリ青年会同盟常務員会ヲ開キ、諸種ノ報告ヲ聞キ且議決ヲナス。栗原基氏ヲ巡回講師トシテ一年間嘱托スルコトニ決ス。俸給ハ百卅五円ノ筈ナリ。教員中特ニ精勤ノ向ヘ歳暮ノ贈物ヲナス。

十二月二十三日（火）

神学部試験、本日ヲ以テ結了。

午後二時、協力伝道委員会ヲ開キ、石原氏ノ報告アリ。浅草、明星両教会合併ノコトニ付再ビ評議アリ。

十二月二十四日（水）

夜、高輪教会ニ於テクリスマス祝会アリ。例ノ如ク自分ハ留守ヲナシ、ロマ帝国ノ歴史ヲ読ム。

十二月二十五日（木）

家族一同ニテクリスマスノ食事ヲナス。三浦夫婦、江見節男氏ヲ招ク。食後一同ニテすごろくヤ投扇興ナドヲ為シテ遊ブ。

十二月二十六日（金）

棟居喜久馬氏ノ紹介ニヨリ建築技師三橋四郎氏ニ依頼シ、新講堂ノ損害ヲ検査シ修繕ノ見積書ヲ提出サ[セ]シム。同人ハ技師一人ヲ携ヘ来リ、仔細ニ検査シテ帰ル。

十二月二十七日（土）

真澄、清見ヲ携ヘ三越、白木屋ヲ見物シ、帰途、中通守尾商店ニ於テ唐墨唐筆ヲ求ム。内ニテハ年末ノ大掃除ヲナス。人ヲ頼ミテ障子張替ヲナサシム。

十二月二十八日（日）

昨日来、風邪ノ気味ナリ。

十二月二十九日（月）

風邪ニテ在宅静養。

天気快晴ナルガ故ニ、午後、一寸三田通リニ往キ硯ヲ求ム。

十二月三十日（火）

午後一時ヨリ大隈伯邸ニ於テ平和奨学金委員会アリ。出席者ハ菊地男爵、嶋田三郎、成瀬仁蔵、元田作之進及ビ余ノ五人ニ過ギズ。伯ハ例ノ如ク元気ナリ。ミロススクールノ程度卑キガ故ニ、最初四年ノ筈ナリシヲ二年ト改ムルヤウ先方ニ交渉スルコトニ決ス。ソレヨリ小石川松平邸ニ赴ク。蜜柑壱箱ヲ歳暮ニ呈ス。ソレヨリ宝亭ニテ夕食ヲ喫シ、植村氏宅ニ於ケル伝道局理事会ニ出席ス。多田、大谷ノ外ハ皆出席ス。寄附金ハ昨年ヨリモ幾分カ好況ニテ七千六百円余ナリ。

十二月三十一日（水）

午前九時ヨリ植村氏方ニ於テ再ビ理事会アリ。応援伝道資金募集法其他ニ付評議シ、午後二時閉会ス。家族一同、年越ノ夕食ヲ食ス。

［備考欄］

一熊野吉次郎氏、マウントヘルモン学校ニ入学ヲ希望ス。奨学金ノ有無如何、又ハホワイト氏ノ聖書学校ノ方如何、大堀氏ト相談スルコト。

一九一四（大正三）年

サンダム館
米国改革派教会関係のサンダム婦人が建築費を提供して1887（明治20）年に竣工
礼拝堂として使用されていたが、1914 年 11 月 24 日に焼失

一月一日（木）

天気快晴、但寒気強シ。

家族一同食卓ニ向ヒ、神ニ感謝祈祷シテ後ニ例ノ如ク雑煮餅ヲ喫ス。

ソレヨリ自分ハ年頭ノ廻礼ニ出ヅ。先ヅ渋谷ノ井深ニ往キ、ソレヨリ真野、片山ニ往キ、沼澤ニテ午餐ノ饗応ヲ受ケ、桃沢ニ寄リ、大隈伯邸、松平子爵邸ヲ訪ヒ、山本、都留等ヲ訪問シ、構内ノ諸教師ノ家ニ名刺ヲ置テ帰ル。熊野氏来訪。引続キ王統《［統一カ］》氏来ル。日本語ニテ話ヲナス。晩食ヲ振舞フ。

真澄、清見ハ片山寛氏ニ携ヘラレテ泊ニ往キタリ。

一月二日（金）

午前、神学部ニ往キ、来七日ノ同盟ミシヨン会議ニ於テ為スベキ英語演説ノ草稿ヲ作ル。

一月三日（土）

午後二時ヨリ青年会［館］ニ於テ継続委員東都伝道委員会ヲ開キ、諸件ヲ評議シ五時半ニ至ル。来六日本委員会、来八日市内諸教会ノ牧師ヲ招待シテ協議ヲナス筈ニ定ム。ロンドン監督ハ先約アリテ本年来朝困難ノ赴返答アリ。

一月四日（日）

高輪教会ニ出席、礼拝ス。

午後、沼澤氏来訪、夕食ヲ共ニシ緩談時ヲ移ス《［衍］》シテ帰ル。

一月五日（月）

午後五時、青年会［館］ニ於テ同盟財団法人理事選挙ノ為委員会ヲ開キ、選挙ノ結果再選トナリ、且理事長其他役員旧ノ如シ。

一月六日（火）

午前十時ヨリ青年会［館］ニ於テ継続委員常務員会並ニ同伝道委員会ヲ開キ、午餐ヲ共ニシ午後六時ニ至ル。ロンドン監督ノ来朝ハ差支アリテ断アリ。因テ東京及大阪ニ於ケル大集会ハ延引シテ来年ニ廻ハシ、先ツ地方ヨリ着手スルコトトナス。東都ハ静岡、豊橋、浜松、名古屋、岐阜、北海道及青森ヲ第一期トナシ、西部ハ北陸、瀬戸内海五県及関門ヲ第一期トナス。

一月七日（水）

午後二時ヨリ教会同盟ヲ代表シテ同盟ミシヨンノ年会ニ臨ミ、一場ノ英語演説ヲナス。平岩愃保氏モ同伴シテ演説ス。朝鮮ヨリ来リタルノーブル及ビマヘツト氏ノ演説ノ後、会長マツケンゼー氏ノ演説アリ。其精神頗ル好良ナリ。大ニ諸教派合同ノ必要トキリストト各自同化ノ必要トヲ高調シタリ。宣教師ノ正議員ハ四十八名ナリトゾ。其他ノ出席ヲ合ハセテ約百名ト見受ケタリ。

一月八日（木）

神学部始業。本科三年生楢崎退学ヲ申出ツ。少シク精神上ニ不健全ノ傾アリ。同級生瀧内ニ不都合ノ行為アリト聞ク。

青年会［館］ニ於テ市内各派ノ教役者ヲ会シ、内外協同伝道ノコトニ付協議ヲナス。

一月九日（金）

神学部授業如例。

午後二時、青年会館ニ於テ基［督］教大学期成委員会ヲ開ク。明治学院、東京及聖学ノ三学院ハ高等部ノ合同ヲ賛成シ、立教及青山ハ同盟ヲ賛成シテ合同ニ反対ナリ。種々討議ノ末、事実ヲ米国ノ委員及諸伝道会社ニ報ジテソノ賛助ヲ求ムルコトニ決ス。蓋後者ハ独立経営ヲ以テ大学拡張ノ意見ナリ。

一月十日（土）

旧講堂ニ於テ普通及高等学部始業式ヲ挙ク。余ハ一場ノ訓話ヲ為ス。「勤メテ怠ラズ心ヲ熱クシテ主ニ事ヘ」ノ一句ヲ以テ本年ノ標語トナスベキコトヲ勧ム。

教員会ヲ開キ、本多、的井両人ノ復校願ノ件ヲ評議シ、不許可ト決ス。

岐阜市飯嶋弥太郎父子ヨリ電信アリ、西郷某？ノ葬儀ノ為説教ヲ懇請シ来ル。不便不少ト雖モ、九時十四分品川発ノ急行ニテ行クベク定ム。

一月十一日（日）

午前七時十分、岐阜ニ到着ス。飯嶋弥太郎氏父子並ニ教会総代山﨑某其他出迎ヘ、旅店王《〔玉カ〕》井屋ニ案内ス。同車ニテ杉田定一氏着ノ為旅店混雑ス。

永眠者ハ十六銀行支配人西郷金治ト云フ人ニテ、去年六月植村氏ヨリ受洗シタル人ナリト云フ。岐阜ニテハ知名ノ人ニテ許多ノ会葬者アリ。当地ニ於テハ初メテノキリスト教ノ葬儀ナルガ故ニ、可也鄭重ニシタシトノ希望ヨリ予ヲ招キタルナリト云フ。自宅ニ於テ式ヲ営ミ、自分ハ説教シタリ。ソレヨリ火葬場ニテ又簡単ナル式ヲ行ヒタリ。

夜ハ教会ニ於テ説教シ、十一時二十分ノ急行車ニテ帰京ノ途ニ就ク。

一月十二日（月）

午前九時、新橋到着。

午後四時ヨリ青年会館ニ於テ大会常置委員会ヲ開ク。五時ヨリ築地精養軒ニ於ケル明治専門学校総裁山川健次郎並ニ校長的場中氏ノ招待会ニ赴ク。食後、山川氏ヨリ挨拶アリ、杉浦氏一同ニ代リ答詞ヲ為シ、各自懇談ヲナス。本年ヨリハ東京ニ於テ新入生ヲ募集ストノコトナリ。桜島曝発ノ飛報アリ。

一月十三日（火）

授業如例。

神学部教授会ハ延期シタリ。

七時ヨリ宅ニ於テ神学部懇話会ヲ開ク。子嶋生ハ明治時代ニ於ケル倫理思想ノ変遷ニ付キ論文ヲ読ム。例ノ如ク汁粉ヲ饗ス。中ニハ十杯ヲ傾ケタルモアリ。総員二十八名ナリキ。

一月十四日（水）

授業如例。

桜島曝発ニ引続キ霧島山モ曝発ノ報アリ。損害多大、降灰十里余方ニ及ブト云フ。

講堂修繕見積書ヲ得タリ。概略壱万二千円余、元形ノ如ク新築スレバ約五万円ヲ要ストナリ。

一月十五日（木）

授業如例。

臨時神学部教授会ヲ開キ、瀧内秀綱ニ諭旨退学ヲ命ズルコトニ決ス。

真野夫婦来訪。

一月十六日（金）

授業如例。

即位式、本年十一月十一日ニ確定ノ旨発布セラル。

彦三郎夫婦、入京ノ赴報知アリ。

一月十七日（土）

東京府視学玉置省吾ト云フ人来リ、普通部授業上ノ実際ヲ視察ス。

午後、真野氏ヲ訪問ス。不在。沼澤氏ヲ訪問シ、夕食ノ饗応ヲ受ケ、緩談時ヲ移シテ帰ル。

彦三郎ヨリ雉子壱羽鴨二羽贈来ル。

一月十八日（日）

夜、寄宿舎ニ於テ講話ヲナス。今ハ寝ヨリ寤［覚］ムベキノ時ナリノ句ニ就テ講話ヲナス。

一月十九日（月）

授業如例。

午後、常務理事会ヲ開キ、都留、三浦二人増俸ノ件ヲ可決シ、会堂破損修繕ノ件ニ三橋建築技師ノ提出シタル図案及ビ見積書ニ付評議ノ末、米国ノ伝道局ニ資金ノ補助ヲ要請スル為ニライク、ライシヤール、余ノ三人ヲ委員ニ挙ク。又隣地払下願ノ為、普現《〔賢〕》寺轍吉氏ニ依頼スルコトヲ決ス。

一月二十日（火）

授業如例。

子安井深家ニ於テ茂右衛門殿逝去四十年ノ紀念会アリ。余モ招《〔カ〕》ラレテ往ク。他ノ客ハ勝治夫妻、壽枝、倉田老人ノミナリキ。晩餐ノ饗応アリ。

一月二十一日（水）

授業如例。

午後五時ヨリ大隈伯邸ニ於テ鉄道青年会評議員会アリ。床次氏モ出席。晩餐ノ後、昨年度ノ事業報告、本年ノ予算等ニ付評議アリ。原案ヲ賛成シ、其実行ヲ常務員ニ一任スルコトニ定ム。食事中及食後ニ撮影ス。

一月二十二日（木）

授業如例。

午後、普通、高等部日本人教員ノ新年懇親会ヲ開キ、生徒募集ノ件、運動会ノ件、青年会ノ件等ニ付懇談シ、晩食ヲ共ニシタリ。熊野氏病気ノ為欠席。其他ハ悉皆出席シタリ。

一月二十三日（金）

授業如例。

午後九時十四分、品川発列車ニテ神戸ニ出発。特別伝道応援ノ為ナリ。

一月二十四日（土）

正午五分過、神戸着。大野直月、笹倉弥吉、荒賀荘太郎其他ノ人々出迎フ。停車〔場〕前ノ千秋楼ト云旅館ニ投ズ。植村氏モ同宿ナリ。

午後二時ヨリ湊川教会ニ於テ婦人会アリ。植村氏ト共ニ講演ヲナス。

夜ハ笹倉氏ト共ニ同教会ニ於テ演説ヲナス。題ハ今ハ寝ヨリ覚ムベキノ時ナリ。聴衆約百人、求道者七名。

一月二十五日（日）

午前、湊川教会ニ於テ説教ス。

午後、青年会館ニテ聯合礼拝アリ、余、先ツ内外協同伝道ニ就テ述べ、且ツ教会内ノ一致団結ノ必要ヲ述ブ。植村氏ハ、キリストニ在テ万事新ナリトノ意味ニテ説教ヲナス。聴衆ハ三百三十名許ナリ。

夜ハ同所ニ於テ演説会ヲ開ク。笹倉、植村、余ト三人演説ス。植村ハ人生問題ノ紹介、余ハ国家ト宗教ニ就テ演説ス。聴衆ハ三百人余、先以テ成功トノ評ナリ。

一月二十六日（月）

午前八時、神戸発車、植村同道帰京。八時半、新橋着、無事帰宅。車中、宗教ト教育ニ関スル演説集ヲ看ル。軍艦製造コンミツシヨン問題喧々タリ。京大法科教授総辞職騒モ文相ノ引責ト云フ名ノ下ニ曖昧ノ中ニ治リタリ。頗ル不条理ナル始末ノ付方ナリ。影響ノ不良ハ疑ヲ容レズ。

一月二十七日（火）

授業如例。

神学部教授会ヲ開ク。

松永氏ハ私カニ二三年渡米シテ伝道ノ傍ラ修学シタシトノ希望ヲ洩シタリ。余ハ修学ノ為又ハ見学ノ為半年乃至壱年間渡米スルハ賛成ナレトモ、牧会ヲ兼研究ハ目的ヲ達シ難カルベケレバ以テ再考ヲ促シタリ。先ツ有馬氏ヨリ渡米ヲ勧メラレタリトノコトナルガ、真逆ニ今尚気脈ヲ通ジツ、アリトハ思ハレズ。

一月二十八日（水）

授業如例。

建築技師三橋四郎氏へ図案幷ニ仕様略書ノ手数料二十円ヲ送ル。吉武長一氏へ五円ノ菓子切符ヲ送ル。

一月二十九日（木）

授業如例。

神学部及ビ他二学部ノ礼拝ノ時、東北並ニ北海道大凶作ノ為、又桜島爆発罹災民ノ為ニ救済義捐金ヲ募集スルノ議ヲ起ス。孰レモ賛成シテ委員ヲ選挙ス。内ニテモ家族一同並下女迄夫々寄附スルコトト為シタリ。

一月三十日（金）

授業如例。神学第二年級ノ怠慢ヲ戒ム。

午後二時、理事会ヲ開キ、高等部合同ノ件ヲ議ス。更ニ五名ノ委員ヲ挙ゲテ青山学院ト交渉スルコトトナス。講堂修繕ノ件ハ更ニ辰野工学博士ノ意見ヲ聞クコトニ決ス。

一月三十一日（土）

救済委員会ヲ開ク。総テ金百二十円余ヲ得タリ。依テ其中三十円ヲ桜島々民ノ為、其他ヲ東北及ビ北海道ニ二分シテ送金スルコトトナス。

午後、大学病院ニ桃澤静子ヲ訪問ス。経過佳良ナリ。帰途、真野家ヲ訪問ス。鎌倉ニ往テ不在。

岡山孤児院長石井十次死去ノ報アリ。

二月一日（日）

夜、芝教会ニ於テ教会創立四十年紀念伝道応援ノ為演説ス。題ハ「何故ニ宗教ヲ必要トスルカ」ナリ。

二月二日（月）

授業如例。

沼澤くに子来訪。龍雄縁談ニ関シ勝治ノ意見ヲ尋呉ル、様依頼アリ。

二月三日（火）

授業如例。

勝治来訪、夜食ヲ共ニシ、くに子ヨリ依頼ノ件ニ付ソノ意見ヲ尋シニ、自分ハ元来左様ノ希望ナシトノコトナリキ。但自分ノ参考ノ為沼澤夫婦ノ意志ヲ尋ネテ知ラシムルコトトナス。

二月四日（水）

午前、授業如例。

午後、文部省ニ出頭ス。用向ハ過日差出シタル文官任用上特典ニ関スル願書中不備ノ点訂正ノ為ナリ。又「中学部」ナル名称ニ改ムルコトヲ再ビ請願シタレトモ承知セズ。関西学院ハ未タ認可ナキ、否、不認可トナリタルヲ公告シツ、アルハ不都合ナリ。

二月五日（木）

早朝、出羽海軍大将ヲ麻布［新］網町ノ邸ニ問フ。予テ約束シタルコト故早速面会セラル。其結果、経理局長志佐勝氏へ紹介ノ名刺ヲ受ク。直チニ海軍省ニ出頭、待ツコト半時間余ニシテ志佐氏ニ面会、約十年前学院ヨリ墓地払下ヲ出願シタルコトヨリ始メ、財団法人タルコト等ヲ説明ス。兎モ角モ願書ヲ差出スベキ旨話アリタレバ、直チニ普賢寺徹吉氏ニ趣キシニ、不在ナレバ事務員ノ来ルヲ待チテ自ラ願書ヲ認メ、帰途海軍省ニ立寄リ自ラ差出シタリ。

午後、普通部教員会ヲ開キ、学期試験期日其他ニ付評議ヲナス。

二月六日（金）

昨夜来悪寒ヲ感ジ、遂ニ発熱三十九度以下《ママ》ニ昇ル。依テ午前ノ課業ヲ休ミ、大阪桑田氏へ断ノ電報ヲ発ス。

午後三時ヨリハ高等部合同ノ件ニ付特別委員会ヲ開ク筈ニ付病ヲ押シテ出席ス。但シ青山学院ヨリ何等ノ回答ナシ。ライシヤー、テニー、石川、グレセットノ四氏出席シタレトモ、青山ヨリノ回答ナキ内ハ協議ヲ進ムルコト難ク、只種々ノ相談ヲナシテ散会シタリ。

二月七日（土）

終日在宅静養ス。

二月八日（日）

終日在宅休養、稍々軽快ヲ覚フ[ユ]。

二月九日（月）

出院、事務ヲ見ル。

昨夜来、降雪、銀世界トナル。

ヘンニングホフ氏来訪。早稲田大学青年会ノ件ニ付縷々事情ヲ陳述ス。高田学長ハ青年会館ノ為ニ敷地ヲ提供シタリト云フ。予ハ之ニ答ヘテ、同盟ハ早稲田ノ為ニ除外例ヲ設ルコト能ハズ、但飽マデ耐忍ト同情トヲ以テシ、決シテ競争ガマシキコトハセザルベシト云ヘリ。

二月十日（火）

出院授業如例。

五時ヨリ青年会同盟委員会ヲ開ク。

帝国議会ニ於テハ海軍収賄事件ニ付不信任案ノ提出アリ。院ノ内外ニ騒動アリ。遂ニ四十一標ノ差ニテ否決トナル。要スルニ昨年ノ仇ナリ。

二月十一日（水）

講堂ニ於テ紀元節祝賀式ヲ挙ク。教育勅語ヲ捧読シ且一場ノ講話ヲナス。

五時、日比谷大松閣ニ於テ柴五郎氏ノ養子ト長女ト婚姻ノ披露ノ宴アリ。花子同道参列、叮嚀ナル晩餐ノ饗応アリ。主客共ニ約四十人ノ宴会ナリキ。

二月十二日（木）

出院授業如例。

午後二時ヨリ青年会［館］ニ於テ東都協同伝道委員会アリ。引続キ大会常置委員会ヲ開キ、伝道費募集ノ件ニ付協議ス。

二月十三日（金）

出院授業如例。

午後、麻布箪笥町和泉弥六氏夫人宅ニ於ケル婦人求道者会ニ赴キ、一場ノ講話ヲナス。出席者十二三人、内三四人ハ受洗志願者ナリ。

二月十四日（土）

青山学院ト高等部合同ノ件ニ付、イムブリー、ライシヤー、ライク、テニー、熊野、水芦ノ六人ト内相談ヲナス。来十七日、先方ノ委員ト会見、協議スル筈ナリ。就而ハ此方ヨリ提出スベキ条件ハ、第一、合同シテ更ニ聯合ノ一校ヲ起スコト、第二、先ツ青山学院敷地ノ一半ヲ売渡シ、他日必要ニ応シソノ全部ヲモ売渡スベキコト、第三、構内ニ各派別々ニ寄宿舎ヲ設ルコト。

柴五郎夫人、今回婚姻シタル長女ヲ携ヘテ頼ニ来ラル。

二月十五日（日）

早朝出発、千葉ニ赴キ、十時ヨリ千葉教会ニ於テ説教ス。聴衆百人余。

午後七時半、再ビ同教会ニ於テ説教ス。求道者凡テ三十五名、洗礼志願者六名ノ由。今回ノ特別伝道ハ好結果ナリトテ一同喜居レリ。

歯科医武藤鎗夫ト云フ人ノ家ニ宿泊ス。夕飯ニハ森岡、外村、吉川、斎藤ノ四氏モ共ニ招カル。

二月十六日（月）

午前八時十六分、千葉ヲ辞シテ帰京ス。

二月十七日（火）

授業如例。

午後二時半、青山学院ニ往キ、先方ノ委員ト会見ス。明治学院ヨリハライシヤール、ライク、熊野及ビ余ノ四人、東京学院ヨリハテニー氏、青山方ヨリハ高木、石坂、チヤツペル、ドレーパルノ四人出席。先ツ余ノ発議ニテチヤツペル氏ヲ座長ニ推ス。同氏ノ請ニ依リ、余、開会祈祷ヲナス。夫レヨリ、余、先ツ簡単ニ基督［教］大学計画ノ起源ヨリ説起シテ今日迄ノ経過ヲ述べ、然シテ新タニ合同ノ高等学校ヲ起シ、青山ヲ以テ其敷地ト為スコト、並ニソノ条件トシテハ青山ノ敷地半分ヲ買受ルコト、又将来必要ニ応ジテハ残ノ半分モ相当ノ代価ヲ以テ買取ルコト等ヲ述べタルニ、先方ニ於テハ尚熟議ノ上返答スベシトテ分レタリ。

二月十八日（水）

授業如例。

午後、彦三郎ヲ新富町ノ寓居ニ訪問ス。幸ヒ在宅ニテ暫時快談ス。

二月十九日（木）

授業如例。

松永文雄氏、愈決心辞職渡米ノ旨ヲ申出ツ。我等ノ忠告ハ遂ニ無益ナリキ。

二月二十日（金）

授業如例。

午後、伝道局常務理事会ニ出席ス。

後、沼澤家ヲ訪問ス。龍雄ト牧子トノ関係ニ付内談アリ。

不都合千万ナル話ナリ。但曲ハ双方ニアリト思ハル。

二月二十一日（土）

午前、図書館委員会ヲ開ク。

理学博士長岡半太郎氏、卒業式ノ演説ヲ承諾シタリ。

午後、辰野工学博士ヲ事務所ニ訪ネ、講堂修繕ノコトニ付意見ヲ問フ。近日実地見分ノ上、意見ヲ述ル筈ナリ。

二月二十二日（日）

勝治夫婦来訪、牧子一身上ノコトニ付相談アリ。

午後、沼澤ヲ訪問シ相談ニ及ブ。其結果、仙台ヨリ本人ヲ呼寄取調ノ上、挨拶ニ及ブベキ筈ナリ。

二月二十三日（月）

出院如例。

午後、教会同盟常務員会ヲ開キ、来四月総会ノ順序等ヲ定ム。

植村ト夕食ヲ共ニス。

夜、大会及中会常置員協議会ヲ開キ、協同伝道募金ノコトヲ相談ス。

二月二十四日（火）

授業如例。

神学部教授会ヲ開ク。松永氏渡米ノ決心ヲ明言ス。

普通部教員懇親会ヲ開キ、諸小学校訪問ノ報告アリ。夕食ヲ共ニス。

石川林四郎氏ヨリ推選シタル石﨑重蔵氏来ル。同氏ヲ頼ムコトニ決ス。

二月二十五日（水）

授業如例。

川澄氏来訪。明後年ノ日曜学校大会ノコトニ付相談アリ。

二月二十六日（木）

授業如例。

午後、ライシヤー氏宅ニ於テホルシー氏夫婦ニ会見ス。同氏ハインジアナ大学国際法ノ教授ナリト云フ。

二月二十七日（金）

授業如例。

二月二十八日（土）

来四日ノ修養会ニ於ケル講演ノ准備ヲナス。題ハ信仰復興ノ歴史ト教訓ナリ。

夕刻、藤田時尾氏来訪。今回ノ事件ニ付何共申訳ナシトノ挨拶アリ。

三月一日（日）

午前、彦三郎来訪ス。

午後、本郷教会ニ於テ聯合祈祷会アリ。余モ出席シテ一場ノ話ヲナス。

帰途、渋谷井深ヲ訪問シテ沼澤ヨリ書面ノ赴ヲ告ク。

夜、寄宿舎ニ於テ講演ヲナス。

三月二日（月）

午前十時ヨリ青年会［館］ニ於テ協同伝道修養会ヲ開ク。植村氏、開会ノ説教ヲナス。

午後、宮川経輝氏、現在教会ノ欠点ニ付演説シ、コーツ氏基督教ノ動力ニ付演説ス。

三月三日（火）

神学生一同ノ希望ニヨリ修養会ノ為ニ今明両日間休業ス。

午前ハ小﨑、ウエンライト両氏、基督教ト現代ノ思想ニ付演説シ、午後ハ海老名氏ハキリスト教ノ社会的使命、柏井氏ハ宗教的経験ニ於ケル聖書ノ価値ニ就テ演説ス。

聴衆ハ午前午後共ニ二百人位ナリキ。

三月四日（水）

午前、出院授業如例。

午後、修養会ニ於テ自分ハ信仰復興ノ歴史ト其教訓ニ付テ演説シ、元田氏ハ日本伝道ト信徒ノ任務ニ付テ演説シタリ。聴衆ハ約四百名ナリキ。

三月五日（木）

授業如例。

午後、普通部教員会ヲ開ク。卒業式準備ノ為諸委員ヲ挙ク。

熊野氏宅ニ於テ病気全快感謝会アリ、教員等集会ス。一同へ弁当ヲ饗ス。

三月六日（金）

午前、授業如例。

高木陸雄氏来訪、藤田家ノ使者トシテ龍雄一身上ノコトニ付請求アリ。

午後二時半、横須賀ニ出張ス。教会ノ案内ニテ万久ト云フ一小旅店ニ投ス。

夜、教会ニ於テ宗教ノ必要ナル所以ヲ説ク。聴衆八十名余、求道者七名、受洗志願者六名ヲ得。

三月七日（土）

午前九時三十分出発、帰京。

雨天暴風トナル。

午後、沼澤家ヲ訪問シ、例ノ事件ニ付確答ヲ聴ク。即チ愈々龍雄ヲ藤田家へ復帰セシムルコトニ決定シタル赴ナリ。但本人等ノ今後ノ関係ニ付テハ、俊雄ト高木氏トガ専ラ尽力スベキ筈ナリ。

三月八日（日）

午前ヨリ沼澤夫婦来訪、改メテ今回ノ処置ニ付キ挨拶アリ。午餐ヲ饗ス。

午後三時ヨリ横浜ニ赴キ、柏井園氏ト共ニ海岸教会ニ於テ演説ス。余ハ敬神ノ益ト題シテ演説シタリ。

三月九日（月）

午前、出院如例。

午後、藤田家ヲ訪問シテ挨拶旁五郎氏ノ見舞ヲ述ブ。

其後、青年会［館］ニ於テ同盟常務委員会出席、来月初旬ノ朝鮮青年会第一回大会ニハ余トフエルプス氏ト出席スルコトトナル。

三月十日（火）

授業如例。

午後、神学部教授会ヲ開キ、本年夏期講習会ノ講師其他ニ付評議ス。

三月十一日（水）

普通部五年級ノ試験ヲ行フ。

三月十二日（木）

授業如例。

三月十三日（金）

授業如例。

三月十四日（土）

午前、青年会［館］ニ於テ協同伝道ノコトニ付委員会ヲ開ク。

花子同道、三越ニ往キ、春子ヨリ依頼ノ毛ぶとんヲ注文ス。

ソレヨリ自分ハ沼澤ニ往キ、勝治ノ意見ヲ伝ヘ且ツ俊雄ヨリ郵送シ来リタル龍雄ノ書状ヲ示ス。偶々高木盛之輔アリ。四十七年目ニテ面晤ス。

三月十五日（日）

午朝《[前]》、高輪教会ニ於テ説教ス。

夜ハ指路教会ニ於テ演説ス。

三月十六日（月）

午前、普通部教員会ヲ開キ、五年級卒業点ニ付評議ス。

夜ニ入リ、熊野、宮地、河西三氏入来、平均点ノ取方ニ誤算アリ、生徒激昂ノ由ヲ語ル。依テ明日臨時ニ教員会ヲ開クベキコトヲ約ス。

三月十七日（火）

早朝、文部大臣ヲ官邸ニ訪問シ、今回ノ協力伝道ノ集会ニ各地ノ教育家並ニ地方官等出席シテ差支ナキ旨ヲ通知セラレ度旨ヲ開陳シテ、其承諾ヲ得タリ。小﨑氏モ同道シタリ。

帰途、ミロル氏ヲ訪問ス。

午後、教員会ヲ開キ、五年級試験点ノ間違ヲ訂正シ、且ツ生徒ニ面会シテ誤解ヲ説《〔ママ〕》キ且説諭ス。

三月十八日（水）

午前、高等部試験執行。神学部授業如例。

三月十九日（木）

授業如例。

午後、インブリー、ライク、熊野、ミロル氏ト共ニ、明治学院理事登記ノ件ニ付取調ヲナス。

三月二十日（金）

午前、大正博覧会開会式ニ列席ス。参列者壱万人、盛会ナリ。第二園遊会ハ雑風景不作法千万、居ルニ堪ヘズ草々ニシテ帰ル。出品モ未タ揃ハズ。

三月二十一日（土）

午後二時、普通学部卒業式ヲ挙行ス。田村ノ英語演説ハ不出来ナリキ。但ホフサンマルノ句調ヲ学ビタルコトハオカシキ程ナリ。長岡博士ノ演説ハ不馴ト見エテ能ク纏ラザリキ。要旨ハ学術研究ニハ勇気ノ必要ナルコト宗教ノ進歩ニ於ルガ如シト云フニアリキ。来賓ハ存外多数ニテ余席ナカリキ。外国人ノミニテ廿名以上アリタリ。アンドリウス氏並ニミスハラノ独吟ハ上出来ナリキ。

三月二十二日（日）

午後、花子、真澄、清見同道、青山ニ墓参シ、ソレヨリ東京大学病院ニ桃澤シヅ子ヲ訪問シ、又桃澤ノ自宅ヲ尋ネ、ソレヨリ沼澤ト片山トヲ訪問ス。但子供ハ青山ヨリ帰宅ス。

夜、高木陸雄並ニ俊雄入来、例ノ事件ニ付返答アリ。即チ龍雄ヨリ小児ハ確カニ自分ニ於テ責任ヲ持ツトノ赴ナリ。但引取人並戸籍上ノコトハ未タ明白ナラズ。

三月二十三日（月）

出院如例。

辰野博士、助手数人ヲ連レ来リ、講堂ヲ検査ス。即チ地形ヲ掘リ又壁ヲ破リテ見ルニ、第一地磐《〔ママ〕》不良ナル上ニ、工事粗末ニシテモルタルニセメントナシ。且東南隅ハ殆ンド一フート程沈下シタリ。依テ到底修繕ノ見込ナシトノ宣告ヲナセリ。

くに子来訪、沼澤ニ於テハ愈龍雄ヲ離籍ト為スベク定メタリトノ事ナリ。

今、時事ノ号外来ル。議会ハ停会三日間、内閣ハ愈総辞職ニ決シタリト。

三月二十四日（火）

午前、高等部教授会ヲ開キ、来学年度ノ学課并ニ受持ヲ定ム。

午後ハ普通学部教員会ヲ開キテ試験ノ成蹟ニ依リ生徒ノ及落ヲ定ム。

帝国議会ハ三日間ノ停会トナリ、内閣ハ愈総辞職ト決ス。

三月二十五日（水）

午前、授業如例。

午後、青年会［館］ニ於テ伝道局理事会、教会同盟常務委員会ヲ開キ、引続キ協力伝道委員東部常務委員会ヲ開ク。

三月二十六日（木）

万国日曜学校大会準備委員会ニ出席ス。清新軒ニ於テ午餐ノ饗応アリ。

帰途、銀座通ニ寄リ、朝鮮行ノ買物ヲナス。

夜、江見氏来リ、高千穂学校ヨリ依頼ヲ受タルガ故ニ本月限リ舎監ヲ断リタシト申出ツ。余リ突然ナルガ故ニ故障ヲ云ヒタリ。熊野氏モ来リ、同一ノ意見ヲ述ブ。

三月二十七日（金）

午前、授業如例。

午後、東京学院ノ卒業式ニ列ス。高等科生三名、中等科生二十一名。田川大吉郎氏ノ演説アリ。余リ感服スル能ハザリキ。

志賀勝之助、代々木鈴子、逢坂氏妻君ト同道入来、明日結婚式ノ打合ヲナス。

三月二十八日（土）

午後五時、高輪教会ニ於テ、志賀勝之助、佐々木鈴子ノ結婚式ヲ司ル。来客二十余名。後、自宅ニテ晩餐ノ饗応アリ。東洋軒仕出シノ洋食ナリ。

三月二十九日（日）

勝治来訪、彼ノ一条ニ付未タ高木ヨリ回答ナキ旨ヲ報ス。

伊藤一隆氏夫婦来訪。

午後三時半出発、朝鮮ニ向フ。品川ヨリ乗車、車中既ニ植村、外村二氏アリ、平沼ヨリハ毛利氏モ亦同乗ス。外村氏ハ門司伝道応援ノ為、他二氏ハ朝鮮伝道ノ為ナリ。

川崎、大磯附近ノ桃花方ニ満開ナリ。

三月三十日（月）

京都ヨリフエルプス氏モ亦同乗ス。余ト共ニ開城ニ開カレントスル朝鮮青年会大会ニ赴カン為ナリ。

午後八時二十四分、下ノ関着車。和田方行氏出迎フ。暫時休息ノ後、吉満〔備カ〕丸ニ乗込ム。船ハ三千噸余ノ新造船ニテ至極便宜ナル造方ナリ。

三月三十一日（火）

午前九時、釜山着。入港前強風ノ為船少シク動揺ス。朝食ヲ見合セリ。

桟橋ニハ秋元氏其他信者ノ出迎アリ。ステーシヨンホテルニテ暫時休息、朝食ヲ喫シ、十時半発車、余ハ丹羽氏ヨリ駅長ニ托シアリタルパースヲ受取リ一等ニ乗込ム。

午後ヨリ雨天トナル。寒気モ亦加ハル。途中、山岳ニ白雪ヲ見ル。

予定ノ如ク午後九時南大門ニ着車ス。丹羽、渡邉、井ノ口氏夫婦其他韓人等ニ迎ヘラレ、余ハ水上氏ノ宅ニ投ス。植村ハ渡邉氏ヘ、毛利ハ星野氏ヘ往ク。ブロツクマン氏ハ特ニ余ノ為ニサンタクホテルニ案内シタレトモ断リタリ。

四月一日（水）

午前十一時、丹羽氏ト共ニ津田鍛冶〔維〕氏ノ宅ヲ訪フ。然ルニ内地ニ往テ不在ナリキ。

ソレヨリ京城ホテルニ於ケル宇佐美内務部長官ノ午餐ニ赴ク。植村、毛利、井ノ口、渡邉、アンドルウード、丹羽、李競源〔源競〕、韓錫晋等モ共ニ招カル。

ソレヨリ余ハ丹羽氏ト共ニ尹致コー〔ママ〕ヲ西大門外ノ監獄ニ訪問ス。身体ハ頗ル強壮ニ見ヘタリ。何カ用事ナキカト尋シニ、開城ヘ往カバ、妻ト鳳成ト名クル子トニ我ガ無事ヲ告ゲヨト依頼セリ。

ソレヨリ培材学堂ノ卒業式ニ臨ミテ安洞教会ニ往キ、尹致昭氏ノ宅ニ於テ朝鮮料理ノ饗応ヲ受ケ、再ビ教会ニ往キテ演説ヲナス。河井氏モ共ニ話ヲナス。

四月二日（木）

午前十時、植村氏ト共ニアンドルウード氏ノ宅ヲ訪問シ、朝鮮ニ於ケル組合教会ノ伝道事業ニ付テ意見ヲ交換ス。氏ハ日本基督教会ガ宣教師ヲ派遣シテ他ノ外国宣教師ト同格ヲ以テ協力スルコトハ更ニ異議ナキ旨ヲ明言シタリ。

ソレヨリセベレンス医学校ヲ訪問シ、エビソン氏ニ面会シ校舎及ビ病院ヲ視察ス。

銀行クラブニ於テ京城青年会ヨリメスセル氏一行ト共ニ

午餐ノ饗応ヲ受ク。歓迎辞、答辞共ニ日、英、韓三ケ国ノ語ヲ用ヒタリ。

午後四時二十分、フエルプス、ブロツクマン兄弟其他ト開城ニ向ヒ出発、七時過着。アンドルウード氏ト共ニクラム氏ノ宅《［客カ］》トナル。

夜、大会ノ発会式ニ於テ我ガ同盟ヲ代表シテ単簡ナル挨拶ヲナス。

四月三日（金）

昨日、汽車中ニテ朝鮮青年会ノ憲法ヲ見タルニ、只其訳字ノ不適当ナル所アルノミナラズ、条目ニ於テモ不都合ト思ハル点アリ。依テ昨夜来注意ヲ促シタルニ、朝鮮人側ニ於テハ兎角口実ヲ設ケテ正当ノ訳字ヲ避ケントスルモノ、如シ。即チセクシヨナルコンミテーヲ総委員ト為シタリ。種々相談ノ後、朝鮮聯合委員ト改ムルコトトナセリ。

午前ハフエルプス、ブロツクマン等ノ演説アリ。午後ハビルクス及ビタスセル氏ノ演説アリ。

夕刻、市街ヲ南大門附近マデ散歩シタリ。

四月四日（土）

午前、祈祷会アリ。ソレヨリ漸ク朝鮮聯合憲法草按ニ付議事ヲ開ク。大体ハ既ニ決定セルコトナレバ、単ニ辞句上其他ノ点ニ付議論アリ。東京青年会代員二名ガ最モ多ク論ジタルハ目立タリ。大抵ハ原按ノ侭通過シタリ。午後ニテ議事結了シタリ。

委員及役員ノ選挙ニ懸リタレバ自分ハ退席シ、工芸部ヲ参観シ記念ノ為切地ヲ少シ求メタリ。織物及ビ写真ヲ教授シツ、アリ。朝鮮ノ為ニハ適当ナリト思ハル。然カモ教師ハデールト云フ米国人一人ナリ。

夜ハ休息シタリ。

四月五日（日）

本日ハ開城ノ北教会ニ於テ特別ニ聯合礼拝アリ。会衆ハ凡テ九百十一人トノ報告アリ。但其中百人許ハ子供ナリ。余ハ神ノ国ニ付キ英語ヲ以テ講演ヲナシ、アンドルウード氏之ヲ朝鮮語ニ通訳シタリ。其後、呉競善ト云フ人簡単ナル勧ヲナス。

午後、フエルプス氏ト共ニ満月台ニ登ル。四方ノ眺望頗ル佳ナリ。実ニ一勝区タリ。台ノ下ニ桃園アリ。開花ノ時ハ又一層ノ見物ナラン。

午後五時四十八分ノ列車ニテ龍山ニ着ス。同地ニテ伊東氏ニ迎ヘラレ、晩食ノ後、教会ニ於テ講話ヲナシ、再ビ水上氏ニ投ス。

服部綾雄氏ノ桑港ニ於ケル客死ヲ聞キ驚ク。

四月六日（月）

午前、総督府ヲ訪問シ、宇佐美内務部長ニ面会、開城ニ於ケル大会ノ情況ヲ語リ、且ジレットノ件ニ付協議ヲナス。

井ノ口氏方ヲ訪問シ、長澤生ノコトニ付相談ス。午後ニ至リ同人来訪ス。

渡邉暢、伊藤、丹羽氏等来訪。丹羽氏ト共ニ青年会ノ敷地ヲ見物ス。龍山ニ赴キ夕食ヲ共ニシ、夫レヨリ青年会ニ於テ一場ノ講話ヲナス。

四月七日（火）

午前、渡邉氏幷ニ石塚氏ヲ訪問シ、夫人ニ面会ス。ソレヨリ朝鮮商品陳列所ヲ見ル。

午後ハパコダ公園ナルモノヲ見ル。何レモ見ル程ノモノニ非ズ。

四月八日（水）

午前八時、水上氏ヲ辞ス。八時三十分、南大門停車場発車、水上父子、渡邉暢等見送ラル。丹羽氏モ次女ノ神戸ニ行クヲ送リテ釜山迄同車ス。

釜山ニテハ秋元、長道場夫人、貴山幸次郎等停車場ニ出迎フ。鳴戸支店ニ投ジ沐浴食事ノ後、会堂ニ於テ演説ス。聴衆二百五六十人、所謂立錐ノ［余］地ナシ。求道者三十三名アリ。一同ノ喜一方ナラズ。川［河］井道子氏モ演説シタリ。

演説後、貴山、秋元氏等旅店ニ来リ、十二時ニ至リテ寝ニ就ク。

四月九日（木）

午前六時四十分、壱岐丸ニテ出発。晴天ナレトモウネリアリテ船動揺ス。昼食ヲナシタルモノハ数名ニ過ザリキ。

午後五時四十分、馬関着船。河井道子氏ハ門司ニ赴キ、余ハ七時十分ノ特別急行車ニテ帰京ノ途ニ就ク。

四月十日（金）

神戸ニテ新聞ヲ見ルニ、皇大皇后陛下御危篤実ハ崩御ノ報アリ。且渡邉宮内大臣俄然辞職、波多野男新任ノ報アリ。途中、静岡辺ニテ、渡邉前大臣自殺ヲ企テ、咽喉ヲ刺シタレトモ力足ラズシテ全ク死セズトノ号外ヲ見テ驚キタリ。

八時二十五分、新橋着。九時過、無事帰宅。家族一同無事ナルヲ見ル。

四月十一日（土）
熊野氏来訪、留守中ノ要務ニ付報告ヲ聞ク。留守中ノ書状ヲ閲ス。
午後、服部綾雄氏ノ遺族ヲ吊門[問]ス。
四月十二日（日）
夜、寄宿舎ニ於テ一場ノ講話ヲナス。寄宿舎ノ気風近来大ニ宜シ［ク］ナリ、毎日早朝ノ祈祷会アリ。
四月十三日（月）
出院如例。
午後五時、フヒシヤル氏帰朝歓迎ヲ兼同盟委員会ヲ開キ、諸種ノ報告及議事アリ。余ハ特ニ朝鮮青年会聯合会ノ情況ヲ報告シタリ。
四月十四日（火）
授業如例。
午後三時ヨリメービー氏ノ演説アリ。神学生、高等部生及ビ第五年級ヲシテ聴聞セシム。パウロノ自任ニ付キ講話シタリ。
四月十五日（水）
早天祈祷会ニ出席ス。
午前、二［年］級教授ノ後、寺内朝鮮総督ヲ訪問シ、尹致昊其他ノ囚徒ノ為ニ恩赦ノ及バンコトヲ請求ス。伯ハ心地好ク承諾ノ意ヲ表シタリ。且ツ至極機嫌ノ様子ニテ、先ニ放免セラレタル囚徒ノ行状ノ満足ナルコト等ヲ語リタリ。小﨑、平岩二氏同道シタリ。
帰途、毛利氏ヲ麹町教会ニ誘ヒ、同道シテ宮内省ニ出頭シ、吊意ヲ表ス。
其後、新入生保証人会ニ臨ミテ一場ノ挨拶ヲナシ、ソレヨリ精養軒ホテルニ往キ、クラム氏ニ面会シテ伯ト会見ノ事情ヲ告ケ、ソレヨリ青年会ニ於ケルメニケル氏ノ歓迎会ニ臨ム。
四月十六日（木）
授業如例。
午後、再ビドクトルメービーノ演説アリ。但議論明確ナラズ。
夕刻ヨリ服部氏方ニ於テ親族並ニ旧友相会シテ遺髪到着ノ上葬儀ヲ営ムコトニ付相談アリ。余ハ説教ヲ引受ルコトトナル。
四月十七日（金）
授業如例。
ミロル氏、来月上旬帰国ニ付、来廿五日送別会ヲ開クコトトナシ、旧友ニ案内状ヲ発ス。

四月十八日（土）

出院如例。

午後、大隈伯邸ニ趣［ママ］キ祝意ヲ表ス。

帰途、帝国ホテルニ李延禧ヲ訪問ス。

四月十九日（日）

彦三郎来訪、近日自ラ仙台ニ赴キ、龍雄トノ談判ヲ片付ントノ話アリ。賛成ノ意ヲ表ス。

王統一氏夫婦、津田夫人同道来訪。晩餐ヲ饗ス。

夜、寄宿舎ノ集会ニ出席ス。

四月二十日（月）

出院如例。

午後、協同伝道委員会ニ出席ス。静岡、名古屋其他ノ地方、皆今回ノ大不幸ノ為伝道ヲ秋期マデ延期セントノ願アリ、之ニ同意ヲ表スルコトトセリ。名古屋ニ於テハ海老名、新渡戸ニ対シテ宣教師中ニ反対アル趣ナリ。旅費ノ支出法ニ付テモ不平アリ。

四月二十一日（火）

授業如例。

宮地謙吉氏、水芦氏ヨリ忠告ヲ受タリトテ主簿ヲ辞任シタシトノ申出アリ。

午後、普通部ノ懇談会ヲ開ク。

夜ハ神学部懇談会ニ出席ス。

四月二十二日（水）

授業如例。

川上昌保氏ヨリ、木村良夫ハ今回ニ設立セラルベキ済生会病院長タルノ意志ナキカトノ交渉アリ。直チニ本人ニ書面ヲ出ス。

四月二十三日（木）

授業如例。

バプチスト神学校ト来年モ協力スベキヤ否ヤニ付テニー氏ニ尋ネタルニ、南バプチストミシヨントノ協力未定ニ付未タ何トモ確答シ難シ、但六月上旬ニハバプチスト教会総会ノ意向ニ依テ何レニカ決定スル筈ナリ云々。

四月二十四日（金）

授業如例。

午後、理事会開会。諸種ノ報告ノ後、服部綾雄氏ノ死去ニ付弔意ヲ表スルノ決議ヲナス。其後任トシテ瀬川四郎ヲ挙ルコトニ定メ、尚一年蘇国ニ於テ特ニ教会歴史ヲ研究スルコトヲ勧告スルコトトナス。服部氏ノ補欠ニハ和泉弥六氏当選ス。朱牟田、志賀、熊坂、久永、山本、江見ノ俸給増額スルコトニ決ス。松永氏ニハ多年ノ労ニ報ユル為ニ金百五十円ヲ贈ルコトニ決ス。

四月二十五日（土）

午前、雨降ル。

午後四時ヨリ芝公園三縁亭ニ於テミロル氏ノ為ニ送別会ヲ開ク。先ツ一同撮影シテ後ニ食卓ニ就キ、食後送別ノ辞及ビ答辞アリ。イムブリー、バラ、ライク、ライシヤー、マクネヤ、植村、熊野、押川、稲垣、吉田、三浦父子等ナリ。

四月二十六日（日）

午前、御田小学校ノ保護者会創立会ニ出席シテ賛成ノ意ヲ表ス。

午後、花子同道、松永文雄ヲ訪問シテ送別ノ意ヲ表ス。学院ヨリノ贈物ト自分ヨリノ餞別ヲ携ヘタリ。

夜ハ寄宿舎ニ於テ水芦氏ノ講話アリ。

寄宿モートルノ排斥アリ、二人共ニ辞任シタル赴、舎監ヨリ報告アリ。

四月二十七日（月）

午前、東洋汽船会社ニ赴キ、重役伊藤某ニ面会シテキニヤル氏ノ書面ヲ示シ、明後年万国日曜学校大会ニ来ラントスル代員ノ件ニ付協議ヲナス。

十二時、青年会館ニ於テ植村、小﨑、松野ノ三人ト食ヲ共ニシナガラ東都協同伝道ノコトヲ相談ス。

二時ヨリ京浜教役者会ニ出席、四時ヨリ伝道局ニ於テ大会常置委員会ニ出席ス。

大隈伯爵ヨリ祝詞ニ対シテ礼状来ル。

四月二十八日（火）

午前、授業如例。

午後四時ヨリ松永氏ノ為ニ神学部講堂ニ於テ送別ノ会ヲ開ク。東洋軒ノ仕出ニテ手軽ノ洋食ヲ共ニシタリ。神学、普通両学部内外教員十六名出席シタリ。イムブリー氏ト余ト送別ノ辞ヲ述べ、松永氏ノ答辞アリ。

四月二十九日（水）

午前、授業如例。

午後二時、富士見町教会ニ於テ伝道局理事会アリ。高知ヨリ多田、北海道ヨリ光、仙台ヨリ笹〔尾カ〕倉等来ル。諸種ノ報告、特別伝道ノ場所等ニ就キ評議決定ス。

四月三十日（木）

授業如例。

五月一日（金）
授業如例。
午後、コールマン氏来訪。日本伝道ノ前途ニ付話ス。
五月二日（土）
早昼ニテ花子、真澄、清見同道、大正博覧会ヲ見物ス。
夕刻ヨリ雨天トナル。午後九時、帰宅ス。
五月三日（日）
服部氏葬儀説教ノ準備ヲナス。
夜、寄宿舎ニ於テ都留氏ノ講話アリ。
五月四日（月）
出院如例。
午後、服部氏ヲ訪問シ説教ノ材料ヲ尋ネ、ソレヨリ片山、沼澤、桃澤ヲ順次訪問シテ帰ル。
五月五日（火）
授業如例。
午後、神学部教授会ヲ開キ、松永氏後任者ノ事其他ニ付評議スル所アリ。
五月六日（水）
夜ニ入リ水上政子殿来訪。
午前、授業如例。
松永氏、家族同伴米国ニ向ケ出発ニ付品川迄見送ル。
午後四時、青年会館ニ於テ協同伝道委員会ニ出席。
五月七日（木）
授業如例。
午後、普通学部教員会ヲ開ク。
午前十一時、ミロル氏帰国出発ニ付品川停車場迄見送ル。
五月八日（金）
神学部教授会如例。
午後、上野博覧会伝道会ニ於テ説教ス。
博覧会ノ一部見物ノ後、彦三郎新富町ノ寓ニ赴キ、母上及沼澤くに子ト共ニ夕飯ノ饗応ヲ受ケ、母上ト共ニ帰宅ス。何故カ月色赤ク恰カモ月蝕ノ時ノ如シ。
五月九日（土）
午後、勝治方ヲ訪問シ、愈々沼澤龍雄離籍手続済ノ赴ヲ伝達ス。
五月十日（日）
午前、勝治来訪、まき子離籍ノ必要如何ヲ問フ。自分ハ其必要ヲ認メズト答フ。
夜、寄宿舎ニ於テ説教ス。
五月十一日（月）

授業如例。

山本権兵衛伯、斎藤男爵突然予備役ニ入リ、財部中将待命トナル。世上一般、新海相ノ決断ヲ賞ス。

柴五郎中将ハ小倉ノ師団長ニ補セラル。

五月十二日（火）

午前、授業如例。

午後三時、神田青年会館ニ於テ服部綾雄氏ノ葬儀アリ。星野氏司式シ、熊野氏履歴ヲ読ミ、余ハ説教ス。植村、江原、坂〔阪〕谷、山室氏等ノ弔辞アリ。数個ノ美麗ナル花輪アリ。会葬者楼ノ上下ニ満チ、終始極メテ厳粛ナル葬儀ナリキ。余ハ希伯来書十一章十三節ヲ説教ノ題ト為シタリ。遺髪ハ明日沼津ニ埋葬スル筈ナリ。

五月十三日（水）

授業如例。

京城監獄典獄三井久陽氏ヨリ開国五十年史ノ受領書来ル。是ハ過日尹致昊ヲ監獄ニ訪問シタル際、余ノ問ニ答ヘテ日本文明史ノ差入ヲ請ヒタルニ付、大隈伯ニ求メテ壱部ヲ貰受ケ送達シタルモノナリ。

五月十四日（木）

授業如例。

午後五時ヨリ亡父並せき子記念追悼ノ為、沼澤夫婦、勝治夫婦（俊雄、てつ子の〔ママ〕代理ニ来ル）、彦三郎夫婦、横浜井深夫婦並ニ母堂（浩ハ欠席）、片山夫婦、熊野夫婦及水上政子（俄ニ差支欠席）ヲ招待シ、洋食ヲ饗ス。一同打クツロギ話旧談新、十時過散会ス。料理ハ三田東洋軒ヲシテ仕出サシメタリ。幸ニ天候モ好ク、万事好都合ナリキ。但水上氏ノ来ル能ハサリシハ残念ナリキ。二階ノ床ノ間ニハ父上トせき子ノ肖像ヲ安置シタリ。

五月十五日（金）

授業如例。
彦三郎ヨリ礼状ヲ送ル。其中ニ一首アリ。
　なき人の昔かたりに夜はふけてほと丶きすなく白金の里
夜、聖阪フレンド教会へ往キ説教ス。内外協同伝道ノ為ナリ。雨天悪路、聴衆ハ六七十名モアリタランカ。過半ハ女学生ナリ。

五月十六日（土）

母上、花子、おとせさんヲ案内シテ大正博覧会見物ニ往ク。

夜、芝教会ニ往キ説教ス。協同伝道ノ為ナリ。聴衆九十人、求道者七名アリキ。

五月十七日（日）

沼澤ヲ訪問シ、大坂ニ於ケル済生会病院ノ事ヲ尋ネ、且龍雄離籍ト確定シタル以上、家名相続ノ事ニ付而ハ如何ニスル考ナルカ、参考ノ為愚見ヲ述ブ。第一ノ候補者トシテハ高木盛之輔氏ノ二男、第二ニハ春日秀彦ヲ養子トナシ、東京大学ニ入学セシメテ工学士トシテハ如何トノ意見ヲ述ブ。即座ニハ何トモ答ヘザリシガ、相当ノ人アラバ相続人ニ定メタシトノコトナリキ。

五月十八日（月）

出院如例。

五月十九日（火）

授業如例。

午後、芝区役所ニ往キ、片桐酉次郎氏ノ為ニ議員ノ投標〔ママ〕ヲナス。

午後五時ヨリ熊野氏宅ニ横浜旧友会ヲ開ク。植村、押川、稲垣、真木、吉田、山本、熊野、余ト凡テ八人、或ハ旧ヲ談シ今ヲ話シ、夕食ヲ共ニシ九時解散ス。

五月二十日（水）

授業如例。

江原氏ヨリ来書アリ。朝鮮人特赦ハ見込ナシトノ赴、寺内伯ノ言トハ一致セズ、不思議ノ感ナキ能ハズ。

五月二十一日（木）

授業如例。

江原素六氏ト共ニ大隈伯ヲ永田町ノ官邸ニ訪ヒ、尹致昊其他鮮人大赦ノ件ニ付尋ヌ。伯ハ我等ニ答ヘテ、十日前ニ評議シタルニ前回ノ大赦ノ結果不良ナリ、故ニ今回ハ減刑ニ止ル積ナリ。故ニ鮮人ノミニ特赦ヲ行フハ思ハシカラズ。然レトモ若シ寺内総督ヨリ話アラバ何トカナラント。依テ余ハ直チニ寺内伯ヲ訪ヒ、大隈伯ノ意見ヲ述ベシニ、話スコトハ話スベケレトモ、恐クハ大隈ト雖モ如何トモ致方ナカラン、司法部ニ於テ承知セサルベシ。然レトモ減刑ノ後三分ノ二ヲ経過スレバ、本人ノ行状次第ニテ特赦ヲ行フルコト［ヲ］得、本年秋比ニハ三分ノ二ニ達スル筈ノ由ナレバ、其時ニ特赦ヲ行フ方得策ナラン云々。

五月二十二日（金）

授業如例。

午後、築地明石町ニドクトルシユネーダーヲ訪問ス。然ルニ数日前ミロル氏ト共ニ宮ノ下ノ温泉ニ赴ケリトノ事ナリキ。

五月二十三日（土）

午後二時、監督セシル来訪、継続委員ヲ辞任シタル理由ニ付テ説明アリ。要スルニ同委員ハ実地伝道ヲ執行スルノ権利ナシトノ解釈ナリ。来廿六日ノ常務委員会ニ於テ評議スベキコトヲ約ス。

午後七時、青年会館ニ於テ昭憲皇太后陛下奉悼式ヲ行フ。江原素六氏ト余ト奉悼ノ辞ヲ述ブ。会衆ハ二百五六十名ト見受ケタリ。

五月二十四日（日）

午前八時、講堂ニ於テ奉悼式ヲ行ヒ、余又奉悼ノ辞ヲ述ブ。

午後五時、熊野氏ト共ニ代々木ノ大喪式場ニ赴ク。場門ニテ武官ニ名刺ヲ出シ、徽章ヲ受取テ胸辺ニ附着ス。色ハ柑子色ナリ。本門ヲ入リテ右ノ幄舎ニ着席ス。三分ノ一ハ空席ナリ。行列ノ門ニ入ル時ハ幄舎ノ角ニ立テ能ク見ルコトヲ得タリ。全ク式ノ終リタルハ十二時前ナリシガ、汽車ノ発シタルハ午前［後］正二時ナリキ。然シテ解散、帰宅シタルハ三時半頃ナリキ。諸事先帝ノ時ト大同小異ナリ。奉送ノ人数モ少数ナリキ。

五月二十五日（月）

大喪ニ付休業。

真野文二氏ヲ訪問シテ辰野氏へ謝礼ノ事ヲ訪［尋］ヌ。同家ニテ午餐ノ饗応ヲ受ケ、夫レヨリ川上昌保氏ヲ訪問シタルニ不在ニテ面会ヲ得ズ。

五月二十六日（火）

休校。

川上昌保氏ヲ訪問シテ良夫ヨリ書面ノ要点ヲ述ブ。相談ノ結果、石神亨氏へ本人ヨリ直接ニ交渉スベキコトトナス。

十時ヨリ継続委員常務員会ヲ青年会［館］ニ開キ、協同伝道ノ報告、継続委員次会ノ時期、場所等ニ付評議ヲナス。日本人側ニテハ植村、小崎、松野及余。外人側ニテハフルトン、デアリング、マケンゼイ、ウヰンライトナリ。

五月二十七日（水）

授業如例。

午後、協力伝道委員会ヲ開ク。卒業生、英、茂村二人ノ任地且夏期伝道ノ為神学生派遣ノ事ニ付評議ヲナス。

五月二十八日（木）

授業如例。

神学部第二年級説教学ノ試験ヲナス。

五月二十九日（金）

授業如例。

午前、大蔵省ニ出頭シ、関税課ノ人ニ面会シ、明治学院ニ寄附セラレタル風琴免税ノコトニ付交渉シタレトモ、法規上困難ノ様子ナリ。

午後、神学部教授会ヲ開キ、本科並別科卒業生ノ点数ヲ定ム。

五月三十日（土）

午前、横浜ニ赴キ笹倉氏ヲ訪問シ、北海道協同伝道応援ヲ依頼シテ承諾ヲ受ク。ソレヨリ港務局ニ往キ、八戸氏ニ面会シ税関ノ人ヘ紹介ヲ得、風琴免税ノコトヲ談判シタレトモ中々面倒ナリ。終ニ鑑査課長関場某ニ交渉シテ漸ク免税ノ承諾ヲ得タリ。

五月三十一日（日）

井深浩氏ノ宅ヲ訪問シ、午餐ヲ馳走ニナリテ帰ル。

花子同道、富士見町教会ニ往ク。柴光子受洗スルガ為ナリ。其他ニモ数名ノ受洗人アリ。

ソレヨリ大学病院ニ片山母堂ヲ訪問ス。未タ試験中ナレトモ多分胃癌ナラ［ン］トノコトナリ。

帰途、桃澤氏ヲ訪問ス。於静ノ乳癌ハ到底治療ノ望ナキガ如シ。

ソレヨリ沼澤氏ヲ訪問ス。沼澤氏モ快方ニハアレトモ尚臥床ノ人ナリ。終ニ片山ヲ訪問シ、夜ニ入リテ帰宅ス。

六月一日（月）

出院如例。

米国夫人、学院ヲ参観ス。本日ヨリ生徒一同夏服ニ更ム。且授業ヲ午前中トナス。

六月二日（火）

神学部試験結了。

小﨑弘道氏、協同伝道ノ為来校、高等普通両学部生徒一同ヘ講話ヲナス。求道者三十五六名ヲ得タリ。宅ニテ午餐ヲ饗ス。

真野文二氏ヲ夕飯ニ招ク。緩話シテ八時半帰宅ス。龍雄ノ一件ニ付テハ沼澤ノ一方ヲ聞キ未タ真想《ママ》ヲ知ラズ。

六月三日（水）

出院授業如例。

六月四日（木）

午前、授業如例。

芝区役所ニ往キ市会議員ノ投票ヲナス。細野順ト云フ人ヲ投票シタリ。

午後、普通部教員会ヲ開キ、試験日割其他ニ付評議ヲナス。討論ノ後、試ミニベースボールヲ許可スルコトニ定ム。引続キ教員懇談会ヲ開ク。

夜ハ協同伝道ノ為横浜戸部メソジスト教会ニ於テ説教ス。辺僻ノ場所ニテ聴衆ハ少シ。但求道者ハ数名アリタリ。

六月五日（金）

午前、出院如例。

午後、外村氏実兄森八十郎氏ノ葬儀ニ列ス。同氏ハ脳溢血ニテ頓死シタリ。植村氏ノ説教ハ至極要領ヲ得タルモノナリキ。即チモーセノ死ヲ題トシテ説キタリ。流石老練ナリト思ヘリ。

六月六日（土）

午後三時、神学部卒業式ヲ挙行。卒業者ハ英、松尾、岩本、楢﨑ノ本科四名ニ、古瀬、宮川、子嶋、茂村ノ別科四名ナリ。高木壬太郎氏ノ講話ハ極メテ適切ニシテ有益ナリキ。即チ説教ニ重キヲ置クベキコトト人ノ霊ヲ救フ熱心ノ必要ヲ高調シタリ。来賓モ可ナリアリ、殆ンド余席ナカリキ。

六月七日（日）

午前七時、自宅出発、新橋停車場ニ向フ。協同伝道ノ為ナリ。八時三十分、特別急行車ニテ出発ス。途中ニテ千葉勇五郎氏ノ同車中ニアルヲ発見ス。京都ヨリハ原田助氏モ同乗シタリ。車ノ中八十七度以上ノ熱ニテ、大暑ノ如キ心地シタリ。大坂ヨリ藤本寿作ト云フ青年伝道者モ同乗シタリ。

六月八日（月）

午前九時三十八分、馬関ニ着ス。接待委員諸氏出迎フ。直チニ別仕立ノ小蒸気ニテ門司ニ渡リ、長尾氏ノ官舎ニ往ク。江原氏既ニ在リ。森村老人等モアリ。直チニ懇談会開カレ一場ノ挨拶ヲナス。夫レヨリ撮影ヲナス。入浴ノ後午餐ヲ供セラレ、門司小学校ニ往テ江原氏ト共ニ教育ト宗教ト題シテ一場ノ講演ヲナス。聴衆ハ諸学校長及ビ教員ナリ。

夫レヨリ直チニ馬関ニ渡リ、錦波楼ニ投ジタ食ノ後、旭亭ニ於テ演説ス。日野氏先ヅ演説スルコト約壱時間半、余モ亦約壱時間許、国民的覚醒ト基督教ト題シテ演説シタリ。聴衆四百人許ト云フ。

六月九日（火）

午前九時、牧野乕次氏来訪、関門地方ニ於ケル協同伝道ノ結果ヲ報告ス。全体ニ於テ予期以上ノ好結果ナリトノコトナリ。又本部ヨリ支出シタル六百円ニ対シテ七百円ヲ募集シタリ。又弁士ノ滞在費ハ其外ナリトノコト。

梅光女学校ニ往キ、ヱアレス氏並ニ校長ノ案内ニテ校内ヲ巡視ス。位置ハ高台ニテ眺望好シ。

錦波楼主人ト午餐ヲ共ニシ、午後日本基督教会ニ於テ信徒ノ為説教シ、夫レヨリ長府ニ赴キ、富春楼ニ投ズ。富田氏出迎フ。三谷女史モ来ル。食後、八時半ヨリ教会ニ於テ演説ス。聴衆ハ百人許、終始傾聴シタリ。

六月十日（水）

午前七時、旅宿ヲ立チ富田氏ノ案内ニテ乃木将軍ノ生レタル家ヲ見ル。只六畳ニ三畳ト土間ノ小屋ナリ。但武士ノ家タルコトハ一目シテ明瞭ナリ。室内ニ乃木氏少年ノ時ノ肖像幷ニ両親ノ肖像アリ。実ニ質素極マルモノナリ。屋敷内ハ約百坪許モアランカ。

人力車ニテ馬関ニ帰リ、午前九時五十分ノ急行車ニテ出発。長尾半平氏、富海、和田ノ諸氏停車場ニ見送ル。且果物壱籠ヲ贈ラル。長尾氏委員長ノ事トテ細大ナク能ク往届キタリ。

六月十一日（木）

午後二時、無事帰宅ス。留守宅ニ於テモ一同無事ナリ。但自分ハ昼［夜］食兼行ノ往復ニテ身体稍々疲労ヲ覚ヘタリ。

六月十二日（金）

午前八時半、第四回夏期講習会開会。余、開会ノ辞ヲ述ベ、都留、ローガン両氏ノ講演アリ。

午後ハ各地伝道近況ノ報告アリ。概シテ異動ナキモノ、如シ。但北海道独リ活気アリ。来会者約六十名。

夜ニ入リ、松野氏来訪。函館及青森、弘前区協同伝道ノ事ニ付、山口氏ヲ招キ共ニ相談ヲナス。

六月十三日（土）

講習会ニ於テハローガン氏ト植村氏ノ講演アリ。

午後ハ休会ス。

六月十四日（日）

午後、花子同道、大学病院ニ片山母堂ヲ訪問ス。手術ノ結果好良ナリトノコトナリ。帰途、桃澤、沼澤両家ノ病人ヲ見舞フ。

六月十五日（月）

講習会ニ於テハライシヤール、川添両氏ノ演説アリ。ライシヤール氏ハ上出来ナリキ。日本ニ於ケル教会合同運動ノ歴史ニ付イムブリー氏ノ著書ニ基キ演説ス。

午後ハ協同伝道ノ事ニ付、余、演説ス。

六月十六日（火）

講習会ニ於テドクトルノスト小﨑弘道氏ノ講演アリ。

午後ハ笹倉氏ノ日曜学校、生江孝之氏ノ慈善救済ニ関スル講話アリ。

五時ヨリ青年会同盟常務委員会ヲ開キ、ゼンキンス氏ヲ歓迎シ晩餐ヲ饗ス。

六月十七日（水）

午前、普通部授業如例。

講習会ニ於テ、神ノ国ニ関スルキリストノ教訓ニ付講演ス。

午後ハ聖書研究ニ付懇談会アリ。

夜ハライシヤール氏方ニ於テ、プレスビテリアンミシヨンニ関係アル人々ヲ招キテ鰻飯及ビアイスクリームノ饗応アリ。リフホームドミシヨンノ方ハホフサンマール氏方ニ於テ同様ノ招待アリ。

六月十八日（木）

午前ハ田嶋氏ノキリスト神性論並ニノス氏ノ復活ノ意義ニ付演説アリ。復活ノ教義ハマルキオンノ異端ニ対シテ起レルモノナリトノ説ハ考フルノ価値アリ。

午後ハ聖餐式アリ。石原氏、説教シタリ。

夜ハ食堂ニ於テ講師慰労会開カル。所謂余興ニ下品ナル事アリ。不同意ヲ表シタリ。

六月十九日（金）

午前ハ星野氏ノキリストノ来世観ニ関スル講演ト、教会合同ニ関スル山本氏ノ演説アリ。

午後ハ教会員ノ訓練ニ付懇談ノ後、宅ノ庭ニテ親睦会ヲ開ク。イムブリー、ホフサンマー、両ミシヨンヲ代表シ、余ハ明治学院ヲ代表シテ演説ヲナス。其他来会者中ヨリ数人ノ答辞アリ。菓子ト桜梅《〔ママ〕》トヲ饗シ、一同大満足ノ意ヲ表シテ、第四回夏期講習会ヲ結了ス。本年ハ平均六十名以上ノ出席アリ。女子伝道者モ十数名、毎日出席シタリ。

六月二十日（土）

正金銀行ニ往キ、帰途、彦三郎ノ寓ヲ訪問ス。満州ノ方モ余リ思［ハ］シカラザル様子ナリ。

六月二十一日（日）

寄宿舎ニ於テ講演ヲナス。

六月二十二日（月）
出院如例。
六月二十三日（火）
高等部第一年及第二年級ノ試験ヲナス。
片山夫婦、雪子ヲ携ヘ来ル。
臨時博覧会評議員仰付ラル、旨、内閣ヨリ辞令ニ接ス。評議員ハ七十余名ニテ大抵朝野ノ知名ノ人々ナリ。何人ノ推薦ナルカ想像ニ困ム。或ハ外務省辺ノ注意ナルヤモ知レズ。
六月二十四日（水）
執務如例。
天気快晴、夏ノ気候トナレリ。
七月一日、評議員会開会ノ赴、副総裁瓜生男爵ヨリ通知アリ。又同事務局庶務課長坂田幹太氏ヨリ履歴ヲ差出スベキ通知アリ。
六月二十五日（木）
午後、高等部教授会ヲ開キ、来学年ノ科目其他ニ付評議ス。
引続キ神学部教授会ヲ開キ、試験ノ成蹟其他ニ付議定ス。山本、都留両氏ヲ宅ニ招キ、晩餐ヲ饗ス。
六月二十六日（金）
出院如例。
午後、沼澤氏ヲ訪問ス。下剤ヲ掛ケタル赴［ニ］テ大分衰弱シタリ。
渋谷井深ヲ訪問ス。牧子ノ身上ニ付話アリ。意見ヲ述ベテ帰ル。
六月二十七日（土）
午後七時ヨリ青年会館ニ於テ服部綾雄君ノ為追悼会アリ。始メニ聖書朗読祈祷讃美アリ、履歴ノ朗読アリ、鈴木梅四郎氏吊詞朗読アリ。添田壽一、浮田和民、鎌田榮吉氏等ノ追悼演説アリ。余モ亦一場ノ追悼演説ヲ為シタリ。
六月二十八日（日）
桃澤捨二、勝治夫婦来訪。雪子、片山へ帰ル。同児ノ能ク事物ニ気ノ付クハ不思議ナル程ナリ。
夜、支那学生青年会ノ為ニ神田ノ会館ニテ演説ヲナス。聴衆百人内外ナリシガ、大抵ハ未信者ナリトノ事ナリ。
六月二十九日（月）
出院例ノ如ク。
簗瀬氏ヲ愈々江見ノ後任トシテ理化学ノ教師ト定メ、石崎氏ヲ西洋史ノ教師兼舎監ト定メ、各々其約定ヲナス。

暑気俄カニ加ハリ、八十三度以上ニ昇ル。

六月三十日（火）

出院如例。

ビショフセシルノ招ニヨリ同氏方ニ往キ、ドクトルヘッドラムニ面会シ、晩餐ヲ共ニス。キング氏モ同席ス。ドクトルサンデーノ事、濠州ニ於ケル排日感情ノコト、教会合同ノ事等ニ付談話ヲ交ユ。予想シタルヨリモ年若ノ人ナリ。

七月一日（水）

午前十時半ヨリ農商務省会議室ニ於テ臨時博覧会評議員会アリ。出席者七十余名。大浦総裁、瓜生副総裁ノ挨拶アリ、山脇事務官長ノ説明アリテ後、坂［阪］谷、服部、添田等ノ質問アリ。十二時過閉会、精養軒ニ於テ丁寧ナル午餐ノ饗応アリ。食卓ニ於テ瓜生男爵ト談話ス。

四時ヨリ青年会館ニ於テドクトルヘッドラムノ講演ヲ聞ク。題ハ奇蹟論及新約書近代批評ノ批評ナリ。奇跡論トシテハ別ニ聞クニ足ルモノナシ。

七月二日（木）

出院如例。

暑気俄ニ加ハル。

大浦総裁邸ニ答礼ニ往ク。

青年会館ニ於テト［ヘ］ッドラム氏第二回ノ講演ヲ聞ク。アマスノバルジンバルス及復活ニ付テモ保守的ノ態度ヲ取レリ。九十度近ノ暑気ニ一時間半ノ講演故聞クニモ中々骨折レタリ。

七月三日（金）

神学部教授会ヲ開キ、来年度ノ学科其他ニ付評議ス。

昼ニハ江見操男氏ノ送別ヲ兼、教員会食会ヲ開ク。食後、教員会ヲ開キ、試験採点法其他ニ付評議ヲナス。

九十度以上ノ暑気ナリ。

七月四日（土）

午前ニ礼拝ノ時、閉校式ヲ挙ク。

本日ハ自分第六十壱回ノ誕生日ニ相当スルヲ以テ、祝意ヲ表スルノ心持ニテ大豆飯ヲ焚ク。去年ノ今日ハライン河畔ノラインフヱルデンニ於テハインツ氏ト共ニ送リタリキ。

本日モ九十度以上ノ暑ナリ。

七月五日（日）

沼澤氏ヲ訪問シタルニ、思ノ外元気ニテ食気モ可也ニアリト見ユ。

帰途、片山家ヲ訪問ス。母堂ハ数日前退院帰宅シタル由ニテ、漸次軽快ニ赴キツ、アリ。

七月六日（月）

午後三時、青年会館ニ於テ伝道局理事会ヲ開ク。引続キ協同伝道ニ付打合ヲナス。

午後六時ヨリ富士見軒ニ於テ学制研究会臨時会アリ。来会者十二名、一木文相ヲ招待シテ教育上ノ意見ヲ聞ク。文相ハ教育上ノ意見ヲ公表スルコトヲ断ハリタリ。但今回ノ大学校令案ニ関シテハ縷々意見ヲ述ベタリ。私学ニ対スル意見ハ存外進歩的ナリ。学位ハ大学自身授与スルヲ至当トナ[ス]ル旨ヲ主張シタリ。

七月七日（火）

普通部五年級修身科ノ試験ヲ行フ。成蹟ハ普通ナリ。

七月八日（水）

出院如例。

七月九日（木）

午後ヨリ真澄、清見ヲ携ヘテ博覧会ヲ見物ス。南洋館土人ノ棒踊ト云フヲ見タリ。

七月十日（金）

［記載なし］

七月十一日（土）

本日ニテ普通部試験ヲ終ル。
瀬川浅氏来訪、子息四郎ノ事ニ付話アリ。
午後四時半、人車ニテ自宅出発、六時上野発急行車ニテ青森ニ向フ。車中ハ案外楽ニテ横臥スルコトヲ得タリ。
夜中ハ少シク冷気ヲ覚ヘタリ。

七月十二日（日）

午前十一時二十分、青森ニ着。暫時休憩、昼飯ヲ喫シテ後連絡船ニ乗込ム。
船中ニテ偶然平沢均次ニ逢フ。訴訟事件ノ為、函館ニ赴クナリ。今夜直行ノ積ナリシガ、同氏ノ忠告ニ由リ函館ニ一泊スルコトトナシ、勝田屋支店ニ投ズ。疲労ヲ覚ヘタルガ故ニ何人ニモ面会セズ、直チニ休息シタリ。

七月十三日（月）

午前四時起床、入浴、食事ノ後出発。五時三十分発ナリ。
汽車込合テ究屈ニ感ジタリ。
午後四時十七分、札幌着。ジヨンソン、海老澤、高倉ノ諸氏停車場ニ出迎フ。函館発ノ時、番頭ニ電報ヲ頼ミタルニジヨンソン氏ハ未タ接セズト云フ。直チニ同氏ニ迎ヘラレテ氏ノ客トナル。

気候ハ東京トハ大違ナリ。

七月十四日（火）

午前、有合亭ニ於テ区内六教会ノ牧師及ビジヨンソン、ローランド二氏ト会見シテ、協同伝道ノ事ニ付説明ス。

独《〔立〕》逸教会牧師竹﨑氏ヨリ此回ノ伝道ハ継続委員ノ伝道カ将教会同盟ノ伝道カ《〔衍〕》云ニ付質問アリ。余、之ニ答弁ヲ与ヘタル後、伝道ノ方法ニ付二三ノ希望アリキ。

午後ハ組合教会ニ於テ北海道評議員会ヲ開キ、余、先ツ説明ヲナシテ後、時期、講演者、経費其他ノコトニ付評議ヲナシ、プログラム委員ヲ挙ゲ暫時休憩、有合亭ニ於テ一同晩餐ヲ共ニシ、右委員ノ報告ヲ聞キタル後、数名ノ祈祷ヲ以テ閉会ス。

七月十五日（水）

北口季隆、山本喜蔵、井澤清次、和田健三氏等来訪。引続キ光小太郎、星野又吉、高倉、手塚ノ諸氏来訪、協同伝道後ノ事ニ付相談アリ。

高倉氏ノ案内ニテ新島善直、和田健三、宮部金吾氏ヲ訪問ス。但和田氏ノ外ハ不在、植物園ヲ一覧ス。米国公園ノ赴アリ。

午後、福音館ニ於テ実行委員会アリ。予算其他ニ付相談アリ。六教会ヨリ委員五名宛ヲ出シテ事務ヲ分担スルコトトナス。

長老吉田医士ノ宅ニ招カレテ夕飯ヲ喫シ、八時ヨリ北辰教会ニ於テ連合ノ祈祷アリ。余、一場ノ勧話ヲナス。出席満堂、祈祷者続々ト起リ生気アル祈祷会ナリ。協同伝道ノ第一歩ナリ。

雨降ル。

七月十六日（木）

午前七時三十九分、札幌出発。ジヨンソン、高倉、山本、北口其他ノ人々停車場マデ見送ル。

午後四時十七分、旭川ニ着車。星野又吉氏、木村夫妻、娣《〔姉〕》歯氏等停車場ニ出迎フ。直ニ木村ノ内ニ案内セラル。

木村ノ借宅ハ竹村病院ノ真向側ナリ。

暫時休息ノ後、夜、日基教会ニ於ケル聯合ノ信徒会ニ於テ協伝ニ付一場ノ演説ヲナス。時ニ長田時行氏共励会々長トシテ来旭中ナルヲ以テ同時ニ演説ヲナス。会集百名余、当地トシテハ可ナリノ集会ナリキ。

七月十七日（金）

朝夕ハ札幌同様冷気ヲ覚ユ。

木村一家ト共ニ記念写真ヲ取ル。帰途、市街ヲ見ルニ、五年前ニ比シテ著シキ発展ナリ。一見シタル所、見物ノ体裁ハ札幌以上ナリ。

午後二時、教会ニ於テ聯合婦人会アリ、祈祷ニ付テ一場ノ講話ヲナス。引続キ伝道準備委員会ヲ開キ打合ヲナス。

夜ニ入リ、姉歯氏、星野氏来訪、緩話ニ時ヲ移ス。

七月十八日（土）

午前六時五十分、旭川出発。木村夫婦ハ小供二人ト子守トヲ携ヘ、神居古潭迄同車シテ見送ル。車中、頻リニ彼等ノ事ヲ思続ク。

正午、小樽着。光氏等ニ迎ヘラレテ越中屋ニ投ス。

午後二時半、組合教会堂ニ於ケル聯合婦人会ニ於テ祈祷ニ付講話ヲナス。

了リテ公園ヲ散歩ス。時ニ頗ル身疲労ヲ覚ヘタリ。

夜ニ入リ、光、加藤、網代等旅館ニ来ル。按摩ヲ取ラセツ、談話ヲナス。

七月十九日（日）

午前九時、日本基督教会ニ於テ礼拝説教ヲナス。朝来三四回下痢ヲ催シ元来[気]ナシ。

帰途、網代医士ヨリ粉薬ヲ貰ヒ、午後ハ安静ニシテ保養ス。メソシスト牧師長崎氏来訪ス。

午後八時、日基教会ニ於テ連合信徒祈祷会ヲ開ク。協同伝道ニ付一場ノ講話ヲナシ、後ニ数名ノ祈祷アリ。会集約二百名、良キ集会ナリキ。

網代医士、旅館迄同伴、緩話シテ辞去ル。

七月二十日（月）

光、長崎其他ノ人々ニ見送ラレ、零時三分小樽中央停車場ヲ発ス。滞在費ハ土地ノ教会ニテ負担スベキ筈ナルニ、勝手ニ旅館ニ案内シタルノミニテ更ニ其事ナキハ不都合ナリ。且未タ準備委員ノ選挙モナク、頗ル手後レノ感アリ。

午後十時、函館着。手塚、高橋其他ノ人ニ迎ヘラレ、㊀仙ト云フ商人宿ニ投ス。二階ヨリ港内ヲ見下シ眺望佳ナリ。

函館ニハ電車アリ。数回ノ大火後ニモ拘ラズ家屋モ案[外カ]内堅牢ニ見ユ。兎ニ角ニ現今ノ処、北海道第一ノ都会ナリ。

但船舶ノ出入ハ小樽程頻繁ナラザルガ如シ。

七月二十一日（火）

今朝ヨリ又々下痢ヲ催ス。平臥中、高橋、手塚氏等来訪ス。

午後二時、日基教会ニ於ケル連合婦人会ニ於テ、キリスト前ノ女トキリスト後ノ女ニ付講話ヲナス。集会者ハ約四十名許。

四時、メソジスト教会ニ於テ準備委員会ヲ開キ、札幌評議員会ノ報告アリ。余モ一場ノ勧話ヲナス。

ラング氏ノ招ニテ五嶋軒ニ於テ氏及牧師四［名］ト会食ス。但自分ハ腸ノ為ニ余リ食セザリキ。

八時ヨリ聖公会ニ於テ聯合信徒修養会アリ、一場ノ演説ヲナス。隣地活動写真アリ、前ハ電車アリ、騒カシキ所ナリ。

七月二十二日（水）

手塚、荻原、伊東、高橋、ラングノ諸教師、相馬老人其他ノ人々ニ送ラレ、(仙)旅店ヲ発シ、九時ノ連絡船ニテ出発ス。偶々ヒヤソン氏モ同船ス。

午後、青森着船。山鹿、山口其他ノ人々ニ迎ヘラレ、塩谷本店ニ投ズ。

当地ニ於ケル運動ノプログラム其他ニ付、山鹿氏等ト打合ヲナス。

夜、メソジスト教会ニ於テ聯合ノ信徒修養会ヲ開キ、一場ノ話ヲナス。但聖公会ハ係ラザル由。集会五六十人。

暑気甚シ。

家信アリ。一同無事ノ赴ナリ。

七月二十三日（木）

午前五時、起床、入浴。昨夜ハ蒸暑クテ安眠スルヲ得ザリキ。

午前八時三十分、青森ヲ発シテ弘前ニ向フ。九時過着。藤井、桜庭、高道其他ノ人々ニ迎ヘラレ、高道貞次郎氏ノ客トナル。高道婦人ハ山田寅之助氏ノ妹ナリ。氏ハ銀行家ニテ、家ハ新築ナリ。

中根直氏来訪。同氏ハ四十四年前塩川ノ学校ニ居タル人ナリ。二十年間検事ヲ奉職シ名望高シトノコトナリ。

午後三時ヨリ小学校ニ於テ市長開催ノ歓迎会アリ。

夜ハメソジスト教会ニ於テ江原氏ト共ニ宗教ノ必要ニ付演説ス。歓迎会ニハ市ノ重立タル人々出席ス。夜分ノ聴衆ハ三百名位。

七月二十四日（金）

午前十時、笹倉氏ト共ニ弘前婦人矯風会ニ於テ講話ヲナス。

午後二時ヨリ小学校ニ於テ、江原氏ト共ニ教育会主催ノ講演会ニ於テ教育ト宗教ノ関係ニ付テ演説ス。会ヨリ謝礼トシテ津軽塗ノ硯箱ヲ送ラル。

帰途、山鹿氏ノ案内ニテ旧城跡ヲ見ル。本丸ヨリ岩代［木］山ヲ見ル。眺望頗ル佳ナリ。石垣ハ粗末ナレトモ面積ハ広シ。且老松依然トシテ存セリ。

夜ハ笹倉氏ト共ニ教育会ニ於テ説教ス。自分ハ連日ノ演説ニテ少シク疲労ヲ覚ヘタレバ先ニ帰リタルガ、後ニテ十八名ノ求道者ヲ得タリト云フ。

七月二十五日（土）

午前七時前、弘前ヲ辞ス。途上ニテ柴田久之輔氏ノ馬上ニテ我ガ止宿所ヲ訪問セントスルニ逢フ。停車場ニテ中根直氏ニ逢フ。青森迄同車シタリ。

一旦旅館ニ赴キ、暫時休息ノ後、青森県立中学校ニ於テ生徒一同並ニ商業学校上級生ニ一場ノ講話ヲ為ス。校長ハ岩谷某ナリ。江原氏ハ同時ニ師範学校ニ於テ講話ヲナス。

午後八時ヨリ歌舞伎座ニ於テ公開演説会アリ。聴衆約七百名、終始謹聴ス。笹倉、余、江原ノ順次ニテ演説ス。

今夜モ亦、余演シ了リテ江原氏ノ順トナルヤ雨降出スコト、弘前ニ於ケルト同様、気ノ毒ナル感ヲナシタリ。

七月二十六日（日）

午前十時、メソジスト教会ニ於テ聯合礼拝式ヲ行ヒ、余、説教ス。但聖公会ハ加ハラズ。

午後五時ヨリ赤十字社ニ於テ市長主催ノ招待会アリ。当地ニ於ケル各方面ノ有力家六七十名ノ会合ナリ。但県知事ハ出張中ニテ欠席シタリ。江原氏ト余モ一場ノ挨拶ヲ為ス。

夜ハ教会ニ於テ説教会アリ。江原氏ト余ト説教ス。笹倉氏ハ朝ヨリ野辺地へ往ケリ。青森ニ於テハ伝道開始以来如此ハ未曾有ノ事ナリトテ、信徒等ハ喜ト感謝ヲ以テ充満セリ。

山田重郎氏ノ宅ヲ訪問ス。同氏ハ歓迎会へ見エタリ。

七月二十七日（月）

江原氏ハ八ノ戸ニ向ヒ出発。余ハ午前八時半、秋田ニ向ヒ出発。工藤市長、岩崎中学校長、山鹿、山口其他ノ友人数十名ニ見送ラル。

午後一時四十二分、秋田着。土田、矢嶋其他ノ信徒ニ迎ヘラレ、小林旅館ニ投ス。

暫時休息ノ後、旧城跡ノ公園及市中ヲ見物ス。面積ハ弘前ニ勝レリ。一ノ特質ハ石垣ノ無論《ママ》ナルコトナリ。徳川氏ノ厳止セラレタルモノナリトノコトナリ。背面ノ眺望頗ル佳ナリ。秋田ノ市街ハ見ルニ足ラズ。産業モ思ノ外ナリ。但土地ハ富有ナリト云フ。

夜、教会ニ於テ説教ス。聴衆ハ五六十名アリ。数名ノ重立タル人モ来レリト云フ。

留守宅ヨリ書状アリ。一同無事ノ赴ナリ。

七月二十八日（火）

物産陳列所ヲ見物シ、記念ノ為樟皮製ノ硯箱一ツヲ求ム。

午後二時、公会堂ニ於テ県教育会ノ為ニ講話ヲナス。知事坂本氏、理事官、市長等出席ス。会衆ハ百名余ナリキ。

図書館ニ於テ旧城跡ヨリ掘出シタルマリヤノ小像ヲ見ル。佐竹家奥方ノ中ニ天主教信徒アリシナラント思ハル。

夜、教会ニ於テ再ビ説教ス。

七月二十九日（水）

午前六時五十分、秋田市出発、午後一時四十二分、新庄着。伝道師阿曽沼氏等ニ迎ヘラレテ、新庄ホテルニ投ズ。

夜、三吉座ト云フ劇場ニ於テ演説ス。暑気強ク演説ニ困難ヲ覚ユル程ナリキ。聴衆ハ三百名余。町長、学校長等モ来レリトノ事ナリ。

新庄ノ町ハ六七年［前］ニ比シテ大ニ面目ヲ改メタリ。

七月三十日（木）

午前五時七分、新庄発。昨夜来蒸シ熱ク不愉快ナリシガ、日中ニ至リ暑気酷烈トナレリ。列車中ニテモ諸人難儀ノ体ナリ。

午後九時前、無事帰宅。一同モ無事ナリ。

七月三十一日（金）

松野菊太郎氏ヲ呼ビ、北海道共同伝道ノ事ニ付相談ヲナス。

暑気強シ。連日九十度以上ナリ。

［七月補遺］

福岡ナル荒川千代子より一首の狂歌を添へて藍［籃］胎塗の硯箱を贈りこしければよめる

藍［籃］胎の中にこもれるまこころは千代も八千代も忘れざらなん

朝な夕な筆とるたびにおもふかな箱にこもれるふかきこゝろを

八月一日（土）

真澄、清見ヲ連レ千葉ニ赴ク。電車汽車共ニ中々雑踏ス。千葉ニテハ吉川二郎、三郎ノ二人停車場ニ出迎フ。吉川氏ハ不在故、暫時吉川宅ニ休息シ、二人ヲ托シテ帰ル。

八月二日（日）

真野氏ヲ訪問シ、木村良夫ノ事ヲ托ス。快諾ヲ得タリ。

帰途、沼澤ヲ訪問ス。思ヒシ程ノ衰弱ニハアラザレトモ、大分疲労ノ様子ナリ。医師ノ勧ニ由リ近々会津熱塩ノ温泉ニ往カントノ話ナリキ。

八月三日（月）

午前九時十九分、母上同道、品川発車。但同所ニテ咲子ト同車シ、鎌倉ニテ二人ハ下車。自分ハ大津ニ於ケル青年会同盟委員会ニ出席ノ為、横須賀ニ直行ス。正午着。午後ヨリ夜ニカケ委員会ヲ開キ、諸種ノ報告ヲ聞キ且憲法改正案其他ノ件ニ付評議ス。

夏期学校ハ来会者約百四十名トノコト、大抵ハ学生ナリ。夜、斎藤勇氏ノブラオンニングノ理想詩ト題セル講演アリタリ。但之ヲ了解シタル人ハ稀ナルベシ。元来解シ難キブラオンニングノ詩ヲ、翻訳シテ朗読シタルナレバ分ラザルハ当然ナリ。

八月四日（火）

早朝、海水浴ヲ試ム。気分宜シ。

午後七時、乗合自働車ニテ出発。木村、鵜崎二氏同乗。七時三十五分発汽車ニテ帰京ス。

健次ハ今朝戸田ノ大学水泳部へ往キタリトノ事。

露独両国ハ愈開戦。独軍ハ仏国境内ニ侵入シタリトノ電報達ス。全欧州ノ動乱、前途如何。何人モ之ヲ逆睹スベカラズ。

八月五日（水）

午前、青年会館ニ於テ植村、松野二氏ト会見、北海道協同伝道ノ時期、経費其他ニ付協議ヲナス。

八月六日（木）

午前、小石川松平邸ヲ訪問シ、帰途、片山ニ立寄ル。母堂ハ全快シテ昨日帰省セラレタリトノ事ナリ。同家ニテ午餐ヲ喫シ、再ビはいばらニ寄リ団扇子ヲ求メ、坂井徳太郎氏方ヲ訪問シ夫人ニ面会ノ上謝意ヲ表ス。

夫レヨリ渋谷ノ井深ヲ訪問シ、夜ニ入リテ帰宅。

午後ハ九十二三度ノ大暑ナリ。

八月七日（金）

午前、青年会館ニ於テ建築委員会ヲ開キ、同盟本部事務所並夏期学校常設館図案ヲ考査ノ上決定ス。

午後七時半、築地精養軒ニ於テイムブリー氏ト共ニウヰルソン、クラム、クツクノ三氏ニ会見ス。尹氏赦免ノ件ニ付懇ニト依頼アリ。

八月八日（土）

駿河台龍名館ニ佐藤昌介氏ヲ訪問シ、北海道協同伝道ノ演説ヲ依頼シ承諾ヲ得。キリスト教大学ノコトニ付相談アリ。話ノ模様ニ依テ察スルニ、ガウチヤ氏ヨリ何カ相談アリタルガ如シ。

八月九日（日）

夕食後、花子同道、沼澤家ヲ訪問ス。容体ハ稍々軽快ニ赴キ、近日会津熱塩温泉ニ転地保養ストノ事ナリ。

八月十日（月）

新聞ハ欧州戦乱ノ電報ニテ持切ノ状態ナレトモ、未タ確報ナシ。但独軍ガリヱージノ砲台ヲ攻メテ失敗シタルコトハ疑ナキモノ、如シ。

八月十一日（火）

［記載なし］

八月十二日（水）

イムブリー氏ノわトがノ異同弁ノ校正ヲ委托セラレテ閲覧ス。

八月十三日（木）

昨夜来、暴風雨来襲ス。但学院ニ損害ナシ。

大嶋廣氏来訪。今回第五高等学校教授ニ任ゼラル、筈ナレバ学院ヲ辞シ度ト。遺憾ナレトモ之ヲ止ルコト能ハズ。後任者ノ紹介ヲ依頼ス。寺尾寿氏ノ息某君ヲ推薦シタリ。

八月十四日（金）～十六日（日）

［記載なし］

八月十七日（月）

午前五時五十分品川発、軽井沢ニ赴ク。渋谷ニテ平岩氏ト出会、赤羽ニテ松野氏ニ出会、同行ス。植村氏ハ後ニ［衍］ヨリ来ル由。正午頃、軽井沢富士屋旅店ニ到着。

午後、マケンゼー氏ヲ訪問シ打合ヲナシ、夫レヨリデヤリング氏ノ宅ニ向ヒタルニ、途中ニ出会ヒ打合ヲ了シ、軽井沢対早稲田ノ野球ヲ見物ス。

夜ニ入リ小崎氏来着。

八月十八日（火）

早朝、軽［植カ］村氏来ル。

午前九時ヨリ日本人教会堂ニ於テ委員会ヲ開キ、報告ヲ聞キ且評議ヲナス。

午後ニハ宮川氏モ到着ス。名古屋ノ宣教師スペンセル、ロビンソン氏ヲ出席セシメテ其苦情ヲ聞キ且懇談ヲナス。

夜ハ日本人丈ニテ来年度ノ伝道法ニ付相談ヲナス。其結果、数個ノ伝道団ヲ組織スルコトトナス。

八月十九日（水）

午前、更ニ委員会ヲ開キ、昨夜相談ノ案ヲ議シ了リ、早々ニ午餐ヲ喫シ、宮川、小崎二氏ト共ニ帰京ノ途ニ就ク。植村氏ハ越後ニ赴ク。佐土［渡］伝道ノ為ナリ。
午後六時、無事帰宅。
母上ハ十七日、鎌倉ヨリ御帰宅。荒川文六ハ同時ニ上京。
真澄、清見ハ千葉ヨリ帰宅シタル由。

八月二十日（木）

勝治ヨリ書状アリ。まき子俄然旧病再発、不取敢青山脳病院ニ入院セシメタリトノ事ナリ。依テ勝治ヲ招キ委細ノ模様ヲ聴取シタルニ、実ニ悲惨ノ状態ナリ。

八月二十一日（金）

早朝、鎌倉ニ赴キ、真野夫婦ヲ訪問シ、渋谷井深ノ事ニ付相談ス。咲子ニハ略々分リタル様ナレトモ、文二ニハ何分先入主トナリテ意志通ジ難キハ遺憾ナリ。海浜院ニ於テ午餐ノ饗応ヲ受ケ、四時過ノ汽車ニテ帰宅ス。
殆ンド九十度ノ暑気ニテ中々酷シ。

八月二十二日（土）

貴山氏来訪、伝道上ノコトニ付種々相談アリ。

八月二十三日（日）～二十九日（土）

［記載なし］

八月三十日（日）

上野氏ノ息、危篤ノ赴報知アリ。往キテ見ルニ、脳膿ナリトノコトナリ。依リテ至急路加病院ニ入レテ手術ヲ受ケシムルコトヲミスウエストニ勧ム。

八月三十一日（月）

［記載なし］

［九月中扉］

九月三日午後七時、聖書学館ニ於テ秋葉省像氏ト野本なほ子ト結婚式依頼ノ事
廿三日（水）午後四時、女子学院講堂ニ於テ挙式　田嶋進、篠田しげ子

九月一日（火）

路加病院ニ上野ヲ訪問ス。軽快ノ赴ニテ、母親ノ嬉一方ナラズ。

九月二日（水）

［記載なし］

九月三日（木）

吉岡弘毅氏来訪、伝道ノ事ニ付相談アリ。
午後七時、ミスウエスト方ニ於テ秋葉省像氏ト野本直子トノ結婚式ヲ司ル。
花子、葉山ニ避暑ス。

九月四日（金）

渋谷勝治方ヲ訪問シ、ソノ途次青山脳病院ヲ訪問ス。又青山ニ墓参シ、石屋ニテ春雄墓石ノ見積書ヲ取リテ文雄ニ送ル。

九月五日（土）

午後三時、富士見町教会ニ於テ佐波亘氏ト植村澄江子トノ結婚式ヲ司ル。来賓百名余、極メテ質素ナル結婚式ナリキ。

咲子来訪、夕飯ヲ喫シテ帰ル。

九月六日（日）

真野氏来訪、北里氏ヘ木村ノ事ヲ依頼シタルニ、快諾シ呉レタリトノ話ナリ。午餐ヲ共ニシ緩話シテ去ル。

石崎重蔵氏、突然病気ニ付舎監並教授共ニ辞退ノ赴ヲ申出ヅ。事情不得［止］モノト認ム。

九月七日（月）

熊野、宮地氏等ト相談ノ上、尾崎義兵氏ニ交渉スルコトニ定ム。

夜ニ入リ同氏入来、舎監ハ未タ弱年ニシテ勤ラズトテ固辞ス。

九月八日（火）

尾崎氏ニ英語ヲ、三浦氏ニ地理歴史ヲ依頼スルコトニ定ム。

九月九日（水）

［記載なし］

九月十日（木）

午前八時、普通部始業式ヲ執行ス。

大嶋廣氏、五高ノ教授ヲ拝命スル筈ニ付本院ヲ辞シタルガ故ニ、其代ニ理学士寺尾新氏ヲ聘ス。

江見氏ノ代リニハ農学士簗瀬成一氏ヲ招聘ス。

九月十一日（金）

午前、出院事務ヲ見ル。

午後、花子迎ノ為葉山ニ赴ク。宿ハ明治三十一年ニ青年会夏期学校ノ講堂ニ用ヒタル鈴木ト云フ家ナリ。

九月十二日（土）

夕刻、花子同道帰宅ス。

文雄ヨリ春雄墓碑建設ノ為三十円ヲ送リ来ル。

九月十三日（日）

午後ヨリ大雨トナル。

夜、指路教会ニ於テ欧州ノ戦乱トキリスト信徒ノ立場ニ就テ演説ス。

九月十四日（月）
午前、出院事務ヲ見ル。
午後、大会常置員会ノ為、神田青年会館ニ赴ク。
九月十五日（火）
昨夜来大雨ニテ又々出水ス。
出院授業如例。
九月十六日（水）
授業如例。
講堂ニ於テリヱージノ防禦ニ付テ講話ヲナス。
九月十七日（木）
岡見正氏方ニ往キ、春雄ノ墓碑ノ揮毫ヲ依頼ス。
授業如例。
午後、普通部教員会ヲ開ク。
桑港大博覧会ニ陳列スル為ニ本学院諸建物ノ写真四枚ヲ文部省ニ差出ス。
九月十八日（金）
出院如例。
オルトマンス氏、数日前帰朝シタル赴ニテ来訪ス。
朱牟田氏二男ノ葬儀ヲ司ル。
九月十九日（土）
花子同道、横浜ニ赴ク。先ヅ井深浩氏一家ヲ訪問シ、夫レヨリミスグロースノ結婚式ニ列センガ為ニ山手ユニオンチヤルチニ赴ク。午後三時、式アリ。夫レヨリ二百四十四番英和女学校ニ往キ、新夫婦ニ祝詞ヲ述べ、進物ヲ見ル。茶菓ノ饗応アリ。
九月二十日（日）
寄宿舎ニ於テ日曜講演ヲナス。
九月二十一日（月）
出院授業如例。
午後五時、青年会同盟委員会ヲ開ク。財政上其他ノ件ニ付評議ス。
神学部始業式ヲ挙行ス。オルトマンス氏帰朝、再ビ授業。
石原謙氏、教会歴史ヲ教授スル事トナル。
九月二十二日（火）
出院授業如例。
午後三時ヨリ協力伝道委員会ヲ開キ、木更津、栃木、宇津宮等ノ情況ニ付石原氏ヨリ報告アリ。
残暑尚酷烈、殆ンド堪へ難シ。
九月二十三日（水）
授業如例。

午後四時、女子学院講堂ニ於テ田嶋進氏、篠田しげ子トノ結婚式ヲ司ル。来客約百名。式後、教師館ニ於テ茶菓ノ饗応アリ。

帰途、沼澤氏ヲ訪問シ、帰宅ヲ祝ス。

九月二十四日（木）

午後二時、横浜グランドホテルニ於テドクトルジヤトソン氏ト会見シ、基督［教］大学ノ必要其他ニ付懇談ス。東京ヨリハライシヤール、ライク、フヒシヤール、クレメント、小﨑、佐々木等往ク。青山及ビ立教ヨリハ一人モ来ラズ。

九月二十五日（金）

授業如例。

夜、神学部ニ於テオルトマンス氏ノ帰朝、石原氏ノ新任及ビ新入生ノ歓迎ヲ兼、夏期伝道ノ報告会アリ。新入生九名アリ。

九月二十六日（土）

文部省ニ出頭シ、宗教局長ニ面会シ、大会社団法人定款草按ヲ提出シテ其意見ヲ尋ネ、及普通学務局長田所氏ニ面会シテ文官任用令ニ付更ニ文部大臣ノ認可ヲ得ルコト並ニ中学部名称復旧ノ件ニ付交渉シタリ。

九月二十七日（日）

午前、高輪教会。沼澤夫婦来訪、午餐ヲ供ス。

夜、寄宿舎ニ於テ日曜講話ヲナス。

九月二十八日（月）

授業如例。

午後、青年会［館］ニ於テ教会同盟常務委員会ヲ開ク。

九月二十九日（火）

授業如例。

九月三十日（水）

授業如例。

戦争トキリスト教ニ付講話ヲナス。

十月一日（木）

授業如例。

普通部教員会ヲ開キ、秋期修学旅行其他ノ件ニ付評議ス。

十月二日（金）

授業如例。

平和克復ノ事ニ付一場ノ話ヲナス。

十月三日（土）

勝治孫雄一郎、午後五時病死ノ赴電報アリ。夕飯後、往テ親類ヘノ知らせ又葬儀ヲ松野氏ニ依頼スルコト等ニ付協議ヲナス。
十月四日（日）
早昼ヲ済シ、花子同道、渋谷ニ赴キ、葬儀ノ手伝ヲナシ、午後三時半、松野氏来リ葬儀ヲナシ、青山ニ埋葬ス。
夜、寄宿舎ニ於テ講演アリ。平和克復ノ為ニ祈ル。
十月五日（月）
出院授業如例。
十月六日（火）
午前、授業如例。
午後、羽根田要館ニ開カレタル教役者会ニ往ク。川添氏ノ日本基督教会今日ノ問題ハ要ヲ得タル演説ナリキ。
夜ハ協同伝道ノ事ニ付懇談アリ。不結果ナリキ。
十月七日（水）
一泊シ、早朝祈祷会ニ出席シ、朝飯後帰宅。大会講演及ビ法人寄附行為草按ノ用意ヲナス。
午後四時ヨリ青年会館ニ於テ伝道局理事会アリ。
十月八日（木）
午前九時、芝教会ニ於テ大会開会。議長毛利氏ノ説教アリ。多田氏新議長ニ当選ス。余ハ星野ヲ推薦シタレトモ落選シタリ。気ノ毒ノ感ヲ為セリ。

白井、川添、井ノ口、葛岡等ノ発起ニテ本部条例ナルモノ提出セラル。極メテ不備ナルモノニテ取ルニ足ラズ。
午後ハ河井道子、田川大吉郎及ヒ余ノ演説会アリ。
夜ハ柏井、井ノ口二氏ノ講演アリ。
十月九日（金）
憲法改正案ハ調査委員附托トナル。
大会予算案ノ議事アリ。
十月十日（土）
本部条例ハ総務局ト改リテ提出セラル。尚頗ル不備ナルモノナリ。
アレニス氏、平和協会ヲ代表シテ来訪。
総務局条例ハ遂ニ可決セラル。但其結果ハ失望的ナラン。事務ヲ混同スルノ恐レアリ。
午後五時、閉会。
芝三縁亭ニ於テ議長及地方議員ノ歓迎会アリ。総数百六十名以上、盛会ナリ。
十月十一日（日）
［記載なし］
十月十二日（月）
午前、富士見町教会ニ於テ伝道局最後ノ理事会アリ。議事ノ後昼食ヲ共ニシ、今回ノ改革ニ付懇談シタルニ愈々不得要領ナルヲ知ル。

大会ニハ種々ノ暗流アリテ一種ノ混戦ナリシガ如シ。一方ニハアンチ植村派アリ、又他方的感情アリ。植村自身モ多少相談ニ与リタル形迹アリ。又若手ノ教役者ノアンビシヨンモ加ハリタルガ如シ。

午後、東都協同伝道委員会ヲ開キタレトモ、人数不足、議事ヲ見合ハセリ。

松野氏父君病死ニ付弔電ヲ出ス。

十月十三日（火）

午前九時半ヨリ日本宣教継続委員会ヲ開ク。種々ノ報告アリ。役員重任トナル。宝亭ニテ午餐ヲ共ニシテ再ビ開会、マケンゼー氏議長席ニ就ク。常務委員モ亦如旧。引続キ協同伝道委員会ヲ開ク。伝道組ヲ設クルコトハ廃案トナレリ。北海道ノ事モ定ラズ。

木村良夫出発、帰省ス。

十月十四日（水）

原田助氏同道、文部省ニ出頭、田所局長ニ面会シ、普通部名称ヲ改メテ中学部トナスコト、及ビ文官任用令ニ付交渉シタリ。後者ハ差支ナケレトモ、前者ハ尚六ケ敷ガ如シ。

原田氏ト午餐ヲ共ニシ、別レテ青山ニ往キ、春雄ノ墓碑建設ヲ監視シタリ。

十月十五日（木）

神学部授業如例。

普通部及高等部ハ昨日ヨリ修学旅行ニ出タリ。

十月十六日（金）

神学部授業如例。

午後七時、ライシヤー氏宅ニ於テ青山学院代表者高木、石坂、小方、ベリー、チヤツペルノ五人来リ、当方ヨリハイムブリー、オルトマンス、ライシヤー、ライク及ビ余ノ五人会見、高等科合同ノ件ニ付協議ヲナス。先ツ数ケ条ノ質問ニ対シテ答弁ヲ与へ、最後ニ先方ハ飽マデフエデレーシヨンヲ主張シ、オルガニツクユニオンニハ反対シタリ。先以テ合同ノ見込ハナキガ如シ。

十月十七日（土）

真野文二氏、来訪。

午後二時、芝教会創立四十年紀念会ニ参列。式後、附近ノ啓蒙幼稚園ニ於テ晩餐ノ饗応アリ。

十月十八日（日）

午前、桃澤静子ノ病気ヲ見舞フ。容体ハ不良ナリ。

夜、銀座教会ニ於テ協同伝道ノ為ニ説教ス。雨天ノ為、聴衆多カラズ。

十月十九日（月）

出院如例。

アレン氏来訪、神学部並ニ普通部ニ於テ平和ノ為演説ヲナス。

米国聖書会社幹事ヘーブン氏主人公トナリ、帝国ホテルニ日本ノ教役者四十余［名］ヲ招キ、午餐ヲ饗シ、同会社創立百年紀念会ノコトニ付相談アリ。余、之ニ答弁ヲ為シ、ハリス氏、佐藤昌介氏モ亦演説ヲ為ス。食後、中庭ニテ撮影ス。

夜ニ入リ、松野氏来訪ス。

十月二十日（火）

授業如例。

午後三時、青年会館ニ於テ基督教大学創立委員会ヲ開ク。ガウチヤル氏出席、挨拶ヲナス。依例不得要領ナリ。佐藤、新渡戸二氏ノ提案ヲ議シ、多少修正ノ後可決採用ス。而シテ更ニ特別委員七〔六カ〕名ヲ挙グ。佐藤、新渡戸、井深、ライシヤー、ベリー、ヘーデン。

夜十一時前、漸ク散会ス。

十月二十一日（水）

授業如例。

十月二十二日（木）

授業如例。

山本、都留、熊野、水芦、宮地ノ五人ヲ招キ、晩餐ヲ饗ス。

十月二十三日（金）

授業如例。

真野文二氏ヲ晩餐ニ招ク。夜十時過マデ談話シテ帰ル。

十月二十四日（土）

午後、沼澤氏ヲ訪問ス。

時ニ悪寒ヲ覚ヘ、頓テ発熱三十九度六分ニ昇ル。

大学病院看護婦約五百名ノ為ニ毎月一回宗教講話ヲ為スコトヲ依頼セラル。

午前、佐藤昌介氏来訪。基督教大学設立ノ件ニ付相談ヲナス。同氏ハ予算ヲ負担シ、此方ニテ趣意書ヲ認ムルコトトナセリ。

十月二十五日（日）

高輪教会ニ於テ礼拝。

十月二十六日（月）

出院授業如例。

午後、文展ヲ一覧ス。日本画ハ比較的観ルベキモノアレトモ、西洋画ハ実ニ見ルニ足ラズ。和田英作氏ノ黄昏ハ目ニ留リタリ。

十月二十七日（火）

授業如例。

午後五時ヨリ三浦太郎氏宅ヘ、母上、花子同道、夕食ニ招カレテ往ク。於みゑモ同席シタリ。

十月二十八日（水）

授業如例。

普通部礼拝ノ時、白耳義国救助ノ為義捐金ヲ募集スルコトヲ謀リタルニ、一同同意シタリ。

十月二十九日（木）

授業如例。

午後四時ヨリ清水谷開香園［偕香苑］ニ於テ横浜旧友会ヲ開ク。来会者、稲垣、植村、熊野、押川、山本、真木、吉田、余ノ八人ナリ。時局ト信仰トノ問題ニ付論談ス。押川ハ基督教ハ欧州ニ於テ破産シタルニ非ズヤトノ疑問ヲ提出シ、寧ロ悲観的ノ感ヲ述ベタリ。

十月三十日（金）

授業如例。

十月三十一日（土）

母上、花子、真澄、清見ヲ携ヘ羽根田要館ニ往キ午餐ヲ喫シ、夕刻帰宅ス。

生憎雨模様ナリシガ、帰宅後本降トナレリ。

十一月一日（日）

高輪教会ニ於テ礼拝。

午後、花子同道、真野氏ヲ訪問ス。文二氏ハ明日帰福ストノコトナリ。沼澤氏モ偶然来会ス。依ツテ過日依頼アリタル大学病院看護婦ノ為ニ毎月一回宗教講話ヲ為スコトヲ承諾ノ旨返答シタリ。

勝治来訪、まき子身上ノコトニ付相談アリ。

十一月二日（月）

出院如例。

午後、理事会ヲ開ク。諸種ノ報告ヲナシ、青山学院ヨリ高等部合同ニ付回答アリ。即チ専門科ニ付テハ合同不同意ノ赴ナリ。

講堂再築費ニ付キリフオームドボールドヨリ返答アリ。

請求ニ対応［ママ］トノ赴ナリ。同局ノ誤解ヲ正サンガ為ニ説明書起草委員ヲ挙ク。

会後、宅ニ於テ磯邉、石川ノ二氏ニ晩餐ヲ饗ス。熊野氏モ同席シタリ。

十一月三日（火）

授業如例。

午後二時ヨリ講堂ニ於テ臨時オルガン演奏会ヲ開ク。テニー氏、ミスミワイヤルノオルガンソロー、ミスマクドナルドノ独唱、神学生ノダブルクオーテット等アリ。

昨日ノ理事会ニ於テ今後十一月三日ヲ以テ学院創立紀念日トシテ祝スベキコトヲ決シタルコトヲ広告ス。

十一月四日（水）

授業如例。

正午、青年会［館］ニ於テ鉄道青年会評議員会アリ。諸種ノ報告アリ、予算、決算其他ニ付評議アリ。後半期ノ総収入壱万三千三百三十円以上ナリ。

十一月五日（木）

授業如例。

午後、神学部教授会開会。

十一月六日（金）

授業如例。

沼澤氏来訪、午餐ヲ共ニス。

十一月七日（土）

青島陥落ノ快報アリ。案内［外］ニモロキ落方ナリ。

協同伝道ノ為横浜ニ赴ク。蓬莱町メソジスト教会ニ於テ石川角次郎氏ト共ニ演説ス。市中ニハ提灯行列アリ。騒敷ニモ不拘満堂ノ聴衆ナリキ。

十一月八日（日）

協同伝道ノ為再ビ横浜ニ赴ク。横浜小学校ニ於テ江原素六氏ト共ニ、教育ト宗教ニ関シテ演説ス。県庁ノ役［人］、学校教員等百人余ノ聴衆アリ。

帰途、成毛金次郎氏方ヲ訪問シ、明治学院理事タランコトヲ懇請シタレトモ、持病ノ故ヲ以テ固辞シテ受ケズ。夕食ノ饗応ニ預ル。

十一月九日（月）

出院授業如例。

午後、教会同盟常務委員会アリ。軍隊慰問ノ事其他ニ付評議ス。引続キ青年会同盟委員会アリ。

勝治来訪、突然龍雄ヨリ山本へ離婚届ニ調印ヲ求メ来タル赴ノ話アリ。重々言語道断ノ奴ナリ。彦三郎ノ帰京ヲ待ツベキ旨忠告シタリ。

十一月十日（火）

授業如例。

青島陥落ニ付明日ハ休業シ、今夕ニ提灯行列ヲ為スコトト定ム。

礼拝ノ時、青島占領以来ノ歴史ト東洋ノ平和ニ付テ演説ヲナス。

午後五時半ヨリ教員生徒一同提灯行列ヲナシ、宮城ノ前ニ至リ君カ代ヲ二唱シ、聖上皇后両陛下ノ万歳ヲ唱ヘテ帰ル。

十一月十一日（水）

夕刻ヨリ北風強ク、提灯ハ大抵途中ニテ吹消サレタリ。

青島陥落祝勝ニ付休業ス。

午後三時、伝道局常務理事会ヲ開ク。

十一月十二日（木）

授業如例。

午後二時半ヨリ築地明石町十七番地々境ニ付東隣地々主ヨリ抗議アリ。双方立合ノ上、間口約二尺ヲ譲与ス。先方ハ八十八坪九合一才アルベキ筈ノ処、約四坪不足ナリシコトヲ発見シタリ。十七番地ノ方ハ三百〇弐坪アルベキ筈ノ処、三百十二坪余アルコトヲ発見シタリ。其内四坪ヲ譲リタルナリ。

十一月十三日（金）

授業如例。

午前、笄町長谷寺ニ於テ池上三郎ノ葬式ニ会合ス。

十一月十四日（土）

午前五時半、自宅出発、午後二時前、長野市着。メソジスト教会ニ於ケル婦人聯合会ニ於テ三谷女史ト共ニ講話ヲナス。

ソレヨリ宣教師バンスチーン氏ノ客トナリ、夕飯ノ後、千歳座トヤラ云フ劇場ニ於テ三谷、田川二氏ト共ニ演説ス。聴衆ハ約四百名ト見受ケタリ。謹聴シタリ。

十一月十五日（日）

朝、メソジスト教会ニ於テ聯合礼拝アリ、余、説教ス。ソレヨリ直チニ上田町ニ赴ク。停車場ニテ信徒等ニ迎ヘラレ、上村旅店ニ投ス。

午後二時半ヨリ高等女学校ニ於テ婦人修養会アリ、又三谷氏ト共ニ講話ヲナス。聴衆百五六十人。

夜ハ蚕糸会社ニ於テ演説会アリ。田川第一席ニテ約二時間演説ス。三谷氏十五分、余四十五分演説シタリ。聴衆ハ六七百名ナリキ。
十一月十六日（月）
午前九時五十八分、上田出発、午後六時、無事帰宅ス。
十一月十七日（火）
授業如例。
建築技師［数字分空白］来リ、講堂ヲ検分ス。辰野氏ト略同意見ナリ。修繕セント欲セバ少クモ壱万五千円ヲ要スベシトノ事ニテ、別地盤ニ新築ヲ可トセリ。但ソノ資金ナキヲ如何ニセン。
夜、オルトマンス氏方ニ神学部懇話会アリ。同氏、社会的事業ニ付話ヲナス。
十一月十八日（水）
授業如例。
午後、押川方義氏息春浪氏ノ葬儀ニ会葬セン為ニ雑司ケ谷ニ赴ク。葬式ハ基督教式ナレトモ、其精神ハ基督教的ノ分子甚タ少ク、且吊詞ヲ述フルモノ十名以上アリタルニハ一驚ヲ喫シタリ。余リ長クナリタレバ式ノ了ラザル中ニ帰途ニ就キタリ。
朝来雨天ニテ、悪路ナリキ。
十一月十九日（木）
授業如例。
十一月二十日（金）
授業如例。
午後六時三十一分発、新橋発急行列車ニテ京都ニ向ヒ出発ス。
十一月二十一日（土）
午前七時過、京都ニ着シタル。大学生両名停車場ニ出迎へ、ソノ案内ニテ麩屋町俵屋ニ投ス。新渡戸氏モ同宿ノ由ナレトモ面会ノ機ナシ。
午前、入浴、休憩シ、午後二時ヨリ京都帝国大学基督教青年会々館献堂式ニ臨ミ、一場ノ祝詞ヲ述ブ。建物ハ質素ナレトモ便利ニ出来タリ。来会者百名以上アリ。
夜ハ市青年会館ニ学生演説会アリシガ、自分ハ往カズ。
日高氏及ビ寿枝来訪ス。
十一月二十二日（日）
午前、室町ノ教会ニ出席ス。
午後壱時半ヨリ京大青年会館ニ於テ一場ノ演説ヲナシ、夫レヨリ直チニ市青年会館ニ於ケル京坂神青年会主事及理事会ノ協議会ニ出席、座長ヲ勤ム。附近料理店ニ於テ夕食ノ饗応アリ。ソレヨリ一同フエルプス氏ノ宅ニ往キテ協議会ヲ結了ス。

十一月二十三日（月）

午前、伏見桃山御陵ヲ参拝ス。山陵ハ頗ル古代式トモ称スベキカ、今一層進歩シタル方法モナキモノカト思ヒタリ。東陵ノ方ハ将サニ工事中ナリキ。但桃山ハ実ニ幽佳ノ地ナリ。

一旦旅店ニ帰リ、夫レヨリ嵐山ノ紅葉ヲ観ン為ニ往キタレトモ、見ルベキ紅葉トテハナシ。但山水ノ景色ハ中々佳ナリ。天然ノ庭園ナリ。

夜八時ノ急行車ニテ帰京ノ途ニ就ク。

十一月二十四日（火）

［以下、十一月補遺まで九頁にわたって記載］

午前九時半、新橋着。夫レヨリ人力車ヲ傭ヒ、十時二十分比無事帰宅シ、母上及ヒ花子ニ挨拶ヲナシ、二階ニ昇リ和服ニ改メテ階下ニ降ルヤ否、高等学部ノ方ニテ、駄目タ〳〵〳〵、消光［火］器ヲ持来レト叫ブ声アリ。依テ直チニ内ニ備付ノ消火器ヲ持テ飛出シタル。

最早サンダム館ノ二階ヨリ煙ノ吹出ルヲ見タリ。時ニ南風稍々強シ。依テ之ハ到底サンダム館ハ六ケ敷ト覚悟シ、右ノ消火器ヲ学生ノ一人（林ナリシヲ後ニテ知ル）ニ渡シ、一旦内ニ帰リテ片付ノ注意ヲ与ヘ、只重要ナルモノ二三ヲ身ヲ［ニ］附ケ、跡ハ他人ニ托シ再ビ外ニ出タル。

早ヤ火ハ屋根ノ上ニ焼出シ、頻リニ内ト神学部ノ方ニ煙ヲ吹付ケタリ。他ノ人々モ内ガ最モ危シト見テ、多人数手伝ニ来リ、物品ヲ取出サントス。余ハ直チニ雨戸ヲ閉サセ、之ヲ制シタレトモ中々聞カバコソ。花子ハ先ツ母上ヲシテ熊野氏方ニ避難セシメ、ソレヨリ荷物ノ片付ニ従事シタリ。自分ハ再ビ外ニ出テ神学部ヲ見ルニ、塔ニ飛火シ且東方ノ屋根ニモ飛火シタリ。消防夫来リ、非常銓ヲ開キタレトモ水勢弱クシテ屋根ニ達セズ。漸ク最後蒸気ポンプ来リテ之ヲ消止メタリ。其中ニ生徒等ハ図書室ニ入リテ窓ヨリ書籍ヲ投出シタリ。又余ガ教場ニモ突入シテ書類、机等ヲ持出シタリ。孰レモ泥マビレトナリ又ハ破損シタリ。

神学部モ先ツ消止タレバ、内ニ帰リテ見レバ内ノモノハ畳建具ニ至ルマデ悉皆庭前ニ持出シタリ。其混雑名状スベカラズ。一時ハ神学部ニ飛火シテ危ク見ヘタレバ、一旦取出シタル荷物ヲ再ビ他ニ持ハコブノ必要ヲ生ジタリ。漸ク鎮火シタルハ午後一時過ナリシナランカ。

火事中、母上ハ一旦熊野ヘ避難セラレ、熊野ヘモ飛火シ始メタレバ、信乃子ニ導カレテ三浦ヘ避難セラレタリ。真澄、清見ハ学校ニ在リシガ、真澄ハ火事中ニ一人帰宅シ、清見ハ火事終リテ後帰宅シタリ。

鎮火ノ後、畳屋ヲ呼ビテ先ツ仮リニ畳ヲ敷カセ、荷物丈屋内ニ取入レタレトモ、戸ノ破損シタルモアリ、紛失シタルモアリ。丸デ焼出サレノ有様ナリ。健次ハ火事中ニハ知ラズ、漸ク夕刻ニ来ル。但手伝ハ男女共ニ多過ルホドアリ。

実ニ不慮ノ災難ニテ一驚ヲ喫シタレトモ、先ツ左シタル死傷者ヲ出サズ、且他人ニ迷惑ヲ掛ケザリシハ不幸中ノ幸ナリ。余ガ住宅モ一時ハ寧ロ焼タル方勝ナラン抔トノ話アリタレトモ、ソレ［ハ］大ナル誤ニテ、類焼ヲ免レタルハ最モ感謝スベキナリ。跡片付ニハ殆ンド閉口シタレトモ、破損品及ビ紛失品ハ思ノ外ニ少シ。不思議ナルハ茶釜ノ入タル箱一ツ、ガラスコツプ十個、鍔十個バカリ、万年筆、金縁眼鏡等紛失シタリ。又夜具フトン等、飛火ノ為焼穴ヲ生ジタリ。

学校ハ翌日臨時理事会ヲ開キ、高等学部ハ普通部ノ予備教室ト寄宿舎応接間ヲ使用シテ授業スルコトトナシタリ。神学部モ直チニ授業スル見込ナリシガ、修繕ノ為実行不可能トナリ、今学期ハ授業ヲ休ミ、試験論文ヲ提出セシムルコトトナセリ。

保険ハサンダム館金壱万円ヲ全額会社ニ於テ弁償スルコトトナリ、神学部ノ方ハ建物ノ損害ニ対シシ〔衍〕テ一千三百九十九円ヲ此方ノ損害見積通会社ヨリ弁償スルコトトナシ、書籍ノ損害ニ対シテハ種々交渉ノ後金壱千壱百円ニテ全部此方ニ引取リ、其他ニ二千九百円ヲ会社ヨリ弁償スルコトトナセリ。此解決ハ学院ニ取リ決シテ不利ナルモノニハ非ルナリ。

○出火ノ原因ニ就テハ天上〔井〕裏ヨリ焼始メタルコトハ明白ナレトモ、ドノ煙筒又ハパイプヨリ出タルカ明白ナラズ。或人ハ二階教員室ノパイプヨリ出タルナラント言ヒ、或ハ講堂ノ天下〔ママ〕裏ノパイプヨリ出タルナラントモ思ハレ、何分確定シ難シ。ソレガ為カ自分モ一日裁判所ノ検事ヨリ呼出サレテ出火ノ原因ニ付取調ヲ受ケタリ。自分ハ固ヨリ自分ノ思フ通リニ述ベ置キタルガ、尚実地ヲ先ニ見タル人ヲ出シ呉レヨトノ要求ナリシ故ニ、久永氏ヲ出シテ同人ニ考ヲ述ベシ［メ］タリ。或ハ出火罪ニ問ハレンカトノ疑モアリシガ、遂ニ其事ナクシテ済ミタリ。

但シ二回目ノ出火ニテ外聞悪シ。出火ノ翌朝、自分ハ高輪東宮御殿ニ出頭シテ御機嫌ヲ伺ヒ且御詫ヲ申上タリ。

［十一月二十八日欄外］

朝鮮人青年会々館献堂式ニ於テ祝詞ヲ述ブ。

［十二月扉余白］

十二月廿八日朝、桃澤ヨリ電話ニテ静子事是非来訪ヲ願フトノ事ナレバ、朝食後直チニ赴キタルニ、自分モドウカシテ「神ノ子」ト成リテ安心ヲ得タシト云フ。依テキリストノ救ヲ語リ、聖書ヲ読ミ、祈祷シタルニ大ニ喜ビ、之ニテ全ク安心ヲ得タリト明言セリ。又其時ヨリ其心状全ク一変シ、逢フ人毎ニソノ満足ト感謝トヲ告白シタリト。然シテ漸々病重クナリ、遂ニ十二月一日ニ安然ニ永眠シタリ。

十二月一日（火）～十二月九日（水）

［記載なし］

十二月十日（木）

午後、青年会［館］ニ於テ最後ノ大会常置委員会ヲ開キ、「総務局」ヘ事務引渡ノ事ヲ議決シ了ル。

午後五時半、精養軒ニ於テクツク氏並ニウヰルソン氏ニ面会ス。イムブリー氏モ同席ス。彼ノ尹致昊特赦ノ件ニ付又々相談アリ、必要アラバ是非共京城ヘ赴キ、寺内伯ニ請願シ呉レヨトノ依頼アリ。

十二月十一日（金）

神学生金子重成飲酒ストノ報告、舎長原田ヨリアリ。依テ本人ヲ呼ビ取調ベタルニ、果シテ事実ナル旨ヲ告白シ、遂ニソノ非ヲ悔悟シ、誓テ再ビセザル旨ヲ言明シタリ。依テ寛大ノ処置ヲ取リ、教授会ニハ提出セザルコトト為ス。但シ彼ヲシテ同窓生ノ前ニ其前非ヲ告白セシムルノ約束ナリ。

十二月十二日（土）

今夜ヨリ金曜日毎ニ神学部寄宿舎ニ於テ祈祷会ヲ開クコトトナセリ。今夜ニハ自分モ出席シテ一場ノ話ヲナス。

［記載なし］

十二月十三日（日）

夜、寄宿舎ニ於テ講話ヲナス。

十二月十四日（月）

午後、青年会［館］ニ於テ教会同盟常務委員会アリ。神社参拝ノ件ニ付、衆議院ニ於テ政府当局ニ質問スルノ件ニ付議決ス。

十二月十五日（火）

高等一年級ノ試験ヲ行フ。

臨時明治学院理事会ヲ開キ、諸種ノ報告ヲ受ケ、且更ニ火防其他ニ付特別委員ヲ挙ク。

十二月十六日（水）

午前、富士見町教会ニ於テ総務局常務理事会ヲ開キ、理事総会ノ準備ヲナス。

午後二時ヨリ、理事総会ヲ開キタルニ、何思ヒケン井ノ口ハ頗ル不穏ノ態度ヲ以テ常務理事会ノ記録ノ朗読ヲ求メ、且ツ地方ヨリ来レル理事ハ単ニ常務理事会ノ決議ヲ賛成スル為ニ非ス云々ノ語ヲ発ス。且植村ニ対シテ「良心」云々ノ言アリ。植村ハ之ヲ咎ム。日疋ハ井ノ口ニ退場ヲ求メ、事頗ル面倒ニナラントセリ。

夕飯後、再ビ開会シタルニ、植村ハ常務理事長ヲ辞スル旨ヲ申出ツ。漸ク之ヲナダメテ思ヒ止ラシメ、自分ハ十時過ニ帰リタリ。

十二月十七日（木）

午前十時ヨリ貴山氏方ニ常務理事会ヲ開キタルニ、植村来ラズ。再三催促シテ漸ク来リ、再ビ常務理事長ヲ固辞スト云フ。是ニ於テ多田ハ大会議長ヲ辞スト云フ。愈々面倒ナラントス。漸クノ事ニテ植村ハ理事長ノ代理トシテ事務ヲ取ルト云フ事ニテ治リタレトモ、本当ノ解決ニハ非ズ。畢竟スルニ改革案ガ根本的ニ誤ナリ。此結果ハ始ヨリ知レキッタ事ナリ。ワイワイ連ノ多数決ノ結果此ノ如シ。笹尾ノ如キ今更申訳ナキナリ。

十二月十八日（金）

○午前、東京駅開場式ニ招カレテ参列ス。大隈伯ノ演説ハ中々元気ナリキ。

基督教青年会同盟委員会アリ。諸種ノ報告及議事如例。但財政ノ不足ハ難題ナリ。節約スル事トナス。独人俘虜ニクリスマス樹贈与ノコトヲ決ス。

会後、横浜青年会主事大村氏、同会館敷地ノ件ニ付報告ノ結果一問題起ル。即チ理事八名ニテ自ラ借金シテ同敷地ニ対スル抵当ヲ除キタレバ、米国委員ヨリ直チニ送金アリタシトノ請求ナリ。兎ニ角ニ事実ヲ述べテ、モット氏ニ請求スルヲ可トシタリ。

十二月十九日（土）

午前、植木屋ヲ連レ青山墓地ニ赴キ、彼岸桜一本、楓二本、ほうの樹一本、もちの樹一本、合セテ五本ノ樹木ヲ墓地ニ植付タリ。父上ノ石碑ノ後ナル松ノ木ハ余リ生長シテ石碑ヲ覆スノ恐アレバ、来春早々植替ルコトト為セリ。

十二月二十日（日）

午後、真見［澄］、清見ヲ連［携］ヘ品川ヨリ電車ニ乗リ、新東京停車駅ニ至リ見物セシメテ帰宅ス。

十二月二十一日（月）

今回ノ火災ノ為、余ノ住宅モ内外共ニ損害ヲ被リ、且建築以来既ニ十二年ヲ経タレバ、内外共ニ大分破損ノ箇所モアレバ、此際修繕シタル方宜敷カラントノ理事会ノ意見ナルヲ以テ、畳、建具、壁、障子等ノ表替、張替、塗替ヲナシ、漸ク修繕ヲ了リタリ。或意見ニ於テハ火災ノ御蔭ナリ、火事ナクテハ今比ダケノ修覆ハ六ケ敷シ。

十二月二十二日（火）

［記載なし］

十二月二十三日（水）

体操教師山本磐彦ヲ解職ス。

夜、帝国大学病院看護ノ為ニ一場ノ講話ヲナス。場所ハ大学ノ講堂ニテ聴衆ハ百七十名許ナリキ。事務監督沼澤氏ノ発意ノ由ニテソノ依頼ニ由ル。西洋ニ於ケル看護ノ歴史トソノ性質ニ就キ基督教トノ関係ヲ説キ、ナイチンゲール嬢ノ話ヲ以テ結ブ。

十二月二十四日（木）

予備大尉上田兵吉氏ヲ舎監兼体操教師トシテ採用ス。

夜、高輪教会ニ於テクリスマス祭アリ。例ノ如ク自分ハ留守居ス。

十二月二十五日（金）

内ニテ例ノ如ク健次、清見ノ誕生日ヲ兼クリスマス晩餐ヲ祝ス。三浦夫婦ヲ招ク。

諸親類ヘクリスマス贈物ノ荷造ヲナス。

十二月二十六日（土）

議会ハ愈昨夜十一時増師予算否決ノ為解散トナル。反対投票数六十六ノ多数ナリ。

彦三郎ハ支那ニ在テ、今回ノ議会ニ欠席セシハ不名誉ノ至ナリ。

十二月二十七日（日）

午後、片山及沼澤両家ヲ訪問ス。

十二月二十八日（月）

［記載なし］

十二月二十九日（火）

小石川松平子爵邸ヘ歳暮ノ御見舞ニ参ル。

十二月三十日（水）

午前十時、植村氏宅ニ於テ大会総務局常務理事会ヲ開ク。

十二月三十一日（木）

［記載なし］

［十二月補遺］

一千九百十四年ハ実ニ日外多事ナル年ナリキ。内ニ海軍コンミシヨン事件アリ、皇太后ノ崩御アリ、内閣ノ更迭、議会ノ解散アリ。又、学院ニハサンダム館ノ出火アリ。外ニハ欧州ノ大戦戦[衍]アリ、青島攻撃アリ。真ニ多事ナル年ナリキ。願クハ来ル年ハ平安ノ年タランコトヲ。

一九一五（大正四）年

尹致昊（윤치호, Yun Chi-ho）
李氏朝鮮末から日本の植民地支配期の政治活動家
1911（明治44）年に民族主義者として投獄されたが、その解放に井深も関与した
［写真は民族問題研究所の提供による］

一月一日（金）　快晴

例ニ依リ朝餐前家族ノ礼拝ヲナス。

諒闇中ノ故ヲ以テ年始ノ賀状並ニ廻礼ヲ廃ス。年賀状ノ来ルモ例年ニ比シテ三分ノ一減ナリ。又廻礼者モ同断ニテ市中淋シ。

一月二日（土）

天気晴朗。

午後ヨリ真澄、清見ヲ携ヘ、日本通ヨリ銀座附近ヲ散歩ス。

夜、朝鮮人、韓、朱二人ト長澤及ビ吉川兄弟ヲ招キ、正月ノ遊戯ヲナス。

一月三日（日）

高輪教会ニ出席シテ礼拝ス。但牧師ノ説教ハ例ニ依テ不得要領ナリキ。集会モ甚タ少数ナリキ。

一月四日（月）

午前、鵜澤総明氏ヲ築地ノ事務所ニ問ヒ、大会ニ於テ教会財産維持ノ為法人設立ノ件ニ付協議ヲ為シタリ。且序ヲ以テ京城行ノ件ニ付意見ヲ求メタルニ、往クコトヲ勧告シタリ。

午後、青年会館ニ於テ東部協同伝道委員会ヲ開ク。東京ノ伝道ヲ四月八日ヨリ月末迄ト改ム。

夫レヨリ両国教会ニ於ケル京浜教役者会ニ出席ス。

一月五日（火）

講堂修繕ノ件ニ付ボーリス及ビボーカルノ二建築師ト会見ス。然ルニランデス氏ハ何故カ出席セズ。不得止開会シテ、五時比将サニ閉会セン［ト］スル時ニラ氏ハ漸ク来ル。何故ニ来会セザリシヤト問ヒシニ、偶教文館ニ往キタルニ、五百冊許見切売アルガ故ニツヒ百冊許ノ書籍ヲ買居タリト。実ニ暢気ナル人ナリ。

マルレー氏ノ意見モランデス氏ト略々同説ニテ不得要領ナリ。実ニ苦リタル連中ナリ。

一月六日（水）

午後、銀座教会ニ於ケル同盟ミシヨンノ年会ヲ傍聴ス。議長ベツドレイ氏ノ演説アリ。朝鮮同盟ミシヨン代表者ノ挨拶アリ。綱嶋氏ハ小崎氏ニ代リ演説シタレトモ、教会同盟ノ事ハ少シモ語ラズ、只自分ガ米国及欧州ニ於テ演説シタル広告ヲナシタルハ不都合千万ナリキ。

真澄事、昨日ヨリ発熱三十九度以上ニ昇ル。大川氏ノ代診ヲ頼ミテ診察セシメタレトモ、発熱ノ原因明白ナラズ。多分インフルエンザナラントノ事ナリト云フ。

一月七日（木）

昨夜来、雪降ル。地上ニ積ルコト二寸弱ナリ。

本日ハ熊野氏二番目ノ孫女ノ誕生日ナリトテ、母上、花子ト余ト三人晩食ニ招カル。母上ハ雪降ノ為断リテ参ラレズ。我等二人ハ参リタルニ、外ニハ松田、吉田ノ二未亡人ノ相客アルノミニテ、親類的ノ集会ナリキ。昨年ノ今日ハ長孫女ノ病気ナリシガ、今日ハ一家無事ナルヲ感謝セントノ趣意ナリ。

一月八日（金）

午前九時、神学部始業式ヲ挙ク。建物ノ修繕モ略々落成シタリ。

真澄ノ熱、昨夜ハ四十度六分ニ昇レリ。沼澤氏ノ紹介ニテ伝染病研究所ノ高木逸磨ト申ス医学士ノ来診ヲ乞ヒタルニ、矢張発熱ノ原因明白ナラズ。但何等危険ナル徴候ナシト云フ。先ツ瀧谷氏ト同見立ナリ。但解熱剤ヲ暫時見合セヨトノ意見ナリ。大便小水ヲ研究所ニ送リテ検査ヲ請フ。

一月九日（土）

朝、小水ヲ大川氏ハ持行テ検査ヲ求ム。熱ハ矢張四十度以上ニ昇レリ。

尿ノ検査ノ結果ヲ研究所ヘ問合セシニ、腸チブス、パラチブスノ徴候ナク、又ジン臓炎モ非ズ、何分ニモ未タ明白ナラズト云フ。瀧谷氏来訪ノ結果一様ナリ。何トカ早ク原因ヲ明ニシタキモノナリ。

彦三郎ヨリ京都迄安着ノ報知アリ。

今日ハ古手紙類ヲ整理シテ、数百本ヲ火中ニシ、或モノハ紀念ノ為荒川千代子ヘ送リタリ。

一月十日（日）

終日在宅、真澄ヲ看護ス。発熱尚未タ止マズ、四十度以上ニ昇ル。瀧谷氏来診シタレトモ異条ナシト云フ。但明日ハ研究所ノ高木氏ノ来診ヲ請フ筈ナリ。尚念ノ為健次ニ電話ヲ懸シニ早速来リ、診察ノ結果、チブスノ疑アリト云フ。或ハ然ランカ。明日ノ診察ニテ多分判明セン。

今日ハ偶然、おせき永眠ノ時ノ日記ヲ読ミ、無量ノ感ニ打レタリ。思ヘバ実ニ立派ナルクリスチアンノ死ナリキ。其最後ヤ真ニ久遠ノ光明ヲ発輝セリ。

一月十一日（月）

授業如例。

真澄ノ熱度稍々低シ。

夜ニ入リ高木氏来診。瀧谷氏モ立会フ。診察ノ結果、チブスノ徴候ナシト云フ。但断然チブスニ非ズトモ断言シ得ズトナリ。

一月十二日（火）

授業如例。

マッケンゼイ夫人来訪。ベルギイノ寡婦、孤児救済ノ件ニ付交渉アリ。

午後、神学部教授会ヲ開キ、引続キ図書館委員会ヲ開キ、ランデス氏ガ独断ニテ買入レタル二百冊許ノ書籍ヲ認承スルコトニ決シタリ。但同氏ノ所為ニ就テハ委員中不平ノ声少カラズ。

一月十三日（水）

授業如例。

京城往々復ノ鉄道切符ヲ求ム。ソレヨリ日本橋及銀座ニ往キ、買物ヲナス。

一月十四日（木）

真澄ノ熱度三十七度内外ニ下ル。

授業如例。

寒気甚シ。零度以下五度ニ下ル。

一月十五日（金）

授業如例。

寒気尚強シ。

花子、風邪ニ罹ル。自分モ亦風邪ノ気味ナリ。

一月十六日（土）

午後三時四十分、品川駅出発、朝鮮ニ向フ。列車中、偶然、小林光茂氏ニ逢フ。

一月十七日（日）

午前十時四十分、岡山駅ニ於テウヰルソン氏ト会見ス。但何モ新事実ナシ。

午後八時半、下ノ関着。直チニ高麗丸ニ乗込ミ、九［時］十三十分解纜ス。幸ニ海上平穏ナリ。

一月十八日（月）

午前八時半、釜山港着。十時三十分発車、午後九時、南大門ニ着車ス。クラム氏龍山駅迄出迎フ。南大門ヨリ直チニ朝鮮ホテルニ投ス。暫時ニシテクラム氏来訪、緩談ノ後辞去ル。朝鮮ホテルハ流石総督府ノ設立丈アリテ頗ル立派ナリ。但収支相償ハザルベキ事ハ一目シテ明白ナリ。

入浴後、寝ニ就ク。寝台ノ道具其他一切ニテ頗ル心地好シ。

一月十九日（火）
午前十時、総督官邸ニ至リ、刺ヲ通ジタルニ総督ハ既ニ総督府ニ出勤セラレタリトアリ。依テ直チニ同府ニ赴キ、秘書官ニ面会シタルニ目下会議中ナリト云フ。毎週二回、火、金、両日部長ヲ集メテ会議ヲ開クノ慣例ナリ。但正午ニ了ルヲ例トナスガ故ニ、午後二時比又官邸ニ於テ面会アルヤウ取計可、且其旨電話ニテ知ラスベシトノ事ナリ。
依テ不得止一旦ホテルニ帰リ、午餐ヲ喫シテ電話ヲ待ドモ何ノ事ナキ故ニ、催促シタレトモ話中ニテ分ラズ。漸ク二時半比ニ至リ総督ハ在邸ノ旨ヲ確メタリ。依テ直チニ同邸ニ赴キタリ。面会ノコトハ追記ニ譲ル。

一月二十日（水）
昨夕ヨリ水上氏宅ニ投ズ。
昨夜来、寒気大ニ減少ス。
午前九時半、総督府ニ赴キ、宇佐美、石塚ノ両長官ニ面会ヲ求メタレトモ、本日ヨリ内務部長会議開始セラルヽ趣ニテ面会ヲ得ズ。名刺ヲ置キテ帰ル。
雁壱羽、鴨二羽土産ノ為ニ求メタリ。

一月二十一日（木）
午前八時三十分、南大門発車。水上氏父子及渡辺暢氏、駅迄見送ル。
陸軍次官大嶋中将同列車中ニアリ。
午後七時三十分、釜山着、八時三十分出帆ス。船ハ対馬丸ナリ。

一月二十二日（金）
海上平穏。午前八時、下ノ関着船。九時五十分発車、帰途ニ就ク。発車前一寸車外ニ出タルニ図ラズモ荒川文六ニ出会フ。同人モ上京ノ由ニテ同乗ス。
尾ノ道、広島間ノ風光、毎時ナガラ美麗ナリ。天気快晴、恰カモ春ノ如シ。

一月二十三日（土）
午後二時、品川着。荒川ト共ニ帰宅シタルニ、彦三郎モ今朝上京ノ由ニテ宅ニアリ。又とよ子モ来訪中ニテ一家賑カナリ。真澄モ全快ノ様子ナリ。感謝シテ一同食卓ニ就ク。

一月二十四日（日）
午前、謝礼ノ為伝染病研究所内ノ髙木医学士ヲ訪問ス。

一月二十五日（月）
出院如例。

午後二時、青年会館ニ於テ米国教会同盟委員長マシウス歓迎委員会ヲ開キ、来廿八日同歓迎会ノ役割ヲ定ム。余ハ日本ノ教会同盟ヲ代表シテ歓迎ノ辞ヲ述フルコトトナル。

五時、青年会同盟委員会ヲ開ク。引続キ建築総務委員会ヲ開キ、東大青年会館並ニ横浜青年会館ニ対スル米国ヨリノ寄附金ノコトニ付相談ス。

一月二十六日（火）

荒川文六、帰省ス。

授業如例。

マシウス歓迎演説ノ草稿ヲ作ル。

一月二十七日（水）

午前、授業如例。

十一時前ノ汽車ニテドクトルマシウス及ギウリツク氏出迎ノ為横浜ニ赴ク。モンゴリヤ号、正午入港。港務部ノ小蒸汽ニテ同船ニ向ヒ、甲板上ニテ両氏ヲ歓迎ス。

帰途、井深浩氏方ヲ訪問ス。

一月二十八日（木）

授業如例。

午後、高等部教授会ヲ開ク。

午後六時、築地精養軒ニ於テ教会同盟主人側トナリ、マシウス、ギウリツキ両氏ヲ歓迎ス。来会者約百人、盛会ナリキ。小﨑氏司会シ、余先ツ歓迎詞ヲ述べ、デアリング氏之ニ次キ、然シテ両氏ノ答辞アリ。

一月二十九日（金）

授業如例。

午後六時ヨリ大日本平和会ノ年会アリ。マ、ギ、両氏ヲ招キテ晩餐ヲ饗ス。場所ハ日本クラブナリ。両氏共ニ演説シタリ。前夜ト大同小異ナリキ。

一月三十日（土）

午後、青年会同盟法人理事会ヲ開キ、其後建築総務委員会ヲ開キ、横浜青年会敷地ノ事ヲ議ス。即チ法律上寄附ノ条件ヲ充シタルモノト認ムルコトニ決ス。

一月三十一日（日）

午前七時前、宅ヲ出テ、八時二十分発ノ汽車ニテ上野駅ヨリ大森ニ向フ。我孫子ニテ乗替、十時二十分、木下ニ着ス。鈴木兄弟出迎フ。

大森小学校ニ於テ十一時ヨリ十二時半マデ、教育ト宗教ノ関係ニ就テ講話ヲナス。会員三四十名、皆小学教員ナリ。

午後一時四十九分ノ汽車ニテ帰途ニ就ク。

二月一日（月）

出院如例。

モット氏ヨリ、プレゼントウオルドシチウエシヨント題スル一書ヲ贈来ル。一読ノ上、謝状ヲ出ス。

二月二日（火）

授業如例。

午後、神学部教授会ヲ開ク。諸種ノ報告アリ。引続キ常務理事会ヲ開ク。昨年度ノ不足ハ築地ノ家賃ヲ以テ填補スルコトトナス。

文雄方ニテ女子出生。母児共ニ健全ノ由ノ電報来ル。

二月三日（水）

出院授業如例。

午後二時ヨリ事務所ニ於テ総務局常務理事会アリ。毎月不足金多ク、気懸ナリ。

二月四日（木）

出院授業如例。

午後ヨリ大風雨トナル。

普通学部教員会ヲ開キ、試験其他ノ事ニ付評議ス。

午後七時ヨリ青年会館ニ於テマシウス及キウリツキ氏ノ演説アリ。暴風雨ニテ或ハ聴衆極メテ僅少ナランカト恐レタリシガ、殆ンド三百名アリシハ意外ナリキ。

二月五日（金）

出院如例。

午前十時ヨリマシウス氏ヲ招待シ、神学部及ビ高等学部生ノ為ニ講話ヲ聴カシム。汝等之ヲ悟リシヤト云フ題ニテ、現今変遷ノ時代ニ於ケルキリスト教者ノ責任ヲ説ク。

千葉勇五郎氏、之ヲ通訳ス。

午後ハ慶応大学ニテ演説ノ筈ナリ。

二月六日（土）

午前、真野文二氏来訪。午餐ヲ共ニス。

午後二時ヨリ大隈邸ニ於テマシウス、ギウリツク両氏招待会ニ招カル。例ノ如ク伯ノ長広舌ノ演説アリ。之ニ対シテマ氏ノ単簡ナル答辞アリ。伯ノ演説ハコーツ氏、マ氏ノ為ニ訳シ、余ハマ氏ノ答辞ヲ和訳セリ。来会者ハ阪谷、添田、和田垣、早稲田大学ノ教授連及基督教側ノ人々ナリ。

徳澤氏、植村氏ノ使者トシテ来訪。三月下旬、伝道修養会ノ事ニ付テ相談アリ。

二月七日（日）

彦三郎同道、勝治方ヲ訪問シ、牧子身上ニ付相談ス。午餐ヲ共ニシ、夫レヨリ三人相携ヘテ青山ニ墓参ス。

夜、寄宿舎ニ於テ講話ヲ為ス。題ハ祈祷及誘惑ノ事ナリ。

木村良夫方ニテ女子出生。母児共ニ健全。

二月八日（月）

出院如例。

午後二時、教会同盟常務員会ヲ開キ、米国教会同盟ヨリ送リタル書面ニ回答スルコトヲ会長及ビ書記ニ委托ス。

引続キ東部伝道委員会ヲ開キ、西部伝道委員ヨリ請求ノ「御礼」ノ項目ハ事務費トシテ支出スルコトニ決ス。

尚夫レヨリ総務局常務理事会ヲ開キ、伝道修養会開催ノ件ニ付熟議ス。

二月九日（火）

出院授業如例。

午後、神学部教授会ヲ開ク。

夜、宅ニ於テ神学部懇話会ヲ開ク。八十川寛、平和運動ノ歴史ニ付講演ス。一同例ノ如ク汁粉ヲ振舞フ。

彦三郎、大津市へ帰ル。金三十円ヲ用達ツ。

二月十日（水）

授業如例。

午前十一時ヨリマシウス博士ノ招待会ニ赴ク。植村、小崎、海老名、小方、千葉、松野及ヒ余ノ七人ニテ、帝国ホテルニテ午餐ノ饗応ヲ受ケ、後ニ後庭ニ於テ撮影ス。

午後二時ヨリ、協力伝道委員会ヲ開ク。茂村ノ辞任ヲ承認ス。

午後六時半ヨリ上野精養軒ニ於テ、帰一協会ハマシウス氏ヲ正賓トナシ、外務大臣、文部大臣等ヲ客トシテ招宴ヲ開キタル。余モソノ招カレタル一人トシテ此ニ出席ス。ギウリツキ及マシウス氏ノ有益ナル演説アリ。盛会ナリキ。

二月十一日（木）

紀元節、休業。

午後二時ヨリ明治学院理事会ヲ開ク。新講堂及高等部教場建築ノ件ニ付熟議ノ末、資金調達次第建築スルコトニ決定ス。

熊野氏夫婦ト共ニ我等二人モ水芦氏方へ晩食ニ招カル。

細君快気祝ノ為ト察セラル。

二月十二日（金）

出院授業如例。

二月十三日（土）
午後一時、東京工業学校ニ於テ青年会ノ為ニ信仰論ト題シテ演説ヲナス。協同伝道ノ為ナリ。
二月十四日（日）
午後一時、上野発、綱嶋氏同道、宇都宮ニ出張ス。
三時半着、直チニ商業会議所旭館楼上ノ茶話会ニ臨ミ、日米問題ニ就キ一場ノ談話ヲナス。出席者ハ土地ノ重立タル人々ナリ。
白木屋本店ニ投ス。平田義道氏モ同宿ナリ。
夜ハ午後ト同所ノ楼下ニテ演説会アリ。綱嶋氏先ツ演説シ、余ハ国民道徳ト基督教トニ付テ演説ス。聴衆三百五六十名ニテ、終始謹聴シタリ。
二月十五日（月）
午前、宇都宮郵便局楼上ニ於テ局長及其他ノ局員ニ講話ヲナス。
ソレヨリ石井、大野ノ両家ヲ訪問シ、一旦旅宿ニ帰リ、午後十二時三十分ヨリ鉄道クラブニ於テ講話ヲナシ、夫レヨリ県立商業学校ニ於テ又一場ノ講話ヲナシ、午後三時半発ノ汽車ニテ帰京ス。
二月十六日（火）
出院授業如例。
二月十七日（水）
出院授業如例。
午後、常務理事会ヲ開キ、新講堂建築費ノ為壱万五千円ヲジヨンセベレンス氏ニ、サンダム館再建ノ為八千円ヲミスサンダムニ寄附ヲ乞フノ書面ニ署名ス。起草者ハ例ニ依リイムブリー氏ナリ。
二月十八日（木）
出院授業如例。
ホフサンマー氏ノ宅ヲ訪問ス。同氏帰省ニ付暇乞ノ為ナリ。
二月十九日（金）
出院授業如例。
二月二十日（土）
午前九時五十八分、品川駅発、四時半、静岡着。
夜、静岡クラブニ於ケル懇談会ニ於テ貴山幸次郎氏ト共ニ一場ノ講話ヲナス。題ハ日本ノ国体ト基督教ナリ。但目的トシタル教育家ハ多ク来ラザリシト云フ。
二月二十一日（日）
午前、日本基督教会ニ於テ説教シ、礼拝後別室ニテ会員ト共ニ会食シ、午後ハ貴山氏ト共ニ婦人会ノ為ニ講話ヲナス。晩食ニハ井上病院長方ニ招カレ、夜ハ又教会ニ於テ説教ス。

二月二十二日（月）

午前七時十分ノ急行車ニテ出発、午後一時前帰宅。

午後、出院事務ヲ見ル。

尹致昊其他五名ノ鮮人ノ特赦ニ付寺内総督ニ礼状ヲ贈リタルニ、鄭重ナル返辞来ル。

二月二十三日（火）

午前十時ヨリ継続委員常務委員会開会。

午後二時ヨリ全国協同伝道委員会ヲ開キ、昨年度ノ報告ヲ聞キ、且ツ来年度ノ予算ヲ議決ス。

二月二十四日（水）

午前、授業如例。

十二時半、加藤外務大臣官舎ニ於テ午餐ニ招カル。正賓ハマシウス、ギウリツキ両博士、陪賓ハ渋澤、阪谷、菊地、金子、都築、目賀田、浅田、鎌田、添田、江原、小崎、元田、綱嶋、余等ナリ。鄭重ナル午餐ノ饗応アリ、食後、緩談ニ時ヲ移シ、二時比一同辞去ル。

文雄ヨリ母上ヘ祝物ノ帯地ヲ送リ来ル。

二月二十五日（木）

授業如例。

午後五時ヨリ青年会同盟委員、建築総務委員及ビ青年会財団理事会ヲ開キ、同盟本部敷地変更ノ件、帝大青年会館建築契約書承認ノ件等ニ付議決シタリ。

二月二十六日（金）

授業如例。

夕刻、鈴木四十氏ヨリ電話ニテ叔母サマ危篤ナリトノ報アリ。依テ俄カニ夕食ヲ喫シテ小石川ニ赴ク。然ルニ既ニ昏睡ノ状態ナレトモ、未タ危篤トハ思ハレズ。本日午後入浴後、人事不省ニ陥リタリトノ事ニテ、何ノ苦痛モナシトノコトナリ。

二月二十七日（土）

マシウス、ギウリツキ二氏、午前十時十分東京駅ヨリ出立ノ由、松野氏ヨリ通知アリ。見送リノ為出縣ケタレトモ間ニ合ハズ。依テ途中ヨリ外務大臣官邸ニ往キ、先日ノ午餐会ノ答礼ヲ述ブ。

二月二十八日（日）

午後二時ヨリ鈴木氏宅ニ於テ伯母様ノ葬式アリ。石原保太郎氏司式ス。親戚ノ人々会葬ス。式了リテ雑司谷ノ共同墓地ニ埋葬ス。母上ハ鈴木氏迄、花子ト余トハ墓地マデ見送レリ。

三月一日（月）

出院如例。

添田壽一氏宅ヲ訪問シ、来廿日ノ卒業式ノ演説ヲ依頼シタルニ快諾シタリ。

午後、青年会ニ於テ教会同盟常務員会ヲ開ク。

午後四時ヨリ総務局常務理事会ニ出席。

三月二日（火）

授業如例。

三月三日（水）

授業如例。

午後、神学部教授会ヲ開キ、夏期学校其他ニ付協議ス。

三月四日（木）

授業如例。

午後、赤坂病院ニ小野生ヲ訪問ス。漸ク快方ナレトモ未タ起立スルコト不能。院長ノ云フ所ニヨレバ、当分全快ノ見込ナシ。本月半ニハ国許ヨリ兄来リテ故郷ニ携ヘ帰ル筈ナリ。

帰途、麻布箪笥町ノ旧宅ヲ見ルニ尚依然タリ。但庭ニ植ヘタル楓樹ノ著シク生長シタルヲ見ル。

三月五日（金）

授業如例。

本月二日夜、荒川千代分娩、女子出生。母子共ニ健全トノ報知アリ。

三月六日（土）

午後、片山ヲ訪問シ、来五月一日、母上賀ノ祝ノ事ヲ告ク。

帰途、沼澤ニ寄リ、母上ヲ御同道シテ帰宅ス。

三月七日（日）

吉岡誠明氏ノ依頼ニヨリ、三田メソジスト教会ニ於テ説教ス。

午後、長尾半平氏来訪。門司ニ於ケル諸教会合同ノ運動ニ付ソノ経過ヲ縷述ス。熊野氏モ来リ、共ニ之ヲ聞ク。余ノ意見ヲ開陳セントセシニ時迫リテ辞去ル。

三月八日（月）

出院如例。

三月九日（火）

授業如例。

夜、ライシヤール氏方ニ神学部懇話会アリ。別科生玉置、基督教ト愛国心ト云フ題ニテ頗ル突飛ノ講演ヲナス。大ニ将来注意スベキ様警告シタリ。

三月十日（水）

中学部第五年級試験ヲ行フ。

午後、新入生貸費ノ件ニ付委員ト相談ス。

三月十一日（木）

授業如例。

午後、母上ノ為扇子ヲ求メンガ為ニ榛原ニ赴ク。

帰途、棟居喜久馬［九］氏方ヲ訪ヒ、卒業式ノ演説ヲ依頼ス。

三月十二日（金）

出院授業如例。

三月十三日（土）

昨夜来雪降リ、俄ニ銀世界トナル。

午後、中学部教員会ヲ［開キ］五年生級生ノ及落ヲ定ム。

廿九名中二名ノ落第者ヲ出シタリ。

午後三時過、花子同道、横浜井深浩氏方ノ紀念会ニ赴ク。常七郎氏三十五年、誠男五十年忌ニ当ル由ナリ。沼澤夫婦其他ノ数名ノ客アリ。

十時比帰宅シタルニ、母上俄ニ御不快ノ由ニテ真澄大ニ心配シ居タリ。但格別ノ事ハナク、少シク寒サニ中ラレタルナラン。

三月十四日（日）

彦三郎ヲ南金六町ノ寓居ニ訪問シタリ。数日来、胆石病ニテ大ニ苦痛ヲ覚ヘタル由ナレトモ、本日ハ大ニ心地好シト云ヘリ。沼澤ニ依頼シ大学病院ノ診察ヲ受ルコトヲ勧告シ置タリ。

三月十五日（月）

出院如例。

午後、総務局ニ開キタル教役者会ニ出席シ、中座シテ青年会館ニ赴キ、学生伝道委員会ニ出席シ、夫レヨリ芝いけす亭ニ開キタル本年度卒業生ノ謝恩会ニ出席ス。今年ノ中学部卒業生二十五六名ガ教員一同ヲ招待シテ感謝ノ意ヲ表シタルナリ。ソノ精神真ニ愛スベク、従前ニ比シテ大進歩ナリ。教員一同モ大満足ニ見ヘタリ。将来ノ為、良キ先例ヲ作レリト云フベシ。

三月十六日（火）

授業如例。

午後、大学病院ニ彦三郎ヲ慰問ス。三浦博士ノ診察ヲ受ケタレトモ、未タ病名ヲ下サズトノコトナリ。但痛ハ幾分カ減少シ、且ツ気分モ好シト云ヘリ。

三月十七日（水）
高等学部第二年級ノ試験ヲ行フ。
三月十八日（木）
授業如例。
三月十九日（金）
神学部授業如例。
片山寛、ゆき子ヲ携ヘテ来ル。
三月二十日（土）
［記載なし］
三月二十一日（日）
高輪教会ニ於テ本年ノ卒業生中ヨリ五名授洗シタリ。
午後、大学病院ニ彦三郎ヲ訪問ス。少シク軽快ナレトモ未タ病症不明ノ由、但癌ノ疑ナキニ非ズ。
帰途、沼澤ヲ訪問ス。七郎氏ハ風邪ノ気味ナリ。
三月二十二日（月）
午後、高等学部並普通学部卒業式ヲ挙行ス。添田寿一氏、一場ノ講演ヲナス。来賓ハ小数ナレトモ、万事都合ナリキ。
午後五時ヨリ芝三縁亭ニ於テ校友会アリ。来会者約五十名アリ。水芦氏トウストマストルトナリ、松井安三郎、武藤健、ランテス其他ノ卓上演説アリ。余モ亦一場ノ話ヲナシ、アルムニ会ヲ組織シテ理事会ニ代表者ヲ出サンコトヲ勧ム。一同満足シテ解散ス。
三月二十三日（火）
富士見町教会ニ於テ伝道修養会アリ。来会者百名余。其中地方ヨリ上京セルモノ四十余名アリ。
午後、植村ノ説教アリ。イムブリー氏司式ニテ聖晩餐アリ。
午後ハ川添氏、有効ナル講壇ニ付話シ、柏井氏ト余ハ伝道者自ラノ諸目[問]題ニ就テ語ル。デスカスションハ予期セル程ニ活発ナラズ。
三月二十四日（水）
伝道修養会。
午後、全国協同伝道ニ付意見ヲ述ブ。
三月二十五日（木）
伝道修養会。
勝治来訪。まき子、昨夜遂ニ死去ノ趣ヲ告ク。死去前、暫時意識回復シ、父ノ名ヲ呼ビ水ヲ求メタリトノ事、又讃美歌ヲ唱ヘタリトノ事ナリ。実ニ気ノ毒ナル最後ナリ。
芝区役所ニ往キ、頼母木桂吉氏ニ投票ス。大隈内閣ヲ援助センガ為ナリ。

三月二十六日（金）

午前十時、勝治宅ニ於テまき子ノ葬儀ヲ営ミ、青山ニ埋葬ス。

午後、総務局常務員会ニ出席ス。

夜七時半、宅ヲ出発シ、九時発ノ列車ニテ越後新潟ニ向フ。笹尾粂太郎氏モ同行ナリ。

三月二十七日（土）

喜多方以西ハ鉄道開通以来始テノ旅行ナリ。此辺ハ平地ニモ尚雪アリ。諸山ハ真白ナリ。津川沿岸ノ景色ハ頗ル佳ナリ。秋ハ必ラズ佳ナラン。恰カモアルプスニ入タル如キ心地セリ。

午前九時四十分、新潟着車、西健二氏其他ノ人々ニ迎ヘラレテ吉勘旅店ニ投ス。

午後、婦人会ニ於テ講話ヲナシ、夜ハ教会ニ於テ演説ス。満堂ノ聴衆ナリキ。

三月二十八日（日）

午前、キリストノ受難ニ付説教シ、午後ハ医専基督教青年会ノ懇談会ニ出席ス。

夜ハ又教会ニ於テ説教ス。聴衆ハ殆ンド前夜ニ同ジ。求道者モ約四十名起ル。

新潟滞在中ハ乍チ晴レ乍チ雨トナリ、実ニ変リ易キ天候ナリキ。

三月二十九日（月）

早朝出発、村上ニ向ヒ、十一時過、同地ニ着。牧師村上氏、加藤勝弥其他ノ人ニ迎ヘラレ、直チニ松山温泉ニ往キ、入浴シテ半日静養ノ時間ヲ得タリ。

夜ハ教会ニ於テ演説ス。聴衆満堂、静聴ス。題ハ基督教ト国民教育ナリシ為カ学校教員等多ク来ル。

三月三十日（火）

午前、教会ノ祈祷会ニ出席ス。

午後ハ旅館ニ於テ婦人会ヲ開キ、一場ノ講話ヲナス。

夜ハ又教会ニ於テ基督教ト国家ノ関係ニ付演説ス。

三月三十一日（水）

午前、祈祷会ニテ講話ヲナス。

午後ハ旅館ニ於テ有志懇談会アリ、又一場ノ話ヲナス。

夜ハ再ビ教会ニ於テ演説ス。笹尾氏ハ正午出発、帰仙ス。入代リテ葛岡氏来ル。

夕飯ニハ長尾右門氏方ニ招待セラル。同氏ハ脊髄病ニテ歩行叶ハズ。別室ニ於テ食ヲ共ニシ快談ス。中々面白シ［衍］

キ人物ナリ。戊辰ノ戦争ニハ未タ二十四五才ナリトノ事ナリ。

四月一日（木）

午前六時、村上出発、郡山ニテ暫時汽車ヲ待合セ、乗車スレバ図ラズモ熊野氏アリ、同行ス。又、若松ニテ中村慶次〔治〕氏ノ同列車中ニ在シヲ知ル。

午後九時過、仙台着。芭蕉館ニ案内セラル。熊野氏ハ境屋ニ投ズ。

四月二日（金）

午前ハ休息シ、午後、日曜学校大会場ニ出席ス。会場ハ東三番丁ノ組合教会ナリ。フロスト氏ノ演説アリ。日本［語］ヲ能ク便用スレトモ、下品ナル言葉ニテ聞苦シ。

笹尾氏方ヲ一寸訪問シタルニ、休息中ナレバ直チニ帰ル。

夜ハ大会ニ於テ我ガ国民教育ト宗教教育トニ付演説ヲナス。

十二時二十五分ノ急行車ニテ帰京ノ途ニ就ク。

四月三日（土）

列車ハ満員ニテ殆ンド一睡モセズ。

午前十時、無事帰宅。入浴、午餐ヲ喫シ、急用ノ書状ヲ見タル後ニ休息ス。

四月四日（日）

午前十時、新栄教会創立四十三年紀念ノ礼拝説教ヲ為ス。会衆ハ思ヒシヨリモ多ク四五十名ナリシナランカ。一名ノ受洗者アリ。又聖餐式アリ。不図、五来欣造氏ニ面会ス。同氏ハ近来新栄教会ニ出席ストノ事ナリ。

四月五日（月）

午後、帝国大学ニ於ケル史料展覧会ヲ見ル。徳川家康、楠正成ノ真筆等珍敷モノアリ。殊ニ注意ヲ惹起シタル［ハ］大明ノ皇帝ヨリ秀吉ニ贈リタル書状ト称スルモノナリ。寺内伯ノ出品ナリ。果シテ真物ナル乎疑ハシ。但筆蹟ハ美事ナリ。

沼澤氏ヲ事務所ニ問フ。アミバ再勃ノ気味ナリトノ事ナリ。

四月六日（火）

午前九時半ヨリ青年会館ニ於テ教会同盟ノ大会アリ。小崎会長再選セラル。平岩ト余ハ副会長ニ再選。午後、懇談会アリ。夕食ヲ共ニシテ解散ス。

午餐中、教師試験委員会ヲ開キ、説教並ニ論文題ヲ定ム。

四月七日（水）

山本邦之助、益富政輔〔助〕両氏ト共ニ大隈伯ヲ官邸ニ訪問シ、来十三日ノ名士招待会ニ臨席ヲ乞ヒ、ソノ承諾ヲ受ク。ソレヨリ床次、後藤、大浦、一木等ヲ訪問シ、床次氏ハ承諾シタリ。

四月八日（木）

神学部授業ヲ始ム。中学部第一年新入生ノ試験ヲ行フ。七十六名中七十四名及第、入学ス。真澄モ入学ス。

午後、青山墓地ニ往キ、松ノ木ノ植替其他ヲ見物ス。父上ノ墓碑ノ角ニ少シク損所ヲ発見ス。或ハ植木屋ノ過ニハ非ルカ。

四月九日（金）

神学部授業如例。

四月十日（土）

午後、富士見町教会ニ於ケル女学生大会ニ於テ講演ス。海老名氏、先ツ教育ト基督教ニ付演説シ、余ハ福音トハ何ゾヤト云フ題ニテ述ブ。其後、木村清松氏、志道者ヲ募集シテ四十六名ヲ得タリ。

帰途、招魂社境内ノ桜花ヲ見ル。方ニ盛ナリ。

四月十一日（日）

午後、青年会館ニ於ケル諸教派聯合礼拝ニ於テ説教ス。題ハ十字架ノ力ナリ。説教ノ後、聖餐アリ。小﨑、平岩ノ二氏之ヲ司ル。雨天悪路ニモ拘ラズ、満堂ノ会衆ナリキ。

夜ハ同所ニ於テ、木村清松「日本ノビリサンデー」ノ説教ヲ聞ク。ビリ・サンデー一流ノ話振ナレトモ中々達者ナリ。志道者三十名以上ヲ得タリ。

四月十二日（月）

出院如例。高等壱年入学式ヲ行フ。

午後、彦三郎ヲ訪問ス。漸ク軽快ニ赴キタレトモ、未タ元気恢復セズ。

五時半ヨリ青年会館ニ赴キ、明日ノ名士招待会ニ付委員ノ打合ヲナス。江原氏モ漸ク出席スルコトトナレリ。

四月十三日（火）

如例出院授業ス。

午後五時ヨリ、帝国ホテルニ於テ協同伝道披露ノ為、名士招待会ヲ開ク。江原氏挨拶ヲナシ、余ハ英語ヲ以テ外国人ニ挨拶ヲナシ、大隈伯ハ約二十五分、日本ニ於ケル基督教ノ歴史ト感化ニ付テ演説ヲナシタリ。

六時ヨリ食堂ヲ開キ、江原氏感謝ヲナシ、余、協同伝道ノ由来ヲ述べ、植村、デアリング二氏演説。来客側ニテハ坂[阪]谷、後藤両男、床次、荘田平五[郎]有二氏ノ演説アリテ散会ス。凡テ二百名余、中々盛会ナリキ。荘田氏ノ演説最モ適切ナリキ。

四月十四日（水）

授業如例。

貴山氏来訪。北海道協同伝道ノプログラムヲ定ム。即チ六月廿四日ヨリ十日間施行ノ筈ナリ。

花子、午後八時神戸へ出発。

四月十五日（木）

授業如例。

協伝ノ為上京シタル宮川氏及廣岡夫人ノ為ニ青年会館ニ会食会ヲ催ス。来会者ハ江原、植村、小崎、海老名、松野、山本、益富等ナリ。

帝大病院看護婦会ノ為ニ講話ヲナス。

午後、学院常務理事会ヲ開キ、講堂、高等学部及運動場ノ位置ニ付協議ヲナス。

四月十六日（金）

授業如例。

四月十七日（土）

午後二時ヨリ神田青年会館裏明地ニ特設天幕大演説会アリ。演説者ハ余ト森村市左衛門、平岩愃保ノ三人ナリ。聴衆七八百名、能ク謹聴シタリ。

余ハ今日始メテ眼鏡ヲ用ヒテ演説シタルニ、頗ル工合良キヲ発見シタリ。此位ナラバ何故ニ今少シ早クヨリ使用セザリシヤト思ヘリ。又、今日ハ特ニ静ニ話シタレバ声ノ具合モ良ク、最モ後ニ居ル人モ能ク聞ヘタリト云ヘリ。サレバ今日ノ演説ニテ二ツノ事ヲ発見シタル訳ナリ。

四月十八日（日）

健治、九州ヨリ無事帰京。

午後、花子モ神戸ヨリ無事帰宅ス。

夜、寄宿舎ニ於テ講話ヲ為ス。今ノ寄宿生ハ大抵少年ナリ。

四月十九日（月）

出院授業如例。

大隅伯ヨリ園遊会ニ招待セラレタレトモ、雨天ニ付欠席シタリ。

四月二十日（火）

授業如例。

午後、神学部教授会ヲ開キ、夏期学校ノ事ヲ評決ス。

四月二十一日（水）

授業如例。

石橋氏危篤ノ報アリ。午後、訪問シタルニ、昨夜来人事不省ナリトノ事ナリ。

四月二十二日（木）

授業如例。

新聞伝道ノ為、教育ト宗教ト題スル一小文ヲ作リテ益富氏ニ送ル。

成瀬仁蔵氏ヨリ小﨑氏ト余ニ面会ヲ求メタルニヨリ、青年会館ニ於テ面会シタル。明治天皇紀念館建設発起人トナル事ニ付、阪谷氏ヨリ内意ヲ問合セノ為ナリキ。両人ニテ直接阪谷ト相談スルコトトナス。

帰途、石橋氏ヲ訪フ。花料若干ヲ贈ル。昨夜十時死去ノ赴ナリ。

四月二十三日（金）

授業如例。

四月二十四日（土）

午後二時、日比谷公園ニ信徒大会ヲ開ク。会スルモノ約五千人、日疋信亮氏司会シ、平岩、余、安藤太郎、海老名弾正ノ四人演説ス。ソノ後、十五区ニ分レテ一列トナリ、新之橋外ノ明地ニ設ケラレタル木村清松氏ノ天幕ニ赴キタルモノ約二千人、安藤、植村二氏ノ簡単ナル演説アリテ後、木村氏ノ演説アリ。非難スベキ点ナキニアラザレトモ、兎ニ角ニ一種ノ説教者ナリ。

四月二十五日（日）

［記載なし］

四月二十六日（月）

授業如例。

午後二時過、荒川夫婦子供三人ヲ携ヘ安着ス。

青年会館ニ於テ阪谷男爵ヨリ交渉ノ［衍］ノ明治神宮奉賛会ノ件ニ付相談会ヲ開ク。植村、小﨑、平岩、元田及余ノ四人各自意見ヲ述ブ。元田、小﨑ハ賛成、植村ハ反対、平岩ハ未決、余ハ明治天皇紀念公園ト改ルナラバ賛成スルノ意見ヲ述ブ。植村モ賛成シタリ。

青年会同盟委員会ヲ開ク。

四月二十七日（火）

授業如例。

四月二十八日（水）

授業如例。

午後、協同伝道委員会ヲ開ク。

午後七時、上野停車場ヘ廣田叔母様ヲ出迎フ。七時半、安着。直チニ内ヘ案内ス。案外ニ疲労ナシ。

四月二十九日（木）

連日ノ霖雨漸ク晴レ、暖気頓ニ加ハル。

榛原ニ往キ短冊及打羽ヲ求ム。来月一日ノ為ナリ。

青年会館ニ於テ同会館並ニ本部建築ノ事ニ付懇談会ヲ開ク。意見区々ニシテ一致セズ。

四月三十日（金）

授業如例。

午後二時半、高等学部教授会ヲ開ク。

午後七時過、千代子ト子供二人、とよ子とゆき子自働車ニテ来ル。とよ子モ至テ元気ナレトモ産前如何カト懸念セラレタリ。

五月一日（土）

五月一日、母上八十ノ祝賀会ヲ催ス。来賓凡テ三十九名。午後四時、庭ニテ紀念ノ撮影ヲ為シ、暫時休憩ノ後、新校舎理事室ニ於テ洋食ヲ饗ス。食卓ニ就クモノ主客合ハセテ四十四名。余先ツ簡単ニ挨拶ヲ為シ、熊野氏ニ食前ノ祈祷ヲ依頼ス。料理ハ東洋軒ノ仕出ナルガ、塩梅好シトノ評判ナリ。

六時半、食事ヲ終ヘ、住宅ニ席ヲ移シ、酢飯トかしわ餅トヲ出ス。然レトモ一同既ニ満腹ノ様子ニテ、手ヲ出ス人ナシ。

真野老人並ニ文二殿ノ謡曲アリ。廣田叔母様モ亦謡曲ヲ試ミラル。ソレヨリ祝歌ノ披露アリ。一同満足シテ帰ル。

午前ハ快晴ナリシガ、午後四時ヨリ曇天トナリ、夜九時比ヨリ雨天トナル。後レテ帰宅シタル人ハ途中ニテ雨ニ逢ヒタルナラン。

来客ノ廣田叔母、勝治夫婦、房子、みえよ〔みよ子カ〕、沼澤夫婦、彦三郎、真野夫婦、同老人、同正雄夫婦、荒川夫婦、同静江、片山夫婦並ゆき子、柴太一郎夫婦、鈴木四十夫婦、同老人、同小供二人、桃澤捨二、井深浩夫婦、同とせ子、津田榮子、樋口孝子、春日いさを、三浦太郎夫婦、熊野夫婦並ニ同かをる等ナリ。

午前九時前ヨリ片山とよ俄ニ産気付、遂ニ分娩、女子出産ス。余リ急ニテ産婆モ間ニ合ハズ、夫レニ祝宴前ニテ一時混雑ヲ極メタリ。幸ニ安産ナリシガ、若シモ難産ナリタランニハ如何スベキカ、実ニ冒険至極ナリ。

五月二日（日）

夜、寄宿舎ニ於テ講話ヲナス。

帰リテ始メテとよ子ノ赤子ヲ見ル。頭ノ毛モ黒々トシテ、発育ハ十分ナルガ如シ。然ルニ十時前ニナリ少々吐血並ニ下血シタリトテ看護ノ注意アリ。依テ産婆兵頭ニ電話ヲ掛ケタルニ、ソハ稀ナル病ナルガ深ク心配スルニハ及ブマジトノ事ニテ、明朝来ルトノコト。片山ヘモ同時ニ電話ヲ掛ケタルニ、医師ノ意見ヲ聞キタレトモ大シタルコトハナカラントノ事ナリト云ヘリ。

五月三日（月）

出院授業如例。

赤子、今朝又々出血シタリトノコト［ニ］テ、急ニ小児科専門医森棟某ヲ招キテ診察ヲ受ク。病症ハ初生児「メリナ」ト称スル出血病ノ由ナリ。予後ハ一般ニ悪シク死亡率ハ七割八分トノ事ナリ。

午後四時ヨリ総務局理事会ニ出席ス。

夜ニ入リ医師再ビ来リ、注射ヲ施ス。

五月四日（火）

午前、授業如例。

スピーヤ氏出迎ノ為横浜ニ赴ク。コリヤ号延着ノ為井深浩氏方ニ往キ、昼食ヲ喫シ、再ビ波止場ニ往キタルニ、一番ノ出迎船ハ既ニ出タル後ナレバ、二番船ニテ往キ、上陸迄ノ間ニ暫時対話スルヲ得タリ。想像ノ如ク、セベレンス氏ハ南米遊覧中ニテ、其レガ為返事延引ストノ事ナリ。

山手ノユニオンチヤルチニテスピーヤ氏歓迎会アリ。余モ招カレテ之ニ赴ク。同氏ノ演説アリ。近来米国ノ宗教復興ノ徴アリト云ヘリ。夕刻、帰宅ス。

五月五日（水）

授業如例。

五月六日（木）

授業如例。

五月七日（金）

午前九時五十八分、品川発、四時半、静岡着。

夜七時、教会ニ於テ志道者ノ為ニ説教ス。

五月八日（土）

午前七時半、出発、午後一時半、名古屋市着。手塚新、ブウケナンノ二氏停車場ニ出迎フ。ブ氏ノ案内ニヨリ服部俊一宅ニ宿泊ス。

夜、市会議事堂ニ於テ演説ス。小松武治、小畑久五郎二氏先ヅ演説シ、余ノ始メタル［ハ］九時半過ナリキ。聴衆ハ四百名内外ナリキ。名古屋ノ協同伝道ハ余リ気乗セザルガ如シ。

五月九日（日）

午前六時半、名古屋出発、十時半、京都着。牧野凧次氏ニ迎ヘラレ、同志社女学校ミスデントンノ客トナル。暫時休息、午饗ノ後、青年会館ニ於ケル信徒大会ニ於テ一場ノ奨励ヲナス。

帰途、大澤氏方ニ招カレ、晩饗ヲ饗セラル。

夜ハ京都教会ニ於テ説教ス。聴衆ハ百名許ナリ。

五月十日（月）

同志社女学校ノ礼拝ニ於テ一場ノ話ヲナシ、又同神学部ニ於テ一場ノ演説ヲナス。

午後ハ原田氏来リ、談話ス。

夜十時五十六分ノ汽車ニテ帰京ノ途ニ就ク。植村正久氏モ同車ナリ。

五月十一日（火）

午後一時、無事帰宅ス。

普通学部生徒一同ハ春季修学旅行ニ往キタルニ、生憎終日雨天ナリキ。

五月十二日（水）

午前、授業如例。

午後、教文館楼上ニ於テ基督教大学憲法起草委員会ヲ開ク。出席者ハ佐藤昌助、ヘーデン、ライシヤール、ベリー、ライフスナイタル及ビ余ナリ。名称ハ日本基督教大学ト為シ、且ソノ目的ヲ定ム。但預《［ママ］》備校ヲ大学ノ一部ト為スヤ否ヤニ付議論再ビ起リ、明日ニ譲ルコトト為ス。

五月十三日（木）

午前九時ヨリ再ビ教文館ニ委員会ヲ開ク。新渡戸氏モ出席ス。予備校ハ文部ノ規程ニ従ヒ、必要ナラバ置クコトトナス。

午後二時ヨリ明治学院理事会ヲ開キ、会堂及高等部建築ノ事ニ付評議ノ末、ボーリス会社ニ図案及ビ仕様書ヲ作ラシムルコトトナシ、且其位置ヲ定ム。

五月十四日（金）

午前、授業如例。

午後二時ヨリ青年会館ニ於テ基督教大学設立委員会ヲ開ク。先ツ佐藤案ヲ原案ト為シテ論ジタルニ、予備校ヲ大学ノ附属トナスヤ否ヤニ就テ意見二途ニ分レ、容易ニ決セズ。晩餐後、十時過ニ至ル。明日再会ヲ期シテ一旦解散ス。

青山ノベリー、立教ノライフスナイダル等分離論ノ主唱者ナリ。佐藤氏モ最初ニハ分離論ナリシガ、終ニハ意見ヲ変更シタリ。

五月十五日（土）

午前九時半、再ビ開会。

佐藤氏、文部当局ノ意見ヲ問合セタルニ、当局ハ予備校ヲ置ク意見ナリトノ事ナリ。依テ之ヲ大学ノ附属トナス事トス。但他日之ヲ分離スルノ余地ヲ存スルコトト為ス。名称ニ付テ議論アリタレトモ、之ハ常務委員ニ托シ、総委員ノ意見ヲ尋ネ三分ノ二ノ意見ニ依テ定ムルコトト為セリ。

ビシヨツ［プ］ハリスノ招ニヨリ帝国ホテルニ至リ、午餐ヲ饗セラル。他ニモ八九人アリ。

帰途、沼澤氏ヲ訪問ス。尚熱気アリトノコトナリ。

五月十六日（日）

正午、富士見町富士見軒ニ於テ真野民子三十三年忌紀念ノ午餐会アリ。母上、花子同道ス。賓主共ニ十八九人ナリ。

食後、多数ハ打揃ヒテ中野村ナル真野家ノ新墓地ニ参ル。民子ノ墓碑モ元ト違ヒテ立派ニ出来シタリ。真野氏ノ墓地ハ二十坪アリ。

五月十七日（月）

午前、授業如例。

午後、上野寛永寺ニ於テ故沼間守一氏十七回忌法要アリ。案内ニ依リ自分モ出席シタリ。山川、柴四郎等モ見ヘタリ。其他朝野知名ノ人々列席シタリ。儀式ハ只僧侶十五名ノ法服ノ華美ナルノミニテ、何等人ヲシテ崇厳ノ念ヲ起サシムルモノナシ。

五月十八日（火）

午前、授業如例。

午後、青山学院ベリー氏方ニ於テ基［督］教大学創立委員会アリ。出席者ハ佐藤昌介、新渡戸、ベリー、ライシヤー、ライフスナイドルノ外ニ、ガウチヤール、ビシヨプルイスノ二人ナリ。

募金ノ件、最モ重要ノ問題ナリシガ、ガウチヤル氏ハ五年間ニ四百万円ヲ募集スルハ容易ナリト又々豪語シタリ。如何ニシテ之ヲ信ズルヲ得ンヤ。前途真ニ遼遠ナリト云フベシ。

五月十九日（水）

授業如例。

ライシヤール氏ト共ニイムブリー氏方ニ会合シ、大学問題ニ付相談ヲ為ス。二人共ニ至急ニハ実行難シトノ意見ナリ。

五月二十日（木）

授業如例。

五月二十一日（金）

授業如例。

午後三時ヨリ青年会館ニ於テ東部伝道委員会ヲ開キ、報告ヲ聞キ、五時ヨリ東京協同伝道委員長ノ報告会アリ。夕食ヲ共ニス。

五月二十二日（土）

午後、真澄、清見ヲ携へ上野公園ニ於ケル明治絵画展覧会ヲ見、ソレヨリ家庭博覧会ヲ見ル。

五月二十三日（日）

高井直貞氏来訪、京城ノクリスチアンカアーレージノ教員ニ招聘セラル、事ニ付相談アリ。依ツテドクトルアンドルウードヨリノ書信ヲ示ス。

廣田叔母様へ暇乞ノ為、来客多シ。

夜、寄宿舎ニ於テ都留氏講話ヲナス。

五月二十四日（月）

午前、授業如例。

午後一時半、寺内伯ヲ訪問ス。尹致昊赦免ノ事、鮮人青年会ノコト等ニ付談話ス。

帰途、青山ノ墓地ヲ訪ヒ、過般植ヘタル樹木ヲ見ル。

真野氏ヲ訪ヒ暇乞ヲナシ、片山ヲ訪ヒ夕食ヲ喫シ、沼澤氏ヲ訪問ス。

神保町ニテ花子ト出会ヒ同道ス。

五月二十五日（火）

午前、授業如例。

午後、神学部教授会ヲ開キ、来学年ノ学科担当ノコトヲ評決ス。

卒業証書授与式案内状ヲ出ス。

廣田叔母サマ出立、帰省。春日いさを同道。花子、赤羽駅迄見送ル。

真野夫婦、福岡へ帰省。

健次来リ、沼澤七郎氏ノ容体ニ就キ三浦博士ヨリ聞タルコトヲ伝フ。肺患ノ赴ナリ。

五月二十六日（水）

授業如例。

五月二十七日（木）

授業如例。

五月二十八日（金）

中央幼年校卒業証書授与式ニ参列ス。優等卒業者ノ御前講演ハ例ニ依ツテ感服ナリ。和田勁モ卒業者ノ一人ナリ。

五月二十九日（土）

午後二時ヨリ目黒岩永氏邸ニ於テ高輪教会懇親会兼高齢者祝賀会アリ。八十才以上ノ会員三名アリ。高木春右衛門、加藤繁、母上ノ三人ナリ。夫々祝詞アリテ後三人へ杖ノ贈物アリ。

富士見軒ニ於テ瓜生男爵歓迎ノ為晩餐会アリ。内外人出席者八十名許、中々盛会ナリキ。

五月三十日（日）

午前、高輪教会ニ於テ礼拝ス。

夜、寄宿舎ニ於テライシヤル氏ノ講演アリ。

五月三十一日（月）

出院授業如例。

ライク氏肺患ニ罹リ、帰国休養ノ必要アル旨申出ツ。

ランデス氏ヲ訪問ス。軽快ニ向ヒタレトモ、未タ疲労ノ様子ナリ。

マクネヤ氏ヲ訪問シタレトモ未タ退院セズ。

六月一日（火）

午前、授業如例。

午後、教授会ヲ開キ、神学生ノ卒業ヲ議決ス。即チ本科三人、別科五人ノ卒業ヲ許可ス。

三時ヨリ卒業生ノ送別ヲ兼ネ宅ニ於テ教員及学生一同ノ懇話会ヲ開キ、例年ノ如ク茶菓ヲ供ス。

六月二日（水）

授業如例。

六月三日（木）

午前授業如例。

午後、中学部教員会ヲ開ク。

ドクトルエビソン、京城ニ帰途ナリトテ来訪シ、教育上ノコト、青年会等ニ就キ質問アリ。

夕刻ヨリ東京ホテルニ於テ横浜旧友会アリ。主人役ハ真木、吉田ノ二人、凡テ八名出席シタリ。但ハ［衍］場所甚タ清潔ナラズ、且料理モ下等ニテ心地好カラズ。次回ノ主人役ハ押川ト自分ナリ。

六月四日（金）

授業如例。

常務理事会ヲ開キ、スベレンス［ママ］館修繕ノ件、来年度予算ノ件、教員饗応ノ件等ヲ議決ス。

彦三郎入来、内地ニ在リテ地位ヲ得ルノ見込ナケレバ、近日満州ニ赴カントスルニ付、跡片付ノ為金子借受度トノ懇願ナリ。深ク将来ヲ戒メ、幾分ノ助力ヲ為スベキ旨ヲ約束シタリ。本人モ今度ハ大分悟リタルモノ、如シ。

六月五日（土）

午後三時、神学部卒業式ヲ執行ス。卒業者ハ本科三名、別科五名ナリ。星野光多氏ノ演説アリタレトモ、病後ノ故カ甚タ不出来ナリキ。

六月六日（日）

午後二時ヨリ神田青年会［館］ニ於テ創立三十六年紀念会アリ。余ハ万国基督教青年会同盟ニ就テ演説ヲ為セリ。夜ハ寄宿舎ニ於テ水芦氏ノ講演アリ。

六月七日（月）

出院如例。

六月八日（火）

出院授業如例。

午後五時ヨリ、三田東洋軒ニ於テ三学部ノ教職員ヲ饗応ス。但理事会ノ決議ニ依ル。余、先ツ挨拶ヲナシ、オルトマンス、熊野、水芦、ライシヤール、宮地諸氏ノ演説アリ。一同満足ノ様子ナリキ。

六月九日（水）

出院授業如例。

六月十日（木）

第五回夏期講習会ヲ開ク。

余、先ツ開会ノ辞ヲ述べ、引続キモレー氏ノキリストノ比喩ニ関スル講話アリタレトモ、人ヲ失望セシメタルガ如シ。

午後ハ各地伝道者ノ報告アリ。

六月十一日（金）

夏期講習会アリ。モレー氏ハ旧約書ノ必要ト其使用法トヲ論ジ、オルトマンス氏ハ四福音史ノ歴史及文学的背景ニ就テ講義シタルガ、何レモ成功ニ非ズ。

六月十二日（土）

総務局常務理事会アリ、依テ講習会ニハ欠席セリ。

逢坂氏、教会進化論ト題シテ合同ノ非ナル所以ヲ論ジタリトノ事ナリ。

六月十三日（日）

夜、寄宿舎ニ於テ講演ス。

六月十四日（月）

講習会、都留、山本両氏ノ講演アリ。

午後ハ日曜学校問題ニ就キ懇談会アリ。有益ナリキ。

夜、プレスビテリアンミションヨン主人トナリ、ランデス氏方ニ於テ関係ノ人々ニ夕飯ノ饗応アリ。

六月十五日（火）

授業丼ニ講習会。

田嶋氏丼ニライク氏代理三浦太郎氏講演アリ。

午後ハ毛利氏ノ講話アリ。

髙木壬太郎氏来訪。基［督］教大学預備《ママ》学校ノ件ニ付、ライシヤール氏ニ於テ協議シタレトモ、目下何ノ定案モナシ。

六月十六日（水）

午前、授業如例。

午後、講習会ニ於テ聖餐式アリ。植村氏説教ヲ為ス。

暑気俄ニ増シ、八十五度ニ達ス。

六月十七日（木）

午前、星野光多氏ノ講演アリ。

午後、懇談会アリ。最後ニオルトマンス氏庭園ニ於テ閉会式ヲ兼タル茶話会アリ。来年ノ講習会ニ対スル希望等アリ。一同満足シテ会ヲ閉ツ。来年ハパウロトソノ教義ヲ中心ト為サントノ話アリ。

益富氏来訪、北海道出張ノ時、鉄道従事員ノ為講話ヲ為スベキコトノ依頼アリ。且鉄道パースヲ交附ス。鉄道青年会評議員ノ資格ナリ。

長尾半平氏来訪、門司ニ於ケル合同教会ノ為ニ牧師紹介ノ依頼アリ。但合同ノ得失ニ付而ハ最早議論ノ余地ナキナリ。

六月十八日（金）

山本、都留、三浦徹、石原保太郎四氏ヲ招待シテ晩餐ヲ供ス。山、都二氏ニハ夏期講習会慰労ノ心ナリ。

六月十九日（土）

万国安息日遵守協会ノ為ニ一文ヲ起草シ米国ニ送ル。

昨日来、少々腸カタルノ気味ナリ。

六月二十日（日）

午後、中渋谷ナル森明氏ノ講話所ニ於テ一場ノ講話ヲナス。明氏ハ森有礼ノ子ナリ。森未亡人ハ熱心ナル信者ナリ。聴衆三十四五名ナリキ。

六月二十一日（月）

午後七時半、自宅出発、九時、上野ヨリ海岸線ニテ盛岡ニ向フ。

六月二十二日（火）

午前九時半、盛岡市到着。牧師、宣教師、信徒等ニ迎ヘラレ、停車場前ノ陸奥館ニ投宿ス。

午後二時ヨリ物産陳列所楼上ニ於テ演説ス。聴衆五六百人ト見付ク〔ママ〕。暑気烈シク、八十五六度ト思ハル。森川氏モ演説シタリ。

演説後、秀清軒ニ於テ市長北田氏及市会議長主催ノ晩餐会ニ招カル。夫レヨリ藤岡座ト云フ芝居ニテ演説会アリ。聴衆ハ千人内外ト思ハレタリ。静聴シタリ。

六月二十三日（水）

午前九時二十五分、盛岡市出発。森村氏モ同行ス。停車場ニ於テ植村、江原両氏ノ着盛セルニ逢フ。笹尾氏モ同車中ニアリ。

車中、暑気中々強シ。八十五六度ナリ。然ルニ三戸以北ニ至リ俄ニ冷気トナル。青森ニテ暫時休息。五時、比羅夫丸ニテ函館ニ渡ル。九時過着。多数信徒ノ出迎アリ。

勝田本店事「みかど三」ニ投ス。仝ハ即チ屋号ナリ。

六月二十四日（木）

午後二時、商業会議所楼上ニ於テ、森村、笹尾二氏ト共ニ一場ノ演説ヲナス。聴衆ハ函館区ノ重立タル市民ナリトノコトナリ。七八［十カ］名ハアリタルベシ。但頗ル話シニクキ会堂ナリキ。

夫レヨリ五嶋軒ニ於テ区長主催ノ晩餐会アリ。列席八十名許、中々ノ盛会ナリ。

夫レヨリ直チニ帝国館ニ赴キ、演説ヲナス。聴衆ハ千名以上ナラン。

旅館ニテ植村、江原二氏ノ到着ヲ迎ヘ、間モ［ナク］出立、十一時ノ急行車ニテ小樽ニ向フ。森、笹二氏モ同行。

六月二十五日（金）

午前七時五分、中央小樽ニ着。多数ノ信徒ニ迎ヘラレ、自働車ニテ越中館ニ投ズ。

午前九時ヨリ鉄道クラブニテ一場ノ講話ヲナス。

午後休息。松尾造酒蔵、水口季隆来訪。

八時ヨリ、花園座ニ於テ演説。聴衆二千名以上。余、先ヅ演説シ、次ニ森村、終ニ笹尾ナリ。近頃ノ盛会ナリ。孰レモ謹聴シタリ。芝居ニハ珍ラシキ程ナリ。

六月二十六日（土）

午前七時、笹尾、旭川ニ向ヒ出立。入替リテ植村氏到着。

午前十時二分発、札幌ニ向フ。十一時過、札幌着。諸信徒ニ迎ヘラレ、眼科医吉田氏ノ宅ニ宿泊ス。

午後三時ヨリ組合教会ニ於ケル婦人会ニ於テ説教シ、又八時ヨリ創成小学校体操場ニ於テ森村氏ト共ニ演説ス。

前者ハ三百人位、後者ハ四五百名ノ聴衆アリキ。

六月二十七日（日）

午前七時五十二分、札幌発、再ビ小樽ニ来ル。

午前九時四十分ヨリ聯合礼拝ニ於テ説教シ、夫レヨリ三井物産支店長平田篤次郎氏宅ニ於テ同会社々員ニ一場ノ講話ヲナシ、同所ニテ廣岡夫人ト共ニ午餐ノ饗応ヲ受ケ、夫レヨリ直チニ小樽公会堂ニ於ケル婦人会ニ於テ廣岡夫人ト共ニ又演説ヲナシ、一旦旅館ニ帰リ、夜、小樽教会ニ於テ江原氏ト共ニ演説シ、求道者七十名ヲ得タリ。聴衆ハ四百名許ナリキ。

六月二十八日（月）

午前休息。但数名ノ来訪者アリ。

午後十二時四十分、小樽発、江原氏同道、札幌着。再ビ眼科医吉田茂人氏ノ客トナル。

午後四時半ヨリ鉄道倶楽部ニ於テ従事員及官吏ノ為ニ一場ノ講話ヲ為ス。即チ米国鉄道ＹＭＣＡノ事ヨリ万事神ヲ畏敬スルノ心ヲ以テ忠実、親切ニスベキ事ヲ話ス。

夜ハ「エンゼル」館ニ於テ笹尾、江原二氏ト余ト三人ノ演説アルベキ筈ナリ。然レトモ三人ハ無理ナルガ故ニ、余ハ譲リテ単ニ数分間ノ奨励ニ止メタリ。聴衆立錐ノ［余］地ナカリキ。

六月二十九日（火）

午前八時十分、札幌出発。江原同道、十二時過、旭川着。多数ノ信徒及ビ牧師等出迎フ。江原氏ハ旅館ニ赴キ、自分ハ木村夫婦ニ迎ヘラレ同家ニ投ズ。春子モ全快、一家健康ナリ。

午後三時ヨリ松島座ニ於テ青年大会ノ催アリ。江原氏ト共ニ演説ス。聴衆ハ二百名許ナリキ。

午後八時ヨリ再ビ同所ニ於テ演説ス。マケンゼー氏先ツ語リ、次ニ余、終ニ江原氏ノ順序ニ依ル。求道者四十余名アリ。聴衆モ満堂八百内外ト見受ケタリ。先以テ成功ノ会ナリキ。

六月三十日（水）

午前十時半、旭川駅鉄道員ノ為ニ一場ノ講話ヲナス。郵便局員モ来聴ス。其数凡テ百四五十名ト見受ケタリ。

午後、星野又吉氏来訪、旭川ニ於ケル組合教会トノ関係ニ付話アリ。

其後、剣持氏モ又来ル。

七月一日（木）

午前七時、木村夫婦及ビ牧師、信徒等ニ送ラレテ旭川ヲ発車ス。岩見沢駅ニ於テ廣岡夫人ト出会、午後三時半、室蘭ニ着手〔車〕。室蘭駅長ハ追分迄出迎へ同乗ス。山上ノ炭坑会社別荘ニ宿泊スルコトトナル。三十名許ノ信徒ト晩食ヲ共ニス。但難有迷惑ナリ。

夜、大黒館トヤラ云フ寄席ニ於テ廣岡夫人ト共ニ演説ス。土地ノ牧師、伝道者始不馴ニテ諸事不整頓ナリ。但聴衆ハ満場ニテ四五百名ハアリタルガ如シ。二階ニハ招待セラレタル人々モ来居レリトゾ。

七月二日（金）

午前、来訪者アリ。

午後一時ヨリ昨夜ト同席ニテ鉄道従事員ノ為ニ廣岡夫人ト共ニ講話ス。百人足ラズ集レリ。夫レヨリ廣岡氏ハ婦人会ニ、自分ハ教育会ニ赴キテ演説シタリ。室蘭支庁長、町長其他出席ス。聴衆ハ百人許ナリキ。

夜八時、製鋼所附属共楽座ニ於テ再ビ廣氏ト共ニ演説ス。準備不整頓ノ為如何ト懸念シタリ［シ］カドモ、殆ンド満場ノ人ニテ能ク傾聴シタリ。五百名内外ノ人ト見付〔ママ〕タリ。但司会者ノ不馴ナルニハ困リタリ。

七月三日（土）

昨夜来降雨、冷気ヲ感ズ。

午前九時、三井物産会社ノ周幹〔旋〕ニ依リ製鋼所ヨリ我等ノ為ニ特ニ小蒸気船ヲ用意シ呉レ、桟橋ニテ教友及鉄道員十数名ニ送ラレテ室蘭ヲ出発ス。船ハ永田丸ト称スル百頓足ラズノモノナリ。

十二時半、森村ニ着船、上陸。暫時休憩、昼食ノ後、二時ノ列車ニテ函館ニ着。勝田屋支店ニ投ズ。三井家ノ各地ニ勢力ヲ張リ居ルコト、此行ニ由リテ詳ニ知ラレタリ。廣岡夫人ニハ一人ノ従者ト小樽ノ大同生命保険会［社］出張所長清海某随行セリ。

七月四日（日）

昨夜ハ函館勝田支店ニ休息シ、今朝七時半ノ連絡船ニ乗ル。廣岡夫人同行ス。海上平穏、神気爽快ナリ。

十一時半着船。暫時休息。午後二時ノ急行車ニテ出発ス。青森ニテ帆立貝ノ柱ヲ買ヒタルニ、函館ニテ壱円廿銭ノモノガ七十五銭ナリ。而モ分量モ多シ。函館ハ物価不廉ナルカ、或ハ人気悪シキカ、蓋後者ナランカ。

七月五日（月）

午前七時過、上野着。直チニ人車ニテ帰宅。家族無事ナリ。

東京モ数日来冷気ナリシ由。一日休息ス。

七月六日（火）
午後二時、高等学部教授会ヲ開キ、来学期ノ受持課目ヲ定ム。

七月七日（水）
五年級修身科ノ試験ヲ行フ。
午後二時、臨時会ヲ開キタレトモ定数ニ満ズ。来二ケ年度予算ヲ仮ニ議決シテ、他日確定スルコトト為ス。

七月八日（木）
普賢寺氏来会、理事ノ選挙登記ノ事ニ付打合ヲナス。

七月九日（金）
［記載なし］

七月十日（土）
高輪教会ニ於テ、金子重成氏ト小林はる江子トノ結婚式アリ。一場ノ祝詞ヲ述ブ。

午後、沼澤氏ヲ訪問ス。多少軽快ナリトノ事ナレトモ、一日シタル所余程ノ疲労ナリ。渡辺柳ト云フ老人ノ「キウ」ノ治療法ヲ受ケツ、アリ。効果如何ノモノニヤ。

七月十一日（日）
逢坂氏細君病気ニ付、同氏ニ代リ高輪教会ニ於テ説教ヲナス。

七月十二日（月）
中学部学期試験終ル。

七月十三日（火）
午後、総務局ニ於テ教師試験委員会ヲ開キ、委員ヲ三組ニ分チ検閲ヲ分担ス。

七月十四日（水）
荒川文六、上京。
暑気俄ニ加ハリ、八十七八度ニ昇ル。

七月十五日（木）
暑気一層烈敷、九十度ニ昇ル。

七月十六日（金）
［記載なし］

七月十七日（土）
荒川文六、帰省。

七月十八日（日）
母上幷ニ真澄、清見同道、青山ニ墓詣ス。

七月十九日（月）
［記載なし］

七月二十日（火）
井戸ノ水替ヲナシ、湯殿ヲ修繕ス。

七月二十一日（水）

午前六時二十分、品川発、御殿場字東山ニ新設セル青年会夏期学校ニ赴ク。

十時過、御殿場着。直チニ人力車ニテ東山ニ来ル。距離二十丁余アリ。建築物ハ会堂、食堂ト寄宿舎壱棟、其他ニ旧住宅壱棟アリ。建物ハ極メテ粗造ナリ。寄宿舎ハ人ガ廊下ヲ歩行スル毎ニ振動ヲ感ズ。到底永久的ノモノニ非ズ。

預定［ママ］ノ如ク午後二時開校、余ハ開校ノ辞ヲ述ブ。之ニ対シテ各代表者ノ答辞アリ。

夜ハ吉野作造氏ノ政治ト宗教ト題スル講演アリ。極メテ普通ノ話ナリキ。

七月二十二日（木）

午前、吉野氏第二回ノ講演アリ。今日ハ少シク脱線ノ気味ナリキ。反ツテ夏期学校ニ対スル所感ヨリ面白ク聞カレタリ。聖書研究、青年会協議会等預定［ママ］通アリ。

午後ハ運動モ始リ、夜ハ斎藤勇氏ノピウリタニズムト英文学ノ関係ニ就テ第一回ノ講演アリ。講演ハ少シク綿密過キル嫌アリ。

今夜、朝鮮ヨリ李商在、申興雨、ドクトルアンデルウード、フランクブロックマン等到着ス。来校生モ百名以上ニ達シタリ。

七月二十三日（金）

午前、斎藤氏ノ講演アリ。之ニ対シテ一言所感ヲ述ブ。原田氏ノ講演ハ夜ニ延ハシ、朝鮮代員李商在、アンドルウード、尹致昊、申興雨、呉競善ノ五人ヲ紹介シ、夫々挨拶アリ。

午後、同盟総会ヲ開会ス。余、再ビ議長ニ挙ゲラル。過去三年間事業ノ報告アリ。諸委員モ選挙シテ後、憲法改正案ヲ議ス。第二章第四項ノ乙、丙ノ改正ハ否決。

七月二十四日（土）

午前、石川角次郎氏ノ講話アリ。永生ノ意義ヲ説明シ、自由、純潔、協同ノ三ヶ条ヲ力説ス。

午後、前日ニ続キ総会ヲ開ク。岡田氏先ツ改正案ヲ主張シ、反対説ヲ弁駁ス。議論薄弱、稍々感情的ナリ。大村、吉﨑二氏反対説ヲ述ブ。議論、態度共ニ公平ナリ。採決ノ結果、賛成四十余名、反対十［欠字］名ニテ否決ス。元田修正案モ亦否決シタリ。

夜、新校舎献堂式アリ。村長其他村ノ人々モ出席シタリ。建物ハ極メテ粗造ナリ。

七月二十五日（日）

午前九時、東山ヲ出発シ、途中、廣岡夫人ノ別荘ヲ訪問シ、十一時四分ノ急行車ニテ帰京ス。

留守宅ニ於テハ一同無事ナリ。

七月二十六日（月）

花子同道、日本橋通ニ赴キ、蚊帳、座布団等ヲ購フ。

暑気中々酷烈ナリ。

七月二十七日（火）

普賢寺轍吉氏代理来訪、学院理事変更登記願委任状ニ記名調印ヲ求ム。

七月二十八日（水）

熊野氏同道、午前五時半過、住宅ヲ出テ、六時過電車ニテ赤羽ニ向ヒタル。六時五十分上野発ノ列車ニ間ニ合ハズ、徒ラニ二時間半待チ、漸ク午後二時半、軽井沢ニ着シ直チニ鶴屋ホテルニ投ジタリ。植村氏モ滞在中ナリ。

夜食ハライシヤール氏方ニ招カル。

食後、同氏方ニ於テ建築委員会ヲ開ク。ヴオーリス、ヴオーグル氏等列席。清水組、田林?、関、竹田組四人ノ入札ニ付熟議ノ末、遂ニ田林ニ請負ハシムル事ト成ル。

十一時過、帰館ス。

七月二十九日（木）

午前、浅田未亡人、亡榮次氏ノ事ニ付返書ヲ出ス。

午後、植村氏ト共ニ碓氷峠ニ上ル。有名ナル「源水」ヲ飲ミ、貞光力餅ヲ喫シテ帰ル。

夕刻、堀峯〔橘〕吉氏、神戸ヨリ着。夜ニ入リ、小﨑、松野二氏到着ス。

七月三十日（金）

早朝起テ郊外ニ散歩ス。

午前、旅館ニ於テ日本人丈ニテ内相談ヲナス。植村、小﨑、堀、松野、余ノ五人ナリ。

午後二時、日本人教会堂ニ於テ継続委員常務委員会ヲ開ク。報告ヲ聞タル後、来十一月天皇即位式当日、東京ニ於テ内外人聯合ノ礼拝式ヲ行フコト、賀表捧呈ノコト、年会ノ時日等ニ付決議シ、引続キ協同伝道常務員会ヲ開キ報告ヲ聞キタル後、来年四月ヨリ十一月迄、全国ヲ十九区ニ別チテ各一ケ月間ノ伝道ヲナスコト、来十一月京都ニ於テ特別伝道ノ為金壱千円ヲ支出スルコト等ニ付議決ヲナス。

七月三十一日（土）

昨日、委員会中、内閣総辞職ノ伝報ヲ聞ク。大勢ノ急転直下ニ驚キタリ。
午前六時二十分、軽井沢発ノ汽車ニテ帰京ノ途ニ就ク。植村同行、汽車中ニテ偶然、益富氏ニ出会フ。岩越線ヨリ帰途ナリト云ヘリ。
十二時半帰宅、一同無事。但花子事、両三日来少々腸カタルノ気味ナリト云フ。
新聞紙ハ内閣総辞職ノコトヲ以テ持切ノ有様ナリ。
午後、ワルソウ遂ニ陥落ノ号外出ツ。独逸軍ノ得意、想像スルニ足ル。ダルタネルスヲ一日モ早ク陥ルノ必要アリ。歯痒キ事共ナリ。

八月一日（日）
［記載なし］

八月二日（月）
午前五時半出発、花子、真澄、清見ヲ送リテ葉山ニ赴ク。三人ハ八月中、転地休養ノ為ナリ。午餐ニハ鈴木へ一同招カレタリ。葉山ニ到着シタル時ヨリ雨天トナル。自分ハ三時二十四分ノ汽車ニテ帰京シタリ。

八月三日（火）
米国ハインツ氏ノ問合ニ対シ返書ヲ出ス。
夕刻ニ至リ、尹致昊、金貞植ノ二人来訪ス。

八月四日（水）
文雄ヘ先方ヨリ申来リタル子供ノ自転車ト椅子トヲ送ル。
午後、小石川ノ松平家ニ暑中ノ機嫌ヲ聞ク。
青年会ニ於テ尹致昊ノ為歓迎会ヲ開ク。植村、平岩等出席。食後、日鮮人間ノ親睦ヲ厚クスルコトニ付懇談ヲナシタリ。明治四十年ニ於ケル尹氏ト今日ノ同人トノ相違ヲ思ヘバ霄壌ノ差アリ。寧ロ気ノ毒ニ感ゼラレタリ。

八月五日（木）、八月六日（金）
［記載なし］

八月七日（土）
午前六時半、自宅出発、伝道ノ為千葉県東金ニ赴ク。十時半、同地ニ着。金子、吉川二人ニ迎ヘラレ、八鶴館ニ投ズ。七時過、ライシヤール氏モ来ル。
八時ヨリ公会堂ニ於テ演説ス。聴衆ハ百五十名許ナリ。万事不馴ナレトモ、先ヅ東金ニ於テハ未曽有ノ基督教演説会ナリトノ事ナリ。

八月八日（日）
午前九時、講義所ニ於テ説教ス。会衆ハ十名許ナリ。前ノ伝道者ノ時ニハ殆ント出席者ナカリシコトトノ事ナリ。
午後三時ヨリ公会堂ニ於テ再ビ演説会ノ筈ナリシニ人来

ラズ。四時ニ至リ漸ク開会ス。自分ノ始メタル時ハ五時半ナリキ。夜ニ開キタリセバ、少クモ前夜丈ノ聴衆アリシハ疑ナシ。
信徒及数名ノ有志者連ノ主催ニテ、八鶴館ニ於テ慰労ノ晩餐会アリ。

八月九日（月）

午前八時二十分、東金出発、銚子町海鹿島松平家別邸ナル沼澤氏夫婦ヲ訪問ス。十時半、同地ニ着。邸ハ海鹿半島ノ突出シタル所ニアリ。太平洋ヲ望ム眺メハ佳景ナリ。南ニハ犬吠ノ灯台アリ。北ニハ利根川口アリ、海岸ニハ数十ノ岩石アリ。其景色モ亦佳ナリ。且海風不断吹来ルヲ冷《〔ママ〕》シ。沼澤氏モ近頃漸々快方ノ由。但未夕体温ハ平温ニ復セザル赴ナリ。場所ハ極メテ不便ナリ。

八月十日（火）

午前八時過、沼澤氏ヲ辞シ、「遊覧汽車」ニテ銚子町ニ出テ、夫レヨリ汽車ニテ帰京、午後三時半、無事帰宅ス。
過日来喧シカリシ大隈内閣モ愈一部改造居振トナレリ。加藤、若槻、八代三人去リ、箕浦、高田、加藤中将ノ三人入代ル。高田ノ文相ハ成功センコトヲ祈ル。此際文部々内積年ノ旧弊ヲ打破スベキナリ。唯同人ニソレ丈ノ意志アルヤ如何ガ問題ナリ。

八月十一日（水）

健次、避暑地ヨリ帰宅ス。

八月十二日（木）

古手紙類ヲ整理シ、邦文ノ分ハ巻物トナシ、英文ノ分ハスクラップブックニ張込トナス。

八月十三日（金）

［記載なし］

八月十四日（土）

阪井徳太郎氏、不快ノ赴ニ付、健治ヲ見舞ニ遣シタルニ、数日前、路加病院ニ入院シタリトノコトナリ。

八月十五日（日）

午前、阪井氏ヲ病院ニ訪問ス。診察ノ結果、軽症ノ腎臓炎ト定リタリトノ事ナリ。
帰途、高樹町ノ井深ヲ訪問シタルニ、家族一同不在ナリキ。

八月十六日（月）

井戸ノ内側腐敗シ、数日前ノ大雨ノ為潰レ、如何トモ致方ナシ。依テイムブリー氏ト協議ノ上、修繕スルコトニ定メ井戸屋ニ命ズ。

八月十七日（火）

勝治、子供ヲ携ヘテ来訪ス。片山とよ子モ同時ニ来訪。一時ニ賑カニナル。

八月十八日（水）

早朝出発、葉山ニ赴ク。一同無事ナリ。但、花子ノ腰痛ハ依然如元トナリ。真澄、清見共ニ漸ク水泳ヲ学ビツヽアリ。午餐ハ鈴木氏宅ニ招カル。

午後、自分モ海水浴ヲ試ム。水清クシテ心地好シ。但余リ静カニテ面白味ナシ。

八月十九日（木）

午後、再ビ水浴ヲ試ム。

八月二十日（金）

昨夜ハ蒸暑クシテ、寝兼タル位ナリキ。午後モ中々暑シ。午後四時、葉山ヲ立チ、四時十九分逗子発ノ汽車ニテ帰京ス。

五時少シ前、大雨トナル。但東京ニ着車シタル時ハ既ニ雨止ム。東京ハ大雷雨ニテ落雷モ数十箇所アリタルガ如シ。但内ハ無事ナリ。

八月二十一日（土）

［記載なし］

八月二十二日（日）

午後、片山、沼澤両家ヲ訪問ス。

沼澤氏ノ容体、余リ面白カラズ。三浦博士ノ勧メニヨリ胸部ニ灸点ヲ始メタル赴ナリ。

八月二十三日（月）

礼拝堂及高等部新築契約書ニ調印シテ、ライシヤール氏ノ許ニ返ス。請負人ハ田林幸太郎ト云フ者ナリ。未タ先方ノ調印ナク、又印紙モ張ラズ、仕様書モナク、不完全ナレバナリ。

然ルニ午後ニ至リ、何者カ無断ニテ講堂ノ戸ヲ開キ、丸太ヲ床上ニ投下シ始メタルニヨリ、往テ之ヲ制止シタリ。其後、田林帀之助ナル者（幸太郎ノ伜）来リテ申訳ヲ為ス。依テ其不都合ヲ咎メ、先ツ契約書ニ調印スベキコトヲ命ジタリ。

八月二十四日（火）

母上ト共ニ玉川ノ柴氏別荘ヲ訪フ。位置、家屋共ニ殆ンド理想的ナリ。楼上ヨリノ眺望頗ル佳、裏手丘山ノ眺望ハ又更ニ佳ナリ。柴老人夫婦共ニ健康ナリ。太一郎氏ヨリ維新前後ノ事ニ付、種々ノ話ヲ聞キ、且午餐ノ饗応ヲ受ケ、自分ハ帰宅ス。

八月二十五日（水）
植村たまき子、頃日米国ヨリ帰朝セリトテ来訪ス。ビシヨプセシル来訪。仏教研究ノ必要ニ付質問アリ。
八月二十六日（木）～八月二十八日（土）
[記載なし]
八月二十九日（日）
在軽井沢オルトマンス氏ヨリ、建築工事ノ遷延ハ余ガ契約書ノ形式ニ故障ヲ唱ヘタルガ為メナリト、ウオーリス会社ハ云フトノ書面来ル。依テソノ誤謬ヲ弁明スルノ書ヲ贈ル。甚タ不都合ナル申条ナリ。
家族迎ノ為、葉山ニ赴ク。
八月三十日（月）
朝ヨリ荷造ヲナシ、午後三時前、葉山ヲ出発シ、五時半無事帰宅ス。
八月三十一日（火）
[記載なし]
九月一日（水）
井上馨氏死去ス。ソノ功過果シテ如何。其批判ハ百年ノ後ニ待タザルベカラズ。自分ハ只一回、内田山ノ邸ニ於テ同氏ト面晤シタルコトアルノミ。ソノ時ノ感想ハ如何ニモ頑健ナル老人ナリト云フナリキ。極寒中ナリシニ莫大小ヲ肌ニ着ザリキ。聞ク所ニヨレバ、外出スル時ニモ未タ曽テ外套ヲ着ズトナリ。
九月二日（木）
午後、真澄、清見ヲ連レテ江戸紀念博覧会ヲ見ル。
本日ハ真澄ノ誕生日ナリ。
オルトマンス氏ヨリ前言ヲ取消シ謝罪状ヲ送リ来ル。全体甚タ粗忽ノ所為タルヲ免レズ。固ヨリ悪意アルニ非ルハ不及申。
九月三日（金）
ウオリス会社代表者ウオゲル及田林帋之助来訪。礼拝堂及高等部教場請負ノ契約書ニ調印シテ、各壱部ヲ保存ス。イムブリー、熊野両氏立会フ。ウオゲル氏ハ従来ノ往違ニ付縷々説明スル所アリ。
九月四日（土）
[記載なし]
九月五日（日）
麹町教会ニ往キ礼拝式ニ列ス。会衆ハ三十名不満ナリ。如何ニモ寂莫ノ有様ナリ。何トカ助勢スベク高田氏ヘ申タリ。如何ニセントスルカ。

九月六日（月）～九月八日（水）

［記載なし］

九月九日（木）

真野文二氏来訪。避暑中ノ話アリ。

九月十日（金）、九月十一日（土）

［記載なし］

九月十二日（日）

夜、寄宿舎ニ於テ講演ヲナス。

九月十三日（月）

青年会館ニ於テ教会同盟常務員会ヲ開キ、来月ノ大礼ニ付賀表捧呈ノ件並ニ内外人合併ノ祝賀礼拝式ノ件ニ付評議ス。

九月十四日（火）

残暑酷烈、八十五度。夜ニ入リテモ尚蒸熱シ。

九月十五日（水）

神学部別科入学試験ヲ行フ。受験二名。五名アルベキ筈ノ所、三人ハ事情アリテ受験セズ。

午後、真野文二氏ヲ訪問シ、大学令ノ件ニ付文部省ノ意向ヲ聞ク。

九月十六日（木）

高等部ノ授業ヲ為ス。

九月十七日（金）

明年ノ米国聖書会社創立百年紀念会ノ為、日本［語］訳聖書ノ感化ニ関スル一英文ヲ作リテ同会社セクリタリーヘブン氏ニ贈ル。

九月十八日（土）

午後二時、青年会館ニ於ケル石川林四郎母堂ノ葬儀ニ列ス。

帰途、沼澤七郎氏ヲ訪問ス。肺患ハ殆ント全快シタレトモ、再ビ腸ノ方面白カラズトノ事ナリ。

九月十九日（日）

午前、高輪教会ニ於テ礼拝ス。牧師ハ有神論ノ緒論ヲ説クトノコトナリシガ、テンデ説教ノ体ヲ為サズ。甚タ気ノ毒ノ感ヲ為シタリ。

寄宿舎ニ講話ヲ為ス。神ヲ畏レザル者ノ心状ヲ論ジテ、現時ノ弊害ニ及ブ。

九月二十日（月）

神学部始業式ヲ挙行ス。今年ヨリ新入生ヲシテ誓書セシムル事トナス。

新入生ハ本科五名、別科三名アリ。

九月二十一日（火）
出院授業如例。
九月二十二日（水）
授業如例。
九月二十三日（木）
授業如例。
普通学部教員会ヲ開キ、来月修学旅行ノ件其他ニ付議決ス。
九月二十四日（金）
瀬川四郎氏歓迎ノ意ヲ以テ、同氏並ニ都留、山本、田嶋、オルトマンス、ライシヤール氏ヲ招キ、晩餐ヲ饗ス。
九月二十五日（土）
[記載なし]
九月二十六日（日）
午後一時、青山ニ於ケル山田萬太郎氏ノ葬儀ニ会葬ス。
夜、寄宿舎ニ於テ水芦氏ノ講演アリ。
九月二十七日（月）
授業如例。
午後、ドクトルストルジ来校。神学生ノ為ニ一場ノ話ヲナス。但話ノ筋ハ極メテ平凡ナリ。宮崎小八郎氏モ在米日本人ノ近況ニ付話ヲナス。日米問題ノ真想〔ママ〕ヲ知ラシメタリ。
九月二十八日（火）
授業如例。
午後、普賢寺氏来訪、ミロル氏遺言執行ノ事ニ付イムブリー氏ト相談アリ。
九月二十九日（水）
授業如例。
原田助氏来訪、来十一月十一日、京都ニ於テ全国キリスト信者奉祝会ヲ挙行スルニ付、自分ニモ出席シテソノ一役ヲ勤メンコトヲ乞ハル。
九月三十日（木）
午後、協同伝道委員会アリ。
授業如例。
十月一日（金）
午前八時三十分発特急車ニテ大阪ニ赴ク。停車場ニテ偶然、高木青山学院長、仙台ノ出村氏、東京学院ノ佐々木氏ト出会、同乗ス。汽車中ハ暑気強ク夏期ノ如シ。
大阪着ノ上、余ト出村氏トハ土佐堀ノ国本旅館ニ投ス。此旅館ハ二十五六年前ニ宿泊シタル所ナリ。山室軍平氏モ偶々隣室ニアリ。廣田夫人、同氏来訪シタルニ付不図面会シタリ。山室氏ハ大阪ニ於テ免囚保護ノ為来レリト云ヘリ。

十月二日（土）

午前九時ヨリ市外桃山中学校ニ於テ日本基督教々育同盟会第六回総会ヲ開ク。桃山学校長ノ歓迎辞アリ、余、答辞ヲ兼開会ノ辞ヲ述ブ。
キリスト教大学創立委員其他ノ報告アリ。学制調査委員ハ継続スルコトトナス。午餐ノ饗応アリ。
午後、同志社波多野氏ノ講演アリ。次回ハ来年十月、東京立教学院ニ開クコトト決ス。役員ハ会長原田、副会長高木、幹事ベレイ、雀部、会計ハケルバルト氏等ヲ指名選挙シタリ。五時半閉会ス。

十月三日（日）

昨夜十一時二十八分ノ汽車ニテ帰京ノ筈ナリシガ、寝台ナキガ故ニ一泊シ、八時二十八分出発ス。京都ニテ元田作之進氏モ乗車ス。汽車亦暑シ。
夜九時過、無事帰宅ス。

十月四日（月）

出院授業如例。
昨日、汽車中ニテ宮川氏ノキリストトソノ使命ナル小冊子ヲ読シニ、香川影〔景〕樹ノ歌トシテ、
よしのやまかすみの奥はいかならん見ゆる限は桜なりけり
トアリ。又、スモーキンググラスヲ以テ太陽ヲ見ルト云フコトアリ。余リ甚シキ誤故手紙ノ端ニ注意シタリ。
吉野山霞のおくは知らねども見ゆる限は桜なりけり
ハ八田知紀ノ歌ナリ。

十月五日（火）

授業如例。

十月六日（水）

午後、神学部教授会ヲ開ク。
授業如例。
午後、常務理事会ヲ開キ、運動場ノ事、統〔什〕器庫引移ノ事其他ヲ協議ス。

十月七日（木）

授業如例。
午後五時ヨリ帝国ホテルニ於テストルジ氏ノ為ニ歓迎会アリ。朝野知名ノ人物出席者多シ。盛会ナリ。金子子司会シ、瓜生、神田、添田諸氏ノ歓迎演説アリ。ストルジ

氏ノ答辞アリ。二百七八名ノ出席者ナリキ。［ママ］

十月八日（金）

授業如例。

正午前ヨリ両国教会ニ開カレタル教役者会ニ出席ス。田中達氏ノ神道ノ神観ノ講演アリ。

五時、総務局理事会アリ。十一時過、帰宅ス。

十月九日（土）

午前九時半、大会開会。多田氏ノ説教アリ。人格ノ背景ト云フ題ニテ適切ナル説教ナリキ。議長選挙ニ至リ、固辞シタルニモ拘ラズ、余、又々議長ニ当選ス。

上野公園前ノ「世界」ニテ午餐ヲ共ニナシツヽ、試験委員会ヲ開ク。二三ノ落第者アリ。

夫レヨリ上野公園美術クラブニ於ケル大会議員親睦会ニ出席ス。大会議長トシテ一場ノ挨拶ヲ為ス。

十月十日（日）

午前、高輪教会ニ於テ礼拝ス。

瀬川浅氏ヲ招キ、家族一同ト午餐ヲ共ニス。

藤本保己氏来訪。試験論文不合格ノ旨ヲ告ゲ、今後大ニ奮励勉学ノ必要ヲ説キ、忠告ヲ為ス。

十月十一日（月）

午前九時ヨリ大会、諸種ノ報告アリ。門司教会ノ脱籍事件ニ付議論アリ。

正午ヨリ小石川後楽園ニ於テ東京市長奥田氏ノ主催ニテストルジ氏歓迎ノ午餐会アリ。米国大使モ出席ス。大会議員ニテ招待セラレタルモノ、余ノ外、植村、多田、毛利、笹尾、貴山、笹倉ノ六名ナリ。

多田氏ヲ招キ、宅ニ於テ晩餐ヲ共ニス。

十月十二日（火）

午前八時ヨリ、教師職受験者ノ口頭試験ヲナス。十一名ノ受験者中及第者八名ナリ。

九時ヨリ、大会議事、門司教会ノ問題中、ストルジ氏、バルクレー氏等ノ訪問アリ。交詢社ニ於テバルクレー氏歓迎ノ為午餐会アリ。午后五時散解、七時ヨリ又々開会、十時過漸ク閉会ス。

十月十三日（水）

午前九時、事務所ニ於テ宗務局理事会ヲ開ク。新理事ハ植村、井深、多田、毛利、日匹、笹尾、笹倉、星野ノ八名ナリ。

夜、日匹氏住宅ニ於テ宗務局評議員会ヲ開ク。

十月十四日（木）
出院授業如例。
十月十五日（金）
出院授業如例。
但普通、高等両学部ハ十一日、十二日来修学旅行ノ為休業ス。
十月十六日（土）
午後一時ヨリ青年会館ニ於テローマ字弘メ会創立十週年紀念演説会アリ。余モ依頼ニヨリ一場ノ演説ヲナス。他ノ演説者ハ娣《[姉]》崎、阪谷、鎌田、菊池氏ナリ。聴衆ノ殆ンド全部学生青年ナリ。ランデス氏モ飛入演説ヲ為シタリ。六時ヨリハ築地精養軒ニ於テ向氏ノ会計報告アリテ後、晩餐ヲ共ニス。
菊池氏曰ク、現今ハ総振仮名ノ時代ナルガ、今ニフリ漢字トナリ、遂ニロー［マ］字ノ時代トナルベシト預言シタリ。
十月十七日（日）
勝治夫婦来訪、鎌倉へ退隠之件ニ付、又房子渡清之件ニ付相談アリ。何レモ異論ナキ赴ヲ答ヘタリ。
午後ヨリ片山豊子、ゆき子ヲ連レテ来ル。
十月十八日（月）
出院如例。
午後三時ヨリ青年会館ニ於テ教育調査委員会ヲ開キ、朝鮮ニ於ケル教育会ノ件ニ付協議ス。
五時ヨリ青年会同盟委員会ニ出席ス。
十月十九日（火）
出院授業如例。
宮地謙吉氏ヲ訪問ス。大ニ快方ニテ元気ナリ。
十月二十日（水）
午前、継続委員会年会アリ。憲法改正、協同伝道、社会事業其他ニ付評議アリ。固辞シタルニ拘ラズ再ビ委員長ニ選挙セラル。差シタル要件ナシ。
十月二十一日（木）
授業如例。
十月二十二日（金）
授業如例。
十月二十三日（土）
文展ヲ見ン為ニ往キタレトモ、群衆ノ為見ルコト能ハズ、空シク帰ル。
十月二十四日（日）

夜、寄宿舎ニ於テ講話ヲナス。

十月二十五日（月）

授業如例。

来ル廿九日、スピヤー、チヤンバレン両氏ト会見ノ条件ニ付、イムブリー、オルトマンス、ライシヤー氏ト協議ヲナス。

十月二十六日（火）

授業如例。

十月二十七日（水）

授業如例。

十月二十八日（木）

ドクトルチヤンバレン、ドクトルヒル、リフオームド伝道局使節トシテ来訪。神学部ニ於テチ氏簡単ナル講話ヲ試ミタル後学校ヲ視察ス。

十月二十九日（金）

午前九時前、神学部ニ於テスピヤー氏ノ簡単ナル講話アリ。

九時過ヨリ理事室ニ於テ常務理事トスピヤー、チヤンバレン両氏並ニヒル氏ト会見シ、明治学院高等部ノ事、基督［教］大学ノコトニ付協議ヲナス。

午後ハバプチスト派ノ人々ヲ加ヘテ会見シ、夫レヨリ新礼拝堂及高等部講堂ノ定礎式ヲ挙ク。スピヤー氏、礼拝堂ノ礎ヲ据ヘ、チヤンバレン氏ハ高等学部ノヲ据ヘ、各々演説、祈祷ヲ為ス。職員生徒一同、式ニ参列。晴天ニテ一同歓喜感謝シタリ。

引続キランデス氏方ニ於テ歓迎会アリ。

夜ハライシヤー氏方ニ於テ、基［督］教大学ニ付協議ヲナシタレトモ、青山学院ハ到底合同ノ意志ナキコト顕ハレタリ。

十月三十日（土）

午前十一時半ヨリ富士見軒ニ於テス、チ両氏ノ為ニ歓迎会ヲ開ク。植村氏司会シ、余英語ヲ以テ歓迎ノ辞ヲ述ブ。ス氏之ニ答辞ヲ述べ、チ氏同断、毛利氏ノ祈祷ヲ以テ一部ヲ終リ、一同食卓ニ就ク。賓主合セテ六十一名ノ盛会ナリキ。

午後三時半ヨリオルトマンス氏方ニ於テ右両氏ノ為リセプシヨンアリ。

十月三十一日（日）

午前十時、ス氏ト共ニ富士見町教会ニ赴ク。ス氏演説シ、余、之ヲ通訳ス。主意ハキリスト教ノ使命ハ一致、和合ニアリト説キタリ。

礼拝後、植村氏ト共ニタムソン氏ノ遺族ヲ慰問シ、同氏ノ遺骸ヲ見ル。

日曜日ニ就キ、天長式ハ寄宿舎ニ於テ執行ス。

十一月一日（月）

午前、授業如例。

午後一時半、新栄教会ニ於テタムソン氏ノ葬儀アリ。インブリー氏司式ス。内外人ノ会葬者満堂。墓地ハ染井ナリ。

四時ヨリ青年会館ニ於テ総務局理事会アリ。

十一月二日（火）

授業如例。

午後六時過、突然文部大臣秘書官ヨリ電話アリ。何用カト思ヒシニ、今般文部大臣ハ貴君ノ教育上ノ功労ヲ認メテ瑞宝章勲五等ニ叙セランコトヲ上奏セントス。念ノ為意見ヲ聞クトノ突然ノ質問ト云フヨリモ内報ナリ。何トナレバ何時迄ニ答フレバ宜シキヤト問へバ、即答ヲ要スト云フ。辞セント欲セバ辞スルヲ得ンカト云へバ、陛下ノ思召ニ依ルト云フ。故ニ唯辱ナシト答へタリ。

十一月三日（水）

午前八時、全学院ノ職員、生徒一同ヲ校庭ニ集メ、学院創立紀念式ヲ挙ク。尤モ式場ナキヲ以テ、本年ハ略式トナス。

午後、再ビ文展ヲ見ル。

十一月四日（木）

授業如例。

十一月五日（金）

出院授業如例。

十一月六日（土）

午前六時、聖上御発輦ニ付、午前四時十分腕車ニテ住宅ヲ出、二重橋ニ赴ク。途上、警官ノ警固極メテ厳重ナリ。桜田門外ニテ下車、ソレヨリ徒歩、二重橋脇ニ赴ク。表側ハ既ニ文武ノ役人ニテ充満セルヲ以テ、塀［二］面シタル裏側ニテ好地位ヲ得タリ。

城外ノ光景、電燈ノ輝キ壮観極ナシ。先帝大喪ノ夜ノ光景ト共ニ深刻ナル印象ヲ与へタリ。

五時四十分、漸ク夜ノ明ケ東雲ノ白キヲ見ル。六時十分、愈々御発輦アリ。粛々トシテ進行、森厳ヲ極ム。異様ニ感ジタルハ「羽車」之ニ従ヒタル古風ノ服装ヲ為シタル掌典官等ノ列中ニ加ハリタルコトナリキ。陛下ニハ如何ニモ御満足ノ様ニ見ヘタルガ左モアリナン。天候モ暖和ニテ市中賑フ。

学院生徒ハ馬場先門内ノ席場ニテ奉送セリ。

十一月七日（日）

殆ント終日ヲ即位礼祈祷準備ノ為ニ費ス。

夜ハ寄宿舎ニ於テ瀬川氏ノ講話アリ。

十一月八日（月）

授業如例。

十一月九日（火）

出院授業如例。

明日ノ即位祝賀演説ノ用意ヲナス。

十一月十日（水）

午前九時、宮内省出張所ニ出頭シ、明治学院、日本基督教会及青年会同盟ヲ代表シテ賀表ヲ呈ス。

午後二時ヨリ高輪教会堂ニ於テ明治学院職員生徒一同、即位礼奉賀式ヲ挙行ス。

母上ニハ八十才以上ノ故ヲ以テ、東京府ニ於テ天杯ヲ壱個ト酒肴料五十銭ヲ受領セラル。花子付添人トシテ出頭ス。

午後七時ノ汽車ニテ京都ニ向ケ出発ス。小﨑、元田同行ス。

十一月十一日（木）

午前七時過、京都ニ着車ス。停車場附近ハ唯警固ノ厳重ナルヲ見ルノミニテ、更ニ人込ノ様子ナシ。人力車ヲ雇ヒテ直チニゴールボールド氏宅ニ投ズ。市街モ至テ静カナリ。

午前十時ヨリ同志社庭内ニ於テ奉賀式アリ。宮川氏式辞ヲ読ミ、余ハ奉賀ノ祈祷ヲ捧ゲタリ。会衆二千余名、露、英、米ノ大使等モ見ユ。中々盛会ナリキ。

昼ニハテンドン《［デントン］》女史方ニテ午餐ノ饗応アリ。

ソレヨリ前ニ、元田氏ト共ニ内閣ニ赴キ、江木書記官長ニ面会シテ謝意ヲ表シ、賞勲局ニ往キテ勲章ヲ受領ス。

［以下、十一月補遺欄］

午後、原田、元田二人ト共ニ高田文相ヲ其旅館ニ訪フ。同所ニテ鎌田、高木兼寛二人ニ会フ。文相ニ会ヒ叙勲ノ謝意ヲ表シ、ソレヨリ三人同道シテ御所ニ参内シテ、叙勲ノ御礼ヲ述べ、ソレヨリ二条離宮ニ出頭シテ東宮殿下ヘモ御礼ヲ申上ク。当日、御所ニハ御神楽ノアル由ニテ、御車寄ハ大分混雑シタリ。

十一月十二日（金）
チャンバレン氏夫婦、ヒル氏夫婦来着。朝餐ヲ共ニシ、夫レヨリ自働車ニテ市内ヲ見物ス。同志社大学、吉田教会、博覧会伝道館、知恩院、三十三間堂、東本願寺等ヲ見ル。午後二時ヨリ同志社創立四十年紀念祝賀会ニ出席ス。高田、一木其他ノ高等官数名臨席アリ。盛会ナリキ。式後、女学校ニテ茶菓ノ饗応アリ。原田氏ノ言ニ依レバ、同志社ノ財産ハ百二十万円余ナリトノ事ナリ。
十一月十三日（土）
午前九時二十四分発急行車ニテ帰途ニ就ク。小﨑氏モ同車ス。汽車中些ノ雑踏ナシ。
午後九時過、無事帰宅。
汽車中不図、樋口修一郎ニ会フ。樋口真彦氏死去ノ由ヲ聞ク。
十一月十四日（日）
午後二時、青年会館ニ於テ即位奉賀ノ為、内外人合同ノ礼拝式アリ。余ハ奉祝ノ辞ヲ述ブ。
帰途、健次ヲ大学病院ニ訪問ス。手術ノ結果好良、来廿日ニハ退院ノ見込ナリ。
帰途、沼澤氏ヲ訪問ス。稍々軽快ノ容子ナリ。
十一月十五日（月）
出院如例。
午後、銀座教文館印刷所ニ往キ、礼状ノ印刷ヲ依頼ス。
十一月十六日（火）
授業如例。
十一月十七日（水）
授業如例。
十一月十八日（木）
授業如例。
十一月十九日（金）
授業如例。
十一月二十日（土）
明日説教ノ用意ヲナス。
十一月二十一日（日）
午前十時、青年会館ニ於テ市内基督教会聯合礼拝式アリ。集会満堂、千名以上ト思ハル。植村氏説教スベキ筈ノ処、両三日来発熱ノ赴ニテ、余俄カニ説教スルコトトナル。伝道ノ責任及動機ニ就テ説教ス。
帰途、病院ニ健次ヲ訪問シ、夫レヨリ真野老人ヲ訪問シタレトモ不在ナリキ。

十一月二十二日（月）

マクネヤ、昨夜卒死ノ趣。ミスウエストヨリ知ラセアリ。

授業ノ後、同家訪問ス。

十一月二十三日（火）

授業如例。

午後五時ヨリ、青年会同盟委員会アリ。

十一月二十四日（水）

授業如例。

午後二時、高輪教会ニ於テマクネヤ氏ノ葬儀アリ。余ハ棺側ノ一人トナル。白金瑞聖寺内ニ葬ル。葬儀一式ノ費用二百五十円ナリトノ事ナリ。

健次全快、本日退院。

去年今日ハサンダム館焼失ノ日ナリ。

十一月二十五日（木）

授業如例。

午後、中学部教員会ヲ開キ、試験期日其他ニ付議決ス。

真野夫婦来訪。御即位礼ノ紀念品ヲ携ヘ来リテ示ス。更科そばヲ饗ス。

三浦徹氏モ同時ニ来訪ス。

十一月二十六日（金）

授業如例。

十一月二十七日（土）

午後二時四十分、両国発千葉町ニ出張ス。森岡氏其他、停車場ニ出迎フ。直チニ鈴木直太郎ト云フ人ノ家ニ招カレテ宿泊ス。

夜、教会ニ於テ演説ス。聴衆満堂、多数ハ学生ナリ。即位礼ト建国ノ基ト題シテ敬神ノ意義ヲ明カニスルコトヲ勉メタリ。

曽テ二十年前ニ余ガ授洗シタル長谷川老夫人来リ、死シタル時ニハ説教ヲシテ貰ヒタシトノ依頼アリ。

十一月二十八日（日）

午前十時、教会ニ於テ説教ス。

夫レヨリ千葉医学専門学校基督教青年会ノ招ニヨリ、同校集会所ニ於テ午餐ヲ共ニシ、懇談会ヲ開キ、三時四十分ノ汽車ニテ帰宅ス。

此日、陛下御還幸ニテ市中雑踏ス。

十一月二十九日（月）

大観兵式予習アリ。学院生徒参観ヲ許可セラレシニ付、一同臨時休業ヲナシテ参観ス。

余ハ即位礼ニ関スル英文ノ論説ヲ起草ス。

十一月三十日（火）

授業如例。

十二月一日（水）

授業如例。

十二月二日（木）

即位礼紀念大観兵式、青山ニ挙行セラル。陸軍大臣ヨリ案内アリ陪観ス。第三号席ニアリ。好位置ニ在リテ十分ニ観ルコトヲ得タリ。天気快晴申分ナシ。

桃澤静子一週年記念追悼会アリ、同家ニ招カル。花子同道。

十二月三日（金）

授業如例。

午後二時、明治学院理事会開会。里見純吉氏、理事ニ当選ス。

十二月四日（土）

即位礼紀念大観艦式、横浜港外ニ挙行セラル。余モ陪観ヲ許可セラレ、未明宅ヲ出発、六時五分ノ特別汽車ニテ横浜ニ赴ク。直チニ満州丸ニ乗リ、御召艦ノ後ニ附テ艦列ノ間ヲ除[徐]行シ、元ノ位置ニ帰リ、夫レヨリ軍艦金剛ニ移乗シ、甲板上ニ於テ午餐ノ供饗アリ。但西北ノ風強ク、且約壱時間待セラレタルガ為ニ大分困難ヲ感ジタリ。満州ヨリ金剛へ乗移ノ際、片山国嘉氏ハ過チテ水中ニ落チタリ。然レトモ水夫ニ助ケラレテ事ナキヲ得タリ。五時過、無事帰宅ス。

十二月五日（日）

大町一二氏来訪。

夜、寄宿舎ニ於テ講話ヲナス。

十二月六日（月）

青山ニ於ケル辻男爵ノ葬儀ニ会葬ス。

ミシヨナリーリビウ社へ即位礼ニ関スル論文ヲ送ル。

十二月七日（火）

授業如例。

午後、神学部教授会ヲ開ク。宇野ハ病身ニテ成業ノ見込ナキヲ以テ退学ヲ諭ス。

十二月八日（水）

授業如例。

午後五時ヨリ三田東洋軒ニ於テ、三学部教職員申合ノ上、余ノ叙勲ノ為ニ祝賀ノ晩餐会アリ。岡見、石原二氏ノ外悉ク出席。イムブリー、オルトマンス、河西、水芦氏等ノ祝辞アリ。余、答弁シ、一同満足ノ様子ナリキ。

十二月九日（木）
午前六時家ヲ出テ、品川ヨリ上野ニ赴ク。
本日ハ大典祝賀会ニ聖上ノ行幸アリ。余ハ参列者ノ中ニ加ハリ、紀念章ヲ受ク。
午前十時ニ御着アリ。三十分ニテ還幸セラル。
参列者ノ外ニ公民一般ノ入場ヲ許可シタレバ、夥多ノ人数ナリキ。約五六万ト云フ。
正午ニ立食ノ饗応アリ。天候モ幸ニ半曇半晴ニテ持コタヘタリ。
午後一時、帰宅セリ。

十二月十日（金）
午前八時三十分、特急車ニテ出発、徳島市協同伝道ニ赴ク。元田作之進氏同行ス。
午後九時半、神戸着。直チニ大阪商船会社支店ニ赴キ、汽船ノ出発ヲ待ツ。十一時半過、船大阪ヨリ来ル。直チニ乗船、十二時頃出発ス。船ハ第六共同丸ニテ四百五十噸ナリト云フ。
幸ニ海上平穏ニシテ直チニ寝ニ就ク。

十二月十一日（土）
船ハ徳島迄往キ［ク］ベキ筈ナルニ、潮ノ加減ニテ小松島ニ投錨ス。富田氏其他数名、徳島市ヨリ出迎フ。
茶屋ニテ暫時休息シ、汽車ニテ徳島ニ往キ、平亀楼ト云フ旅店ニ投宿ス。昼ニハローガン氏方へ元田其他ノ人々ト共ニ招カル。
午後、婦人会ノ為ニ一場ノ話ヲナシ、夜ハ桑田氏ト共ニ教会ニ於テ説教ス。聴衆ハ満堂ニテ静聴ス。教会員モ熱心ニ運動シツヽアリ。

十二月十二日（日）

午前十時、教会ニ於テ説教ス。桑田氏ハ講義所ニ往ク。

昼ニハ旅店ニ於テ、牧師、宣教師其他有志者トノ会食アリ。

余ハ郵便局長ノ依頼ニヨリ局員一同ニ一場ノ講話ヲ為セリ。

ソレヨリ旅館ニ帰リ、紀念撮影アリ。

夜ハ再ビ桑田氏ト共ニ教会ニ於テ説教ス。聴衆ハ前夜ヨリモ多ク、何レモ熱心ニ傾聴シ、説教ノ後、求道者トシテ記名シタル者五十三名アリキ。

十二月十三日（月）
午前八時、徳島出発。牧師、宣教師、信徒数十名停車場又ハ途中ノ駅迄見送ル。頗ル懇切ナリ。
小松島ヨリ九時二十分ニ出発ノ筈ノ所、潮ノ為ニ船来ラズ、漸ク十一時過出発ス。天気快晴、海上平穏ナリ。元田氏ハ後ニ残リ、今夜出発ノ筈ナリ。
五時、兵庫着。直チニ神戸停車場ニ赴キ、手荷物ヲ預ケ、山本ト云フ牛肉店ニテ夕食ヲ喫ス。但牛肉ハ甘カラズ。

十二月十四日（火）

午前九時、無事帰宅。家族一同無事。

十二月十五日（水）

授業如例。
午後五時ヨリ東京基［督］教青年会ノ発起ニテ、今般叙勲セラレタル基督教者ノ為ニ「ミカドホテル」ニテ祝賀会アリ。元田、山室、長田、矢嶋楫子、津田梅子嬢ト余ト正賓タリ。江原氏其他ハ差支欠席。伊東、安藤、クレメント、押川諸氏ノ祝辞アリ。余、之ニ対シテ答辞ヲ述ブ。来会者六十名許ニテ盛会ナリキ。

十二月十六日（木）

授業如例。

十二月十七日（金）

授業如例。
夕刻ヨリライク氏方ニ招カル。花子同道。

十二月十八日（土）

高等学部試験。
午後三時、横浜指路教会ニ於テ相川好生氏ト山本静江子トノ結婚式ニ列ス。花子同道。式後、日盛楼ニ於テ晩餐ノ饗応アリ。

十二月十九日（日）

午後、衣斐紋太郎氏ヲ訪問シテ旧事ヲ物語ル。
片山、沼澤両家ヲ訪問ス。

十二月二十日（月）

出院如例。
教会同盟常務委員会及青年会同盟常務委員会アリ。来年度ノ予算ヲ議決ス。

十二月二十一日（火）

中学五年級学期試験。
午後十時［前］ヨリ総務局理事会ヲ開キ、大会後ノ事務ノ報告、来年度ノ計画等ヲ議ス。本年度ノ不足二千円以上アリ。

十二月二十二日（水）

出院如例。
午後六時ヨリ高輪教会堂ニ於テ学院青年会主催ノクリスマスアリ。十時比帰宅、十一時半寝ニ就キタルニ、一時比、大久保、庭ノ雨戸ヲタ、キ、只今沼澤氏ヨリ電話ニテ七郎氏急ニ危篤ナリトノ報知アリト云フ。驚キ起キ、直チニ車ヲ命ジ走ラシタルニ、漸ク二時半頃先方ニ着ス。着シ見レバ、片山夫婦ト小峰氏等来リ居ル。七郎氏ハ既ニ気息絶ヘタリトノ事。十二時過ヨリ激烈ナルセキヲ起シ、遂ニ喀血シテ死セリトノコトニテ、於國ノ悲痛見ルニ忍ビズ。実ニ同情ニ堪ヘズ。然レトモ斯クテ止ムベキニ非レバ、片山、小峰氏ト相談ノ上、親戚其他ニ電報ヲ発ス。

十二月二十三日（木）

松平家々令飯沼氏、山川男爵、病院長佐藤三吉氏等、続々来訪ス。夫々協議ノ上、死去通知書並ニ新聞広告ノ名義人ノ國子ト親類総代トシテハ自分ト高木盛之輔ト真野文二ノ三人、友人総代トシテハ山川、出羽両男爵ト佐藤三吉氏ノ三人ト為ス。

然ルニ夜十時過、高木盛乃輔、龍雄ト共ニ上京。龍雄ノ名ヲ之ニ加ンコトヲ主張シ始メタリ。然レトモ縦令親子ノ関係ハ存スルトモ、謹慎中ノ者ガ公然ト署名スルノ不可ナルコトヲ以テ之ヲ拒絶シタリ。

午後二時ヨリ学院理事室ニ於テ三学部教職員一同ヲ招キテ茶菓ヲ饗シタリ。

十二月二十四日（金）

午前一時半ヨリ休息シタリ。然ルニ目覚ルヤ否ヤ、桃澤氏来リテ、龍雄ハ是非通知書ニ署名センコトヲ主張シ、若シ聞カレズンバ自殺スルノ決心ナリ云々ト云フ。片腹痛キ話ナリト思ヒタレトモ、高木氏モ同説ナリトノコトナレバ、再ビ同氏ト論ジタル結果、遂ニ余ガ説ニ服シタレバ、於國ヲ呼ビテソノ意見ヲ聞キタルニ是レ亦同説ナリ。依テ龍雄ヲ呼ビ、高木氏ヲシテソノ意見ヲ説諭セシメテ、彼亦遂ニソノ説ニ服従シ、後ニ自己ノ過失ヲ発見シタル旨ヲ桃澤氏ヲ経テ申出タリ。

○夕刻ヨリ帰宅。宅ニテ家族的ノクリスマス祝ヲナス。

十二月二十五日（土）

学校ノ事務ヲ見ル。

午前十一時比、再ビ沼澤家ヘ赴キタルニ、松平子爵只今来訪セラレタリトノコトナレバ、直チニ車ヲ命ジテ答礼ニ赴キ、子爵ニ面謁シテ礼ヲ述ブ。

高木氏ハ日夜酒ヲ呑ミ、終始酒気ヲ帯ビ話スルガ故ニ、他人ハ皆閉口シタリ。同氏亦曰ク、昨夜、加藤寛六郎ノ子息来リ、父ノ伝言ナリトノコトニテ是非龍雄ヲ沼澤家ノ相続人ニ立ルヤウ取扱呉ヨトノコト故ニ直チニ親族会議ヲ開ケト迫ル。於國ト共ニ前議ヲ繰返シテ、再ビ之ヲ拒絶シテ漸ク事済ム。

手伝ノ人出入多ク、混雑ヲ極ム。

十二月二十六日（日）

旅ノ用意ヲナシ、十一時半比、沼澤家ニ往ク。

午後一時出棺。小石川伝通院ニ往ク。本堂前ノ式場ニ於テ葬儀アリ。会葬者約三百人、二時半比焼香了ル。棺ハ寺ニ預ケ置キ、我等一旦沼澤家ニ帰リ、旅装ヲ為シテ、六時半家ヲ出、上野ニ向フ。

八時十分発列車ニテ棺ヲ護送ス。一行ハ於國、余ト高木、龍雄、桃澤、沼澤村々長、加藤寛六郎子息、金子とみ子ノ八人ナリ。二等車ノ半分ヲ借切リタレトモ、中々窮屈ニテ困難ヲ感ジタリ。

十二月二十七日（月）

午前五時半、若松駅着。出迎ノ人数十名アリ。

予テ準備シタル人夫ニ棺ヲカツガセ、我等ハ人力ニテ慶山大龍寺ニ向フ。朝風吹キ寒気強シ。但雪ハ思ノ外浅シ。

大龍寺ニ於テ強飯ノ饗応アリ。暫時休息、正十時ヨリ式ヲ始メ、三十分ニテ了ル。会葬者凡テ六十名許ナリ。式終リテ、本堂ノ東北ニ埋葬ス。雪ノ為、工事困難ナリ。漸クニシテ棺ヲ穴ニ下シタル時、突然「私ハ御供ヲ致シマストテ〔ママ〕」穴ノ中ニ飛入リラント試ミタル老人アリ。傍ニアリタル人々之ヲ制止ス。後ニテ聞ケバ、佐久間某ト云フ沼澤ノ旧臣ナリトノコトナリ。式終リテ清水屋ニ帰リ休足ス。

十二月二十八日（火）

午前十時、於國、龍雄等ト同道、大龍寺ニ墓参ス。住職ニ面会、墓地保存ノコトニ付相談ヲナス。

帰途、深田、松本市長、藤澤正啓氏ノ家ヲ訪問シテ礼ヲ述ブ。ソノ途次、願成就寺ノ墓地ヲ見タルニ、境場ノ杉木ヲ悉ク伐木シアリ。驚テ近所ノ人ニ尋ネタルニ、清林寺住職ガ入札ニテ売払タルナリト云フ。実ニ言語同断ノ事共ナリ。善後策ニ付テハ藤澤氏ニ依頼シタリ。

廣田叔母様、和田みゑ等来訪ス。

午後十時五十分発ノ汽車ニテ帰京ノ途ニ就ク。龍雄共々、後藤氏同道ス。

十二月二十九日（水）

赤羽ニテ於國ニ分レ、品川ヲ経テ無事帰宅ス。時ニ十時ナリ。宅ニ於テモ一同無事ナリ。

前夜ハ汽車中混雑シテ殆ンド睡ルコト能ハザリシガ故ニ、

午後休息シタリ。

十二月三十日（木）

書状ヲ認メ、日本橋通ニ往キ、海苔ヲ買ヒ、水上、若松和田及信州和田へ郵送シタリ。

十二月三十一日（金）

午後、真澄、清見ヲ携へ、日本橋通へ往キ、再ビ買物ヲナス。二人ハ空気銃ヲ買フ。荒川及木村へ手袋ヲ送ル。天気快晴、暖和ニテ春ノ如シ。

［末尾補遺欄］

大正四年壱月十九日　寺内総督ト会見ノ記

午後二時半過、朝鮮ホテルヨリ人車ヲ馳セテ総督官邸ニ赴キ、名刺ヲ通ズ。数名来客中ノ様子ナリ。待ツコト五六分ニシテ二名ノ官吏辞シ去ル。ソレト入違ニ楼上ノ室ニ案内セラル。先ヅ一軍人挨拶シテ、総督閣下ハ「チヨツト」面会セラルベシトテ奥ノ一室ニ案内ス。室内ニ入レバ総督ハストーブノ側ニ安楽椅子ニ座シテ何カ報告書様ノモノヲ閲シツヽアリ。

余、先ヅ時候ノ挨拶ヲナシタレバ、何時来シヤヲ尋ネ、且座ニ就カレヨトノ挨拶ナリ。依テ余ハ側ノ椅子ヲ引寄セ之ニ座シ、直チニ要談ニ入ル。

即チ昨年、昭憲皇太后崩御ノ時、尹致昊等ノ為特赦ノ恩典アランコトヲ請願シタルコトヨリ始メ、其時ノ伯爵ノ言質ニ基キテ、年モ改リタレバ何ト［ゾ］伯爵ノ寛大ニ由テ彼等ニ恩赦ノ行ハレンコトヲ希望スル旨ヲ陳べ、ソノ理由トシテハ独リ彼等本人ノ幸福タルノミナラズ、其影響ノ及ブ所日米ノ関係上皇国ノ為タルベキヲ確信スル旨ヲ簡略ニ開陳シタリ。

総督ハ静カニ聴キタル後、口ヲ開キテ曰ク、自分ニ於テモ彼等ノ為ニ特赦ヲ奏上スルノ考アリ、自分ハ之ヲ為スノ意志アリ。但シ世間ニ於テ之ガ為ニ運動ガマシキコトアルハ極メテ不可トス。余ハ余ノ考ヲ以テ之ヲ為スベキノミ（余ハ之ニ対シテ其ノ固ヨリ然ルコトヲ答へタリ）。昨年、米国ノ平和協会ノ表代者ガ大隈伯ニ要求シタリト見へ、同伯ヨリ一書ヲ得タリ。余ハ之ニ対シテ「私ニ托カセテ置カレヨト」返事シタリ（平和協会ノ代表者ト云ヘバアレン氏ナランガ、恐クハメソジスト伝道局ノセクレタリーノルス氏ノ関連ナランカ。伯ハソノ名ヲ記臆セズ。アレンナルカト尋ネタルニ確実ナラズ）。何レニシテモ外部ヨリ干渉セラルノ事ハ大嫌ナルコト明日ナリ。又曰ク、此ニ今一ツ事アリ、即チ在朝鮮ノ外国宣教師等ガ今一層謹慎ナルベキ事、是ナリ。現ニ頃日、宣教師マキウン[ム]ガ再ビ平壌ニ於テ鮮人ヲ教唆シタル事実アリ。新義州ノ警察署長ハ彼ヲ召喚シテ審問シタルニ、彼ニ於テハ其覚ナシト云フ由ナリ。或ハ彼ニ於テ教唆ノ意志ハナカラン、然レトモ鮮人ニ向ヒ、汝等ヤソニナレバ将来汝等ハ独立国タルコトヲ得ベシト云ヘバ、日本政府トシテハ之ヲ看過シ難シ。且彼マキウムハ朝鮮ニ来ル途次、ハワイ島ニ於テ朝鮮人ニ向ヒ一層激烈ナル演説ヲ為シタル趣ナリ。全体ハワイノ日本領事ガ報告セザルハ不都合ナルガ、新聞紙上ニアル以上ハ全然無根ノ事トハ認メ難シ云々。

余ハ之ニ対シ、外国宣教師等、今一層言語ヲ慎ムノ必要アルコトヲ認ケルコトヲ以テセリ。何トナレバ予メクラム氏ヨリ聞ク所ニヨレバ、マキウムハ左ノ如キ言ヲ用ヒタル赴ナリ。

"Your enemy is at your elbow; Why do you not stretch your arms and bring to more people! Your feet are sound; Why don't you march on? Christ shed His blood for you; So you ought to shed your blood for your fellow countrymen"

「あなたの敵はあなたのそばにいる。なぜあなたは腕を伸ばし、もっと多くの人々を連れてこないのか。あなたの足元はしっかりしている。なぜ行進しないのか。キリストはあなたのために血を流された。それだから、あなたも同胞のために血を流すべきだ。」

総督ハ尚語ヲ継テ曰ク、宣教師ニモ段々分ルモノモアリ。ハリス、ゲールノ如キハ能ク分ル方ナリ。アンダルウードハ未ダ確実ナラズ（余ハア氏ガ態度ノ昨年以来一変シタルコトヲ弁ジタルニ、彼ハ仮面ヲ蒙レリト云ヘリ）。又彼ノゼルダクンモ再来シタリ。今ハ潜ミ居レトモ、何ヲ為スヤラ分ラズ（余ハ其時ジレットハ永久朝鮮ニ帰ラザルコトヲ告ゲタリ）。

総督ハ、本年元旦ニ多数ノ宣教師ガ年賀ニ来リタルコトヲ言リ。アンドルウードモ其一人ナルコトヲ挙ゲ、之ヲ以テ彼等ガ漸々総督ニ帰服スルノ徴候トシテ喜ブモノ、如ク見ヘタリ。

尚曰ク、近々一ツ彼等ノ好マザル事ヲ実行セザルベカラズ。即チ普通教育ノ事ナリ。今彼等ガ教育シツ、アル児童約五万人アリ。余、問テ曰ク、然レトモ彼等ハ総督府ノ認可ヲ得、其規定ノ下ニ之ヲ経営スルニ非ズヤト。総督曰ク、否、余リ能クイツテ居ラヌ様子ナリ。ソウスレバ日本人ノ教員モモツト採用セネバナラヌコトトナルナリ。然シナガラ是ハ必要ナリ、アメリカノ市民ヲ養成シテ貰ヒテ困ルトテ、トルコニ於ケル米国宣教師等ノ教育ニ付テ「アスソシエーテツドプレス」ノ代表者某ノ言ヲ引キテ語リ、且朝鮮人青年会ノ内部ニ日本人ガモツト活動スベキコトヲ催スモノ、如シ。

最後ニ余ハ再ビ伯爵ノ好意ヲ感謝シ、且恩赦ノ行ハル、時ノ大凡何時頃ナルベキカヲ尋ネタルニ、ソハ天皇陛下ノ大旨ニ依テ定ルコト故、予メ何時トモ明言シ難シトアリ。

総督自ラ先ツ座ヲ起チタレバ、余モ席ヲ立チ、再ビ謝意ヲ表シテ退席ス。

其時、総督モ次ノ間ニ出来リ、諸長官ヲ集メテ会議ニ入ラントスルモノ、如クナリキ。其時、石塚長官ハ自ラ余ニ挨拶シタリ。

直チニホテルニ帰リ、同所ニ待合ハセタルクラム氏ニ会見ノ始末ヲ語リ聞カス。夫レヨリ渡辺暢氏ヲ官邸ニ訪問シ、同氏ニモ亦右大意ヲ語ル。

一九一六（大正五）年

YMCA 東山荘
第二十六回夏季学校参加者の記念写真

一月一日（土）　曇天
例ニ依リ家族礼拝ノ後、朝雑煮ヲ食シ、廻礼ニ出ントセシ時、片山夫婦子供二人ヲ携ヘテ来ル。
松平家、真野等ニ廻リ、帰途、沼澤ヲ訪問ス。
一月二日（日）　曇、小雨
拝賀ノ為参内シタルニ、十一時ニ少シク晩レタル為ニ間ニ合ハザリキ。
一月三日（月）
午後三時、総務局ニ於ケル京浜教役者会ニ出席ス。
一月四日（火）
都留、山本、宮地、河西、水芦氏等ヲ訪問ス。
一月五日（水）
沼澤氏頓死ニ付幾回も思出たるは
あすありとおもふ心のあたさくら夜半にあらしのふかぬものかは
ノ古歌ナリ。是レ決シテ他人ノ事ニ非レバ、今日ハ遺書ヲ認メタリ。今後毎年々頭ニ之ヲ認ムル事トセント欲ス。
午後、聯合ミシヨンノ年会ニ出席ス。議長ノ演説、アンダルウード氏ノ演説等アリ。
朝来、西風強ク寒気頓ニ加ハル。
夜、高輪教会ノ祈祷会ニ於テ一場ノ感話ヲナス。
一月六日（木）
[記載なし]
一月七日（金）
[記載なし]
一月八日（土）
文部省ニ出頭シテ勲記ヲ受領ス。
帰途、沼澤家ヲ訪問シ、後事ニ付相談ス。片山家ヲ訪問ス。
夜十時過、長崎ヨリ電報アリ。フミエ急病ニテ六ケシト。直チニ快複ヲ祈ル旨ノ返電ヲ出ス。
一月九日（日）
長崎へ見舞ノ電報ヲ出ス。
高輪教会ニ於テ礼拝ス。牧師ノ説教ハ例ニ依テ不得要領ナリ。
丸山直子殿病死ノ知ラセアリ。花子見舞ニ往ク。
一月十日（月）
三学部共ニ本日ヨリ始業。
午後、青年会同盟財団法人理事会ヲ開キ、三崎町敷地売却、駿河台敷地購入ノ事ニ付議決ス。

一月十一日（火）
授業如例。
午後三時ヨリ三崎町バプテスト会館ニ於テ東京聯合教役者会ニ出席。引続キ宝亭ニ於テ会食ス。
一月十二日（水）
出院授業如例。
夕刻、真野氏ニ往キ、沼澤家相続人其他ノ事ニ付相談ス。
昨夜半、大隈伯宮城ヨリ帰途、爆弾ヲソノ自動車ニ投ジタルモノアリタレトモ、幸ニ爆裂セズ、同伯ハ無事ナルヲ得タリ。反人［ママ］ハ逃去リテ不明トノ号外出タリ。
一月十三日（木）
出院授業如例。
午後、真野文二氏来訪、沼澤氏ノ後事ニ付種々話アリ。
一月十四日（金）
授業如例。
夜、沼澤家ヲ訪ヒ、親族会ノ事ニ付相談シ、同会員ハ沼澤榮之進、高木盛之輔、真野文二、山川健次郎及ビ余ノ五人ト定ム。
一月十五日（土）
午前、鎌倉ナル勝治ヲ訪問シ、沼澤氏死去ノ事其他ニ付緩話シ、夕刻帰宅。
一月十六日（日）
沼澤國子来訪。
夜、寄宿舎ニ於テ講話ス。
一月十七日（月）
出院授業如例。
午後五時ヨリ青年会同盟委員会ヲ開ク。
午後九時比帰宅シタルニ、沼澤ヨリ藤井澄《キヨシ》来リ、親族会ノ申請ヲ為サントシタルニ、龍雄ハ種々故障ヲ唱ヘテ之ヲ阻ムガ為ニ、今朝ハ見合セタリトノコトナリ。依テ当方ニ於テ其手続ヲ為スベケレバ書類ヲ預ルコトトセリ。
一月十八日（火）
鎌倉ナル真野氏ヘ電報ヲ打チ、帰途宅ニ立寄ランコトヲ求メタレバ、十一時来訪セラレタリ。又一面ニ於テハ沼澤ヘモ電報ヲ発シ、於くにノ印ヲ携ヘ来ラシム。
真野氏ト相談ノ上再ビ藤井ヲ呼ビ、明朝ハ無相違親族会申請ヲ為サシムルコトニ決ス。
午後、神学部教授会ヲ開ク。
一月十九日（水）
出院授業如例。

一月二十日（木）
午前、授業如例。
午後二時ヨリ協同伝道委員会ヲ開キ、報告ヲ聞キ、打狗ノコト等ヲ議決ス。
三時ヨリ、構内ノ樹木ヲ植替ルコトニ付特別委員会ヲ開キ、実地踏査ノ上其位地ヲ定ム。

一月二十一日（金）
午前十時、沼澤居宅ニ於テ親類会ヲ開キ、家督相続人ヲ選定ス。会員ハ沼澤榮之進、藤田時尾、真野文二、山川健次郎及余ノ五人ナリ。於國モ列席ス。且弁護士普賢寺轍吉ニ乞ヒ法律顧問トシテ列席セシム。
先ヅ同氏ニ法律上ノ手続ノ遺漏ナキヲ尋ネタルニ、ナシトノ答ナリ。然ルニ龍雄ハ是非出席シテ意見ヲ述ベタシトノコトニテ許シタレバ、甚タ不遜ノ態度ヲ以テ自ラ当然戸主タル権利アルコトヲ主張シタリ。然レトモ固ヨリ僻演ニシテ取ルニ足ラズ。全会一致ヲ以テクニ子ヲ相続人ト定メテ、其手続ヲ普賢寺氏ニ托シタリ。

一月二十二日（土）
午前七時、自宅出発、東京駅ニ赴ク。同所ニテクニ子待受ケ居リ。心細キ様子ナリ。決シテ心配セザルヤウ慰メ、且励シテ別ル。実ニ気ノ毒ナリ。
横浜ニテ鈴木四十氏乗込、門司迄同車ス。

一月二十三日（日）
午前九時半、下関着。直チニ門司ニ渡リ、十時四十五分発車、零時半博多ニ着ス。荒川文六、同所ニテ待受リ。共ニ人力ニテ同氏宅ニ至ル。
昨夜来雨天ニテ寒気モ亦増加ハル。
真野咲子、荒川家ニ来車、共ニ午餐、晩餐ヲ饗セラレ緩々物語ヲナス。荒川ハ一家無事、親子八人皆健在、真ニ幸福ナル家庭ナリ。

一月二十四日（月）
午後三時、福岡市女子師範学校ニ於テ職員生徒一同ニ一場ノ講話ヲナス。題ハ教育ノ根本。生徒約四百名、校長ハ永瀬伊一郎ト云フ人ナリ。曽テ仙台ニ於テモ余ノ話ヲ聞ケリト云ヘリ。
帰途、荒川文六ノ案内ニテ金龍寺ナル貝原益軒ノ墓ニ詣ヅ。
夜ハ九大青年会ノ幹事、又髙﨑能樹氏等来訪、談話ス。

一月二十五日（火）
午前十一時、福岡英和女学校ニ於テ廣岡夫人ト共ニ一場ノ講話ヲナス。校長ハミスリイト云フ人ニシテ、ホリーヨーク出身ナリトノコトナリ。同校ニテ午餐ノ饗応ヲ受ケ、夫レヨリ公会堂ニ赴キ、教育家ニ講話ヲナス。聴衆約二百名。学務課長等モ見エタリ。

夫レヨリ直チニ真野氏ニ招カレ、荒川夫妻ト共ニ第一流ノ福岡料理ノ振舞ヲ受ケタリ。中々贅沢ナルモノナリ。

食後再ビ公会堂ニ至リ、廣岡夫人、名出氏ト共ニ演説ス。聴衆約一千人、盛会ナリ。福岡未曽有ノ事ナリト云ヘリ。

咽喉ノ工合悪シ。

一月二十六日（水）

午前九時、福岡警察署ニ於テ署長ノ紹介ニテ巡査百名余ニ一場ノ講話ヲナシ、後ハ名出氏ニ譲リテ、真野家ニ往キ午餐ヲ喫シ、十二時三十九分発ノ汽車ニテ大牟田ニ赴ク。原田、宮川氏等、同車ニテ来着ス。

大牟田ニテハ宣教師其他ニ迎ヘラレ、一時ペインタル氏方ニ休息シ、三時ヨリ実科女学校ニ於テ三池郡ノ学校教員員《[衍]》二百名余ニ教育上ノ講話ヲナス。山室氏モ共ニ講話セリ。

夫レヨリ久留米ニ引返シ、瀬川氏等ニ迎ヘラレ、同氏住宅ニテ五六十名ノ聴衆ニ演説シ、松林館ト云フ旅館ニ宿泊ス。

大牟田ニテハ三井会社ノ好意ニテ自動車ニテ迎送セラレ、且三交クラブニテ晩餐ノ饗応ヲ受ケタリ。

一月二十七日（木）

午前九時ヨリ、瀬川氏ノ案内ニテ篠山城ノ旧跡ヲ見、十時十分発ニテ再ビ大牟田ニ至ル。

着スルヤ直チニ三井会社ノ自動車ニテコークス製造所、万田炭坑及ビ築港ヲ視察ス。一々説明者ヲ出シ、鄭重ヲ極ム。右終リテ、港クラブニテ又午餐ノ饗応アリ。植木氏態々来リテ亭主役ヲナス。

夫レヨリ自働車ニテ大正座ニ至リ、釘宮氏ト共ニ一場ノ講話ヲナス。

右終リテ、ヘプネル氏ノ家ニ招カル。夕食ヲ済シ再ビ大正座ニ於テ深田氏ト共ニ演説ス。聴衆満堂、盛会ナリ。

信徒一同ハ感謝ヲ以テ各々家ニ帰ル。

一月二十八日（金）

午前八時五十四分、大牟田ヲ発ス。十時二十分過ニ熊本ニ着シタルニ一人ノ出迎人ナシ。不得止大嶋氏宅ニ赴キタルニ氏モ亦不在ナリ。漸クニシテ同氏来ル。電報延着ノ為、到着ノ時刻《[ママ]》ナリシ由ナリ。十二時前、指定ノ旅館研屋支店ニ落付タリ。

午後三時、第一師範学校ニ於テ講話ヲナス。職員、生徒一同出席、聴聞ス。生徒四百名。

夜ハ県会議事場ニ於テ牧野虎次氏ト共ニ演説ス。聴衆ハ六百名内外ト見受ケタリ。

一月二十九日（土）

午前三時半、旅店ヲ出発シ、四時十六分ノ汽車ニテ鹿児島ニ向フ。牧野氏同行ス。汽車中ニペテイ及ビ益富氏アリ、途中迄同行ス。十一時過、鹿児島着。牧師其他ノ人々ニ出迎ヘラレ、ミスランシングノ客トナル。

午後二時ヨリ鶴鳴館ニ於テマケンゼイ、今井氏ト共ニ演説シ、直チニ高等農林学校ニ於テ講話ヲ為シ、夜ハ再ビ鶴鳴館ニ於テ演説ス。聴衆ハ七百名位ト見受ケタリ。孰レモ盛会ト云フテ可ナラン。

一月三十日（日）

午前十時、日本基督教会ニ於テ説教シ、午後ハ第七高等学校ノ講堂ニ於テ荒川文六氏ト共ニ講話ヲ為ス。校長幷ニ教授数名ノ外生徒約二百名出席、傾聴シタリ。七高ノ講堂ニ於テ基督教ノ講演ヲ許可シタルハ今回ヲ初トナストノコトナリ。

夫レヨリ浩然亭ニ於テ慰労会アリ。直チニ辞シテ、七高青年会寄宿舎ノ親睦会ニ出席ス。二十名余ノクリスチアンノ青年アリ。活気ニ満チテ愉快ナル青年ノ団体ナリ。

一月三十一日（月）

午前六時半、ミスランシング氏方出発。ミスホスピス停車場迄見送ル。諸牧師其他ノ人ニ送ラレテ、七時十分発車。牧野氏ハ人吉迄同車、名出氏ハ門司迄同行。平岩氏モ大牟田ヨリ同車ス。

門司ニ着シ、直チニ停車場ニ於テ夕食ヲナシ、一同会館ニ赴ク。余ハ牧師ヘノ奨励ヲナス。但一箇人ノ資格ヲ以テシタリ。宮川、捧堂ノ祈、平岩牧師就職ノ祈、原田、会衆ヘノ奨励ト云フヨリモ頌徳ノ辞ヲ述ベタリ。名出氏ハ忌憚ナク前途ノ困難ヲ述ベタルニ、長尾氏ハ之ニ対シテ弁明シタリ。

未タ式終ラザルニ、九時半式場ヲ辞シ、十時発長崎行ノ列車ニ乗ル。

今回ノ伝道ニ依リ九州伝道ノ気運大ニ発展ノ徴アルヲ見ル。殊ニ官公立学校ノ態度ノ一変シタルハ著明ナル事実ナリ。

二月一日（火）

午前六時半、長崎着。文雄停車場ニ出迎フ。楼上ニテ朝食ヲ共ニシ、自分ハ池田旅店ニ手荷物ヲ托シ、直チニ東山学院ニ赴ク。八時半ヨリ講堂ニ於テ生徒一同ニ「教本［ママ］ノ根本義ト題シテ講話ヲ為ス。

午後ハ日本基督教会ニ於ケル婦人会ニ於テ話ヲナス。三枝、二人ノ小供ト満恵さんト下女ヲ連レテ集会ニ来ル。集会後、暫時旅店ニ来ル。正彦ハ帰ルハイヤト云フテ母ヲコマラセタリ。

夕刻、梅田信五郎方ヲ訪問ス。

夜ニ入リ文雄来リ、緩話シテ帰ル。

二月二日（水）

午前八時三十分、東山学院ニ赴キ、初メニ一年及ビ二年組一同ニ講話ヲナシ、次ニ三年ヨリ五年級ヲ合セテ講話ヲナス。昼ハワルボールド氏方ニ於テ午餐ヲ饗セラレ、午後、市中ヲ視察ス。夜ハ青年会館ニ於テ演説ス。

二月三日（木）

午前、又東山学院ニ赴キ、生徒一同ニ講話ヲナシ、引続キ五年級ノミト談話ス。生徒ノ不活発ナルヲ覚ユ。長崎一般ノ気風ノ如シ。

昼ニハ大町源重郎氏宅ニ招カレテ午餐ノ饗応ヲ受ク。

午後、鶍崎庚［午］五郎氏来訪ス。

二時、池田屋ヲ辞シ、端舟ニテ飽ノ浦ニ渡リ、文雄方ニ投ズ。文雄、風邪ニ罹リ欠勤、在宅セリ。

夜ニ入リ、横山氏来訪ス。

二月四日（金）

午前十時ヨリ水谷技士及ビ武藤氏ノ案内ニテ機関部ヲ、大嶋氏ノ案内ニテ造船部ヲ見ル。実ニ一大造船所ナリ。目下郵船二隻並ニ大軍艦壱隻製造中ナリ。

二月五日（土）

午前十二［衍］時二十分、長崎ヲ発シ帰途ニ就ク。文雄、停車場迄見送ル。

福岡市博多停車場ニ於テハ真野咲子、荒川夫婦見送ル。

門司ニ於テ長尾氏ノ部下両三名特ニ出迎ヘ、別仕立ノ小蒸気ヲ以テ下ノ関迄送ル。

二月六日（日）

午後八時半、横浜ニ於テ電車ニ乗換ヘ、九時、無事帰宅ス。留守宅ニ於テモ一同無事ナリ。

二月七日（月）

出院授業如例。

二月八日（火）
昨夜来雪降トナル。
出院授業シタルニ、悪寒ヲ催シ嘔吐ノ気味アリ。授業ニ堪ヘズ、帰宅シテ静養ス。
夜ニ入リ、体温三十九度二分アリ。

二月九日（水）
休業、静養。
医士神前氏ヲ迎ヘテ診察ヲ乞シニ、正シク流行ノインフルウインザナリト云フ。

二月十日（木）
休業。

二月十一日（金）
紀元節ニ付休業。

二月十二日（土）
［記載なし］

二月十三日（日）
沼澤くに子、藤井ヲ連レ来訪。七郎氏ノ紀念品トシテテラツコノ直衣ヲ送ラル。

二月十四日（月）
稍々軽快。出院授業ス。

二月十五日（火）
授業如例。
午後、神学部教授会並ニ常務理事会ヲ開ク。

二月十六日（水）
授業如例。

二月十七日（木）
授業如例。
夕刻ヨリ、水上守如氏ヲ招キ夕飯ヲ饗シ、家族一同ト緩話ス。中々元気ナリ。

二月十八日（金）
早朝、山川男爵ヨリ電話アリ。龍雄、昨日同家ヲ訪問シ、沼澤家相続権ニ付起訴ノ意志アル旨ヲ言明シタル赴。山川氏ハ之ニ対シ懇々説諭シタレモ更ニ聞入ル、様子ナク、実ニ分ラヌ男ナリトノ事ナリ。
真野氏ヨリ詳細ノ返書来ル。依テ右ノ事実ヲ一通リ通知シタリ。

二月十九日（土）
午前、中学部教員会ヲ開キ、数名ノ生徒ノ行状ニ付評議ス。
午後、横浜基督教青年会館定礎式ニ臨ミ、同盟委員ヲ代表シテ一場ノ祝詞ヲ述ブ。有吉県知事モ演説シタリ。
帰途、井深トセ子刀自ヲ訪問ス。

二月二十日（日）

午後、山川男爵ヲ池袋ノ邸ニ訪問シ、沼澤家ノ事ニ付種々心配ヲ受ケタル謝礼ヲ述べ、且龍雄ノ中条ヲ詳カニ聞キタルニ、山川氏モ実ニ呆レ居タリ。実ニ馬鹿ナ奴ナリト云ハレタリ。

二月二十一日（月）

出院授業如例。
十二時前、於くに来リテ曰ク、昨日龍雄事突然離縁ノ請求ヲ申出、今朝迄ニ返答ヲ与へ［ヨ］ト迫レリ。依テ於きのさん（七郎の実姉）トモ相談シタルニ、此上ハ福島ヨリ高木ヲ呼ヒ寄セ、白金ノ兄上ト御相談ヲ願フノ外ナシ。何分ニモ宜敷頼ムトナリ。
頓テ高木氏ヨリ今日廿時上京ノ旨返電アリ。依テ明日午後四時会見ノ約束ヲ為ス。但於くにニソノ前ニ山川男爵ノ意見ヲ徴シ置クベキコトヲ勧メタリ。

二月二十二日（火）

午前、五年級ヲ教へ、ソレヨリ継続常務委員会ニ赴ク。諸委員ノ報告アリ。ビシヨツプタツカルノ辞職ヲ受納シ、各地方ノ寄附金ヲ日本人ノ負担額ニ算入スルコト等ヲ議決シ、午餐ノ後、会計委員会アリ、三時ヨリ協同伝道委員会ニ移ル。東西両部伝道委員ノ報告アリタル後、余ハ中座シテ沼澤家ニ赴ク。
先ヅ於くにヨリ山川氏ノ意見ヲ聞キ、而シテ高木氏ト藤田時尾氏ト同席ニテ於くにノ意見ヲ聞キ、ソレヨリ龍雄ヲ呼出シ、決シテ親族会ノ決議ニ不服ヲ唱へザルコト、又於くにニ隠居ヲ勧告セザルコトヲ宣誓セシメ、且過去ノ罪ヲ謝セシメテ後、復籍ヲ許スコトニ決定シタリ。但沼澤家ノ前途、楽観ヲ許サズ。噫々。

二月二十三日（水）

授業如例。
午後、中学部教員会ヲ開キ、生徒処分ヲ再議ニ附シ、退学ヲ改メテ停学トナス。

二月二十四日（木）

出院授業如例。

二月二十五日（金）

出院授業如例。
午後、ボールス氏ト共ニ築地外国人小学校ヲ参観ス。図ラズ同所ニテドクトルセイロルニ面会ス。

帰途、路加病院ニ水芦夫人ヲ訪問ス。余《〔ママ〕》重症ナリ。

有馬清純氏来訪。

山本邦之助来訪、金貞植ノ事ニ付相談アリ。

二月二十六日（土）〜三月四日（土）

［記載なし］

三月五日（日）

夜、寄宿舎ニ於テ講話ヲナス。

三月六日（月）

［記載なし］

三月七日（火）

授業如例。

午後、総務局常務理事会ニ出席ス。ミロル氏ヨリ金五千円贈与ノ旨、執行者イムブリー氏ヨリ申込アリタリ。

三月八日（水）

東京府庁ニ赴キ、井上知事ニ卒業式ノ演説ヲ依頼シタルニ快諾シタリ。且ツ曰ク、本年ハ特ニ私立学校ヲ見ル考ナリト。

帰途、司法省ニ田川大吉郎氏ヲ訪問シ、久原氏ト地所交換ノ話ヲ依頼ス。

五時、いけす亭ニ於テ五年級ノ主催ニテ謝恩会アリ。一同満足ノ様子ナリキ。

十時過帰宅シタルニ、水芦夫人死去トノ報知アリ。熊野氏ト共ニ同家ヲ訪問シ、弔意ヲ述ブ。

三月九日（木）

出院授業如例。

午後、常務理事会ヲ開キ、電燈其他ノ件ヲ議決ス。

三月十日（金）

授業如例。

午後七時ヨリ宅ニ神学部懇話会ヲ開ク。佐治生論文ヲ読ム。上出来ナリ。例年ノ如ク、一同ニ汁粉ヲ饗ス。

午後二時、高輪教会ニ於テ水芦夫人ノ葬儀アリ。火葬ナリ。

三月十一日（土）

昨夜ヨリ雪降リ、銀世界トナル。

勝治、水芦氏ノ葬儀ノ為上京、一泊ス。

セイロル氏ト会見シ、日本ニ於ケル教育上ノ事、教派分立ノコト、基［督］教大学等ノコトニ付質問ヲ受ク。

三月十二日（日）

［記載なし］

三月十三日（月）
授業如例。
午後、セイロル氏ト再ビ会見ス。
三月十四日（火）
授業如例。
午後五時ヨリ富士見軒ニ於テ不日京城ニ帰ラントスルアンドルウード氏夫婦ノ為ニ招待会ヲ開ク。同氏ハ率先シテ日本語研究ノ為上京、滞在二ケ月余ニシテ一寸挨拶ノ出来ル程ニ日本語ヲ覚ヘタルハ実ニ敬服ノ至ナリ。
三月十五日（水）
高等部壱年級ノ試験ヲ為ス。
午後、水上守如氏ノ寓ヲ訪ヒ、政子嬢ノ病気ヲ尋ヌ。軽快ノ方ナレトモ尚病床ニアリ。
三月十六日（木）
夕刻ヨリ又々雪降ル。
授業如例。
三月十七日（金）～三月二十日（月）
［記載なし］
三月二十一日（火）
健次、真澄、清見ヲ携ヘテ海ノ博覧会ヲ見ル。
帰途、懐中ヲ失フ。
三月二十二日（水）
［記載なし］
三月二十三日（木）
授業如例。
理事会ヲ開ク。
三月二十四日（金）
［記載なし］
三月二十五日（土）
井深浩氏ヨリ保証人ヲ依頼セラレ、成毛金次郎氏ニ面会。帰リ、証書ヲ受領シタル上調印シタリ。
清見、成績優良ニテ御田小学校ヲ卒業、賞品ヲ受ク。
三月二十六日（日）
午後二時、山川男爵夫人ノ遺骸安置式参列。
帰途、水上氏ヲ訪問ス。病状依然タリ。
三月二十七日（月）
新講堂献堂式並ニ中学部卒業式ヲ執行ス。天気快晴、万都合ナリキ。井上府知事来臨、一場ノ告辞ヲ為ス。
式後、芝三縁亭ニ於テアルムニ会晩餐会アリ。来会者僅ニ三十余名ナリ。

三月二十八日（火）
神学部授業如例。
三月二十九日（水）
神学部授業如例。
花子休養ノ為、原夫人ノ招ニ依リ、熱海ナル原家別邸ニ赴ク。
三月三十日（木）
神学部授業如例。
清見、首席ニテ中学部入学試験ニ合格ス。
三月三十一日（金）
神学部授業如例。
四月一日（土）
［記載なし］
四月二日（日）
午前、高輪教会ニ於テ礼拝。
午後、水上家ヲ訪問ス。病人異条ナシ。
帰途、沼澤、片山両家訪問。片山ニテハ子供三人共百日咳ニ罹ル。
四月三日（月）
ハインツ氏並ニスピヤ氏ニ書状ヲ出ス。

四月四日（火）

午後二時、日本橋教会堂ニ於テ東京中会アリ。

夜九時半過、北京ヨリ飛報アリ。井深彦三郎、胃出血死亡セリ、扶桑館ト。青天ノ霹靂、或ハ何カノ誤ニ非ズヤト疑ヒ、直チニ電話局ニ懸付質問シタレトモ死亡ニ相違ナシ。而シテ奉天「濾名」氏ヨリ、彦三郎北京ニテ急病死去ス、当地ヨリ人ヲ北京ニ派遣ストノ電報アリ。之ニテ愈死去シタルコト確実トナレリ。

四月五日（水）

午前九時半、婦人伝道者修養会ニ於テ講演ス。

親族へ彦三郎死去ノ電報ヲ発ス。

北京扶桑館岩谷氏ヨリ電報アリ、曰ク、令弟ノ跡始末ハ友人等ニテ為ス、安心セヨト。

勝治、鎌倉ヨリ、井深トセ子殿、横浜ヨリ来ル。八重子モ帰宅ス。

彦三郎北京ニ於テ客死ノ広告ヲ時事、朝日ノ二新聞ニ出シ、且親類親友ヘノ知ラセ状ヲ印刷、発送ス。

四月六日（木）

吊電、吊状来ル。来訪者アリ。何レモ驚カザルハナシ。

訃音ニ接シ、花子驚テ熱海ヨリ帰宅ス。

四月七日（金）～四月十日（月）
［記載なし］
四月十一日（火）
俊雄、奉天出発ノ報アリ。
四月十二日（水）
［記載なし］
四月十三日（木）
午後八時半、俊雄、彦三郎ノ遺骨ヲ携ヘテ東京駅ニ到着ス。我等親戚ト共ニ之ヲ迎ヘ、直チニ家ニ帰リ、一同列席ノ上俊雄ヨリ彦三郎ノ臨終及葬儀其他ノ事情ヲ聞ク。
四月十四日（金）
遺骨ハ青山ニ埋葬スルコトニ定ム。骨箱ヲ石棺ニ納ルコトト為ス。
司式ハ石原保太郎氏ニ依頼ス。
金子直吉及ビ斎藤熊三郎氏ヨリ美事ナル花輪ヲ贈ラル。
四月十五日（土）
午後一時半出棺、二時ヨリ高輪教会ニ於テ葬儀ヲ執行ス。生憎雨天ナリ。柩車ノ外ニ馬車六台ヲ傭ヒタリ。真野氏ハ別ニ一台ヲ傭ヒタリ。大雨中ニ青山ニ埋ル。
会葬者中ニハ出羽大将、日下義雄、頭山満其他知名ノ人々アリ。
四月十六日（日）
俊雄ガ奉天ヨリ携ヘ来リタル彦三郎ノフロックコート、燕尾服等ヲ紀念トシテ俊雄ニ与ヘ、仙太郎ニハ外套ト皮カバンヲ与ヘ、勝治ニモ皮カバント駱駝ノ直衣トヲ与ヘタリ。
四月十七日（月）～四月二十四日（月）
［記載なし］
四月二十五日（火）
午前、松本修氏来訪。渡辺鹿児磨氏、今朝、鎌倉海浜院ニ於テ病死シタル赴ヲ告グ。且ソノ再ビ起ツベカラザルヲ自覚スルヤ、葬儀ニ付テハ余ノ指揮ヲ乞フベキ旨ヲ遺言シタリトテ、葬儀ヲ依頼セラル。
午後、渡辺家ヲ訪問シ、松本氏夫婦及ビ渡辺千冬氏、塩川三四郎氏等ニ面会シ葬儀ノ打合ヲナス。
夜十一時比ニ至リ松本氏再ビ来リ、遺骨只今鎌倉ヨリ来ル、是非来リテ祈祷ヲ乞フトノ願ナリ。直チニ往キ、遺族ノ為ニ祈祷ヲナシテ帰ル。
四月二十六日（水）
［記載なし］

四月二十七日（木）
花輪壱個ヲ渡辺家ニ贈ル。
夜、亦渡辺家ヲ訪問シ、親戚ト共ニ讃美歌ヲ謳ヒ聖書ヲ読ミ且ツ祈ル。大塚氏モ来リテ讃美歌ヲ助ク。

四月二十八日（金）
渡辺家ヨリ二頭立ノ馬車ヲ以テ迎ニ来ル。
午後一時、綱嶋氏ト共ニ出棺式ヲ行ヒ、高輪教会堂ニ於テ葬儀ヲ挙行ス。綱嶋氏、聖書ヲ朗読シ祈祷ヲナス。余ハ追悼辞ヲ述べ且ツ祈祷ス。遺骸ハ桐ケ谷ニ於テ火葬トナス。同所ニ於テモ聖書ヲ読ミ且ツ祈祷ヲナス。遺骨ヲ青山ニ埋葬スル時ハ綱嶋氏司式ノ筈ナリ。

四月二十九日（土）
午後五時半、自宅出発、上野駅六時五十五分発ニテ協同伝道ノ為北陸ニ向フ。越後、越中ハ桃桜ノ盛ナリ。但高山ノ峰ハ白雪皚々タリ。
午後十一時過、金沢ニ着ス。河合、中澤、藤本、ダンロツプ氏等ニ迎ヘラレ、ダンロツフ氏ノ客トナル。

四月三十日（日）
午前ハ休息シ、午後ハ公会堂ニ於テ日野真澄氏ト共ニ学生ノ集会ノ為ニ講話ヲナシ、夜又同所ニ於テ一般聴衆ノ為ニ演説ス。
月末ナルト他ニ種々ノ催アリタル由ニテ聴衆ハ多カラズ。
藤本氏方ニ於テ明治学院同窓生ノ会食アリ。

五月一日（月）
午前十時ヨリ北陸大学校ニ於テ一場ノ話ヲナシ、十一時半ヨリ金沢第一中学校ニ於テ教育ノ根本ニ付講話ヲ試ム。生徒七百名アリ。
北陸女学校ニテ午餐ノ饗ヲ受ケ、午後二時ヨリ再ビ公会堂ニ於テ廣岡夫人ト共ニ婦人会ノ為演説ス。
夫レヨリ松任ト云フ町ニ河合氏ト共ニ出張シテ演説シ、十一時過帰ル。

五月二日（火）
午前九時過、金沢出発。正午前、高岡着。直チニ中学校ニ往キ、七百名ノ生徒ニ一場ノ講話ヲナス。
午後、講義所ニ於テ説教ヲナシ、直チニ富山ニ向フ。
宣教師ヘンニガル氏ノ客トナル。
夜、劇場ニ於テ廣岡夫人ト共ニ演説ス。聴衆四百人余、謹聴シタリ。

五月三日（水）
午前七時過、富山出発、夜十一時過、無事帰宅ス。

糸井川ヨリ越中ノ山嶽ヲ望ミタル光景ハ実ニ壮観ナリ。日本ニハ稀ニ見ル所ノ絶景ナリトス。

五月四日（木）

午後五時ヨリ帝国ホテルニ於テ米国聖書会社創立百年祝賀会アリ。内外ノ重立タル教師及ビ市内新聞記者ヲ招キ宴会ヲ開ケリ。余モ亦招カレテ列席、一場ノ話ヲナス。

五月五日（金）

午後三時ヨリ銀座教会ニ於テドクトルウヰルリアムアダムス氏ノ講演アリ。本日ハ其第一回ナリ。余、司会シ、柏井氏通訳ス。聴衆ハ百名未満ナリ。

夜、コールマン氏宅ニ於テユニオン神学校同窓会ヲ開キ、ブラオン氏ヲ招キ晩餐ヲ共ニス。

五月六日（土）

午後三時ヨリブラオン第二回ノ講演アリ。

午後七時ヨリ神田青年会館ニ於テ米国聖書会社創立百年紀念講演会アリ。講演者ハ山室軍平、ドクトルブラオン、内村鑑三及ビ余ノ四人ナリ。聴衆満堂、千名以上。近頃ノ盛会ナリ。

五月七日（日）

夜、愛宕下町組合教会ニテ説教ス。雨天ノ為、来会者僅少ナリ。

五月八日（月）

授業如例。

午後壱時半ヨリ銀座教会ニ於テ第三回ノ講演アリ。

五月九日（火）

授業如例。

十二時、ウヰンライト氏方ニ於テブラオン氏ヲ主賓トシテ午餐会アリ。日本人ニテ招カレタルハ植村、海老名、元田、高木、柏井、余ノ六人ナリ。食後、吾等ガ信仰ヲ起シタル時ノ実験談ヲ為ス。

三時ヨリ又銀座教会ニ於テ最後ノ演説アリ。ドクトルオルトマンス氏、一同ニ代リ謝詞ヲ述ブ。

五月十日（水）

授業如例。

五月十一日（木）

授業如例。

五月十二日（金）

授業如例。

午後五時半、明治学院ノ庭ニ於テブラオン氏ト共ニユニオン出身者数名撮影ス。

夜、市内神学校教授ノ小集会ヲ開キ、ユニオン神学校ニ於テ外国宣教師養成部ヲ置クコト及ビフエルローシップヲ設ルコトニ付意見ノ交換アリ。

五月十三日（土）

午後、横浜ニ赴キ、井深ヲ訪問シ、彦三郎ノ紀念品ヲ贈ル。

本日又沼澤、真野、文雄、荒川、和田、木村ヘモ紀念品ヲ送ル。

夜、横浜バプテスト教会ニ於テ説教ス。

五月十四日（日）

午前、斎藤熊三郎氏ヲ訪問シ、彦三郎トノ関係上謝意ヲ表シ、允外東幅物ヲ贈ル。

帰途、熊野かほる殿ヲ病院ニ訪問ス。

午後ハ白井新太郎氏ヲ訪問シテ彦三郎ニ対スル厚誼ヲ謝シ、四幅対ノ掛物ヲ贈ル。又南満太興会社長飯田延太郎氏ヲ訪問シタレトモ不在ニ付内室ニ面会シ謝意ヲ述ブ。

五月十五日（月）

授業如例。

午後五時ヨリ青年会同盟委員会ニ出席ス。

普賢寺轍吉氏ヲ訪問シ、八重子相続届其他ノ手続ヲ依頼ス。

暑気ノ俄ニ加ハリ、夏ノ如シ。

五月十六日（火）

授業如例。

午後、教会同盟委員会ニ出席ス。

松本修氏来訪、来廿五日、渡辺鹿児麿氏追悼会司会ノ依頼アリ。且同氏記念ノ為学院図書館ヘ三百円寄附シタキ旨ノ話アリ。

五月十七日（水）

授業如例。

村岸清彦、坂本栄子ノ二人、明後日結婚式打合ノ為来ル。

五月十八日（木）

花子保養ノ為、熱海原氏別荘ニ赴ク。

気候激変、冬日ノ如シ。

日曜学校協会理事ニ選挙セラレ、本日始メテ出席ス。

五月十九日（金）

授業如例。

午後五時、神学部ニ於テ村岸清彦、坂本榮子両人ノ結婚式ヲ司ル。石原保太郎氏夫婦媒妁ニテ来客五十人許アリ。

夜ニ入リ、松本修氏来訪、故渡邉鹿児麿氏ノ記念トシテ金三百円ヲ渡邉家ヨリ寄附セラル。

五月二十日（土）

午後、渡邉老伯ヲ訪問シ、宗教上ノ談話ヲ為ス。先日来、真面目ニ基督教ヲ研究シツアリ。基督教信仰要義一部ヲ贈ル。

五月二十一日（日）

午後七時半、協同伝道ノ為麹町教会ニ於テ説教ス。但聴衆僅カニ四五十名、半ハ女子学院ノ生徒ナリ。教会ハ不振ノ情況ナリ。先ツ第一ニ主任者更迭ノ必要アリ。

五月二十二日（月）

出院如例。

五月二十三日（火）

授業如例。

午後、神学部教授会ヲ開キ、貸費ヲ改メテ奨学金ト為スコトニ付評議シタリ。其原則ニハ一同異論ナシ。

夜、講堂ニ於テセルビヤ人救済ノ為幻燈アリ。

五月二十四日（水）

授業如例。

午後二時、渋谷伝道教会婦人会ニ於テ講話ヲナス。聴衆三十名余アリ。

夜ニ入リ健次来リ、水上政子殿今朝死去ノ赴ヲ告ク。之ト同時ニ知ラセ状来ル。直チニ二人ニテ水上氏ヲ訪問シ、十一時帰宅ス。花料金三円ヲ贈ル。

五月二十五日（木）

授業如例。

正午前ヨリ南風烈シク暴風ノ如シ。

午後二時ヨリ二本榎渡辺氏方ニ於テ鹿児磨氏ノ追悼会アリ。余、司会ヲ依頼セラレテ一場ノ講話ヲナス。題ハクリスチアンホープナリ。老伯爵夫婦始メ兄弟姉妹其他親戚旧友等、会スル者四十余名ナリ。式後、叮嚀ナル茶菓ノ饗応アリ。

同時ニ水上政子殿ノ葬儀アリタレトモ、右ノ先約アリタレバ断リテ往カザリキ。

五月二十六日（金）

授業如例。

於くに、片山とよ子、子供二人ヲ携ヘテ来ル。於くにハ雪子ヲ連レテ帰ル。

水上氏ヲ訪問ス。遺骸ハ火葬ニシテ、当分寺院ニ托シタル赴ナリ。

夜、松本修氏ヲ訪問シ、鹿児磨氏ノ葬儀ノ時ノ追悼ノ辞ノ原稿ヲ交附シタリ。

五月二十七日（土）

午後、健次来ル。片山とよ子流産ノ気味ナリトテ、寛氏ヲ夕刻ヨリ呼ブ。

七時半ヨリ講堂ニ於テ音楽会ノ催アリ。雨天ニ不拘満堂ノ聴衆アリ。入場券七百枚売レタリトノコトナリ。花嶋氏ノアルトウソロー、最モ喝采ヲ博シタリ。

十時半過、看護婦来ル。

五月二十八日（日）

医士森棟氏来診。多分夏中ニ流産スベシトノ事ナリ。下女不在ノ為、過労ガ原因トナリタルナラント察セラル。

夜、寄宿舎ニ於テ講話ス。

五月二十九日（月）

出院如例。神学部第二年級ヲ試験ス。

本年ノ神学夏期講演ノ原稿ニ着手ス。

森棟氏来診。とよ子、昨日ト同様ナリ。

五月三十日（火）

授業如例。

午後三時ヨリ神学部懇話会ヲ講堂ニ開ク。毎年住宅ニ於テ開ク慣例ナルヲ、本年ハ不得止講堂ニシタリ。山本、田嶋両氏ノ演説アリタレトモ、二人共ニ思想甚タ貧弱ナリキ。之ヲ聞ク間ニ、教授改善ノ必要ヲ感ジタリ。

豊子ノ容体依然タリ。医士ノ勧告ニヨリ、明日大学病院ニ入院ノ筈ニ決ス。

花子ヨリ書状来リ、東洋英和女学校ニ往キ、クレーグ嬢ニ逢ヒ相談ス。

五月三十一日（水）

授業如例。

とよ事、別ニ異条ナシ。但余リ長引カバ入院スル方宜カラントノコトナレトモ、大学病院ハ各等〔棟カ〕共満員ニテ入院スル能ハズ。

六月一日（木）

本日ヨリ、午前七時始トナシ、生徒夏服ニ改ム。

午後二時半、豊子、寛、看護婦同伴、自働車ニテ大学病院ニ赴ク。石原喜久太郎氏ノ推察ニテハ或ハ「胎盤前置」ナラントノコトニテ、果シテ然ラバ手術ヲ要スル赴ナリ。故ニ一日モ早ク入院スルヲ可トストノ意見ナリ。

天気漸ク定リ、夏ラシクナレリ。

六月二日（金）

高等学部授業如例。

明治学院同窓会総会ヲ開キ、前年度ノ会計報告アリ。

パナマ万国博覧会評議員ト［シテ］尽力シタリトノ廉ヲ以テ、農商省ヨリ銀杯壱組ヲ受領ス。何ノ骨折モナサズシテ此賞ニ与ルトハ報歎ノ至ナリ。

午後四時、大学病院ニトヨ子ヲ訪問ス。本日午前八時比、胎児ノ残リ悉ク出、後ハ何ノ異条ナシトノ事ナリ。大ニ安心シタリ。壱週間位ニテ退院スベシトノコトナリ。室モ特ニ一室ヲ借受ルコトヲ得テ好都合ナリ。

六月三日（土）

午前、渡辺鹿児磨氏ノ紀念トシテ寄附セラレタル金三百円ニ対シ、理事会ノ議ニ依ル感謝状ヲ携ヘテ渡辺家ヲ訪問ス。

午後三時、神学部卒業式ヲ挙行ス。卒業者ハ本科五名ナリ。笹倉弥吉氏ノ演説アリ。

六月四日（日）

午後七時半、角筈レバノン教会ニ於テ教育ト宗教トノ関係ニ付テ演説ス。余ノ後ニ田川氏モ演説シタリ。

六月五日（月）

出院如例。

常務理事会ヲ開キ、ゼイムス基本金ノ中、壱万円ヲ以テ日本政府ガ曽テ英国ニ於テ売出シタル整理公債証書ヲ購入スルコトヲ会計ニ委任ス。

夜、アルトスミスノ飛行宙返ヲ見ル。但雲ノ為ニ遮キラレテ十分ニ見ヘザリシハ遺恨ナリ。

六月六日（火）

出院授業如例。

寿枝ヨリ相続届ト限定承認願書ニ署名捺印ノ上漸ク郵送シタリ。

総務局常務委員会ニ出席。

同所ニテ又スミスノ飛行宙返リヲ見ル。丁度、総務局ノ屋上ニテ宙返リヲ為シタルガ故ニ最モ能ク見ヘタリ。

六月七日（水）

出院授業如例。

午前十時、春日ニ赴キ寿枝ニ面会ス。彦三郎ノ借財ノ事其他ノ件ニ付問合ヲナス。瓦房店炭山採掘権ノコトニ付テハ債務ヲ果シテ後、余分アラバ八重子ト利益ヲ当［等］分スルノ条件ニテ委任スルノ交渉ヲナス。

協力伝道委員会ヲ開ク。

片山豊子全快、本日退院ノ赴電話アリ。

袁世凱逝去ノ電報アリ。支那ノ前途如何。

六月八日（木）
授業如例。
キチネル元帥、軍艦ニテ露国行ノ途中水雷ニ懸リ溺死ノ確報アリ。聯合軍ノ為ニ一大損害ナリ。北海ニ於ル英独ノ大海戦ハ、勝敗ハ未タ明白ナラズ。
午後三時過、花子、熱海湯治ヨリ無事帰宅ス。

六月九日（金）
授業如例。

六月十日（土）
熊野氏方ニ横浜旧友会ヲ開ク。来会者、真木、山本、志田、余ノ四人。食後ニ植村モ来ル。稲垣ハ三島町ニ移住、押川ハ支那へ旅行ノ赴ニテ不参。

六月十一日（日）
高輪教会ニテ礼拝ス。説教ハ依例不得要領ナリ。
夜、寄宿舎ニテ講話ヲナス。

六月十二日（月）
出院如例。
理事室ニドクトルヘボン、ブラオン其他故人ノ肖像ヲ懸ク。
ヒース氏、共和党予選会ニ於テ次期ノ大統領ニ選挙セラル。

六月十三日（火）
授業如例。
午後、花子同道、水上家ヲ訪問ス。貫一氏へ篆刻ノ礼トシテ九谷焼ノ水入ト高岡塗ノ盆ヲ贈ル。

六月十四日（水）
授業如例。
図書委員会ヲ開キ、新タニ購入スベキ書籍ヲ定ム。且渡邉鹿児磨氏紀念トシテマルレイ氏オックスフォード大字典ヲ購入スルコトニ定ム。

六月十五日（木）
授業如例。
第六回神学部夏期講習会ヲ開ク。余、開会ノ辞ヲ述べ、トクトルウヱンライトハ羅馬書ニ就テ講演ヲ試ム。
午後ハ村落伝道ニ付懇談会アリ。来会者約四十名。

六月十六日（金）
授業如例。
講習会第二回講師ハ瀬川、小﨑ノ二氏ナリ。小﨑氏ノパウロノ霊的発達ハ甚タ不出来ナリキ。
午後ハ礼拝ノ研究アリ。

飯田延太郎氏来訪、八重子教育費ニ付問合アリ。目下、教育費ハ差支ナキガ故ニ、結婚費ノ補助アランコトヲ依頼シ置キタリ。

六月十七日（土）

講習会第三回講師ハ川添萬寿得氏ナリ。

午後ハ東部協同伝道委員会ニ出席ス。

夜九時比帰宅シタルニ、十時、順天堂病院ヨリ電話アリ。津田宮子、急ニ病死シタルガ故ニ直チニ来院ヲ乞フト。依テ花子同伴、直チニ同院ニ赴キタルニ、約一時間前ニ死去シタリトノ事ナリ。入院シタルハ十六日ノ朝ナリトノコト。死因ハ腎臓炎ナリトノコトナリ。

王統一氏夫妻ト応急ノ相談ヲ為シテ、自働車ニテ帰リタルハ十二時半過ナリキ。

六月十八日（日）

花子同道、武田氏ニ赴ク。遺骸ハ今朝未明病院ヨリ持来レリトノコトナリキ。葬儀ノ事、新聞広告、知らせ状発送ノ事等ニ付協議シ、葬式ハレバノン教会ニ於［テ］シ、司式ハ石原氏ニ依頼スルコトト定メ、花子ハ教会ニ往キ、余ハ石原氏ニ赴キ、何レモ承諾ヲ得タリ。

午後、入棺済ム。三時、津田母堂着京。驚愕、悲痛不一方。一通相談ハ纏リタレバ夕刻帰宅ス。

六月十九日（月）

午前、オルトマンス、田嶋両氏ノ講演アリ。

午後三時、武田氏方ニ於テ、石原氏司式、出棺式アリ。四時、レバノン教会ニ於テ葬儀執行。会葬者四五十名。式了ルヤ否ヤ、自分ハ青年会同盟委員会ニ赴ク。丁立美氏ノ来訪アリ。

フエルプス氏休養ノ為帰国ニ付、送別ノ晩餐会アリ。

建築総務委員会ニ於テ同盟館内部設備ニ付決議ス。

六月二十日（火）

中学部授業如例。

グレスセツト、フヒシヤール両氏ヨリ会見ノ申込アリ。我ガ委員ト会見シタル所、キリスト教大学設立ノ見込ナキガ故ニ、之ヲ仮定シテ合同ヲ企図シタル「大正学院」ハ来年三月限廃止シタシ、尤来九月ニハバルトン氏来朝ノ筈故善後策ハ其後ノ事トナスト。要スルニバプテストノ合同モ不成功ナリ。

午後、講習会ニ於テ聖晩餐アリ。石原氏司式、余説教シタリ。

六月二十一日（水）

午前、講習会ニ於テ聖パウロノ倫理的教訓ニ付講演ス。植村氏ハ昨夜来俄ニ不快ノ赴ニテ断アリ。神社参拝ノ問題ニ付討論アリ。午後ハ説教ニ付懇談会アリ。

六月二十二日（木）

ラットガルスカレヂ創立百年祭ノ用ニ付、ドクトルチヤムバレン氏ノ依頼ニヨリ同氏並ニオルトマンス氏同伴、藤澤利喜太郎氏ヲ自宅ニ、山川総長ヲ大学本部ニ訪問ス。藤澤氏方ニ於テハ偶然白石直治ニ会ス。山川氏ハ既ニ斯波教授ヲシテ帝大ヲ代表セシムベク定メタリトノ話アリ。チヤムバレン氏大満足ニテ出発セリ。

午後三時ヨリ内ノ庭ニテ講習会懇談会ヲ開ク。一同満足ノ様子ナリ。

六月二十三日（金）

授業如例。

暑気大ニ加ハル。午後二時ニハ八十七度以上ニ昇ル。

バプテストミシヨン代表グレスセツト、フヒシヤール二氏ト会見ス。同ミシヨンハ来年四月ヨリ高［等］学部協力ヲ廃止シタキ意志アルコトヲ申出タリ。

六月二十四日（土）

青年会主事デビス氏来訪、セツトルメンオルクノ事ニ付話アリ。

午前九時半ヨリ、神学部教授会ヲ開ク。

六月二十五日（日）

高輪教会ニ於テ礼拝。説教ハ依例如例。

夜ハ瀬川氏寄宿舎ニ於テ講話ヲナス。

六月二十六日（月）

午後二時ヨリ理事会ヲ開キ、神学予科ヲ三年ト為スコト、又学年ヲ四月ヨリ始ルコト等ニ付議決ス。

バプテストミシヨンヨリ申出ノ携提廃止ノ件ニ付テハ、従前ノ委員会ニ於テ研究ノ上報告スベキコトヲ定ム。

六月二十七日（火）

高等部第一年級ノ試験ヲナス。

六月二十八日（水）

午後、教会同盟ノ決議ヲ斎シテ総理大臣官邸ヲ訪問シ、秘書官（前田？）ニ面会ノ上陳情ス。ソレヨリ文部大臣、内務大臣ヲ歴訪シ、面会シテ大意ヲ開陳シ且ツ決議文ヲ手渡シテ帰ル。

夫レヨリ津田夫人及王統一氏夫婦ヲ東京駅ニ見送ル。

総務局ニ於テ暫時休息ノ後、ミスレイガン方ニ赴キ、今回来朝シタルコヒン氏夫婦ト共ニ晩餐ノ饗応ヲ受ク。花子モ同席シタリ。同氏ハ曽テニウヨルクニ於テ相知ノ人ナリ。

六月二十九日（木）

出院如例。試験答案ノ取調ヲナス。

八重子、限定承認及請求申出公告、今日ノ時事新報ニ見ヘタリ。

六月三十日（金）

出院如例。

七月一日（土）

出院如例。

七月二日（日）

午後、ドクトルコヒン来訪。新講堂其他ノ建物ヲ示ス。

夜、寄宿舎ニ於テ講話ヲナス。

七月三日（月）

出院如例。

七月四日（火）

ヒル氏夫婦来訪。ヒル氏、講堂ニ於テ一場ノ話ヲナス。

本日ハ余ノ第六十三回ノ誕辰ニ付キ祝意ノ小豆飯ヲ焚ク。

健次来リ、晩餐ヲ共ニス。

既往ヲ追想シテ、神ノ鴻恩ニ感激スルト同時ニ功績ノ見ルベキモノナキヲ思ヒ遺憾ニ不堪。

七月五日（水）

出院如例。

午後、早稲田大学得業証書授与式ニ列ス。得業者八百八名、其数ニ於テ盛ナリト云フベシ。大隈伯ハ「佐賀論語」ヲ引キテ学問ノ弊ヲ説キタリ。但駄弁ノ誹ハ免レザルベシ。

ライク氏方ニ於テヒル氏夫婦ト晩餐ヲ共ニシ、食後、学院高等学部発展ノ件ニ付懇談ス。

七月六日（木）

出院如例。

ジヨンバラ氏並ニイムブリー氏ニ明治学院設立ニ至ルマデノ普通、神学両部ノ歴史ヲ略述センコトヲ依頼ス。

七月七日（金）

午前、出院如例。

午後、国学院大学卒業証書授与式ニ列ス。院長鍋嶋侯爵ノ動作、恰カモ木偶人ノ如ク、起居一々学長ノ差図ニ依ル。且式ニ臨ミテ一言ヲ発セズ。

帰途、片山、沼澤両家ヲ訪問ス。沼澤ニテハ刀剣数口ヲ見ル。

七月八日（土）

東京高等工業学校ノ卒業式ニ列ス。年々盛ナリ。此卒業式ノ一特色ハ「印半纏」ヲ着タル職人ガ卒業証書ヲ受領スルコトニテ、愉快ニ感ズル所ナリ。式後、別室ニ於テ午餐ノ饗応アリ。

七月九日（日）

夕刻ヨリ益富氏夫婦、二児ヲ携ヘ来ル。

七月十日（月）

高田尚賢氏老母ヲ千駄ヶ谷ノ宅ニ慰問ス。老衰シテ身体ハ不自由ナレトモ満足感謝ノ外ナシト云フ。

中学部五年級試験ヲナス。

夕刻ヨリ益富氏夫婦、子供ヲ連レ来リテ、十時前ニ辞去ル。

七月十一日（火）

午後一時、大弓的場開場式ヲ挙ク。当分、教員ニ限ルコトト為ス。熊坂氏ハ稍々弓術ノ心得アリ。其他ハ何レモ初心ナリ。

午後五時ヨリ芝三縁亭ニ於テ鉄道青年会評議員会アリ。前年度ノ報告、本年度予算等アリテ後、会食アリ。出席者二十名許アリ。

勝治来訪、一泊ス。

七月十二日（水）

昨夜来、少ク下痢ノ気味ナリ。故ニ教師試験委員会ニハ欠席シタリ。

七月十三日（木）

山本秀煌氏来訪。委員会ノ決定ニ付話アリ。

山室軍平氏夫人病死ノ通知ニ接ス。

七月十四日（金）

大隈伯、侯爵ヲ授ケラル。祝電ヲ贈ル。

午後三時、青年会館ニ於テ山室夫人ノ葬儀アリ。聞ク所ニ依レバ実ニ山室氏ニ適当セル夫人ニテ、女丈夫ナリキ。子女及ビ親類ニ対スル遺言ノ如キ、実ニ敬服ノ外ナシ。金森通倫氏ノ説教ハ力アル説教ナリキ。満堂立錐ノ［余］地ナシ。会葬者一同、感泣セザルハナシ。

七月十五日（土）

［記載なし］

七月十六日（日）

母上始家族一同、青山墓地ニ参ル。

七月十七日（月）

扇城館ニテ撮影ス。

七月十八日（火）

岡見清致氏夫人ノ葬式ニ列ス。式場ハ品川東海寺ニテ佛式ナリ。

七月十九日（水）

レバノン教会ニ於テ松尾造酒蔵、伊藤菊子二氏ノ結婚式、附添人ハ有名ナル西川夫婦ナリキ。

七月二十日（木）

午前十時ヨリ総務局臨時常務理事会アリ。植村氏、天津教会堂敷地処理ニ付報告アリ。

七月二十一日（金）

河野政喜氏来訪。

荒川文六上京、宿泊ス。

七月二十二日（土）～七月二十六日（水）

［記載なし］

七月二十七日（木）

基督教青年会同盟総会ニ出席ノ為、午前六時出立ス。先日来滞在ノ荒川文六モ同行ス。花子、真澄、清見ハ鵠沼ニ転地保養ノ為同行シ、藤沢ニテ下車ス。我等二人ハ御殿場ニテ下車シ、人力車ニテ東山荘ニ赴ク。十一時過到着ス。少ク雨気ニテ涼シ。

午後二時、同盟委員会ヲ開キ、報告ノ後、同盟憲法修正案ニ付協議ヲナス。

夜、山室軍平氏ノパウロヲ囲繞セル人物ト云フ題ノ講話アリ。

七月二十八日（金）

早天祈祷会等例ノ如シ。山室氏ノ講話アリ。聴衆ニ肉薄スル所人ヲ動スノ力アリ。題ハ若キ会堂ノ宰ナリ。

午後二時、総会開会。議員数百名余アリ。種々議論ノ結果、同盟委員案ト京都学生案トヲ調査シテ、第三条二項ト、第卅一条ノ本文ハ全会一致ニ非レバ改正スルヲ得ズ。然レトモ継続シタル二総会ニ於テ五分ノ四以上ノ同意アルトキハ改正スルコトヲ得ト修正ニ決ス。第三条第二項ノ修正案ハ時間切迫ノ為次期ノ総会ニ延期スルコトニ決シタリ。先以テ今回ニテ一段落付キタリト云フベシ。

七月二十九日（土）

昨夜ハ大雨ナリキ。午前七時半、東山荘ヲ辞シ、帰途ニ就ク。横浜ノ大村氏、札幌ノ高杉氏等同車ス。汽車延着ノ為、十二時過帰宅ス。留守中ハ無事ナリ。

昼頃ヨリ東北ノ風烈シク、且雨降ル。九月頃ノ暴風雨ノ如シ。

七月三十日（日）

午後、片山留守宅ヲ訪問シタルニ一同無事ナリ。

七月三十一日（月）

真野文二夫婦、上京ノ由電話アリ。

八月一日（火）

午前ヨリ真野夫婦来訪、緩話シ午餐ヲ共ニス。文二氏ハ来ル四日ヨリ樺太へ向ケ出発ノ由。

八月二日（水）

午後、答礼旁真野氏ヲ訪問ス。二人共ニ不在ナリ。帰途、阪井徳太郎氏方ヲ訪問ス。主人ハ樺太ニ赴キ不在、夫人ニ面会ス。水密桃二箱ヲ贈ル。

八月三日（木）

丹羽清次郎氏来訪。同氏同道ニテ寺田総督ヲ訪ヒ、京城日本人青年会館建築費募集ノ件ニ付賛同ヲ求メタルニ快諾シタリ。丹羽、再ビ宅ニ来リ、午餐ヲ饗シ、同盟主事ノ事其他ニ付緩話シテ帰ル。

八月四日（金）、八月五日（土）

[記載なし]

八月六日（日）

午前、横浜海岸教会ニ於テ説教シ、且聖餐ヲ司ル。

八月七日（月）

[記載なし]

八月八日（火）

真野咲子、来訪ス。

八月九日（水）

中渋谷講義所夏期講習会ニ於テ一場ノ講演ヲナス。題ハ神ノ国ニ関スルイエスノ教訓ナリ。ミセス一ノ宮ヨリノ請求ニ依リ結婚証明書ヲ送ル。柏井氏之ニ署名ス。

八月十日（木）

午前七時三十八分ノ列車ニテ鵠沼ニ赴ク。花子、真澄、清見、停留場ニ出迎フ。朝来雨天ニテ鬱陶シキ天気ナリ。本年ハ気候不順ニテ、土用ニ入リテモ雨天多ク、少シモ土用中ノ如キ盛暑ナシ。

八月十一日（金）、八月十二日（土）

[記載なし]

八月十三日（日）

朝、階下ニテ礼拝式ヲ行フ。

徳澤氏家族、渡邉氏夫婦、女学生二名ト我等ナリ。
夕刻ヨリ、渡辺氏ノ別荘ヲ訪問ス。

八月十四日（月）

［記載なし］

八月十五日（火）

片瀬川ニ燈籠流ノ催アリ。
花子、真澄、清見、渡邉氏ノ家族ト共ニ同氏ノ持舟ニテ見物ニ行ク。

八月十六日（水）

［記載なし］

八月十七日（木）

花子、真澄、清見ヲ連レ、午前五時半、宿ヲ出立シ、藤沢ヨリ六時四十四分ノ汽車ニテ国府津ニ赴キ、ソレヨリ湯本迄電車ニ乗リ、ソレヨリ徒歩ニテ底倉篶［蔦カ］屋旅館ニ投ズ。
早速入浴シテ汗ヲ落シ、午餐ヲ喫シテ後、再ビ入浴シ、三時半同地ヲ出立シ、再ビ湯本迄徒歩シ、元ノ道順ニ依リ八時半帰宅ス。花子ハ一日ノ休息ヲ得、真澄、清見ハ大喜ナリ。

八月十八日（金）

夜ニ入リ、渡邉氏夫婦来訪ス。九時過迄快談シテ辞去ス。

八月十九日（土）

午後三時、鵠沼ヲ出発シ、五時過、無事帰宅ス。留守宅ニテモ一同無事ナリ。

八月二十日（日）

［記載なし］

八月二十一日（月）

母上、真野咲子ト共ニ鎌倉真野家別荘ニ赴カル。

八月二十二日（火）～八月二十七日（日）

［記載なし］

八月二十八日（月）

午前九時、衆議院ニ出頭シ、彦三郎ニ賜ハリタル勲四等瑞宝章ヲ議長島田三郎氏ヨリ受領ス。

八月二十九日（火）

午前五時半、出発、六時五十分、上野発車、十二時、軽井沢ニ着ス。
午後二時ヨリドクトルマケンゼイ方ニ於テ継続委員常務員会ヲ開ク。出席者ハ原田、平岩、松野、マケンゼイ、フヒシヤール、ボールス及余ノ七人ナリ。植村、小﨑、宮川ハ差支アリ欠席。深田氏、宮川氏ノ代リニ出席ス。

夕刻閉会。
夜、更ニマケンゼイ、フヒシヤール、原田及ビ余ニテ小委員会ヲ開ク。

八月三十日（水）
午前八時、オルトマンス氏ヲ訪問ス。ライク氏不在、ランデス氏同前ニテ面会セズ。

八月三十一日（木）
十二時四十分、軽井沢発、七時無事帰宅ス。
ラットガルス大学創立百五十年紀念祝賀状ヲ校長デマレスト氏へ宛差出ス。

九月一日（金）～九月三日（日）
[記載なし]

九月四日（月）
花子、真澄、清見、八重子、鵠沼ヨリ帰ル。俄カニ家内賑フ。

九月五日（火）～九月九日（土）
[記載なし]

九月十日（日）
沼澤くに子発熱、腸チブスノ徴候アリトノ報知ニ接シ見舞ニ往ク。去六日以来発熱トノコトナリ。病症未詳。
帰途、片山ヲ訪問シタルニ、小児兎角強壮ナラズ。

九月十一日（月）
中学部及高等学部始業式ヲ挙行ス。
午後三時ヨリ、欧米宗教制度調査委員会ヲ開キ、調査者佐伯好郎ニ会見、口頭ノ説明ヲ聞ク。

九月十二日（火）
授業如例。
都留仙次氏、盲腸炎ニ罹リ高輪病院ニ入院シタル［ヲ］訪問ス。幸ニ極メテ軽症ナリ。

九月十三日（水）
授業如例。

九月十四日（木）
高等部授業如例。
午後、教員会ヲ開ク。

九月十五日（金）、九月十六日（土）
[記載なし]

九月十七日（日）
午前十時、霊南坂教会ニ於テ説教ス。会堂ハ建築中ニテ、元会堂ニ於テ集レリ。
夜ハ寄宿舎ニテ講話ヲナス。

九月十八日（月）
午後二時ヨリ総務局常務理事会ニ出席。
四時半ヨリ青年会同盟委員会アリ。
九月十九日（火）
午前、授業如例。
午後三時ヨリ教会同盟常務委員会アリ。宗教制度調査委員ノ報告アリ。議論ノ後、総論、結論ヲ省キ、材料ヲ更ニ謄写版ニ附スルコトトナス。
九月二十日（水）
神学部始業式執行。
式後、郷司慥爾氏ノ欧米神学校所感談アリ。宅ニ於テ午餐ヲ供ス。
九月二十一日（木）
授業如例。
九月二十二日（金）
授業如例。
午後三時、バプテスト伝道会社主事ドクトルフランクリン、プロヘッサルアンドルリン等来訪。基督教々育問題ニ付談話アリ。合同事業其他ニ付彼等ノ質問ニ答ヘタリ。
夜、神学部新入生ノ歓迎会アリ。
コレラ予防ノ為、生徒ト共ニ家族一同注射ヲ行フ。
九月二十三日（土）
午前、明治学院常務理事会ヲ開キ、永江正直氏招聘ノ件、裏手石垣建築ノ件等ヲ議決ス。
午後、講堂ニ於テ東京城南部会日曜学校生徒大会アリ。生憎雨天ニテ予期セラレタル程ノ人員集ラザリシガ、六七百名ハアリタラン。
昨日ノ注射ニハ格別反応ヲ感ゼズ。
九月二十四日（日）
夜、高輪教会堂ニ於テ、青年ノ為演説ス。
九月二十五日（月）
出院如例。
九月二十六日（火）
授業如例。
午後二時ヨリ丸山傳太郎氏、支那留学生五名並青年会主事ヘーズ氏ヲ伴ヒ来リ、宅ニ於テ懇談会ヲ催シ茶菓ヲ饗ス。
四時ヨリ総務局常務理事会ニ出席、来年度ノ予算其他ニ付評議ス。
九月二十七日（水）

授業如例。

九月二十八日（木）

授業如例。

午後、臨時ニ中学部教員会ヲ開キ、礼拝中生徒ノ取締ノコトヲ議ス。ランデス氏ハプリンストンノ方法ヲ主張シタレトモ賛成者ナシ。先ヅ生徒監ヲシテ注意セシムルコトト為ス。

九月二十九日（金）

授業如例。

午後、花子同伴、シヨンソン氏方ヲ訪問ス。不在ナリ。

尚、鈴木、ライク両家ヲ訪問ス。

九月三十日（土）

来七日、大会ノ説教ヲ浄書ス。

十月一日（日）

午後、沼澤ヲ訪問ス。大ニ軽快ニ赴ケリ。

於くにノ話ニ依レバ、龍雄ハ復籍届ヲ握潰シテ未タ届出ザル赴ナリ。何ノ趣意アルカ、アレ程亡父ノ霊前ニ誓ヒシコトモ反紙［故］同様トナス、実ニ言語道断ト云フベシ。

十月二日（月）

出院授業如例。

午後七時ヨリ青年会［館］ニ於テ東京市協同伝道総委員会アリ、出席ス。

朝、講堂ニ於テ礼拝ノ心得ニ付テ訓戒ヲ授ク。

十月三日（火）

授業如例。

午後、普賢寺轍吉氏ヲ木澤病院ニ訪問ス。漸ク快方ニ赴キツ、アリ。

早稲田大学基督教青年会寄宿舎貸借ノ覚書ニ調印ス。

十月四日（水）

授業如例。

学院西側ノ土手ニ石垣ヲ築クニ付、境界ノ事ニ付立会フ。

十月五日（木）

授業如例。

午後九時四十分、品川駅出発、大会ノ為、神戸市ニ赴ク。

十月六日（金）

正午、神戸三ノ宮着。同所ニテ植村氏ニ逢フ。共ニ清風館ニ投ス。

午後、大町一二氏方ヲ訪問ス。

夜、青年会館ニ於テ総務局理事会アリ。

十月七日（土）

午前九時、大会開会ノ説教ヲナス。欧州ノ戦乱ト吾人ノ伝道ノ関係ヲ説ケリ。

引続キ聖餐式アリ。祈祷会アリ。

午後、議長ノ選挙ヲ行フ。植村氏当選ス。引続［キ］伝道奨励会アリ。

夜ハ演説会アリ。但聴衆ハ百二三十人ニ過ザリキ。

十月八日（日）

午前、青年会館ニ於テ聯合礼拝式アリ。引続キ聖餐ヲ守ル。

午後、伝道奨励会アリ。

夜ハ各教会ノ説教会アリ。

十月九日（月）

午前、午後三時迄、大会議事アリ。

朝鮮中会提出ノ憲法改正案ハ調査委員附托トナル。

午後三時ヨリ諸委員会アリ。教師試験ヲナス。志願者十三人、及第者六名ノミ。

十月十日（火）

午前、午後、大会議事。

議事後、神戸諸教会ヨリ議員一同ニ対シテ慰労会アリ。

夜、総務局理事会アリ。

其後、貴山、毛利、笹倉三氏ト共ニ湊川附近ニ散歩シテ、例ノ瓦煎餅、玉すだれヲ土産ニ買フ。

十月十一日（水）

毛利、貴山二氏ト共ニ午前四十《ママ》分出立。午後九時過、無事帰宅ス。

真澄、清見ハ修学旅行ニテ不在ナリ。

十月十二日（木）

出院如例。

午後、土所交換ノ事ニ付常務委員会ヲ開ク。

半田庸太郎氏ヲ訪問シ、其土地ノ幾分ヲ譲渡スノ意ナキヤヲ尋ネタル所、全部ナラバ相談ニ応ズベキモ、小部分ノミナラバ好マズ。然レトモ尚一応倅トモ相談ノ上返答スベシトノ事ナリ。

十月十三日（金）

出院授業如例。

十月十四日（土）

三崎会館ノ早朝祈祷会ニ出席ス。宅ヲ五時ニ出テ、六時ニ着、八時過帰ル。出席者三百十名トノコト。司会者ハ吉田清太郎ト云フ人ナリシガ、広告的ノ祈祷ヤラ演説的ノ祈祷ニテ、真ニ祈祷会トハ思ハザリキ。

十月十五日（日）

再ビ早天祈祷会ニ出席。司会者ハ鵜飼猛氏ニテ昨朝ヨリ勝リタル祈祷会ナリキ。出席者五百名以上ナリキ。

夜ハ寄宿舎ニ於テ、講話シタリ。

文雄ヨリ来書アリ。支那漢口ニ船舶修繕工場ヲ起ス支那人アリ。二ケ年ノ約束ニテ往カヌカトノ相談ヲ受タリトテ意見ヲ尋ネ来ル。

十月十六日（月）

出院如例。

三菱本社ニ伊藤久米蔵氏ヲ訪問シ、文雄ヨリ尋ネ来リタルコトニ付同氏ノ意見ヲ尋ネ、且ツ平素文雄ニ対スル好意ヲ謝ス。文雄へ返書ヲ認ム。

十月十七日（火）

午後二時ヨリ帝大基督教青年会々館献堂式挙行セラル。余モ出席シテ、青年会同盟ヲ代表シテ一場ノ演説ヲ為ス。山川総長ハ鄭重ナル祝詞ヲ贈タリ。会館ノ設計工事共ニ良好ナリ。

十月十八日（水）

午前、授業如例。

午後、横浜基督教青年会館献堂式ニ赴ク。此式ニ於テモ又同［代］表シテ祝詞ヲ述ブ。第一、横浜青年会ノ為、第二、同盟ノ為、第三、横浜市ノ為ニ祝シタリ。横浜発展策ニハ人物ヲ第一ニ為スベキコトヲ述ベタリ。設計ハ可ナレトモ、工事ハ帝大青年会館ニ劣レリ。式ハ成功ナリキ。

有吉知事ノ祝詞要ヲ得タリ。

十月十九日（木）

午前十時ヨリ、日本継続委員常務委員会ヲ開キ、明日本委員会ノ執行順序、諸報告等ニ付評議シタリ。

十月二十日（金）

授業如例。

十月二十一日（土）

午後二時ヨリ芝公園ニ於ケル大天幕ニ於テ演説ス。聴衆ハ約七八百人ナリキ。他ノ演説者ハ江原素六、宮川経輝ノ二人ナリ。

夜七時ヨリ私立衛生会館ニ於ケル実業家招待会ニ於テ演説ス。聴衆ハ約三百人ナリキ。他ノ演説者ハ安藤太郎、海老名弾正、江原素六氏等ナリ。

十月二十二日（日）

夜、本郷中央会堂ニ於テ説教ス。聴衆ハ百名内外ニテ準備モ頗ル不十分ニ見エタリ。且教会ノ空気ハ冷カニ感ゼラレタリ。

十月二十三日（月）

出院如例。

午後一時ヨリ総務局常務理事会ニ出席。

五時ヨリ青年会同盟常務委員会ニ出席ス。

十月二十四日（火）

出院授業如例。

午後二時ヨリ教会同盟常務委員会ニ出席ス。

十月二十五日（水）

授業如例。

午後、委員会ヲ開キ、来月三日立太子礼奉賀式並ニ同四日学院創立紀念式ノ事ニ付協議ス。

十月二十六日（木）

出院授業如例。但神学部学生ハ伊香保へ旅行ス。

十月二十七日（金）

授業如例。

午後、女子青年会館ノ歓迎会ニ出席。

ソレヨリ青年会館ニ於テ教職員俸給及恩給制度取調委員会ヲ開ク。

十月二十八日（土）

午前九時半ヨリ、立教学院ニ於テ日本基督教教育同盟第六回総会アリ。ライフスナイドル氏ノ歓迎辞、原田氏ノ開会ノ辞、諸委員ノ報告ノ後、午餐ノ饗応アリ。

午後、シユネーダル、デビス二氏ノ宗教教育ニ関スル演説アリ。役員ノ選挙、委員ノ指名アリ。来年秋、名古屋中学校ニ於テ開会ノ決議ヲナシテ開《閉》会ス。

十月二十九日（日）

午前、沼澤くに子ヲ訪問ス。漸ク快方ナレトモ、未タ病床ニアリ。

ソレヨリ真野氏ヲ訪問シ、久仁子ヨリ依頼ノ件ニ付協議ノ上、帰途、普賢寺氏ヲ訪問ス。同氏モ未タ全快ニ至ラズ。

久仁子ノ話ニヨレバ、龍雄ハ離縁ヲ申出タリトノ事ナリ。

十月三十日（月）

出院如例。

朝鮮総督府内務部長宇佐美勝夫氏ヨリ午餐ニ招カル。ドクトルエビソン、イムブリー、植村、フヒシヤール、山本邦之助其他数名モ招カレタリ。

午後五時ヨリ、熊野氏方ニ学院出身者ノ教員相会シテ会食シ、且ツ学院ノコトニ付懇談ヲナス。但熊野氏ハ不快ニテ欠席セリ。

十月三十一日（火）

午前九時、天長節祝賀式ヲ挙ク。熊坂氏一場ノ訓話ヲナス。ドクトルエビソン氏来訪、京城専門学校ノコトニ付イムブリー、オルトマンス氏ト共ニ意見ノ交換ヲナス。アンドルウード氏死去シタルニ付エビソン氏ハ其後任者トナリタルトノ事ナリ。政府ハ基督教主義ニ依テ学校ヲ設立スルコトヲ許シ、且ツ正課外ニ聖書ヲ教フルコトヲ禁ゼズトノコトナリ。然ラバ進行ニテ如何トノ相談ナリ。余ハ進行セヨトノ助言シタリ。

午後、母上ト花子同道ニテ、麻布箪笥町ノ旧宅ヲ見ニ往キタリ。持主ハ某未亡人ニテ、ツイ《[ママ]》頃田中銀之助氏ニ売渡シテ、近日移転セントスル所ナリト云ヘリ。家屋ハ大抵旧ノ侭ナレトモ、庭ハ全ク旧形ナシ。只楓ノ樹ノ大木ト成リテ存セルノミ。全体ニ古ビタレトモ自ラ曽テ建築シテ数年住ミタル家トテ何トナク懐カシク、去難キ心地シタリ。

東隣ノ溝口伯爵邸ハ住友家ノ別邸トナリ、全クソノ趣ヲ改メタリ。右ノ未亡人ハ辰巳氏ヤ舟木氏ヤ安嶋氏ノ事抔モ知リタレバ、全クノ浦嶋太郎ニモアラザリキ。

十一月一日（水）

授業如例。

十一月二日（木）

授業如例。

十一月三日（金）

立太子礼挙行セラル。

中学部生徒三年以上半数ハ早朝ヨリ二重橋外ニ往テ皇太子ノ参内ヲ拝ス。学院ニ於テハ午前十時ヨリ講堂ニ於テ他ノ半数及一二年生ト共ニ奉賀式ヲ挙行ス。

予ハ夫レヨリ東宮御所及宮内省出張所ニ出頭シテ、明治学院、教会同盟、青年会同盟ヲ代表シテ賀表ヲ捧呈シ、ソレヨリ本郷中央会堂ニ於ケル教会同盟及協同ミシヨン合同ノ奉賀会ニ出席シテ司会ス。

十一月四日（土）

午前九時ヨリ、明治学院創立紀念式ヲ挙行ス。但本年ハ単ニ内部ノ祝賀式トナシ、院外ニハ招状ヲ発セザリキ。午後二時ヨリハ富士見町教会創立第三十年記念式ニ出席、一場ノ祝辞ヲ述ブ。式後、富士見軒ニ於テ祝会アリ。食卓ニ就クモノ百廿八人、頗ル盛会ナリキ。同教会ノ進歩発展ハ日本ニ在リテハ無比ト云フベシ。

十一月五日（日）

午前十時、芝教会仮会堂献堂式アリ。一場ノ祝詞ヲ述ブ。旧会堂ハ危険ニ付取毀タリト云フ。

十一月六日（月）

授業如例。

午後五時ヨリ、日本基督教会市内教役者及長老ノ懇談会アリ。来会者七十三名、近頃ノ盛会ナリキ。

十一月七日（火）

授業如例。

午後五時半ヨリ東京協同伝道ニ於テ説教シ、又々委員トナリタル者ノ感謝会アリ。諸委員長ノ報告アリ。余モ一場ノ感話ヲ為スコト前夜ニ於ル如シ。

十一月八日（水）

授業如例。

十一月九日（木）

授業如例。

午後、中学部教員会アリ。

十一月十日（金）

授業如例。

十一月十一日（土）

午後、学院撃剣部ノ大会ヲ見ル。師範ノ審判ニ感服セズ［ママ］。

星野又吉氏来訪、赤坂教会ノコトニ付話アリ。

十一月十二日（日）

午前、松永夫人ヲ訪問シタルニ、一昨日出先ニテ発病シ日本橋辺ノ病院ニ入院シ、山田氏モ不在ナリ。而モソノ病院ハ何病院カ分ラズトノ事ナリ。

午後ハ桃澤捨二氏ヲ訪問シタルニ、数日来平臥ノ侭ニテ身体ヲ動スコト能ハズトノコトニテ、実ニ気ノ毒ナリ。

帰途、沼澤氏ノ墓碑ノ工事ヲ見ル。未タソノ半ニ達セズ。

十一月十三日（月）

午前、授業如例。

中山昌樹氏来訪。イムブリー氏ト共ニ本郷、明星両教会合併ニ故障ヲ生ジタル事情ヲ聞ク。

午後、文展ヲ一瞥ス。和画ハ唯徒ニソノ紙面ヲ拡長セルノミニシテ観ルベキモノ稀ナリ。風景画トシテトハ池田氏夫妻ノニ勝ルモノナシ。彫刻ハ漸ク進歩ノ兆ヲ見ル。

十一月十四日（火）

授業如例。

午後、神学部教授会。

引続キ協力伝道委員会ヲ開キ、星野又吉赤坂教会主任トナスコト其他ニ付議決ス。

十一月十五日（水）

授業如例。

午後、憲法改正調査委員会ヲ開ク。

十一月十六日（木）

授業如例

午後四時半ヨリ日本勧業銀行内葵薩会ノ需ニ依リ、行員約百四五十名ニ一場ノ講話ヲナス。

十一月十七日（金）

授業如例。

高等学部拡張費、米国両ボールドニ於テ承諾シ来リタルニ付、学科目ニ付水芦氏ト協議ス。

十一月十八日（土）

［記載なし］

十一月十九日（日）

午前、高輪教会ニ於テ礼拝。十数名ノ受洗者アリ。

午後、松永夫人ヲ訪問ス。病気漸ク軽快ノ赴ニテ、松永氏ノ変リ易キコト、又秘密主義ニ対シテ縷々訴ル所アリ。既ニ離婚ノ承諾ヲ得テ帰朝シタルガ故ニ、再ヒ帰ル意志毛頭ナシト断言セリ。

帰途、医師福田康甫氏ヲ尋ネ、病症ヲ尋タルニ、最早手術ノ必要ナシト云ヘリ。但ヒステリツクノ徴ハ少クアリトノコトナリ。

夜、寄宿舎ニ於テ講話ス。

十一月二十日（月）

授業如例。

午後五時半ヨリ阪谷男爵帰朝ニ付、大日本平和協会ニ於テ歓迎会アリ。江原氏、歓迎ノ辞ヲ述ベ、阪谷氏ハ欧米視察談ヲナセリ。最後、向軍治氏ハ激烈ナル反対論ヲ述ベタリ。

水芦氏、早朝来訪、国許ノ家兄病危篤トノ電報ニ接シタレバ、暫時帰省ノ許可ヲ得タシト。

十一月二十一日（火）

授業如例。

くに子来訪。龍雄ノ事ニ付相談アリ。

午後三時ヨリ教会同盟常務委員会アリ。松野氏、朝鮮満州巡回視察ノコトヲ可決ス。

帰途、シヨンソン氏ヲ訪問ス。同氏ハ去十九日、虎の門外ニ[衍]ニテ自働車ト衝突シテ、頭部ト左手ニ負傷シタリ。

但重症ニ非ズ。

十一月二十二日（水）

授業如例。

十一月二十三日（木）

午前五時、自宅出発、上野停車場ニ赴ク。六時五十分、発車。天気晴朗、浅間山ハ白雪ヲ以テ蔽ハル。夕刻、二本木駅ヨリ見タル山岳ノ景ハ雄大ナリ。六時、柏崎町着。皆田氏等ニ迎ヘラレ、岩戸屋旅店ニ投ス。入浴、食事ノ後、講義所ニ往キ、敬神ノ益ニ就キ説教ス。神田氏来訪ス。

十一月二十四日（金）

午前八時半、盲唖学校ニ往テ一場ノ話ヲナシ、夫レヨリ高等女学校ニ往キ、生徒一同ニ講話ヲナシ、校舎ヲ見ル。校長澤吹氏ノ考ハ至極宜敷、真ノ教育家ナリト思ハル。午後十二時五分ノ汽車ニテ皆田氏ト共ニ小千谷町ニ往ク。医師山本晋氏方ニ客トナル。同氏ノ案内ニテ西脇済三郎氏ヲ訪問ス。氏ハ吉郎右エ門氏ノ孫ナリ。父國三郎氏ハ余ト同年ニテ、二十年前ニ逝去シタリトノコトナリ。夜、芝居小屋ニテ演説ス。聴衆三百名、謹聴ス。

十一月二十五日（土）

午前八時三十分、小千谷中学校ノ講堂ニ於テ一場ノ講話ヲナス。十時二十分ノ汽車ニテ村上ニ向フ。来迎寺ニテ皆田氏ニ分ル。四時、村上町ニ着。夜、教会ニ於テ説教ス。聴衆九十名。求道者六七名。児玉老人等来訪。牧師ハ六時ニ着車ト思ヒテ、停車場ニ出迎タル由ナリ。

十一月二十六日（日）

午前九時、教会ニ於テ説教。聖餐ヲ執行ス。旅館ニテ午餐ヲ喫シ、十二時五分ノ汽車ニテ新潟ニ向フ。午後三時半着車、菊地屋旅店ニ投ス。西氏、加藤氏等出向フ。夜、教会ニ於テ説教ス。聴衆百名余、求道者五六名アリ。説教後、西、加藤氏等旅館ニ来リ懇談ス。

十一月二十七日（月）

午前五時前、旅館出発、五時二十分、発車。九時四十分、若松駅着。和田みゑ子ニ面会ス。廣田叔母様ハ待テドモ見ヘズ。不得止発車、七時四十分、上野着。九時半、無事帰宅ス。

十一月二十八日（火）

午前八時、出院授業如例。
午前ヨリ久仁子来訪。午後、真野文二氏来訪アリ。共ニ沼澤家ノ事ニ付相談ス。
白金小学校ノ運動会ヲ学院ノ運動場ニ開ク。中々ノ盛会ナリキ。

十一月二十九日（水）

授業如例。

十一月三十日（木）

授業如例。

十二月一日（金）

授業如例。

十二月二日（土）

［記載なし］

十二月三日（日）

午前、芝教会ニ於テ説教ス。
夜、寄宿［舍］ニ於テ講演ス。
其後、真野氏ヲ訪問シテ沼澤家ノコトニ付相談ス。

十二月四日（月）

授業如例。
午後、総務局常務委員会。
帰途、普賢寺氏ヲ訪問シ、彦三郎債務ノコトヲ尋ヌ。今尚牛荘領事へ問合中ノ赴ナリ。

十二月五日（火）

授業如例。
午後、神学部教授会ヲ開ク。

十二月六日（水）

授業如例。
健次来ル。卒業試験成績発表ニナリタル由。平均九十七点八分ナリトノコトニテ良成蹟ナリ。

十二月七日（木）

授業如例。
中学部教員会ヲ開ク。

十二月八日（金）

授業如例。
午後二時ヨリ、講堂ニ於テランデス氏在職二十五年祝賀会アリ。後、芝公園三縁亭ニ於テ宴会アリ。氏ノ友人並学院出身者等六十人許出席、可也ノ盛会ナリキ。醵金三百五十円余アリトノコトナリキ。

十二月九日（土）

教会憲法改正案ニ付ドクトルイムブリー氏ト協議ス。

十二月十日（日）
午後、横浜山手二百十二番、共立女学校ニ赴キ説教シ、且教員生［徒］一同ノ為聖餐式ヲ挙行ス。
大山大将死去ノ号外出ツ。
午後、初雪降ル。
十二月十一日（月）
授業如例。
十二月十二日（火）
授業如例。
十二月十三日（水）
授業如例。
十二月十四日（木）
授業如例。
十二月十五日（金）
授業如例。
午後、教会憲法改正委員会ヲ開ク。出席者、山本、毛利、柏井及余ノ四人ナリ。
十二月十六日（土）
沼澤久仁子来訪、来十八日夜出立、若松ニ往ク途次福島ニ立寄リ、高木氏ト協議決定ノ筈ナリ。
十二月十七日（日）
大山元帥ノ国葬式、日比谷公園内ニ挙行セラル。学院並ニ教会同盟ヲ代表シテ式場ニ列ス。晴天ナレトモ寒気強ク、外套ヲ脱シタル時ニハ困難ヲ覚ヘタリ。屋外同様ノ幄舎内ナレバ外套ハ差支ナキ筈ナリ。
十二月十八日（月）
出院如例。
午後五時、青年会同盟常務理事会ニ出席ス。
片山とよ子来ル。
十二月十九日（火）
学期試験ヲナス。
十二月二十日（水）
学期試験。
長尾半平氏ヨリ門司基督教青年会館開式ノ為、突然出張ヲ依頼セラル。
十二月二十一日（木）
健次、卒業祝ヲ兼、クリスマス祝ノ心ニテ晩餐会ヲ催ス。
片山夫婦来リ、一同楽シク一夕ヲ送ル。
十二月二十二日（金）
午前七時半、自宅出発、東京駅ニ赴ク。同所ニテフヒシヤールト同伴、八時三十分、特急車ニテ発車。横浜ニテ長尾半平氏モ同乗ス。

十二月二十三日（土）

午前十時過、門司到着。川卯旅館ニ案内セラル。馬関駅ハ長尾氏家族上京ニ付見送人ニテ混雑シタリ。

午後三時ヨリ開館式アリ。長尾氏開館ノ辞ノ後ニ、余モ一場ノ演説ヲ為シタリ。来賓二百余名ニテ、中々盛会ナリ。

建物ハ煉瓦造ノ公堂ニテ堅牢ナリ。殊ニ丘山ニ位シ、門司全市ヲ眼下ニ見ルハ愉快ナリ。

式後、門司クラブニ於テ晩餐ノ饗応アリ。

旅館ニ帰リテ後、福岡ノ真野及ビ荒川ヨリ電話アリ、相語ルコトヲ得タリ。

十二月二十四日（日）

午前十時、門司合同教会ニ於テ世界ノ光ト題シテクリスマスノ説教ヲナス。会衆ハ百人許アリキ。

帰途、大坂町ノ日本基督教会ニ立寄タレトモ、既ニ礼拝ノ終タル後ニテ、年若キ伝道者ト三四名ノ婦人トアリキ。如何ニモ貧シキ有様ニテミジメナリ。

午後六時半、門司ヲ辞シ、七時十分ノ特別急行車ニテ帰途ニ就ク。山岸氏、列車迄送リ来ル。フヒシヤル、長尾ノ二氏ハ前日帰途ニ就ケリ。

十二月二十五日（月）

午後九時、無事帰宅。

健次ハ昨日、近衛師団第二聯隊第六大隊附トナリ、無滞入営シタル赴ナリ。

十二月二十六日（火）

午後四時ヨリ青年会同盟常務員会並同財団理事会アリ。

十二月二十七日（水）

午後三時半、ステーシヨンホテルニ於テ下津卯一氏ト辻タカ子トノ結婚式ヲ行フ。列席者ハ双方ノ親戚ノミナリシガ、特ニ自働車ヲ以テ余ヲ迎送シタリ。

同時ニ学院ニ於テハ水芦幾次郎氏ト片岡常子トノ結婚式アリ。午後六時ヨリ芝三縁亭ニ於テ同氏ノ祝宴アリ。余モ之ニ出席シテ祝辞ヲ述ブ。

十二月二十八日（木）

午後七時ヨリ富士見町教会ニ於テ郷司慥爾氏ト栗原ワカ子トノ結婚式アリ。

北風吹荒レテ、寒気酷烈ナリ。

十二月二十九日（金）

健次ノ及第卒業ニ対シテ、坂井徳太郎、青山胤通、佐藤三吉氏ヲ歴訪シテ謝意ヲ表ス。

年賀ノ端書ヲ出ス。

十二月三十日（土）

来月四日、教会同盟ヲ代表シ、同盟ミシヨン年会ニ於テ為スベキ演説ノ草稿ヲ作ル。

十二月三十一日（日）

午前十時、高輪教会ニ於テ礼拝ス。

白井胤録〔禄〕氏、昨日死去。本日午後一時、富士見町教会ニ於ケル葬儀ニ参列ス。享年三十九才、遺族ハ妻ト三女ナリ。

〔補遺欄〕

13
10
~~20~~
6
6.50
2.00
5.00
――――
39.50
23.00
――――
16.50
入営　10.00
本代　3.00

29.50

一　授業料　金二十円也
一　医科校友会終身会員　六円也
一　紀念会　六円五十銭也
一　謝恩会費　金弐円也
一　運動会終身会員　五円也
一　全三十九円也　三人姉ヨリ祝

一九一七（大正六）年

11 月 3 日に開催された明治学院創立四十年記念祝賀会

一月一日（月）
家族一同礼ノ後雑煮ヲ食フ。
午前八時三十分ヨリ講堂ニ於テ職員生徒一同新年ノ礼拝ヲ為ス。但シ本年ヨリ此例ヲ開キタルナリ。
松平子爵邸、沼澤、片山、真野等ヲ訪問シテ年頭ノ祝賀ヲ述ブ。
一月二日（火）
昨夜来雪降リ、殆ンド終日降ル。ソレガ為参内拝賀ヲ見合ス。
一月三日（水）
松永夫人来訪、離婚請求ノ件ヲ松永氏ニ伝達センコトヲ依頼セラル。依テ再ビ熟考ヲ促シタレトモ、最早ソノ余地ナシトノ趣ナリ。
一月四日（木）
午前五時起床、三崎会館ノ早天祈祷会ノニ赴キ、外国伝道ニ就キ一場ノ感話ヲナス。
九時半ヨリ銀座会館ニ於ケル聯合ミシヨン年会ニ赴キ、日本基督教会同盟ヲ代表シテ一場ノ演説ヲ為ス。
ソレヨリ総務局理事会ニ出席、夜ニ入リ帰宅ス。本年ノ事務始ト謂テ可ナリ。
晴天ナレトモ寒気強シ。
一月五日（金）
午前十時ヨリ聯合ミシヨン会ニ出席ス。聯合ノ基礎ニ付討論アリ。現在ノ侭トナスコトニ決ス。
ビシヨプハリスニ招カレ、帝国ホテルニ於テ午餐ヲ喫ス。
午後、再ミシヨン会ニ出席ス。ドクトルシユネーダルノ勧ニ依リ、基督教大会ノ必要ニ付一語賛成ノ意ヲ開陳ス。
一月六日（土）
午前五時半、宅ヲ出テ、三崎会館ニ於ケル早朝祈祷会ニ出席ス。出席者四百三十余名トノコトナリキ。
一月七日（日）
高輪教会ニ於テ礼拝ス。
午後四時半ヨリ樋口修一郎氏ト木村丑徳氏三女成子トノ結婚ノ披露会ニ招カレ出席ス。来客四十余名。樋口氏ノ親戚及ビ同僚並ニ木村氏ノ親類ナリ。請ニ依リ一場ノ祝詞ヲ述ブ。
一月八日（月）
神学部始業式ヲ行フ。
山本、都留、田嶋、瀬川ノ四氏ヲ宅ニ招キ、午餐ヲ餐ス。
午後二時ヨリ協力委員会ヲ開キ、九十九里教会主任伝道石出氏ノ不行跡ニ付協議ヲ遂ク。里見富三郎氏上京、陳情ス。

沼澤くに子来訪、高木氏ヨリノ返書ヲ示ス。然レトモ未タ判然セズ。

一月九日（火）

神学部授業如例。

午後、花子ト共ニ三越ニ買物ニ赴キ、帰途、風月堂ニテ晩餐ヲ共ニス。本日ハ結婚第十七回ノ日ニ相当セリ。

一月十日（水）

午前九時、高等中学両学部始業式ヲ挙ゲ、一場ノ訓話ヲナス。式後、中学部教員十三名、宅ニ於テ懇親会ヲ開キ午餐ヲ共ニス。

一月十一日（木）

授業如例。

九十九里伝道主任石出氏ヲ協力伝道委員会ニ呼ビ、同人ノ風評ニ付ソノ弁明ヲ聴取リタリ。其結果、石原氏ヲ同地ニ派遣シテ更ニ取調ヲナスニ決ス。

午後六時ヨリ富士見軒ニ於テ長尾半平氏夫婦ノ為ニ歓迎会ヲ開ク。来会者六十余名。余司会ヲナシ、数名ノ歓迎辞アリ、長尾氏ノ答辞アリ。

一月十二日（金）

授業如例。

午後二時、青年会館ニ於テ総務局ヲ代表シテ植村ト余、リフオームドミシヨンヲ代表シテオルトマンス、ヒータルス、ライク、ウバルボールトノ五人会見、信州ニ於ケル伝道事業引受ノ件ニ付交渉、意見ノ交換ヲナシタリ。

一月十三日（土）

樋口新夫婦ト春日新夫婦ト同時ニ来訪アリ。

イムブリー氏ヨリ基督教女子大学校長候補者ノ件ニ付相談アリ。

午後、東部協同伝道委員会アリ。東北地方伝道ノ件並ニ協同伝道結末方法ニ付協議シ、東京ニ於テ伝道者大会ヲ以テ結ブコトニ定ム。

一月十四日（日）

午前、麴町教会ニ於テ説教シ、且ツ聖餐ヲ司ル。

夜ハ寄宿舎ニ於テ講話ヲナス。

一月十五日（月）

授業如例。

夜、イムブリー、オルトマンス二氏ト共ニ高等学部長候補者ニ付内相談ヲ為ス。種々評議ノ末、ライシヤー氏ノ意向ヲ問フ事ニ決シ、イ氏ヨリ尋ルコトトセリ。

一月十六日（火）

授業如例。

午後三時ヨリ教会同盟常務委員会アリ。基督教年鑑出版ノ報告アリ。

四時ヨリ協同伝道常務委員会アリ。来七月御殿場ニ於テ伝道者大会ヲ催スコトニ定ム。

六時ヨリ晩餐ヲ共ニシ、継続委員常務委員会ヲ開キ、来ル四月支那上海ノ継続委員会ニ数名ノ代員ヲ派遣スルコトニ定ム。

原田、江原、ウエンライト其選ニ当ル。井深、平岩、フヒシヤルハ其控トナル。

東京府知事ヨリ中学校長ノ集合ニ招カル。熊野氏ヲ代理ニ出ス。

一月十七日（水）

授業如例。

ドクトルアダムスブラオンヘ礼状ヲ出ス

一月十八日（木）

授業如例。

一月十九日（金）

授業如例。

一月二十日（土）

聖書ノ講義ノ為ニ詩篇略解ヲ起草ス。

一月二十一日（日）

樋口修一郎氏方ヲ訪問ス。

一月二十二日（月）

授業如例。

午後二時、バプテスト神学校ニ於ケル故テーリング氏ノ追悼会ニ出席ス。

五時ヨリ青年会同盟委員会ニ出席。

一月二十三日（火）

授業如例。

午後、神学部教授会ヲ開キ、西脇信雄ノ件ニ付協議ス。

一月二十四日（水）

授業如例。

午後四時、富士見軒ニ委員会ヲ開キ、高等学部拡張ノ件ニ付相談ス。イムブリー、オルトマンス、石川、磯邊、水芦、ライク、ランデス及ヒ余ノ九人出席ス。

聖書講義ノ為ニ第一詩篇略解ヲ寄送ス。

一月二十五日（木）
授業如例。
来廿八日富士見町ニ於ケル説教ノ草稿ヲ起ス。
午後、衆議院解散ノ号外出ツ。
一月二十六日（金）
授業如例。
一月二十七日（土）
午後三時ヨリ本郷西片町ナル同志会新築感謝会ニ出席、来賓ヲ代表シテ一場ノ祝辞ヲ述ブ。位置モ閑静ニシテ便利、至極適当ナリ。建築モ質素ナレトモ便利ニ出来タリ。経費壱万四千円トノコト、舎生十八名ヲ容ルベシ。
一月二十八日（日）
午前、富士見町教会ニ於テ説教ス。イツモナガラ説教ノ為力アル集会ナリ。三百名以上約四百名アリタランカ。説教後数人来リテ特ニ謝意ヲ表シタル人アリキ。
一月二十九日（月）
授業如例。
一月三十日（火）
授業如例。
午後一時半、高等学部改革委員会ヲ開キ、学科目ヲ議ス。

一月三十一日（水）
授業如例。
二月一日（木）
授業如例。
午後、中学部教員会ヲ開ク。試験ノ日割其他ニ付協議シタリ。
七時ヨリ小石川新渡戸氏宅ニ基督教大学設立委員会ヲ開ク。主人ノ外ニ佐藤昌介、ライシヤー、ベリー、ベンニングホフ、ヘーデン、ウエルチ、シユネーダル及余ノ九名出席。ガウチーヤル氏ヨリノ書状ニ付相談ス。最後ニ書記ヲシテ書面ヲ起草セシムル［コト］トシ、地所ノ為ニ新渡戸、佐藤、井深ノ三人ヲ委員トナス。十一時比散会、帰宅ハ十二時過ナリ。
二月二日（金）
授業如例。
午後、学院理事常務委員会ヲ開キ、高等学部学科目、教授ノ分担、新教員ノ招聘並ニ熊野氏ノ教授ハ単ニ中学部一、二、三、四年ノ修身トナシ、自今生徒ノ取締ヲ厳重ニセシムルコトニ決ス。
二月三日（土）

石川林四郎氏ヲ大塚ノ住宅ニ訪問ス。不在ニ付書面ニ要件ヲ認メ細君ニ托ス。
帰途、沼澤ニ寄リ、髙木氏ヘ書状ヲ出シテ回答ヲ催スベク勧告ス。

二月四日（日）

午前十時、指路教会ニ於テ説教且聖餐ヲ司ル。
井深浩氏方訪問。蓬莱屋並ニ基督教女子青年会ヲ訪問ス。蓬莱屋ノ外ハ孰レモ被害ナシ。

二月五日（月）

授業如例。

二月六日（火）

授業如例。
午後、神学部教授会。
午後六時ヨリ日本クラブニ於テ平和協会ノ総会アリ。

二月七日（水）

授業如例。
十二時半ヨリ帝国ホテルニ於テ内外教役者クラブノ初会アリ。午餐ノ後、会則ニ付相談ス。会員ハ二十名ヲ限リ、名ハ「カイアルファ」ト定ム。十月ヨリ六月迄、一月ヲ除キ毎月一回集リテ論文ヲ読ミ且ツ懇談スルコトト為ス。

二月八日（木）

授業如例。
午後六時ヨリ芝三縁亭ニ明治学院理事会ヲ開ク。出席、イムブリー、オルトマンス、ライシヤール、石川、里見、長尾、井深ノ七人。外ニライク、熊野、ランデスノ三人列席ス。恩給法ノコトハ委員再附托トナス。高等部長ヲ選挙スルニ当リ、オ氏ハライク氏ヲ指名シ、イ氏はライシヤール氏ヲ指名シ、遂ニ投票ノ結果、同数トナル。石川ハ棄権シ、ライシヤール氏ハライクニ投票シタレバナリ。依テ更ニ通信ニ依テ右二名ノ内ヨリ選挙スルコトニ決ス。ランデス氏ハ自己ノ不遇ニ付訴ル所アリ。

二月九日（金）

授業如例。
ライシヤール氏来タリ、自分ハ部長ノ候補ヲ辞スル旨ヲ申出ツ。ライク氏ト競走スルコトヲ好マズトノコトナリ。オ氏ガ先ニ同人ヲ候補トスルニ賛成シタルニ、半途ニシテライクニ変説［ママ］シタルハ面白カラズ。両ミシヨン間ノ感情ニヨルモノナランカ。

二月十日（土）

イムブリー氏ト共ニライシヤール氏ヲ訪問シ、更ニ理事会ヲ開キ、事情ヲ各理事ニ説明シ、然シテ更ニ投票ヲ行ヒ、然シテソノ結果ニ従フベキ旨ヲ勧告シ、夫レヨリオールトマンス氏ヲ訪問シソノ同意ヲ得テ、先ツ来ル月曜日ニ常務理事会ヲ開クコトトナス。

二月十一日（日）

午前九時、講堂ニ於テ紀元節礼拝式ヲ挙行ス。余ハ基督ノ教訓ト日本ノ国体トニ付演説ス。

田川大吉郎氏ヲ訪問ス。実ニ気の［ママ］毒ナリ。

帰途、三原三郎氏ヲ訪ヌ。不在ナリキ。

瀬川四郎氏ヲ招キ、晩餐ヲ餐ス。

二月十二日（月）

出院如例。

文雄ヨリノ電報ニ依リ、三菱会社漢口支店長ノ山岸慶之助氏ヲ訪ヒ、文雄ノ支那行ノ事ヲ尋ヌ。交渉行脳［悩］ニテ手間取レル様子ナリ。

午後、常務理事会ヲ開キ、来十七日午後五時理事会ヲ開クコトニ決ス。

二月十三日（火）～二月十七日（土）

［記載なし］

二月十八日（日）

午後三時、朝鮮人基督青年会館ニ於テ演説ス。

真野文二氏来訪、懇談刻ヲ移ス。

二月十九日（月）

授業如例。

午後五時、青年会同盟常務理事会ニ出席ス。

二月二十日（火）

授業如例。

午後三時、教会同盟常務委員会出席。来四月総会ノ執行順序其他ニ付評議ス。

夜七時ヨリ宅ニ於テ神学部懇話会ヲ開キ、依例汁粉ヲ餐ス。ライシヤー氏、景教碑ニ関スル佐伯氏ノ書ニ付批評ヲナス。

二月二十一日（水）

授業如例。

二月二十二日（木）

午後四時ヨリ総務局常務理事会［ニ］出席ス。

授業如例。

二月二十三日（金）

授業如例。

二月二十四日（土）

午後、横須賀ニ赴ク。
夜、教会ニ於テ山本喜蔵氏牧師就職式ヲ執行ス。他ノ委員ハ笹倉弥吉氏ナリ。笹倉氏ハ式後直チニ帰港ス。余ハ山城屋ト云フ旅館ニ宿泊ス。

二月二十五日（日）

午前十時、横須賀教会ニ於テ説教ス。
午後一時五十六分ノ列車ニテ帰京ス。

二月二十六日（月）

出院授業如例。
午後、文部省ニ出頭、松浦専門学務局長ニ面会シ、高等学部規則改正案ニ下検分ヲ求メ、ソノ承諾ヲ得タリ。
午後五時ヨリ日曜学校協会理事会ニ出席、来月ノ総会執行順序及規則改正案ノ事ヲ議ス。

二月二十七日（火）

授業如例。

二月二十八日（水）

授業如例。

三月一日（木）

授業如例。
午後桜井昭悳氏ノ葬儀ニ列席シ、且ツ千屋氏ノ依頼ニ依リ説教ヲナス。墓地ハ染井ナリ。

三月二日（金）

授業如例。
午後、高等学部教授会ヲ開ク。之ヲ以テ更ニ第一回ノ教授会トナス。
高等学部規則改正願ヲ文部省ニ提出ス。
中学部五年級ノ卒業試験ヲ行フ。

三月三日（土）

高等学部改正規則ヲ印刷ニ出ス。

三月四日（日）

午前、麴町教会ニ於テ説教シ且聖晩餐ヲ執行ス。
夜、寄宿舎ニ於テ講演ス。

三月五日（月）

授業如例。

三月六日（火）

授業如例。
神学部教授会ヲ開ク。

三月七日（水）

授業如例。
午後、イムブリー氏ト共ニ学院ノ職員ノ職務規程ノ草稿ヲ起ス。

真木男爵ノ葬儀ニ会葬ス。

午後四時ヨリ水芦氏方ニ於テ故夫人ノ壱年忌紀念会アリ。

晩餐ノ餐応アリ。

三月八日（木）

授業如例。

中学部教員会ヲ開キ、本年度卒業者ノ及落ヲ定ム。五十七名中三名ノ落第者アリ。

午後五時ヨリ東京ステーシヨンホテルニ於テ謝恩会アリ。

三月九日（金）

授業如例。

健次、医業免状来ル。

三月十日（土）

片山寛、マニラ、香港視察ノ為明日出発ノ赴ニ付暇乞ニ往ク。時々雷鳴アリ。

阪谷男爵邸ヲ訪問シ、卒業式ノ演説ヲ依頼ス。不在ニテ面会ヲ得ズ。

法学士小林鉄太郎氏ヲ飯田町ニ訪ネタルニ、何処ヘカ転居シテ往先不明ナリ。

三月十一日（日）

午前、市ケ谷教会ニ於テ説教ス。

帰途、荒川哲次郎氏留守宅ヲ訪問ス。

午後、小石川日輪寺ニ於ケル大平良庵氏ノ葬儀ニ列ス。

夜、寄宿舎ニ於テ講話ス。

三月十二日（月）

授業如例。

染谷為介、去七日午前、突然寄宿舎ヲ去ツテ往先不明ナリトノ報告ニ接ス。桑田ニ書状ヲ遺シテ去ル。学校ノ規則正シキ課業ニ耐ヘズシテ去タルガ如シ。

三月十三日（火）

出院授業如例。

夜、青年会館ニ於テ本多庸一氏五週年紀念会アリ。余、司会ヲ委ネラル。来会者約百名、多クハメソジストノ人ナリキ。小方、小松、星野、押川氏等ノ感話アリキ。押川氏ハ大演説ヲ試ミタレトモ不成功ナリキ。

三月十四日（水）

中学部ハ試験前一日休業。

中学部三年級生田中義郎、熱海ニ於テ病死ストノ報知アリ。最後ニ近キ従容トシテキリストヲ信ズルコトヲ告白シ、キリスト教ノ儀式ニ依テ葬ラレンコトヲ願ヒタル赴ニテ我ニ説教ヲ依頼セラレ、且長尾、伊藤両氏態々来リテ学院ノ講堂ヲ貸与センコトヲ請フ。評議ノ上之ヲ承諾シタリ。

三月十五日（木）

高等学部学年試験ヲ行フ。

田中氏ノ親戚松本某近［来］リテ義郎臨終ノ実況ヲ語ル。之ヲ聞テ感涙ニ耐ヘザルモノアリ。神ノ恩寵ト云フノ外ナシ。

夜、熊野氏ト共ニ田中家ニ赴キ、入棺式ノ心持ニテ祈祷ヲ捧ゲ感話ヲナス。学院ノ生徒及ビ教会ノ人モ数名集会ス。

三月十六日（金）

午後十二時過、田中家ヨリ馬車ニテ迎ニ来ル。熊野氏ト共ニ同家ニ赴キ、出棺ノ祈ヲナシ、列ニ加ハリテ講堂ニ来リ式ヲ行フ。会葬者満堂。花輪数十個、講壇ノ廻ヲ填ム。余ハ死ハ勝ニ呑マルト云フ本文ニ就テ簡単ナル説教ヲ為シタリ。会葬者感涙ニ堪ヘザル多カリキ。青山ノ墓地ニ埋葬シテ帰ル。

三月十七日（土）

東京学院、本月限リ閉鎖ニ付、生徒転入ノ件ニ付同学院ノ処置不穏当ナルコトアリ。最初ノ約束ヲ履行シ難キ旨ヲ院長ニ申送ル。

三月十八日（日）

夜、指路教会ニ往キ説教ス。志道者十一名ヲ得タリ。

露国ニ革命起リ、皇帝退位ノ報アリ。

三月十九日（月）

出院授業如例。

午後、総務局常務理事会並ニ青年会同盟常務理事会ニ出席ス。

三月二十日（火）

授業如例。

三月二十一日（水）

午後三時ヨリ理事会ヲ開キ、諸種ノ報告アリ。役員ノ選挙、憲法改正、恩給法採用、俸給増加等ノ事アリ。晩餐ヲ共ニシ十一時ニ至リテ漸ク閉会ス。

余ノ俸給ハ弐百円増加セラレタリ。中学部長ハ百円、其他等差アリ。

余ハ理事長、神学部長共ニ辞退シタルニ、選挙ノ結果再ビ之ヲ受ルコトトナレリ。

三月二十二日（木）

神学部授業如例。

午前十一時ヨリ中学部教員会ヲ開キ、生徒ノ及落及ビ賞与ヲ評議シ、午後二時ヨリ高等学部教授会ヲ開キ、来学年度ノ事ヲ議シ、三[時]年ヨリグレスセット氏ト会面シテ、東京学院ヨリ生徒転校ノ問題ヲ解決ス。

三月二十三日（金）

神学部授業如例。

三月二十四日（土）

夜来大雨ニテ終日不止。

中学部卒業式ハ雨天ノ為如何ナランカト懸念シタリシガ、案外ニ来賓モ多ク賑カナル式ヲ挙ケ得タリ。長尾半平氏ノ禁酒演説ハ少ク長過キタリ。磯田傳七氏ハ祝意ヲ表スル為トテ金百円ヲ寄附シタリ。

三月二十五日（日）

［記載なし］

三月二十六日（月）

午前、授業如例。

午後、神奈川一本松捜真女学校ノ卒業式ニ於テ一場ノ講話ヲナス。卒業生ノ文章ハ英文邦文共ニ上出来ニシテ、学校ノ気風モ至極宣敷ヤウナリ。校長ミスコンバルスハ良教育家ナリ。

三月二十七日（火）

午前、授業如例。

午後六時ヨリ芝三縁亭ニ於テ嶋崎藤村氏ノ帰朝歓迎会ヲ兼、学院同窓会ヲ開ク。来会者僅カニ十九名ナリキ。嶋崎氏ノ土産話モ格別ノコトナシ。話ハ下手ナリ。後ニ杉浦和平氏ノ例ノ「ヤリ嫌」ノ話アリ。之ニ対シテ単簡ニ対ヘ置タリ。

夫レヨリ校友会設立ノ委員ヲ挙クルコトトナセリ。

三月二十八日（水）

午前、神学部授業如例。

午後、中学部教員会。フヒシヤル氏方ニ於テ新来ノ外国ＹＭＣＡノセクレタリーノ紹介アリ。日本人モ十数名招カレタリ。

三月二十九日（木）

神学部授業如例。

午後二時ヨリ女子学院卒業式ニ列ス。音楽共ニ英文ノ答辞ハ上出来ナリキ。但アクセントニ不完全ナル所アリ。

長尾半平氏ノ旧新思想調和ノ演説アリ。

帰途、真野氏ヲ訪問ス。偶々藤澤氏夫妻ノ来訪シタルヲ以テ自分ハ先ツ帰宅セリ。

三月三十日（金）
神学部授業如例。
午後五時ヨリ三縁亭ニ於テ益富政輔氏ノ送別ヲ兼、鉄道青年会評議員会開カル。昨年度事業報告ノ後、規定目的ノ所ニ基督教主義ニ由リテ一句ヲ加フル事ニ決ス。決議前ニ鉄道院ニ於テモ市電気局ニ於テモ之ニ異議ナキ旨ヲ明言シタリ。議事後、食ヲ共ニシ快談シテ解散ス。
和田みゑ上京、宿泊ス。

三月三十一日（土）
来月三日ノ婦人矯風会講演会ノ為ニ草稿ヲ起ス。

四月一日（日）
来三日ノ講演ノ草稿ヲ了ル。
天気快晴、漸ク春色ヲ催ス。
婦人矯風会新築開館式並ニ矢嶋老人胸像除幕式アル由ニテ母上、花子共ニ出席。

四月二日（月）
午後一時ヨリ総務局常務理事会。
四時ヨリ帝国ホテルニ於テカイアルハ会。ビショツプセシル、基督教ト戦争ニ付テ論文ヲ朗読ス。種々ノ差支アリ出席者僅カニ植村、ウエンライト、ハリス、セシル、余ノ五名ノミ。
六時ヨリ築地精養軒ニ於ル婦人矯風会廿五回祝賀ニ赴ク。文部大臣ノ祝文、内務次官水野氏、井上府知事ノ祝詞アリ。余モ一言祝辞ヲ述ブ。式後宴会アリ、食卓ニ就クモノ約二百名、内男子ハ僅ニ数十名、中々ノ盛会ニテ大成功ナリキ。

四月三日（火）
午後二時半ヨリ高商講堂ニ於テ婦人矯風会ノ講演会アリ。浮田氏先ヅ国民教育ト貞操問題ト云フ題ニテ一時三十分間演説シ、ソレヨリ余ハ幸福ナル家庭ノ基礎ト題シテ約四十五分間演説シタリ。但学校教員ノ聴衆ハ比較的小数ニテ、過半ハ矯風会員ナリキ。甚夕不成功ノ集会ナリ。
午後六時ヨリ中央亭ニ於テ王景春、黄賛及厳某ノ為ニ歓迎及ビ送別ノ会ヲ開ク。来会者約二十名ナリキ。

四月四日（水）
真澄、清見ヲ携ヘテ奠都五十年博覧会ヲ見物ス。東海道五十三駅ノ模型アリ。明治元年ノ日本ヲ忍ハシメントノ趣工ナリ。但出品ハ別ニ観ルベキモノナシ。
ソレヨリ後、動物園ヲ見テ帰宅ス。
上野ノ桜ハ大分赤色ヲ帯ビ、最早四五日中ニ開カン模様ナリキ。

四月五日（木）

中学部第一年級入学試験ヲ行フ。本年ハ入学者多数ニテ、一年級ヲ三組トナスノ必要アリ。教員ニハ臨時手当ヲナシテ負担セシムルコトトナス。

四月六日（金）

一昨日ハ彦三郎北京ニ客死シテヨリ壱週年ニ相当ス。依テ本日親類ノ人々ヲ案内シテ紀念ノ晩餐会ヲ催ス。八重子モ丁度休暇中ニテ帰京。勝治ハ鎌倉ヨリ、真野夫婦ハ福岡ヨリ、和田みゑハ若松ヨリ上京中ニテ、幸ニ兄弟皆会同スルヲ得タリ。一同揃タル時、彦三郎葬儀其他後始末ノ報告ヲナシ、帳簿ヲ示ス。

四月七日（土）

南風吹キ俄ニ暖和ヲ催シ、四隣ノ桜花一時ニ開ク。

米国遂ニ独逸ニ対シテ宣戦ス。

四月八日（日）

高輪教会ニ於テエーターソンデー礼拝ニ列ス。

午後、桃澤氏ヲ池田病院ニ訪問シ、ソレヨリ沼澤氏ヲ訪問ス。

四月九日（月）

新学年ヲ開始ス。中学部ハ四百八十名、殆ンド定員ニ達ス。新教員ヲ紹介ス。

高等学部ハ今学期ヨリ神学部ト共ニ礼拝スルコトトナス。

四月十日（火）

午前、授業如例。

午後一時ヨリ第六回教会同盟大会ヲ開ク。小崎氏会長ニ当選ス。報告ノ外格別ノ問題ナシ。唯二月第二ノ日曜日ヲ健康ノ日トシテ一般ニ守ル事ニ決ス。又新嘗祭当日ヲ感謝日トシテ礼拝式ヲ為スベキコトニ決ス。

会後、須田町ミカド亭ニ於テ晩餐ヲ共ニシ、ソレヨリ同所ニ催サレタル益富政輔氏ノ米国行送別会ニ出席ス。同氏ハ来十二日、春洋丸ニテ出発ノ筈。

鉄道院ヨリ欧米鉄道員救済慰安事業視察嘱托ノ廉ヲ以テ金三千円ヲ支出シタリ。

四月十一日（水）

授業如例。

本日ヨリ始メテ三学部共同ノ礼拝式ヲ行フ。満堂空席ナシ。

午後、神学部教授会ヲ開ク。

四月十二日（木）

授業如例。

四月十三日（金）

授業如例。

午後、協力伝道委員会ヲ開ク。

夜、田中次郎氏宅ニ子息故義郎氏死後一ヶ月ニ相当スルヲ以テ、親族友人ヲ集メテ記念会ヲ開カル。余モ依頼セラレテ一場ノ感話ヲナス。

四月十四日（土）

午前十一時、第一回評議会ヲ開ク。審議ノ末、運動場ニ於テ野球ヲ禁ズルコトニ決ス。

四月十五日（日）

夜、寄宿舎ニ於テ講話ス。寄宿舎満員ナリ。

四月十六日（月）

授業如例。

午後五時ヨリ青年会同盟委員会夏期学校ノ評議アリ。本年ノ校長ハ笹尾ナリ。

四月十七日（火）

授業如例。

午後、両国教会ニ開カレタル東京中会ニ出席ス。夕刻閉会。

宮田熊治氏漸ク伝道ノ准允ヲ受ク。

四月十八日（水）

授業如例。

午後、常務委員会ヲ開ク。中学部教員臨時手当ノ件、体操器械購入ノ件其他ニ付評議ス。

四月十九日（木）

授業如例。

午後、高等学部教授会ヲ開ク。

午後四時半ヨリ内ニ於テ神学高等両学部教授一同懇親会ヲ催シ、茶菓ヲ餐ス。来ル者二十三名、緩談時ヲ移シ、一同歓ヲ尽シテ帰ル。

四月二十日（金）

授業如例。

午後三時、芝区役所ニ往キ、関直彦ニ投票ス。区役所附近ハ候補者連ノ事務所ヲ以テ充サル。自働車モ二台見エタリ。但選挙場内ハ極メテ静粛ナリ。余ト同時ニ投票シタルハ僅カニ四五名ニ過ギズ。

沼澤久仁子来訪。龍雄ハ漸ク昨日熊谷事務所ニ移転シタル赴ナリ。

桃澤氏ヲ池田病院ニ訪問ス。入院来九十五日ナルガ、漸次軽快ナリトノ事ナリ。

四月二十一日（土）

午後五時ヨリ芝三縁亭ニドクトルイムブリーノ為ニ送別会ヲ開ク。来会者、植村、小崎其他二十余名。右ニ牧師送別ノ辞ヲ述ベテ後、イムブリー氏ノ演説アリ。四十二年前来朝後ノ履歴ニ就キ所感ヲ開陳ス。

四月二十二日（日）

真木男爵五十日祭ニ付訪問ス。

津田鍛雄氏来訪、自慢話アリ。

四月二十三日（月）

授業如例。

四月二十四日（火）

授業如例。

四月二十五日（水）

授業如例。

渡邉鹿児麿氏壱週忌ニ青山墓地ニ於テ親族ノ為ニ聖書ヲ読ミ祈祷ヲナス。渡邉老伯爵夫婦、鹿児麿氏未亡人其他ノ親族列席ス。墓碑落成シタルガ故ニ、殊ニ墓地ニ於テ追悼会ヲ催シタルナリト云フ。

四月二十六日（木）

授業如例。

四月二十七日（金）

授業如例。

午後六時、芝東洋軒ニ於テ三学部教員懇親会ヲ催ス。来会者二十八名。学院ノ前途ニ就キ数名卓上演説モアリ。有益ナル会合ナリキ。差支アリテ欠席シタル人十一名ナリキ。

四月二十八日（土）

出院如例。

四月二十九日（日）

高輪教会ニ於テ礼拝。

午後、津田鍛雄氏ヲ木挽町江川旅館ニ訪問ス。健二［次］、真澄、清見ノ学資ノ事ニ付深切ナル話アリキ。

四月三十日（月）

授業如例。

五月一日（火）

授業如例。

神学部教授会ヲ開ク。

夜、懇話会アリ、瀬川氏、オックスフォドムーヴメントニ付講演ス。

五月二日（水）
授業如例。
五月三日（木）
午前、授業如例。
午後一時半ヨリ慶応義塾基督教青年会主催ノ講演会ニ於テ教育ト宗教ノ関係ニ付演説ス。学生三百人許来聴セリ。大講堂ハ千七八百名ヲ座セシムルニ足ランカ。至極話シ易キ講堂ナリ。
五月四日（金）
イムブリー夫婦帰省ニ付横浜港新波止場コロンビヤ号迄見送ル。
帰途、熊野氏ト共ニ横浜市青年会館ニ至リ、昼餐ヲ喫ス。
五月五日（土）
午後二時ヨリ神田女子青年会館ニ開カレタル婦人伝道会社総会ニ於テ説教ス。
帰途、片山ニ立寄ル。花子モ来リ共ニ晩食ノ饗応ヲ受ケテ帰ル。
五月六日（日）
夜、横浜海岸教会ニ赴キ説教ス。聴衆ハ四五十名ニ過ギズ。
五月七日（月）
授業如例。
午後二時ヨリ婦人伝道会社修養会ニ於テクリスマニ就テ一場ノ講話ヲ為ス。
五時半ヨリ宝亭ニ於テ丹羽清次郎氏ノ為ニ送別会アリ。支那人張寿春、厳智崇二人モ出席ス。数名ノ演説アリ。
五月八日（火）
出院如例。
午前十時半過、天皇陛下嶋津公爵邸へ行幸ニ付職員生徒一同ニ本榎通ニ斉列シテ奉迎ス。
夕刻、ランデス氏方ニヒウストン氏夫婦及ビライオン氏ノ為ニ茶話会アリ。両人ノ演説アリ、余、之ニ対シテ数言ヲ述ブ。
五月九日（水）
授業如例。
午後四時ヨリ日曜学校協会理事会ニ出席。
引続キ宝亭ニ於テ近日帰国セントスルヘーギン、メーヤー二氏ノ為ニ送別会ヲ開ク。
五月十日（木）
授業如例。

高等中学両学部ニ於テハ体格検査ヲ行フ。

午後、石丸龍太郎氏ヲ訪問シ、地所ノ事ヲ交渉ス。分割ハ絶対ニ断ル、全部ナレバ話ニ応ズベシトノコトナリ。坪数ハ壱千九百数十坪ナリ。代価ハ近日通知ノ筈。

五月十一日（金）

授業如例。

五月十二日（土）

午後一時四十分発汽車ニテ石原保太郎氏同道、木更津町ニ赴ク。四時半着。主任伝道者宮田熊治其他ノ信徒停車場ニ出迎フ。医師大日方氏方ニ案内セラル。

夜七時半ヨリ教会ニ於テ石原氏ト共ニ演説ス。聴衆ハ七八十名、小会堂ハ余席ナシ。

五月十三日（日）

午前十時、教会ニ於テ説教ス。四名ノ受洗者アリ。隣家ノ主人方ニテ午餐ノ饗応ヲ受ケ、午後二時四十分ノ汽車ニテ帰京、七時過無事帰宅ス。

五月十四日（月）

出院授業如例。

五月十五日（火）

授業如例。

午後、明治学院創立四十年記念式準備委員会ヲ開キ、事務分担ヲ定ム。

夜、三学部教員祈祷会ヲ理事室ニ開ク。出席十五名。

五月十六日（水）

午前、授業如例。

午後、桜川町石丸氏ヲ訪問シ、今里町地所ノ代価ヲ聞ク。乃チ八万五千円也トノコト。

三菱本社ニ塩田氏ヲ訪ヒ、文雄ノ是迄世話ニ成タル礼ヲ述べ且ツ渡清ノ事ニ付尋タルニ、慥ニ間違ナシトノコト。

ソレヨリ大石廣吉氏ニ面会シ、尚詳シキ事情ヲ聞クヲ得タリ。先方トノ約束ハ慥カナレトモ、派出ノ時期ニ付尚問合セ中ナリトノコトナリ。

コールマン氏方ニ於テ日曜学校ノコトニ付相談ス。

五月十七日（木）

授業如例。

五月十八日（金）

授業如例。

午後、憲法改正委員会ヲ開ク。

東都協同伝道委員［会］ニ出席ス。

五月十九日（土）

午前、出院如例。
夜、真澄、清見ヲ連レ、一ノ橋ノ活動写真館ニテ近頃評判ノ「シビリゼイシヨン」ヲ見ル。徹頭徹尾非戦主義ノ主張ヲ説キタルモノナリ。政府ガ之ヲ許スハ不審ナリ。但写真ノ技術ハ実ニ不思議ナリト云フベシ。

五月二十日（日）
午前、高輪教会ニ出席ス。
逢坂牧師ハ来月三日ノ教会総会迄講壇ニ立ザル由。或ハ辞職ノ已ムナキニ至ランカ。
夜、寄宿舎ニ於テ講話ヲナス。昨夜見タル［以下、欠］

五月二十一日（月）
午前、授業如例。
午後、青年会同盟委員会ニ出席ス。

五月二十二日（火）
午前、授業如例。
午後、総務局理事会出席。

五月二十三日（水）
授業如例。

五月二十四日（木）
授業如例。

五月二十五日（金）
授業如例。

五月二十六日（土）
三菱会社大石廣吉氏ヨリ返書来リ、文雄渡清ノ事決定ノ由ナリ。依テ直チニ長崎ニ発電ス。
午後、技芸奨励展覧会ヲ観ル。同時ニ宮川香山遺品ノ展覧会アリキ。格別観ル程ノモノナシ。

五月二十七日（日）
午前八時ヨリ母上、花子同道、鈴木叔母ノ紀念墓参ノ為小石川三原氏方ニ赴ク。鈴木老人、若夫婦、三原氏家族其他数十名、庭ニテ紀念ノ撮影ヲナシ、ソレヨリ一同雑司ケ谷ノ墓地ニ往キ、余、祈祷ヲナシ、ソレヨリ鈴木氏ノ案内ニテ日比谷ノ松本楼ニ赴テ、午餐ノ饗応ヲ受ク。

五月二十八日（月）
授業如例。
来夏期講習会講演ノ草稿ヲ作ル。
嶋［崎］村藤村氏講演ノ筈ノ処、同氏ノ都合ニ依リ休ム。

五月二十九日（火）
授業如例。
文雄ヨリ本日午前十一時出発トノ電報アリ。

五月三十日（水）
授業如例。
午後、評議会ヲ開キ、来月ヨリ夏期中授業時間ヲ午前ニ繰上ルコトニ付、中学部ト高等学部トノ意見一致セズ、種々評議ノ末、石川、寺尾二氏ノ授業ノ外ハ凡テ午前ニスルコトニテ差向キ協議纏リタリ。将来ハ今一層区別ヲ立ルノ必要アリ。
午後八時三十分、文雄夫婦、正彦、文枝並ニ満恵さん、下女一人、東京駅安着。直チニ内ニ来ル。
五月三十一日（木）
授業如例。
午後、常務理事会ヲ開キ、築地十七番地ヲ愈金四万円ニテ買ハントスル人アルニ付、聖路加病院長トイスレル氏ト交渉スル事トナシ、午後四時同氏来訪、ライク氏ト共ニ会見シ、愈手取リ金四万円ニテ同氏ニ売渡スコトニ約束成ル。
六月一日（金）
授業如例。
午後、高等［学］部教授会アリ。
六月二日（土）
出院如例。
文雄、家族ト共ニ猿町ノ借宅ニ入ル。
六月三日（日）
夜、小礫川教会ニ往キ説教ス。聴衆三十余名、熱心ニ聴聞セリ。石原氏ハ黄胆《[疸]》再発ノ気味ナリ。
六月四日（月）
授業如例。
午後二時、一年級父兄会ヲ開キ、一場ノ話ヲナス。
四時ヨリ帝国ホテルニ於テカイアルファー会アリ。出席者ハウエンライト、セシル、植村、小﨑、スカツダル及ビ余ノ六人。其他ニオツクスフオードノセクス教授アリ。同氏ノバビロン神話ノ話ヲ聞キ、其後晩餐ヲ共ニシテ解散ス。
六月五日（火）
授業如例。
六月六日（水）
授業如例。
神学部夏期講習ノ用意ヲナス。演題ハ基督教主義ト無抵抗主義ナリ。
六月七日（木）

授業如例。
文雄ノ荷物来リ、内ニテ之ヲ開キ入用ノ分ヲ文雄ノ借宅ニ運搬ス。荷作ハ三菱会社ニテ為シタル為極メテ堅固ナリ。
片山寛氏、母堂同道来訪ス。
荒川ニテ去ル三日女子出生、母子共ニ安全ノ趣通信アリ。

六月八日（金）
授業如例。
中学部生徒全部体操ヲ試ム。成蹟佳良ナリ。

六月九日（土）
出院如例。
午後三時ヨリ外国人ボーイスカウトノ演習アリ。雨天ノ為体操場中ニ於テス。日浅キ故カ運動ハ未熟ナリ。
夜、学院生徒主催ノ演奏会アリ。雨天ニ拘ラズ満堂ノ聴衆アリ。大塚氏ノ努力賞讃ニ価ス。

六月十日（日）
夜、寄宿舎ニ於テジヨンソン氏ノ説教アリ。

六月十一日（月）
授業如例。

六月十二日（火）
授業如例。

六月十三日（水）
授業如例。
真野文二氏上京、来訪ス。

六月十四日（木）
授業如例。
午前九時ヨリ第七回夏期講習会ヲ開ク。本年ハオルトマンス氏ヲ会長トナシ、瀬川氏ヲ委員長トナシタルニ、瀬川氏不慣ノ為諸事甚タ不行届勝ニテ閉口セリ。地方ヨリ来レル人ハ十五六名ニ過ギズ。例年ヨリハ少数ナリ。
畳ノ表替ヲナス。何故カ今年床ト表ノ間ニ蟲生ジタリ。故ニナフタリンヲ用ヒテ予防ス。

六月十五日（金）
授業ヲ休ミ、夏期講習ニ出席ス。
田中達氏神道ノ講演ハ有益ニテ一同ノ注意ヲ引セリ。
午後ハオルトマンス氏ノ現時ニ於ケルユダヤ人ニ関スル講演アリ。

六月十六日（土）
田嶋氏ノ「阿弥陀信仰ト保羅神学」ト題スル講演アリタレトモ、頗ル未成品ニシテ、大分会員中ヨリ虚ヲ突レテシドロモドロノ態ニ了リタリ。

六月十七日（日）

朝、高輪教会ニ出席ス。

夜ハ寄宿舎ニ於テ好地由太郎自叙伝ニ基テ話ヲナス。何レ話ニ潤色ハアルナランモ、話半分トシテモ一種ノ力ヲ有スルコトハ明白ナリ。ソノ人ニ接スル所ヲ見ルニ、珍ラシキ度胸ト同情ト一種ノ機智ニ由リテ、人ノ意表ニ出テ、ソノ予盾ヲ自覚セシムルニアルモノ、如シ。

六月十八日（月）

田中氏第三回神道ノ講演アリテ後ニ、余ハ無抵抗主義ト基督教倫理ニ就テ講演ス。種々ノ質問アリ。

時ニ大町一二氏ト大堀咲子トノ訪問ニ接ス。来廿一渡米トノ事ナリ。午餐ヲ饗ス。

午後ハ山本氏ノ日本ゼジユイツトノ話アリ。

五時ヨリハ青年会同盟委員会ニ出席ス。

六月十九日（火）

尾嶋真治氏ノ「御宮礼拝」ト云フ題ニテ古神道ノ話アリ。

午後ハ横田貞治氏ノ説教アリ。後、聖餐ヲ守ル。

午後二時半ヨリ宅ニ於テ学院教員祈祷会ヲ開ク。出席者十九名。次会ハランデス氏方ノ筈。

夜、ライシヤワル氏方ニ於テエリス氏ト食ヲ共ニシ、宗教上ノ現況ニ付懇談ス。来会者ハ植村、小﨑、長尾、田中、ウエンライト、フヒシヤール氏ナリ。

六月二十日（水）

田中達氏、「近代仏徒ノ覚醒」ト云フ題ニテ再ビ講演ス。

午後ハ石原謙氏ノ近代思潮トキリスト教ノ講演アリ。

但余ハ継続委員臨時会ノ為ニ正午前ヨリ青年会館ニ赴ク。出席者ハ原田、植村、平岩、ウエンライト、フヒシヤー、余ノ五人。外ニボールス、松野二氏出席。ボールス氏送別ノ意ヲ以テ午餐ヲ共ニシタリ。

六月二十一日（木）

午前、瀬川氏「ロマニ於ケル皇帝崇拝」ニ就テ有益ナル講演ヲナス。植村氏差支アリ、ソノ時間ニ於テ余ハ無抵抗主義ニ付尚質問ヲ受ケテ一々答弁シタリ。

午後、宅ノ庭ニ於テ親睦会開会ノ筈ナリシガ、雨天ノ為見合セ、講堂ニ於テ閉会式後直チニ開会シ、信者ノ埋葬地ニ関スル困難等ニ付懇談シテ後、一同解散ス。閉会式後、一同撮影シタリ。

六月二十二日（金）

授業如例。

午後、神学部教授会ヲ開ク。

六月二十三日（土）

午後、片山ヲ訪ネタルニ、町名番地不明ノ為途ニ迷ヒ、泥濘中ヲ散々尋行キテ漸ク聞出シ閉口シタリ。

六月二十四日（日）

朝、沼澤家ノ請求ニヨリ訪問、大藪久雄ト会見シ、刀剣ノ鑑定ヲ受ケタリ。

夜、桜井女塾ニ於テ説教ス。

六月二十五日（月）

高等［学］部授業如例。

午後三時、宅ニ於テ京浜教役者会ヲ開ク。来会者十二名。教会憲法改正案ニ付意見ヲ交換ス。

六月二十六日（火）

授業如例。

山本、都留、瀬川三氏ヲ招キタ飯ヲ饗シ、神学部ノ事ニ付懇談ヲ為ス。

六月二十七日（水）

授業如例。

六月二十八日（木）

出院如例。

文雄夫婦ト健次トヲ招キ、文雄ノ送別ト健次ノ任官前祝トヲ兼テ晩餐ヲ共ニシ、懇談ニ時ヲ移ス。文雄、健次共ニ元気旺盛ナリ。

六月二十九日（金）

出院授業如例。

六月三十日（土）

午前、常務理事会ヲ開キ、来十一月三日ノ学院創立紀念年［式カ］其他ノ件ヲ議決ス。

午後、文雄方ニ往キ、荷造ノ手伝ヲナス。

夜、文雄夫婦来リ、長崎ノ社員ヘ出ス礼状ノ表書ヲナス。

七月一日（日）

文雄、午後七時東京駅ヨリ出発。親族、友人見送人多ク、同人モ至極元気ニテ出発セリ。

七月二日（月）

健次、昨日ノ日付ヲ以テ二等軍医ニ任ゼラレ、近衛第一聯隊附ニ補セラル。

七月三日（火）

中学部授業如例。

文雄留守宅ハ白金猿町三十四番地ヘ転居ス。午後ヨリ往テ手伝フ。

七月四日（水）
出院如例。
来十六日ヨリノ協同伝道大会講演ノ草稿ヲ起ス。題ハキリスト者生活ノ理想ナリ。
山本喜蔵氏兄弟並ニ山下善之氏並ニ女子来訪。明日結婚式ノ打合ヲナス。
午後、三菱会社ヲ訪問シ、丸田、塩田二氏ヲ訪ネタルニ、二人共ニ不在ナリ。依テ葉野氏ニ会ヒ礼ヲ述べ、且ツ大石氏ニモ面会シテ礼ヲ述べタリ。
七月五日（木）
午後三時、神学部講堂ニ於テ山本喜蔵、山下花子ノ結婚式アリ。余、ソノ式ヲ司ル。来賓三十余名アリ。式後、ランデス氏方ニ於テ茶菓ノ饗応アリ。
七月六日（金）
出院如例。
午後、大藪久雄氏ヲ青山南町ニ訪問シ、刀剣ノ鑑定ヲ乞ヒタリ。氏ハ叮嚀ニ見タル後ニ、一、粟田口有國ノ鞘書ハ好シ。但或ハ大和包永カトモ思ハル。代価ハ五十円位。二、長舟康光ハ銘折紙共ニ好シ。代価ハ五十円ヨリ七十円位。三、関兼常ノ鑑定、代価二十円位。四ハ備後ノ三原又ハ二王カトノ事。代価ハ二十円位。
七月七日（土）
午前、高等学部教授会ヲ開ク。
七月八日（日）
午後、上大崎町川戸氏講話会ニ於テ説教ス。来会者廿四名。田中次郎、土倉龍次郎氏等来ル。
夜、寄宿舎ニ於テ講話ス。本学期最後ノ日曜講話ナリ。
七月九日（月）
出院如例。
七月十日（火）
出院如例。
講堂ニ於テ学期試験ニ付且夏期休業中ノ心得ニ付一場ノ講話ヲナス。
七月十一日（水）
帝大卒業式アリ。健次優等ノ成蹟、首席ニテ卒業恩賜ノ銀時計ヲ拝受ス。本年ノ卒業生ハ一千六百名以上ナリ。
祝ニ粟田口有國ノ刀ヲ与フ。
突然、真野文二氏来訪。正雄ハ近々大阪へ転任ノ筈ノ由話アリ。
沼澤くに子来訪ス。

大藪氏ヘ菓子折ヲ以テ礼ニ往ク。

七月十二日（木）

中学部五年修身ノ試験ヲナス。

健次卒業ニ付謝礼ノ為帝大本部ニ山川総長ヲ訪問シタレトモ、出勤ナキ為書記官ニ面会シテ宜敷伝言ヲ依頼シテ帰ル。

久原房之助氏ヨリ使者ヲ以テ母堂ノ一周年忌ニ相当スル由ヲ以テ金弐千円ヲ寄贈セラル。

勝治、来訪ス。

七月十三日（金）

試験答［案］ノ調査、採点ヲナス。

七月十四日（土）

［記載なし］

七月十五日（日）

花子、真澄、清見同伴、青山ニ墓詣ヲナス。

七月十六日（月）

午前五時十六分品川発、御殿場ニ向フ。九時、御殿場安着。桑田、石坂二氏ニ迎ヘラレ、瀧口某ト云フ者ノ家ニ休息ス。植村、平岩二氏一列車晩レテ来着。共ニ辻馬車ニテ東山荘ニ向フ。

午前十一時ヨリ継続委員会ヲ開ク。原田、宮川氏等未タ来ラズ、午後再開会ス。

午後二時ヨリ協同伝道大会ノ礼拝式ヲ行フ。植村氏説教ス。余、司会ヲナス。原田、マケンゼー二氏祈祷。

夜、三年間事業報告アリ。平岩氏ノ奨励アリ。

午後、雷雨来ル。夜ニ入リ御殿場ニ帰ル。

七月十七日（火）

雷雨後、天気快晴。心地好シ。

往復不便ナルガ故ニ東山荘ニ宿泊スベク決定。平氏ト共ニ新館九号室ニ入ル。

午前、宮川氏、哥林書ニ就キ講義。植村氏、キリスト教動力ニ付演説ス。共ニ有益ナリ。

午後ハ親睦会アリ。

夜ハ笹尾氏ノ有効的伝道ノ話アリタレトモ、例ニ依リ脱線シタリ。

但大会全体ノ精神ハ緊張シ居リテ良好ナリ。兎ニ角ニ諸教《[ママ]》合同ノ大会ハ近年珍敷事ナリトテ、一同満足ノ体ナリ。

七月十八日（水）　**快晴**

早天祈祷会アリ。

落合氏ノ講演ハイザヤ書ナリシガ、活気ナク物足ラズ。原田氏ノ日本伝道ノ使命モ十分ノ用意ナク、単ニ自由解放ニアリト説キタルノミ。

午後、世界伝道ノ大勢ニ関スルウエンライト氏ノ観察ハ面白カリシ。小﨑氏ハ楽観的ナリシ。

夜、多田氏ノ教会ノ発達ハ少シク皮肉過タリ。但宗教的ニ重キヲ置キタルハ多年経験ノ結果ナラン。

七月十九日（木）　快晴

植村氏ノ聖書研究ハバールト何ノ関係アランヤト云フ題ニテ、各面ニ於テキリスト者ガ妥協スルノ不可ナルヲ説キタリ。政治、教育、文学、全権、神道等ニ就テ痛切ニ論ズル所アリ。例ノ皮肉ヲ弄シタルガ為ニ、或ル方面ノ感情ヲ害シタリ。

同氏ニ続キ余ハ「基督者ノ生活」ニ就キ約一時間ノ講演ヲ試ミタリシガ、人ノ批評ハ分ラズ。只私ニ感謝ヲ表シタル人ハ一二ニ止ラズ。自分ニハ未タ満足セズ。

午後、柏井、日野両氏ノ青年教化ノ講演アリ。

夜、再ビ宮川氏ノ「伝道者自身ノ宗教」ノ話アリタレトモ少ク脱線シタリ。

植村ノ講演ニ対スル反対ノ声ノ表ハレタリ。

七月二十日（金）

早天祈祷会アリ。八時ヨリ聖餐式アリ。宮川氏ノ説教アリ。毛利氏司式、一同聖餐ヲ守ル。此ニ首尾能閉会ス。

モット氏ヨリ送リタル金五千円ノ中四千円ヲ以テ更ニ来十月ヨリ一ケ年ヲ期シ継続伝道ヲ施行スルコトニ定メ、委員十四名ヲ挙ゲ、余ソノ長ニ挙ケラル。十一ケ所ノ中心地ヲ選ミ、新進者、求道者、及教役者自身ノ教育奨励ヲ旨ト為ス計画ナリ。

七月二十一日（土）　快晴

伝道大会々員ニ入替リテ、夏期学校ノ生徒続々来荘ス。

午後六時ヨリ開校。笹尾氏、校長トシテ開校ノ辞ヲ述ブ。

今夕ハ原田氏講演スベキ筈ノ処、土倉庄三郎氏死去ノ報ニ接シ直チニ帰宅ノ必要生ジ、余ニソノ代講ヲ請フ。依テ余ハ真理ト自由ニ就テ一場ノ講演ヲ為シタリ。来校者百名余ニ上リタリ。

七月二十二日（日）　曇天トナル

早天祈祷会アリ。

九時半ヨリ笹尾氏ノ礼拝説教アリ。例ニ依リ長講義ニテ一時間半以上ヲ説教ニ費シタリ。ソノ思想、着眼不可ナルニ非ルモ、徒ラニ声ヲ大ニスルト、漸ク頂上ニ達シテ説教ヲ結ブベキニ亦話ヲ操《[繰]》返スハ同氏ノ病ナリ。為ニ折角ノ能弁モ効果少キハ、氏ノ為ニ惜ムベキナリ。

夜ハ植村氏態々東京ヨリ来リテ説教シタリ。疲労ノ為モアラン、甚タ不成功ナル説教ナリキ。自ラモ之ヲ感ジタルガ如シ。

七月二十三日（月）　引続キ曇天ニテ蒸暑シ

早天祈祷会アリ。司会者ハ赤石義明ト云フ若キ牧師ナリ。思想、弁舌共ニ好良ナリ。将来望アリ。

講演ハ今井壽道氏ノダニエル書ナリシガ、余リニ専門的ニテ青年会ノ夏期学校ニハ不適当ナリキ。

午後二時ヨリ同盟委員会ヲ講堂ニ開ク。過去一年間ノ事業報告アリ。来年度ノ方針其他二三ノ事項ヲ議決シ、晩餐ヲ共ニシテ散会ス。

七月二十四日（火）

午前七時、東山荘出発、八時三十二分、御殿場発、零《[ママ]》時半、無事帰宅ス。

真澄、清見ハ昨日午前清水港頭井上氏別邸へ参リタル由ナリ。

熊野氏ヲ訪問ス。最早全快ノ様子ナリ。

夕刻ニ至リ、東山荘ニテ求メタル高山植物三種、帍樅、落葉松、深山海棠ノ三種到着ス。但米ツ、ヂハ見エズ。先方ニテ忘レタルカ、又ハ途中ニテ取ラレタルカ分ラズ。

七月二十五日（水）

午後、片山、沼澤両家ヲ訪問ス。片山氏母堂ハ不好不悪目下同辺トノコトナリ。

暑気強シ。

七月二十六日（木）

朝日新聞ニ夏期学校ノ生徒武藤某、箱根湖水ニニ《[テ]》溺死セリトノ事ナリ。

ユニオン神学校ノフェルロータルコーバルト氏来朝。神道、仏教ノ事ニ付質問アリ。

七月二十七日（金）

［記載なし］

七月二十八日（土）

午前六時半、自宅ヲ出テ八時十分上野発、海岸ニ由リ午後七時半仙台着。南町通リ境屋旅店ニ投ズ。旅館ハ二等ノ下ナリ。

当夜、隣室ニ於テ儀太夫語アリテ夜半ニ至ル。偶然之ヲ聞キタリ。

七月二十九日（日）

午前十時ヨリ宮城女学校ニ於ケル女子基督教青年会夏期講習会ノ為ニ礼拝、説教ヲナス。会衆九十名余。

午後、稲垣陽一郎氏細君来訪ス。稲垣氏ハ時候当ノ由。

夜、再ビ説教ヲナス。題ハキリスト者ノ生命ナリ。

七月三十日（月）

午前八時十七分、急行車ニテ帰京ノ途ニ就ク。汽車ハ満員ナリ。

七月三十一日（火）

午後四時半、上野着。六時前、無事帰宅ス。

［記載なし］

八月一日（水）

健次、習志野へ行軍ス。

大藪氏ノ紹介ニヨリ日蔭町愛宕二町東一、田口清次郎へ刀ノ拵ヲ注文ス。縁、頭、目貫、鍔ヲ供給シテ柄、サメ、サヤ、セッパ等ニテ代金十三円六十銭ナリ。九月半出来ノ筈ナリ。

午後二時半、大塚淳氏妻君ノ葬式ニ列ス。子宮外妊娠ノ為出血ノ結果死セリトノ事。

八月二日（木）

久振ニテ少シク降雨アリ。

八月三日（金）

午前十時、聖路加病院長トイスレル氏ニ面会シテ、明石町十七番地売渡ノ件ニ付協議ヲ遂ク。余ト同道シタルライク氏ハ正金銀行ニ往キテ金四万円ヲ受取リ、余ハトイスレル氏代理多川幾造氏ト共ニ登記所ニ赴キ、登記ノ手続ヲ履ムベキ手順ヲ為セリ。然ルニ時刻ニ遅レタルト書類ノ不備ナル為ニ、明日ヲ待ツノ必要ヲ生ジタリ。帰途、芝区々裁判所ニ立寄リ、印鑑証明ヲ取ルコトトナセリ。

八月四日（土）

午前八時、登記所代書店ニ赴キ、多川、林両氏ト共ニ待ツコト午後一時半ニ至リ、漸ク手続キ結了、登記済トナル。余ハ売渡証ノ為ニ印紙十五円ヲ粘シ、先方ハ登記料千円以上ヲ納メタリ。実ニ重税ト云フベシ。

片山母堂、遂ニ本日午前十時死去ノ赴電話アリ。

八月五日（日）

片山家ヲ訪問シテ、吊意ヲ述ブ。

八月六日（月）、八月七日（火）

［記載なし］

八月八日（水）

午前六時十八分品川発ノ列車ニテ、熊野氏ト同伴、御殿場ニ赴ク。同所ヨリ人車ニテ東山荘ニ赴ク。教役者［会］ノ将ニ終ラントスル際ナリキ。

午後七時ヨリ総務局理事会ヲ開ク。

八月九日（木）

早天祈祷会アリ。

午前十時、大会開会。植村氏ノ説教ニ引続キ、聖晩餐式ヲ挙行ス。

午後二時ヨリ議長選挙アリ、多田素氏当選ス。

午後。格別ノ議事ナシ。総務局理事長及ビ理事ノ選挙アリ、共ニ重任ナリ。

夜ハ信仰生活ト実際道徳ニ関シテ星野光多、教勢ニ就テ貴山幸次郎、能率ニ就テ笹倉弥吉氏ノ演説アリ。余ハソノ司会ヲナス。

此日楼上ニ於テ逢坂ト河合ノ間ニ児戯ニ類シタル衝突アリ。笑止千万ノ事共ナリ。

八月十日（金）

早天祈祷会アリ。

八時ヨリ議事。憲法改正案ハ規則改正ヲ加ヘテ元ノ委員ニ附托シ、来年議決スル事トナス。但委員ニ植村、石原、南ノ三人ヲ加ヘラル。

午後四時ヨリ二ノ岡「アメリカ」村ノヘレホード氏夫婦其他ノ宣教師ノ招待アリ。「アイスクリム及ビカヒーノ饗応アリ。一同之ヲ多トス。

夜、伝道懇談会ニ於テ、河合亀輔ハ自分ノ台北教会辞任ノ事ニ付、笹尾、貴山二人ノ行為ヲ攻撃シタル為ニ一大紛議ヲ生ジ、懇談会ハ全々スポイルセラレタリ。閉会後、双方ヲ和解セシムル為ニ午前二時迄談判シタレトモ全ク解ケズ。

八月十一日（土）

午前ノ議事ニ於テ、次会ノ時期ヲ再議スル事ニ付又々議論ヲ生ジシタレトモ、遂ニ七月十日ヨリ十月迄ノ間ニ於テ開クコトトナシ、ソノ時日及ビ開《[会]》場ハ総務局ニ一任スルコトトナセリ。今回ノ大会ハ実ニ不愉快不成功ノ大会ナリキ。

午後三時十八分、御殿場発、七時過、無事帰宅ス。

八月十二日（日）～八月十八日（土）

［記載なし］

八月十九日（日）

荒川文六氏、見学々生指導ノ為上京、宿泊ス。

八月二十日（月）
植木師ヲシテ庭前ノ樹木ノ枝ヲ苅ラシム。
八月二十一日（火）
真澄、清見、江尻井上氏別荘ヨリ帰ル。
八月二十二日（水）
健次、多摩川水泳演習ヨリ帰ル。
常務理事会ニ出席。シンガポールノ邦人間ニ伝道スルコトヲ決ス。
八月二十三日（木）
荒川文六氏、助川及ビ猪苗代発電所へ向ケ出発ス。
午前九時、男爵菊地大麓氏ノ葬式ニ列ス。式ハ神道ニシテ単純ナリ。奏楽供物ニ始リ、祭主ノ祭文アリ。ソノ九分ハ故人ノ履歴一分ハ讃詞ニシテ、最後ニ故人ニ対スル祈ノ詞アリ。死者ニ向ヒテ履歴ヲ述ブルハ妙ナモノナリ。文部大臣、帝大総長以下六七名ノ吊詞朗読アリ。内閣大臣以下朝野紳士ノ会葬多シ。
八月二十四日（金）
大隈侯胆石病ニテ重患トノ報、新聞紙ニ載セラレ、人々一驚ヲ喫ス。
詩篇二十三篇ノ略解ヲ起草ス。
午後七時、真野正雄夫婦大阪へ出立、東京駅迄見送ル。見送人多シ。
八月二十五日（土）
大隈侯邸ヲ訪問ス。養子信常氏ニ面会シ容体ヲ尋ネタルニ、昨夜ハ稍々安眠シタリトノ事ナリ。
帰途、松平子爵邸ヲ訪問ス。未タ若松ヨリ帰邸ナシ。
八月二十六日（日）
午前十時ヨリ日比谷公園内ノ式場ニ於テ行ハレタル奥田市長ノ葬儀ニ会葬ス。前例ナキ市葬ノコトトテ人出夥多シ。会葬者七千人ト号ス。式ハ仏式ナリ。
漢口ノ文雄ヨリ詳シキ文面来ル。王光源ナル人ニモ面会シ、愈々社宅ニ移住シタル赴ナリ。
八月二十七日（月）
青木柳三郎ヨリ退学願書ヲ出ス。曽我部ニ対シテモ退学ヲ諭ス。白鳥へハ病気保養ヲ勧告ス。
健次、今夕ヨリ富士ノ裾野へ近衛聯隊ト共ニ演習行軍ス。
八月二十八日（火）
午後、同盟本部新館ニ往キ、小松氏ト会見。天津青年会対佐藤氏ノ件ニ付相談ス。
ソレヨリ美土代町青年会館ニ於テ東部協同伝道委員会並

ニ継続伝道委員会ヲ開ク。

八月二十九日（水）

オルトマンス氏ヨリ軽井沢ニ於テミセスバラ死去、明日埋葬ノ旨電報アリ。

夜ニ入リシヨンソン、ライク二氏来訪、明日ノ埋葬ニ付協議ス。午後三時廿五分上野着、四時三十分瑞聖寺ニ埋葬ノ筈ナリ。

八月三十日（木）

午後三時、上野停車場ヘミセスバラノ遺骸ヲ迎ヘニ往ク。列車ハ二十分以上延着ス。オルトマンス、ライシヤワル、フルトン氏等随行シ来ル。直チニ予メ用意シタル棺車ニ移サシメテ、白金瑞聖寺ニ向フ。余ハジヨンソン、熊野ノ二人ト共ニ自働車ニテ先着ス。午後五時、棺車寺ニ着ス。内外ノ会葬者四十名許、極メテ簡単ナル式ヲ以テ埋葬ス。

八月三十日（木）～九月三日（月）

［記載なし］

九月四日（火）

午後三時、継続伝道実行委員会ヲ開キ、大体方針ヲ定ム。且来十二日植村氏大阪ニ出張、同地ニアル実行委員ト協議ノ筈トナス。

九月五日（水）

真野夫婦、来訪アリ。

［記載なし］

九月六日（木）

午後四時、富士見［町］教会ニ於テ山谷省吾、三谷妙子氏ノ結婚式アリ。植村氏司式、長尾夫婦ノ媒介ナリ。式後、楼上ニ於テ茶ノ饗応アリ。

帰途、真野家ヲ訪問ス。咲子不快ノ由、少々血便アリトノ事。

九月七日（金）

中学部入学試験ヲ行フ。

九月八日（土）

南伝馬町ノ高島屋新店ニ開カレタル広重浮世絵展覧会ヲ観ル。中ニハ面白キモノモアレトモ、近頃西洋人ノ持囃ス程ノモノトモ思ハレズ。

午後、霊南坂新会堂ノ牧師室ニ於テ小崎、植村、海老名氏ト会合シ、信教自由問題ニ付相談ス。小崎氏ノ起草ニ付再ビ相談ノ筈。

夜、真澄、清見、八重子ヲ伴ヒ青年会館ニ於テ仏人シヤーレー氏ノ「ヴェルダン防禦戦ノ演説ヲ聞ク。但五来氏ノ通訳甚タ拙ニシテ気ノ毒ナリキ。幻燈ハ格別ノモノニ非ズ。

九月九日（日）

［記載なし］

九月十日（月）

高等学部並中学部ノ始業式ヲ挙ク。平瀬信太郎、島津久基、中山安衛三学士ノ新教員ヲ招〔紹〕介ス。

九月十一日（火）～九月十三日（木）

［記載なし］

九月十四日（金）

神学部開校式ヲ挙ク。学年変更ノ結果、本年ハ新入生ナシ。

午後三時、青年会館ニ於テ再ビ植村、小崎、海老名ト会同シ、来月ノ宗教改革紀念会ノ時採用スベキ決議文ノ草稿ヲ議ス。今回ハ植村ノ起草ナリ。協議ノ末、平岩ヲモ発起人中ニ加フルコトトナシ、海老名ヨリ相談スルコトトナス。

九月十五日（土）

安藤太郎氏ノ記念会堂献堂式ニ列ス。同氏ハ故夫人ノ記念トシテ所有地内ニ自費一万円ヲ以テ建築シ、四百坪ノ敷地ト共ニ寄附シ、且向五年間ハ教会費中ヘ一年六百円宛ヲ寄附スル約束ナリト云フ。

午後四時半、丸木ニテ東部伝道委員記念撮影ヲナシ、帝国ホテルニテ会食懇談ヲナス。

九月十六日（日）

午前十時、桜井女塾ニ於テ説教ス。

夜、寄宿舎ニ於テ講話ス。

九月十七日（月）

授業如例。

午後五時、青年会同盟本部ニ於テ常務委員会ヲ開ク。天津青年会対佐藤氏ノ難問題アリ。

盛岡伊藤藤吉氏ヨリ摩擦用長把稿〔縞〕ヲ贈リ来タル。依テソノ返礼ニ

足曳の山鳥の尾のしだり尾の長だわしをばながくもちひ
ん

九月十八日（火）

授業如例。

午後三時ヨリ熊野氏住宅ニ於テ中学部教員ノ親睦会アリ。

九月十九日（水）

授業如例。

片山家ニ於テ真《マコト》氏ト小口京子トノ結婚式アリ。未夕母堂ノ忌服中ニ付内祝言ナリ。

午後一時半ヨリ協同伝道委員会アリ。三浦宗三郎氏ヲ九十九里ニ、高﨑能樹氏ヲ赤坂教会ニ聘用スルコトニ定ム。

九月二十日（木）

授業如例。

午後、フヒシヤル、松野二氏来訪。継続委員会プログラムヲ定ム。

引続キ学院創立四十年記念式準備委員会ヲ開ク。評議ノ末十一月三日ハ東京奠都五十年祭執行ノ赴ニ付、同月廿三日ニ延期スルコトトナス。

九月二十一日（金）

授業如件。

九月二十二日（土）

午前、学院常務理事会ヲ開キ、教員更迭ノ事、紀念式ヲ十一月廿三日ニ延期スルコト、雇員増給ノコト等ヲ議決ス。

午後、青年会館ニ集リ、来月卅一日ニ採用スベキ宣言書ハ、協議ノ上教会同盟ニ交渉スルコトニ決ス。同志者ハ植村、小﨑、海老名其他十数名ナリ。

九月二十三日（日）

午後、上大﨑伝道所ニ於テ説教ス。聴衆ハ二十名許、富士見町教会ノ分レナリ。郷司慥爾ソノ主任者ナリ。

九月二十四日（月）

授業如例。

午後二時、神田三崎町青年会同盟事務所落成開館式ヲ挙行ス。余、司会、開館ノ辞ヲ述ブ。フヒシヤール氏建築工事報告ヲナシ、原田助氏、献堂ノ祈ヲナシ、諸団体ノ代表祝詞アリ。

九月二十五日（火）

授業如例。

午後三時、教会同盟委員会アリ。宣言書ヲ採用ス。

女子学院ニ於テ今回来朝ノパルソン氏夫婦ト共ニ晩餐ニ招カル。花子同道シタリ。

九月二十六日（水）

授業如例。

九月二十七日（木）

授業如例。

刀ノ拵出来、柄ト鞘ニテ金十三円五十銭ナリ。但当時ノ価トシテハ寧ロ廉価ノ方ナランカ。

午後、中学部教員会アリ、修学旅行ノ評議アリ。

九月二十八日（金）

授業如例。

午後、校友会再興ノ件ニ付委員会ヲ開ク。同窓会ハ別ニスル筈ナリ。

九月二十九日（土）

霊南坂教会献堂式アリ。余ハ教会同盟ヲ代表シテ一場ノ祝辞ヲ述ベタリ。大雨ニテ来会者ハ困難セリ。経費ハ四万五千円ノ予算ナリシニ、六万円以上ニ達シ尚不足ナリトノ事ナリ。但パイプオルガン、ピヤノ等ノ寄附モアルトノ事ナリ。

九月三十日（日）

［記載なし］

［補遺欄～十月一日の頁］

十月一日午前二時前ヨリ大暴風来襲ス。余リニ騒シケレバ余ハ起床シテ着物ヲ着更ヘ戸締ヲ改メ重要書類懐中等手近ニ集メタルニ、花子モ頓テ起キタリ。健次ヨリ〔ハ〕二階ヨリ降リ来リタルニ、忽地電燈ハ消シ、豪雨暴風益々甚シク、屋上ハ瓦モ飛ビ戸外ハ樹木ノ動揺スル音物凄シ。一時ハ床ノ間ノ板ヲ吹上ゲ畳モ幾分モ〔カ〕吹上ントス。床ノ間ニハ漬物石ヲ置キテ重シトナス。漸ク之ヲ鎮メタリ。寄宿舎ノ安否モ気遣レタレトモ、瓦飛ビ且暗黒ニシテ戸外ニ出ルコト能ハズ。室内ハ漸クガス燈ト蝋燭ニテ間ニ合ハセタリ。三時比風威最モ猛烈ナリキ。四時半比ニ至リテ稍々衰ヘ、五時過ニハ普通ノ強風トナレリ。且雨モ止ミタリ。

依テ再ビ床ニ就キタルニ、三十分ナラズシテ熊野氏庭ヨリ雨戸ヲ叩ク。同氏ノ話ニ依レバ、同氏ノ住宅ハ二階ノガラス戸ヲ四枚吹払ハレタリトノコトナリ。且新講堂ノ窓モ数ケ所破ラレタリトノコトナリ。依テ着物ヲ着更、先ヅ熊野氏方ヲ見舞、校舎ヲ見分シタルニ、神学部ノ屋根ヲ始メ屋根ハ孰レモ損害ヲ破〔被〕リタリ。内ノ屋ハ棟ヲ吹ムクラレタルノミニテ損害ノ少キ方ナリ。

電信電話一通全部不通トナリ、市内ノ被害夥多シ。今回ノ颱風ハ明治八年中央気象台設立以来ノ大風ナリトノ事ナリ。新聞ハ午後ニ至リ漸ク配達セリ。

学院各部臨時休業セリ。高輪中学ノ寄宿舎吹倒サレタリトノコト。品川、深川ノ辺ハ津波ニテ溺死者アリ。其他潰家ノ為ニ死人モ少カラズトノコトナリ。

十月二日（火）
授業如例。
午後二時半、ランデス氏方ニ於テ三学部教員祈祷会ヲ開ク。
十月三日（水）
授業如例。
臨時同窓会総会ヲ開キ、自今同会ヲ解散シテ更ニ中学部学友会、高等学部同窓会、卒業者校友会ヲ組織スルコト、ナス。
十月四日（木）
授業如例。
午後二時半、学院創立紀念会準備委員会ヲ開ク。学校ヨリ支弁スベキ経費四百円余ノ見込ナリ。
十月五日（金）
午前八時三十分、東京駅発、名古屋市ニ向フ。箱根山中及ビ原、吉原、蒲原、興津辺被害甚敷、急行車モ徐行車トナリ、名古屋ニハ四時過到着スベキ筈ナルニ七時過漸ク到着シタリ。
杉原、吉川二氏停車場ニ出迎フ。志那忠店ニ投ジ、夕食ヲ喫シテ直チニ武平町ノ青年会館ニ赴ク。来会セル者右二氏ノ外、牧岡、手塚其他三四名ナリ。継続伝道ニ付協議シ、愈十一月廿日廿一日廿二日ノ三日間実行ノ筈ニテ、講師ニハ植村、小崎、今井寿道其他ノ人々ヲ選定ス
十月六日（土）
風邪気ニテ昨日来咽喉ヲ害シ人［気］分悪シ。夜中モ安眠セズ。
午前五時五十分発車、午後六時半比帰宅ス。列車中モ風邪ニテ不愉快ニ感ジタリ。
十月七日（日）
［記載なし］
十月八日（月）
臨時［三］神学、高等両学部ノ授業ヲ休ム。学生等砂村罹災民ヲ慰問セント欲シタレバナリ。都留、瀬川ノ二氏、指導者トシテ赴ク。
午後、総務局常務理事会出席。
十月九日（火）
授業如例。
正午ヨリ総務局理事会ニ出席ス。笹尾、毛利二氏ハ欠席セリ。
十月十日（水）
一時間授業ノ後、日本継続委員年会ニ出席ス。会場ハ青

年会同盟本部ナリ。

十月十一日（木）

一時間授業ノ後、再ビ継続委員会ニ出席ス。

今朝未明大雨アリ。座敷雨漏リ困難シタリ。

十月十二日（金）

授業如例。

去一日破損シタル屋根ヲ漸ク修繕ス。

図書委員会、神学部委員会、高等部委員会ヲ開ク。

神学部、高等学部共ニ修学旅行ヲ許可スルコト為ス。

十月十三日（土）

常務理事会ヲ開キ、創立紀念会経費予算等ヲ議決ス。

横浜共立女学校ニ於テミスクロスビー藍綬章ヲ贈ラレタルニ付祝賀会アリ。有吉知事祝辞ヲ述べ、余モ亦一場ノ演説ヲナス。式後校庭ニ於テ茶菓ノ饗応アリ。

勝治来訪、山田家ニ婚礼アリトノ事ナリ。

十月十四日（日）

午後二時、日本橋教会ニ於テ説教ス。長老三名、執事三名ノ任職式アリ。彼等ニ一場ノ勧告ヲ為ス。

式後、本船町嶋氏方ニ於テ長老、牧師ト共ニ会食ス。鰻飯ノ饗応アリ。嶋氏ノ長女ハ最早十七才ナリトノ事ナリ。

夜、寄宿舎ニ於テ説教ス。

十月十五日（月）

授業如例。

午後五時、青年会同盟委員会ヲ開ク。

十月十六日（火）

中学部五年級生ハ箱根、修善寺、熱海方面へ修学旅行ニ出立ス。

明治学院沿革略史印刷ノ事ニ付三光堂主人ト交渉ス。

東京府庁ニ赴キ、知事ノ祝詞ヲ求メントシタレトモ、不在ニ付理事官ニ伝言ヲ托ス。

十月十七日（水）

午後二時半ヨリ東大青年会創立三十年記念会ニ臨席、同盟ヲ代表シテ祝詞ヲ述ブ。

式後、おでん、こわめし、しるこ等ノ饗応アリ。

真澄ハ足尾、日光方面ニ修学旅行ヲナス。

十月十八日（木）

清見、箱根方面ニ修学旅行ニ出立ス。

昨日来雨天勝ナリ。

十月十九日（金）

文部省ニ出頭シ、大臣ノ祝辞ヲ求メントシタレトモ、大臣モ秘書官モ不在ナリシ故ニ秘書課ノ属官ニ之ヲ托ス。帰途、再ビ東京府庁ニ赴キタレトモ、知事、理事官共ニ不在ナリキ。

十月二十日（土）

電話ニテ関屋秘密〔書〕官ニ尋ネ、大臣ハ当日祝辞ヲ贈ルベク承諾シタル旨ヲ確知ス。

十月二十一日（日）

午前ヨリ午後迄事務所ニ於テ記念式ノ準備ヲナス。

午前、桜井女塾ニ赴キ、説教ヲナス。題ハ新生ナリ。

午後、長尾半平氏ヲ訪問シタレトモ不在ナリ。帰途、池辺氏ヲ訪問ス。

十月二十二日（月）

授業如例。

十月二十三日（火）

授業如例。

十月二十四日（水）

授業如例。

十月二十五日（木）

授業如例。

十月二十六日（金）

授業如例。

夜、東京基督教青年会講堂増築及体育館落成ニ付献堂式挙行セラル。余ハ青年会同盟ヲ代表シテ一場ノ祝詞演説ヲナス。中々盛会ナリ。

式後、体育会〔館〕ニ於テ体操ノ演習アリキ。

十月二十七日（土）

明治学院沿革略史校正及ビ記念式執行順序書校正ノ為忙シ。

十月二十八日（日）

夜、寄宿舎ニ於テ石本音彦氏ノ講話アリ。

十月二十九日（月）

授業如例。

夜、臨時ニ基督教同盟委員会ヲ開ク。日疋信亮、山本邦之助二氏ヲ欧米聯合軍慰問使トシテ派遣ノコトヲ決ス。議事後、送別ノ意ヲ兼テ晩餐ヲ共ニス。

十月三十日（火）

授業如例。

十月三十一日（水）

天長祝日ニ付休業。午前八時三十分、講堂ニ於テ天長祝賀式ヲ挙行ス。

午後二時ヨリ青年会館ニ於テ教会同盟ノ主催ニテ天長祝賀式並ニ宗教改革四百年記念式ヲ挙行ス。余ハ宗教改革ノ三大主義ニ就テ演説シタリ。盛会ナリキ。集会スルモノ約一千名。此時ニ［一］同ニ対シテ我等ノ立場ヲ明ニスル為ニ宣言ヲ発表シタリ。

十一月一日（木）

午後二時ヨリ学院理事会開会。日本人理事中二名ヲ校友会ヨリ選出スベキ事ニ付、寄附行為変更ノ動議ヲ提出シテ、同意ヲ得タリ。其他ノ案件ヲ議決シ、夜ニ入リテ閉会ス。

十一月二日（金）

明日ノ記念式ノ準備ノ為ニ忙シ。雨天ニテ気遣シ。

十一月三日（土）

朝来漸ク雨止ミ、頓デ晴天トナル。

予定通リ午前九時ヨリ記念式ヲ挙行ス。来賓ノ余席ナキガ故ニ、一年級二年級ハ旗行列ニ往カシメタリ。中央ハ来賓ヲ以テ満タリ。文部大臣ノ祝詞ハ督学官長尾氏之ヲ代読シ、府知事ノ夫レハ視学［官］八丁［氏カ］代読シタリ。尚予定ノ代表者ノ外ニ真野文二、原田助二氏ノ祝詞アリ。十五年以上勤続ノ教員八名ニ対シテ理事会ハ表彰ノ記及物品ノ贈物アリ。万事無滞記念式ヲ了リタリ。

式後、来賓一同ニ茶菓ヲ呈ス。

午後ハ盛ナル運動会アリ。

夜ハ三縁亭ニ於テ同窓会晩餐アリ。教員［ハ］学校ヨリ招待シテ出席セシメタリ。

十一月四日（日）

午前十時、麴町教会ニ於テ説教シ且聖餐ヲ執行ス。

夜ハ横浜指路教会ニ於テ日曜学校協会ノ為ニ一場ノ演説ヲナス。題ハ国民教育ト宗教々育ナリ。

十一月五日（月）

去三日ノ後片付ノ為ニ全校休業ス。

午後四時ヨリ東京駅ホテルニ於テ「カイアルフア」ノ会アリ。出席者ハウエンライト、セシル、マキム、タツカル、スカダル、植村、元田、小﨑及余ノ九人ナリ。植村、先ヅ神道ハ本来自然崇拝ニシテ祖先崇拝ハ支那ヨリ輸入シタルモノナリトノ意味ノ論文ヲ朗読ス。其ニ就テ意見ノ交換アリ。晩餐ヲ共ニシ、次会ハ十二月三日ノ筈ニテ散解ス。

十一月六日（火）

授業如例。

午後、神学部教授会ヲ開ク

午後四時ヨリ熊野ト共ニ運動会ニ金百円ヲ寄附シタル岩永夫人ノ方へ答礼ニ赴キタルニ、京都料理ノ用意ヲ為シタリトテ晩餐ノ饗応ヲ受ク。

然ルニ青年会同盟ヨリ聯合軍慰問ノ件ニ付要談アリトテ自働車ヲ以テ迎ニ来ル旨電話アリ。即チ迎ノ自働車ニテ赴キタルニ、江原、植村、日疋、辻村等アリ。趣意書ノ立案、明日首相訪問ノ件ニ付評議アリ。十一時前、自働車ニテ帰宅ス。

十一月七日（水）

午前一時間授業ヲ為シ、山本邦之助氏ノ用意シ来リタル自働車ニテ途中麻布中学ニ江原氏ヲ迎へ、同乗シテ首相官邸ニ赴ク。児玉翰長首相ニ代リテ会見ス。会見ノ結果ハ、慰問ノ目的ハ賛成スレトモ自ラ主催トナリテ富豪ヲ集ルコトハ不可能ナリ、但間接ニハ援助ヲ与フベク又自ラ二千円ヲ寄附スベシトノ事ナリ。

午後、同盟館ニテ慰問実行委員会及教会同盟常務委員会ヲ開キ、日疋、山本両氏派遣ノコトヲ評議ス。

十一月八日（木）

授業如例。

午後、中学部教員会アリ。

十一月九日（金）

授業如例。

午後、協力伝道委員会ヲ開ク。中山氏増給及ビ見舞、山本氏へ礼状及謝礼、三浦、高﨑両氏旅費支出ノ件ヲ議決ス。

十一月十日（土）

午後、総務局移転披露会ヲ催シタレトモ、来会者甚タ多カラズ、僅カニ三十名許ナリ。

夜ハ朝鮮人青年会ニ招カレテ一場ノ演説ヲナシタリ。

十一月十一日（日）

午後二時半、上大崎伝道所ニ於テ説教ス。

十一月十二日（月）

授業如例。

夜七時、青年会同盟ニ於テ聯合軍慰門〔問〕部委員会ヲ催ス。

十一月十三日（火）

授業如例。

夜、長者丸田中次郎氏方ニ於ケル求道者会ニ於テ講話ヲナス。出席者ハ僅カニ七八名ニ過ギズ。

十一月十四日（水）
授業如例。
午後、上野ノ文展ヲ見ル。和洋画共ニ例年ニ比シテ進歩ヲ見ズ。日本画ノ中ニテハ北海ノ朝鮮金剛山四題ト、洋画ニテハ三宅氏ノ「夏」ハ気ニ入タリ。其他ハ別段感服セズ。
十一月十五日（木）
授業如例。
午後、常務理事会ヲ開キ、松村則吉氏ヲ商業科長兼教授トシテ年俸千四百円ニテ招聘ノ件並ニ久原氏ト土地交換ノ件ニ付評議ス。
日疋信亮、山本邦之助二氏、青年会同盟代表トシテ聯合軍慰問ノ為本日出発ス。午前、二氏ヲ東京駅ニ見送ル。見送人多シ。元来本月三日出発スベキ筈ノ処、天洋丸座洲故障ノ為延期シタルナリ。
十一月十六日（金）
授業如例。
十一月十七日（土）
教育博物館ヲ一覧シテ後、総［務］局移転披露会ニ（婦人ノ為）出席。
夫レヨリ神田青年会館ニ於ケル明治学院同窓会規則改正委員会ニ出席ス。出席者ハ学院外ヨリハ岡本、村井、里見、植木、細合、牧田ノ六人。学院内ヨリハ熊野、水芦、宮地、都留及余ノ五人ナリ。一同真面目ニテ改正案ハ円満ニ決定シタリ。一同晩餐ヲ共ニシタリ。
十一月十八日（日）
桜井女塾ニテ説教ス。同所ニテ午餐ノ饗応ヲ受ケ、夫レヨリ沼澤ヲ訪問シ、帰途、片山ヲ訪問シタルニ、今日ハ寛氏ノ誕生日ナリトテ引留ラレ、夕食代リニ五目飯ノ振舞ヲ受ケタリ。
十一月十九日（月）
授業如例。
午後四時ヨリ青年会ノ代表者ヲ集メ、聯合軍慰問使ノ為寄附金募集ヲ依托ス。
午後五時ヨリ青年会同盟委員会ヲ開ク。小松氏鉄道青年会常務理事代理ノ件ニ付議論アリ、遂ニ事後承諾ヲ与フル事ニ決ス。
十一月二十日（火）
授業如例。
午後十時半、自宅出発、十一時十分品川発ノ列車ニテ名古屋ニ向ヒ出発ス。今回ハ鉄道青年会ヨリ名古屋及ビ中津川駅ニ於テ講演ヲ依頼セラレタル為ニ一等ノパースヲ受領セリ。

十一月二十一日（水）

午前九時四十分、名古屋着。住吉町かざ宗旅店ニ宿ヲ取リ、直チニ修養会場タル中央会堂ニ赴ク。今井氏講演ヲ了リ、小崎氏近代エバンゼリズムニ就テ講演ヲ始メントスル所ナリキ。会員ハ四十名足ラズニ見受タリ。

午後二時ヨリ再ビ修養会ニ赴ク。日曜学校ノ発達ニ付小崎氏ノ講演アリ。

夜ハ信徒会ニ於テ、余、先ヅ教会加入ノ意義ニ付演説シ、小崎氏ハ後ニ教会員ノ活動ニ付演説ス。会衆ハ百五六十名ト見受ケタリ。

十一月二十二日（木）

午前九時、教役者修養会ニ於テ平岩氏教会維持法ニ付演説シ、引続キ余ハ教会ノ風紀振粛ニ付講演ス。会員ハ五六十名アリ。

午後ハ牧師ノ職掌ニ付宮川氏ノ講演アリ。余ハ昨日来風邪気ナル上ニ下痢ノ意〔気〕味ナリ。中〔ママ〕ニ中座退席、途中ニテ懐爐ヲ求メ、旅宿ニ帰リ晩食ヲセズ、葛湯ヲ飲ミテ平臥セリ。

夜ニ入リ三嶋徳蔵氏来リ、郵便不着ノ為名古屋駅ニ於ケル講演ハ廿日朝ノ積ニテ三百名許植村氏ノ来ルヲ待タレトモ、植村氏ハ出席ヲ断リタル為ニ非常ニ手違ヲ生ジ遂ニ延期トナセリトノ事ナリ。ソレガ為ニ余ノ講演モ見合スルコトトナレルハ、余ノ為ニハ幸ナリキ。

十一月二十三日（金）

午前九時、三嶋氏ト共ニ中津川駅ニ向フ。正午、同駅着。零時三十分ヨリ鉄道集会所ニ於テ「敬神ノ益」ニ付五十分許話ヲナス。出席者百名余、謹聴セリ。大石憲英氏モ二三名ノ信徒ト共ニ出席シタリ。

講演ヲ了リ、午後二時、名古屋ニ帰ル。五時着。駅前ノ清駒ニテ三嶋氏ト共ニ夕食ヲ喫シ、暫時休息シ、八時十二分発ノ列車ニテ帰京ノ途ニ就ク。鉄道青年会ハ特ニ余ノ為ニ一等寝台ヲ供シタリ。

十一月二十四日（土）

午前七時十分、無事帰宅。

一昨年今日ハ京都ヨリ午前十時帰宅シタルニ、二十分ヲ経ザルニサンダムヨリ失火シテ大騒キト成タルヲ思出シタリ。同月同日ニ関西ヨリ帰宅ハ妙ナ暗合ナレトモ、又火災ナキハ幸福ナリ。
昨夜汽車中ニテ安眠セザリ［シ］ガ、午前出院シテ事務ヲ見タリ。
十一月二十五日（日）
高輪教会ニ出席シタレトモ、牧師ノ説教ハ例ノ如ク不得要領ナリ。能率増進ト云フ事トキリストノ救ト云フ事ヲ同意義ニ説キタレトモ、何レトモ誤解セルモノ、如シ。帰途、文雄ノ留主宅ヲ見舞フ。
十一月二十六日（月）
授業如例。
十一月二十七日（火）
授業如例。
北風吹、寒気頓ニ加ハル。
十一月二十八日（水）
授業如例。
零時三十分ヨリ築地精養軒ニ於テ午餐会アリ。主人公ハ大倉文二氏ニシテ主賓ハフエルプス、フヒシヤール等米国ノ主事連七名、陪餐ハ江原、長尾、小松及ビ余ノ四人ナリ。大倉氏ガ渡米ノ際、フ氏等ノ世話ニナリタル返礼ノ意義ナリトゾ。
午後十一時比、三枝子産気アリトテ花子ヲ呼ビニ来ル。
十一月二十九日（木）
授業如例。
午前十時二分前、三枝子安産、女児出生。母子共ニ健全ナリ。小児ハ発育十分ナリ。文雄へ安産ノ電報ヲ発ス。
十一月三十日（金）
医師森棟氏モ来リ立会ヒタリ。
授業如例。
十二月一日（土）
髙木壬太郎氏ト共ニ文部省ニ出頭シ田所次官ニ面会シ、中学校同様我等ノ中学部ニモ理化学実験奨励ノ為補助金ノ下附アランコトヲ請求シタルニ、最モナレトモ金額僅ニ二十万円ナル上ニ時限既ニ晩レタリ、然レトモ兎ニ角ニ普通学務局ニ往キ交渉シ見ヨトノ事ナリ。依テ同局ニ往キ某視学官ニ面会シ、尚帰途東京府理事官ニ面会シテ請願書上進ノ承諾ヲ得タリ。
十二月二日（日）
夜、寄宿舎ニ於テジヨンソン氏ノ講話アリ。
十二月三日（月）
授業如例。

ステーションホテルニ於テ「カイアルフア」会ヲ開ク。余、司会者トナル。ウエンライト氏、キリスト教ハ実行シ得ルヤ否哉ノ問題ニ付論文ヲ朗読ス。討論ノ後、晩餐ヲ共ニス。出席者、ウエンライト、セシル、マルチン、植村、小﨑、スカツダー及ビ余ノ七名ナリ。次会ニ於テ会員ヲ増加スベキ為ニ指名委員ヲ挙ク。ウ氏、植村氏ソノ委員タリ。

十二月四日（火）

授業如例。

午後、神学部教授会ヲ開ク。

六時ヨリ青年会同盟本部ニ於テ昨日帰朝シタル丹羽清次郎氏ノ為ニ歓迎会ヲ開ク。同氏ノ話ヲ聞クニ、米国ニ於ケル人心ノ緊張ハ実ニ意外ナリ。ＹＭＣＡハ軍隊慰問事業ノ為一週間ニ三千五百万弗ヲ募集シタリトノ事ナリ。

十二月五日（水）

授業如例。

熊野氏方ニ水芦、宮地、山本、都留、余ノ小集会アリ。晩食ノ饗応アリ。学院内ニ教会設立ノ協議ヲナス。専任ノ講師アラバ可ニナラントノ意見ニ一致ス。

十二月六日（木）

授業如例。

熊野氏、風邪ノ為欠勤。

十二月七日（金）

授業如例。

午後二時、大隈邸ニ於テハワイ平和奨学金委員会アリ。出席者、江原、嶋田、元田及び余ノ四人。外ニスカダル氏来会シ、規定変更ノ提議ヲナス。即チハワイニ一年留学ノ上米国ノ大学ニ進入セシムルノ案ナリ。一同賛成ノ意ヲ表ス。大隈候ハ依旧元気ナリ。病気前ト少シモ変リタル様子ナシ。記臆モ的確ニシテ判断モ明瞭ナリ。

十二月八日（土）

[記載なし]

十二月九日（日）

午後、上大崎伝道所ニ於テ説教ス。

真野文二氏来訪、教育会議ノ内容ニ付話アリ。且沼澤家相続人選定ノ件ニ付テモ話アリキ。

十二月十日（月）

授業如例。

日曜学校協会理事会ニ出席。

北浜銀行支店ヨリ例ノ地所ニ確実ナル望人アリトノ報知

アリ。

十二月十一日（火）

授業如例。

午後、ホフサンマル氏方ニ於テ三学部教員祈祷会ヲ開ク。校内ニ於ケル宗教的感化ニ付懇談ヲナス。殊ニ講堂ニ於ケル礼拝中静粛ニスベキコトニ付注意シタリ。中学部長ニ於テ一層ノ努力アルベキヲ明言シタル者アリ。

集会後、宮地氏私カニ余ガ室ニ来リ、熊野氏ノ号令生徒間ニモ教員会ニモ行ハザルコトヲ告ク。

十二月十二日（水）

授業如例。

今日ノ礼拝ハ珍ラシク静粛ニ行ハレタリ。聯合軍慰問使ノ為教員生徒共ニ応分ノ寄附ヲナスベキコトヲ勧告ス。

再三催促ノ後、半田庸太郎氏ヨリ終ニ確答アリ。種々息子トモ評議ノ末、土地ヲ分割スルコトハ不承諾ノ旨ナリ。依テ愈々海軍墓地ノ隣地ヲ購入スルノ方針ヲ取ルコトニ決心シタリ。

十二月十三日（木）

授業如例。

久原事務所ニ遠藤氏ヲ訪ネ、土地交換ノ事ヲ確メ且地価ノ見込ヲ尋ネタルニ、壱坪三十七八円ノ相場ナリト云フ。依テ直チニ北浜銀行芝支店ニ赴キ交渉ヲ開始シタルニ、他ニ確実ナル望人顕ハレタリトノコトナリ。代価ハ未タ明白ナラザレトモ、坪三十円以上ナリトノ事ナリ。

夕刻ニ至リ更ニ使者ヲ送リテ、坪三十五円五十銭ナリトノ旨ヲ告ク。明日中ニ返答スベキ旨ヲ告ゲテ返ス。

午後、常務理事会ヲ開キ、右ノ値段ニテ購入ノコトニ決ス。

瀬川四郎氏、九州ニ帰省ス。

十二月十四日（金）

ライク氏ト共ニ北浜銀行芝支店ニ赴キ、支店長佐川氏ニ面会シ、今里町卅九番貳号一千九百三十七坪ヲ壱坪金三十五円五十銭ニテ購入ノ事ヲ談判ス。ソレヨリ直チニ久原氏事務所ニ赴キ、土地交換ノコトヲ談判シ万事都合好ク整ヒタリ。

午後ハ右手続依頼ノ為普賢寺氏方ニ赴キ、ソノ承諾ヲ得タリ。遠藤氏ノ意見ニテハ、坪三十五円五十銭ハグードバアーケン也ト云ヘリ。

十二月十五日（土）

村井銀行ニ村井五郎氏ヲ訪ネ、学院ノ為ニ英国公債一千五百磅ヲ抵当トナシテ、金壱万円借入ノ件相談ノ上ソノ快諾ヲ受ク。

午後、参謀本部ヨリ測量手石本、堀本ナル者来リ測量ノ下見ヲ為ス。右ハ熊野氏ヲ経テ依嘱シタルモノナリ。

十二月十六日（日）

午前、桜井女塾ニ於テクリスマスノ説教ヲナス。

夜、寄宿舎ニ於テ同題ノ説教ヲナス。

十二月十七日（月）

中学部試験前臨時休業。

ライク氏ト共ニ村井銀行麻布支店ニ赴キ、ブリチシユ公債額面壱千五百磅ヲ担保トシテ金壱万円ヲ借入ル。

神学部三年級ニ説教者ニ常識ナルコトニ付一場ノ話ヲナス。

午後二時、総務局理事会アリ。

五時ヨリ青年同盟委員会出席ス。

北浜銀行支店へ愈々来二十日土地購買買取引ヲ為スベキ旨ヲ電話ニテ告ゲタルニ、少シク故障生ジタル故ニ延期ヲ乞フトノ回答ナリ。

十二月十八日（火）

神戸松村吉則氏ヨリ返答アリ、自今教育界ヲ去リテ実業界ニ就ク考ナルガ故ニ招聘ニ応ズル能ハズトノコトナリ。

中学部五年級試験ヲ行フ。

渡辺亨氏ノ代人ナリ［ト］テ清水弥三郎ナルモノ来リ、問題ノ土地ヲ坪三十五円五十銭ニテ売ルコトニ対シ苦情ヲ述ブ。余ハ北浜銀行トノ交渉ナルガ故ニ交渉ノ必要ナシトテ拒絶シタリ。

午後ニ至リ加嶋ナル人来タリ銀行支店ノ為ニ弁ズ。余ハソノ談判ヲモ拒絶ス。ソノ云フ所ニ矛盾アリ。固ヨリ取ルニ足ラズ。

十二月十九日（水）

神学部、高等学部ノ試験ヲナス。

北浜銀行支店長佐川ナル人、加嶋同道来タリテ平アヤマリニアヤマル。余、ソノ不都合ヲ説ルニ一言ナシト云フ。依テソノ赴ヲ書面ニ認メテ差出サレタシト云ヒテ談判ヲ終ル。

佐川ナル人ヨリ違約謝罪ノ書状来ル。

三浦、石本、斎藤、朱牟田ノ四氏来リ、教員ニ年末手当アランコトヲ請求ス。委員ニ於テ目下評議中ノ旨ヲ告ク。

十二月二十日（木）

神学部及ビ高等部試験。

明治学院教会設立取調委員会ヲ開キ、設立ヲ可トスルノ議決ス。

十二月二十一日（金）

午前十時ヨリ常務理事会ヲ開キ、教員臨時手当ノ事ヲ議ス。長尾、石川二氏モ特ニ出席ス。ライク氏ハ飽迄モ反対シタレトモ、長尾氏世間ノ振合ヲ引テソノ必要ヲ論ジ、余モ亦ソノ財源ヲ示シタレバ、オルトマンス、ライシヤワー二氏モ同意シテ遂ニ月給半額ヲ臨時手当トスル事ニ決ス。然ルニライク氏ハ直チニ会計ヲ本年限リ辞スル旨ヲ書付ニテ申出タリ。ソノ理由ヲ尋ネタルニ、之ヲ示ス義務アルヲ知ラズトノ答ナリキ。

十二月二十二日（土）

ホフサンマル氏ハ来年四月迄ハ論文用意ノ為ニ忙ハシク、会計ノ事務ヲ引受ルコト困難ナリトノコトニ付、更ニライク氏ニ交渉ヲナシ、四月迄会計ノ事務ヲ見ルコトヲ求メタルニ、ソレ丈ハ再考スベシト云ヘリ。但シ辞職ハ再考ノ余地ナシトノコトナリ。

十二月二十三日（日）

麹町教会ニ於テ礼拝説教ヲ為シ、一人ノ女学生ニ洗礼ヲ施シ、聖餐式ヲ執行ス。

健次、清見ノ誕生日ヲ兼テクリスマスノ宴ヲ催ス。本年ハ台湾人郭馬西ヲ招キタリ。

十二月二十四日（月）

常務理事会ノ決議ニ従ヒ、教職一同ニ月俸半額ツヽ、臨時手当ヲ渡ス。且精勤者ヘ少シツヽ、年末ノ賞与金ヲ渡ス。教員連大満足ノ様子ナリ。

［以下、記載なし］

［巻末］

土地所有権登記申請書副本

渥美郡田原町大字田原字五軒丁百四十一番地

一　郡村宅地五畝弐十九歩　此見積価［格］金拾円

同字百四十二番

一　畑六畝八歩　外十一歩畦畔　此見積［価］格金十三円

同字百四十三番

山林弐畝七歩　此見積価格金弐円

合計価格金弐十五円

此登録税五銭

右ハ東京市牛込区牛込箪笥町十八番地工藤達秀ノ為所有権ヲ登記相成度、不動産登記法第百五条第一号前段ニ依

リ申請候也
右登記権利者
明治三十五年十二月十六日
工藤達秀
田原町大字田原百二十四戸
右代理人　鈴木高昭
豊橋区裁判所田原出張所　御中
明治三十五年十二月十六日
登記済　印
右地所預人
大正三年一月ヨリ向フ拾ケ年間預リ
年貢諸入費ヲ支払ヒ其金トシテ一ケ年金五十銭宛納ムル
筈
久納富次郎
工藤達秀《ミチカ》殿

残暑之候ニ候処、高堂益御多祥奉大賀候。然者今回ハ御両所御盛装ノ御写真山下君ヨリ御贈被下正ニ落手、御厚情ノ段奉深謝候。即ち芽度御結婚式ノ記念として永く保存可致候。不取敢御礼申述度如此ニ御座候　敬具

大正六年九月九日
井深梶之助　花子
山下喜蔵様
同　令夫人

耶麻郡喜多方町字見頃道上六千百三十番地
戸主　井深八重
明治三十年拾月廿三日生
継母　ひさえ
明治二十一年六月十七日
喜多方町長　原平蔵殿

一九一八（大正七）年

母　井深八代子肖像
会津藩家老、西郷頼母近思（ちかもと）の第四女
5月13日逝去

一月一日（火）
晴天無風、但寒気強。
家族一同礼拝ヲ為シ、雑煮ヲ食スルコト例年ノ如シ。
午前八時、講堂ニ於テ学院ノ職員生徒一同、新年ノ礼拝ヲ為ス。
式後、神学部講堂ニ教員一同会合、賀詞ノ交換アリ。
数日来ノ風邪未タ除カズ、年始訪問ヲ見合ハス。

一月二日（水）
昨夜来降雨アリ。但寒気強キガ為ニ地上又ハ樹木ノ枝ニ触レテ氷トナル、之ヲ雨氷ト称ス。日本ニハ珍ラシキ自然ノ現象ナリト云フ。
終日引キ籠リテ加養ス。
年賀はがき二百五十枚ヲ印刷シタルニ、倏忽尽キタルニ依リ更ニ三百枚ヲ求メ、真澄、清見ニ手伝ハシメテ出シツ、アリ。

一月三日（木）
午前ハ年賀はがきノ為ニ費ス。
午後、沼澤、片山両家ヲ訪問ス。片山ニテハ旧冬勲六等ニ叙セラレタリトノ事ナリ。

一月四日（金）
午後二時ヨリ神田青年会ニ於テ教役者会アリ。本年ノ伝道ニ付相談アリ。且近々伊予松山ニ赴任セントスル南廉平氏ノ送別ヲ兼ネテ晩餐会アリ。

一月五日（土）
[記載なし]

一月六日（日）
家族一同、高輪教会ニ出席、礼拝ス。

一月七日（月）
午後五時、聯合軍慰問部委員会ヲ開キ、派遣使へ差向金二十円送金ノ件、又絵はがき金二千円分注文ノ件ヲ可決ス。

一月八日（火）
三学部始業式ヲ挙ク。
寒気酷烈ナリ。
午後二時ヨリ総務局常務理事会アリ。
片山とよ子安産、男子出生ノ報アリ。今度ハ男子ニテ大喜ナリ。

一月九日（水）
授業如例。
寒気酷烈。

一月十日（木）

授業如例。

午後、常務理事会ヲ開キ、来学年ヨリ高等部及中学部月謝五十銭増額ノ件ヲ可決ス。但書面ヲ以テ他理事ノ同意ヲ求ムルコトトナス。又ライク氏会計辞任ヲ承認ス。

中学部教員会ヲ開キ、ソノ後学院内ニ教会設立ニ付協議シ、創立委員七名ヲ挙ク。熊野、水芦、河西、三浦、石本、ライシヤワール、都留ノ七名トス。

一月十一日（金）

授業如例。

午後、高等部教授会ヲ開ク。

一月十二日（土）

伝道ノ為、午後一時四十分、上野発栃木町ニ赴ク。五時着。小林格其他ノ教友ニ迎ヘラレ、旅店晃陽館ニ投ズ。

夕食ノ後、講義所ニ於テ演説ス。聴衆八十名余。裁判官、学校教員等十数名アリ。栃木町ニ於ケル知識階級ノ人々ニシテ、同所ニ於テハ稀ナル集会ナリトノコトナリ。演説題ハ基督教人生観ナリ。

気候モ東京ト同様ニテ、想像シタル程ニハアラズ。

一月十三日（日）

午前九時半、旅店ヲ出立シ、日曜学校ノ子供ニ一言話シ、十時ヨリ礼拝説教ヲ為ス。会衆約四十名モアリタランカ。永遠ノ生命ニ就テ説ク。

午餐後、一時十八分ノ汽車ニテ出立シタレトモ、汽車延着シテ六時過ギ漸ク帰宅ス。

栃木町ノ伝道ハ先以テ好況ナリ。

一月十四日（月）

授業如例。

午後四時、継続伝道委員会ヲ開ク。横浜ハ最初計画通リ百五十円ニテ遣ルコトトナル。植村ハ委員辞職ハ再考スルコトトナル。

五時ヨリ教会同盟常務委員会アリ。晩餐ヲ共ニス。

帰途、神田教会ニ於ケル日本基督教会ノ教役者会ニ出席シテ一言ス。

文雄ニ送ルベキ真綿ノ半股引ト直衣トヲ求ム。

一月十五日（火）

授業如例。

午後二時、神学部教授会ヲ開ク。

午後四時ヨリ青年会同盟財団法人理事会ヲ開キ、引続キ同盟理事会ヲ開キ、昨年度ノ決算其他ノ問題ヲ議ス。

一月十六日（水）

授業如例。

一月十七日（木）

授業如例。

十時ヨリ三崎会館ニ於ケル継続伝道修養会ニ出席。礼拝ノ精神的発展ト云フ題ニテ植村氏ノ演説アリ。有益ナル話ナリキ。

会員ト共ニ昼食ヲナシ、高等商業ニ木村重次[治]氏ヲ訪問シ、ソレヨリ片山フ[ヲ]訪問ス。其後母子共ニ健康ナリ。

一月十八日（金）

授業如例。

午後、高等学部学友会発会式アリ。暫時臨席シテ一言ヲ述ブ。

元田作之進氏来訪、教会ノ制度及信条ニ付質問アリ。

夜、青年会館ニ於テ信徒ノ為ニ演説会アリ。余ハ教会員倫理的振粛ニ就テ演説ス。聴衆ハ少数ナリ。

一月十九日（土）

午前ハ詩篇選略解ノ原稿ヲ作ル。

午後、久仁子来タリ、遺書ノ件ニ付相談アリ。

一月二十日（日）

午前、本郷桜井女塾ニ於テ塾生ノ為説教ヲナス。

午後、真野文二氏来訪。学制改正ノ事ニ付種々話アリ。

夜、寄宿舎ノ講話ニ出席ス。水芦氏、良心ニ恥サランコトヲ勗ムト云フ題ニテ話ヲナス。

一月二十一日（月）

授業如例。

午前三時半過ヨリ母上俄ニ気分悪シトノコトニテ、直チニ起テ容体ヲ見ルニ血色如何ニモ宜シカラズ。依テ直チニ健次ヲ起シテ診察セシメタルニ、動脈ノ硬クナリタル為ニ心臓ノ働キニ故障ヲ生ジタルナリト云フ。依テ取敢エズ懐爐湯タンポニテ体ヲ温メ、且ツ松魚節湯ヲ進メタルニ、頓テ元気ヲ恢復シタリ。

一月二十二日（火）

授業如例。

沼澤くに子、母上看護ノ為来ル。

午後、神学部教授会ヲ開キ、科目分担ノコトヲ議ス。

午後七時ヨリ宅ニ於テ神学部懇話会ヲ開ク。高岡別科生ノ農村伝道論アリタレトモ甚タ不出来ナリ。駄弁ノ癖アリ。例ノ如ク一同ニ汁粉ヲ振舞フ。

一月二十三日（水）

授業如例。

花子、流行性ノ感冒ニ罹ル。

一月二十四日（木）

授業如例。

今夜ハ横浜紀念館ニ於テ演説スベキ筈ナリシガ、母上、花子共ニ病気ナルガ故ニ電報ニテ断ヲ出ス。

一月二十五日（金）

授業如例。

午後、明治学院教会設立ノ議ニ付、熊野、山本、水芦、都留、宮地ノ五人ト相談会ヲ開ク。都留、水芦、山本等ハソノ成功ニ付疑念アリ。種々相談ノ末、来ル卅日委員会ヲ開クコトニ決ス。

一月二十六日（土）

昨夜、花子体温卅九度近クニナリ、頗ル苦痛ノ容体ナリ。

今朝ハ卅七度二分ニ降リ、気分モ良シ。

健次、陛下ノ護衛兵附ヲ命ゼラレ、今朝葉山ニ出張ス。

一月二十七日（日）

母上、花子共ニ昨夜ハ安眠セリ。

高輪教会ニ於テ礼拝ス。三浦徹氏説教ス。逢坂氏牧師辞任申出ノ公告アリ。教会ハ大分アレ果タル有様ナリ。

夕、寄宿舎ニ於テ講話ヲナス。

一月二十八日（月）

授業如例。

午後二時、教会憲法改正委員会ノ筈ナリシガ、出席者三名ノミニテ流会トナル。

一月二十九日（火）

授業如例。

総務局常務理事会ヲ開ク。昨年度ノ寄附金高一万一千七百四十八円余ナリ。支出ハ一万〇〔ママ〕九百五十三円也。

一月三十日（水）

授業如例。

午後、明治学院教会設立委員会ヲ開ク。山本、水芦、都留、三浦等孰レモ余リ熱心ナシ。或ハ機熟セズト云ヒ、或ハ目的ヲ達シ難シト云ヒ、議一致セズ。依テ暫時延期スルコトトナス。

一月三十一日（木）

授業如例。

二月一日（金）

昨夜事務室ニ盗賊入リ、引出ノ錠ヲ破リ金拾六円余ト電車回数券六十枚ヲ盗去ル。窓ヨリ入タル形跡アリ。多少様子ヲ知ル者ノ行為ナラント思ハル。刑事巡査来リテ見タレトモ、如何トモ為シ難シ。只盗難届ヲ警察ニ出シタリ。馬鹿ラシキ事ヲ為シタリ。只自己ノ不注意ヲ悔ムノミ。

二月二日（土）

渡辺勇助氏来訪、高田尚賢氏病死ノ由ヲ告ゲ、且葬儀ノ説教ヲ依頼セラル。真ニ気ノ毒ナル人ナリ。殊ニ病床ニアル老母ハ気ノ毒ノ至ナリ。息子ハ米国ニアリテ音楽ヲ修行シツ、アリトノ事ナリ。

二月三日（日）

午後一時半、麴町教会ニ於テ高田長老ノ葬儀行ハル。主任伝道者渡辺勇助司式シ、余、説教ス。長尾半平氏ノ自働車ニ同乗シテ青山墓地ニ赴ク。ソノ頃ヨリ雨降リ始メ、会葬者雨具ナキ為ニ困難ス。高田氏ノ老母ハ存外健気ニシテ落胆セズトノ事ナリ。

二月四日（月）

授業如例。

午後四時、ステイシヨンホテルニ於テカイアルフア会アリ。小﨑氏、日本仏法ニ就テ論文ヲ読ム。同問題ニ就テ意見ノ交換アリ。出席者、ウエンライト、植村、ハリス、マルテン、小﨑、スガツダル及ビ余ノ七人ナリ。次会ニハ改正新約ニ就テ余ガ発題スル筈ナリ。

二月五日（火）

午前十時ヨリ総務局理事会アリ。多田氏ハ高知ヨリ、笹尾氏ハ仙台ヨリ来ル。去年間ノ事業ノ報告、本年度ノ計画ニ就テ評議ス。

二月六日（水）

授業如例。

二月七日（木）

授業如例。

午後、オルトマンス氏方ニ於テ三学部教員ノ祈祷会アリ。

二月八日（金）

午後、中学部教員会アリ。

授業如例。

木村良夫ヨリノ依頼ニ依リ、服部時計店ニテ腕時計ヲ買求ム。先方ヨリ直接届呉ル、筈ナリ。代金九十三円也。

二月九日（土）

学院常務理事会ヲ開ク。

二月十日（日）

昨年ノ中学部卒業生荻原文雄、今回南洋ニ赴クニ付是非出発前ニ受洗シタリ〔シ〕トノ願アリ。依テ宅ニ於テ大井長老、熊野、志賀三〔名〕立合ノ上、信仰ヲ試験シタル後、高輪教会ニ於テ授洗ス。

午後八時三十分、王光顕氏東京駅ニ着ス。余モ出迎ヘ、漸ク見出シテ自己ヲ紹介シ、歓迎ノ意ヲ表ス。帝国ホテル迄自働車ニ同乗ス。

二月十一日（月）

授業如例。

王光顕氏、午前十一時来訪ス。三枝子、正彦、文恵〔枝カ〕ニモ面会セシム。正午頃迄緩談シテ去ル。又土産トシテテーブル掛一枚、クツシヨンカバー二枚ト人形トヲ持来タル。代価四五十円ノ物ナリ。

二月十二日（火）

午前九時、紀元節祝賀礼拝ヲ行フ。嶋津氏ノ演説アリ。

授業如例。

神学部教授会ヲ開ク。

引続キ協力伝道委員会ヲ開ク。ジヨンソン氏ハ夫人病気ノ為帰国ノ由ナリ。ワーサー氏、ソノ代リニ書記ニ選バル。

二月十三日（水）

授業如例。

王氏ニ返礼ノ品物ヲ求メン為ニ三枝子ト共ニ三越ニ赴ク。ソレヨリ普賢寺氏ヲ訪問ス。故彦三郎限定承認ノ事件モ漸ク落着シタル赴ノ報告アリ。先以テ一安心シタリ。

二月十四日（木）

カピチンハアーデーヲ招キ、講堂ニ於テ一場ノ演説ヲナサシム。八十三才ノ老人ニシテハ中々元気ナリ。約一時間ニ渉リテ演説シ、自己ノ経歴ヲ物語リタリ。音声ハ朗々タレトモ発音不正ナルガ為ニ聞取リ難ク、通訳ニハ殆ンド閉口シタリ。思想ハ極メテ単純ナレトモ精神ハ感心ナリ。謝礼トシテ金五円ヲ贈リタルニ大ニ満足シタリ。生徒モ同人ノ演説ヲ聞テ大ニ喜ビタリ。

午後、米国大使モーリス氏ニ面会シ、卒業式ノ演説ヲ頼ミ快諾ヲ得タリ。

ソレヨリ日曜学校協会理事会ニ出席シ、佐々木某ノ帰朝歓迎会アリ。又聯合軍慰問部委員会アリ。

二月十五日（金）

授業如例。

午後、教会憲法改正委員会ヲ開ク。
二月十六日（土）
木村良夫、敬子ヲ連レ今朝上京ス。市橋ノ姉サンヲ見舞ハンガ為ナリトノコトナリ。
川澄氏来訪ス。同氏ハ免職セラルレバ格別、自ラ辞職スルノ意志ナシトノ事ナリ。
二月十七日（日）
午前十時、桜井女塾ニ於テ説教ス。ウォルサル氏モ出席シ、余ノ説教ノ後簡単ナル勧メヲナシ且祈ヲナセリ。僅カニ一年前ニ来タル宣教師トシテハ上出来ナリ。
二月十八日（月）
授業如例。
二月十九日（火）
授業如例。
二月二十日（水）
授業如例。
二月二十一日（木）
授業如例。
午後、常務理事会ヲ開キ、高等学部並中学部ヨリ請求ノ件ヲ議ス。
二月二十二日（金）
授業如例。
木村良夫、敬子ヲ連レ旭川ニ帰省ス。午後八時半、品川ヨリ出発ス。
五年級B組ニ特ニ信仰上ノ話ヲナス。
二月二十三日（土）
五年級A組ニ信仰上ノ話ヲナス。
彦三郎死亡ニ付限定承認ノ件ニ関シ普賢寺轍吉氏ニ依頼シタル処、漸ク手続結了、債務消滅ノ赴ニ付、乍軽少金五十円ト袁世凱ノ肉筆壱幅ヲ謝礼トシテ贈ル。同氏ハ再三辞退シタレトモ遂ニ受納シタリ。
青山昇三郎氏、昨日死去。本日青山教会ニ於テ葬儀アリ。享年七十六トノコトナリ。
二月二十四日（日）
高輪教会ニ於テ礼拝ス。
午後、沼澤家ヲ訪問シタリ。
二月二十五日（月）
授業如例。
評議員会ヲ開キ、来月廿六日卒業式ノ分担ヲ定ム。

二月二十六日（火）

授業如例。

午後三時ヨリ青年会同盟ニ於テ、今回静岡ヲ辞シ天津教会ノ牧師ニ聘セラレタル清水久次郎氏ノ為ニ送別会ヲ開ク。

六時ヨリコールマン氏方ニ於テミストルベルト会見、晩餐ヲ共ニス。同氏ハアメリカンボールドノ主事ナリ。曽テ宣教師トシテ日本ニ来タルコトアリ。

二月二十七日（水）

授業如例。

午後二時、富士見町教会ニ於テ田川大吉郎氏夫人幾代子ノ葬儀［ア］ナリ。美シキ信仰ヲ以テ世ヲ去リタル話ニハ一同感涙ニムセビタリ。

沼澤久仁子来訪、健次ヲ同家ノ相続人ト為サンコトヲ求メラレタレトモ固辞シタリ。和田勁ヲ以テ第二ノ候補者トナスコトニ定メタリ。

二月二十八日（木）

授業如例。

三月一日（金）

授業如例。

高等部教授会アリ。

三月二日（土）

午後二時、青年会［館］ニ於テ日曜学校協会理事ノ相談会アリ。問題ハ川澄幹事ヲ止メテ、鵜飼氏ヲシテ之ニ代ハシメラ［ママ］ントノ或理事ノ考案セルニ因ル。併当人ヨリ辞職ヲ申出ザルニ議題トスルハ免職ニ非レバ問題トナラズ。且後任者ノ事ハ別問題ナリトテ、遂ニ当人ニ忠告スルニ止ルコトトナセリ。

三月三日（日）

高輪教会ニ於テ礼拝ス。

午後、田川大吉郎氏ヲ見舞タレトモ、鎌倉ニ在リトノ事ニテ空ク帰リタリ。

三月四日（月）

授業如例。

三月五日（火）

授業如例。

神学部教授会ヲ開ク。

三月六日（水）～三月八日（金）

［記載なし］

三月九日（土）

午後四時半ヨリ上野精養軒ニ於テ本年中学部卒業生ノ謝恩会アリ。余モ出席シテ一場ノ演説ヲ為ス。

三月十日（日）

上大崎伝道所ニ於テ説教ス。

三月十一日（月）

［記載なし］

三月十二日（火）

午後七時、田中次郎氏宅ニ於テ故義郎氏ノ一周年追悼会ニ招カレ、一場ノ講話ヲナス。

三月十三日（水）～三月十五日（金）

［記載なし］

三月十六日（土）

午前九時ヨリ日曜学校協会大会アリ出席ス。

フエリス学校長ブース氏藍綬章拝領ノ祝賀会アリ。途中迄出タレトモ、大風雨ノ為見合シタリ。

三月十七日（日）

午前、桜井女塾ニ於テ説教。

夜、寄宿舎ニ於テ講話ス。

三月十八日（月）

神学部試験始ル。

三月十九日（火）

総務局、教会同盟継続伝道委員［会］ニ出席ス。

夜、ライク氏宅ニ於ケル神学部懇話会ニ出席ス。吉田源次郎、古代ヱジプト人ノ未来思想ニ付論文ヲ読ム。

三月二十日（水）

花子、神戸女学院理事会ノ為出発。

三月二十一日（木）、三月二十二日（金）

［記載なし］

三月二十三日（土）

花子、神戸ヨリ帰京。

三月二十四日（日）

午後二時半、フエリス女学校ニ於テ生徒ノ為説教ス。

説教ノ後、ユニオンチヤルチニ於テセントポールト題セルオレートリオヲ聞ク。

ブース氏方ニテ晩餐ヲ饗セラル。

三月二十五日（月）

卒業式ノ準備ヲナス。

三月二十六日（火）

午後二時ヨリ卒業式ヲ挙行ス。本年ヨリ三学部同時トナス。中学五十八名、高等九名、神学五名ノ卒業生アリ。

米国大使ノ演説頗ル好シ。江原氏ノハ徒ラニ冗長ニ流レテ甚タ不出来ナリ。然シ大体ニ於テ式ハ成功ナリキ。天気快晴ナリキ。

式後、同窓会ヲ開キ、評議員廿五名ヲ選挙シタリ。

六時ヨリ三縁亭ニ於テ同窓会晩餐会アリ。三十余名会合シタリ。岡本敏行最モ熱心ニ尽力シタリ。

三月二十七日（水）

米国大使へ答礼ニ往キタレトモ不在ニテ面会セズ。

八重子ヲ連レ普賢寺氏並ニ飯田延太郎氏方ヲ訪問シテ謝意ヲ表ス。

三月二十八日（木）

［記載なし］

三月二十九日（金）

八重子、長崎市立高女英語教師ニ採用セラレ赴任ス。

三月三十日（土）

熊野氏方ニ於テ中学部教員及外国教師ノ集会アリ。同氏ヨリ新学年ニ於ケル教員服務紀律其他ニ付中渡的ノ話アリ。教員中ニ不服ノ者アル様子ナリキ。

花子、大阪ニ於ケル婦人矯風会ニ出席ノ為出立ス。途中、八幡ノ大嶋家ニ立寄ル筈ナリ。

三月三十一日（日）

午前、両国教会ニ於テイーストルノ説教ヲナス。

午後、水芦氏ヲ訪問ス。

四月一日（月）

午後四時、中央亭ニ於テ「カイアルフハ」会アリ。スカツダー氏、現代思想ト不滅性トニ付テ論文朗読ノ後談論、食事アリ。日本人側ニテ出席者ハ元田、今井、小﨑、柏井、余ノ五人ナリ。

四月二日（火）

ドクトルイムブリー氏、今夜横浜着ノ筈。

村田四郎来訪。昨日上京ノ赴報告アリ。

午後一時、常務会ヲ開ク。都留氏ノ高等学部主簿ノ辞任ヲ受ケ、ソノ代リニ水芦氏ヲ挙ク。

イムブリー来訪ス。同氏ハ存外達者ナリ。昨夜ハステーシヨンホテルニ一泊シタリト云ヘリ。

四月三日（水）

村田四郎氏来訪。都留氏ヲモ共ニ招キ、午餐ヲ響［饗］ス。

［記載なし］

四月四日（木）

真澄、清見ヲ連レ電気博覧会ヲ見物ス。

電気工業ノ進歩、一目瞭然タリ。

四月五日（金）

青山ニ墓参シ、石碑屋ニテ彦三郎石碑ノ見積ヲ取ル。約百十円ヲ要ス。

午後、岡見正氏ヲ訪問シ、彦三郎墓碑ノ揮毫ヲ依嘱ス。

四月六日（土）

中学部一年生新入生ノ入学式ヲ挙行ス。新入生百三十余名並ニ保護者ヲ一堂ニ集メテ一場ノ訓話ヲナス。式後、別室ニ於テ保護者等ニ茶菓ヲ饗シテ懇談ヲナス。

夜九時、花子大阪ヨリ帰宅ス。

四月七日（日）

柴太一郎氏、本年八十才ニ達シタルニ付玉川ノ別邸ニ於テ祝宴アリ。柴五郎氏ヨリ招カレ花子同伴参列ス。親族ノ老幼合ハセテ約五十名、赤飯ノ饗応アリ。一二ノ模擬店モアリタレトモ、生憎細雨霏々トシテ来リ、屋外ニ長ク留ルコト能ハズ。三時頃同所ヲ辞シテ帰ル。

四月八日（月）

午前九時、中学部始業式ヲ挙ク。中学生丈ニテ講堂殆ンド余地ナシ。一場ノ訓辞ヲ為シ、且ツ新任教員五名ヲ紹介ス。十時ヨリハ神学、高等両学部ノ始業式ヲ行フ。

午後五時、日本クラブニ於テ学院同窓会評議員懇談会アリ。岡本敏行氏ノ発起、好意ニ依ル。来会者十二名。会長ヲ中嶋久萬吉、幹事ヲ宮地、松井、富保ノ三名、会計ヲ村井五郎氏ニ選挙ス。晩餐ヲ共ニシ、快談シテ散会ス。頗ル有益ノ会合ナリキ。

四月九日（火）

三学部共ニ授業ヲ始ム。

午前十一時半ヨリ継続伝道委員会ヲ開キ、来八月東山荘ニ於テ重立タルレーメンノ修養会ヲ開クコトニ決ス。委員十五名ヲ挙ク。長尾氏ヲ委員長トナス。

午後一時、教会同盟大会アリ。出席者八十名以上ニ達シタレトモ、格別ノ問題ナシ。極メテ活気ナキ集会ナリキ。役員モ重任トナレリ。

四月十日（水）

授業如例。

午後一時半、電話ニヨリ南満州太興会社長飯田延太郎氏ヲ南茅場町ノ本社ニ訪問ス。氏ハ八重子嫁入支度料トシテ金壱千円ヲ贈リタリ。之ヲ受領シ、直チニ村井銀行ヘ六分ノ利子ニテ定期預トナセリ。同氏ノ好意謝スルニ余アリ。

午後四時、協力伝道委員会。中山昌樹氏辞任ス。英氏〔ママ〕ヲ当分代リトナス。

五時ヨリ村田四郎氏ノ歓迎ヲ兼、同氏、熊野、水芦、都留、山本、宮地ノ六人ヲ招キ晩餐ヲ饗シ、宗教々育上ノコトヲ相談ス。

四月十一日（木）

授業如例。

四月十二日（金）

授業如例。

高等部教授会アリ。

午后十時半、津田、横山両夫人品川着。花子同道、品川ニ出迎ヒ〔ヘ〕、内ニ案内ス。東京見物ノ為ニ上京セラル。

四月十三日（土）

出院如例。

午後、先日ノ謝礼トシテ飯田延太郎氏ヲ訪問シ、志那人ノ書壱幅ヲ贈ル。談話中、英語必要ノ話アリ。自分モ毎朝七時半ヨリ高商ノ教授ヲ招キテ英語ヲ学ヒツ、アリト云ヘリ。

午後六時、富士見軒ニ於テ国民英学会創立第三十年ノ祝宴アリ。来客百数十名、盛会ナリ。磯邉弥一郎氏ノ主催ナリ。

四月十四日（日）

午後、上大崎伝道所ニ於テ説教ス。

夜ハ寄宿舎ニ於テ村田四郎氏説教ス。

四月十五日（月）

授業如例。

神学部教授会ヲ開ク。

夜、熊野、ライシヤワー、ライク三人ト共ニ本年度ノ予算案ヲ協議ス。

四月十六日（火）

授業如例。

午後二時、芝教会ニ於テ東京中会アリ。山本秀煌氏議長ニ選挙セラル。

四時、神田「ミカド」ホテルニ於テ鉄道青年会評議員会アリ。前年ノ事業ノ報告並ニ本年度ノ予算ノ評議アリ。

四月十七日（水）

授業如例。

午後、新任教員歓迎会ヲ神学部講堂ニ開ク。イムブリー氏モ新帰朝者トシテ一場ノ話ヲナセリ。

四月十八日（木）

授業如例。
継続委員会アリ。
帰途、川添氏ヲ訪問シ、神学部ノ招聘ニ応ズルノ意志ナキヤヲ問フ。熟考ノ上回答スベシトノ事ナリ。
四月十九日（金）
授業如例。
四月二十日（土）
午後一時ヨリ高等工業学校青年会ニ於テ一場ノ講演ヲナス。
四月二十一日（日）
学院講堂ニ於テ礼拝ス。村田氏ノ説教ハ簡単ニシテ要領ヲ得、上出来ナリ。
四月二十二日（月）
授業如例。
青年会同盟委員会アリ。
午後六時ヨリ富士見軒ニ於テ片山亮氏ノ結婚披露アリ。来客五十名余、中々盛会ナリキ。
四月二十三日（火）
授業如例。
四月二十四日（水）
授業如例。
四月二十五日（木）
午前九時ヨリ学院理事会ヲ開ク。記録ノ朗読、前年度ノ学事報告、会計報告ノ後、瀬川、ライクノ辞任其後任ノコト、生徒扣所建築ノコト、地所購入ノ件、教員俸給増額ノ件等、二日ニ渉リテ議了シタリ。
四月二十六日（金）
午前ヨリ午後五時迄、理事会ヲ継続シタリ。理事会ノ精神ハ良好ナリキ。更ニ不快ノ事ナク、概シテ進歩的ナリキ。
四月二十七日（土）
後藤男爵夫人ノ葬儀ニ列ス。朝野ノ会葬者夥シ。式ハ僅カニ三十分ニテ了ル。
午後、再ビ川添氏ヲ訪問シ、理事会ノ決議ヲ告ケ決心ヲ促ス。然レトモ尚少シク熟考ノ猶予ヲ乞ヘリ。
四月二十八日（日）
午前、学院講堂礼拝。
午後二時、神田青年会ニ於テ講話ス。
夜、麹町教会ニ於テ説教ス。

四月二十九日（月）

授業如例。

四月三十日（火）

午前、授業如例。

午後二時ヨリ角筈ニ於ケル東京女子大学開校式ニ列ス。長尾、ライシヤワー二氏ノ報告アリ。新渡戸氏ノ演説アリ。新入生八十四名アリトノ事。来賓内外人二百五十名余、盛会ナリ。但前《〔ママ〕》純然タルキリスト教大学タルベキヤ、一ノ問題ナリ。

五月一日（水）

授業如例。

途中ニテ佐藤秀顕氏ニ逢フ。邸宅ハ愈々売却ストノコトナリ。二千二百坪余、建物共ニ十万円トノコトトナリ。

五月二日（木）

授業如例。

十二時三十分ヨリ築地ウエンライト氏方ニ於テカイアルハ会員トトロントウグローブ記者マクドナルト氏トノ会食アリ。食後、時局ニ付一場ノ話アリ。ソノ話ヲ聞テハ評判程ノ人物トハ思ハズ。

佐藤秀顕氏方ヲ訪問ス。不在ニテ面会セズ。

五月三日（金）

授業如例。

星嶋二郎氏ヲ法学通論ノ講師トナス。

五月四日（土）～五月六日（月）

［記載なし］

五月七日（火）

午後四時、青年同盟本部ニ於テ学院常務理事会ヲ開キ、寄附行為訂正ノ件ヲ可決ス。議事後、晩餐ヲ共ニス。後、聯合軍慰問部委員ノ報告アリ。

五月八日（水）

午後、ライク氏不遠帰国ニ付送別ノ意ヲ兼祈祷会ヲランテス氏方ニ開ク。

五月九日（木）

午後、神学部教授会ヲ開ク。

五月十日（金）

授業如例。

五月十一日（土）

正彦、ジフテリーニテ白金大学病院ニ入ル。保証人トナル。三枝子方ニ下女ナキ為ニ、留守居旁母上夕刻ヨリ同所へ赴カル。真澄ニ送ラシム。

五月十二日（日）

学院講堂ニ於テ村田氏ノ説教アリ。

午後、桃澤捨二氏来訪、緩々話アリ。母上モ帰宅セラレテ同氏ト緩談セラル。而シテ夕刻ニ至リ、再ビ文雄ノ留守宅へ赴カル。

夜九時半比、文雄ヨリ正彦ノ容体ヲ問合ハセタル電報来ル。之ヲ以テ直チニ留守宅ヲ尋ネ、未タ発電ノ必要ナカリシコトヲ説キ、且返電ノ文案ヲ認メ、明朝之ヲ打ツベシト云置テ帰リタルハ十時比ナリ。其時母上モ起ラレタレバ、「オヤスミナサイ」ト申シテ帰宅シタリ。

然ルニ帰宅シテ間モナク、急使来リ、御隠居様悪シ、速ニ来レトノ事ナリ。別記ヲ見ヨ。

［以下、本冊末別記］

母上御逝去ノ記事

文雄留守宅ヨリノ急使ニ驚キ、先ヅ二階ニ寝居タル健次ヲ呼起シ、且直クニ内へ御連レ可申故ニソノ準備セヨト花子ニ申置テ、自分ハ駆付タリ。而シテ留守宅ニ入リテ見レバ、母上ハ客間ノ寝床ノ上ニ横ハリ居ラレ、医師神前氏ハ脈ヲ取リ居リ、三枝子ト車屋ノ親方ハソノ後ニ立テ居タリ。

余ハ直チニ、梶之助ガ来マシタ、ドウナサレタカ、ト再三呼ビタレトモ、何ノ返事ナシ。唯熟睡ノ状態ナリ。脈ヲ見ルニ脈ハ未タ慥カニテ血色モ悪シカラズ。神前氏ハ直チニ皮下注射ヲ為シタリ。

兎角スル中ニ健次モ駆付テ診察シタルガ、ヤガテ嘔吐ヲ催シ始メ、夜食ニ給ベラレタルモノヲ悉ク嘔吐セラル。モルヒネ注射ヲシタレトモ効果顕ハレズ。健次曰ク、容体良シカラズ、脳溢血ト思ハル。母上ヤ真澄、清見モ呼寄セ且親族へ危篤ノ通知ヲ発スル方然ラ［ン］ニト云フ。時ニ十一時半比ナリ。

依テ余ハ帰宅シテソノ赴ヲ花子ニ告ゲ、真澄、清見ヲ起サシメ、又小使大久保ヲ呼ビ起シテ留守居ヲ頼ミ、真野へ電話ヲ懸タレトモドウシテモ起キズト云フ。依テ直チニ郵便局ニ往キ電報ヲ発シタルハ、真野、沼澤、片山、鎌倉及横浜ノ両井深ナリ。時ニ十二時ナリキ。

零時過、片山夫婦、久仁子自働車ニテ駆付、真野夫婦モ同様。其前ヨリ花子、真澄、清見モ来リ、宅ヨリ夜具蒲団等ヲモ持来リ、種々御介抱ヲナシ、又看護婦ヲモ神前氏ノ周施［旋］ニテ急ニ依頼シ、種々ニ手当ヲナシ、三時過、再ビ神前氏ヲ呼起シ、カンフル注射ヲナシタレトモ効果ナク、遂ニ五時三十分ニ永遠ノ安息ニ入給ヘリ。ソノ少シ前ニ熊野雄七氏モ来リタレバ、一同ノ悲鳴スルヲ制シ、同氏ニ祈祷ヲ乞ヒタリ。

ソレヨリ直チニ御遺骸ヲ宅ニ移スノ準備ヲナシ、一同附添帰宅シタルハ六時半過ナリキ。

井深とせ子殿、井深勝治等追々来ル。木村春子モ直チニ上京ストノ電報来ル。漢口文雄方其他親族へ御逝去ノ電報ヲ出ス。

牧野へ御棺ヲ注文シ夕刻出来。熊野氏ノ祈祷ヲ以テ入棺式ヲ行フ。

五月十三日（月）

午前五時三十分、母上脳溢血ニテ御逝去。飯台ニテ御遺体ヲ自宅ニ移ス（前記ヲ見ヨ）。

真野文二、片山寛其他親族ノ人々御通夜ヲナス。

五月十四日（火）

青山墓地ノ用意ヲナス。

和田みゑこ、和田仙太郎上京。出入ノ人多ク混雑セリ。

五月十五日（水）

午後一時三十分、自宅ニ於テ出棺式ヲ行フ。親族一同列席、三浦徹氏祈祷ス。二時十分前、出棺。棺側ハ和田仙太郎、井深健次、真澄、片山寛、井深浩、三浦太郎ノ六人。司式、村田四郎、聖書、熊野、説教、三浦徹、祈祷、石原保太郎ノ諸氏。式ハ予定通リ三時ニ終ル。

和田仙太郎挨拶。柩車一台、馬車六台ニテ青山墓地ニ至リ埋葬ス。花環十個以上、十字架一ノ寄贈アリ、立派ナリキ。会葬者モ意外ニ多ク、満堂余席ナカリキ。天気モ幸ニ良好ナリキ。木村春子ハ午前九時ニ着京シタリ。

五月十六日（木）

会葬者ニ対スル礼状ヲ発送ス。

勝治、くに子、咲子共ニ逗留シテ手伝ヒ、御形見分ヲナス。人数六十名以上ニ達シ、中々面倒ナリ。之レガ為ニ殆ンド終日ヲ費セドモ全ク定ラズ。

五月十七日（金）

午前、講堂ニ於テ葬式ヲ手伝ヒタル人々並ニ花ヲ贈リタル人々ニ謝意ヲ表ス。

授業如例。

午後ハ鎌倉教役者大会ニ出席シテ一場ノ講演ヲナス。来会者百余名ニテ頗ル盛会。一同満足ノ由ナリ。

五月十八日（土）

午後二時ヨリ講堂ニ於テ熊野氏在職廿五年祝賀式アリ。

石川、元横山、牧田、水芦、イムブリー氏等ノ祝詞アリ。余モ亦一言ヲ述ブ。有志者ヨリ熊野氏ニ金時計鎖ヲ贈ル。熊野氏ハX光線器械ヲ学院ニ寄附ス。寄附金ハ約九百円ニ上レリ。

夕、ステーシヨンホテルニ於テ同氏ノ為祝宴アリ。余ハ遠慮シテ欠席シタリ。来会者七十名アリシト云フ。

五月十九日（日）

村田氏差支アリ奉天教会ノ牧師［欠字］重太郎氏ノ説教アリ。説教ハ甚タ拙ナリキ。

午後、花子、三枝子、春子、清見同道、青山ニ墓参ス。

五月二十日（日）

授業如例。

午後五時ヨリ青年会同盟委員会ニ出席ス。

五月二十一日（火）

授業如例。

慰労ノ意味ヲ以テ、沼澤くに子、真野咲子、片山豊子ヲ招キ晩餐ヲ饗ス。春子ハ熊野かをるさんヲ招キ貰ヒ度シトノ望ニ付同人ヲモ招キ、且三枝子モ手伝ナガラ来ル。一同楽シク晩餐ヲ共ニシタリ。ソレニ付テモ母上ノ空席ヲ思ハザルヲ得ズ。

午後三時、青山斎場ニ於テ石本音彦氏母堂ノ葬式アリ、会葬ス。

五月二十二日（水）

午前、授業如例。

木村春子、帰途ニ就ク。花子ト共ニ上野停車場迄見送ル。子供二人下女一人、一行四人ナリ。

五月二十三日（木）

授業如例。

片山豊子来ル。子供歌劇ノ招待券ヲ与フ。

五月二十四日（金）

授業如例。

十二時前、海軍大尉樋口修一郎氏来ル。来月八日地中海ヘ出征ストノ事ナリ。午餐ヲ共ニシ餞別ニ葵ノ紋付ノ杯ヲ送ル。且母ノ形見ヲ樋口孝殿ヘ托ス。

春子ヨリ無事帰宅ノ電報アリ。

五月二十五日（土）

中嶋久萬吉氏ヲ訪問シ、明治学院同窓会々長ヲ承諾センコトヲ依頼シタリ。熟考ノ上確答スベシトノコトナリキ。

帰途、真野氏、普賢寺氏ヲ訪問シタレトモ孰レモ不在ナリ。但途中ニテ文二氏ニ面会シタリ。

扇城館ニ往テ再ビ撮影ス。ホフサンマル氏ノ依頼ニ依ル。

五月二十六日（日）

学院講堂ニ於テ礼拝。

漢口文雄ヨリ書状相達ス。書面ニ依レバ、去十四日午后母上御逝去ノ電報ニ接スルヤ否ヤ直チニ返電ヲ以テ弔意ヲ表シ、且帰京スベキ［ヤ］否ヤヲ問合セタル赴ナリ。然シテ三菱支店長並機器所々長ノ許可ヲ受ケテ、漢口ニ七日間返事ヲ待居タル由ナリ。然ルニ何故カソノ電報不着ナリキ。直チニ白金郵便局ニ往テ尋ネタレトモ、左様ノ電報ハ来ラズトノコトナリ。

くに子来訪ス。

片山へ礼ナガラ母上ノ御形見ヲ持往ク。夕食ノ饗応ヲ受ク。

五月二十七日（月）

授業如例。

岡見正氏ニ托シタル母上墓碑ノ版下成ル。

五月二十八日（火）

授業如例。

五月二十九日（水）

授業如例。

午後二時半ヨリ宅ニ於テ三学部教職員ノ祈祷［会］ヲ開キ、兼テ過日葬式ニ尽力シタル人々へ慰労ノ意ニテ茶菓ヲ饗ス。来会者三十三名。一同満足ノ模様ナリキ。

午後六時ヨリヱデイ氏ト同盟館ニ於テ会食懇談ス。

五月三十日（木）

授業如例。

午後二時、ライク氏及ビ家族ヲ諏訪丸ニ見送ル。見送人多数ニテ雑踏ヲ極ム。

帰途、井深浩氏方ニ立寄リ、彦三郎墓碑建立ノ事ニ付相談ス。勝治ニモ面会シタリ。

五月三十一日（金）

午後三時三十分ヨリ、過日母上ノ葬儀ニ花環ヲ携ヘタル生徒並ニ奏楽其他ノ手伝ヲナシタル学生等十三四名ヲ自宅ニ招キテ慰労ノ意ヲ表ス。

六月一日（土）

帝国ホテルヨリ突然電話アリ、王光顕氏今日午餐ヲ共ニセントスト。十二時過、同所ニテ面会シ最近ノ小照一枚ヲ贈ル。ドクトルハアーント云フ人モ共ニ食事シタリ。

帰途、信盛堂ニテ「レインコート」ヲ求ム。代金二十三円五十銭ニテ、昨年ノ倍ナリ。

六月二日（日）

午前、講堂ニ於テ礼拝ス。

岡本敏行氏ノ招キニ応ジ、正午過、日ノ出生命保険ニ同氏ヲ訪問シ、同氏ノ案内ニテ「ニウヨークキチン」ト称スル所ニテ洋食ヲ喫［シ］、ソレヨリ帝劇ニ赴キ露西亜人音楽会ヲ聞ク。同氏ハ自働車ニテ二本榎迄送ラレタリ。

六月三日（日）

香典ニ対スル礼状ヲ発送シタリ。尚親類の或［ママ］ル者ヘハ返礼トシテ風呂敷、ふくさ、料紙等ヲ贈ル。

六月四日（月）

授業如例。

六月五日（火）

授業如例。

六月六日（木）

授業如例。

本日更ニ遺言ヲ認ム。

午後、中学部教員会ニ出席ス。

六月七日（金）

新舞鶴伝道ノ為ニ午前八時三十分ノ特急ニテ東京駅出発、京都ニテ大社線ニ乗換ヘル。且同所ニテ日高善一氏同車ス。綾部ニテ再ビ乗換ヘ、夜十二時過、新舞鶴駅着。早川友三氏出迎ヘ、直チニ旅店松栄楼ニ投ス。日高氏モ同様ナリ。

六月八日（土）

午前十時、教会ニ於テ婦人会ノ為ニ一場ノ講話ヲ為ス。集会者ハ大抵海軍将校ノ夫人令嬢ナリ。廿人許集ル。野嶋少佐夫人司会ヲナス。

午後、早川、日高氏ト共ニ軍港及余部町ヲ見、且或信徒ノ家ヲ訪問ス。

夜、教会ニ於テ日高氏ト共ニ説教ス。聴衆七十名許。可也ノ盛会ナリ。

六月九日（日）

午前十時、教会ニ於テ説教ス。数名ノ会員ト教会ノ楼上ニテ昼饗ヲ共ニシ、ソレヨリ駅ニ赴キ駅員等ノ為ニ講話ヲナス。但駅長不在ナルノミナラズ、鉄道青年会員ナク甚タ冷淡ナリキ。

野嶋少佐方ニ於テ早、日両氏ト共ニ晩餐ノ饗応ヲ受ケ、

夜ハ再ビ教会ニ於テ説教ス。

夕刻ヨリ雨天ニ成タレトモ、可也ノ聴衆アリテ謹聴セリ。

婦人会ヨリ若狭塗ノ硯箱ヲ贈ラル。

六月十日（月）

午前七時四十分、新舞鶴出発、九時五分、福知山ニ着。同駅集会所ニ於テ駅長、機関庫長其他従事員五六十名ニ講話ヲナス。当地ハ熱心ニ講話ヲ聞キタリ。

十一時廿五分、出発、帰途ニ就キ、午後二時過京都ニテ乗換へ、寝台ヲ求ム。名古屋駅ニテ偶然加藤明次郎ト云フ医師ニ逢ヒ、社会政策ノ企図ヲ聞ク。

六月十一日（火）

午前七時半、無事帰宅ス。但シ疲労ヲ覚ヘタレバ、一日引籠リテ静養シタリ。

六月十二日（水）

少シク下痢ノ気味ナレトモ指〔押カ〕シテ出勤、試験ヲナス。

六月十三日（木）

授業如例。

神学部ノ試験ヲナス。

六月十四日（金）

神学部試験了ル。

十一時、閉校式ヲ挙ク。山本氏司会ス。

濱名寛祐氏ヨリ電話アリ、奉天ヨリ彦三郎ノ遺骨ヲ携帯スル旨、三谷氏ヨリ電報アリ、昨〔明〕夕八時三十分東京着ノ赴ナリト。

六月十五日（土）

午後八時三十分前、清見ヲ携ヘ東京駅迄彦三郎遺骨ヲ出迎ヒタレトモ、遂ニ之ヲ携帯シ来リタル人ヲ見当ラズ。空シク帰宅シタリ。

六月十六日（日）

三谷氏ヨリ電話アリ、昨夜彦三郎遺骨ヲ携ヘテ着京シタル赴ナリ。依テ同氏ノ旅館神田橋外昌平館ニ赴キ之ヲ受取ル。

午後六時ヨリ真野夫婦並ニ沼澤くに子ヲ招キ晩餐ヲ饗ス。真野夫婦ハ箱根宮ノ下ヨリ帰途ナリ。高峰氏ノ招ニ依テ彼ノ地ニ赴キタリトノコトナリ。

六月十七日（月）

授業如例。

午後五時、青年会同盟委員会ニ出席ス。

六月十八日（火）

授業如例。

六月十九日（水）

神学部教授会ヲ開ク。

六月二十日（木）

授業如例。

午後二時、聖学院神学部卒業式ニ於テ演説ス。

六月二十一日（金）

授業如例。

午後五時ヨリ濱名寛祐氏ノ招待ニヨリ三谷氏ト共ニ日本料理ノ饗応ヲ受ク。場所ハ木挽町吉野家ナリ。大雨悪路ノ為、態々自働車ニテ学院ノ門前迄送リ来ル。

六月二十二日（土）

山田伯爵邸ヘ香奠ノ答礼ニ往ク。ソレヨリ青山墓地ニ赴キ、進藤方ヘ彦三郎並ニ重彦ノ墓碑ヲ注文ス。

麹町ニテ長崎カステラ二箱ヲ購ヒ、一ツハ濱名寛祐氏方ヘ、他ノ一ハ三谷末次郎氏方ヘ孰レモ謝礼ニ贈ル。

六月二十三日（日）

学院講堂ニ於テ説教ス。

ソレヨリ答礼ノ為小石川松平子爵家邸ヲ訪問シ、家令飯沼氏ニ面会シテ礼ヲ述べ、且若松市弔霊殿ノ為寄附金五円ヲ渡ス。又松平恒雄殿ニ面謁シテ、彦三郎ノ受タル厚誼ヲ謝シ、又天津基督教青年会ノ為ニ尽力セラレタルコトニ付テモ謝意ヲ表ス。

帰途、沼澤家ニ寄リ、午餐ヲ饗セラル。不在中、三谷氏来訪セラル。

六月二十四日（月）

授業如例。

六月二十五日（火）

授業如例。

午後一時、総務局常務理事会ニ出席。

午後五時ヨリ宅ニ於テ横浜旧友会ヲ開キ晩餐ヲ饗ス。押川、熊野、植村、吉田、真木、山本、皆来会シ、例ノ如ク打寛ギテ時局ニ対スル意見抔語リ合ヒ、歓ヲ尽シテ散会ス。

次ハ熊野ト山本ノ当番、其次ハ押川ト植村、其ノ次ハ真木ト吉田ト云フ番ニ定ム。

六月二十六日（水）

授業如例。

六月二十七日（木）

授業如例。

明日、コンノート殿、東京市青年会へ台臨セラル、ニ付自分ニ歓迎辞ヲ述ルヤウ依頼アリ、承諾ス。

六月二十八日（金）

授業如例。

コンノート殿下ハ、急ニ時刻ヲ変更シテ参内ノ帰途、午後一時半頃台臨セラル、赴電話アリ。急ニ用意ヲナシテ時刻ニ往キタルニ、青年会ニテハ少シク狼狽ノ気味ナリ。長尾氏等ト手順ヲ極メ、同氏先導シ殿下ヲ応接室ニ招シ、而シテ余ハ同盟委員長トシテ歓迎辞ヲ朗読ス。殿下ハ之ニ対シテ鄭重ナル答辞ヲ述ベラル。即チＹＭＣＡノ事業ハ自分モ戦地ニ於テ目撃シ、熟知スル所ナリト。而シテ重立タル人々ヲ紹介シタル後ニ、水泳場体育場等ヲ巡覧シ、自ラボールヲ試ムル抔シテ満足シテ帰ラル。
江原、長尾二氏ト共ニ霞ケ関ニ出頭シテ謝意ヲ表ス。

六月二十九日（土）

[記載なし]

六月三十日（日）

午前、桜井女塾ニ於テ説教ス。
倉辻ナル青年ト清水鎂子ト云フ婦人ニ授洗シテ後、聖餐式ヲ守ル。
学院ノ礼拝ニ於テ九名ノ生徒ト共ニ真澄、村田四郎氏ヨリ受洗ス。同時ニ聖餐式ヲ行フ。器具ハ曽テストルンス氏ヨリ麻布講義所ニ寄附セラレタルモノヲ用ヒタリ。

七月一日（月）

午後、総務局常務理事会。

七月二日（火）

高等学部試験一年、二年。
午後、教会憲法改正委員会ヲ開ク。伝道者ヲ廃シテ教師試補ト改ムルニ決ス。

七月三日（水）

高等学部予科生試験。

七月四日（木）

午後、学院常務理事会ヲ開キ、新校舎建築ノコト、セベレンス館移転ノコト等ニ付議決ス。

七月五日（金）

ミスクロスビー永眠ノ通知アリ。

七月六日（土）

午後二時、横浜山手二百十二番ニ於テミスクロスビーノ葬儀ニ会葬ス。
帰途、井深浩氏ヲ訪問ス。
午後九時頃、廣田束ヨリ廣田叔母様死去ノ電報アリ。直チニ吊電ヲ発シ、且和田へ花料ト代拝ヲ托ス。

七月七日（日）

午前、学院ニ於テ礼拝。

午後、外村氏ノ伝道義会ニ往キ説教シ且聖餐式ヲ執行シタリ。聴衆ハ二十三四名ナリキ。外村氏ハ北海道へ出張中ナリ。

七月八日（月）

午後七時ヨリ女子青年会ニ於テ聯合軍慰問部婦人後援会員慰労会ヲ開ク。婦人後援会ニ於テ純益壱万八千円ヲ収メタルハ大成功ナリト云フベシ。

七月九日（火）～七月十三日（土）

［記載なし］

七月十四日（日）

午前九時半、桜井女塾ニテ説教ス。

帰途、真野老人ヲ訪問ス。血気ハ宜シケレトモ、食気ナク閉口セリノトコト。或ハ胃癌ナランカトノ疑アリ。

細矢権吉氏来訪。鶴田氏ニ於テハ当方ノ中条ニ対シテ更ニ異存ナキ故、是非縁談ノ成立スルヤウ尽力ヲ頼ムトノ依頼アリタル由。依テ近日同氏同道ニテ健次先方ヲ訪問シ、会見スル筈ナリ。

七月十五日（月）

とよ子胆嚢炎ノ疑アリ、午前訪問シ、帰途、沼澤家ニ立寄リ、藤井ノ小児ノ死亡ニ付同情ヲ表ス。

真野文二氏偶々来訪シ、共ニ緩談シテ帰宅ス。

明治学院伝道教会設立願ニ付、青山教会ニ臨時中会ヲ開ク。種々ノ質問アリ、答弁ノ後、大多数ニテ可決ス。

七月十六日（火）

［記載なし］

七月十七日（水）

午後四時ヨリ内ノ庭園ニ於テ学院教会員ノ親睦会アリ。来会者六十人許。

七月十八日（木）

細矢権吉氏同道ニテ健次、鶴田軍医総監住宅ヲ訪問シ会見ヲ済ス。

七月十九日（金）

細矢氏へ礼状ヲ出ス。

中学部試験成蹟発表。本日ヨリ夏期休暇ニ入ル。

七月二十日（土）

午前、宮地謙吉氏ト共ニ学院出身者一柿、植木、中田其他ヲ歴訪ス。但不在ノ人多シ。

正午前、文雄無事帰京。品川駅ニ出迎フ。

七月二十一日（日）

早朝、江原素六氏来訪。突然聯合軍慰問使長トシテ米国迄往カレ度トノ懇請アリ。目下学院ノ都合上到底其依頼ニ応ズル能ハズ。午後、江原氏ヲ訪問シテ其旨回答シタリ。

文雄ヲ晩餐ニ招キ、留守中ノ事又健次縁談ノコト等ニ付緩談ス。我等両人白麻壱疋、健次へ唐墨、真澄、清見へ硯箱ノ土産物ヲ貰フ。

七月二十二日（月）

再ビ宮地氏ト共ニ和田英作、児嶋碩邦其他ヲ歴訪ス。最後ニ岡本敏行氏ヲ日ノ出生命保険会社ニ訪問シ、同氏ヲ午餐ニ招キタルニ、却テアベコベニ同氏ヨリ招カラレ《[ママ]》、村井銀行地下室ニテランチノ饗応ヲ受ク。ソレヨリ夫《[ママ]》二三ノ人ヲ訪問シテ後、青年同盟館ニ往キ、基督教大学委員会ニ出席シ、ソレヨリ美土代町ノ青年会館ノ信徒修養会委員会ニ出席ス。

七月二十三日（火）

宮地氏ト共ニ又々訪問ヲナス。真木、小村、八巻、高岡、小城其他ノ人ヲ訪問ス。炎暑如焼。

七月二十四日（水）

宮地氏ト共ニ横浜方面ノ人ヲ訪問ス。中田、瓜生、天野、土屋、澤田、松井等ヲ訪問ス。暑気甚シ。

七月二十五日（木）～七月二十八日（日）

[記載なし]

七月二十九日（月）

早朝出発、御殿場東山荘ニ赴ク。青年会夏期学校最終日ナリ。

午後、青年会同盟委員会ヲ開ク。

七月三十日（火）

青年会総会アリ。過去二年間ノ事業報告等アリ。会員資格ニ関スル憲法改正案ニ付議論アリ。京大青年会ヨリ提出シタル案ハ少数ニテ否決。大村案ハ四分ノ三以上ノ賛成アリ、但二回ノ総会ニ於テ再ビ議決ノ必要アリ。採決ノ順序ニ就テモ一議論アリタリ。同盟委員半数満期改選、余復再選。

七月三十一日（水）

同盟委員会ヲ開ク。役員ヲ投票シタルニ、余、又委員長重任トナル。

八月一日（木）

[記載なし]

八月二日（金）

午後三時ヨリ協同伝道信徒修養会開会。長尾氏司会、藤

田隆三郎、海老名弾正二氏ノ奨励アリ。二人共ニ長キニ失シタリ。開会ハ余リニ気乗セズ。

長尾、植村ト共ニ二ノ岡「アメリカ村ニ往キ西洋人ニ面会ス〔ママ〕」。

夜、ドクトルマグドナルドノ演説アリ。余リニ形容多クシテ面白カラズ。余ハ英語ニテ答辞ヲ述ベタリ。

後ニ「互識会」ナルモノアリキ。

八月三日（土）

早朝祈祷会アリ。

午前九時、諸教会ノ教勢報告アリ。髙橋本吉氏ノ報告、最モ要領ヲ得タリ。

夜ハ懇談会アリ。

八月四日（日）

午前九時、植村氏ノ説教アリ。題ハ「神トノ和ラギ」ナリ。

夜、信仰ト実生活ニ就キ懇談会アリ。

八月五日（月）

午前九時、柏井氏ノロマ帝国ニ於ケルクリスチヤント云フ題ニテ有益ナル講演アリ。

ソレヨリ教会合同ニ就テ小﨑氏ノ演説アリ。

午後、継続伝道常務委員会アリ。

夜、教会合同ニ就テ懇談会アリ。

健次来訪ス。

八月六日（火）

午前、日野氏ノ演説アリ。引続キ閉会式アリ。余ハ修養会開催ノ動機並ニ教会合同ノコトニ付演説ス。

午後、少年寮発会式アリ。真澄、清見来ル。

暴風雨ノ為、軍隊二百人東山荘ニ宿泊ヲ乞フ。之ヲ歓迎シ慰労会ヲ開ク。

八月七日（水）

午前七時半出発、正午過、無事帰宅ス。

八月八日（木）

文雄来訪。痔治療ノ為一週間ノ見込ニテ入院ノ由。

八月九日（金）

真野老人ヲ訪問ス。容体思ハシカラズ。

帰途、普賢寺氏ヲ訪問ス。不在ナリ。

又田嶋氏夫人ヲ津田英学塾ニ問フ。田嶋氏ハ九月来〔帰〕朝トノコトナリ。

八月十日（土）

午前六時三十分、上野出発、軽井沢ニ赴ク。鶴屋旅店ニ往キタルニ満員ノ看板ヲ懸ケタリ。同所ニテ午餐ヲ認メテ後、ライシヤー氏ヲ訪フ。オルトマンス氏ト共ニ協議ス。久原氏へ四万円テ四百坪ヲ売渡スコトニ賛成ナリ。建築図案ニ就テモ相談シタリ。

ソレヨリ河本氏ノ別荘ニ田川大吉郎氏ヲ訪問シ、協議ノ結果ヲ告グ。依而山本三郎氏ニ面会ノ筈。

夕、ライシヤーワ氏方ニ招カレテ晩餐ヲ共ニス。

八月十一日（日）

午前八時四十四分発ニテ帰京ス。汽車中暑気強シ。

文雄、痔ノ手術ヲ受ル為神田橋外ノ肛門病院ニ入院シタリ。一週間ニテ全治ノ見込ナリ。

八月十二日（月）

午前、八重子ヲ同伴シ井深浩氏ヲ訪問シ、氏ノ次男英男ヲ養子ニ為スノ約ヲ実行ス。ソノ証トシテ刀壱口、勲章三種、従軍記章二種、赤十字社有功章壱個、守之進氏筆写ノ書類数冊ヲ贈与ス。勝治モ同席ノ上、午餐ノ饗応ヲ受テ帰ル。

八月十三日（火）

中学部、高等部ノ黒壁塗替ヲ命ズ。壱坪ニ付金五円四十銭ナリ。総坪六十六坪、代金三百五十六円四十銭ナリ。

真野老人追々重態ナリトノ報アリ。

真澄、清見ハ昨日富士登山ノ赴通信アリ。

八月十四日（水）

午後一時、久原事務所ニ於テ山本三郎、遠藤良三ノ両氏ト面談。数年来懸案ノ土地売渡ノ件ハ、約四百坪金四万円ニテ売渡スコトニ決定ス。談ハ極メテ容易ナリキ。

中管局長室ニ於テ長尾、江原、斎藤三氏ト協議ノ上、斎藤氏ヲ浦塩ニ派遣スルコトニ定ム。

帰途、真野老人ヲ訪問ス。江原氏モ同道ナリ。最早意識ノ統一ヲ欠キ、容体宜シカラズ。

文雄退院、帰宅セリ。

八月十五日（木）

午前十時、久原事務所ニ赴キ、遠藤氏ヨリ金四万円ヲ受領シ、直チニ正金銀行へ預ケタリ。

帰途、電気局ニ赴キ井上局長ニ面会シ、電車道敷設ノ為学院敷地収用ノ事ナキ様依頼ス。

午後、火薬庫裏売地差配人高瀬氏ヲ問ヒ、代価其他ニ付交渉シ、直チニホフサンマル氏ニ電報ヲ発ス。

青山進藤方ニ立寄、愈来十九日墓碑建設ノ事ニ決定ス。

八月十六日（金）

午前八時、ホフサンマル氏来タル。同道シテ火薬庫裏ノ地所ヲ見分シテ後、十七号三十号ヲ最善ト定メ、差配人高瀬氏ト交渉シタルニ、代価ハ壱坪四拾七円五十銭ナレトモ、寄宿舎ノ為ニハ絶対ニ売渡ヲ拒絶ストノコトナリ。但中澤彦吉ニ於テ承諾セバ格別ナリトノコトナリ。帰宅シテホフマンサー氏ト午餐ヲ共ニシテ後、名光阪下ノ土地ヲ見テ、同氏ハ帰宅セリ。

此日炎熱甚シ。

八月十七日（土）

文雄方荷物取片付ノ手伝ヲナス。

九十二度以上ノ炎暑ナリ。

八月十八日（日）

今日モ文雄方ノ手伝ヲナス。

八月十九日（月）

早朝、青山ニ赴キ、彦三郎墓碑建設ヲ監督ス。午前九時半、落成ス。勝治、おくに、片山夫婦、おとせ様並ニ内ノ者共ニテ参拝シ、帰途、永坂ノ更料ニテ一同ニそばヲ振舞フ。文雄ハ遅刻シテ参拝シタル由ナリ。

午後二時比、健次ヨリ電話アリ。真野老人、午前十時、俄然ノ逝去ノ由。一同驚キタリ。依テ自分ハ直チニ吊問ニ往キ、午後十時過ノ入棺式ヲ待チ、夜半過帰宅ス。

八月二十日（火）

午後ヨリ再ビ真野氏ニ往キ手伝ヲナス。吊問者多シ。

暑気酷烈、九十度以上ナリ。

花ハ早朝ヨリ往キ、一旦帰リテ夜再ビ往キ通夜ス。花料十五円ヲ贈ル。

八月二十一日（水）

午後一時ヨリ花子同伴、真野老人ノ葬儀ニ赴ク。二時四十分、自宅出棺、青山式場ニ赴ク。親族等霊柩ニ従ヒ馬車八台ニ乗ル。五時前、葬儀了。中野ノ墓地ニ赴ク。会葬者約六百人ト見受タリ。但墓地ニ赴キタルハ近親ノ人ノミナリ。夕刻、中野ヨリ電車ニテ帰宅ス。

曇天ニテ、随［幾カ］分カ冷気ナリキ。

八月二十二日（木）

土地差配人高瀬ヨリ電話アリ。午後、実地ヲ見分ス。伝染［病］研究所ト香蘭女学校トノ間ノ傾斜地ニテ八百四十坪アリ。小原某ノ所有ナリトノコトナリ。

又一面ニハ、長尾半平氏ニ電話シテ、中澤彦吉氏ヘ紹介ヲ依頼シタリ。

八月二十三日（金）

桐章商会へ土地売物ノ有無ヲ問合ス。

八月二十四日（土）

真野老人逮夜ニ付親類二十名余富士見軒へ招カレ、晩餐ノ饗応アリ。花子、健次及ビ余、出席ス。

八月二十五日（日）

午後二時半、文雄一家族出発。品川駅車場迄見送ル。沼澤くに子、真野咲子、片山とよ子モ来ル。

残暑酷烈ナリ。

八月二十六日（月）

午前八時半ヨリ花子、真澄、清見同伴、横浜ニ赴キ、蓬莱屋ニ至レバ、文雄等今将サニ乗船セントスル際ナリキ。一同鹿嶋丸ニ赴ク。船内ヲ見物ス。正午、解纜出帆ス。帰途、井深浩氏方へ招カレ、午餐ノ饗応ヲ受ク。夕刻、帰宅ス。

八月二十七日（火）

午後二時、中管局長長尾氏事務所ニ出征軍人慰問部委員会アリ。斎藤惣一氏、浦塩ヨリ帰京。戦地ノ実況ニ付報告アリ。評議ノ結果、差向三五ノ主事ヲ派遣シテ、米国YMCAヲ補佐シ且見習シムル事ト為ス。

八月二十八日（水）

近々米国視察ノ為出発セントスル東京市小学校長数名へ英語聖書ヲ贈与スルノ可否ニ付、ハインツ氏ノ問合ニ返書ヲ出ス。

八月二十九日（木）

午前九時、江原氏ト共ニ徳川公爵ヲ千駄ケ谷ノ邸ニ訪ヒ、「シベリヤ」出征軍慰問使派遣費用ノ件ニ付請求ス。委細渋澤男爵ニ相談シ呉ヨトノコトナリキ。公爵ノ新邸宅ハ広々シ〔衍〕トシタル上品ノ英国風ノ建物ナリ。

午後ハ亦又江原氏ト同伴、渋澤氏ヲ兜町ノ事務所ニ訪問シ、同一ノ事ヲ陳述シタリ。同氏ハ大ニ同情ヲ表シ、若シモ外務大臣ヨリ一言アラバ直チニ評議員会ヲ開クベシトノコトナリ。

帰途、長尾氏ト打合セヲナス。

八月三十日（金）

地所購入ノ件ニ付中澤彦吉氏ヲ南新堀ノ事務所ニ訪問ス。地所掛青木某ニ引合セタル上、尚篤ト協議ノ上回答スベシトノ事ナリ。

正午頃ヨリ大風雨トナル。中国地方ニ於ケル暴風ノ余波ナリ。

八月三十一日（土）

青木某来リ、セベレンス館ノ実物ヲ見ル。是レナレバ多分宜敷カラントノ意見ナリキ。

斎藤惣一氏、来訪ス。

九月一日（日）

真野家、沼澤家ヲ歴訪ス。両家共ニ無事ナリ。真野家ニ於テハ老人ノ遺志ニ依リ一々香奠返シヲナストノ事ナリ。

九月二日（月）

花子休養ノ為御殿場東山荘ニ赴ク。十日間滞在ノ積ナリ。

九月三日（火）

健次婚組ノ媒妁人細矢権吉氏へ謝礼ノ為、船橋町ノ住宅ヲ訪問ス。主人公出勤後ニシテ夫人ニ面会ス。ハンケチ壱箱ヲ贈ル。

九月四日（水）～九月六日（金）

［記載なし］

九月七日（土）

午後一時ヨリ青年会同盟委員会ヲ開キ、シベリヤ出征軍慰問事業ノコトヲ議シ、ソノ規程ヲ定ム。尚フエルプス氏ノシベリヤ総主事トシテ出張ノコト並ニグリーソン、ツルーマン二人ノ出張ヲモ承認スルコトニ決ス。

美土代町青年会［館］ニ於テ教会同盟会長、聯合ミション代表者、婦人矯風会並女子青年会ノ代表等ト晩餐ヲ共ニシテ軍隊慰問ノコトヲ披露シ、且援助ヲ求ム。

九月八日（日）

［記載なし］

九月九日（月）

午後十二時三十分ヨリステーションホテルニ軍隊慰問部理事会ヲ開キ、予算ノ事並ニ慰問使選定ノ件等ヲ議ス。

坂井徳太郎理事辞退ニ付高橋本吉氏ヲ選挙シ、又佐嶋啓助氏ヲ理事トナスコトニ決ス。理事長ハ江原、常務理事ハ長尾、斎藤ノ二名トナス。

長尾氏ノ自働車ニ乗リ、渋澤男爵ヲ訪問シ、明日評議員会ヲ開ク《［キ］》審議スル筈ナリ。ソレ故ニ嶋田三郎氏ニモ出席スルヤウ伝言セラレタリ《［シ］》トノ依頼アリ。

九月十日（火）

昨夜、電話ニテ嶋田氏へ今朝出席ノコトヲ依頼シタリ。

午前八時ヨリ中学部始業式ヲ、同九時半ヨリ神学、高等両学部始業式ヲ挙ク。新教員ハ落合太郎、トヲドルオルトマンス、ドクトルヒークナリ。

臨時常務理事会ヲ開キ、小使ニ月二円ヅヽノ臨時手当ヲナスコト、大工ニ四円ノ手当ヲナスコト、ヘボン館ノ舎費ヲ壱人二円卅銭ニ、セベレンス館ノヲ壱円五十銭ニ改ムルコトヲ決ス。

ライシヤワー、ホフサンマルノ二人ト共ニ、再ビ火薬庫裏ノ地所ヲ検分ス。

九月十一日（水）

高等、神学両学部ノ授業ヲ始ム。

電話ニテ嶋田三郎氏へ昨日ノ常務員会ノ模様ヲ聞タルニ、委員中ニ反対ノ意見アリ、欠席者モアレバ再度開会ノ筈トノコトナリ。柳田國男氏最モ反対トノコトナリ。

九月十二日（木）

土地周旋人高野重行ヲ訪ヒタル上、土地所有者ナル尾原雄之助ト云フ東京市電気局技師ニ面会シ、直接談判ノ上愈々三光町三百四十五番地、三百四十七番地ヲ合セテ八百四十坪五合ヲ壱坪金三十八円五十銭ノ割ニテ買受ルコトニ決ス。

帰途、登記所代書店斎藤方ニ立寄リ書類ノ調製ヲ依頼ス。

午後ハ正金銀行ニ行キ四万円ノ金ヲ当座勘定ニ改ム。

九月十三日（金）

ホフサンマル氏ト共ニ登記所ニ往キ、尾原氏ト会見シ、登記書類ニ調印シ其手続ノ結了ヲ待ツ。登記税ハ宅地壱坪三十五円、山林二十円ノ割ニテ納附スルコトトナル。

昼食ヲ共ニシ、午後二時半漸ク結了ス。

最初、土地世話人ニ当方ヨリ二三百円ヲ謝礼トシテ与フル積ナリシガ、先方ニ於テ相当ノ礼ヲ為ス故ニ、当方ヨリハ本ノ志ダケニテ済スコトニ協議シタリ。

九月十四日（土）

尾原氏トノ相談ニヨリ、当方ヨリハ世話人ニ金二十円ヲ贈ルコトトナス。

江原氏ヨリ電話アリ、午後十二時半、商業会議所ニ渋澤男ヲ訪問ス。大体嶋田氏ヨリ聞タルト同趣意ノ話アリ。

帰途、広尾ナル慶応ノ寄宿舎ヲ見ル。

又高野氏方ヲ訪ネ、細君ニ礼金ヲ渡ス。

斎藤氏ヨリ自働車ニテ迎ニ来リ、江原氏ト共ニ貴、衆両院書記官長ヲ訪問シテ意見ヲ陳述シタリ。

九月十五日（日）

午前十時、桜井女塾ニ於テ説教ス。

夜、熊野氏宅ニ於テ水芦、宮地、河西ノ三人ト共ニ集リ、中学部ノ発展ニ付意見ノ交換ヲナス。各々二三点ニ付熊野氏ノ注意ヲ促セリ。

真澄、昨夜ヨリ俄ニ腹痛ト嘔吐ヲ催ス。盲腸炎ノ疑アリ。

九月十六日（月）

真澄、熱三十八度五分、氷ニテ腹部ヲ冷ス。

課業ヲ休ミ、江原氏ト共ニ早川千吉郎、大橋新太郎、和田豊治、柿沼谷《[蔵]》雄、中野武營、安田善次郎、患《[串]》田萬蔵等ヲ訪問シテ、出征軍慰問ノ事ニ関シテ交渉セント試ミタリ。面談ヲ遂ケタルハ早川、和田ノ二氏ニシテ、其他ハ病気或ハ不在ニ付取次ニ伝言ヲ托シタリ。

聯合軍慰問部委員会ヲ開キ、軍隊慰問部ヘ事業ヲ引渡ス。青年会同盟常務委員会ヲ開ク。斎藤氏ハ明朝、長尾氏ト共ニシベリヤニ出張スルコトトナル。

九月十七日（火）

本日ヨリ漸ク授業ヲ始ム。

東京青年会［館］ニ於テ継続委員等ト共ニドクトルサンダルスト会食ス。

午後三時ヨリ明治学院伝道教会建設式ヲ行フ。

九月十八日（水）～九月二十一日（土）

［記載なし］

九月二十二日（日）

午前、桜井女塾ニ往キ説教ス。

九月二十三日（月）

［記載なし］

九月二十四日（火）

秋季皇霊祭休日ナル《[リ]》。

終日ノ風雨、一時ハ颱風ノ徴候アリ、又々昨年ノ如キコトニナリハセヌカト窃ニ心配シタレトモ、ソレ程ノコトハナクシテ済ミタリ。

真澄再ビ発熱ス。健次ニ謀リタルニ、先ツ其侭安静ニシテ置クガ宜シトノコトナリ。手後ニナラヌ様ニト再三注意シタリ。

九月二十五日（水）

授業如例。

九月二十六日（木）

授業如例。

真澄、熱高ク四十度以上ニ昇ル。盲腸炎タルコト疑ナシ。

午後四時半、郷司氏祖母ノ葬儀ニ会葬ス。

片山とよ子、益富きの子等真澄の《[ママ]》病気見舞ニ参ラル。

細矢軍医正ハ過日余ガ船橋迄礼ニ参リタル答礼ニ来リ、其序ニ真澄ノ病気ヲ診察シ呉レタリトノコトナリ。

夜ニ理化学ノ講師上野友助氏頓死セリトノ電話ニ接ス。

上田氏ニ依頼シテ見舞ニ往カシム。

九月二十七日（金）

午後三時比、健次病院ヨリ帰リテ曰ク、近藤先生ニ謀リタルニ若シモ体温四十度ニモ達セバ心配ナルベケレバ直チニ入院セシメタル方然ルベシト。依テ自働車屋ニ問合セタルニ寝台付自働車ナシ。不得止釣台ニ乗セ人足四人ニ荷ハセ、健次ハ腕車ニテ付添ヘ往クコトトナセリ。折悪敷大雨中ニテ困難少カラズ。花子ト自分ハ電車ニテ先ニ往キ待タルニ、漸ク八時過無事到着入院シタリ。宅ヲ出タル［ハ］五時少シ過ナリキ。

九月二十八日（土）

午後ヨリ大学病院ヲ訪問ス。体温ハ案外ニ昇ラズ。反ツテ宅ニ居タル時ヨリモ下リタリ。

上野氏ノ葬式ニハ熊野氏ニ名刺ヲ托シタリ。学院ヨリノ金五十円ヲ弔慰料トシテ送リ、教師中ヨリ廿五円余ヲ集メテ香奠トナセリ。

青年会佐嶋氏来訪、シベリヤ出征軍慰問ノ件ニ付相談アリ。

九月二十九日（日）

帰途、自働車ニテ病院ニ往ク。

午前、礼拝出席。

午後、大学病院ヲ訪問ス。今日ハ熱三十九度以上ニ昇リ、脈百以上トナル。夜ニ入リテ帰ル。食物ハ重湯ノ外何モ与ヘズ。片山とよ見舞ニ来ル。

九月三十日（月）

午前、授業如例。

午後二時、神田青年会館ニ於テ教会合同ニ就キ小数有志ノ懇談会ヲ開ク。小﨑、植村、海老名、星野、波多野、石坂、余ノ七人ナリ。来ル大会及総会ニハ夫々調査委員ヲ挙ルコトトナス。各所見ヲ開陳シタリ。星野氏ハ意外ニモ革命的ノ極メテ軽忽ナル意見ヲ出シタリ。

後、病院ヲ訪問シタルニ、真澄ハ熱大ニ下リ気分モ宜シキ方ナリ。おくに、おさく等見舞ニ来ル。

十月一日（火）

授業如例。

来ル五日、学院同窓会評議員ヲ午餐ニ招クコトトナシ案内状ヲ発ス。

午後二時、神学部教授会ヲ開ク。又引続キス《［ママ］》ベレンス館移転ノコトニ付委員会ヲ開ク。

十月二日（水）

授業如例。

午後四時半、協力伝道委員会ヲ開ク。石原氏病気、黄疸ノ恐レアリ。

夜、ライシヤーワ氏方ニ水芦氏ト共ニ会シ、高等部商科予科ニ簿記法ヲ加ヘ、国漢文ヲ止メ、ソノ代リ論理学ト作文トヲ課スルコトニ定ム。

十月三日（木）

授業如例。

午後、中学部教員会ニ出席。秋季修学旅行ノコトニ付相談アリ。

十月四日（金）

授業如例。

午後、病院ニ真澄ヲ訪問ス。体温脈搏共ニ平常ニ復ス。但衰弱シテ直チニ手術ヲ施スコトヲ得ズ。

十月五日（土）

午前、常務理事会ヲ開キ、セベレンス館移転ノ件並ニ雨中体操所ヲ二階ノ代リニ平家トナスコトニ付理事全体ノ賛成ヲ求メテ後ニ決スルコトニ定ム。

正午ヨリ東京ステーシヨンホテルニ同窓会評議員ヲ招致シ、午餐ヲ饗シ且学院ノ近況ニ付報告ス。中嶋氏ハ会長タルヲ固辞シテ受ケズ。但幹事トシテ働クヲ辞セズトノコトナリ。中嶋、一色、塚田、中田、石川其他ハ学院部内ニ居ル人々ニテ凡テ十六名ナリキ。

十月六日（日）

午前、礼拝。

午前、鶴岡夫人、磯子同伴、近付ノ為来訪。緩々ト談話シ夕刻帰ル。母子共ニ至極好サソウナ人物ナリ。結婚ヲ年内ニスルコトヲ申込ミタリ。先方ニ於テモ別段異議ハナサソウナリ。

夜ニ入リ三浦太郎氏来リ、教員増給ノコト其他ニ付何カト不得要領ノ長話アリ。困ツタ人ナリ。

十月七日（月）

授業如例。

午後、高輪教会ニ於テ、去月十二日「アンモニヤ」瓦斯管曝烈ノ為死亡シタル瀧山雅雄ト云フ九才ニナル少年ノ葬式アリ。外山氏ヨリノ依頼ニヨリ一場ノ説教ヲ為シタリ。白金小学校長、教員及ビ同級生一同会葬ス。

片山ノ小児道雄、消化不良病ニテ宇都野小児科病院ニ入院シタル旨電話アリ。

十月八日（火）
授業如例。
朝鮮宣川ノ宣教師マキウム来訪。朝鮮学生奨学金ノ事ニ付相談アリ。同人ノ希望ニ依リ奨励ノ書面ヲ与フ。
午後、総務局常務理事会ニ出席。
帰途、宇都野病院ニ片山ノ病児ヲ見舞フ。病状何トナク気懸ナリ。ソレヨリ大学病院ニ廻リ、真澄ヲ見舞ヒタルニ大分元気付タリ。
十月九日（水）
相州鵠沼東屋ニ日本基督教役者会アリ。会スルモノ約六十名。余ハ日本ニ於ケル教会合同ノ歴史ニ就テ一場ノ講話ヲナシタリ。
夕刻、渡辺荘氏ノ別荘ニ於テ夕陽会ヲ開ク。茶菓ノ饗応アリ。夕陽ノ景色頗ル佳ナリキ。
夜ハ総会アリ。二三ノ感話アリ。
十月十日（木）
早朝帰京ス。
午後ヨリ総務局理事会ヲ開ク。
十月十一日（金）
午前八時半ヨリ教師試験委員会ヲ開ク。十二三名ノ口頭試験ヲナス。
十月十二日（土）
午前九時、第三十二回大会開会。前議長多田氏ノ説教アリ。聖餐式アリ。余亦議長ニ当選ス。
午後四時迄議事。六時半ヨリ神田青年会館ニ教会奉仕者大会アリ。来会者四百名余、盛会ナリ。余ハ大会議長トシテ一場ノ演説ヲ為ス。奉仕献身ノ意義ヲ力説シタリ。
十月十三日（日）
午後、富士見町教会ニ婦人大会アリ。余ハ亦議長トシテ一場ノ演説ヲ為ス。今回ノ大戦ニ因リテ女ノ力ノ偉大ナルコトヲ発見シタル事ヨリ説起シテ、教会ニ於ケル婦人ノ力ノ大ナルコトヲ力説シタリ。盛会ナリ。集会者四五百名ト見受ク。
十月十四日（月）
午前、大会議事。
午後六時半ヨリ富士見軒ニ大会議員及有志ノ晩餐会アリ。余亦座長ヲ為ス。
席上、米国大統領ウヰルソン氏へ感謝及希望ヲ表明スルノ動議、田川大吉郎氏ヨリ出ヅ。非常ノ拍手喝采ヲ以テ賛成セラル。又伝道局創立第二十五年紀念資金募集計画並ニ特別伝道ノ為三千円資金引受ノ披露アリ。

十月十五日（火）

午前、議事。小石川植物園ニ議場ヲ移ス。憲法改正案ニ付質問アリ、修正アリ、中々喧シ。十一時迄ニテ之ヲ打切リ、宿題トシテ次期ノ大会ニ廻ス。

廿五年以上日本ニ在留シタル外国宣教師六十三名ヲ表彰ス。イムブリー氏答辞ヲ述ブ。ゼームスバラ、シユネーダル、オルトマンス、ランデス、ミセスワイコツフ、ヒーク氏夫婦ヲ議場ニ紹介ス。漸ク無事閉会。一同庭ニテ撮影、弁当ヲ共ニシテ後解散シタリ。

午後四時ヨリ総務局理事会ヲ開ク。

十月十六日（水）

出院授業ヲ為ス。

山本邦之助、益富政輔〔助〕二氏、欧州慰問使ヨリ帰京。

午後一時、学院評議員会ヲ開キ、来月三日ノ創立紀念日ヲ一日ニ繰上ゲ、二日ニ理事会ヲ開クコトヲ定ム。

十月十七日（木）

午前九時、出征軍慰問部理事会ヲ開キ、山本、益富二氏ノ報告ヲ聞ク。欧州ニ於テハ格別慰問事業ハ不可能ナリシガ如シ。

十時ヨリ継続伝道委員会アリ。委員長原田氏ハ欠席シタリ。継続委員ヲ教会同盟ト協同ミシヨンノ合同委員ニ改造スルノ決議通過ス。

十月十八日（金）

出院授業如例。

十月十九日（土）

横田ヲ呼ビホフサンマー、石川二氏ト会議ノ上、竹田組ニセベレンス移転並ニ食堂新築工事ヲ請負ハシム。

十月二十日（日）

午前、講堂ニ於テ礼拝。

午後、花子同伴、鶴田家ヲ訪問シ、鶴田氏夫婦及家族ニ面会ス。主人モ至極質朴ナル人ノ如シ。

十月二十一日（月）

授業如例。

十月二十二日（火）

授業如例。

中学部四年、五年級ハ修学旅行ニ往ク。

十月二十三日（水）

清見三年級ト共ニ日光方面ニ修学旅行ニ往ク。

十月二十四日（木）
夜ニ入リ清見帰宅ス。
十月二十五日（金）
午後四時半、継続委員常務委員会ニ出席。
午後六時ヨリ慰問使山本、益富、管三人ノ為歓迎会アリ。
晩餐会アリ。益富氏ハ病気ノ為欠席ス。
昨夜ヨリ清見発熱ス。流行性感冒ニ罹レル者ナリ。
十月二十六日（土）
午後、中渋谷教会婦人会ニ於テ講話ヲナス。
帰途、真野家ニ立寄リ暇乞ヲナス。
朝来寒気強ク、冬ノ如シ。
十月二十七日（日）
午前十時、青山日基教会ニ於テ説教ス。
下女ヨシモ流行性ノ感冒ニ罹リ平臥ス。
十月二十八日（火）
授業如例。
生徒中ニ感冒ニカカルモノ多シ。其数百以上ナリ。
十月二十九日（火）
授業如例。
午後、細矢権吉氏来訪、健次結婚式日其他ニ付打合ヲ為ス。
遠藤良三氏来訪。更ニ久原へ九十坪乃至百坪ヲ譲渡ノコトニ付交渉ス。実地ヲ見タル上尚協議シテ、其ノ結果ヲ明日中ニ報告スベシト約シテ帰ル。
十月三十日（水）
授業如例。
教員生徒中病人多シ。中学部ハ午前中ニテ休業ス。
十月三十一日（木）
三学部教職員生徒一同講堂ニ会シ、天長節ヲ祝賀ス。落合太郎氏、一場ノ講話ヲナス。上出来ナリキ。
午後、真澄退院ス。近藤國年ハ手段［術］ハ見合セ一先退院シテ静養セヨ、万一再発セバ直チニ手術ヲ施スベシトノ約束ナリ。医師ノ意見モ種々ニ変ルモノナリ。最初ハ是非共手術スベシトノ意見ナリキ。在院五週間ニ渉ル。
十一月一日（金）
午前九時ヨリ秋期理事会ヲ開ク。病人其他故障アリ、満数ニ不達。午前、午後ハ非公式ノ理事会トナス。夜ニ入リ漸ク満数ニ達ス。
日本人理事半数ノ満期改選アリ。其結果、余ハ理事ヲ休ムコトトナレリ。学院此ニ三十三年ニシテ理事ヲ休ム。

多少ノ感慨ナキ能ハズ。然レトモ或意味ニ於テハ組織一進歩ト見ルヲ得ン。

生徒扣所新築ノ件並ニ教職全体特別当座手当ノ件等重立タル決議事項ナリ。年俸千円以下ノ専任教員ハ二割、千円以上ノ教員並ニ講師ハ一割五分ノ手当トナス。但来年三月迄トナス。

十一月二日（土）

午前九時ヨリ学院創立第四十一年記念式ヲ挙行ス。三学部生徒学生総代ノ祝辞、有志ノ四部合唱アリ。又ドクトルヒークノ演説アリ。余モ亦一場ノ演説ヲナス。

午後ヨリ夜ニ入ル迄、理事会規則編成委員会ニ列席ス。ライシヤワー氏病気欠席ニ付石川、バンストリン、ヒータルス及ビ余ノ四人ナリキ。立案ノ方創［ママ］ハ規則ヨリハ寧ロ細則ナリ。

十一月三日（日）

午前、学院教会ニ於テ礼拝ス。

午後、鶴田磯子来ル。緩々懇談ノ後、晩餐ヲ共ニシテ帰ル。健次ヲシテ宅マデ送ラシム。人物ハ温柔ニシテ至極

［以下、欠］

十一月四日（月）

授業如例。

夜ニ入リ、水芦、宮地、河西、石本ノ四人来訪シテ曰ク、近来熊野氏漸ク老境ニ入リ健忘性［ママ］トナリ、教員ヲ監督スルノ能ナク且事務停滞シテ困難甚シキ故ニ、学院ノ為又熊野氏ノ為ニ何分ノ処置アランコトヲ請フト。如何ニモ尤ノ次第ナレトモ、然ラバ如何スベキカト云フニ其処置頗ル困難ナリ。種々打明話ヲシテ去ル。

十一月五日（火）

授業如例。

夜ニ入リ理事里見氏入来、学院ノ前途殊ニ熊野氏ノ事ニ付種々話アリ。孰レモ同氏退職ノ時来レルヲ認メ居ルナリ。只善後策ニ困ムノミ。

十一月六日（水）

授業如例。

鶴田氏ヨリ電話アリ、式ハ来廿五日ニテ差支ナシトノコトナリ。依テ午後三縁亭ニ往キ約束ヲ為シタリ。

十一月七日（木）

授業如例。

創立記念運動会委員会ヲ開キ、来ル十六日成ルベク賑カニ運動［会］ヲ催スコトニ決ス。

十一月八月（金）

授業如例。

十一月九日（土）

夜、宝亭ニ於テ学院常務理事会ヲ開ク。里見、オルトマンス、余ノ三名出席ス。石川、ライシヤワーノ二名ハ病気ノ［為］欠席ス。教職員臨時手当ノ件並ニ生徒扣所建築ヲ竹田組ニ請負ハシムルコトニ確定ス。

十一月十日（日）

午前、教会ニ於テ礼拝ス。

夜、朝鮮人キリスト教青年会ニ於テ演説ス。題ハ敬神ノ益ナリ。

十一月十一日（月）

授業如例。

午後三時ヨリ横浜本牧町桜道ニ新築セル井深浩氏ノ住宅落成ノ祝ニ招カル。晩餐ノ饗応アリ。来客ハ十一名、男子ノミナリキ。多クハ商買関係ノ連中ナリ。家ハ平家ニテ五十坪余。可也ノ普請ナリ。庭モ相当ニアリ。

十一月十二日（火）

授業如例。

夜、神学部ニ於テ懇話会アリ。藤澤生、カルビンノキリスト教要義ノ批評ヲ試ム。

健次ハ陸軍大演習ノ為小山町ニ出張ヲ命ゼラル。流行病ニ罹ル者多キガ為ナリ。

十一月十三日（水）

授業如例。

独逸愈々屈服。聯合軍総司令官ノ指図ニ従ヒ休戦条件ニ服従ス。村田氏ノ依頼ニヨリ、講堂ニ於テ休戦ノ意義即チ正義、人道ノ勝利ナルコトヲ演説ス。国旗ヲ出シテ祝賀ノ意ヲ表ス。

池邊清氏ノ結婚披露ノ宴ニ招カレ、花子同道、帝国ホテルニ赴ク。偶々隣席ニ外国人ノ休戦祝賀会アリ。騒カシクテ何モ聞ヘヌ程ナリキ。

十一月十四日（木）

健次結婚式案内状ヲ発送ス。同案内状三十五枚ヲ鶴田家ヘ小包ニテ郵送ス。

十一月十五日（金）

運動会予習ノ為臨時休業ス。

休戦条約締結即チ平和克復感謝会催開ノ件ニ付、青年会館ニ教会同盟常議員会ヲ開キ、来廿三日午後開会ノコトニ定ム。

十一月十六日（土）
午前九時ヨリ構内ニ秋季運動会ヲ開ク。天気快晴、無風温和、申分ナキ日和ナリ。午前ヨリ続々見物人来リ、午後ニハ立錐ノ［余］地ナキニ至ル。
但、自分ハ二時ヨリ青山学院高等学部落成式ニ赴ク。式ハ中々盛ニテ大成功ナリキ。万事能ク行届タリ。大隈候モ演説シタリ。元気ハアレトモ思想ハ枯渇シタリ。勝田氏、新館寄附ノ演説ハ上出来ナリキ。自分ハ六人目ノ演説者ニシテ、時刻迫リタルガ故ニ極メテ簡単ニキリスト教主義教育ノ精神ニ就テ一言シタリ。
式後、別室ニ於テ立食ノ饗応アリキ。且学院一覧、写真帖並ニ本多庸一遺稿ヲ寄贈シタリ。

十一月十七日（日）
講堂ニ於テ礼拝ス。

十一月十八日（月）
授業如例。

十一月十九日（火）
授業如例。

十一月二十日（水）
授業如例。

十一月二十一日（木）
東京市ノ主催ニテ休戦大祝会アリ。学院ニ於テハ特ニ祝賀感謝［会］ヲ催シ、石本氏ノ講話アリ。臨時休業ス。日比谷公園ハ是非ノ賑ナリシト云フ。自分ハ来ル土曜日ノ我ガ党ノ感謝会ノ説教ノ準備ヲナセリ。

十一月二十二日（金）
神学部ハ臨時休業ス。

十一月二十三日（土）
休戦祝賀ノ為クリスチアンノ行列ノ催アリ。学院ノ生徒三百名、之ニ参加ス。総勢千五百名ト号シタリ。
日比谷公園ニ集会シ、二重橋外ニテ皇室ノ万歳ヲ唱ヘテ、美土代町ノ青年会館ニ至ル。同所ニ於テハ休戦感謝ノ礼拝式アリ。余ハ説教ヲ為ス。他ノ演説者ハ江原、田川、海老名ナリ。集会者一千五六百人、階上階下立錐ノ［余］地ナシ。近頃ノ盛会ナリキ。
午前、健次ノ荷物ヲ上六番町ニ送ル。
午後ニハ鶴田家ヨリモ荷物ヲ送来ル。
青年会ヨリ帰途立寄リ、細矢氏ト打合ヲナス。

十一月二十四日（日）
学院ニ於テ礼拝ス。

鶴田家ヨリ新夫婦ノ夜具二組ト内ヘノ土産物ヲ送来ル。

十一月二十五日（月）

午前、授業如例。

天気快晴。午後半《〔ママ〕》、健次同伴、三縁亭ニ至ル。恰カモ一歩先キニ新婦一行自働車二台ニ到着ス。先ツ新郎新婦ノ写真ヲ取リ、頓テ植村氏来リ儀式ノ打合セヲナス。予定通リ儀式挙行セラル。但シ俄思付ニテ、鶴田ノ少女ト石塚氏ノ令嬢トヲ「ブライドメイド」ト為ス。

式後、暫時休憩。新婦更衣ノ後、別室ニ於テ来賓ノ祝詞ヲ受ケ、食卓ニ就ク。主客合セテ七十八名ナリ。平井軍医総監、祝詞ヲ述ブ。食後、楼上ニ於テ再ビ懇談、紹介シテ後、一同散解ス。

新夫婦ハ鶴田家ノ自働車ニテ帰宅ス。

十一月二十六日（火）

授業如例。

朝食後新夫婦ニ一場ノ訓話ヲナシ、共ニ祈祷ヲナス。健次、特ニ感謝ニ堪ヘズ花子ニ感謝ノ辞ヲ述ブ。二人ハ先ヅ青山ニ墓参ヲナシ、昼ニハ小豆飯ヲ焚キ、一同祝意ヲ表ス。井深とせ子殿ハ昨夜ヨリ来リテ万事ヲ手伝ハル。

午後、新夫婦、上六番町ノ借家ニ入ル。

十一月二十七日（水）

授業如例。

鶴田家ヘ健次夫婦招カレタルニ付、当方ヨリ土産物ヲ送ル。鰹節一台、両親ヘ反物壱反ツヽ、娘ヘ帯上ゲ、男児ヘ玩具等ト僕婢ヘ金十円ヲ贈ル。

十一月二十八日（木）

授業如例。

真野文二氏来訪。

十一月二十九日（金）

ブツクマン氏ノ講演ノ為、神学部《〔ママ〕》及ビ神学科生ハ臨時休業トナシテ之ニ出席セシム。

余ハ之ヲ利用シテ船橋ノ細矢氏方ニ礼ニ往ク。十円ノ切手ト唐墨壱函ヲ贈リタリ。

帰途、向島須崎町ノ遠藤良三氏ニ寄リ謝礼ヲ述べ、又岡本敏行氏ヲ会社ニ訪問シタリ。

十一月三十日（土）

明日ノ説教ノ準備ヲ為ス。

十二月一日（日）

富士見町教会ニ於テ説教ス。説教ノ後、ドクトルマクドナルド氏、余ノ写真ト富士山ノ写真トヲ求メ、帰米ノ上明治学院ノ為募金ノ労ヲトラント提供《〔ママ〕》シタリ。無論之ヲ承諾シ且依頼シタリ。

十二月二日（月）

授業如例。

熊野氏、病ム。

午後、鶴田氏来訪セラル。

十二月三日（火）

授業如例。

午後、鶴田氏夫人来訪。

遠藤氏来訪。久原氏ハ更ニ約百坪ヲ金壱万円ニテ購入スルコトヲ承諾シタリト。

神学部教授会ヲ開キタレトモ、余ハ右ノ来客ノ為欠席シタリ。

十二月四日（水）

午前、授業ノ後、久原会社ニ赴キ、遠藤氏ニ面会ノ上、壱万円ノ小切手ヲ受領シタリ。

午後、協力伝道委員会ヲ開キ、土方氏ヲ宇都宮ヨリ九十九里ニ転任スルコトヲ決ス。

十二月五日（木）

授業如例。

余ノ名義ニテ保管シタル金壱万六千七百余円ヲ会計ホフソンマル氏ニ引渡シタリ。

十二月六日（金）

授業如例。

十二月七日（土）

［記載なし］

十二月八日（日）

清見、村田四郎氏ヨリバプテスマヲ受ク。他ニ四人ノ生徒モ共ニ受洗シタリ。

健次、磯子同伴来訪、夕食ヲ共ニシテ帰ル。

十二月九日（月）

授業如例。

午後五時ヨリ鉄道青年会評議員会アリ、一寸出席ス。同席ニテ井上敬次郎氏ニ逢フ。氏曰ク、電車ノ為土地ハ愈収用セラル、ノ恐アリ。

六時ヨリ中央亭ニ於ケルドクトルマクドナルドノ送別会兼ドクトルウヰルリアムスノ歓迎会アリ。内外ノ来会者百名余、盛会ナリ。ウヰルリアムス氏ノ演説ハ実ニ巧妙ヲ極メ痛快ナリキ。

十二月十日（火）
授業如例。
午後七時ヨリ宅ニ於テ神学部懇話会ヲ催ス。来会者廿四名、河村生ノアウガステンノコンフエスシヨンノ研究ト題スル論文アリ。頗ル上出来ナリキ。
十二月十一日（水）
授業如例。
午後ヨリ雪降リ始メ、夜ニ入リテ止ム。
夜、水芦、宮地、河西、石本ノ四人入来。中学ノ改良策、部長ノ優待法ニ付各意見ヲ陳述ス。最早老朽ソノ任ニ堪ヘズノ意見頗ル強硬ナリ。
十二月十二日（木）
授業如例。
熊野氏、又々病気ノ為欠勤ス。近来著シク老衰ノ兆アリ。
十二月十三日（金）
授業如例。
十二月十四日（土）、十二月十五日（日）
［記載なし］
十二月十六日（月）
学期試験ヲ行フ。
午後五時ヨリ青年会同盟委員会アリ。佐嶋啓助氏ヲ同盟総主事ト為スコトニ付、ソノ俸給額ヲ何程ト為スベキカ一問題トナリ、詮考委員三名ヲ挙テ考ヘシムルコトトナス。ソノ委員ハ長尾、伊藤、髙橋ノ三名トス。主事同志ノ希望ニテハ四千円以上ト為サントシタキ様子ナレトモ、反対ノ意見アリ。理事側ニ於テハ［以下、欠］
十二月十七日（火）
午前、試験。
午後、学院ノ事ニ付長尾氏ト面会ノ約束アリ、同盟本部ニ往キタルニ、自働車ヲ以テ伊藤氏ノ事務所ニ迎ヘラル。総主事年俸額ニ付評議中ナリ。余ハ三千円ヲ至当トスル意見ヲ述ベタリ。現在ハ約四百円ノ月収アル由ナリ。評議ノ後、ステーシヨンホテルニ於テ晩餐ヲ共ニス。
十二月十八日（水）
午前、試験。
午後二時、青年会館ニ於テ留岡氏二男励氏ノ葬儀ニ列席ス。
三時半ヨリ同所ニ於テ教会同盟委員会アリ。
会食後帰宅シタルニ、鈴木四十氏留守宅ヨリ電話アリ、老人病危篤ニ付至急来車アリタシト。依テ花子同道、直ニ赴キタル。既ニ死去シタル後ナ［リ］キ。老病ニテ何ノ苦痛モナク永眠シタリトノコトナリ。四十氏ハ来廿六日帰朝ノ筈ナリト。後事ニ付種々親戚ノ人々ト相談ノ後、帰宅ス。

十二月十九日（木）
試験。

十二月二十日（金）
試験。

十二月二十一日（土）
午後二時、出征軍慰問部理事会アリ。五万円借入事後承諾ノ請求アリ。自分ハ其処置不同意ナルガ故ニ理事辞任ノ旨ヲ申出ツ。
帰途、鈴木家ヲ慰問ス。愈四十氏ノ帰朝ヲ待タズ、明日仮葬儀ヲ営ミ、火葬トナスニ決シタル赴ナリ。

十二月二十二日（日）
午前、学院ニ於テ礼拝。
午後、鈴木老人ノ葬儀ニ列シ、ソレヨリ石原保太郎氏ヲ近藤病院ニ訪問ス。容体軽カラズト見受ク。
ソレヨリ沼澤家ノ追悼記念会ニ臨ミ、晩餐ノ饗応ヲ受ク。

十二月二十三日（月）
米国ノ諸伝道局聯合委員ヨリノ問合ニ回答ヲ認ム。
夕刻ヨリ雪降ル。寒気強シ。

十二月二十四日（火）
熊野氏立合ノ上、体操教師吉田濱吉氏ニ旨ヲ諭シ辞職セシム。

十二月二十五日（水）
健次夫婦ト沼澤くに子ヲ招キ、クリスマス晩餐ヲ共ニス。台湾人郭馬西ヲモ招ク。
夕刻ヨリ降雪トナル。

十二月二十六日（木）
先般学院ニテ買入タル三光町ノ土地地目変換ノコトニ付裁判所ニ往キ、半日以上ヲ費シタリ。
午後三時過、ウラルサー氏、宇都宮教会代員三名ト同道シ土方氏留任ノ件ニ付交渉アリ。委細ノ事情ヲ聞キ、再議ノ上返答スベキ旨ヲ答ヘテ帰ラシム。

十二月二十七日（金）
［記載なし］

十二月二十八日（土）
午前九時、協力伝道委員会。土方氏留任ノ件ヲ議シ、教会員ニ於テ現在ノ場所ヲ六ケ月間ニ他ノ適当ナル場所ニ移転スルノ条件ヲ附シテ、当分留任ヲ許スコトニ定ム。又、石原保太郎氏ニ病気見舞金五十円ヲ贈リ、他伝道者ニハクリスマスプレゼントトシテ各十円ヲ贈ルコトトナス。

十二月二十九日（日）

午前、学院ニ於テ礼拝。

午後、石原氏ヲ病院ニ訪問ス。容体思ハシカラズ。助膜ヨリ水ヲ取リタレトモ熱下ラズ、且脈宜シカラズトノコトナリ。一週以前ニ見舞ヒタル時ヨリハ衰弱シタリ。

十二月三十日（月）

晴天無風。

買物ノ為、日本橋附近迄赴ク。銀座界隈ハ中々賑カナリ。世間ハ上景気ナレトモ、物価騰貴ニテ月給取殊ニ学校教員ハ孰レトモ困難ノ状態ナリ。内ニテハ凶事吉事ノ為、又真澄病気入院ノ為ニ物入多ク、頗ル困難ヲ感ジタリ。然レトモ出来得ル丈ノ倹約ヲナシテドウヤラ越年ノ用意ヲ整ヒタリ。

十二月三十一日（火）

昨日ニ変ラザル上天気ナリ。

健次夫婦歳暮ニ来ル。

終日在宅、掃除ノ手伝ヲ為セリ。

夕ニハ家族一同食卓ニ就キ、感謝シテ年越ノ食事ヲナセリ。

本年ハ公私共ニ中々多事ナル年ナリキ。

一九一九（大正八）年

井深八重
井深の実弟彦三郎の娘。1919（大正 8）年、誤診によりハンセン病の
罹患者として神山復生病院に入院させられたことがきっかけとなり
同院にて看護師として働き、生涯を患者のために捧げた。
1961（昭和 36）年、ナイチンゲール記章を受賞
［写真は復生記念館の提供による］

一月一日（水）
例ニ依リ家族一同感謝祈祷ヲナシ雑煮ヲ食ス。
九時ヨリ教員生徒一同大講堂ニ於テ新年ノ祝賀礼拝ヲナス。余ハ「義ハ国ヲ高クシ罪ハ民ヲ辱シム」ノ一句ヲ取リ、米国ト独逸トノ現況ニ就テ一場ノ訓話ヲナス。
式後、神学部ニ於テ教員ニ茶菓ヲ饗ス。ソレヨリ沼澤、片山、番町、鶴田家等ヲ訪問シ、夕刻帰宅ス。
霜融ニテ道路悪シ。歩行困難ナリキ。朝来曇天、夕刻ヨリ西南ノ大風トナル。夜ニ入リ風強シ。
一月二日（木）
殆ンド一日ヲ年賀状ノ返礼ヲ認ムル為ニ費シタリ。実ニ厭フベキ習慣ナリ。二三ノ来客ニ接ス。
真澄、昨日ヨリ又々風邪ニテ発熱ス。健次来リ、午餐ヲ饗ス。診察ノ結果、流行風［邪］ニ過ギストノトコナリ。
肺炎ノ徴候ハナシトノコトニテ稍安心シタリ。
一月三日（金）
朝来晴天。
真澄、軽快ニ赴ク。
宮地氏来訪、学校ノ事務ニ就キ相談アリ。
一月四日（土）
［記載なし］
一月五日（日）
午前、学院ニ於テ礼拝。
午後、鈴木氏ヲ訪問シタルニ、四十氏ハ横浜ニ往キ不在ナリキ。
ソレヨリ山本邦之助氏ヲ高田病院ニ訪問ス。稍々軽快ノ赴ナリ。
帰途、青山ニ墓参ヲ為ス。
一月六日（月）
午前ハラインシヤー《［ママ］》ワ氏ト共ニ学院理事会細則ノ訂正ヲ為ス。
午後、青年同盟常務委員会アリ。総主事俸給ノ件ニ付詮考委員ハ年俸三千円ヲ至当ト認ムル旨ヲ報告ス。之ニ付主事ト他ノ常務委員トノ間ニ意見ノ相違アリ。藤田、小松等ハ三千円《［衍］》六百円或ハソレ以上ヲ主張シタレトモ、遂ニ少数ニテ否決シ、原案三千円ヲ多数ニテ可決シ、佐藤氏ト交渉スルコトトナル。
一月七日（火）
午前、水芦、宮地来訪。中学部長ノコトニ付相談アリ。
都留氏ヲモ呼ビ相談シタル上、機会ヲ見テ一応日本人ノ理事トモ相談ノ上、自分ヨリ忠告スルコトトナス。

又、川添氏来訪、講師トシテ招ニ応ズルノ意アリトノコトナリ。

午後、電車道敷設ノ件ニ付、電気局井上氏、市長田尻子爵、鉄道管理局長佐竹氏、小橋内務次官、同池田書記官ニ面会、陳情シタリ。

夜、祈祷会後、イムブリー、オルトマンス、ライシヤワー三人ト中学部長ノコト、川添氏ノコト並ニ電車道ノコトニ付熟議ス。

一月八日（水）

新学期ヲ始ム。神学、高等両学部授業ヲナス。

三光舎ニ命ジ、新セベレンス館並ニ食堂電燈設置ノ予算ヲ提出セシム。

一月九日（木）

授業如例。

午前、江原氏来訪アリ。

本日ハ花子ト結婚第二十年ニ相当ス。記念ノ為、午後、本多庸一氏未亡人ヲ西大久保ニ訪問シ、反物一反ヲ贈ル。花子同道ス。同夫人ハ予想シタルヨリモ達者ニシテ、左マデ悲観シ居ル様子モナシ。

帰途、益富氏ヲ訪問ス。

夫レヨリ余ハ軍隊慰問部理事会ニ出席ス。モット氏ヨリ愈々金三十六万円寄附ノ電報来ル。依テ慰問事業継続ノ協議ヲナス。

一月十日（金）

電気局ヨリ井上局長ノ代理トシテ局員井出某来リ、電車敷設ノ地図ヲ持来ル。イムブリー、オルトマンス氏等ト共ニ会見ス。其結果、右二人ト同道シテ東京市長並ニ内務書記官池田氏ニ面会シテ故障ヲ開陳シ、コンプロマイス按ヲ提供ス。何レモ早速調査スベシトノ回答ナリキ。

午後、総務局常務理事会出席。本年度ノ伝道計画ニ付熟議シ、夜ニ入リ帰宅ス。

一月十一日（土）

午後、川添氏来訪。神学部講師タルコトニ付相談アリ。壱週間六回ノ講義ニ対シテ一ケ月六十五円ノ謝礼ヲ提供シタルニ、尚教会ノ有志ト相談ノ上回答スベシト約束シタリ。

勝治来リ、一泊ス。

一月十二日（日）

午前、石原保太郎氏ヲ自宅ニ訪問ス。益々衰弱ノ容体ナリ。十分間許談話ヲ為シタリ。既ニ死期ノ近キヲ覚悟シツヽアリ、葬儀ノコトニツキ依頼アリキ。可成気ヲ慥ニスルヤウ奨励シタリ。

勝治帰ル。

夜、高輪教会ニ於テ説教ス。聴衆ノ大半ハ少年ナリ。但教会堂ハ従前ヨリモ清潔ニナレリ。

一月十三日（月）

授業如例。

土地周旋人長澤勇次郎ヨリ書面アリ、三光町三百四十六番地ハ壱坪六十円ナレバ買入ルコトヲ得ベシ、但シ借地人ノ移転料トシテ壱千五百円ヲ支出スルノ必要アリト。

一月十四日（火）

授業如例。

午後四時ヨリ教会同盟常務委員会アリ。新時勢ニ対スル宣言書ト海老名氏仏国旅行ニ付、教情視察ヲ托シ且万一同地ニ於テ宗教家ノ会議アラバ之ニ出席ヲ委任スルコトニ付議決ス。議事ノ後、同氏送別且平岩氏米国ヨリ帰朝ニ付歓迎ノ意味ニテ夕食ヲ共ニス。宣言書中ニデモクラシーナル英語ヲ使用スルコトニ付、異議ヲ唱ヘタレトモ賛成者ナカリキ。且世界永久ノ平和ヲ謀ルノ一句ヲ加ルコトハ一同賛成シタリ。

一月十五日（水）

午前、授業如例。

加藤冬作氏妻急病ニテ永眠ノ赴通知アリ、弔詞ス。一人ノ七才ナル息子モ大病ナリトノコト、実ニ気ノ毒ナリ。

午後六時ヨリ同盟ニ於テ長尾、石川、里見ノ三理事ニ会見シ、夕食ヲ共ニシナガラ中学部長更迭ノ件、電車道取広ニ対スル件其他ニ付懇談ス。

一月十六日（木）

午前、授業如例。

ホフサンマール氏ト共ニ実測シタル延地ト云フハ僅カニ三四坪ナルコトヲ発見シタリ。依テ急ニオルトマンス、ライシヤワー、イムブリー氏ヲ召集シテ評議シタル結果、止ムナクバソレニテモ買収スベシトノ議ニ決シ、地主ヘハ内金五百円ヲ渡シテ約定書ヲ取リ、借地人二人ニハ一方ハ二百円、一方ハ五十円ヲ保留シテ移転料ヲ渡スコトトスベキ旨ヲ周旋人長澤ニ告ゲタリ。

夜、同盟ニ於テ明治［学院］同窓会評議員会ヲ開キ、理事選挙其他ノコトヲ評議シ、夕食ヲ共ニス。

一月十七日（金）

午前、授業如例。

午後、長澤ハ借地人二名外壱名ヲ同伴シ来リ、家作取除ノ後土地買入レノ手続ニ致シ呉ル、ヤウトノ請求アリ。余、之ニ応ゼズ。地主ノ約定ト同時ニ移転料ヲ渡スベキ旨ヲ答ヘ、彼等ト同行シテ地主三宅富太郎ナル者ノ家ニ赴キ、彼ガ目前ニ於テ借地人等ヘ金ヲ渡シ、之ト同時ニ地主ニモ約定書ニ記名捺印セシメ、内金五百円ヲ渡シタリ。彼ハ非常ノ頑固者ノ由ナレトモ、今日ハソレ程ノ人トモ思ハレザリキ。先以テ彼ノ地所ハ一段落ヲ告ゲタリ。

一月十八日（土）

午後四時ヨリ高等部教授会ヲ開キ、引続キ懇談会ヲ開キ、夕食ヲ共ニス。二名ノ講師ヲ除ク外ハ全部出席シタリ。

七時ヨリ大講堂ニ於テクリスマス祝賀会ノ開催アリ。余ハ一場ノ話ヲナシタリ。生徒其他ノ来会者ニテ満場立錐ノ［余］地ナカリキ。但生徒等ノ暗記朗読ハ不準備ニテ、一二ヲ除クノ外ハ不成功ナリキ。

一月十九日（日）

午前、学院教会ニテ礼拝。賀川豊彦氏、村田氏ニ代リ、精神生活ノ発見ト題シテ説教ス。同氏ト村田氏ヲ宅ニ招キ午餐ヲ饗ス。

午後、真野文二氏来訪。緩談ノ後、如例更科そばヲ饗ス。

一月二十日（月）

午前、授業如例。

午後五時ヨリ青年会同盟委員会ニ出席。

午後八時ヨリ日本橋実業青年倶楽部ニ於テ一場ノ講話ヲナス。場所ハ日本橋畔ノ常盤木亭ト云フ所ナリ。聴衆ハ附近ノ青年実業家小年店員共ナリ。五十人許居リタリ。

午後二時ヨリ神学及高等科生ノ為ニ賀川氏ノ講演アリ。

一月二十一日（火）

大寒入リ寒気強シ。

午前、授業如例。

午後、賀川氏ノ第二回講演アリ。題ハ日本ノ労働問題ナリ。

午後四時ヨリ東京青年会館ニ於テ故廣岡浅子女史ノ「告別式」アリ。余ハ青年会同盟ヲ代表シテ一言吊詞ヲ述べタリ。日野氏履歴ヲ読ミ、宮川氏追悼詞ヲ述べタリ。吊詞ハ成瀬仁蔵、矢嶋揖子及ビ余ノ三人ナリキ。会葬者ハ楼上楼下ニ満チタリ。

一月二十二日（水）

午前九時ヨリ夜ニ至ル迄総務局理事会ニ列席ス。新時代ニ対スル特別事業計画ニ付評議ス。

一月二十三日（木）

午前、事《[授]》業如例。

午後五時ヨリ海上ビルテング中央亭ニ於テ伝道局創立廿五年祝賀ノ意味ヲ兼、新運［動］協議会ヲ催ス。余、司会、植村氏ハ運動ノプログラムヲ演説シ、田川氏ハ寄附金ヲ勧告ス。此ニ於テ直チニ予約ヲ募リタルニ、最初ハ八百八十三円ナリシガ遂ニ一千百十七円ニ上リ、一同感謝シテ散会シタリ。

一月二十四日（金）

授業如例。

午後五時ヨリ高橋本吉氏宅ニ於テ教会合同問題調査委員会アリ。出席者、主人ノ外ニ植村、多田、笹尾、山本、余ノ六名ナリ。種々協議ノ末、植村氏ハ信仰ノ起草ヲ引受ケ、山本氏ト《[ハ]》余トノ教会政作《[ママ]》ノ大網ヲ起草スルコトニ定ム。高橋氏ヨリ晩餐ノ饗応アリタリ。

一月二十五日（土）

電車道敷設ノ件ニ付、再ビ東京市長ヲ訪問シタルニ、何トカ都合付ソウナモノ故電気局長ニ申付置キタリ、故ニ直接交渉アリタシトノコトナリキ。依テ直チニ電気局ニ至リタルニ局長ハ不在ニテ、用地係井出某並ニ児玉技師長ニ面談シタルニ、尚再考ノ上返答スベシトノコトナリキ。ソレヨリ内務省ニ赴キ、池田書記官ニ面会ヲ求メタレトモ、会議中ニテ空シク帰宅シタリ。

午前ヨリ雪降リ泥濘甚シ。

一月二十六日（日）

明治学院教会ニ於テ説教ス。

一月二十七日（月）

授業如例。

午後、くに子来ル。高木盛之輔氏大病ニ付、明朝出発、見舞ニ赴クトノコトナリ。且養嗣子ノ件ニ付話アリ。高木岩雄ハ断然謝絶ノ赴、加藤寛六［郎］氏ヨリモ話アリタリトノコトナリ。

一月二十八日（火）

授業如例。

一月二十九日（水）

授業如例。

午後四時、加藤寛六郎氏ヲ小石川曙町澤全雄氏方ニ訪問シ、同氏ガ沼澤家ノ為不一方配慮シ呉ル、コトヲ感謝シ、且養嗣子ノ件ニ付尚相談ヲナス。同氏モ龍雄ノ復籍相続ニハ反対ナリト明言シタリ。高木氏ハ癌ニテ重体ナリトノ事ナリ。

一月三十日（木）

授業如例。

昨夜ヨリ雪降ル。此年ハ雪多キ年ナリ。

コールマン氏ノ招ニヨリ同氏宅ニ於テ午餐ヲ共ニシ、且同氏ガ近々帰国シテ二十五万円ヲ日本ニ於ケル日曜学校拡張ノ為募集セントスルコトニ付相談アリ。之ニ賛成ノ意ヲ表ス。

尚又日曜学校協会理事及同教科書編輯ノ失態ニ付談アリ。実ニ無責任極マル話ナリ。

一月三十一日（金）

授業如例。

午前十一時ヨリ神田三崎町外国人ノ日［本］語学校ニ於テ一場ノ英語演説ヲナス。但校長アツキスリング氏ノ依頼ナレトモ、同氏ハ旅行中ニテ不在ナリキ。

二月一日（土）

コールマン氏帰省ニ付、同氏ニ托シテハインツ氏ニ贈ルベキ書翰ヲ認ム。

夜、水芦氏来訪、中学部長後継者ニ付語ル。

二月二日（日）

午前十時、麴町教会ニ於テ説教ス。会衆ハ僅ニ二三十名ニ過ギス。

健次方ニ往キ、午餐ノ振舞ヲ受ク。至極幸福ソウナリ。ソレヨリ目白学習院ニ松井安三郎氏ヲ訪問シ、以後明治学院ノ為ニ努力スルノ意志ナキヤラ尋ネ、熟考ノ上返答スベシトノコトニテ分ル。

二月三日（月）

授業如例。

午後、総務局常務理事会アリ。五時ヨリ三田東洋軒ニ於テランデス夫婦送別会アリ。来会者約四十名アリ。熊野、戸川明三、ホフサンマル、ピーク、向軍治、郷司、都留、里見等ノ送別演説アリ。又ランデス氏ノ告別演説アリ。意外ニ愉快ナル集会ナリキ。

二月四日（火）

授業如例。

午後一時ヨリ青年会館ニ於テ来年東京ニ開カルベキ日曜学校世界大会準備委員会アリ。

午後四時、帝国ホテルニ於テ添田寿一氏欧州行ノ送別会アリ。

二月五日（水）

授業如例。

午後四時ヨリ軍隊慰問部理事会ヲ開ク。但江原、長尾、高橋ノ三氏欠席。只伊藤、佐島、斎藤ト余ノミ。村上氏上京、報告ノ後二月分ノ予算ヲ提出ス。然レトモ杜撰ノ件不尠、委員附托トナス。

二月六日（木）

授業如例。

午後三時半、青年会同盟ニ於テ継続委員小委員会アリ。同憲法ノ改正並ニ本年十一月修養会開催ノ件ニ付評議ス。帰途、神田青年会館ニテ金森通倫氏ノ説教ヲ聞ク。聴衆千人許、盛会ナリ。同氏ノ説教ハ中々達者ナリ。但雄弁トハ云ハレズ。

二月七日（金）

授業如例。

一昨日片山ニテハ豊子安産、男子出生、母子共ニ健全ナリトノ電話アリ。

松井氏来訪。本年夏頃ニハ官途ヲ引ク考アル旨ヲ語ル。然シテ其後ハ学院ノ為ニ尽力スルノ意思モアルモノ、如シ。

二月八日（土）

午前十時ヨリ市内教役者ヲ総務局ニ招致シテ、本年度特別運動ニ就キ協議シ、午後、レイメンノ評議員数名ト会合シテ同一ノ事ヲ商議ス。其後又キリスト教大学期成委員会ニ出席ス。

午前十一時過ヨリ雪降リ始メ、七時過帰宅ノ時ニハ七寸余ノ積雪トナリ、九時過ニハ八寸以上トナル。近年稀ナル大雪ナリ。

二月九日（日）

雪休ミ、晴天トナル。実ニ美観ナル銀世界ナリ。

聯合軍慰問使日匹信亮氏出迎ノ為、雪ヲ踏ンデ宅ヲ出、二人曳ニテ品川迄往キ横浜ニ赴ク。暫時青年会館ニ休息シ、江原、斎藤氏等ト共ニ春陽丸ニ出迎フ。同車シテ神田青年会館ニ赴キ、同所ニテ歓迎会ヲ開ク。奥村、守瀬二人モ同伴帰朝ス。

帰途、片山ヲ見舞フ。千鶴子ハシカニテ難儀ノ様子ナリ。赤子モ発熱セリト。兎角病気勝ノ子供ナリ。豊子ハ無事ナリ。

二月十日（月）

授業如例。

遂ニ午後、水芦氏ト共ニ熊野氏ニ今ヤ同氏勇退ノ時機タルコトヲ懇談ス。氏ハ頗ル意外ノ様子ナリシガ、暫時シテ辞職ヲ決心シタル旨ヲ語ル。但公式ノ辞表ハ他日ニ譲リ、後任者ノ定リ次第何時ニテモ辞表ヲ提出スベキ旨ヲ明言シタリ。理由ハ固ヨリ老齢、中学部長ノ劇職ニ堪ヘズト云フコトナリ。実ニ気ノ毒ナレトモ事実ハ不得止。

二月十一日（火）

午前十時、紀元節祝賀式兼憲法発布三十年記念式ヲ挙ク。星嶋二郎氏ノ演説アリ。

午後、片山ヲ訪問ス。千鶴子ハ軽快ノ方ナレトモ、生児ハ頗ル重体ナリ。医師モ今夜ガ危険ナリト云ヘリ。実ニ気ノ毒ナリ。

二月十二日（水）

授業如例。

午後一時、片山ヨリ電話アリ、小児遂ニ死去スト。

神学部教授会ヲ開ク。川添萬寿得氏出席、同氏ヲ紹介ス。来年度ノ授業科目ニ付評議ス。

夕刻、片山ヲ慰問ス。明日自宅ニテ葬儀ヲ営ム筈ナリ。花子、熱海ヨリ帰宅ス。

二月十三日（木）

授業如例。

午後二時、片山ニ往キ、親族ノ者相会シ、讃美、聖書朗読、祈祷ヲナス。明日火葬ニシ、遺骨ハ故郷ノ墓地ニ埋ムトノコトナリ。

日曜学校世界大会準備委員会ニ出席ス。後援会トノ関係不明瞭ナリ。

二月十四日（金）

ランデス氏夫婦休養ノ為帰国ス。教員生徒一同、品川停車場迄見送ル。恐ラク再ヒ来朝ハ六ケ敷カラントノ事ナリ。

二月十五日（土）

午後、水芦、宮地、都留、村田、落合、石本ノ六人来訪。中学部長更送ノ件ニ付、新学年ト同時ニ之ヲ断行センコトヲ力説ス。熊野氏ハ到底老朽其職ニ堪ヘズトノ意見ヲ反覆セリ。尚学院将来ノ発展ニ付話アリ。

二月十六日（日）

富士見町教会ニ貴、衆両院議員ノ為ノ礼拝アリ。余モ依頼ニヨリ特ニ祈祷ヲナス。礼拝後、富士見軒ニ於テ午餐ノ饗応アリ。
帰途、根岸養生院ニ松平子爵ヲ訪問ス。
健次夫婦来訪、晩餐ヲ共ニシテ帰ル。

二月十七日（月）
授業如例。
夕刻、青年会同盟委員会ニ出席ス。
植村氏ヨリ電話アリ、白石直治氏病死ニ付、葬儀ヲ致シ呉レヨト。実ニ一驚ヲ喫シタリ。

二月十八日（火）
授業如例。

二月十九日（水）
午前九時ヨリ学院職制及内規調査委員会ヲ開キ、夜ニ至ル。

二月二十日（木）
午前九時半ヨリオルトマンス氏宅ニ於テ両ミシヨン委員ト協議会ヲ開キ、神学校合同ノ件ヲ協議ス。
午後七時半ヨリ学院理事会開会。諸報告ノ後、熊野氏中学部長ノ辞表ヲ提出ス。三名ノ委員ニ附托シテ詮考セシムルコトトナル。委員ハホフソンマル、石川、余ノ三名ナリ。

二月二十一日（金）
午前十時、神田青年会館ニ於テ白石直治氏ノ葬儀アリ。余モ依頼ニヨリ聖書ヲ読ミ、祈祷ヲナシ且弔詞ヲ述ベタリ。八百以上ノ会葬者アリ。
午後三時ヨリ理事会開催、十時過ニ至ル。熊野氏ノ辞職ハ受ラレ、ペンシヨンノ外ニ終身毎月五十円ヲ（都合八十一円）手当トシテ給スルコトトナル。議長ヨリ同氏ニ対シテ感謝、慰労ノ挨拶アリ。熊野氏ハ之ニ対シテ感謝ノ答詞ヲナス。

二月二十二日（土）～三月十一日（火）
［記載なし］

三月十二日（水）
出院如例。
午後五時ヨリ青年会館ニ熊野氏慰労金募集ノ為、学院出身者ノ集会アリ。三十人余会合ス。大抵ハ若手ナリ。種々評議ノ末、金七千円ヲ最低額トシテ同氏ノ為募集シテ、住宅ヲ贈ルトノ話纏ル。

三月十三日（木）
高等予科一年ノ試験ヲ行フ。
山本、川添二氏ヲ招キ、晩餐ヲ共ニス。都留氏ハ先約アリ来ラズ。

熊坂氏来リ、教務主任ハ引受難キ旨ヲ答フ。要スルニホフ氏ノ下ニ働クヲ好マザルガ如シ。中学部教員ノ精神、甚タ面白カラズ。

真澄、発熱四十度以上ニ昇ル。稲田氏ヲ招キ、診察ヲ受ケタルニ肺炎ノ徴アリト云フ。

三月十四日（金）

健次モ不快ニテ臥床ノ由電話アリ。真澄ハ幸ニ熱高カラズ、三十八度五分位ナリ。

中学部長後任ノ件ニ付、イムブリー、ライシヤワー氏ト協議ヲナス。ホフ氏ニテハ到底遣切レソウモナシ。

稲田氏来診、真澄ハ肋膜肺炎ニ違ナキガ如シ。

三月十五日（土）

午後二時、新セベレンス館落成式ヲ新築ノ食堂ニ挙行ス。在舎生ノ外ニ数名ノ来賓アリ。余、一場ノ話ヲナス。一同大満足ノ様子ナリ。自今在舎生ヲシテ自炊ヲ為サシムルコトトナセリ。

稲田氏来診、二木博士ノ診察ヲ求ム。即チ同氏ニソノ交渉ヲ依頼ス。

國子見舞ニ来リ、一泊シテ看護シ呉ル。

三月十六日（日）

午前、学院教会ニ於テ礼拝ス。

午後三時、本年度卒業生ノ為ニ特ニ川添万寿得氏ノ有力ナル説教アリ、且聖餐ヲ守ル。

夜前、ホフサンマル氏来訪、宮地氏ト交渉ノ結果ヲ報告ス。同氏ノ意見ニ依リ、一応石本氏ト交渉スル筈ナリ。

三月十七日（月）

出院如例。

真澄容体変化ナシ。午後四時半、二木博士ヲ迎ヘ診察ヲ受ク。ソノ結果、左肺全部深浸セリ。肋膜ヨリハ肺炎ノ方重シ、但シ幸ニ右肺ハ今ノ所健全ナリ。右肺ニ感染セザレバ幸ナリトノコトナリ。直チニ入院ノ可否ヲ尋ネタルニ、寧ロ自宅ニ於テ安静ニ治療スルヲ可トスト云ヘリ。

片山とよ子、見舞ニ来ル。

三月十八日（火）

出院如例。

日匹信亮、植村正久二氏ノ主催ニテ、午前十一時ヨリ小石川後楽園ニ於テデウヰーク博士夫婦ノ為ニ園遊会アリ。来賓約廿名、内外人相半ス。天気晴朗、申分ナキ日和ナリキ。極軽ナル午餐アリ。日匹氏ノ挨拶トデウウイ夫婦ノ答辞アリシガ、夫人ノ方反ツテ雄弁ナリキ。

三月十九日（水）

出院如例。

ホフ氏告ゲテ曰ク、石本氏ハ教務主任ノ名称ヲ受ケザレトモ、ソノ事業ヲ助クベシト。然ラバ可［ナ］ラントテ石本氏ヲ呼ビテ余ヨリモ依頼シタルニ、水芦、都留ノ二氏ト相談シタルコトアルガ故ニ、一応話シ置呉ヨトノコトナリ。

依テ午後一時ヨリ熊野氏ト共ニ右両人ト話シタル。二人共ニ石本ノ行為ヲ不都合ナリトテ頗ル不服ノ体ナリ。依テ石本ヲ呼ビ、共ニ懇談ヲ試ミタルニ、幾分カ誤解モアリタレトモ尚石本ヨリホフ氏ニ一応話ス筈ニテ分レタリ。

三月二十日（木）

出院如例。

午後一時、神学部教授会ヲ開ク。

同三時ヨリ高等部教授会ヲ開キ、卒業生ソノ他ノ及落ヲ定ム。

尚中学部教員ノ集会ニ於テ岩永省一氏記念賞金ノコトヲ協議シ、各級最優等者一名宛ニ与フルコトト為ス。

卒業式プロクラム来ル。

三月二十一日（金）

卒業式ノ準備ニ忙シ。

真澄少シツ、軽快ニ赴ク。

三月二十二日（土）

天気晴朗申分ナシ。

午後二時半、第三十四回卒業証書授与式ヲ挙ク。中学部卒業生五十七名、高等部七名、神学部五名ナリ。コロンビヤ大学教授テウエー氏、鵜澤総明氏ノ演説アリ。来賓、例年ヨリモ多ク賑カナリキ。

式後、茶菓ヲ饗シ、引続キ同窓会ヲ開キ、又東洋軒ニ於テ晩餐後、評議員会ヲ開ク。学院理事二名ヲ選挙スルコトニ決ス。

三月二十三日（日）

午前、礼拝。

午後一時ヨリ河西、宮地、石本、熊阪、朱牟田、志賀、村田、落合、熊野ノ九人会合シ、種々協議ノ後、石本氏仮リニ教務主任ヲ担当スルコトニ決ス。

中学部教員同志ノ関係兎角面倒ナリ。彼等ノ世界ノ甚タ狭隘ナルヲ思ハザルヲ得ズ。

三月二十四日（月）
午前、学院ノ事務ヲ見ル。
午後、小石川新渡戸宅ニデウイ博士ヲ訪問ス。不在ナリキ。
ソレヨリ上野精養軒ニ於ケル熊野氏送別会ニ出席ス。中学部教員ノ主催ナリ。昼食ニ非ズ晩餐ニモ非ズ、然カモ会費ハ三円ナリキ。余程気ヲ利カセタル積ナルベケレトモ、極メテ拙策ナリキ。
夜、神学卒業生ノ謝恩会アリ。初メテノ企図ナリ。
三月二十五日（火）
午後二時ヨリ総務局評議員会アリ。引続キ軍隊慰問部理事会アリ。
三月二十六日（水）
午前、出院如例。
真澄漸ク軽快。
午後、真野氏ヲ訪問シ、沼澤家ノコトニ付話アリ。
健次ヲ訪問シタルニ、又々熱アリトテ臥床セリ。
又帰途、白石氏ヲ訪問シテ答礼ス。
昨日ノ暖気ニ引替テ又寒シ。
三月二十七日（木）、三月二十八日（金）
［記載なし］
三月二十九日（土）
和田仙太郎来訪、勁養子ノ件ニ付意見ヲ尋ネシニ、到底駄目ナラント云フ。仙太郎モ勁自身モ養子ニハ反対ノ由ナリ。且晋モ同意見ナリト云ヘリ。
三月三十日（日）
午前、学院ニ於テ礼拝ス。
三月三十一日（月）
午後、伝染病研究所ニ赴キ、二木博士ニ面会シ、過日来診ノ謝意ヲ表シ且謝金拾円ヲ贈リタルニ喜ンデ受納シタリ。
四月一日（火）
午後、水上氏ヲ訪問シタルニ、既ニ半井氏ト同番地ノ貸家ニ引移リ居タリ。又淀橋町柏木ニ家ヲ買求メテ、月末ニハ引越ス積ナリトノコトナリ。いく子殿軽快ノ赴ナリ。
貫一氏ニ面会シタレトモ、守如氏ハ不在ナリキ。
四月二日（水）
午前九時過、荒川文六氏到着。
沼澤くに子来ル。和田仙太郎ト面談ノ結果、勁ヲ養子トスルコトノ到底六ケ敷コトヲ告ク。第一勁自身絶対ニ反対ノ赴ナリ。

午後、文六氏ト共ニ本郷青年会々館ニ於ル大会ニ出席ス。余ハ開会ノ辞ヲ述ブ。来会者約百名アリ。古市、山本等ノ話ニハ頗ル極端ノ説アリ。恰カモ過激派ノ説ノ如シ。荒川氏ト共ニ閉会前ニ帰ル。

四月三日（木）

オーボルン神学校長へ渡辺重右エ門、染谷為助二人ノ推薦書ヲ発ス。

午後、青山ニ墓参シ且進藤へ母上ノ墓碑彫刻及建設ヲ注文ス。代金ハ金九十四円ノ積ナリ。

代々木深町ニ勝治ヲ訪問ス。随分不便ナル所ナリ。於哲ハ不在ナリキ。帰途ニハ代々木練兵場ヨリ青山七丁目ニ出タリ。

四月四日（金）

午前、東京市電気局ニ赴キ、技術長児玉氏ニ面会シ、道路取広ケノコトニ付再ビ陳情ス。然ルニ市区改正ノ結果、南側通モ壱間半許収用セラル、赴ヲ確聞シタリ。

午後、高田老夫人ノ葬式ニ会葬ス。

水上守如氏来訪。緩話ノ後、晩餐ヲ共ニシテ帰ル。

四月五日（土）

健次全快ノ赴ニテ、磯子同道来訪ス。

午前、青年会大会閉会式及ビ植物園ニ於ケル懇親会ニ出席ス。来会者約百人。共ニ弁当ヲ食シテ後、庭園ニテ撮影ス。

帰途、沼澤ニ立寄リ、和田仙太郎ト会見シタルニ同人ハ春日季彦ヲ熱心ニ推薦シタリ。おくにモ是非同人ニ交渉ヲ依頼シタシトノコト故承諾シタリ。

四月六日（日）

終日在宅、花子ニ代リ真澄ノ看護ヲナス。

四月七日（月）

中学部入学式ヲ執行ス。一年新入生百七十余名。志願者約三百名中ヨリ選抜シタルモノナリ。父兄附添人等ニテ満場余地ナシ。式後、雨中体操場ニ於テ父兄ニ茶菓ヲ饗ス。一同満足ノ様子ナリ。

四月八日（火）

三学部始業式ヲ挙［行］シ、講堂ニ於テ一場ノ演説ヲナス。

十時半ヨリ横浜指路教会ニ開カレタル東京中会ニ出席ス。

夜ハ海岸教会ニ於テ一場ノ説教ヲナス。

四月九日（水）

本日ヨリ授業ヲ始ム。

荒川文六氏、夕刻出立、帰途ニ就ク。

真澄漸ク軽快、今夕ヨリ床上ニ起返リテ、自ラ箸ヲ取リテ食事ヲナス。

四月十日（木）

出院如例。

午後一時ヨリ三崎会館ニ教会同盟総会アリ。安部磯雄氏ノ労働問題、吉野作造氏、普通選挙ノ話アリ。

夕、弁当ノ後、余ハキリスト教大学設立計画ノ経過ヲ話ス。

四月十一日（金）

午後五時ヨリ熊野氏方ニ横浜旧友会アリ。来会者、吉田、稲垣、真木、山本、熊野及ビ余ノ六人ナリ。植村ハ俄ニ差支アリ、押川ハ病気ノ由ニテ欠席ス。大村式ノ押スシノ饗応アリ。

四月十二日（土）

午前、教会憲法委員会ニ出席ス。

午後五時、出征軍慰問部委員会ヲ開ク。江原、フヒシヤル、佐嶋、余ノ四人出席ス。斎藤氏ハ病気ノ為欠席ス。

佐嶋氏、シベリヤノ情況ヲ報告シ、且青年会ノ為十三万五千円ニテ一軒ノ建物ト敷地トヲ購入ノ契約ヲナシシコト［ママ］旨ヲ報告ス。余ハ之ニ対シ異議ヲ唱ヘタル為ニ、遂ニ米国青年会ニ之ヲ転売スルコトヲフエルプス氏ニ交渉スルコトニ定メ、佐嶋其交渉ニ当ルコトトナス。

四月十三日（日）

フエルプス氏来訪。余ガ富士見町教会ニ往ク途中共ニ語リ、且フヒシヤール氏方ニ赴キ尚協議ヲナス。其結果、江原氏ト電話ニテ交渉シ、兎ニ角契約ヲ履行シ而シテ一日モ早ク之ヲ他ニ転売スルコトトナス。

磯子ハ本日受洗ノ筈ニ付富士見町教会ニ出席ス。但シ自分ハ遅刻シテソノ間ニ合ハズ。

帰途、健次方ニ赴キ、午餐ヲ共ニス。然ルニ佐嶋、フヒシヤル来訪ス。

夜、中渋谷教会ニ於テ説教ス。聴衆五十名余アリ。

四月十四日（月）

授業如例。

午後、財産委員会アリ、分担ヲ定ム。

右ニ引続キ、明治学院拡張取調委員会ヲ開キ、先ヅソノ方針ヲ研究シタリ。

四月十五日（火）

授業如例。

午後、神学部教授会ヲ開ク。

秋葉省像氏ヲ訪問シテ、比較宗教学ノ講義ヲ依頼ス。

四月十六日（水）

授業如例。

片山ヨリ電話アリ、水上いく子殿病勢急ニ革リ、午前十一時死去セラルト。

午後三時、青山ニ加治木智種夫人ノ葬儀ニ列シ、ソレヨリ水上家ヲ吊問ス。

帰途、青年会同盟ニ於テ継続伝道委員会ニ出席。本年ノ大会ヲ来年秋ニ延期スルコトニ決ス。

四月十七日（木）

授業如例。

午後五時、駒込天然寺ニ於ル水上郁子殿ノ葬儀ニ会葬ス。花子同道ス。片山夫婦、健次夫婦モ会葬シタリ。

四月十八日（金）

授業如例。

午後、委員ト共ニセベレンス館ヲ検分ス。

四月十九日（土）

午後一時ヨリ植物園ニ於ケルミスミリケン在職卅五年祝賀会ニ出席ス。友人生徒相会スルモノ三四百名、盛会ナリキ。金時計ト金三千円ヲ同嬢ニ贈呈シタリ。

四月二十日（日）

教会同盟常務員会ヲ開キ、同時ニ松野幹事ノ渡米ヲ送ル。

朝、学院ニ於テ礼拝ス。

午後三時ヨリ横浜井深浩氏ノ祖父母茂衛門殿夫婦ノ追悼ノ晩餐ニ招カル。

四月二十一日（月）

授業如例。

午後、高等学部教授会。

五時ヨリ青年会同盟委員会ニ出席ス。

四月二十二日（火）

授業如例。

午後、築地精養軒ニ於テフヒシヤール氏ノ為ニ在職廿一年ノ祝賀会アリ。江原氏、祝辞ヲ述ベテ後、茶器一組ノ目録ヲ送ル。余モ亦祝辞ヲ述ベタリ。来会者約百名ニテ盛会ナリキ。

四月二十三日水

授業如例。

くに子、とよ子、いそ子、真澄ノ見舞ニ来ル。

夜ニ入リ石本氏来訪、物理、地理、国文ノ教員詮考ニ付話アリ。

四月二十四日（木）

授業如例。

午後、学院拡張計画委員会ヲ開キ評議シタレトモ、商科拡張ノ外ハ未タ纏リタル意見ナシ。出席者ハラインシヤワー、ホフサンマー、石川、水芦及余ノ五人ナリ。

四月二十五日（金）

出院如例。

午前十時ヨリ日曜学校協会理事会ニ出席。世界大会準備ニ付相談アリ。

正午ヨリ軍隊慰問部理事会ニ出席ス。出席者、江原、伊藤、高橋、佐嶋、長尾、斎藤及ビ余ノ八人ナリ。浦塩ニ於ケル建物及敷地買入レノ件ニ付佐嶋氏ヨリ報告アリ。長尾氏ハソノ粗忽ノ過失ヲ謝シタリ。依テ余ハ前回ノ如ク一ト先ツ所有権ヲ獲得シタル上ニ、一日モ早ク元通ニテ転売スルコトヲ提議シ、満場一致ニテ可決シ且ソノ処分ヲ為サシメンガ為ニ佐嶋氏ヲ再ビ派遣スルコトヲ決議ス。

中学部教員十名ヲ宅ニ招キテ晩餐ヲ饗ス。

四月二十六日（土）

本年度学院予算案ニ付ホフサンマー、ライシヤワート協議ス。

南風強ク塵ヲ揚ゲ、不快甚シ。

四月二十七日（日）

午前、富士見町教会ニ於テ郷司慥爾氏ノ牧師就職ノ祈祷ヲナス。

帰途、水上、沼澤両家ヲ訪問ス。

四月二十八日（月）～五月二日（金）

［記載なし］

五月三日（土）

午前、理事会ニ提出スベキ報告書ヲ認ム。

午後二時ヨリ藤山雷太氏ノ園遊会ニ赴ク。頗ル大仕掛ノ園遊会ニテ、来賓千人余トノコトナリ。能、踊、模擬店等アレトモ如何ニモ趣味低級ナリ。食堂ハ山上ノ平地ニ設ケラレタリ。内田外相、大隈侯爵等ノ祝辞アリ。強風ノ為テントノ屋根吹取ラレ、野天ナリキ。来賓ノ自働車、邸前数丁ニ及ベリ。

五月四日（日）

午前、礼拝。

午後二時ヨリ小石川植物園ニ開カレタル会津人会春季大会ニ出席ス。山川、林、出羽ノ三男、柴五郎中将、松平恒雄殿等ヲ始トシ、会津人百数十名ノ出席アリ。林権助、柴五郎両氏ノ談話アリ、孰レモ有益ナリキ。

天気晴朗ナリキ。

五月五日（月）

出院授業如例。

五月六日（火）

授業如例。

神学部教授会ヲ開ク。

高等学部拡張案調査委員会ヲ開キ、単科大学期成ノ方針ヲ採用ス。

五月七日（水）

午前五時起床。五時半、職員生徒一同校庭ニ集合シ、列ヲナシ予メ三田警察署ト交渉ノ上定メ置キタル魚藍坂北側ニ斉列ス。時ニ六時。天気晴朗無風、最上ノ天気ナリ。七時五分過、東宮殿下ノ行列通過ス。英姿雄々シク見上ゲタリ。ソレヨリ一同講堂ニ帰リ、成年式奉祝ノ式ヲ行フ。

午後三時ヨリ明治学院理事会ヲ開ク。諸種ノ報告アリ。七時半ヨリ再ビ開会。松井、長尾、石川、笹尾、水芦ノ諸氏モ出席ス。日本理事二名選挙セラレ、田川氏ト余ト当選セリ。

五月八日（木）

午前九時半ヨリ理事会ヲ開ク。昨夜ハ神学部合同問題ニ付各自意見ヲ述べ、最後イムブリー氏ノ動議ニ対シテ異議アリ、今朝ニ延期スルコトトシテ閉会シタルハ昨夜十一時比ナリキ。

午後一時ヨリ再ビ会議。三時ニテ一時休息シ、夜ニ入リ再ビ会議、予科其他ニ付夜半迄懸リテ漸ク閉会シタリ。リフオームドミシヨントプレスビテリアンミシヨントノ間ニ意見ノ不一致アリ。何レモソノ主張ニ一理ナキニ非ズ。

五月九日（金）

本日ハ東京奠都五十年祝賀式アリ。上野ニ両陛下並ニ東宮殿下ノ行幸アリ。余モ市長ノ招ニヨリ参列ス。目黒ヨリ山手線ニテ上野ニ赴ク。夥シキ人出ナリ。自分ハ幸ニ玉座ノ正面ニ立タルガ故ニ能ク拝スルヲ得タリ。H. M. ノ動作ニ落付ナク遺憾ナリ。Her. M. ノ方ハ反ツテ落付アリ、且ハ入御ノ時参列者ニ向テ特ニ挨拶セラレタルハ頗ル好感ヲ与ヘタリ。立食ノ饗応アリ。記念品ハ銀ノ手折[杯カ]ナリ。

午後ハ総務局理事会ニ出席ス。

五月十日（土）

強風吹キ夏ノ如シ、且砂塵ヲ飛ハシ不愉快ナリ。

正午頃、芝今入町ヨリ出火シ衆議院ノ高屋根ニ飛火シタレトモ幸ニ消止メタリ。

午後ニ成リテモ烈風吹荒テ、運動場ヨリゴミ室内ニ吹込テ閉口ナリ。

夜ニ入リ、花子同道ニテ三田通リニ買物ニ往ク序ニ馬場先ノ奉祝門ノ景色ヲ見ル。イルミネーシヨン美観ナリキ。

五月十一日（日）

今朝モ風尚休マズ。

朝、礼拝。高倉氏ノ説教アリ。思想ハアレトモ発音極メテ不完全ニシテ、聴衆ニハ聞取兼タル人多カラン。

午後、市橋氏長女ノ葬式ニ会シ、ソレヨリ青山ニ墓参ス。清見同道ス。墓碑ハ美事ニ出来シタリ。費用ハ金九十三円ナリ。

夕刻ヨリ漸ク雨降ル。

五月十二日（月）

昨夜来西北風ニ変シ、大雨トナリ俄ニ冷気ヲ催ス。昨日ハ八十度、今日ハ六十度、二十度ノ差ナリ。然レトモ久振ノ降雨ニテ心地好シ。

出院如例。

明日ノ準備ヲナス。即チ二階床ノ間ニ父上、母上、勢喜子、彦三郎ノ写真肖像ヲ安置シ、記念ノ陣刀、采配、懐剣等ヲ飾付タリ。

五月十三日（火）

午前、授業如例。

午後三時ヨリ母上壱周忌追悼会ヲ催ス。村田四郎氏ニ司会ヲ嘱ス。讃美、聖書、祈祷ノ後、熊野氏ノ感話アリ。最後ニ余ハ挨拶ヲナシ、階下ノ座敷ニ於テ茶菓ヲ饗ス。即チ酢飯、サンドウイチ、カヒー、イチゴ、南京豆等ナリ。尚一同ニ記念ノ饅頭壱折ヅヽヲ配ル。来客ハ井深浩、同とせ子、勝治夫婦ニ光子、みよ子、健次夫婦、片山夫婦、水上老人、三浦夫婦及ビ老人、柴太一郎夫人、熊野氏、同かほる、益富夫婦等ナリ。一同満足シテ帰ル。

五月十四日（水）

授業如例。

在朝鮮宣教師、ヱルドアン、ホイトモール、ロフトクロフトノ三人来訪。来十六日、原総理大臣ニ面晤ノ節同行ヲ懇請セラレ同行ス。
午後、財務委員会ヲ開キ、予算査定ヲ議ス。

五月十五日（木）

授業如例。
午後五時ヨリ軍隊慰問部理事会ニ出席ス。長尾、日疋、佐嶋、江原氏等出席。浦塩斯徳ニ於テ建築物並ニ敷地獲得手続ニ付、佐嶋氏ノ報告アリ。可成早ク転売スベキ旨ヲ再ビ決議シ、佐嶋、長尾ノ二人ニ之ヲ依頼ス。
夜ニ入リ大雨トナル。江原氏ト共ニ自働車ニテ帰宅ス。

五月十六日（金）

午前九時半、江原、長尾ノ二氏同道、渋澤氏ヲ事務所ニ訪問シ、来年十月ノ日曜学校世界大会後援会ノコトニ付交渉ス。同氏ハ既ニ東京市長助役其他ノ方面ニ依頼シタリトノコトナリキ。且後援会ハ飽マデモ後援会ニシテ首脳者ニ非ズ云々ノ話モアリキ。
午後二時、朝鮮ヨリ来リタルエルドアン、ウヰトモール、ホールドクロフトノ三人ト共ニ原総理大臣ヲ官邸ニ訪問シ、今回ノ騒動ニ付陳情シタルニ、大臣ハ鄭寧ニ聴取リテ後、自己ノ意見ヲ開陳シタリ。其趣意ハ将来朝鮮統治ニ改善ヲ加フルノ方針ナル旨ヲ明言シタリ。

五月十七日（土）

午前十時ヨリ青年会同盟館ニ於テ関西学院ヨリ来レル連中、即チアームストロング、ニウトン、松本、平岩、マケンゼイ等ト会見シ、キリスト教大学設立問題ニ付意見ノ交換アリタレトモ、要スルニ旧キ問題ノ繰返シタルニ過ギズ。彼等今更真面目ニ此問題ヲ考フルト云フヨリモ、自分ノ学校ノ発展ノ妨ゲヲ取除カントスルモノヽ如シ。之レガ為ニ終日ヲ費シタルハ殆ンド無益ノ感アリ。

五月十八日（日）

午前、学院教会ニ於テ礼拝ス。
午後、興禅寺ニ於ル萱野国老ノ追悼会ニ出席ス。久振ニテ野澤鶏一氏ニ面会ス。

五月十九日（月）

午前、授業如例。
午後五時ヨリ青年会同盟委員会アリ。

五月二十日（火）

授業如例。

五月二十一日（水）
授業如例。
五月二十二日（木）
授業如例。
五月二十三日（金）
授業如例。
荒川千代ヨリ書状アリ、八重子身上ニ付重大事件生ジタルガ故ニ、神戸又ハ大阪迄出向ヒテ面談シ貰ヒタシトノ趣意ナリ。但不品行ニ非ズ、又本人ハ知ラズトアリ。更ニ想像付カザレトモ、兎モ角モ神戸迄出向フベキ旨ヲ打電シタリ。
ドクトルスヒーヤニ贈ルベキ長文ノ書状ヲ認ム。
五月二十四日（土）
午前、出院如例。
午後四時二十分、下ノ関行列車ニテ出発。汽車ハ満員ニテ窮屈ナリキ。
五月二十五日（日）
午前七時三十分、神戸駅着。千代子ハ十分許後レテ着。共ニ駅ノ食堂ニテ朝食ヲナシ、ソレヨリ附近ノ旅店ニ赴キ委細ヲ聞キタルニ、実ニ意外千万ノ事ニテ八重子ハ福岡大学病院ニ於テ診察ヲ受ケタルニ癩病ノ疑アリトノ事ナリ。依テ真野夫婦トモ相談ノ上、自分ト打合セノ為ニ来レリトノコトニテ、実ニ途方ニ暮レタレトモ兎モ角モ帰京ノ上健次ト協議ノ上方針ヲ定ルコトトナシ、自分ハ午後十二時廿五分ノ汽車ニテ帰京ノ途ニ就キタリ。
千代ハ四時四十八分ノ汽車ニテ帰宅スル筈ナリキ。
五月二十六日（月）
午前七時半帰京。出院授業ス。
午後ハ休息シタリ。
花子モ実ニ驚キ、何トモ策ノ出ル所ヲ知ラズ。
夜、健次ヲ招キ、自分ノ千代子ヨリ聞取リタル症状ヲ語リタルニ、恐ク十中八九ハ間違ナカラントノ見込ナリ。
但如何ニスベキカニ就テハ格別ノ意見ナシ。
兎モ角モ井深浩氏ニ相談スルノ必要アレバ、手紙ヲ以テ会見ノ日ヲ問合ス。
五月二十七日（火）
授業如例。
午後一時、江原、長尾ノ二氏ト共ニ阪谷男爵ヲ訪問シ、日曜学校世界大会後援ノコトニ付交渉シタリ。同男ハ熱心ナル後援者ナリ。

午後五時、横浜ニ赴キ、浩氏ニ事情ヲ打明ケテ協議シタレトモ、別ニ名案モ出ズ。勝治モおとせさんモ其後同席シテ共ニ謀リタレトモ何レモ驚クノミニテ別ニ思案ナシ。兎モ角モ今一応大家ノ診断ヲ乞フコトトナシ、愈事実ナラバ入院ノ手続ヲ履ムベキコトヲ決ス。

五月二十八日（水）

授業如例。

午後、普賢寺氏ヲ訪問シ、氏名変更ノ手続ヲ尋ネタレトモ明白ナラズ。尚調査ヲ依頼シタリ。

五月二十九日（木）

授業如例。

五月三十日（金）

授業如例。

五月三十一日（土）

午後二時、池袋ニ於ケル立教大学新校舎落成式ニ赴ク。大隈候其他文部、外務、内務大臣等ノ祝辞アリ、中々ノ盛会ナリキ。余ハ基督教主義学校ノ代表者トシテ祝意ヲ表シタリ。式場ハテントニテ風ノ為ニ塵埃甚シ。建物ハコンクリート練瓦ニテ堅牢ナリ。敷地ハ壱万七千坪アリ。但土地ハ平面ニテ無趣味ナルノミナラズ、附近ニ工場ノ続々起リツ、アルハ甚タ面白カラズ。土地代ハ十万円、建物及設備ハ約百万円ナリトノ報告アリキ。式後、リフレシメントノ饗応アリ。

六月一日（日）

午前、富士見町教会ニ於テ説教ス。会衆ハ四百名位ト見受ケタリ。

帰途、健次方ニ立寄リ、昼飯ノ振舞ヲ受ク。

六月二日（月）

午前、授業如例。

荒川へ八重子ノ一条ニ付、当方ニ於テ相談シタル経過ヲ申送ル。

午後二時、霊南坂教会ニ於テヘンリーゼーハインツ氏ノ為ニ追悼会アリ。余ハ追悼ノ辞ヲ述べ、大隈候、渋澤、[阪]坂谷両男ノ吊辞アリ。何レモ真実ニハインツヲ惜ムノ情切ナリキ。但来会者ハ案内不充分ノ為カ意外ニ少数ナリキ。

六月三日（火）

授業如例。

午後二時半、講堂ニ於テボーリス氏ト一柳満喜子嬢トノ結婚式アリ。司式者ハ神戸外国人教会ノパーソントカ云フ人ナリ。来賓ハ内外人三百名内外ニテ、中々賑カナリキ。服装ハ洋服ナリ。式後、廣岡恵三氏方ニ於テリセプシヨンアリ。花子同道、招カレテ両席共ニ出席ス。新婦ハ美シクハアラザレトモ、余程シツカリシタル人ラシキ面貌ナリ。

井深とせ子夫人来訪。八重子ノ件ニ［付］相談ノ上、本人ニ愈々上京スルヤウ書状ヲ出ス。神山復生病院ヨリ返事来ル。直チニ入院ヲ依頼ス。

六月四日（水）

授業如例。

午後、神学部教授会ヲ開ク。

六月五日（木）

授業如例。

中学部教員会。臨時手当増額ノ通知書ヲ出ス。

六月六日（金）

出院如例。

ドクトルスピーヤへ重要ノ書翰ヲ出ス。

午後、ホフサンマー氏宅ヲ借リ、新教員ノ歓迎会ヲ兼、三学部教員ノ親睦会ヲ催ス。一同満足ノ態ナリキ。

六月七日（土）

長崎へ愈帰京セヨトノ電報ヲ発ス。

六月八日（日）

沼澤、片山、石原三家ヲ訪問ス。石原氏ハ不思議ニ軽快ニ赴キタリ。但シ全快ハ如何ニヤ。

六月九日（日）

授業如例。

午後二時、大村安紀氏ノ葬式ニ会葬ス。

夫レヨリ日曜学校世界大会準備委員会ニ出席ス。

六月十日（火）

授業如例。

午後二時ヨリ大隈侯邸ニ於テ日曜学校大会後援会評議員ト会見ス。大会予算金廿万円余ヲ計上ス。会場建築ノ事、ホテル用意ノ事等ニ付評議セリ。出席者ハ侯爵ノ外、渋、坂両男、木下、中川、内田、伊東、浅野、林、清水等ノ後援会側ト長尾、江原、小﨑、余トノ協会側ナリキ。

六月十一日（水）

授業如例。

村田氏ヲ訪問シ、予而謀リタル中学部長ノ候補者トシテ指名スルノ承諾ヲ得タリ。種々考量シタレトモ、他ニ適任者ヲ見出サズ。

六月十二日（木）
授業如例。
午後二時ヨリ霊南坂教会応接室ニ於テ今回北米諸教派聯合世界運動代表者ドクトルパットン氏ト会見、ソノ運動ノ趣旨ヲ聞取ル。頗ル大規模ノ運動ナルガ如シ。

六月十三日（金）
午前十一時、神学部終業式ヲ挙ク。オルトマンス氏一場ノ講話ヲナス。
午後二時ヨリ銀行倶楽部ニ於テ今回来朝シタル禁酒法運動代表者ドクトルガンデーヤ氏ノ演説ヲ通訳ス。長尾氏ノ自動車ヲ送リテ余ヲ迎入タルハ、強ヒテ余ニ通訳ヲ頼ミタル故ナルベシ。ガンデーヤ氏ハアメリカガ禁酒法ヲ採用スルニ至リタル理由五ケ条ヲ挙ゲタリ。渋澤、阪谷其他実業家、教育家等多数ノ聴講者アリ。

六月十四日（土）
出院如例。
午後、松井安三郎氏ヲ訪問シ、中学部長候補者ノ事ニ付話ス。同氏ハ当分現在ノ地位ヲ去ルコト能ハズトノコトナリ。

六月十五日（日）
［記載なし］

六月十六日（月）
出院如例。
午前十一時ヨリ教会同盟委員会ヲ開キ、石坂氏ヨリ朝鮮国騒擾取調ノ報告ヲ聞ク。
総務局常務員会ヲ開キ、来大会ノコトヲ議シ、ソレヨリ青年会同盟委員会ヲ開ク。

六月十七日（火）
授業如例。
午後二時富士見町教会ニ於テ川戸州三氏ノ葬式アリ。会葬者満堂、但極メテ静粛ナリキ。実ニ気ノ毒ナルハ遺族ナリ。

六月十八日（水）
授業如例。
午後、中学部長、生徒監等ト生徒取締上ノ打合ヲナス。
又、高等学部拡張案委員会ヲ開ク。
午後六時ヨリ軍隊慰問部委員会ヲ開キ、外人教会委員デビス氏ヨリ依頼ノ同部資金ノ中ヨリ弐万五千円借用ノ件ヲ議ス。日匹氏ハ承諾スベシト主張シタレトモ、余ハ不同意ヲ表シタレバ、遂ニ他ノ方法ニ依テ便宜ヲ謀ルコトトナル。日匹氏友人ヨリ青年会同盟ノ名義ニテ借入ル、コトトナス。

六月十九日（木）

午前九時、神社崇敬問題ニ付テ元田、高木二氏ト共ニ内務大臣ニ面会ス。元田先ヅ陳情シ、次テ余モ意見ヲ述タレトモ更ニ要領ヲ得ズ。尤ナレトモ急ニハ如何ト共致方ナシト云フニアリ。但識者相会シテ研究スベシトノコトナリキ。

中学部長指名委員会ヲ開キタレトモ一定ノ考案ナシ。余ハ村田氏ヲ推奨シタリ。但氏ノ健康完全ナラザルヲ恨トス。

長崎女学校長大塚薫氏ヨリ八重子今月限リ辞職許可ノ通知アリ。

六月二十日（金）

中学部教員四名欠席、一時混雑シタルニ部長ハ之ヲ顧リミズ、高等学部ニ居リテ授業シツ、［アリ］。依テ警告シタリ。

帝国ホテルヨリ電話アリ、王光顕氏面会ヲ求ムト。電話シテ話シタル上、同ホテルニ往キ午餐ヲ共ニス。同氏ハ英国留学中ノ娘ヲ迎ヘニ往ク途中ナリトノコトナリ。

六月二十一日（土）

明治学院拡張案調査委員会ヲ開ク。ホ氏ノ分ラスニハ当惑ナリ。

木村良夫、盲腸炎発病ノ所、其後稍々軽快ノ赴通信アリ。真澄、那古桃澤氏方ヨリ帰宅ス。愈全快シタル様ナリ。

六月二十二日（日）

午前、学院教会ニ於テ礼拝ス。

六月二十三日（月）

出院如例。

六月二十四日（火）

出院授業如例。

旭川ヨリ電信アリ。良夫或ハ手術ノ必要アラン、来旭ヲ乞フト。健次来リ相談ノ結果、自分ガ赴クコトニ定ム。

六月二十五日（水）

午前、出院執務如例。

午後一時、上野発急行車ニテ旭川ニ向フ。暑気強ク汽車中困難ナリ。但寝台ニ入リテ後ハ稍々凌易カリキ。

六月二十六日（木）

午前六時、青森着。待合ニテ朝食ヲ喫シ、木村ヘ打電シ、ソレヨリ直チニ聯絡船弘済丸ニ乗ル。十二時、函館着。

午餐ヲ喫シ、一時発ノ汽車ニテ旭川ニ向フ。寝台ナシ。夜中困難シタリ。内地トハ気候ニ大差アリ。冷気ナリ。

六月二十七日（金）

午前五時、旭川駅ニ着。木村春子、村岸牧師等出迎フ。即チ良夫ノ容体ヲ尋ネタルニ、手術ノ必要ナク、稍々軽快ナリトノコトニテ漸ク安心シタリ。直チニ木村家ニ赴キ、良夫ニ面会シタルニ感涙ヲ流シテ喜ビタリ。良夫ノ弟直義氏モ同車ニ在リシニ、旭川ニ着クマデハ知ラザリキ。木村ノ子供ハ少ノ間ニ成長シタリ。旭川ノ医師数名ハ入交リ来訪シテ、患者ノ容体ヲ尋ヌ。三浦吉雄、荒瀧實ノ二人最モ尽力ス。

六月二十八日（土）

昨夜ハ夜中迄安眠シタレトモ、ソレヨリ後ハ腹痛ニテ寝ラザリシ由。腹痛ハ粘液ノ下ル為ナリ。依テハ〔衍〕今朝ハ浣腸ヲ試ムルコトトナル。午後、直義氏ト同道シ、三浦其他ノ医師十一名ヲ歴訪シテ謝意ヲ表ス。村岸氏母、祖母、妻等、交々訪問ス。教会員モ皆多大ノ同情ヲ表セリ。

六月二十九日（日）

病モ愈軽快ノ様子ナレバ、直義氏ト共ニ午前十一時三十分出発、帰途ニ就ク。春子、子供等駅迄見送ル。午後四時、札幌着。直チニ秦勉造、石原弘ノ二博士ヲ訪問シテ謝意ヲ表シ、且ツ木村ヨリ委托セラレタル礼金各貳百円ツ、ヲ贈ル。駅ニテ夕食ヲ喫シ、午後九時ノ急行車ニ乗ル。但寝台ナシ。

六月三十日（月）

午前六時、函館ニ着。直チニ田村丸ニ乗リ、朝食ヲ喫ス。正午、青森着。船中ハ寝台ヲ買ヒテ休息シタリ。待合ニテ午餐ヲ喫シ、寝台ヲ買ヒ、午後一時出発。天気快晴、汽車中神気爽快ナリ。

七月一日（火）

午前六時、上野駅着。直義氏ト分レ腕車ニテ帰宅ス。正ニ七時三十分ナリ。直チニ朝食ヲ喫シ、八時ヨリノ平和克復祝賀式ニ列席ス。八重子ヨリ愈長崎出発ノ報アリ。福岡ヨリ午後三時無事通過ノ電報アリ。

七月二日（水）

出院如例。

諸方へ書状ヲ出ス。

井深とせ子殿、沼澤くに子来訪。八重子ノコトニ付熟議ヲ重ヌ。

七月三日（木）

高等学部ノ試験ヲ行フ。

八重子並ニ和田仙太郎等ニ打電ス。

七月四日（金）

午前九時半ヨリ教会憲法改正委員会ニ出席ス。

午後一時ヨリ元田作之進、高木壬太郎氏ト共ニ文部次官ニ面会シ、新大学令ノコト並ニ例ノ神社崇敬ノコトニ関シテ質問シタレトモ、更ニ要領ヲ得ズ。

八重子ヨリ上京一日延期ノ電報アリ。

七月五日（土）

出院如例。

花子ハ軽症ノ脳溢血ニ罹リタル柴太一郎氏ヲ玉川ノ邸ニ訪問ス。

健次来訪ス。

七月六日（日）

午前、学院ニ於テ礼拝ス。

八重子着京ノ旨、沼澤ヨリ片山ヲ経テ電話アリ。花子見舞ニ往ク。

自分ハ横浜共立女学校ニ赴キ、校長ノ依頼ニヨリ説教ヲナシ且聖餐式ヲ執行ス。

夜ニ入リ和田仙太郎着ス。午前二時過迄色々ト協議シテ後寝ニ就ク。

七月七日（月）

出院如例。

くに子、おとせ様同伴、八重子青山ニ墓参ノ由。

七月八日（火）

くに子おとせ様同道ニテ、八重子先ヅ順天堂阪口博士ノ診察ヲ受ケタルニ、木下病院へ紹介セラレ、直チニ同病院ニ往キタルニ、不潔甚シク到底入院ニ堪ヘズ、且本人モ好ザルニ付診察ヲモ受ケズニ朝倉病院ニ往キ、朝倉博士ノ診察ヲ受タルニ同様ノ診断ニテ、亦木下病院ニ紹介セラレタル赴ニテ、一ト先ツ沼澤ニ帰リ、夫レヨリ二人ハ宅ニ来リテ委細ヲ報告シタリ。

夜ニ入リ、花子、仙太郎同道、沼澤ニ赴キ、本人ニ診察ノ結果ヲ告ゲ、且ソノ決心ヲ聞ク。

七月九日（水）

午前、大学病院ニ健次ヲ訪問シ、右両博士診察ノ結果ヲ告ゲ且ツ意見ヲ徴シタルニ、神山病院ニ入院セシムルヲ良策トスノ意見ナリキ。依テ帰途、沼澤家ニ立寄リ、愈明日入院ノ準備ヲナス。途中ニテ先方へ其旨打電ス。

七月十日（木）

午前八時、品川駅ニテ八重子ノ荷物ヲ受取リ、更ニ御殿場ニ向ケ発送ス。而シテ同所ニテおとせ様ト本人トヲ待合セ、くに子、花子、さき子等ニ別ヲ告ゲサセテ御殿場ニ向フ。横浜ニテ下車、暫時休息、九時四十一分ノ列車ニテ出発、午後二時過御殿場着。車ヲ雇ヒ神山病院ニ向フ。

約一時間ニテ到着シ、先ヅ楠氏ヲ尋ネタルニ東京ニ往キ不在トノコトニテ、細君ハ院主レゼイ氏ニ紹介シ呉レタリ。先ツ自分一人ニテ面会シ、続テおとせ様ト本人トヲ同師ニ紹介シタリ。其模様ハ別記ニアリ。

七月十一日（金）

出院執務如例。但殊ノ外疲労ヲ感ジタリ。

午後四時ヨリ継続委員会、又大会中役員大会準備委員会ニ出席。

五時ヨリ同盟委員会ニ出席、七時ヨリ軍隊慰問部理事会ニ出席、十時過帰宅ス。慰問部常務理事佐嶋氏辞任ノ件ハ頗ル難問題ナリ。

七月十二日（土）

午前、出院如例。

正午、八重子ヨリ書状来ル。若シ能ハヾ木下病院ニテ治療ヲ受タシトノ希望ナリ。依テ相談ノ為、直チニ横浜ニ赴キ、浩氏、おとせ様トモ相談シタル結果、今一応同病院ノ方ヲ調査スルコトニ定メ、又一方ニハ草津ノミスコルンウオルリイ嬢ノ病院ヲ調査スルコトトナセリ。八重子ノ書信ヲ読ミテハ暗涙ニ咽ビタリ。

七月十三日（日）

花子、午前十一時半出立、午後一時上野発ノ列車ニテ旭川ニ向フ。

午後、沼澤ヲ訪問シタルニ、腸カタルノ由ニテ平臥シタリ。但快方ノ由ナリ。依テ自ラ木下病院ヲ視察スベク往キ、ソノ不潔不浄言語同断、実ニ一ノ伏魔殿ナリ。何故ニ警察ガ之ヲ不問ニ置クカ不可思議千万ナリ。到底女患者抔ノ一日モ堪ユル所ニ非ズ。

帰途、塗鉢盆、用紙等ヲ整ヒ、単衣二枚ト共ニ八重子方ニ遣ス。

夜ニ入リ、木下病院ノ実際ヲ同人ニ認メ送ル。

七月十四日（月）
出院如例。
荒川へ委キ書状ヲ出ス。
午後二時、村井銀行ニ村井貞之助氏ヲ訪問シ、石本氏ノ為ニ依頼シタルニ、早速兄ニ相談シテ見ントノ事ナリキ。
両国教会ニテ瀬川四郎氏ノ葬儀ニ列ス。本月九日近江ニテ死去シタル由ナリ。
帰途［欠字アルカ］健次同伴シテ来リ、夕食ヲ共ニシ病院ノ様子ヲ話ス。

七月十五日（火）
中学部五年級修身科ノ試験ヲ行フ。
宮地謙吉氏ヲ見舞フ。漸ク快方ニ赴キツ、アリ。

七月十六日（水）
午前、真澄ヲ伴ヒ青山ニ墓参ス。
花子ヨリ電報ニテ帷子ヲ送レトノ依頼ナリ。
市川与市氏ヨリ返電アリ。チブスニテ入院中ノ由ナリ。

七月十七日（木）
出院如例。
八重子ヨリ長文ノ手紙来ル。木下病院ハ断念シテ長ク現在ノ所ニ居ランノ意アリ。
別室寄附ノコトニ付浩氏へ相談ノ手紙ヲ出ス。

七月十八日（金）
出院如例。
午後、水上氏ヲ大久保ニ訪問ス。古家ナレトモ木材等ハ堅固ナリ。
中学部試験点数調ニテ主任教員ハ終日多忙ヲ極ム。
吉川氏ヨリ返信アリ、市川氏ハ一ケ月位ハ用談六ケ敷カラントノコトナリ。

七月十九日（土）
村田氏来訪、中学部長ノコトニ付再ビ協議ス。水芦氏ニ一応相談シ、ドウシテモ承諾セザル時ハ自ラ引受クベシトノ意ヲ明カス。依テ一応水芦氏ニ交渉ヲ試ムルコトトナス。
報告書ノコトニ付都留氏来ル。

七月二十日（日）
午前、礼拝。
午後七時、くに子来訪。

七月二十一日（月）
午前、水芦氏ヲ訪問シ、一ケ年中学部長心得ヲ兼任シ呉ル、ヤ否ヲ交渉ス。熟考ノ上回答ノ筈。

午後五時ヨリ軍隊慰問部理事会ニ列席ス。藤田氏、浦塩ヨリ帰リテ、彼地ノ情況幷ニ例ノ土地建物ノコトニ付報告ヲナス。建物ノコトハ愈々不都合ナリ。

七月二十二日（火）

銀座ニ往キ、警醒社及教文館ニ於テ書籍数冊ヲ買ヒ、木村氏へ発送セシム。

ステーシヨンホテルニ津田鍜雄氏ヲ訪問シ、緩談ニ時ヲ移シ、午餐ヲ共ニシテ帰ル。

水芦氏来訪、中学部長心得ハ不承諾ノ旨回答アリ。

七月二十三日（水）

朝、村田氏ヲ自宅ニ訪問シ、中学部長［ノ］件ニ付再ビ同氏ノ考量ヲ促シタルニ、愈々承諾ノ意志アルコトヲ明言シタリ。依テ之ヲ謝シ、直チニ他ノ指名委員ニ其旨ヲ告クベキコトヲ述ベテ帰ル。

夕刻、石本氏送別ノ為、同氏ノ外ニ熊野、水芦、松井、村田ノ四氏ヲ招キテ晩餐ヲ共ニス。一同緩談時ヲ移シ、歓ヲ尽シテ帰ル。

沼澤くに子来リテ料理ヲ手伝呉ル。

七月二十四日（木）

横浜井深後室来訪、八重子ノコトニ付相談アリ。幹事楠氏並ニ本人ノ手紙ニ依テモ漸次落付タル様子故、現在ノ所ニ留ルヲ得策ト思フ旨ヲ告グ。

此頃米国ヨリ帰朝シタル山本弥一郎来訪ス。

七月二十五日（金）

花子ヨリ明朝帰宅ノ旨電報アリ。

七月二十六日（土）

午前七時半、花子無事帰宅ス。

午前九時半ヨリ大隈侯邸ニ於テ日曜学校世界大会準備委員会アリ。出席者ハ侯爵、阪谷、渋澤両男、木下、内田、生野、浅野其他ノ人々ナリ。ホテルノコト並ニ内外有志者ニテ引受ノコト等ニ付相談ス。

七月二十七日（日）

帰途、阪谷男ノ自働車ニテ麴町迄同行ス。

夜ニ入リ、健次夫婦来ル。

七月二十八日（月）

真澄、清見、墓参ヲ兼見学ノ為会津若松ニ出発ス。来月八日比、帰京ノ筈ナリ。

午後六時ヨリ水芦、石橋、川村ノ三教員ヲ中央亭ニ招致シ、高等学部ノ発展ニ付協議スル所アリ。

長谷場政子来訪、一泊ス。

ビシヨプセシル、シベリヤ出征ノ一軍隊附教師ヲ同伴シテ来訪ス。

七月二十九日（火）

昨夜来大雨トナル。

ホフサンマル氏、昨日帰宅。村田氏ヲ中学部長ニ指名スルコトニ賛成ス。石川氏ヨリモ賛成ノ旨返電アリ。依テ日本人理事ノ賛否ヲ問フ書面ヲ出シタリ。西洋人ノ理事ヘノ書面ハライシヤワー氏ニ依頼シタリ。

七月三十日（水）

ライシヤワー氏ヨリ返書アリ。プレスビテリアンミシヨンハ明治学院拡張案ヲ可決シタル赴ナリ。彼ノ帰米ハ来春迄延期シタル赴ナリ。

七月三十一日（木）

午後五時ヨリ軍隊慰問部理事会ヲ開ク。江原氏、静岡ニ往キ欠席ス。佐嶋氏ノ辞任ハ承認スルコトトナス。但前以テ一応理事長ノ意見ヲ尋ルコトトナス。佐嶋氏ハ浦塩ニ於ケル土地建物ヲ処理シテ後ニ辞任スベキ筈ナリ。

八月一日（金）

午前、北海道特別伝道ニ付高倉氏ト打合ヲナス。

教会憲法改正委員会ニ出席ス。残ノ部ハ山本、川添二氏ニ一任スルコトトナス。

午後六時ヨリ村井銀行地下室ニ於テ石本音彦氏留別晩餐ノ饗応アリ。大ニ新ガリタル趣工ラシ。即チ五時ヨリ七時迄ノ間ニ勝手ニ来テ食セヨトノ案内ナリ。来賓者凡テ十五六名ナリキ。花子モ招ニ応ジテ同行シタリ。

八月二日（土）

午後、江原氏ヲ訪問シ、佐嶋氏辞任ノ件ニ付理事会ノ決議ヲ告ゲシニ別段ニ異議ナカリキ。但可成言葉ヲ柔カニセラレタシトノ希望アリ。

帰途、本部ニ立寄リ、日疋、小松ノ二氏ト会見シ、愈々決議ヲ佐嶋氏へ通知スルノ順序ヲ定ム。右件ニ関スル長尾半平氏ノ書状ハ不満足ナリ。但シ之ニ対シ同氏ハ責任ヲ免ル、コト能ハザルナリ。

八月三日（日）

浩氏ヨリ確答アリ。依テ六畳敷ノ病室壱間、条件附ニテ寄附ノコトヲ復生病院ニ提供シタリ。経費約五百円ノ見込ナリ。

八月四日（月）

ライシヤワー氏ヨリ同氏並ニモレイ氏モ村田ニ賛成ノ旨報知ニ[衍]アリ。尚返答ナキハハナフオルド、バンストリーン、ウルヴルトノ三人ナリ。十一票中既ニ八票ハ賛成ナルガ故ニ当選ハ確実ナリ。然レトモ凡テ投票済ノ上確定スルコトトナス。

八月五日（火）

石本音彦氏ヲ東京駅ニ見送ル。同車シテ新橋駅ニテ分レタリ。

三浦太郎氏来リ突然告ゲテ曰ク、今回永井柳太郎氏ノ推挙ニ依リ、マンチエスター大学ニ於テ年壱千円ノスコラーシツプヲ得タリ、依テ愈往クベク決心シタリト。同氏ノ為ニ好機会タルハ相違ナシ。但将来ノ感化ハ如何アルベキカ問題ナリ。

熊野氏ニ村田氏ハ略々中学部長ニ決定シタルコトヲ告ゲタリ。

八月六日（水）

村田氏ノコトニ付会計並ニイムブリー氏ト協議ノ上、同氏ノ月給ヲ百円、手当廿五円ト改ム。但住宅ノ無賃タルハ勿論ナリ。

熊野氏ニ村田氏中学部長選定ノコトヲ告ゲ、且ツ住宅入用ノコトヲ告ゲタリ。気ノ毒ナレトモ致方ナシ。

八月七日（木）

［記載なし］

八月八日（金）

夕刻、真澄、清見、若松ヨリ無事帰宅ス。

八月九日（土）～八月十一日（月）

［記載なし］

八月十二日（火）

午前、総務局常務理事会ニ出席ス。

夜、児童夏期学校父兄会アリ、一場ノ話ヲナス。

帰宅シタルニ、石原保太郎氏死去ストノ電話アリ。

八月十三日（水）

午前、石原家ヲ訪問シテ吊意ヲ表ス。

帰途、星野光多氏方ヲ訪問シ、葬式ノコトニ付協議ス。

八月十四日（木）

北海道特別伝道ノ為、午前十一時半、品川駅ヨリ出発、赤羽駅ニテ寝台車ニ乗替ヘル。汽車中ハ存外ニ凌易シ。

八月十五日（金）

午前六時、青森着。正午過、函館着。午餐ノ後発車、午後十時半中央小樽着。牧師、長老出迎ヒ、直チニ北海屋ホテルニ案内セラル。ホテルハ西洋風ノ新旅店ナリ。但粗造ナリ。入浴シテ寝ニ就ク。

八月十六日（土）

午前、西氏ト共ニ市内及ビ公園ヲ散歩ス。暑気強シ。

午後、教会ニ於テ婦人会ノ為ニ講演ス。

六時ヨリホテルニ於テ明治学院同窓会アリ。出席者、余共ニ五名アリ。西、加藤、金子、細川ノ諸氏ナリ。

夜、教会ニ於テ説教シ、十一時ノ汽車ニテ旭川ニ向ヒ出発ス。

八月十七日（日）

午前五時、旭川着。暫時休息シ、十時ヨリ教会ニ於テ説教ス。礼拝後、牧師館ニテ会員一同ト昼食ヲ共ニス。

午後、休息。

夜、実業協会ニ於テ講演ヲナス。可ナリノ集会ナリ。

木村良夫ハ愈快方ニテ、既ニ患者ヲ診察シツ、アリ。

八月十八日（月）

夜、高倉氏ト共ニ教会ニ於テ説教ス。可ナリノ集会ナリキ。旭川教会ハ漸次発展ノ模様ナリ。村岸氏ハ［以下、欠］

八月十九日（火）

午後二時半、旭川出発。木村一家其他教会員数名見送ル。

午後四時、美瑛町ニ着。沼﨑ト云フ医師ノ客トナリ、夜、教会堂ニ於テ一場ノ講演ヲナス。沼﨑氏ハ熱心ナル信者ナリ。

八月二十日（水）

午前六時半、美瑛出発、池田駅ニ［テ］乗替、六時、釧路着。大川其他ノ人々出迎フ。旅店富士屋ニ投シ、喫飯ノ後、教会ニ於テ説教ス。雨天ニモ不拘満堂ノ聴衆アリ。釧路特有ノガス深シ。

十勝線左右ノ風景雄大ニシテ、見ル者ノ意気ハ自ラ大ナルヲ覚ユ。

八月二十一日（木）

午前、大川氏ノ案内ニテ弁天山ニ上リテ港内ヲ見ミ［衍］且春採湖ヲ見ル。

教会員其他有志者ノ招待ニ依リ西洋料理店ニ於テ晩餐ヲ共ニス。且記念ノ為トテ十勝石ノ床置ヲ贈ラル。

食後、公会堂ニ於テ講演ヲナス。聴衆百六十名以上、盛会ナリキ。

八月二十二日（金）

午前八時十分、釧路出発、午後六時半、滝川着。原田幸六氏其他出迎ヘ、直チニ新十津川製麻会社ノ倶楽部ニ案内ス。同所ニテ一場ノ講話ヲナス。

八月二十三日（土）

工場ヲ一覧シテ後、滝川町ノ一旅店ニ案内セラル。当日、滝川町ノ祭礼ニテ町内騒シ。

午後二時ヨリ高等小学校ニ於テ講話ヲナシ、夜ハ教会ニ於テ説教ヲナス。聴衆ハ満堂ナリキ。但求道者ヲ募ル時ノ伝道者ノ言語ノ甚タ拙ナルヲ感ジタリ。釧路ニ於テモ同一ナリキ。

八月二十四日（日）

午前七時、出発、九時半、札幌着。直チニ教会ニ赴キ礼拝ニ出席シ、扣室ニテ教会員ト弁当ヲ共ニシ、午後、教会員ニ一場ノ講話ヲナシ、長老吉田茂人氏ノ別荘ニ招カレ夕食ノ後、教会ニ於テ説教ス。満堂ノ聴衆アリ、求道者モ二十名余アリキ。

八月二十五日（月）

午前九時半、札幌発。教会員数名見送ル。教会ヨリ謝礼トシテバチヤレル氏著アイヌ辞典ト北海道地名解ヲ贈ラル。好記念品ナリ。

午後八時半、函館ニ着。渡辺氏出迎ヒ、丸仙旅店ニ案内セラル。

八月二十六日（火）

午前、渡辺氏ノ案内ニテ信者ノ家数軒ヲ訪問ス。公園ヲ見ル。

午後、教会員ニ話ス。十名内外ニテ頗ル寂寥ナリキ。長老其他有志者トノ会食アリ。

夜、教会ニ於テ講演ヲナス。意外ニモ満堂立錐ノ［余］地ナシ。盛会ナリキ。

八月二十七日（水）

午前六時半、旅店ヲ立チ、聯絡船ニ乗込ム。乗客満員ナリ。海上平穏、終始甲板ノ上ニ居タリ。

青森ニテ昼食ヲ喫シ、寝台車ニ乗ル。車中暑中々強シ。

八月二十八日（木）

午前六時、上野着。人力ニテ八時前無事帰宅ス。一家無異ナリ。

八月二十九日（金）

村田氏来訪。教員其他ノ事ニ付相談アリ。

八月三十日（土）

荒川文六氏来ル。

八月三十一日（日）～九月二日（火）

［記載なし］

九月三日（水）

和田仙太郎上京、来訪ス。送別ノ意ヲ以テ三浦太郎氏ヲ招キ、荒川氏ト共ニ晩餐ヲ饗ス。

九月四日（木）

荒川氏出発、帰省ノ途ニ就ク。

九月五日（金）

真野夫婦来訪、夕食ヲ饗ス。

九月六日（土）

片山夫婦子供四人ヲ携へ来ル。一同ニ午餐ヲ饗ス。皆々大満足ノ様子ナリ。

午後三時、今井寿道氏ノ葬儀ニ会葬シ、帰途、森村男ヲ訪問ス。衰弱甚シト雖意識ハ尚鮮明ナリトノコトナリ。

九月七日（日）

沼澤、真野、健次方及勝治方ヲ歴訪ス。但真野夫婦ハ不在ナリキ。

九月八日（月）

神学部始業式ヲ挙ク。

山本、都留、川添、秋葉氏来訪、懇談ス。

九月九日（火）

午後、神学部教授会ヲ開ク。モルレイ氏出席。今後講師トシテ応援スルコトトナル。

真野氏ノ案内ニ依リ六時ヨリ訪問シ、沼澤家相続人問題ニ付相談ス。夕食ノ饗応ヲ受ク。おくにモ来リ共ニ相談ス。

九月十日（水）

中学部始業式ヲ挙行シ、村田氏ヲ中学部長トシテ、中山昌樹氏ヲ牧師トシテ、石幡、森、古田諸氏ヲ教員トシテ紹介ス。

九月十一日（木）

新体操場兼中学生扣所ノ落成献堂式ヲ挙行ス。間口八時［間］、奥行十二間、建坪百十二坪ナリ。経費金弐万円以上。ゼームス夫人寄附金ヲ以テ之ニ充ツ。工事ハ竹田組ノ請負ナリ。

九月十二日（金）

出院如例。

九月十三日（土）

森村翁ノ告別式ニ往ク。

九月十四日（日）

朝礼拝ニ於テ中山昌樹氏説教ス。思想ハ良シ但発音不完全ナリ。

夕刻、勝治氏来訪。光子身上ニ付当惑シツ、アル旨ヲ訴フ。

九月十五日（月）

授業如例。

午後三時ヨリ教会同盟常務委員会ニ出席ス。朝鮮人教会慰問金募集ノ件幷ニ教会聯合協同事業調査ノ件ニ［付］評議セリ。

九月十六日（火）

授業如例。

ホフサンマル氏ト共ニ今次来朝シタルミスマコースランドト云フ人ヲ英語教員トシテ招聘スルノ談判ヲ定メ、来週ヨリ授業スルコトトナス。

九月十七日（水）

授業如例。

日曜学校協会理事会アリ。引続キ世界大会準備委員［会］アリ。宿舎ノコト、会場ノコト等ニ付相談アリ。

九月十八日（木）

授業如例。

礼拝後、イムブリー氏余ニ告ゲテ曰ク、昨日医師ノ診断ヲ受ケシニ、心臓衰弱シタルガ故ニ授業スベカラズト。故ニ直チニ辞職ハセザルモ全ク休息シタシト。依テモレー氏ト合議ノ上、当分同氏ガイムブリー氏ノ課業ヲ担任スルコトトナス。

午後三時ヨリ宅ニ於テ三浦氏ノ為ニ送別会、新任教員ノ為ニ歓迎会ヲ開ク。

九月十九日（金）

授業如例。

午後二時ヨリ総務局理事会ニ出席ス。

同五時ヨリ軍隊慰問部理事会ニ出席ス。

斎藤惣一氏帰朝ノ歓迎ト日匹信亮氏西伯亜出張送別ノ意ヲ兼テ晩食ヲ共ニス。

九月二十日（土）

午前十一時ヨリ内務大臣官邸ニ招カル。日匹、斎藤二氏歓迎ノ為ト云フコトナリキ。共ニ招カレタル日本人ニテハ、日匹、斎藤、植村、小松、余ノ五人、外国人ニテハウエンライト、ライシヤワー、アツキスリング、ジヨルケンセン、プライス、バンネスノ六人、主人側、大臣ノ外ニ小橋次官ト斎藤秘書官ナリキ。食前及ビ食後ニ大臣ノ現内閣ノ施政方針ニ関スル演説アリキ。ウエンライト氏簡単ニ答辞ヲ述ベタリ。

帰宅後、直チニ横浜ニ赴キ、井深浩氏ニ会ヒ、飯田延太郎氏ヨリ八重子ノ為贈リタル金壱千円ヲ供托シタリ。

九月二十一日（日）

柴太一郎氏ヲ訪問ス。意外ニ病気快復シテ、記臆モ中々達者ナリ。維新当時ノ事ニ付種々ノ話アリ。午餐ノ振舞ヲ受ケ、帰途、柴五郎氏ヲ訪問シ、大将ニ昇進ノ祝意ヲ表ス。不思議ニモ頃日祖先伝来ノ兜ガ手ニ入タル話アリキ。

九月二十二日（月）

授業如例。

午後、内務大臣官邸ヲ訪ヒ答礼ヲナス。且数日前ギウリツキ氏ヨリ送付シタル朝鮮騒擾事件報告書ヲ秘書官ニ送リタリ。

青年会同盟委員会アリ。引続キ同盟財団ノ相談会ヲ開ク。

九月二十三日（火）

授業如例。

九月二十四日（水）

横田貞治氏ヲ慈恵病院ニ訪問ス。脊髄カリウスノ由ニテ中々ノ大患ナリ。ソレヨリ柏井園ヲ戸塚ニ訪問シタルニ、同氏ハ貧血動脈硬化ノ上ニ腎臓病モアル由ニテ面ニムクミアリ。蓋シ過労ノ結果ナルベシ。

ソレヨリ石原氏未亡人ヲ訪問シタル。存外倚麗ナル借家ニ移転シ居レリ。屋賃ハ一ケ月廿四円ナリト云ヘリ。

九月二十五日（木）

授業如例。

午後、評議会ヲ開キ、十一月三日ノ記念［日］ヲ一日ニ繰［上］テ挙行スルコトニ定メ、委員ヲ選定ス。

九月二十六日（金）

授業如例。

午後、理事相談会ヲ開キ、学院拡張案訂正ヲナシ、理事長イムブリー氏ヨリ直接ニスピヤー氏ニ送達スルコトトナス。

九月二十七日（土）

出院如例。

零時五十八分、熊野氏一家品川駅ヨリ葉山ニ向ケ出発。当分同地ニ移住ノ筈ナリ。

九月二十八日（日）

午前、学院ニ於テ礼拝。

午後、片山氏ヲ訪問シ、八重子将来ノ扶助法ニ付とよ子ニ相談ス。

九月二十九日（月）
授業如例。
九月三十日（火）
授業如例。
中学部教員会ニテ秋季修学旅行ノ相談アリ。
桃澤拾二氏来訪。沼澤龍雄前非ヲ悔悟シテ謝罪セント欲ス、故ニ沼澤家ニ復籍セシメ度トノ希望ヲ開陳ス。真ノ悔改ナラバ至極結構ナレトモ、容易ニ信シ難シ。
十月一日（水）
授業如例。
正午、沼澤くに子来リ、又々龍雄復籍ノコトニ付相談アリ。
午後三時半ヨリ帝国ホテルニ於テバルトン氏ノ日米関係ニ就テ演説アリ。平和会ノ催ナリ。内外人六七十人ノ会合ナリキ。
十月二日（木）
授業如例。
十月三日（金）
授業如例。
午後、東京ニ於テ今後五年間諸教派聯合運動ヲ起スノ必要アルヤ否ヤニ付調査委員会アリ。
フエルプス氏、シベリヤヨリ帰京、面談ス。シベリヤ慰問事件ニ適当ノ人物ヲ要スルコトニ付懇請的ノ話アリ。
十月四日（土）
午前九時ヨリ総務局理事総会アリ。但多田、笹尾病気ノ為欠席。日匹ハシベリヤ出張中。予算其他ヲ議決ス。
午後二時、第三十三回大会開会。余、前会ノ議長トシテ開会ノ説教ヲナス。題目ハ義人ノ信仰トセリ。新議長ハ秋月致氏当選ス。同氏ニ開会ノ祈祷ヲ嘱シタルハ、ソノ前兆タルノ観アリキ。
夜ハ修養会第一回ニテ、植村氏ノ有力ナル説教アリキ。
十月五日（日）
午前、勝治方ヲ訪問シ、沼澤家へ龍雄復籍ノ件ニ付桃澤ヨリ依頼ノ赴ヲ尋ネシニ、別ニ異議ナシトノコトナリ。夫レヨリ沼澤ニ往キ、ソノ赴ヲ伝ヘタリ。
午後二時、青年会館ニ於テ聯合礼拝アリ。集会五六百人アリ。植村ノ説教ハ成功ニハアラサリキ。恐ク準備ノ足ラザリシ為ナラン。
十月六日（月）
午前九時ヨリ修養会第二回アリ。柏井氏病気［ニ］テ欠席。笹尾氏一人ニテ約二時間ノ長談義ヲ為セリ。論題ノ事多ク、且独逸語入タツプリニテ如何ニモ物識顔ノ講演振ニテ、片腹痛ク感ジタル人モ少カラザリシ模様ナリ。昼ニハ市内三十二ノ諸教会ノ厚意ニテ西洋弁当ノ饗応アリ。食後、三四曲ノ音楽アリ、大成功ナリキ。

午後ハ又修養会ニテ、桑田氏ノ礼拝ニ関スル有益ナル話アリ。

十月七日（火）

修養会、雨天ナリシカ共存外ニ出席者アリ。三好、オルトマンス、星野三人ノ講演アリ。

午後、同ク修養会。フルトン氏ト余ト精神界ノ大勢ニ就テ論シ、終ニ川添氏教会ノ使命ニ就テ論ズ。

夜ハ富士見町教会ノ長老会ニ赴ク。

今回ノ修養会ハ成功トハ云フベカラズ。大会ト同時ニ行ヒタルモソノ一原因ナランガ、所謂少壮教役者連ニ一種反対ノ運動アリタルガ為ナリ。

十月八日（水）

大会議事、上海教会ノ代員ヲ正議員席ニ就カシムルノ動議ニ付一義論アリキ。諸種ノ報告ニテ終ル。

午後、上野美術クラブニ於テ教役者会アリ。先輩排斥ノ傾向強シ。

十月九日（木）

午前ヨリ議事。

伝道局ヲ再興シ、総務局ヲ廃ス。

夜、青年会ニ於テ伝道局創立廿五年記念会アリ。余ハ伝道局ノ過去ニ就テ感想ヲ述べ、植村ハ今後ノ事業ニ就テ抱負ヲ述ブ。此記念会モ余リ成功ニハ非ザリキ。

十月十日（金）

細川瀏、大嶋帍穀二氏ヲ招キ宿泊セシム。

大会議事。憲法改革審議ニ入リ又々議論百出シ、遂ニ来期大会迄留保シテ調査委員再附托トナル。

日疋氏ノ招待ニ依リ、バークレー氏ト共ニ富士見軒ニ於テ晩餐ス。

十月十一日（土）

三好〔吉〕務氏ヲ招キ一泊セシム。

午後二時ヨリ新伝道局理事会ヲ開ク。

十月十二日（日）

学院教会ニ於テ馬場久成氏ノ説教アリ。思想貧弱ナリ。

十月十三日（月）

授業如例。

十月十四日（火）

授業如例。但高等部並ニ中学部ハ修学旅行ノ為休業ス。

十月十五日（水）

午前七時、加藤寛六郎氏来訪。桃澤氏並ニ龍雄ト会見ノ模様ヲ報告ス。龍雄ハ中々説諭ニ服セズ。復籍ト同時ニ家督相続シ度トノ強請アリタル由。乍然終ニ今一応熟考ノ上返答スベシトテ別レタリトノコトナリ。桃澤氏ハ今後ノコトハ自分ガ責任ヲ負ハントノ申出アリタル赴、加藤氏ハソノ筋違ヲ指摘シタル由。

午前十時ヨリ継続伝道委員会ニ赴ク。

午後、新教育会ニ付意見ヲ述ブ。

床次内相晩餐ニ来リ、一場ノ感話ヲナセリ。

十月十六日（木）

授業ノ後再ビ継続委員会ニ出席ス。欠席多ク甚タ振ハズ。

五時、青年会ニ赴キ、バルト氏ノ歓迎会ニ出席シ、其序ニ「イントラレンス」ノ活動写真ヲ見ル。写真ハ評判程ノモノニ非ズ。

十月十七日（金）

鶴田氏並ニ水上家ヲ訪問ス。

夜ニ入リ加藤氏ヨリ電話アリ。龍雄来訪、説諭ニ服従スル赴回答ニ及ビタレバ、明朝再ビ同伴シテ山川総長ニ面談シタシト。依テ同行スベキ旨ヲ答タリ。

十時過、和田仙太郎来リ、沼澤ヨリノ招電ニ応ジテ上京、桃澤氏ト共ニ龍雄ト会見ノ始末ヲ告ク。

十月十八日（土）

約束ニ従ヒ加藤氏ヲ訪ネ、同道シテ山川氏ヲ大学ニ訪問シ、経過ヲ報告シ、龍雄ノ復籍ニハ親族会議ヲ経ズトモ差支ナキヤ否ヤヲ認メ、ソレヨリ加藤氏ハ一旦宿ニ帰リ、自分ハ沼澤ニ赴キ、山川氏ト会見ノ結果ヲ告ク。依テ本日午後三時、加藤、桃澤、和田三人立合ノ上ニテ、くに子ヨリ直接ニ龍雄へ復籍ヲ許可スル旨ヲ告クベキ筈ナリ。自分ノ沼澤へ往キタル時、桃澤、和田モ前後シテ来訪シタリ。

此ニテ一段落ノ付タルモノヽ、今次ノ結果如何、懸念ナキ能ハズ。

十月十九日（日）

中山氏ノ説教アリ。

十月二十日（月）

授業如例。

午後五時ヨリ青年会同盟委員会ニ出席。主事石田三治氏死去ノ報知アリ。七ケ[ママ]月以来病床ニアリタリ。
寺内伯死去ノ号外出タレトモ誤ナリキ。

十月二十一日（火）

授業如例。

十月二十二日（水）

授業如例。

ライシヤワー氏来リ、高等学部長ヲ水芦氏ニ譲リ、ホフサンマールヲ副部長トナシ、自分ハイムブリー氏ノ後ヲ襲ヒ専ラ神学教授タリトノ希望ヲ語ル。イムブリー氏ハ愈々来月ノ理事会ニテ辞職スル旨話アリ。

中学部第五年級生十名、修学旅行中ビーヤヲ飲ミ且同級生一名ヲ袋タ、キニシタル事実明白ニ成タルガ故ニ、暫時停学ヲ命ジタリ。

十月二十三日（木）

授業如例。

十月二十四日（金）

授業如例。

十月二十五日（土）

午後、伝道局常務理事会ニ出席ス。事務所ニ一室ヲ加フルコトニ決ス。

十月二十六日（日）

学院教会ニ於テ礼拝ス。
中山氏ハ人ノ真価ト云フ題ニテ善キ説教ヲ為シタリ。

十月二十七日（月）

授業如例。

十月二十八日（火）

授業如例。
午後、軍隊慰問部理事会ヲ開キ、日疋氏ノ報告ヲ聞ク。

十月二十九日（水）

授業如例。
午前、財務委員会ヲ開キ、会計ヲ[ノ]報告ヲ聞ク。
午後、神学部臨時教授会ヲ開キ、神学生補助金不足ノ件ヲ評議シ、両ミシヨンニ取調ノ上適宜ノ処置ヲ取ランコトヲ推奨スルコトニ決ス。

十月三十日（木）

授業如例。
図ラズモ河原勝治氏来訪シテ、目下コロンビヤ大学ニ留学中ノ子息ガ英国ニ留学スルノ得失ニ就テ相談ニ来ル。同氏トハ明治三年ヨリ四年ニ懸ケ芝山内徳水院ノ英語塾及土佐藩邸ノ沼［間］守一氏英語塾ニ於テ同窓タリキ。

実ニ五十年前ノ知己ナリ。

午後、帝国ホテルニ於テ世界日曜学校委員代表者トシテガウチヤル氏ノ歓迎会アリ、出席ス。

十月三十一日（金）

天長節祝賀式ヲ執行ス。引続、運動会ヲ催ス。雨ヲ冒シテ開始シタレトモ、大雨トナリ午後ヨリ中止ス。

午後二時ヨリ青年会同盟委員［会］ヲ開ク。重ナル問題ハ軍隊慰問部ノコトト総主事ノコトナリ。研究会ノ推挙ニ依リ斎藤惣一氏ヲ総主事事務取扱ニ選任シ、ソノ結果小松武治氏ニ辞職ヲ勧告シ、遂ニ辞職スルコトトナル。但ソノ十五年間ノ勤続ニ対シテ、三年間ニ渉リテ四千八百円ヲ贈ルコトトナス。ソノ中一千五百円ハ一時ニ贈ルコトトナス。

十一月一日（土）

前日残リノ運動ヲ今日継続シタリ。

昨夜ノ同盟委員会ヲ継続シ、憲法改正ノ件其他ノ件ヲ議シ、午後三時閉会ス。日匹氏ノ遣口ニ対スル主事等ノ反対強シ。

午後六時ヨリ銀行集会所ニ於テ日曜学校世界大会後援会委員会アリ。引続キガウチヤル氏歓迎会アリ。主人側ハ渋澤、阪谷両男、田尻市長ナリ。来賓ハガウチヤル、コールマン、金子子爵、添田、早川等ノ実業家、其他小崎、平岩等信者側ノ人ナリキ。

十一月二日（日）

学院礼拝。中山氏説教ス。

十一月三日（月）

午前八時半、学院創立記念式ヲ執行ス。山本氏、ヘボン氏ノ性行ニ就キ、ダンロップ氏ハ戦後ノフランスニ就キ演説シタリ。

午後二時ヨリ神田青年会館ニ於テ石田三治氏ノ葬式ニ会葬ス。

十一月四日（火）

帰途、沼澤ヲ訪問シ、親族会議ノコトニ付注意シタリ。

十一月五日（水）

授業如例。

午前九時、理事会開カル。外国人側ハイムブリー、ライシヤウ、モルレー、ハナフオルド、ブース、オルトマンス、バンストリーン、フウケイノ［八］四人、日本人ハ水芦、笹倉及ビ余。午後ヨリ石川、里見ノ二人モ出席ス。

午後四時、築地精養軒ニ於テ本多大三郎氏ト大橋文子トノ結婚式ヲ司ル。

夕飯後再ビ理事会ニ出席ス。イムブリー氏教授ヲ辞シ名誉教授トナリ、ライシヤワ氏高等部長ヲ辞シ、水芦氏其後任トナル。但水芦氏ノ部長ニハ外人側ニ余程ノ反対アリキ。

又拡張費三十万円ヲ日本ニ於テ募集スルコトニ決シ、委員五名ヲ挙グ。

十一月六日（木）

授業如例。

午後四時、日曜学校協会理事会アリ。世界大会ハ愈々来年十月東京ニ開設ノ旨、ブラオン氏ヨリ通知アリ。

十一月七日（金）

授業如例。

斎藤惣一氏来リ、青年会同盟総主事事務取扱承諾ノ事ニ付話アリ。確答ハ来ル常務委員会ニ為スコトトナシ、兎ニ角ニ事務ヲ引継クコトハ承諾シタリ。

午後二時、芝増上寺ニ寺内伯爵ノ葬式アリ。

十一月八日（土）

出院如例。

午後二時ヨリ大隈侯爵邸ニ日曜学校大会歓迎会アリ出席ス。侯ハ明年ノ世界大会ニ就テ一場ノ演説ヲナシタルガ、依然タル元気ニハ感服シタリ。ワナメイカル氏ハ実行委員長ヲ承諾ノ電報アリ。

夜七時ヨリ銀座教会ニ於テ演説会アリ。余ハ明年ノ世界大会ニ就テソノ使命ニ就テ一場ノ演説ヲ為シタリ。江原氏ハ出席シタレトモ頭痛ストテ断リタリ。

井深俊雄、来訪ス。

十一月九日（日）

午前、学院ニ於テ礼拝。

午後二時、本所錦糸堀附近梅森町ニ新ニ設ケラレタル賛育会産院ノ開院式ニ臨ミ、一場ノ祝辞ヲ述ブ。木ノ下博士ソノ他帝大青年会員ノ発起ニ依ルモノナリ。内務大臣以下ノ祝辞アリ。直隣ハ救世軍ノ社会植民部アリ。彼我相助ケテ社会救済ノ事業ヲ為サントノ計画ナリ。

十一月十日（月）

授業如例。

午後三時、伝道局常務理事会ニ出席。

帰途、花子ノ神行ヲ送ランガ為ニ品川駅迄往キタルニ、行違ニテ逢ハザリキ。

十一月十一日（火）

授業如例。

十一月十二日（水）

授業如例。

午後、芝口玉木屋ニテ佃煮曲物代金二円ヲ求メ、ステーションホテルニ津田鍛雄ヲ訪問シタルニ、不在ニテ面会セズ。

午後五時、中央亭本店ニ於テ日疋、伊藤、斎藤、小松ノ四氏ト会食ス。今回小松氏、同盟主事兼軍隊慰問部理事ヲ辞シタルガ為ニ慰労ノ宴ナリ。今回ノ事ニ就テハ佐嶋、藤田、山本等ノ挙動甚タ陋劣ナリ。ＹＭＣＡノ事業ノ為ニ浩嘆ニ堪ヘズ。

十一月十三日（木）

授業如例。

夕刻、斎藤氏来訪。江原氏ハ突然、軍隊慰問部理事長辞任ノ旨申出ラレタリトテ、ソノ書面ヲ示ス。依テ直チニ同人ト共ニ江原氏ヲ訪問シテ、最早暫時ノ事ナルガ故ニ事業ノ終結迄在任セラレンコトヲ懇請シタルニ、尚能ク妻ト相談スベシトノ事ナリキ。

十一月十四日（金）

授業如例。

スピヤ氏ヨリ回答アリ。学院ノ発展ノ為ニハ必ラズ尽力スベシトノ赴ナリ。

十一月十五日（土）

午後二時ヨリ霊南坂教会創立並ニ小崎牧師按手礼四十年祝賀記念式ニ出席ス。小崎氏、記念ノ辞アリ。又数人ノ祝詞アリテ後ニ、［簡］単ナル晩食ノ饗応アリ。卓上ニ於テ再ビ数人ノ祝辞アリ、余モ亦一言ヲ述ブ。

小崎氏四十年ノ牧会ハハ［衍］僅カニ成功ノ四十年ナリ。但其間七年間ノ同志社々長ハ不成功ナリキ。牧会上ノ成功ノ半ハハ夫人ノ功ニ依ルハ衆人ノ見ル所ナリ。

十一月十六日（日）

［記載なし］

十一月十七日（月）

授業如例。

午後五時ヨリ青年会同盟常務委員会ヲ開ク。小松氏退職手当金調達ノ為五名ノ委員ヲ挙ゲタリ。即チ伊藤、阪井、斎藤、藤田、シヨルゲンソンナリ。

十一月十八日（火）

授業如例。

夕刻ヨリ水戸、都留二人ヲ招キ、晩餐ヲ共ニシタル後、学院拡張費募集ノ事ニ付懇談ス。二人共ニ努力スル筈ナリ。

十一月十九日（水）

授業如例。

中学部教員ヨリ部長ヲ経テ本年々末ニハ二ケ月分ノ臨時手当ヲ受度トノ要請アリ。

午後、文部次官ヲ訪問シテ、本年一月ヨリ授業料増額願ノ件並ニ私立大学補助金ノコトニ［付］内意ヲ尋ネタリ。五時ヨリ軍隊慰問部理事会アリ。漸ク慰問事業ハ本年限引揚ノコトニ確定ス。浦塩ノ家屋ハ未タ其侭往脳〔悩〕ミナリ。

十一月二十日（木）

授業如例。

十一月二十一日（金）

出院如例。

本多大三郎氏結婚司式ノ礼ニ来ル。

午後五時ヨリ財務委員会ヲ開キ、種々評議ノ末、年末ニハ諸教職員ニ一ヶ月分ノ臨時手当ヲ給スルコトヲ定ム。

学院ノ財政前途甚タ不安ナリ。

十一月二十二日（土）

午前八時過出発、御殿場ニ向フ。横浜ニテ浩氏モ同行ス。午後十二時半御殿場着、直チニ人車ヲ傭ヒ神山ニ向フ。一時十分着。先ツ楠幹事ニ面会シ挨拶ノ上、新築ノ室ヲ見ル。至極堅牢ニテ便利ニ出来タリ。小クトモ風呂モ附タリ。向ハ南方ニテ申分ナシ。床モ天井モ並以上ニ高シ。八重子ニ面会ノ上、当方ヨリ持参シタル額ヤ小花瓶ヤ菓子等ヲ渡ス。浩氏ハビスケットヲ沢山ニ土産ニ持参セラレタリ。

楠氏ノ案内ニテ神父ニ面会シ、金五百円ヲ渡ス。前回ノ貳百円ト合セテ七百円ナリ。神父モ満足ノ様子ナリキ。二時二十分、同所ヲ辞シ、三時半発ノ列車ニテ帰京シタリ。本人ハ肥太リ血気モ良ク、中々病人トモ思ハレヌ程ナリ。

十一月二十三日（日）

午後二時ヨリ日本橋教会創立四十年記念礼拝式ニ出席シ、説教ヲナス。本多嘉右エ門氏夫婦ハ創立以来ノ会員トシテ教会ヨリ記念品ヲ贈ラル。式後、兜橋《ヨロイ》附近ノ洋食店ニテ晩餐ノ饗応アリ。出席者男女合セテ約四十名。卓上種々ノ懐旧談アリ。

十一月二十四日（月）

総理室ニ急設電話許可ノ通知アリ。

授業如例。

十一月二十五日（火）

授業如例。

真野文二氏来訪。沼澤家相続人ノ事其他ニ付意見ヲ交換ス。昼ニ例ノ更科蕎麦ヲ饗ス。

午後三時ヨリ帝国ホテルニ於テ水野錬太郎氏夫妻主催ノ外国宣教師及ビキリスト教牧師教育家等ノレセプションアリ。来客者百名以上アリ。阪谷氏司会シ、水野氏ノ拙キ英語朗読演説アリ。朝鮮施政ノ方針ヲ述ベタルモノナリ。概シテ進歩主義ナリ。之ニ対シテベレイ氏及オルトマンス氏ノ答辞アリキ。

十一月二十六日（水）

授業如例。

午後六時、如水館ニ募集委員会第一回ヲ開ク。里見、水芦、都留及ビ余ノ四人、晩餐ノ後、種々ノ先決問題ニ付テ研究シ、尚今後毎週水曜日ニ開会スルコトニ決ス。如水館ハ倚麗ナリ。食事モ廉ナリ。晩食一人前壱円五十銭ナリ。

十一月二十七日（木）

井深とせ子殿来訪、宿泊セラル。

授業如例。

寄附金増額ノ件ニ付、スピヤ氏並ニチヤンベルリン氏へ陳情ノ書翰ヲ認ム。

十一月二十八日（金）

禁酒法運動家ドクトルカンジヤー来訪シ、講堂ニ於テ一場ノ演説ヲ為シタリ。ドクトルセルモ来訪、学院ノ拡張方針其他ニ付談話シテ事情ヲ説明ス。再会ノ筈ナリ。

十一月二十九日（土）

磯子、愈妊娠五ケ月ノ由。

出院如例。

午後、荒井氏ヲ青柳病院ニ訪問ス。熱三十八度九分、チブスノ疑アリ、面会ヲ得ズ。

帰途、丸善ニテ仏英並ニ和英辞典ヲ求メ、神山ニ送ル。

十一月三十日（日）

三浦徹氏病気ニ付、ソノ代リニ高輪教会ニ於テ説教ヲナス。

十二月一日（月）

授業如例。

午後、帝国生命会社ニ赴キ、養老保険満期ニ付金五百円ヲ受取リ、直チニ村井銀行麻布支店ニ定期預トナス。

十二月二日（火）

授業如例。

午後、神学部教授会ヲ開ク。引続キ財務委員会ヲ開キ、急設電話ノ為五百円使用ノ件ヲ可決ス。

十二月三日（水）

授業如例。

夜、神学部ニ於テ拡張募集委員会ヲ開キ、更ニ根本問題ヲ研究ス。里見氏、親類ニ不幸アリ欠席ス。

柴五郎氏、台湾軍司令官トシテ今夜出発ニ付、同氏ノ住宅迄暇乞ニ赴ク。ソレヨリ代々木ノ勝治方ヲ見舞ヒタルニ、哲子ハ中耳炎、光子ジフテリヤ、俊雄ノ小児モ中耳炎ノ由ニテ実ニ気ノ毒千万ナリ。且小野木トノ談判モ于今不得要領ナリ。

十二月四日（木）

授業如例。

中学部教員会アリ。出席シテ、年末臨時手当トシテ一ケ月分ノ俸給額ヲ贈ルベキコトヲ披露シタリ。

十二月五日（金）

出院如例。

イムブリー氏辞職ニ付、過去四十二年間同氏ガ神学教育ノ為ニ尽力シタルソノ功労ニ対シテ感謝ノ意ヲ表スル決議文ヲスピーヤ氏ニ送ル。

午後、山本邦之助氏来訪。昨夜、東京青年会理事会ヨリ一切ノ兼務ヲ辞シ、専心本会ノ事業ノ為ニ尽力スベシトノ勧告ヲ受ケタリトノ話アリ。且日疋氏副理事長ニ挙ゲラレ、小松武治、加藤冬作ノ二氏常務理事ニ挙ゲラレタリトノコトナリ。

十二月六日（土）

午後二時半ヨリ伝道局常務理事会アリ。伝道者年末ノ手当、新年伝道懇談会其他ノコトニ付決定スル所アリ。

健次方ヨリ夕飯ニ招カレ、余ハ神田ヨリ直チニ、花子ハ宅ヨリ直接ニ往キ、夕飯ノ饗応ヲ受タリ。磯子ノ帯ト結婚一周年ノ祝ヲ兼ネタル心ナラント推察シタリ。

昼頃ヨリ大雨トナリ降続ク。

十二月七日（日）

昨日、伝道局植村氏ヨリ突然説教ヲ依頼セラレ、ソノ依頼ニ応ジタリ。説教後、聖晩餐式アリ。

帰途、沼澤ニ寄リ昼食ヲ喫シ、片山ニ廻リテ帰宅ス。雪子ノ肋膜ハ左シタルコトナク、最早ヤ平常ニ異ナラズ。他ノ子供モ皆丈夫ナリ。

十二月八日（月）
授業如例。
十二月九日（火）
授業如例。
十二月十日（水）
授業如例。
午後五時半ヨリ募集委員会ヲ開ク。里見、水芦、都留及ビ余、出席。根本問題ハ大抵形付ケ、発起人選定ノコトヲ議シ、二十名余ヲ挙ゲ分担交渉ヲ試ムルコトトナス。十一時過、コールマン氏ヨリ電話アリ、帝国ホテルニテ数名ノ人ト会食シタシトノ案内アリ。往テ見レバ、ミストルデンニスト云フ米国ノ法律家ヲ正賓トナシ、外務省ノ吉澤政務局長又宮岡恒次郎氏トノ会食ナリキ。
十二月十一日（木）
授業如例。
午後一時、斎藤惣一氏来訪。東京市青年会理事対主事山本氏紛議ニ付報告ヲ聞ク。理事中ニ異論者起リ、前会ノ決議ヲ全部再議スルコトトナリ、棟居氏ハ退席シ、日匹氏モ辞任ノ意志ヲ表ハシタリトノコト。混乱ノ状態ナリ。其後、日匹氏モ来訪シ、略同様ノ説明アリ。山本氏ハ一旦日匹氏ニ辞表ヲ呈出シタルニ、又々理事ニ対シテ抗議ヲ開始シタル趣、何ノ意ナルカ理解シ難シ。
十二月十二日（金）
授業如例。
十二月十三日（土）
［記載なし］
十二月十四日（日）
斎藤氏、名古屋ヨリ引返シ帰京シタル趣ニテ来訪ス。市青年会ノ事ハ益々紛糾ノ様子ナリ。依テ小崎、元田ノ両氏ニ事ノ真想即チ両面アルコトヲ報告スベキ様注意シタリ。
十二月十五日（月）
神学部学期試験ヲ始ム。
斎藤惣一氏、江原氏ノ使トシテ来訪シ、山本邦之助氏ノ辞表並ニ日疋、棟居両氏ノ辞表ヲ携ヘ来リ、自分ニ之ヲ提供シテ宜敷頼ムトノ伝言ナレトモ、余ハ直接市青年会ニ関係ナキガ故ニ其書類ハ受取ラズ。然レトモ袖手傍観スベキコトニ非ルガ故ニ、同氏ノ相談ニハ応ズベシトテ、斎藤氏ト共ニ江原氏ヲ訪問シタルニ、兎モ角モ日疋、棟居ノ二氏ニ留任スル様懇談シ呉レヨトノ依頼アリ。依テ其夜、棟居氏ヲ訪問シテ、懇ニ話タレトモ決心堅クシテ承知セズ。

十二月十六日（火）

高等部試験。

市青年会理事会ハ前々会ノ決議ヲ再議シ、山本氏ノ辞表ヲ返却シ、村上氏ノ解任ヲ改メテ留任ト為シ、副理事長ト常務理事二名ハ存スルコトト為シタル由、此ニ［テ］ハ問題ノ解決ニハ非ズ、唯姑息ノ策ノミ。或ハ之ヲ利用シテ、近日ノ理事改選ノ時ニ策略ヲ筭セシムルノ機会ヲ与ンカ。

十二月十七日（水）

神学部試験。

十二月十八日（木）

中学部試験。

十二月十九日（金）

［記載なし］

十二月二十日（土）

今日、市青年会総会アリ。理事八名ノ選挙アル筈ナリ。

十二月二十一日（日）

外村氏伝道教会ニ於テ説教ス。同時ニ大人十人、小児六人ニ授洗ス。

十二月二十二日（月）

午後五時ヨリ青年会同盟委員会アリ。来年度ノ予算其他ノ問題ヲ議決ス。

晩餐後、軍隊慰問部理事会ヲ開ク。日疋氏ノ尽力ニ依リ、問題ノ浦塩ニ於ケル土地建物漸ク日露実業会社ニ於テ買取ルコトノ約束成リ、理事会ハ之ヲ可決シタリ。之ニテ先以テ一安心ナリ。

学院教会ノ主催ニテクリスマス会アリ。但自分ハ欠席シタリ。

十二月二十三日（火）

理事選挙ノ結果ヲ聞クニ、果シテ角倉、里見ノミ再選シテ、日疋、棟居、加藤冬作、小松武治ノ四人ハ落選ノ由。尤モ日疋氏ハ次点者トシテ或ハ入選セントノコト。唯実行家ニシテ財産家タル者ヲ主トシテ選挙セルモノヽ如シ。［業］

小田川全之、小林富次郎ノ二氏ハ当選セルモ、不承諾トノコトナリ。

十二月二十四日（水）

［記載なし］

十二月二十五日（木）

午後一時、市橋信子死去ノ由電話アリ。予而心臓病ノ由ナリ。

例ノ如ク郭馬太[西カ]ト朝鮮人徐相賢トヲ招キ、家族ト共ニクリスマスノ晩餐ヲ饗ス。

健次ハ少シク風邪ノ気味ニテ来ラズ。

花子ハ食後、市橋家ニ往ク。

十二月二十六日（金）

木村良夫着京、来訪ス。但市橋夫人ノ病死ノコトハ固ヨリ知ラザリシナリ。

水上静子、沼澤くに子等歳暮ノ礼ニ来ル。

十二月二十七日（土）

正午、市橋家ヲ訪問シ、出棺式ノ祈祷ヲ捧ク。式ハ青山斎場ニ於テ行ハレタリ。信子姉ハ生前ヨリ自分ノ墓地並ニ墓碑マデモ用意シ置キタリ。良人トノ関係円満ナラズ、死後ノ事ハ花子ニ托シ置キタリトノ事ナリ。

十二月二十八日（日）

鶴田氏来訪問。明日ヨリ家族一同、二ノ宮ノ別荘ニ往テ越年ストノ事ナリ。

十二月二十九日（月）

木村良夫、神戸ニ向ケ出発。来月四日比上京トノコトナリ。

午後六時ヨリ里見氏住宅ニ於テ拡張委員会ヲ開ク。

十二月三十日（火）

障子張其他年越ノ用意ニテ忙敷。

十二月三十一日（水）

［記載なし］

一九二〇（大正九）年

「第八回世界日曜学校大会日本実行委員その他」
（「井深アルバム」所収切り抜きより）

［一月内扉余白］

一千九百十九年ハ講和ノ第一年トシテ多大ノ希望ヲ以テ迎ヘラレシモ、平和ハ容易ニ来ラズ。却テ各国ニ於テ同盟罷工其他ノ騒擾跡ヲ絶ザリキ。願クハ本年コソハ先ツ平和ノ年ナレカシ。願クハ一切ノ不正不安ヲ去ルノ歳タラシメヨ。

一月一日（木）

快晴無風、最上ノ天気ナリ。

吉例ニ依リ家族一同神ニ感謝祈祷シテ後、雑煮ヲ食ス。

午前九時ヨリ講堂ニ於テ新年ノ祝賀礼拝ヲ執行シ、後ニ神学部ニ於テ教員ニ茶菓ヲ饗ス。

小石川松平子爵邸並ニ沼澤、片山其他ノ親族ヲ訪問シ、夕刻帰宅ス。電車ノ混雑甚シ。

一月二日（金）

午前ハ年賀状ノ返答ニ費ス。毎年増加スルノミニテ実ニ煩労ニ堪ヘズ。本年ハ学院ヨリ出シタルモノ八百枚、其他ニ一個人トシテ印刷シタルモノ二百五十枚ナレトモ、既ニ出シ尽シテ尚足ラザルナリ。花子ハ別ニ百五十枚ヲ出シタレトモ尚不足ナリ。

午後、勝治方ヲ訪問ス。

今日モ天気晴朗ニシテ、電車ノ混雑甚シ。

一月三日（土）

天気晴朗、前日ノ如シ。

在宅、年賀状ノ応答ニ殆ンド半日以上ヲ費ス。馬鹿ラシキ心地セリ。

一月四日（日）

学院教会ニ於テ礼拝。

礼拝後、熊野氏ヲ招キ午餐ヲ饗ス。養子ハ其ノ後何ノ通信ナキヨシ。実［ニ］言語同断ノ話ニシテ、気ノ毒千万ナリ。

勝治、年賀ニ来ル。

水芦氏病気ノ由ニ付訪問シタルニ、既ニ軽快ニテ外出セリトノコトナリキ。

白鳥源次郎、死去ノ赴電報来ル。

一月五日（月）

今日モ晴朗ノ天気ニテ実ニ珍ラシキコトナリ。

田川大吉郎氏ヲ訪問シ、学院理事ニ当選シタルコトヲ告ゲ、且拡張ノ為尽力アランコトヲ請求シテ快諾ヲ得タリ。

ソレヨリ東中野ニ長尾半平氏ヲ訪問シタルニ、宮中ニ参内シテ不在ナリキ。

井深浩氏、年賀ニ来ル。

コールマン氏来訪。来十月日曜学校大会開会ノ期日ニ付、米国へ打電ノコトニ付相談ス。

夜ニ入リ都留氏来訪ス。

一月六日（火）

明治学院拡張趣意書ヲ起稿ス。

旭川荒滝ノ小児重患、良夫早ク帰レトノ電報アリ。但肇ハ軽快ノ由ナリ。

一月七日（水）

水芦、都留、里見三氏ヲ宅ニ招キ、晩食ヲ共ニシ明治学院拡張ノコトニ付三次協議ス。

木村良夫神戸ヨリ帰リ、旅行ノ為疲労且風邪ノ様子ニテ一日休養ス。

一月八日（木）

中学部始業式行フ。

神学、高等ノ二学部ハ別ニ始業式ヲ挙ゲス、直チニ授業ヲ始ム。

ブロックマン氏来朝ニ付、ジヨルゲンセン氏方ニ招カレ、晩食ヲ共ニシテＹＭＣＡノ事業ニ付懇談ス。元田、高橋、日匹、斎藤、鵜崎、石川、山本氏等同席シタリ。

オルトマンス氏ト共ニ「インタルチヤルチウオルドムウブメント」ヨリ送リタル質問書ノ返答ヲ認ム。

一月九日（金）

拡張趣意書ヲ清書シテ、斎藤氏ニ謄写方ヲ依頼ス。

一月十日（土）

学院拡張ノ件ニ付、北村重昌、渡辺荘、中嶋男爵、長尾半平、西村庄太郎氏ヲ訪問ス。中嶋、渡辺ノ二氏ハ不在ニテ面会ヲ得ズ。岡本氏ハ病気ノ由故訪問ヲ見合セタリ。

真木平一郎氏ハ沼津ニ転地中トノコトナリ。

一月十一日（日）

昨日来風邪ノ気味ニテ終日静養ス。

然ルニ桜井近子氏来リ、強テ神津秋子ナル人ノ葬儀ヲ依頼セラル。

一月十二日（月）

出院授業ス。

今夕ハ横浜旧友会ノ催アレトモ、風邪ノ為欠席シタリ。

一月十三日（火）

午前十時、神田青年会館ニ於テ神津秋子夫人ノ葬式アリ。司式シ且弔詞ヲ陳ブ。

一月十四日（水）
午前九時半ヨリ伝道局理事総会アリ。多田氏ハ土佐ヨリ、秋月氏ハ京城ヨリ来ル。徳澤氏ハ三井病院ニ勤務スベク辞職ス。専任幹事ハ未定ノ侭ナリ。常務理事ニ於テ詮衡スルコトトナル。
引続キ教師試験委員会ヲ開キ、毛利氏ヲ委員長ニ、笹倉氏ヲ書記ニ選ム。

一月十五日（木）
出院授業如例。
午後六時ヨリ如水館ニ拡張委員会ヲ開ク。長尾、田川二氏モ出席シテ懇談ノ結果、先以テ田川氏ヨリ久原氏ノ意向ヲ尋テ貰フコトト為シ、若シモ充分ノ提供アラバ敷地移転ノ方針ヲ定ムルヲ得策トスルコトニ一致セリ。
中嶋男、北村、岡本、西村等ハ差支アリ欠席。

一月十六日（金）
出院如例。
オルトマンス氏ト共ニ、インタルチヤルチムウブメントヨリ送リタル質問書ニ対スル統計ヲ作ル。

一月十七日（土）
教員臨時手当ノコトニ付水芦、村田ノ両人ト協議ス。
木村へ春子安産ノ祝電ヲ発ス。去十一日ニ出産、女子出生ノ由ナリ。

一月十八日（日）
稲田氏ニ往キ流感予防注射ヲ為ス。花子、真澄モ同様ナリ。清見ハ今朝ヨリ風邪ニテ嘔吐ヲ催シタリ。但食過ノ結果ナルベシ。

一月十九日（月）
出院授業如例。
夜、財務委員会ヲ開キ、授業料増額ノ結果トシテ臨時手当ヲナスコトヲ定ム。即チ中学部専任教員ハ平等ニ月十二円ツヽ、講師ハ六円ト四円、神学専任ハ十円、講師ハ五円、高等部ハ部長ハ廿五円、講師五円ヅヽノ割ナリ。中学部長ト総理トハ二十円ツヽナリ。書記、小使等モ夫々手当ヲ与フルコトトナセリ。

一月二十日（火）
授業如例。
プレスビテリアンボールドノスコツト氏ト会見、学院ノ前途ニ就キ協議ス。
ダンロツプ氏方ニ夕食ニ招カル。花子同伴、スコツト氏モ同席セリ。

一月二十一日（水）
授業如例。
伊藤一隆氏夫婦ノ招待ニ依リ、日本橋通中華亭ニ於テ夕食ヲ共ニス。花子モ同伴セリ。同所ハ「アラ」煮ノ名物アリ。凡テ風味佳ナリ。
一月二十二日（木）
出院授業如例。
一月二十三日（金）
出院如例。
イムブリー氏退職ニ付弟子ヨリ感謝状ヲ送ルニ付草稿ヲ作ル。
一月二十四日（土）
午後九時、荒川文六上京、宿泊。電気学会出席ノ為ナリト云フ。
午後三時ヨリ日曜学校世界大会ニ付委員会アリ。諸事未夕緒ニ就カズ、甚夕心モトナシ。
一月二十五日（日）
稲田氏ニ往キ、第二回ノ予防注射ヲナス。
午後六時ヨリ青年会館ニ於テ同会ノコトニ付懇談会アリ。事ハ理事選挙ニ関スル不正ノ訴ト山本主事ノ進退ニ関スルコトナリ。選挙ニ付テハ不取締ナリシハ明白ナリ。且山本氏ノ立場モ甚夕不安ナルコト明カナリ。然トモ理事中ニ意見ノ相違アリ、懇談ニハナラズ。小松武治氏ハ慶応大学ノ教員ニナリタル赴披露シタリ。
一月二十六日（月）
荒川氏出発、帰省ス。
出院授業如例。
神学部寄宿舎ニ先日来数名ノ感冒ニ罹レルモノアリ。
午後五時ヨリ青年会同盟委員会アリ。来四月上旬天津ニ於ケル支那青年大会ニ往クベク請求セラル。
一月二十七日（火）
出院如例。
神学生中病人多シ。寄宿舎ヲ訪問ス。大抵軽快ニ赴ケリ。
午後、財産委員会ヲ開キ、事務ヲ分担ス。
遠藤氏ヨリ清水某ト云フ大工ヲ紹介シ来ル。同人ハ花房子爵邸ノ売物ナル旨ヲ告ク。
一月二十八日（水）
授業如例。
午後、評議会ヲ開キ、本年ノ卒業式ハ三月廿日午後二時三十分トナシ、当日ノ演説者ハ里見純吉氏ニ依頼スルコトトナス。

委員会後、一人大崎ナル花房邸ノ敷地ヲ見ル。位置ハ申分ナシ。只其中央ニ青木某ナル軍人ノ所有スル三千坪ノ地所アリ。坪数二万三百坪、代金百十五万円ナリト云フ。百万円ニテハ買物ナラン。

一月二十九日（木）

授業如例。

一月三十日（金）

授業如例。

夜、白鳥源次郎生ノ追悼会ヲ兼伝道団報告会アリ。

一月三十一日（土）

田川大吉郎氏ヲ訪問シ、久原氏ノ意向ヲ可成早ク尋ネラレンコトヲ依頼シテ其ノ承諾ヲ受ク。

二月一日（日）

学院教会ニ於テ聖晩［餐］式ニ陪ス。

二月二日（月）

授業如例。

神田青年会［館］ニ海老名、松野両氏ノ歓迎会アリ。海老名氏ハ国際聯盟ニ関スル英国一流ノ政治家ト宗教家ノ決心ニ就テ有益ナル話ヲナス。

帰途、鉄道院ニ長尾氏ヲ訪ネ、天津行ノコト、日曜学校大会ノコト等ニ付話ス。

昨夜来雨天ノ為、道路ハ泥海ノ如シ。来十月世界大会ノ時如何ト、今ヨリ思ヤラル。

二月三日（火）

出院如例。

午後、神学部教授会ヲ開キ、来学年度ノ担任其他ヲ議決ス。

二月四日（水）

授業如例。

二月五日（木）

授業如例。

二月六日（金）

授業如例。

二月七日（土）

出院如例。

ホフサンマー氏ト来年度ノ予算ノコトニ付協議ス。

二月八日（日）

中山氏ノ説教ニ続キ聖餐［式］アリ。

昼比ヨリ雪降ル。本年ノ初雪ナリ。

二月九日（月）
授業如例。
午後、伝道局常務理事会ニ出席ス。南廉平氏、会計トナリ且幹事事務取扱トナル。
東京市青年会理事選挙不法事件並ニ日匹対山本関係ニ付長尾氏ヨリ談話アリ、同道シテ青年会館ニテ江原氏ト会見シ、引続キ理事会ニモ参列ス。公平ノ見地ヨリ察スレバ、殆ンド五分五分ナリ。
二月十日（火）
授業如例。
熊野氏来リ、自己ノ進退ニ就キ村田氏及ビ石川氏ノ取リタル行動ニ対シ訴ル所アリ。尚石川氏ト相談スベキ旨ヲ答フ。
中学部教員会ニ於テ、本年一月ヨリ三月迄ノ特別臨時手当ノ件ニ付誤解ヲ正ス。
二月十一日（水）～三月二日（火）
［記載なし］
三月三日（水）
午後二時ヨリ定期理事会アリ。仮予算ヲ採用ス。
三月四日（木）
正午、銀行集会所ニ於テ日曜学校世界大会後援会主催ノ午餐会アリ。重立タル後援者ノ会合ニテ、大会ノ為金弐十万円ヲ募集スベク決ス。渋澤、阪谷両男爵司会者タリ。
三月五日（金）
桜井女塾ニ於テ桜井昭悳氏ノ三週年記念会アリ、一場ノ感話ヲナス。親族ノ人々集会シテ賑カナリキ。
三月六日（土）
麻布常磐牛肉屋ニ於テ五年級ノ謝恩会アリ。
三月七日（日）
［記載なし］
三月八日（月）
三河屋ニ於テ石川林四郎氏ノ為ニ送別会ヲ開ク。会スルモノ六七名。
三月九日（火）
本日午前ニテ授業終了ノ所、十一時半比ヨリ生徒大会ヲ開キ、近頃ノ卒業生十数名之ニ加ハリ、熊坂氏留任ト部長ノ辞職ヲ促スノ決議ヲナシ、甚タ不穏ノ形勢ヲ呈ス。
生徒総代及卒業生数名ト会見、説諭スレトモ中々聞カズ。
村田氏ハ遂ニ辞表ヲ呈出シ、余之ヲ預カル。
夜ニ入リ、生徒ノ委員来リ願意ノ貫徹スル迄一同誓ツテ登校セズトノ決議呈出シ、依テソノ甚タ不法ナル旨ヲ諭シテ之ヲ却下シ、且其決議ノ取消ヲ約束セシム。

三月十日（水）

生徒ノ代表者数名来リ、同盟休校決議ヲ取消ス旨ヲ申出タリ。

三月十一日（木）

臨時教員会ヲ開キ、試験期日猶予ノコトヲ定ム。

午後二時、京浜ノ理事諸氏ヲ会シ、事情ヲ報告シ善後策ニ就テ意見ヲ徴ス。孰レモ村田氏ノ辞職ハ受理スベキモノニ非ズ、但同氏ニ暫時休養ヲ勧ムルハ可ナラントノ意見ナリキ。尚卒業セントスルモ、ノ父兄ヲ呼出シ協議スルヲ得策トストノ意見ナリキ。

三月十二日（金）

夜ニ入リ村田氏ヲ訪ネ、辞表ヲ返戻シテ再考ヲ促シ、休養ヲ勧ム。

三月十三日（土）

[記載なし]

四年級以下ノ生徒ヲ講堂ニ集メ、部長排斥ノ不都合ナル旨ヲ諭シ、之ヲ悔悟セバ受験スベシト命ジテ、一同起立シテ敬意ヲ表シ受験ニ掛ル。村田氏モ一場ノ演説ヲ為シタレトモ、甚タ不結果ナリキ。

午後、五年級ノ父兄ヲ招キ懇談シタルニ、何レモ部長ノ排斥ノ不都合ナルヲ認メ、自ラ責任ヲ以テ之ヲ取消サシムベシト約束ス。

三月十四日（日）

午前十時、青山学院ニ於テ卒業説教ヲナス。盛会ナリキ。

帰途、里見氏ヲ訪問シテ謝意ヲ表ス。

三月十五日（月）。**三月十六日（火）**

[記載なし]

三月十七日（水）

午後七時ヨリ朝鮮総督斎藤男爵ノ邸ニ招カレ、鄭重ナル晩餐ノ饗応アリ。小﨑夫婦、植村、海老名、平岩、綱嶋夫婦ノ外ニ米国宣教師数名ナリキ。

三月十八日（木）

[記載なし]

三月十九日（金）

高等部教授会アリ。

三月二十日（土）

午後二時半、卒業証書授与式ヲ挙行ス。卒業生ハ大概出席ス。来賓モ思ノ外多ク見エタリ。先以テ無事ニ挙式シ得タルハ一安心ナリ。

引続キ同窓会ヲ開、評議員ノ投票ヲナス。

夕刻ヨリ水芦宅ニ熊野氏住宅寄贈発起人会アリ。葉山ニ一軒ヲ造ルコトニ決ス。代価三千円余ノ見込ナリ。

三月二十一日（日）

斎藤惣一氏来訪。丹羽氏ノ不平ニ付話アリ。

自分ハ斎藤、ジヨルゲンセン二氏ト天津ニ同行スル筈ナリシガ、此度ノゴタ〳〵ノ為往クコト能ハズ、乍残念延期スルコトトナセリ。

三月二十二日（月）

午前、世界大会プログラム委員会。

午後、教員会ヲ開キ、成績ヲ調査ス。

夜ニ入リ水芦氏来リ種々ノ話アリ。対村田、対宮地トノ感情融和セズ、面白カラズ。

午後十時比、健次方ヨリ電話アリ、磯子産気付、今ヨリ赤十字病院ニ入院ノ筈ナリト。依ツテ花子同道、雨ヲ犯シテ病院ニ赴キタルニ、健次夫婦モ自働車ニテ同時ニ到着シタリ。十一時半迄待テ帰宅ス。

三月二十三日（火）

朝ニ至リ、片山ヨリ電話アリ。昨夜十二時半、磯子安産、男子出生、母子共ニ健全ナリトノコト。思ノ外ニ早ク生レタリ。予期ヨリハ十七八日早ク生レタル勘定ナリ。

三月二十四日（水）

水芦、都留、宮地ノ三人ト会合シテ、中学部ノコトニ付評議ノ結果、水芦ニ当分部長代理ヲ頼ムノ外ナシト云フコトニ一致シタレトモ、水芦ハ明朝迄確答ヲ待レタシトノコトニテ散会ス。

三月二十五日（木）

早朝、水芦ヲ訪問シ、ソレヨリ同道シテ都留氏ヲ訪ヒ、再ビ評議ノ結果、村田氏ノ依頼アラバ承諾スベシトノ意ヲ声明シ、都留モ援助スル約束ナリ。依テ村田氏ノ帰京ヲ促スノ書状ヲ出シタリ。

三月二十六日（金）

セベレンス館小使福山、昨夜脳溢血ニテ頓死ノ報告アリ。

都留氏ト共ニ往テ、後始末ノ世話ヲナス。遺子二人アリ。

世界大会プログラム委員会ニ出席ス。歓迎ノ辞ヲ述ルコトヲ余ニ托セラル。日本人ノ講演者ハ植村、海老名、小崎ノ三人トナス。又後援会代表一名、東京市長、教会同盟並市内教会ノ代表者一名、協同ミシヨン代表者一名、歓迎辞ヲ述ルコトトナス。

三月二十七日（土）
松井安三郎氏ヲ沼津ニ訪問スル筈ナリシガ、「学院ニ入ルハ事情許サズ断念セヨ」ノ電報ニ接シタルガ故ニ出張ヲ見合セタリ。
午後、赤十字病院ヲ訪ネ、産婦トベベートヲ見ル。共ニ健全ナリ。名ハ重健ト命ズル由ナリ。
帰途、片山及沼澤ヲ訪問シ、夕刻帰宅ス。片山ハ大ニ快方。沼澤ハ来卅一日、近所へ転宅ノ由ナリ。

三月二十八日（日）
細谷清ト云フ人ヲ漢文ノ教員ニ頼ムコトニ約束ス。期限ハ先ツ一学期間トナシ、月給ハ九十円トナス。

三月二十九日（月）
中学部教員会ヨリ出席ヲ乞ヒ来リタルニヨリ、乃チ出席シテ学院ノ憲法、教員会ノ権限等ニ付説明シテ意志ノ疏通ヲ図ル。

三月三十日（火）
中学部一年級入学試験ヲ行ヒ、百三十名余ヲ許可ス。

三月三十一日（水）
地理地文ノ講師小村藤一郎氏ト会見ス。
夜ニ入ル[リ]、水芦氏ヲ訪問ス。

四月一日（木）
連日ノ霖雨漸止ム。
幸ニ閑暇ヲ得テ熊野氏ヲ葉山ニ訪問シ、緩談数刻ニシテ夕刻帰宅ス。

四月二日（金）
午前、出院事務ヲ見ル。
午後、歯医師ニ往ク。
地理ノ教員小村藤一郎嘱托ノコトヲ定ム。大野芳麿氏トモ会見ス。

四月三日（土）
再ビ中学部一年級其他ノ入学試験ヲ行フ。河西氏ニ誤解アリ、面晤ノ結果諒解セリ。

四月四日（日）～四月二十二日（木）
［記載なし］

四月二十三日（金）
午後一時、朝鮮総督斎藤男爵自宅ノ午餐会ニ招カル。正賓ハブロックマン氏ニテ其他ハ青年会及ビ平和協会関係ノ人々ナリ。

四月二十四日（土）
午後一時、外務次官埴原正直氏官邸ノ午餐会ニ招カル。

正賓ハブロックマン氏、其他ハジヨルケンセン、スチウワルト、スチ〔ビ〕ーヤ、江原、長尾、福井、和田、門野ノ外余及ビ斎藤ナリキ。

四月二十五日（日）

午後二時、渡辺鹿児麿氏五週年追悼会ニ依頼セラレテ一場ノ講話ヲナス。渡辺老主人夫婦、千春氏未亡人、当主昭氏、鹿児麿氏未亡人、塩川氏夫婦等親戚二十名許ノ集会ナリキ。講話ノ後、茶菓ノ饗応アリ。

四月二十六日（月）

出院如例。

電車従業員ストライキノ為、教員生徒ノ登校如何ト懸念シタレトモ、存外ナリキ。

午後、青年会同盟委員会ニ出席ス。

品川ヨリ水道橋迄院線ニテ往復シタリ。

四月二十七日（火）

出院如例。

午後三時ヨリ日本橋教会ニ於テ竹内庄次郎、西岡静子ノ結婚式ヲ司ル。電車不通ノ為、一方ナラズ不便ヲ感ジタリ。但親戚ノ人々ハ一向余ノ不便困難ニハ無頓着ナリキ。

神学部懇談会ヲ開キ、汁粉ヲ振舞ヒタリ。山本氏ノ徳川時代ニ於ケル仏教ニ関スル講話アリキ。

四月二十八日（水）

授業如例。

午後、慶応図書館ニ日本うきよ絵北斎及広重ノ展覧会ヲ見ル。北斎ノ精神ニハ感服ノ外ナシ。

四月二十九日（木）

出院授業如例。

四月三十日（金）

授業如例。

午後、主任教員ノ協議会ヲ催ス。

夜、山本、水芦、都留、宮地、河西等ノ教員ヲ宅ニ招キ、愈辞職ノ覚悟ヲ定メタル旨ヲ告ゲ、将来益学院ノ為ニ努力センコトヲ依頼ス。

五月一日（土）

出院如例。

午後、教会同盟常務委員会及ビ継続伝道委員会ニ出席ス。

五月二日（日）

午前、礼拝。学院ノ生徒宇多五郎其他五名受洗入会シタリ。感謝ニ堪ヘズ。

午後、沼澤ヲ訪問シタルニ不在ナリキ。ソレヨリ片山ヲ訪問シタルニ一同無事、夕食ヲ共ニシテ帰ル。文雄へ書状ヲ認メ、近々総理辞職ノ覚悟ヲ告ク。

五月三日（月）

出院授業如例。

夜、財務委員会ヲ開ク。其席上、ピーク、ダンロップ二氏ニモ総理辞職ノ意アルコトヲ告ク。

五月四日（火）

授業如例。

ピーク氏方ニ花子同伴、晩餐ニ招待セラル。ミスマコースラン氏送別ノ意ナリト思ハル。同嬢ハ学院ヨリ贈リタル金百五十円ヲ以テゼイトノ指環ト頸飾ト「キモノ」トヲ購求シテ大喜ナリ。

五月五日（水）

午後二時ヨリ理事会アリ。三学部ノ検閲ヲ以テ始メ、諸報告ノ後、余ハ予メ用意シタル総理ノ辞表ヲ提出シタリ。而シテ余ハ退席シタルガ、約壱時間ヲ経テ出席ヲ求メラレタリ。

理事会ハ特ニ五名ノ委員ヲ挙ゲテ余ノ辞職ニ就テ如何ニスベキカヲ考量シ、且学院全体ノ将来ニ付研究シ、来十一月ノ例会ニ報告セシムルコトニ決シタル赴ナリ。

村田氏ノ休暇願ハ承認セラレ、七月終迄月給ヲ支出スルコトトナシ、将来ノコトニ付テハドクトルモーレイ、笹倉ノ二氏ヲ委員トナシテ交渉セシムルコトトナセリ。

予算案ヲ通過シ、十一時半閉会セリ。

五月六日（木）

授業如例。

夕刻、水芦氏来リ、宮地、河西氏等ト会見ノ結果、只一時的ニ部長事務取扱トナルコトハ無益ナラントノ結論ニ達シタリ、然レトモ若シ永ク部長トシテ働ク積ナラバ宜シトノ意見ナリキ。依テ此点ニ就テハ常務理事ト協議ノ上回答スベキ旨ヲ約束ス。

オルトマンス氏ハ右ノ意見ニ賛成ナリ。

五月七日（金）

授業如例。

モルレー氏モ異論ナシ。里見氏モ同意見ナリ

五月八日（土）

長尾氏モ別ニ異議ナシ。

午後、水芦、都留両氏来リ、先以テ村田氏ノ決心ヲ聞クノ必要アリトノ意見ヲ述ブ。依テ共ニ明日同氏ヲ訪問シテ懇談スベキ旨ヲ約束ス。

夕、礫川教会ニ於テ説教ス。

五月九日（日）

三浦氏病気ニ付、高輪教会ノ説教ヲ依頼セラル。

五月十日（月）

今朝、水芦、都留二氏ト共ニ村田氏ヲ訪問シテ懇談ノ結果、意志稍々疏通シ村田氏ハ機会ヲ見テ慥ニ辞職スルノ志アルコトヲ明言シ、水芦氏ハ愈々中学部ヲ主トシテ尽力スベキコトヲ明言シ、而シテ午後二時半ヨリ特ニ教員会ヲ開キ、余ヨリ理事会ノ決議ヲ紹介シテ後、村田、水芦両氏ノ挨拶アリ、来十五日正午、送迎懇親会ヲ開クコトヲ約シタリ。

議員選挙アリ。芝区役所ニ往キ、横山勝太郎ニ投票ス。

五月十一日（火）

礼拝ノ後、中学部五年以下三年迄ノ生徒ヲ講堂ニ集メ、去五日ノ理事会ニ於テ村田氏ノ休暇願ノ受容ヲシ、而シテ水芦氏ガ部長事務取扱ニ任ゼラレタルコトヲ公告シタル後、先ヅ村田氏挨拶シ、次ニ水芦氏モ挨拶ス。両氏共ニ上出来ナリキ。是ニテ部長問題モ一段落ヲ告ゲタリ。

午後、神学部教授会ヲ開キ、後ニ世界大会実行委員会ニ出席ス。

横山勝太郎ハ大多数ニテ当選シタリ。東京市ノ政友派失敗ナリ。

五月十二日（水）

授業如例。

午後、花子同伴、青山ニ墓参ス。

帰途、明治生命保険会社ニ往キ、真澄ノ教育資金ヲ受取ル。金額貳百円也。

五月十三日（木）

授業如例。

内務大臣ノ官邸ニ午餐ニ招カル。正賓ハミストルブロックマン、余日章ノ二人ニテ、其他ハ青年会関係ノ内外人ナリ。即チ江原、長尾、斎藤、元田、日疋、山本及ビ余等ナリキ。

同盟本部ニ於テ臨時委員会ヲ開キ、ブロックマン氏ノ意見ヲ聞キ、且坂井、長尾ノ二氏ヨリ意見ヲ述ベ、終リテ晩食ヲ共ニス。

五月十四日（金）

授業如例。

午後、文部省ニ出頭シ、専門学務局ニテ高等学部修業年限短縮ノコトヲ問合ハス。

五月十五日（土）

［記載なし］

五月十六日（日）

瀬川、熊野二氏来訪。

十二時半、青年会同盟ニ於テ余日章氏ヲ正賓トナシ午餐会アリ。青年会関係ノ人々出席ス。

母上第［欠字］回忌紀念ノ為ニ、勝治、おくに、健次、おとせ様等ヲ招キ、夕飯ヲ饗ス。

五月十七日（月）

出院如例。

午後四時半ヨリ余日章氏ヲ同盟ニ招キ、日支親善問題ニ付懇談会ヲ催ス。同氏ハ極メテ率直ニ支那人ノ日本人ニ対シテ好感ヲ有セザル理由ト、之ヲ改善スルノ方法ニ付意見ヲ開陳シタリ。

夜、学院常務理事会ヲ開キ、水芦氏俸給ノ件ヲ評議シ、月給百八十円ニ役宅ヲ提供スルコトト為セリ。

五月十八日（火）

授業如例。

午後、世界大会実行委員会アリ。米国ヨリノ代員ハ六百五十名ノ見込ナリトクツク会社代理人ハ報告シタリ。余ハ兼テヨリ千人以上ハ来ルマジト言明シタリシガ、果シテソノ如シ。

夜、オルトマンス氏方ニ神学部コンフエレンスアリ。今回来朝シタルドクトルチヤンバレン並ニドクトルマケンゼイ氏ノ感話アリ。

五月十九日（水）～六月六日（日）

［記載なし］

六月七日（月）

午後、教会同盟常務委員会ニ於テ宣言書英訳ノコトニ付異論アリ。

午前十時、帝国ホテルニ於テドクトルバンタイクト会見、一場ノ会話ヲナス。牧師十数名、ドクトルインブリ、ミスミリケンモ列席ス。

ステーシヨンホテルニ津田鍜雄氏ヲ訪問ス。

六月八日（火）

授業如例。

午後、日曜学校世界大会準備委員会アリ。米国代員七百五十名確定ノ報告アリ。会場図案ヲ採用シ、七月一日ヨリ建築ニ着手ノ筈ナリ。

六月九日（水）

午後十時、高木青山学院長、石川聖学院長ト共ニ中橋文部大臣ニ面会シテ、例ノ宗教々育ニ関スル訓令ニ付テ陳情シタレトモ要領ヲ得ズ。ソレヨリ普通学務局長赤石氏ニ面談シタレトモ、同ジク不得要領ナリ。

如水会《[館]》ニ於テ午餐ヲ共ニシ、帰途再ビ文部省ニ立寄リ、高等学部予科廃止ノ件ニ付交渉ス。

六月十日（木）

本日ハ天智天皇初メテ漏刻ヲ用ヒ報時ノ制ヲ立テ、ヨリ一千二百五十年ニ相当スルノ故ヲ以テ「時」ノ紀念日トセラル。「時ノ記念日」トハ少シク妙ナリ。

神学部ノ学期試験ヲ始ム。

片山とよ子、子供四人ヲ携ヘ来リ、一日ノ歓ヲナシテ帰ル。

漢口文雄ヨリ無事ノ通信アリ。

六月十一日（金）

午後五時ヨリ神田青年会館ニ於テ明治学院同窓会評議員会ニ出席ス。幹事ヲ選挙シタルニ、宮地、村井ノ二人ハ重任、外ニ松浦、一色、枚田ノ三人当選シタリ。

六月十二日（土）

午後二時ヨリ伝道局常務理事会ニ出席ス。

岡本敏行氏来訪、学院ノコトニ付懇談アリ。

六月十三日（日）、六月十四日（月）

[記載なし]

六月十五日（火）

神学部学期試験了ル。

山本、都留、川添、秋葉ノ四氏ヲ招キ晩餐ヲ供ス。

六月十六日（水）

今回来朝シタルサンデータイムスノ主筆トランムブル氏並ニドクトルグリヒストマス氏ヲ正賓トシテ、日曜学校大会関係者、如水館ニ午餐会ヲ催ス。

小石川ミセスマクレーン方ニ夕食ニ招カル。花子モ共ニ招カル。ミスヘージ、ミスアレン等同席ス。楽シキ一夕ヲ送ル。但大雨ナリキ。

六月十七日（木）

出院如例。

俄ニ暑気ヲ催ス。

六月十八日（金）

出院如例。

長尾氏来訪。

六月十九日（土）～六月二十四日（木）

［記載なし］

六月二十五日（金）

柏井園氏、昨朝死去セリトノコトナリ。曩ニ田中達氏逝キ今又柏井氏逝ク。気ノ毒ナル事共ナリ。

六月二十六日（土）

午前五時出発。新宿駅ニテ斎藤惣一氏ヲ待合セ同道、信州松本市ニ赴ク。用向ハ同地中学校ＹＭＣＡ発会式ノ為ナリ。

午後四時過着。中学教員鈴木某等ニ迎ヘラレ、自働車ニテ浅間温泉常盤湯ニ投ズ。早速入浴ヲ試ミ、食後聖公会ニ赴キ、斎藤氏ト共ニ教育ト宗教トノ関係ニ付一場ノ講話ヲナス。

ソノ前ニ松本旧城天主閣ニ登リテ四方ヲ見渡シタルニ、景色極メテ佳ナリ。松本ハ中々善キ町ナリ。我ガ教会ハ未タ無牧ナレトモ好況ナリトノコトナリ。

六月二十七日（日）

午前六時過、数名ニ送ラレ出発、途中姨捨山、田毎ノ月ノ名所ヲ過ク。絶景ナリ。

九時過、長野着。約一時間汽車ヲ待合スル必要アリ、斎藤氏ト共ニ善光寺ヲ見物ス。

十時過、出発、午後二時過、高田駅着。一ト先メソジスト教会ニ赴キ休憩ノ後、宣教師パウラス氏方ニ案内セラル。手狭ナル日本家ナリ。

夜、メソジスト教会ニ於テ世界日曜学校大会ノコトニ付演説ス。牧師ハ飯沼正巳ト云フ人ナリ。水野一ト云フ人モ直江津ヨリ来リテ周旋シタリ。

六月二十八日（月）

早朝出発、駅ニ至レバ川澄氏アリ。同車シテ金沢市ニ向フ。

午後二時過着、一旦メソジスト教会ニ落付、ソレヨリ自分ハウヰン氏方ニ案内セラル。曽テダンロツプ氏ノ居タル時ニモ宿泊シタル所ナリ。

夜、教会ニ於テ川澄氏ハ大会ニ付、余ハ宗教教育ノ必要ニ付演説シタリ。聴衆ハ多カラザリキ。

六月二十九日（火）

川澄氏、ウヰン氏、松岡氏等ト共ニ知事、市長、高校長等ヲ歴訪シテ、来ラントスル大会ニ付宣伝ス。

午後、休息。夜、又教会ニ於テ川氏ト共ニ演説ス。聴衆ハ前夜ヨリハ少シク多ク、百名位ナリシナランカ。

［欄外］昼ニハ北陸女学校ニ於テ午餐ヲ饗セラレ、生徒ニ一場ノ話ヲナス。

六月三十日（水）

午前六時四十分、出発、午後七時、上田駅着。和田仙太郎ニ迎ヘラレ、同人ノ住宅ニ宿泊ス。子供等モ珍ラシガリ喜悦ノ様子ナリ。刀剣類ヲ見、夜半迄緩話シタリ。自慢ノ新刀二三本アリ、中々熱心ナリ。健太郎ハ中々元気者ニテ理窟家ナリ。将来ハ弁護士ニ成ルガ宜敷カラン抔ト戯レタリ。一家心ヨリ歓待シ呉レタリ。

七月一日（木）

出発前、仙太郎ノ案内ニテ片山ノ老祖母ヲ訪問シタリ。八十七才ノ由ナレトモ存案[外]ニ達者ナリ。
十時過、上田出発、夕刻、無事帰宅ス。

七月二日（金）

出院事務ヲ見ル。
青年会同盟名誉主事フエルプス氏ノ歓迎ヲ兼、近日帰省スル同マクレナン氏送別ノ意味ニテ午餐会アリ。マ氏ニハ餞別トシテ象牙ノ虎ヲ贈ル。余、一場ノ挨拶ヲナス。
夜ハ坂井徳太郎氏ヨリ帝国ホテルニ招カル。ヱール大学ドクトルストウクス氏ヲ正客トナシ、金子、坂[阪]谷、吉澤、神田、スウヰフト、トイスレル、ウエルボルン、宮岡ノ十人。ス氏ヨリ日本対支政策等ニ付テ質問アリ。有益ナル会合ナリキ。

七月三日（土）

水芦、都留二氏事務室ニ来リ、高等学部ノコト其他ニ付協議アリ。
真澄ハ二高ニ於テ受験ノ為仙台ニ出発ス。清見ハ上野駅マデ見送リタリ。

七月四日（日）

午前、高木壬太郎氏ト共ニ金子堅太郎氏ヲ訪問シ、例ノ十二号訓令ニ付テ懇談シタル[リ]。同氏ハ我等ノ意見ニ全然同意シ同情ヲ表シタリ。且機会アラバ自己ノ意見ヲモ発表セント云ヘリ。但明治十七年以来ノ手柄話ニテ持切ラレ、此方ノ意見ヲ十分ニ開陳スルノ機会ナカリシハ遺憾ナリキ。

七月五日（月）

本日ヨリ中学生一同大講堂ニテ礼拝スルコトトナス。
午前十時ヨリ教会憲法改正委員会ニ出席ス。
午後一時ヨリ伝道局常務理事会ニ出席ス。日匹ト渡辺ノ間ニ議論アリ。又植村ト桝富トノ間ニモ小衝突アリ。近頃珍ラシキ会議ナリキ。

四時ヨリ柏井園氏ノ葬儀ニ列ス。会葬者多シ。

和田仙太郎、同勁来訪ス。

夜ニ入リ健次来訪ス。

真澄ノ札幌大学予科試験ハ落第ナリ。

七月六日（火）

昨日来、大暑ヲ催ス。八十四五度ニ上ル。

七月七日（水）～七月十四日（水）

[記載なし]

七月十五日（木）

浦塩ニ於ケル慰問部ノ建物及敷地ハ、陸軍ニ於テ愈十三万五千円ニテ買上ルコトニ決定シタル赴ニテ、之レガ為ニ専ラ奔走シタル日匹氏慰労ノ意味ヲ以テステーシヨンホテルニ於テ午餐ヲ共ニセリ。江原、斎藤ノ外ニ河合、相良ノ二人列席ス。

水芦、宮地、河西、中山ノ四人ニ晩餐ヲ供ス。

真澄、仙台ヨリ帰宅ス。試験ノ結果ハ来月初発表ノ由。

七月十六日（金）

[記載なし]

七月十七日（土）

本月四日ハ自分ノ第六十七回ノ誕辰ナリシガ、都合ニヨリ本日ソノ心祝ヲ為セリ。沼澤くに子、健次ヲ招キ晩餐ヲ饗ス。片山夫婦ニモ案内シタレトモ、差支エアリ不参。

七月十八日（日）

清見ハ旭川ニ向ヒ出立ス。

富士見町教会ニ於テ説教ス。

帰途、岩島病院ニ堀秀雄ヲ訪問ス。

七月十九日（月）

電車中ニテ銀時計ヲ失フ。多分スラレタルナラン。

如水会[館]ニ於テ教会同盟主催ノ晩餐会アリ。貴衆両院信者ノ議員十六名ヲ招待シタルモノ、由。但出席者ハ江原、田川、斎藤、杉山ノ四人ニ過キズ。自分ハ元ノ同盟会長トシテ陪賓ノ一人タリ。

七月二十日（火）

土用入、連日ノ晴天、暑気酷烈ナリ。

旭川ヨリ清見安着ノ電報来ル。

午後二時ヨリ世界大会準備委員会ニ出席ス。

七月二十一日（水）

斎藤惣一氏来訪、本年度同盟委員会並ニ軍隊慰問部理事会ノ報告ニ付相談アリ。

七月二十二日（木）

真野氏ヲ訪問ス。二人共ニ在宅。午餐ノ饗応ヲ受ク。

健次方ヲ訪問ス。磯子モ漸次軽快、赤子ハ大分丈夫ニ成タリ。

荒川康夫、無事到着ス。

七月二十三日（金）

里見氏ヲ訪問シ、水芦氏手当ニ付協議ス。

序ニ鶴田、水上両家ヲ訪問シ、水上ニテ午餐ノ饗応ヲ受ク。

七月二十四日（土）～七月二十七日（火）

［記載なし］

七月二十八日（水）

午前七時出発、東山荘ニ赴ク。十一時同地着。正午ヨリ軍隊慰問部理事会ヲ開キ、終リテ後、同盟委員会ヲ開ク。

夕、夏期学校創立三十年記念会アリ。数名ノ懐旧談アリ、余モ夏期学校ノ使命ニ付一言セリ。

右、記念会前ニ、記念図書室上棟式ヲ行ヘリ。

七月二十九日（木）

午前、第三十回夏期学校閉校式アリ。

午後一時ヨリ同盟総会ヲ開ク。出席代員五十一名。懸案ノ正会員資格問題ハ満場一致ヲ以テ可決シタリ。大学青年会ヨリ提出ノ改正案ハ委員附托トナル。

同盟委員ノ数ヲ五十名以下ニ増シ、ソノ半数中十八名ヲ選挙ス。

夜、同盟委員会ヲ開キ、役員ヲ選挙シタルニ、余亦委員長ニ挙ケラル。副ハ長尾、高木、荒川ノ三人ナリ。

七月三十日（金）

午前七時半、東山荘出発、十二時過、帰宅ス。鵜崎、斎藤、高木氏同行セリ。

七月三十一日（土）

午前七時、出発、目黒ヨリ上野ニ往キ、同九時、軽井沢ニ向ヒ発車ス。汽車、疲労ヲ覚ユ。

午後二時過、軽井沢ニ着。直チニ鶴屋旅館ニ投ズ。腹工合悪敷、疲労甚シク、昼食ヲ見合セタリ。

夜ニ入リ按摩ヲ呼ビ、全身ヲモマセタレバ、稍軽快ヲ覚ヘテ安眠セリ。

八月一日（日）

午前九時、日本人教会ニ於テ日曜学校ノ使命ニ付説教ス。

学院ノ吉川、宇都木、野嶋、佐藤等合唱［ママ］ス。礼拝後、外人ノ会堂ニ往キ、ライシヤワル氏ノ説教ヲ聞ク。米国ノ宗教的近況、殊ニインタルチヤールチムーブメントノ失敗原因ニ就テ意見ヲ開陳シタリ。聴衆ハ六百余ト見受タリ。

午後、ライシヤワー氏ヲ訪問シ、且オルトマンス氏ヲ訪問ス。ライシヤワー氏方ニテ晩餐ヲ共ニシタリ。

気候ハ冷カ過ル位ナリ。

八月二日（月）

午前ヨリ同盟ミシヨンの[ノ]年会ニ出席シ、議事ヲ傍聴ス。

議事ノ後過去一年間ニ死去シタル宣教師ノ追悼ノ詞アリ。

ソレヨリジヨンケルマン氏ノ感話アリ。流石ニ老練ナリ。

午後ハ訪問者ノ挨拶即チ、鵜崎氏ト朝鮮宣教師ノ挨拶アリ。宣教師ノ演説ハ言語、内容共ニ極メテマズカリキ。

晩食ハオルトマンス氏方ヘ招カレタリ。

今朝ヨリ気分ハ恢復シタリ。全ク一時疲労ノ為ナリシト思ハル。

八月三日（火）

朝七時半、鶴屋ヲ出発、八時過、軽井沢発車、午後二時半、無事帰宅ス。

登世子姉来訪、一泊ス。

八月四日（水）

水芦氏来訪。国語教員山崎某ヲ同伴ス。九月ヨリ聘用スルコトニ決ス。

八月五日（木）～八月八日（日）

［記載なし］

八月九日（月）

午前九時、伝道局理事会。渡辺荘氏、五ケ年倍加運動ノ為、伝道局並九中会ニ各千円ツ、ヲ寄附シ度シト申出テタリ。伝道局ハ之ヲ受納スベク決議シタリ。

ブラオン氏一行ヲ乗セタル汽船、今夕横浜入港ノ筈ナリ。

八月十日（火）

午前八時半、ブラオン氏一行ヲ帝国ホテルニ訪問ス。同氏並ニジヤスチスマクラレン、ドクトルランペイ、ミストルスタフオルド氏ノ四人ト打問[合]ヲ為シ、午餐ヲ共ニシ、午後三時半、渋澤男爵ヲ其事務所ニ訪問ス。三十分許会談ノ後、不日再会ヲ期シテ去ル。

ブラオン氏ヨリ仮定プログラムヲ受領シ見ルニ、中々ノ大事ナリ。

八月十一日（水）

午後三時ヨリ青年会館ニ於テプログラム委員会ヲ開キ、ブラオン、ランベイ氏等モ列席ノ上打合ヲナシ、新宿御園拝観ノコト、後援会及東京市長ヨリノ招待会ノコト、並横浜及ビ鎌倉町長ヨリ案内ノ件等ヲ議決ス。且一日日曜学校主催ノ大音楽［会］ヲ開キ、入場券ヲ発売セシムルコトヲ可決ス。

八月十二日（木）

午前十一時ヨリ銀行集会所ニ於テ、後援会ノ委員即チ渋澤、坂〔阪〕谷両男、田尻市長並ニ清水、林、龍居、猪股氏等ト会見、協議ヲナス。此方ハブラオン、スタフオード、コールマン、長尾、余及川澄等ナリ。午餐ノ饗応アリ。余ハ日曜学校協会ヲ代表シテ後援会ニ一言感謝ノ意ヲ表シタリ。

午後五時ヨリ星野光多氏方ニ於テ、石原保太郎氏ノ追悼会ニ列ス。晩餐ノ饗応アリ。

八月十三日（金）～八月十七日（火）

［記載なし］

八月十八日（水）

午後四時、神学部講堂ニ於テ下川憲久、樋口梅子ノ結婚式ヲ司ル。下川氏ハ久留米市ノ信徒ニテ歯科医ナリ。結婚後直チニ香港ニ往キ、開業ノ筈ナリト云ヘリ。

八月十九日（木）

先日来逗留シタル大嶋正雄、同信子ノ両人出立、帰省。午後六時ヨリ富士見町富士見軒ニ於テ、真野老人三週忌ノ記念晩餐会アリ。主客共ニ二十人。大雨ニテ往道ニハ少シク難儀シタリ。

八月二十日（金）～九月一日（水）

［記載なし］

九月二日（木）

今次ノ日曜学校世界大会ニ対シテ、支那人ノ信徒並ニ在同国ノ外国宣教師間ニ種々ノ誤解アリテ、大会ニ出席ノ有無ヲモ確報シ来ラズ。准備委員中ニモ折角ノ世界大会ニ支那、朝鮮ノ信徒ノ来ラザルハ、独リ大会ノ為ニ甚タ遺憾ナルノミナラズ、彼等ノ為ニモ損失タルコト明白ナルガ故ニ、今一層ノ努力ヲ要ストノ意見アリ。長尾半平氏特ニ之ヲ力説シテ、此ノ際何トカ都合シテ、渡支シテ重立タル支那人ト会見シテ、彼等ノ了解ヲ得ンコトヲ要求シテ止マズ。

依テ余ハ先ヅブラオン及ビスタフオルド氏ニ謀リタルニ、ブ氏モ頻リニ之ヲ賛成シ、ス氏ハ自ラ同行セント提出シタリ。依ツテ自分モ支那行ヲ決心シタリ。尚参考ノ為、長尾氏ト同伴シテ植〔埴〕原氏ヲ訪問シタルニ、同氏モ之ヲ以テ根本的ニ日支親善ヲ謀ルノ好機会ト考フル旨ヲ述べ、且ツ吉澤氏ト会見シテ支那国最近ノ事情ヲ参考ノ為聴取スベキ注意モアリタリ。

九月三日（金）

［記載なし］

九月四日（土）

朝鮮銀行ニ於テ信用状ヲ得、夫レヨリスタフオード氏ヲ訪問シ、汽船ノコトニ付打合ヲナシ、愈々来六日横浜出発ノ赴ヲ確ム。ソレヨリ外務省ニ赴キ、吉澤政務局長ニ面会シテ、支那ノ近況ヲ聴タレトモ、格別新シキコトハナカリキ。

九月五日（日）

勝治、水上貫一、久仁子等訪問ス。

再ビステーシヨンホテルニスタフォード氏ヲ訪問シ、愈々明朝九時ヨリ十時ノ間ニ横浜クック事務所ニ於テ会見スベキコトト為ス。汽船出発ノ時刻ハ尚不明ナリ。

九月六日（月）

午前八時出立ス。真澄、清見同行ス。横浜着ノ上、自働車ニテ先ツ常磐町丸井商店ニ赴キ荷物ヲ托シ、自分［ハ］直チニクツク会社ニ赴、ス氏ト会見シタレトモ未タ船室ノ番号モ不明ナリ。グランドホテルニ於テ昼食ヲナシ、船ニ赴キ、漸ク船室モ分リ、先ヅス氏ノ荷物ヲ室ニ運ビ、ソレヨリ自分ハ丸井商会ニ赴キ暫時休息ノ後、四時過乗込タリ。船ハ明朝午前九時出発ノ筈ナリ。最初ヨリ夫レト分ラバ、明朝乗船スルモ差支ナカリシナリ。

九月七日（火）

船室狭キ上ニDデツキナルガ故ニ空気ノ流通悪シク、且一室ニ乗客四人ナルガ故ニ炎熱甚シク、寝ニ就クコト能ハズ。総身汗ダラケナリ。

午前九時ニ船ハ出発シタリ。

ス氏ト相談ノ上、午後ヨリビシヨツプルイス及ビトクトルアダムスト会見シ、夜ハ支那ノデビス、ラウリ二人並ニプレスビテリアン派ノドクトルラウリート懇談シタリ。ルイスハ如才ナキ返答ヲナシ、デ・ラ二人（メソジスト派）ハ公然ト反対シ、ドクトルラウリ氏ハ極メテ公平且深切ニ話シ呉レタリ。

九月八日（水）

昨夜ハ風アリ、幾分カ心地好ク寝ルコトヲ得タリ。朝早ク起キタルニ、船ハ既ニ港内ニアリ。桟橋ニ着タルハ八時前ナリシガ、朝餐ノ後、神戸ノ歓迎委員ニ案内セラレ十台ノ自働車ニテ県庁、市役所、湊川神社等ヲ見物シ、東亜ホテルニ往キ茶菓ノ饗応ヲ受ケタリ。一行ハ布引其他ヲ見物スル筈ナリシガ、自分トス氏ハ直チニ帰船シタリ。長尾氏ニ電報ヲ発シ且宅ニ書状ヲ出シタリ。

九月九日（木）

昨日午後四時出帆ノ筈ナリシガ、荷役進捗セズ、遂ニ神戸ニ一泊シテ今日早天出帆シ、瀬戸内海ノ風景ヲ賞スルコトヲ得タリ。外人等ノ歓喜窮ナシ。午後ヨリ雨天トナリ、日暮関門海峡ヲ通過シタリ。

ドクトルヘーズ氏ト懇談ヲナス。同氏ノ態度ハ他ノ宣教師ヨリモ遥カニ懇切ニシテ、三四通ノ紹介状ヲ与ヘタリ。同氏ハ七年前、シベリヤ鉄道ニテ同車シタル人ナリ。

夜ニ入リドクトルラウリートアルナルドノ二人来リ、余ニ一場ノ講演ヲ要求シタリ。然レトモ時刻切迫シタルガ為ニ、明夕ニ延期スルコトトナス。

九月十日（金）

早天、長崎港ニ着ス。九時、世界大会一行ト共ニ上陸ス。委員ノ案内ニテ県庁、市役所ヲ訪問シタル後、小学校、高等女学校ヲ参観シ、諏訪山公園ニ上リ、ソレヨリ橋本氏ノ所有タル大徳園ニ至リ、知事、市助役、橋本氏等ノ歓迎ヲ受ク。余モ一言謝辞ヲ述ブ。

一行ハソレヨリ自働車ニテ茂木ニ赴キタリ。余ハ一行ニ分レ、買物ヲナシテ帰船シタリ。

汽船ハ日没ニ出発シタリ。八時四十分ヨリ食堂ニ於テ一場ノ講話ヲ為シナリ。聴衆ハ六七十名アリキ。熱心ニ聴問シタリ。プロテスタントミシヨンノ起原及ビ戦後ノ状況等ニ就テ語ル。

九月十一日（土）

昨夜々半、玄海浪高ク窓ヨリ流レ込ミ一時大騒キヲナシ、漸クボーイヲ呼ビ起シベツドヲ取換サセテ再ビ寝ニ就クコトヲ得タリ。

今日ハ横浜出発以来ノ快晴ニテ心地好シ。蒼海ノ表面鯨ノ塩ヲ吹上ルヲ見ル。

今夕、送別会アリ。数名ノ演説アリ、余モ亦請ハレテ一場ノ演説ヲ為シタリ。題ハ日本ニ於ケル日曜学校事業ノ必要ニ付テ又世界大会ノ事ニ付演説シタリ。演説ノ後謝意ヲ表シタル者数名アリ。

九月十二日（日）

未明、河口ニ投錨。午前八時、小蒸汽船ニ乗リ移リ、十時、桟橋ニ着ス。ミストルヴイルバル、高岩勘次郎二氏出迎呉レ、ウキルバル氏ノ客トナル。但、ス氏ハアストルハウスニ往ク。

余日章氏ニ面会懇談ス。村上氏訪問。

夜ハ日本人教会ニ於テ演説ス。

上海ノ発展ハ著シ。ソノ繁栄、雑踏ハ小ロンドント称スルニ足ル。

九月十三日（月）

日本人青年会幹事前田宣治氏来訪。村上氏モ来ル。同氏ト共ニCLS幹事マクギルビー氏ヲ訪問ス。

日本人青年会ヲ訪問シ、帰途、ロベンスタイン氏ヲ訪問シソノ意見ヲ聞ク。トランブル氏ノ行動ニ付非難アリ。

支那人青年会側ヨリ晩餐ニ招カル。日本人青年会長松本茂、同幹事前田二氏モ共ニ招カル。食事前ニ陳維ー［ママ］氏ト懇談ヲ試ム。食卓ニ於テハドクトルフオン、ダビツドユイ、ドクトルチエン等ノ演説アリ。余モ亦一場ノ演説ヲナス。

今夜ヨリ［余］モアストルハウスニ移ル。

九月十四日（火）

本日ハ答礼トシテ支那人ヲ招待スル積ナリシガ、不在ノ人多キ為ニ戸別訪問ヲ為スコトトシ、久原氏ノ案内ニテ支那人青年会王正廷、ドクトルフオン、誠静怡ヲ訪問ス。

慰労ノ為、前田、久原両氏ト共ニ日本料理店ニテ中餐ヲ共ニス。

午後五時ヨリ支那日曜学校協会常務委員会アリ、スー氏及ビ余モ招カラレテ出席、各一場ノ演説ヲナス。数名ノ意見ヲ聞クニ、大抵ハ賛成ナリ。ラウリイ、ウードブリツヂ、ヘーズ、ブラツクストンナリ。但支那人ハ甚タ不得要領ナリ。

朝鮮銀行副支配人冷牟田氏ヨリ「一品香」亭ノ支那料理ニ招カル。高岩、前田二氏モ招カル。

九月十五日（水）

高岩氏ノ案内ニテ筆墨若干ヲ求ム。

午前十一時五十分、上海出発、南京ニ向フ。村上、前田氏等停車場ニ見送ル。

上海ヨリ南京ニ至ル迄平原実ニ沃野千里ノ名空シカラズ。天気快晴ナリ。八時過、南京着。城外ノブリツジハウスナル小ホテルニ投ス。

九月十六日（木）

早天、馬車ヲ命ジ、先ヅ金陵大学ヲ訪問シ、ドクトルヴヰルリアムスニ面会シ、同氏ノ案内ニテ新築ノ講堂ソノ他ヲ視察ス。規模広大、支那風ノ建築ト洋風トノ配合頗ル巧妙ナリ。
金陵女子大学ヲ訪問ス。ミスガウチヤーハ其教師ノ一人ナリ。同所ニテ午餐ノ饗応ヲ受ケ、ソレヨリブラックストーン氏方ニ招カレ晩餐ノ饗応ヲ受ケ、夜ハ同所ニ於テ重立タル宣教師及支那人ノ牧師、教育家ト会見シテ懇談ヲナス。九時過、ホテルニ帰ル。

九月十七日（金）

早朝、南京ヲ出発シ、揚子江ノ渡ヲ渡リ、浦口駅ヨリ乗車ス。揚子江沿岸山東省ニ入ル迄ノ平原ハ実ニ沃野千里、世界ニ稀ナル豊饒ノ地ナリ。支那ノ早ク開ケ、又屡々革命ノ起リタルモ其地勢ノ然ラシムル所多カラン。

九月十八日（土）

済南府ニ着。青年会幹事トツドネム氏ノ客トナル。山東大学ヲ見ル。済南府ノ基督教青年会ノ主催ニテ午餐ノ饗応ヲ受ケ、一場ノ釈明的演説ヲナス。
ソレヨリ有名ナル彼ノ清水ヲ見、ソレヨリ大明湖ノ蓮池ヲ見ル。何レモ評判程ノモノニ非ズ。
夜ハ広智院ニ於テ外国宣教師連ト懇談シタリ。彼等ノ日本ニ対スル反感ハ頗ル激烈ナルモノアリキ。

九月十九日（日）

午後天津着。青年会幹事［欠字］氏ノ客トナル。
張泊苓氏ヲ南開学校ニ訪門シ、大会ニ出席シテ一場ノ講演ヲナサンコトヲ求メタレトモ、種々ノ理由ヲ以テ拒絶シタリ。青年会館ニ於テ支那人牧師其他ノ人ニ招カレテ、午餐ヲ共ニシタリ。

九月二十日（月）

午後四時、天津ヲ辞シ、夜八時過、北京ニ着ス。青年会幹事ゲイリー氏ニ迎ヘラレ、我等二人共ニ同氏ノ客トナル。但食事ハ附近ノ青年会館ニ於テナスコトトナセリ。
ゲイリー氏ハ独身生活ヲナシツ、アリ。住宅ハ支那人ノ家ナリ。気ノ毒ナリシハ、スタフ［オ］ード氏ト余ニ寝台ヲ与ヘタル為ニ、自ラハ「ソフハ」ノ上ニ寝タルコトナリ。同氏ハ頗ルユウモルニ富ミタル人ニシテ、常ニ支那人相手ニ諧謔ヲ弄セリ。

九月二十一日（火）

北京青年会スターフ会ニ於テ簡単ナル演説ヲナシ、尚引続キ高業学校ノ生徒数百名ニ向ヒ演説ス。会ノ職員ト共ニ午餐ノ饗応ヲ受ク。

午後、ケイリー氏ノ案内ニテ万寿山ノ離宮ヲ見ル。実ニ規模広大ニシテ清朝時代ノ全盛ヲ想像スルニ足ル。帰途、精華学堂ヲ見ル。図書館及ビ講堂ノ如キ実ニ立派ナリ。

九月二十二日（水）

早朝、ゲイリー氏ノ案内ニテ天壇ヲ見物ス。是レ亦一偉観ナリ。支那古代ノ惟一神教的信仰ヲ察スルニ足ル。午後、スタフオード氏ト共ニ「禁裏」ヲ見ル。堂宇ノ規模広大ナリ。支那歴代ノ陶器、銅器類ノ陳列ヲ見ルニ実ニ美観ナリ。

北京滞在中多数ノ外国宣教師及ビ支那人ノクリスチアンニモ会見シテ彼等ノ理解ヲ求メタレトモ、容易ニ動カズ。殆ンド無益ナルガ如キ感ヲ懐キタリ。但彼等ノ誤解ヲ正ス上ニ於テハ決シテ無効ニハアラザリキ。

夜ニ入リゲイリー氏等ニ送ラレテ北京ヲ辞ス。

九月二十三日（木）

山海関ヲ経テ奉天ニ着シ、同所ニテ朝鮮鉄道ニ乗換。

九月二十四日（金）

京城着、朝鮮ホテルニ投ズ。

九月二十五日（土）

丹羽氏、星野氏等ニ面会シ、丹羽氏ト共ニ朝鮮人青年会ヲ訪問シ、中興雨氏ニ面会シテ大会ニ出席セントコヲ勧ム。

午後、銀行クラブニ於テ渡辺暢、丹羽、星野、申興雨其他ノ人々ト会見ス。茶菓ノ饗応アリ。支那旅行ノコトヲ語ル。

九月二十六日（日）

京城出発。

九月二十七日（月）

対馬海浪高ク、船動揺甚シク、終日不快ヲ感ジタリ。

無事東京駅ニ着ス。長尾、斎藤其他ノ人々出迎フ。真澄、清見モ来ル。自働車ニテ帰宅ス。

九月二十八日（火）

市ヶ谷教会ニ於テ古関第三郎氏ト鷲田嬢ノ結婚式ヲ司ル。

[以下、欠]

一九二一（大正十）年

明治学院高等学部商業科第一回卒業記念写真
3月26日　高等学部校舎（新サンダム館）前にて

一月一日（土）　晴
例ニ依リ家族一同礼拝ノ後、雑煮餅ヲ食ス。
小石川松平家、片山、沼澤等ニ年頭ノ廻礼ヲナス。片山ニテ午餐ノ饗応ヲ受ク。
市中ハ不景気ノ為カ意外ニ人出モ少ク静カナリ。
学院ニ於テハ午前九時、職員生徒一同講堂ニ会シテ年頭ノ礼拝ヲナシ、式後、神学部ニ於テ教員ニ茶菓ヲ出ス。

一月二日（日）
午前ノ礼拝後、終日在宅。年始客モ稀ナリ。
文雄年始ニ来リ、晩食ヲ共ニス。

一月三日（月）
年賀状ノ応答ヲナス。
勝治方ヨリ水上家ヲ訪問ス。
夕刻、勝治来リ晩食ヲ共ニス。

一月四日（火）
世界日曜学校大会記録編纂委員ノ原稿ヲ小﨑氏ト共ニ覧[監]修ス。
教会同盟常務委員会ヲ宝亭ニ開キ、晩食ヲ共ニス。

一月五日（水）
午前十時ヨリ、今回芝浦ニ新築シタル外国人児童学校ノ開校式ニ招カレ行キテ一場ノ話ヲナス。ホフサンマル氏校長ナリ。

一月六日（木）
三枝光太郎氏方ニ招カレテ頼山陽ノ遺墨数十種ヲ見、且晩食ノ饗応ヲ受ク。鵜崎庚[午]五郎、石坂正信、山鹿旗之進氏等同席セリ。

一月七日（金）
加治木氏ヨリ電話アリ、熊野氏重態ニテ余ニ面会ヲ希望シツヽアリ。且在米ノ養子ヘ帰京セヨトノ電報ヲ出サンコトヲ依頼スト。依ツテ電報ノコトハオルトマンス氏ニ依頼スベク妻ニ申置、午後四時ノ汽車ニテ葉山ニ赴キ面会シタルニ、成程余程ノ重態ニ見受ケタリ。
熊野氏頓テ待兼タル様子ニテ後事ヲ托シタリ。即チ自分ノ遺骸ハ鎌倉ニテ荼毘ニ付シ、骨ハ青山ノ春江ノ墓ニ合葬シ呉レヨ、葬儀ハ学院ニ於テ挙行セラ［レ］タシト。
余ハ一々承諾ノ旨ヲ告ゲテ帰ル。

一月八日（土）
中学部ノ始業式ヲ挙行ス。

一月九日（日）
午前、礼拝ニ出席。

午後、ピーク氏来リ、神学予備生釣田、土井二人ノコトニ付相談アリ。

同氏去ルト同時ニ大工鈴木来ル。

一月十日（月）

神学部、高等学部始業。

常務理事及財産委員聯合会ヲ開キ、評議ノ上愈建築ヲ鈴木茂吉ニ総額七千八百五十円ニテ請負ハシムルコトニ決ス。

笹倉ニ午餐ヲ饗ス。

然ルニ葉山ヨリ熊野氏病危篤ノ電報アリ。依テ直チニ水芦氏ト共ニ赴シニ、氏ハ午後一時死去シタリト［ノ］コトナリキ。最後格別苦痛ナカリシトノコトナリ。親戚松田祐作氏等ト葬儀ノコトヲ謀リ、十二日火葬、十六日学院ニ於テ本葬ノ事ニ定メテ帰京ス。

嗚呼、熊野モ七旬ヲ一期トシテ往ケリ。遺族ノ為ニハ不便ナレトモ、余リ長ク病床ニアラザリシハ反テ不幸中ノ幸ナラン。

一月十一日（火）

出院如例。

午後、神学部教授会ヲ開ク。閉会後、山本、都留、水芦、宮地、河西ノ五人ト熊野氏葬儀ノ準備ニ就テ相談シタリ。

熊野氏ノ為ニカーネーション、水仙ヲ求ム。

花子、頭痛ノ為平臥ス。

一月十二日（水）

早朝出発、葉山ニ赴ク。十時着。松田、鈴木等ノ親戚、井上、園部其他ノ友人等ト共ニ遺族ノ為ニ出棺追悼ノ式ヲ挙行シ、馬車ニテ鎌倉ノ火葬場ニ送ル。

彼処ニハ笹倉氏、鎌倉ノ信徒数名ト待合セテ更ニ祈祷ヲ捧ク。ソレヨリ清水氏ノ馬車ニテ鎌倉ニ帰リ、汽車ニテ夕刻帰宅セリ。

花子、頭痛ノ為昨夜来平臥ス。

一月十三日（木）

出院授業如例。

長尾氏へ長文ノ書状ヲ送ル。

夕刻、健次来ル。

一月十四日（金）

出院如例。

吉野又四郎氏来訪。大工鈴木茂吉ノ為、人ニ付テ保証スルコトヲ告ゲ、且種々親切ニ注意スル所アリ。同氏ノ新築ハ壱坪二百［円］当ナレトモ、東京大工ニスレバ二五〇乃至三〇〇円ノ価値アリトノ評ナリ。

一月十五日（土）

熊野氏葬儀ノ辞ノ草稿ヲ作ル。同氏ハキリストノ一忠僕タリシト云ヒ得ベシ。種々ノ弱点アリシモノ、兎モ角モ五十年間信仰ノ生活ヲ継続シタル人ナリ。

文雄来訪。三枝子ハ姙身三ケ月ノ由ナリ。心臓虚弱ノ為或ハ早産術ヲ施スノ必要アランカトノ話アリ。

一月十六日（日）

葬儀場ノ準備整フ。

午前十一時比ヨリ松田氏夫婦、同養母、井上胤文、宮嶋氏来ル。十二時過、遺骨ヲ持チテ遺族ノ人々来ル。予定ノ通葬儀執行。余ハ司式シ且葬儀ノ辞ヲ述ブ。会葬者約五六百人アリ。吊慰金モ五六百円ハアリ。遺骨ハ青山ノ墓地ニ埋葬ス。

一月十七日（月）

出院授業如例。

一月十八日（火）

出院授業如例。

杉浦義道氏ヲ聘シテ深川ニ於ケル貧民救済ノ講演ヲ開ク。

大工鈴木茂吉来ル。愈来廿六日ヨリ工事着手ノ筈ナリ。吉野又四郎氏ハ保証人トシテ請負書ニ署名調印シタリ。

一月十九日（水）

出院授業如例。

多田氏ヨリ熟考ノ結果承諾シ難シ。自分ノ使命ハ牧会伝道ニアリト確信ストノ確答アリ。

一月二十日（木）

授業如例。

文雄来ル。医師診察ノ結果、三枝子ハ愈々入院治療ノコトニ決シタリトノコトナリ。

真野氏ヲ訪問シタレトモ、不在ニテ面会セリ［ズ］。

今日ハ寒ノ入ナレトモ、春ノ如キ気候ナリ。

一月二十一日（金）

授業如例。

一月二十二日（土）

三枝子、松尾医院ニ入院ノ赴、文雄ヨリ電話アリ。

一月二十三日（日）

三枝子、今朝流産ノ赴、報告アリ。医院ヲ訪問シタルニ、手術無事済ミタリタノコトナリ。

一月二十四日（月）
授業如例。
三時ヨリ日曜学校協会理事会ニ出席ス。川澄氏辞職期限ノコトニ付、小泉、鵜飼氏等ヨリ異議アリ。然レトモ余退席ノ後、決議通確定シタル由ナリ。
五時ヨリ青年会同盟委員会ニ出席。斎藤氏ヲ総主事ニ選任スルコトニ決シ、同盟委員全体ノ賛否ヲ問フコトトナス。
一月二十五日（火）
午後、同盟ニ於テ藤村男爵ヨリ支那視察談ヲ聞ク。
一月二十六日（水）
授業如例。
一月二十七日（木）
授業如例。
午後、詮衡委員長、オルトマンス氏ヲ委員長代理トナス
多田氏ヨリ決定的謝絶ノ回答アリ。
常務理事会ヲ開キ、ドクトルモルレイノ事ヲ議ス。同氏自ラ教員トシテ不適任ナルヲ認ムルナラバ、他ノ教員ヲ提供センコトヲプレスビテリアンミシヨンニ交渉スルコト、但先ヅライシヤワー氏ヨリ同氏ト懇談ヲ遂ルコト。
一月二十八日（金）
授業如例。
午後、杉浦義道氏ノ講演アリ。
一月二十九日（土）
里見、南ノ二理事ト午餐ヲ共ニシ、総理後任者ノコトニ付意見ヲ徴ス。但シ纏リタル意見ナキモノヽ如シ。
正金銀行児玉謙次氏ニ面会シ、中里捷一郎ヲ採用センコトヲ依頼ス。試験ノ上採用ヲ諾ス。
一月三十日（日）
午後二時、青山学院長高木壬太郎氏ノ葬儀ニ列ス。校葬ナリ。委員ノ依頼ニ依リ棺側ニ附キタリ。多数ノ会葬者アリ。
一月三十一日（月）
授業如例。
二月一日（火）
授業如例。
午後、神学部教授会。
夜、宅ニ於テ神学部懇話会ヲ開ク。山下生ヒブライ音楽ノ話ヲナス。汁粉ヲ振舞フコト例年ノ如シ。
二月二日（水）

授業如例。
トランブル氏へ弁明ノ返書ヲ出ス。同時ニスタフォード氏へ返書ヲ出ス。
小崎弘道氏来訪ス。本年、米国ニ赴ク[キ]太平洋沿岸日本人間ニ伝道スルノ意ナキヤ否ヤヲ問フ。
平澤均治氏ノ葬式ニ会葬ス。

二月三日（木）
授業如例。
午後ヨリ大雪トナル。

二月四日（金）
授業如例。
文雄来訪、三枝子去一日退院ノ由。
杉浦氏、貧民救済ノ講演結了ス。

二月五日（土）
午前ヨリ世界日曜学校大会記最後ノ校正会ニ出席ス。

二月六日（日）
[記載なし]

二月七日（月）
授業如例。
午後、伝道局理事会アリ。

二月八日（火）
授業如例。
午後、中学部教員会。

二月九日（水）
授業如例。
午後、三学部評議員会ヲ開ク。

二月十日（木）
授業如例。

二月十一日（金）
紀元節祝賀式ヲ挙行ス。

二月十二日（土）、二月十三日（日）
[記載なし]

二月十四日（月）
授業如例。
午後、外村義郎氏、貧民伝道実験談アリ。頗ル有益ナル話ナリキ。
食堂ニ於テ今回卒業スル五年級ヨリ教員ニ対シ謝恩会アリ。

二月十五日（火）
授業如例。

午後、富士見町教会ニ於テ植村恵子ノ追悼礼拝アリ。病中本人ノ両親ニ送タル書状ノ朗読アリ。ソノ堅固ナル信仰、健気ナル覚悟、聴ク人ヲシテ感激ニ堪ヘザラシメタリ。流石植村ノ女ニシテ、ソノ教育ノ徹底的ナルヲ思ハシメタリ。

二月十六日（水）

授業如例。

午後、総理詮衡委員会ヲ開ク。誰モ適当ノ後任者ヲ見出サズ。依テ理事中ヨリ当分事務取扱又ハ臨時総理ヲ挙ゲ、徐ロニ人物ヲ物色スルノ外ナシトノ意見ニ決定ス。

二月十七日（木）

授業如例。

午後、協力伝道委員会。

午後六時ヨリ富士見軒ニ於ケル松平恒雄栄転、松平保雄子爵陞任祝賀会ニ出席ス。旧会津人六十名余ノ会ニテ盛会ナリキ。但顔ヲ知ル人ハ寧ロ少数ナリ。出羽、水嶋、木村、藤澤、西等ニ過ギズ。時代ノ変遷ヲ感ゼザルヲ得ズ。

二月十八日（金）

授業如例。

二月十九日（土）

出院如例。

二月二十日（日）

学院礼拝出席。

午後、花子ト共ニ井上家訪問。吉野氏ノ新宅ヲ見、帰途、片山、沼澤両家ヲ訪問ス。

二月二十一日（月）

出院如例。

午後、日曜学校協会理事会ニ出席。郷司慥爾氏、総主事候補者タルコトヲ辞退ス。

美土代町三丁目八番地三百七十坪及家作ヲ八万五千円ニ買収スルコトニ決ス。

二月二十二日（火）～二月二十六日（土）

［記載なし］

二月二十七日（日）

午前、礼拝。

午後、神田青年会館ニ於テ万国学生祈祷会アリ。余モ一場ノ話ヲナス。出席者五十名内外アリキ。

二月二十八日（月）

午前、出院如例。

午後二時ヨリ京浜教役者会ニ出席。

ソレヨリ青年会同盟委員会ニ出席ス。多年ノ懸案タル総主事問題モ愈斎藤惣一氏、一人ノ異論ナク当選就職シタリ。

三月一日（火）

午前、授業如例。

午後、神学部教授会ヲ開。

午後四時ヨリ青山原町長岡外史将軍邸ニ於テ、同氏三女安藝子ノ為ニ追悼会ヲ開ク。懇切ナル依頼ニヨリ、一場ノ講話ヲ為シテキリスト者ノ信仰ヲ説明ス。

三月二日（水）

午前十時、理事会開会。先ヅ三学部検閲アリ、諸種ノ報告アリ。

新総理ノ後任ハ適任者見当ラズ。依ツテオルトマンス氏一ケ年総理心得トナル。

而シテ水芦氏、高等部長ヲ辞シテ中学部長ニ任ゼラレ、都留氏其ノ後ヲ襲ヒ、神学部ハ他ニ何人モヤリ手ナク、余、再ビ当選重任スルコトトナル。

仮予算ヲ採用シ、恩給法ヲ改正シ、年功加俸案ノ主義ヲ可決シテ特別委員ニ附托シタリ。

三月三日（木）

東宮殿御渡欧御発途ニ付、神学部休業ス。三学部教員、生徒総代三田通ニ奉送ス。東宮ノ御発途ニ関シテ種々ノ風評アリタレトモ、何事モナク無事御乗艦御発途相成タリ。但警察ノ周到ナル注意ハ察スルニ余アリ。

三月四日（金）

午前、授業如例。

午後、フエルプス氏方ニ於テ同氏、ジヨルゲンセン、斎藤ノ三人ト共ニ、青年会同盟ノ方針、フヒシヤル、佐嶋、丹羽三人ノ事其他ニ付熟議ス。佐嶋ノ行為ニ付大阪ヨリ不問ニ付シ難キ内報アリ、特ニ注意ヲ要ス。フエルプスノ方針、大体ニ於テ健全ナリ。

三月五日（土）

午前、評議会ヲ開キ卒業式其他ノ件ニ付協議ス。

夜ニ入リ水芦氏来訪。高等部商科生ハ一同都留氏高等部長タルコトニ反対ノ意志ヲ発表シタル由ヲ告ク。

三月六日（日）

午前八時、中橋文相ヲ私邸ニ訪ヒ、斎藤、河井道子、フエルプス三人ト共ニ欧州学生救済ノコトニ付賛同ヲ求メタルニ、殆ンド理解セズ絶対ニ拒絶シタリ。実ニ如此人ガ文相タリト思ヘバ憂慮ニ堪ヘズ。
帰途、岡本敏行氏ヲ訪問シタレトモ、不在ニテ面会セズ。

三月七日（月）

午後二時、青年会同盟事務員一同ヲ集メテ斎藤惣一氏同盟総主事就任ノ披露ヲナス。
伝道局常務理事会アリ。

三月八日（火）

授業如例。
オルトマンス、都留氏ト共ニ、来年度ノ課目及負担ニ付協議ス。
ステグマン氏ハ一旦承諾シタルモ、細君ノ異論ノ為ニ取消シタリ。

三月九日（水）

授業如例。

三月十日（木）

授業如例。
本日ハ晴天ニテ地形突固ヲナス。
本日ヨリ三日間、久留嶋武彦氏ニ講演ヲ頼ム。題ハ演説法ナリ。

三月十一日（金）

正午、世界大会報告編纂委員会ノ報告アリ。
午後五時ヨリ軍隊慰問部理事会ヲ開キ、四月限終了ニ決ス。
清見ハ高工ノ体格試験ヲ受ク。
荒川文六氏、上京宿泊。
夜十時、真澄弘前ニ向ケ出発。入学試験ノ為ナリ。
[以下、欠]

一九二二（大正十一）年

当時のキャンパス風景　高等学部入口より校庭をのぞむ
校庭の奥には礼拝堂を見ることができる

1月1日（日）

Dr. Hodgkin on co-formal sins & confession

International Sins—

Confession of Inter. sin means to conf. of Individuals of their share in the［判読不能］

Confession should answer

1. Lack of clear thinking. Devotion to one's［判読不能］& this means not the same
2. 〃 Humility Pride of race
3. 〃 Courage. Moral courage
   Not safety first.
4. 〃 of love. Love alone can conquer
   Love is the only creating force.

ドクター・ホジキンの共同形式の罪と告白について

国際的罪

国際的罪の告白とは［判読不能］において個人の罪の分担を告白することである。告白は次のことに答えなければならない。

1. 明解な思考の欠如。自らの［判読不能］への傾倒。そしてこの意味は同じでない
2. 謙遜の欠如　人種の高慢
3. 勇気の欠如　道徳的勇気　安全第一ではない。
4. 愛の欠如。愛のみが克服できる　愛は唯一の創造的力。

1月2日（月）

The world today is in torment.

The Philippines Romero great interest in International questions — Independence of the Philippines 4 Power Treaties

<u>China</u>

Miss Blanery[?] U.S. American students interested to the League of Nations and disappointed in American's refusal to enter the League. A few students

France.

今日の世界は苦しんでいる。

フィリピン　ロメロは国際的課題に関心を持っている―フィリピンの独立。四か国条約。

<u>中国</u>

ミス・ブラネリー［？］

米国　アメリカの学生たちは国際連盟に賛同しており、自国の不参加に失望している。少しの学生が

フランス。

一月三日（火）

Burgaria[sic] Nikiten[?]

Austrarian[sic] Delegate

Miss Cunningham

Intense reality the note of student life

Application of Xty teaching the problems of International & social nature.

Sympathy went to outside society.

India. Spiritual things over the material in India

(India Xtns Under the influence of Gandi[sic] & going back to Buddha.

Tendency in students desire to pay

ブルガリア　ニキーチン［？］

オーストラリアの代表団

ミス・カニンガム

厳しい現実　学生生活の覚書

キリスト教の適用　国際的、社会的な性質の問題を教えること

共感は外の社会へ。

インド。インドでは物質的なものより霊的なことに重きを置く。

インドのクリスチャン、ガンディーの影響とブッダへの回帰。

学生たちは最近、科学的なことにもっと注意を払いたがる傾向がある。

一月四日（水）

more attention to a scientific recently

Gandi[sic] in political struggle

Spiritual force against British militarism. Discipline and self purification quiet spiritual Non violence Non cooperation

Chechoslovakia[sic]

Renessance

Saito.

ガンディーの政治的闘争

英国の軍事主義にたいする霊的な力。規律と自己浄化

静寂　霊的　非暴力　非協力

チェコスロバキア

ルネッサンス

キイトウ。

一月五日（木）～三月二十二日（水）

［記載なし］

三月二十三日（木）

午前八時自宅出発。品川駅ヨリ乗車、横浜ニテ特急ニ乗替ル。列車中図ラズコーツ氏アリ、浜松迄同車ス。姉崎氏モ下ノ関迄同車ス。名古屋附近ヨリ雨天トナル。

三月二十四日（金）

時々雪紛々、寒気強ク真冬ノ如シ。

午前十時過、下ノ関着車。松本、富海、廣津其他ノ人々ニ迎ヘラレ、山陽ホテルニテ暫時休息ノ後、錦波楼ニ投ス。主人、松本、廣津氏ト午餐ヲ共ニス。其後暫時休息、当地ＹＭＣ〔ＹＭＣＡ〕ノ委員数名来訪ス。話シナガラ夕食ヲ終リ、早々衣服着替テ教会ニ赴キ、一時間余講話ヲナシ、直チニ聯絡船ニ赴ク。

二等切符ニテ一等ニ乗替ントシタルニ、割引ノ二等切手〔符〕ハ全然無効トナリ、詰リ二等ト一等ト二重ニ出スコトトナレリ。

出発間際ニ斎藤氏船迄来ル。明晩迄滞在ノ赴、奉天ニテ再会ノ約束ナリ。

三月二十五日（土）

昨夜ハ可ナリ船動キタレトモ思シ程ニハナク、別段船気モナク一夜ヲ過シタリ。

今朝デッキニ出テ見レバ図ラズロボルト、ウイルドルニ逢フ。曰ク、北京ニ往ク途上ナリ。上陸ノ際荷物ヤ急行券等ニ付世話ヲシタルニ大ニ満足シ居レリ。学生代員湯浅氏モ同船ナリ。

午後八時、南大門着。秋月、渡辺、高橋諸氏ニ迎ヘラレテ渡辺氏ノ客トナル。到ル所、教友ノ歓迎ヲ受ルハ無上ノ幸福ナリ。

午後九時、入浴シテ寝ニ就ク。

京城ハ尚地上雪アリ道路悪シ。数日前一尺五寸以上ノ積雪ニテ、二十年珍シキコトトナレリトノ話ナリ。

三月二十六日（日）

快晴、寒気幾分カ緩和ス。

午前九時半、奉天ノラスムスセン氏ニ宛電報ヲ発ス。

午前十時、長谷川町ノ教会ニ於テ説教ス。同時ニ女長老及ビ執事ノ按手礼アリ。

正午ニハ京城青年会主催ニテ丹羽清次郎氏ノ歓迎会アリ。同氏ノ華府会議并ニ欧米視察報告アリ。余モ北京の［ママ］青年会同盟会ニ付一場ノ話ヲナス。

今夕ハ黄金町教会ニ於テ説教スル筈ナリ。晩食ノ後、長老某氏ニ迎ヘラレテ黄金町ノ仮教会ニ往キ説教ヲナス。説教後、右長老ノ宅ニテ暫時休息シ、午後十一時発ノ汽車ニテ奉天ニ向ヒ出発ス。渡辺、秋月及ビ黄金町ノ長老モ数名送来ル。ワイルドル氏、平壌迄同車シタリ。

三月二十七日（月）

途中、安東県辺ハ飛雪紛々タリ。本渓湖ニ至リ全ク晴ル。午後七時十五分、奉天駅ニ着ス。石橋貞吉、貴山榮、両山下其他ノ人々出迎フ。

大和ホテルニ於テ夕食ヲ喫シテ、直チニ教会ニ往キ説教ス。八時半ヨリ始メ十時ニ至ル。入浴シテ寝所ニ入タルハ十二時比ナリキ。

三月二十八日（火）

朝、快晴。心地好シ。

階下ニ至リ見レバ、斎藤、ワイルダル二氏待合室ニアリ。日本幣ヲ支那銀ニ両替ス。六十円ガ五十五ドル余トナル。午前十時、乗車、友人ニ別ヲ告ケ出発ス。流石ニ奉天以西ハ外国旅行ノ気分トナル。車内ハ清潔ナラズ。満州ノ渺茫タル原野ハ依然トシテ人煙稀ナリトノ感ヲ起サシム。

三月二十九日（水）

曇天。午前十時、北京安着ス。ロベルトゲイレイ氏出迎フ。伴ハレテワゴンリイホテルニ至ル。

委員会ハ今朝ヨリ始レリトノコトナリ。依テ衣服モ更ヘズシテ会場ニ出席ス。

自分ハ第一部委員即チ同盟加入資格調査委員長ニ挙ゲラル。加入ヲ求ムル青年会ハハンガリー、チエコスラオビヤ、南米、ヒリピン、エスリニヤ等アリ。其調査中々面倒ナリ。為ニ委員会ハ会議後殆ンド夜半ニ及ベリ。且加盟諸国青年会ノ憲法改正調査ノ件モ委任ノ一項タリ。之モ中々議論ノアル問題ナリ。

本日ノ会議ニ憲法改正ノ件ハ漸ク報告ヲ了シ、委員会ノ意見通採用セラル。

午後ト夜ト二回ニ渉リ加盟ヲ請求スル諸国ノ代員ヲ呼ビ、一々其事情ヲ聴取シ、殆ント夜半ニ至リ漸ク此項ノ報告書ヲ決定ス。朝ヨリ夜ニ至ルマデ殆ンド寸暇ナシ。

今夜ノ問題ハロシアノ学生救済ノ事ナリキ。

三月三十日（木）

会議例ノ如シ。

我ガ小委員ノ第一次報告ヲ為ス。

夕刻、斎藤氏ト共ニ少シ散歩ヲ試ム。殆ンド屋外ニ出ルノ余暇ナク、寝ニ就クハ十二時比ナリ。

三月三十一日（金）

会議ハ例ノ如シ。会議ノ前後ニハ小委員会アリ。殆ント寸暇ナシ。

今日ハ我ガ委員ノ第［二］次ノ報告ヲ為ス。

斎藤氏ト共［ニ］日本公使館ヲ訪問シ、小幡公使ニ面会シ、阿片密輸入ノ件並ニ支那学生待遇ノ件ニ付相談ス。

夜ハ基督教ト他教トノ関係ニ付懇談会アリ。余モ一場ノ話ヲナス。

四月一日（土）

議事及委員会。

四月二日（日）

午前十一時、ドラムタワルプレスビテリアン教会ニ於テ説教ス。支那人約百六拾人位ノ聴衆ナリキ。

午後ト夜トハ同盟ノメセージニ付意見ノ交換アリ。河井氏ノリマークスハ成功ナリキ。

四月三日（月）

委員会ハ昨夜ヲ以テ一旦閉チ、来十一日ニ開会ノ事トナル。

本日ハ一日休養トアレトモ、正午ニハ支那委員側ヨリ日本人代表十余名ヲ燕寿堂ニ招キテ支那料理ノ饗応アリキ。

ソレヨリロツクフエルル医科大学ノリセプシヨンアリ。

建物ノ美麗、設備ノ完全ハ驚クニ堪ヘ《〔ママ〕》タリ。

夕食ハモツト夫婦、フエルプス、斎藤、余ノ五人ニテ別席ニ於テナスコトトシ、同時ニ朝鮮人青年会問題ニ付テ協議シタリ。

四月四日（火）

朝食後、河井氏ト共ニ支那ノ一部ヲ見ル。日本ノ女子代員漸ク来ル。清水氏ノ案内ニテ筆墨ヲ求ム。途中、老便宜坊ニ於テ支那料理ヲ清水氏ニ振舞フ。

午後二時、清華学校ニ到着ス。寝部屋ハ理科教室ニテ兵隊ノ寝台ナリ。同室ハユイ氏、斎藤トブル氏ナリ。

三時ヨリ歓迎会アリ。夜ハモツト氏ノ演説アリ。

四月五日（水）

午前、ホヂキンノ演説、次ニオープンフオーラムアリ。

各国代表者ノ挨拶アリ。斎藤、日本ヲ代表ス。

午後ハ万寿山ノ見物ニ案内セラル。

夜ハマヤダ嬢ノ演説アリ。其後ニ清華学校上級生主催ノ歓迎会アリ。

Very Condictional 支那人ノ対度[態]、一昨年ニ比シテ殆ンド一変シタリ。清華学校英語教授曹氏司会シ、各自懇話シ、茶菓ノ饗応アリ。ソレヨリ日本人側ヨリ挨拶ヲナシ、双方ノ余興等アリテ、一同極メテ愉快ニ感シタリ。閉会前雨降ル。北京特別ノ泥マジリノ雨ナリ。

四月六日（木）

午前八時半ヨリカピテンモスーノ科学トキリスト教ト題スル仏語ノ講演アリ。次ニ英国仏国其他代表者ノ挨拶アリ。次ニキリスト教倫理問題ノ討論会アリ。

十二時半、代員七百名特別列車ニテ万里ノ長城ヲ見物ニ赴ク。天気快晴、一時過発車、三時半過、青龍橋車站ニ着。ソレヨリ一同下車、徒歩ニテ峠ニ登リ、長城ノ上ニヨヂ登リ休息ス。山岳ハ見ユル限リ禿山ナリ。

長城ノ一楼ニテ印度人ポールト、ミストルエバンスト、ミスビグレイントノ討論ヲ聞ク。エバンス氏ノ意見、我ガ意ヲ得タリ。印度人ハガンデイノ無抵抗主義ニカブレ居ルコト明白ナリ。

四月七日（金）

Clear brisk weather, frost on the ground.

Dr. Heim spoke on Christianity and Philosophy. It was thoughtful and very well presented.

I was invited with Dr. & Mrs. Mott and other representative persons to a nice Chinese Luncheon by Dr. Woo 鸟(?) of the Union medical college and Prof. Tewa[?] 巢 of Tin Hua College. After the Luncheon we went to the President Reception. It was at his official Residence. He read his address in Chinese & it was translated by a Chinese officer. In response Dr. Mott made a rather lengthy address — too long. After the Reception Jap. delegation went to a Chinese Restaurant and enjoyed the Chinese dinner.

晴天で寒い日、地面に霜。

ドクター・ハイムがキリスト教と哲学について話をした。思慮に富んだ内容で、話も巧みであった。

ドクター・モットとその夫人、他の代表者らに招かれて、協和医学院のドクター・ウー烏（？）と清華カレッジのプロフェッサー・テワ［？］【巣】主催の美味しい中国料理の昼食会にあずかる。昼食会の後は皆で会長による歓迎レセプションに出た。彼の公邸で行われたものだ。会長は中国語で演説し、それを中国人役員が通訳した。これに答えてドクター・モットが長めの演説をした――長すぎた。この会の後は日本の代表団は中国料理店に行き、晩餐を楽しんだ。

四月八日（土）

Fine day. Weather is all that could be desired but the dust is very unpleasant.

I had intended to leave on Sunday evening. But Dr. Mott strongly urged me to until Tuesday. Because the General Commitee had some very important business to transact after the Conference. So I decided to stay. In the evening we invited the leading Chinese delegates about 40 of them to tea at the Yamen[?] And we had a most cordial conference. [欄外]

午後ニハ清水氏ノ案内ニテ少々買物ヲナス。

好天の1日。天気はこの上なかったが、埃が舞って閉口した。

日曜の晩には出発するつもりであった。だがドクター・モットが火曜日までいろと強く言う。会議後に一般委員会が片づけなければならない非常に重要な用件があるためである。そこで滞在を延ばすことにした。晩には私たちで主要な中国人代表団の40人ほどを衙門［？］での茶会に招待した。そして実に友好的な話し合いを行った。

四月九日（日）

午前九時ヨリモット氏ノ極メテ有力ナル説教アリ。題ハキリストヲ体験セヨト云フコトナリキ。

昼ニハ「やまとくらぶ」ニテ在留日本人ヨリ支那料理ノ饗応アリ。一場ノ挨拶ヲナシ、引継キ講演会アリタレトモ格別ノ事ナシ。自働車ニテ清華学校ニ帰ル。

夜ハ先ニ茶話会ニ招カレタル清華学生四十名ヲ招キテ衛門ニ茶話会ヲ催ス。双方ニ於テ唱歌其他ノ余興アリ、極メテ好感ヲ与ヘタルガ如シ。

四月十日（月）

本日ハ天津ノ梨元供氏ノ歓迎会アリ。斎藤氏ハ他ノ代員ト共ニ之ニ赴ク。余ハ之ヲ辞シ、北京ノワゴンリーホテルニ赴ク。

午後ハ畠中、小幡ノ二氏ト共ニ、旧宮殿中ノ文華殿ノ書画及武英殿ノ古器物ヲ見ル。実ニ美観ナリ。偶々招待委員長梁氏在リ、極メテ［以下、記載なし］

四月十一日（火）

［記載なし］

［一八九、一九〇頁］

Mr. Koo【顧仁子】unanimously elected Oriental sec. for 2 years.

ミスター・コー【顧仁子】が無記名投票で、任期2年の東洋部門主事に選出される。

1. Mr. Koo nominated as the Oriental secretary.
2. Plan of visitations（1）Miss Bidgren[sic] to visit France, Italy & India.（2）Mr. Hurry to work among foreign students in America, Mexico.（3）Mr. Henning[?]（4）Miss Hurry[?], U.S.（5）Oriental Sec. to visit Europe & other countries.（6）Head needed for appeal from Africa.（7）Mr. Hurry to visit Japan（8）Dr. Carin [?], asked to reform the

1. ミスター・コーが東洋の主事に推薦される。
2. 訪問の計画（1）ミス・ブリッドグレン［？］がフランスとイタリア、インドを訪問。(2) ミスター・ハリーはアメリカ、メキシコで外国人学生のために活動する。(3) ミスター・ヘニング［？］(4) ミス・ハリー［？］、米国（5）東洋部門、ヨーロッパとその他の国々を訪問。(6) アフリカからのアピールのために責任者が必要（7）ミスター・ハリーが日本を訪問。(8) ドクター・カーリン、改革を要請される

［二〇〇頁］

1. Aug.7 — 17, 1924 <u>England</u> Next meeting of the Gene. Com. W.J.C.S.
2. May latter part. Europe. Exec. Com — 1923
3. Nov. 3rd Sunday day of Prayer. 1922
4. New Ed. Constitution
5. Directing of the Trd.
6. Students World.
7. Hymnal. New
8. New credential card.

1. 1924年8月7～17日、英国 W.J.C.S. 次回一般委員会
2. 5月後半、ヨーロッパ　執行委員会1923年
3. 11月第三日曜日　祈りの日　1922年
4. 新たな教育憲法
5. 伝統［？］の方向付け

6. 学生の世界
7. 讃美歌。新たな
8. 新たな資格証明カード

一九二四（大正十三）年

淀橋町角筈移転後の神学部

【冒頭余白】

詩篇百三の五、斯くて汝は若やぎて鷲の如く新たになるなり

哥林多後書四の十六、我等臆せず我らが外なる人は破るるとも内なる人は日々に新た也

――――――

「七十六齢北斎画狂老述

已六才より物の形状を写すの癖ありて、半百の頃より屡々図画を著はすと雖も、七十年画く所実に取るに足るものなし。七十三才にして稍々禽獣蟲魚の骨格、草木の出生を悟り得たり。故に八十にしては益す進み、九十にして猶其の奥意を極め、一百才にして正に神妙ならんか、百有十才にしては一点一格として生るが如くならん。願くは長寿の君子、予が言の妄ならざるを知り給ふべし。」

翁死に臨み、天我をして十年の命を長くせしめばと云ひ、暫くして更に謂つて曰く、天我をして五年の命を保たしめば真正の画工となるを得べしと言了りて死す。時に歳九十。其意気、実に壮なりと謂ふべし。

大正十年１９２０[21]、我ガ東京ニ第八回世界日曜学校大会ヲ開キタル時、非常ニ多忙ヲ極メタル為ニ年来日記ヲ作ルノ慣習ヲ破リ、其後今日ニ至リシガ、今年復興第一年ヨリ復日記ヲ復興スルコトト為ス。

一月一日（火）　曇又晴無風

如例朝食後家族礼拝。

荒川静江、去月廿六日以来来泊ス。

午前、寒気強キ為、年頭ノ廻礼ヲ見合ス。

午後、長者丸辺迄散歩ス。市中極メテ寂寞タル正月ナリ。年賀客ノ来往少ク、国旗ヲ揚ゲタル家モ稀ナリ。如此ハ曽テ見ザル所ナリ。

年賀状ノ来ルモ亦甚タ少シ。蓋大震災ヲ機トシテ虚礼ヲ廃スルノ意味モアランカ。例年学院ヨリ出ス賀状モ今年ハ見合ハセタリ。年賀客モ亦少シ。

一月二日（水）　天気快晴、微風、寒気稍和ク

小石川松平子爵家邸ニ赴キ年賀ヲ表シ、帰途沼澤ニ立寄リ、午餐ニ鰻飯ノ饗応ヲ受ク。年賀客ハ例年ヨリ著シク少ク、電車モ空席アリ。午後三時比帰宅。

外村義郎氏来訪、震災時ノ経験話アリ。

一月三日（木）　曇後晴、無風

在宅、来客ニ接ス。

新聞紙ノ号外アリ。清浦子、大命ヲ拝辞スト。

旧臘廿七日、帝国議会開院式ニ摂政宮行啓ノ途上、旧虎ノ門跡ニ於テ難波某ナル一青年枝〔ママ〕銃ヲ以テ殿下ヲ狙撃ス。散弾ハ殿下ノ自働車ノ窓ガラスヲ破リタレトモ、幸ニ殿下ハ安泰ニシテ議会ニ臨場シ、開院式ヲ挙ゲラレ、不敬青年ハ逮捕セラレタリ。

此大不祥事ニ対シテ山本内閣ハ責ヲ引キ総辞職ヲナシ、元老へ御下問ノ末遂ニ清浦子ニ組閣ノ命ハ降リタルナリ。

秋葉省像氏来訪、緩談ス。

一月四日（金）　快晴、無風、寒気モ稍々ユルヤカナリ

午前、バラックノ銀座通ヲ見ル。服部へ往キ沼澤ノ時計ヲ受取ル。

日本橋教会牧師原田友太氏来リ、午餐ヲ共ニス。明後日同教会仮会堂献堂式ニ祝辞ヲ嘱セラル。

夕刻ヨリ益富氏夫妻、二女ヲ携へテ来訪、夕食ヲ饗シ緩話シテ帰ル。欧州土産トシテ真澄、清見ヘドイツノ紙幣数葉数十万マークヲ与フ。翫具同様ノモノナリ。

清浦子ハ一旦大命ヲ固辞シナガラ、再度ノ大命ニ依リ志ヲ翻シテ組閣ヲ引受ケ、研究会ヲ中心トシテ貴族院内閣ヲ組織セント試ミツ、アリ。但一時的ノ中間内閣タルコト明白ナリ。

一月五日（土）　又々快晴、新年ニハ珍敷天気続ナリ

新年ニ真野文二氏へ左ノ狂歌ヲ送リシニ、昨夜返歌ヲ送リ来ル。

立かへる春をまたはや焼野よりもえ出るものは草ばかりかは　蜂聲

曽テ流産内閣ヲ以テ有名トナリタル清浦内閣ハ目下再ビ産ミノ苦痛最中ナリ。

一月六日（日）　曇後晴

三浦徹氏ヨリ新年の感ト題シ

新しき年は賜へど新なる力かへらぬ身をいかにせん

ト申来ル。依テ直チニ

老が身も神のめくみに鷲のごと若返るこそうれしかりける

又

外なるはよし壊るとも内なるは日に新たなるいのちなりけり

ト返し〔ママ〕タリ。

午後、日本橋教会仮会堂ノ献堂式ニ列シ、一場ノ祝詞ヲ述ブ。電車ノ中ヨリ同区附近ヲ見ルニ、復旧工事ノ速カナルニ驚キタリ。

真野文二氏、来訪ノ由。

一月七日（月）　晴天、南風吹キ暖カナリ

難産ノ清浦内閣愈成立、本日親任式アル由。但前途頗ル多年多難ナリト察セラル。抑モ出発ヨリヘマ多キガ如シ。

一月八日（火）　晴、寒強シ

本日新学期開始ノ筈ナリシモ、神学部補強工事未了ノ為休業ス。

午後二時、富士見町フエルプス氏宅ニ同盟財団法人理事会ヲ開ク。元田、斎藤、フエルプス及ビ余ノ四人出席。報告ヲ聞キ、預金証書ノ検査ヲナス。

四時ヨリ復興事業ニ関スル懇談会アリ。出席者ハ青年会ノ主事並ニ理事等十数名アリ。八時過閉会。フエルプス氏ノ自働車ニテ帰ル。寒気強シ。

午前、三学部教職員懇談会ヲフエルプス氏ノ宅ニ開ク。

一月九日（水）　快晴、無風

学院ニ往キタルニ工事未了。不得止本週ハ休業トナス。

午後二時ヨリ青年会同盟本部ニ於テ同盟主事鈴木槃吉氏夫人ノ葬儀アリ、之ニ会葬ス。良人ト幼児二人ニ先立テ逝ク。気ノ毒至極ナリ。

夕刻帰宅。沼澤くに子来訪、晩食ヲ共ニス。八幡大嶋家ヨリ送越シタル近江牛肉ヲ饗ス。

一月十日（木）　快晴、微風

午後、秋葉省像氏ヲ訪問ス。

一月十一日（金）

連日稀ナル晴天ナリ。

午後、散歩カタガタ麻布十番ニ往キ、青柳ニテ長鋒ノ毛筆ヲ買フ。是レ秋葉氏ノ推薦ニ因ル。

一月十二日（土）

今日モ亦晴天ナリ。旧臘クリスマス以来未タ一回モ降雨ナシ。最早降雪ノアルベキ時季ナリ。

午前、研究所ニ往キ種痘ヲ為ス。渋谷、青山附近、続々天然痘ニ罹ル者アリ。其数既ニ三十ヲ越ユト新聞紙ニ見ユ。

一月十三日（日）　晴

午前十時、麹町教会新築バラツク会堂ノ礼拝ニ出席ス。未タ工事終ラズ、窓ニガラスモ入ラズ、ストーブモ出来ズ。前日曜日ノ献堂式ハ無理ナリシナラン。出席者ハ余共二十二三名ニ過ギス。稲垣氏ハ簡単ナル説教ヲ試ミタリ。

花子、真澄、清見ハ白金教会ニ転会スルコトニ定メ、今日ヨリ同会ニ出席ス。

郷司老夫人来リ、午餐ヲ饗ス。

夕ニハ多木燐太郎来リ、晩食ヲ共ニス。

一月十四日（月）　晴、暖キ方

午後二時ヨリ伝道局常務理事会ニ出席ス。久振ニテ渡辺暢氏ニ逢フ。其形容ノ年老タルニ驚キタリ。内地ニ帰リテ以来兎角不健康ナリト云ヘリ。

引続キ五十年紀念運動委員会アリ。山口県宇部市、府下池袋及北海道ニ新伝道地開始ノ評議アリ。


一月十五日（火）　曇天、遂ニ天気悪化ノ模様ナリ

今朝六時十分前、余程ノ強震突然起ル。驚キテ起床シタレトモ戸外ニハ出ズ。屋上ノ瓦ハ無事ナレトモ、ツイ此頃塗替タル壁ハ又々破損シタリ。外廻リハ殊ニ然リ。且家モ亦少シク後ニ傾キタルガ如シ。寄宿舎ノ屋根瓦ハザク〱トナル。神学部ノ煉瓦壁ニハ新亀裂ヲ生ジ、講堂ノ両側ニ作リタルコンクリートノ支柱ハ壁ヨリ二寸許離レタレバ全然無用トナレリ。

一月十六日（水）

昨夜ハ終夜西北ノ強［風］吹スサミ、不安ノ中ニ一夜ヲ過シタリ。然シ幸ニ無事ナリキ。

午前八時半出院、漸ク授業ヲ開始シタリ。工事中、余ノ室内ノ箱函水入文鎮紛失セリ。恐クハ職工中何者カ窃取シタルナラン。

十一時ヨリ実行委員会アリ。田川氏ヨリ神学社ハ神学校合同ニ関スル交渉委員ヲ選挙スルコトヲ拒絶スル旨、大会委員ヘ回答シタル趣報告アリ。尤モ将来交渉ノ為ニ幾分ノ余地ハ存ストノコトナリキ。

午後、勝治来訪。

一月十七日（木）　曇天、雪模様ナリ

午前、出院授業例ノ如シ。

高橋子爵ハ爵ト貴族院議員ヲ辞シ、衆議院ニ議席ヲ求メテ政界ノ革新ニ努力セントノ決意ヲ発表シタリト新聞ニ見ユ。而シテ清浦内閣ニハ絶対ニ反対ノ由、之ニ依テ山本、元田、中橋、床次ノ四人ハ脱会届ヲ提出シタリト云フ。一般ニ高橋氏ニ同情多シ。

午後、李延禧［禧］氏、結婚式ノ礼ニ来ル。銀製「テッパイ」ノ贈物アリ。

一昨日、磯子出産、男子出生ノ由ナリ。

一月十八日（金）晴、寒強

午後、出院授業。但三年級欠席。

午前十一時、神田錦町女子青年会［館］ニ開カレタル継続伝道委員常務委員会ニ出席ス。出席者ハ元田、小﨑、マケンゼイ、松野及ビ余ノ五人。今回基督教聯盟成立シタルニ付、継続委員ハソノ事務ヲ総テ譲渡シタルナリ。帰途、最後ノ午餐ヲ宝亭ニ於テ共ニシタリ。

帰途、麻布十番青柳文寿堂ニテ、硯、墨、紙ヲ買フ。長鋒ノ羊毫ハ一幹金三円也。

一月十九日（土）曇後晴、寒強シ

午前、出院授業。

午後、教師試験委員小委員会ヲ開キ、論文題並ニ説教題ヲ決定ス。論文題ハ日本伝道ノアポロゼチックス、説教ハ「我生ルニ非スキリスト」ナリ。前者ハ植村氏ノ提出、後者ハ余ノ提出セル所ナリ。

一月二十日（日）晴

正午過、荒川文六上京。福岡ニ於テモ皆々無事ノ趣ナリ。真野文二氏モ近日再ビ上京ノ由。

一月二十一日（月）晴

昨夜ハ二回微震アリキ。今日ハ大寒ノ入ナレトモ存外暖カナリ。

午前、鶴田氏方ヲ訪ヒ磯子ト赤坊トヲ見ル。母上［子］共ニ健全ナリ。貞雄ト命名シタル由、貞ハ祖父楨［禎］次郎殿ノ「ツクリ」ヲ取リタルナリトノ事ナリ。

帰途、森明氏ヲ慰問ス。危篤ニハ非レトモ余程ノ大患ナリ。強ヒテ面会ヲ求メラレ一二分間面語シテ帰ル。

本多弟三郎氏来訪ス。亡父ノ葬儀ヲ補ケタル答礼ナリ。

一月二十二日（火）晴

午前、出院授業。

臨時部長会ヲ開キ、来廿六日皇太子殿下御成婚祝賀式挙行ノ件ヲ評議ス。田川氏欠席ス。

午後七時半、荒川文六出立、帰途ニ就ク。

休会明ケ議会開会、但シ衆議院ハ首相ノ施政方針演説ヲモ聴カズニ御慶事ヲ名トシテ来三十日迄休会ス。

一月二十三日（水）晴

北風強ク寒気俄カニ加ハル。出院如例。

午後三時、フエルプス氏来訪、ＹＭＣＡ同盟事業ニ就キ、又自己帰省ノ件ニ付相談アリ。同氏ノ来五月比帰国シテ成ルベク早ク帰朝スルコトヲ勧ム。ＹＭＣＡ主事間ノ関係ニ付苦心談ヲ聞ク。

夕刊ニレイニン遂ニ死ストノ電報ヲ載セタリ。

一月二十四日（木）　晴、寒風吹ク

午前、授業。

午後、花子同伴、李延禧氏ヲ渋谷字代官山ノ寓ニ訪問ス。但新夫人ハ実家ニ赴キ不在ナリキ。

午後九時、恰モ就床セントセシ時、隣家火ヲ失シ大騒トナル。家ハ西隣元古賀氏ノモノナリ。幸ニ微風ノミナラズ風吹〔向〕良ク、セベレンス館モ無事ナルヲ得タリ。万一風向悪クバセベレンスハ六ケ敷カルベク、セベレンスヘ燃ウツレバ食堂モ内モ六ケ敷カリシナラン。

真澄、清見ハ直チニ駆付テ手伝タリ。寄宿生モ働キタリ。

一月二十五日（金）　晴、寒

午前、授業。

直チニセベレンスノ家根ヲ修繕スベキコトト、梯子ヲ用意シ置クベキコトヲピーク氏ヘ書面ヲ以テ注意シタリ。

昨夜出火ノ原因ハワラ火゛ヲ焚キ、ワラ灰ヲ物置ニ入レ置キタルヨリ発火シタルモノ、如シ。

一月二十六日（土）　快晴

摂政官殿下ト良子女王殿ノ御成婚ノ慶典万事滞ナク、天気晴朗、国民歓喜ノ裏ニ行ハル。

我ガ学院ニ於テモ午前九時半、於講堂三学部合同シテ御慶典祝賀式ヲ挙ク。田川氏司会、水芦聖書朗読、都留祈祷、一同祝詞唱詠ノ後、余一場ノ祝詞ヲ謹述ス。

午前ハ申分ナキ好天気ニテ風モナク、両殿下ノ御通路ハ夥シキ群衆ニテ其数五十万トノコトナリ。

夜九時半比ヨリ久振ニテ雨降リ、間モナク雪ニ変ス。

御慶事ニ際シ、社会事業者二百有余名ヘ各金二百円ト銀盃ヲ下賜セラル。其中ニハ外人十五名アリ。

一月二十七日（日）　晴

終日在宅、静養。

徳富蘇峰著徳川家康時代下巻ヲ読了ス。昨夏、軽井沢ニ於テ大阪役ノ巻ヲ読ム。蘇峰ノ根気絶倫驚カザルヲ得ズ。

其家康ノ性格ヲ非難スル所稍々穿チ過ギタルノ観ナキニ非ズ。然レトモ概シテ公平ナリト云フベシ。心シテ此二巻ヲ読ム者ハ、何人モ徳川家康ノ人格ヲ了解シ其長所短所ヲ知ルベシ。

一月二十八日（月）　晴

午前、真野文二氏夫妻ヲ牛込区佐内町石井氏方ニ訪問ス。

既ニ二人共ニ外出シタル後ニテ空ク帰ル。

一月二十九日（火）　晴

午前、授業。

午後一時、神学部教授会ヲ開ク。

神学社ト合同ノ問題ニ付先方ニ於テハ交渉委員ヲ挙ルコトヲ拒絶シタリトノ事、但合同ヲ絶対ニ拒絶シタルニハ非ズト。目下大会ノ委員ニ於テ交渉中ノ由。

一月三十日（水）　晴、寒強、零度下三度五分

午前、授業。

田川氏支障アリ、部長会ヲ休ム。

正午過ヨリ真野夫婦来訪、午餐ヲ共ニシ、御成婚式ニ参列シタルコト、又昨日□［破：「宮」カ］中ニ於テ拝賀シタル時ノ事等ニ［付］緩談ス。咲［破：「子」］ハ夕食マデ留リ、夜ニ入リ清見ニ送ラレテ帰宅ス。文二氏ハ今夜東北大学視察ノ為出発ノ筈。

一月三十一日（木）　快晴、寒強、但無風

午前、授業。

午後、散歩旁魚藍坂ノ印刷所迄名刺ヲ取リニ往ク。名刺ハ百枚壱円八十銭也。

二月一日（金）　晴、暖

寒中ニハ珍ラシキ暖気ナリ。

午前、授業。

午後、正金銀行ニ往キ、帰途三田通白十字堂ニ往キ、明夕ノ懇話会ノ為ニ西洋菓子二十二人分ヲ注文ス。

昨日午後、衆議院暴漢二名闖入シ、壇上ニ駆上リ万歳ヲ連唱シ、議員モ亦混同シテ逓相及首相ノ演説ヲ妨害シテ議場大混乱ニ陥ル為ニ一時休憩トナル。然ルニ休憩中ニ議会解散ノ命出ツ。政府ノ狼狽ハ勿論ナレトモ、議員即チ政府反対党ノ振舞モ乱暴ナリ。是ニテハ実際憲政モ何モアツタモノデハナイ。

二月二日（土）

朝来雪降ル。但寒気強カラズ。

午前、授業。

昨夜ハ何故カ安眠シガタク、十一時半過、ヴロナールヲ頓服シ十二時過寝ル。

午後七時ヨリ学院事務室ニ於テ懇話会例会ヲ開ク。三年生村上潤次郎、ウヰルリアムゼイムスノ「宗教経験之諸相」ニ就テ評説ヲ試ム。桑田氏ノ感話アリ。茶菓子ヲ饗ス。菓子ハ白十字堂ノ西洋菓子四個宛トス。

前大統領ウヰルソン氏危篤ノ電報アリ。同氏ノ末路不遇失意、同情ニ堪ヘザルモノアリ。

二月三日（日）　晴

西北ノ風強ク寒気酷烈。信越地方大雪吹ノ由、東京ハ其余波ナラン。

今日、昨年発病ノ満壱週年ニ相当ス。故ニ特ニ高木博士ヲ招待シテ診察ヲ受ケ、而シテ後感謝祝賀ノ意味ヲ以テ晩餐ヲ共ニス。食後緩談刻ヲ移シ、九時比辞去ル。現在ノ処、身体ニ何等ノ異条ナシトノ事ナリ。

二月四日（月）　晴天

午後、青山墓地ノ状況ヲ検査ス。母上ノト春雄ノトハ無事ナレトモ、父上ノト勢喜子ノトハ再ビ西向ニネジレタリ。彦三郎ノモ同然ナリ。

二月五日（火）　晴

午前、授業。

午後二時、伝道局理事総会出席ノ為、富士見町教会仮会堂ニ赴ク。壱年間ノ事業及会計ノ報告アリ。前年度ハ震災ノ為金二千八百円ノ負債アリ。

夜ニ入リ帰宅ス。

二月六日（水）　晴

午前九時、牛込教会堂ニ教会創立五十年記念運動委員会アリ。前二年間ノ事業及会計ノ報告アリ。第二期ノ運動方針ハ感情的ヨリ寧ロ思想的ニ重キヲ置キ、連続的講演ヲ主トスル事ト為ス。一同中食ヲ共ニシテ後、内外伝道実施ノ問題ヲ議シ、愈来年一月一日ヨリ実行スルコトト為シ、之レガ為ニ準備委員八名ヲ挙ク。日本人、植村、毛利、渡辺暢、井深、宣教師、ノッス、ピーク、GWフルトン、SPフルトンノ八名ナリ。午後三時閉会。

帰途、松宮彌平氏ヲ訪ネ、軽井沢借宅ノ事ヲ相談ス。

二月七日（木）　晴

午前、授業如例。

真野夫婦帰省。移転料四分ノ三ハ取レタリトノコト。

午後一時、学院〔ママ〕実行委員会アリ、高等学部校舎修繕見積書ヲ取ルコト、神学部、高等部来年度予算方針等ニ付協議アリ。

二月八日（金）

未明ヨリ西南ノ強風吹キ始メ、七時過ヨリ生温キ烈風トナル。四月比ノ気温ニテ心地悪シキ程ナリ。去月十五日ノ強震ニテ壁ノ損害其侭ナルガ故ニ、外面ノ壁ハ再ビ脱落シ、屋内ハ塵埃落チ不快極レリ。

午前、出院授業。

午後二時ヨリ女子青年会事務所ニテ、青山、東京学院、神学社、霊南坂神学校及明治学院等ノ代表者ノ協議会アリ。問題ハ神学教育及ビ預備教育協力又ハ合同ノ事ナリ。青山ハ合同ニ反対ノ意ヲ表セリ。尤モ何レモ個人的ノ意見ナリ。

二月九日（土）　晴

午前、授業如例。

午後、清見同伴、木村ノ依頼ニヨリ目黒久米邸内ノ地所ヲ検分ス。位置ハ宜シケレトモ坪当百五十円ニテハ高過ギテ話ニナラズ。帰宅後間モナク郷司氏来訪、花房子爵邸内ニモ売地アリトノ事ナリ。寧ロ其方宜カラント。代価坪八十二円位ノ由、但シ確実ノコトハ判ラズ。

二月十日（日）

昨夜来西北ノ風雨トナリ、寒気加ハル。

又々数ヶ所ニ雨漏ヲ生ジタリ。去月十五日ノ強震ノ結果ナリ。

二月十一日（月）　曇

午前九時半、三学部合同紀元節祝賀式執行、文部省視学官矢野于城氏ノ演説アリ。頗ル適切ニシテ有益ナリキ。

式後、教員数名ト共ニ懇談シ、正午ニ至テ散ス。

本日、多年教育及ビ社会事業ニ従事シ功績アリタル者ニ叙勲ノ発表アリ。其中ニ十数名ノキリスト者アルハ喜ブベシ。数名ノ外国宣教師モ叙勲セラレタリ。

二月十二日（火）　曇

泥濘甚シ。

午前、授業。

午後一時、神学部教授会。卒業式ノコト、来学年受持科目、其他ノ件ニ付議決ス。

今回叙勲セラレタル山室軍平、磯邉弥一郎、原昭［原胤昭］ノ三氏へ賀状ヲ出ス。在米ノシユネーダー氏ヘ出ス。

二月十三日（水）　曇、西北ノ寒風強シ。

午前、授業如例。

田川氏帰省不在ニ付部長会ハ休。

二月十四日（木）

午前、授業如例。

帰途、近日渡米セントスル網嶋佳吉氏ヲ訪問ス。

塚本道遠氏来訪、東京市小学校ニ於テ精神的童話ヲ起ス件ニ付賛成ヲ求ム。

午後六時、フエルプス氏方ニ於テ青年会復興部理事会ヲ開キ、諸種ノ報告ヲ聞キ且協議ヲナス。

九時過、自働車ニテ送ラル。

二月十五日（金）　晴、寒強シ

授業如例。

午後四時、フエルプス氏方ニ於テ同盟常務委員会アリ。報告及協議ノ後、カフエテリヤ式ノ夕食アリ。九時比、自働車ニテ帰宅ス。

伯爵渡邉昭氏ヨリ「千秋歌集」壱部ヲ贈来ル。故渡辺千秋翁ノ歌集ナリ。製本ノ体裁頗ル雅ナリ。歌トシテ幾何ノ価値アルカハ自ラ別問題ナリ。

二月十六日（土）　晴、寒強シ

午前、出院授業如例。

午後一時、斎藤惣一氏同道、徳川家達公、渋澤子爵、藤山雷太、河井貴族院書記官長、中村衆議院書記官長ヲ訪問シテ謝礼ヲ述ブ。徳川、藤山ノ外ハ孰レモ面会シタリ。徳川公ハ不在ナリキ。是ハ今回大震災善後会ヨリ同盟ノ為ニ金六万一千円ヲ寄附セラレタル為ナリ。河井氏ハ特ニ同盟ノ事業ニ感服シタルコトヲ物語リタリ。

夕刻、笹倉弥吉氏来訪、来廿一日出発渡米、会堂再築費ヲ募集シ、夫レヨリグラスゴーニ於ケル世界日曜学校大会ニ出席ノ趣ニテ暇乞ニ来ル。

二月十七日（日）　晴、寒強、零度下四度四分

一昨夜半、速達便ニテ清浦首相ヨリ招待状来ル。国民ノ精神作興ニ関シテ親シク懇談シタシトノコト。時ハ来廿一日午前十時、所ハ永田町ノ官邸ナリ。余ノ外ニモキリスト教側ニテ八九名ノ代表者招カレタリトノ由。

午後、三浦太郎氏来訪、例ノ如ク長座ニテ少シク閉口シタリ。

二月十八日（月）

午前十一時、於講堂シカゴ大学教授ジヨンコールテル氏ノ科学家ノ宗教ト題スル演説アリ。科学ト宗教ノ協和ヲ力説シタリ。桑田氏之ヲ通訳ス。思想ニ於テハ格別新シキコトモナカリキ。

午後三時ヨリ、ライシヤワー氏宅ニ於テコールテル氏一行ノ為ニ茶話会アリ。自分モ招カラレテ出席シタリ。

七時ヨリ植村氏方ニ於テ明後日首相ヨリ招待セラレタル者ノ打合会アリトノ案事〔ママ〕ニ付出席シタリ。但差支多ク石川角次郎氏ノ外ハ来会ナシ。植村、石川ノ二氏ハ是非余ニ答詞ヲ述ル役ニ当レトテ聴カズ。其場合ノ様子次第ニテ答詞ヲ述ブルコトヲ承諾ス。

二月十九日（火）　晴、曇

午前、授業如例。

来年度神学部仮予算案ヲ作成ス。本年ニ比シテ五千余円ノ増加ナリ。是レ都留、桑田二氏ノ来年度ヨリ神学［部］専任トナルト、角筈ニ移転費ノ為ナリ。

今日ハ学院ヨリ帰途少シク疲労ヲ覚ヘタリ。恐ク昨夜十分ニ安眠セザリシ為ナラン。

二月二十日（水）　晴

漸ク春メキ来ル。

午前、出院授業ノ後、部長会ニ於テ来年度神学部仮予算ヲ田川氏ニ提出ス。金額壱万五千余円トナル。

午後、日曜学校協会理事会ニ出席、評議員会規程及ビ今年世界大会ニ代員トシテ出席スル人々ノ選定ニ付協議アリ。

本日、首相官邸ニ於テ午前ハ仏教、午後ハ神道管長ノ国民ノ精神作興ニ関スル懇談会アリ。市内ノ新聞ハ何レモ冷カニ見テ、真面目ニ取合ズ、首相ニ対シテモ神官僧侶ニ対シテモ、彼等ニ思想問題ガ判ルカト云フ態度ナリ。

二月二十一日（木）　晴

午前十時、首相官邸ニ於テ基督教代表者九名、即チ天主教本城昌平、正教会三井道郎、小﨑、植村、元田、鵜﨑、千葉、石川、及余ノ招待懇談会アリ。主人側ハ首相、内務、文部両大臣並次官、其他局長、参事官等ナリ。先ツ首相清浦子ヨリ精神作興思想善導ニ関シテ一場ノ演説アリ。之ニ対シテ余、小﨑、植村、鵜﨑、元田ノ五名、各々意見ヲ披瀝ス。首相ハ之ニ対シ再ビ挨拶アリ。而シテ食堂ニ入リ簡単ナル午餐ヲ了リ、喫煙室ニ席ヲ移シ数分ニシテ余一同ニ代リ謝辞ヲ陳べテ帰ル。首相ノ態度ハ極メテ叮嚀ナリキ。文部大臣モ数言述べタレトモ、少シク正鵠ヲ失シタリキ。

二月二十二日（金）　曇、寒

午前、出院授業如例。

午後、都留氏同伴、角筈女子大学ノ校舎ヲ検分ス。地震後破損ノママテ可ナリノ修繕ヲ要ス。且経費モ倍以上ハ入ルナラント察セラル。電灯料ノミニテモ一ケ月五十円ヲ要ストノ事ナリ。石炭モ一冬四万斤ヲ要ストノコトナリ。

二月二十三日（土）　曇、晴

午前、授業如例。

白金学報ノ為原稿ヲ寄送ス。

帰途、ステーグマン氏ヲ訪問シ、同氏帰国後再来ノ時ノ受持科目ニ就テ相談ス。本人ハ新約ヲ受持度由ナリ。

横浜井深とせ子、やす子両夫人来訪。

二月二十四日（日）　晴

午後、長者丸松田好生氏訪問、同氏ノ紹介ニテ木村良夫ノ為英子〔ママ〕爵邸内ノ地所ヲ見分ス。

帰途、鶴田家訪問、健次留守宅ヲ尋ヌ。いそ子尚少シクタンパク下ルトノ事、赤坊ハ能ク肥立ツ、アリ。他ノ子供モ至極達者ナリ。健次ヨリ最近文通アリトノコトニテ安心シタリ。

二月二十五日（月）　晴

正午、田川氏ノ主催ニテ学院同窓会評議員会アリ。午餐ヲ共ニシ、学院修覆ノ為寄附金募集ノ件ニ付協議ス。来会者十二人。

帰途、高輪南町渡辺伯爵家ヲ訪問シ、若主人、老後室等ニ面会、千秋歌集贈与ノ謝礼ヲ述ブ。

真野文二氏ヨリ電話当籤ノ由書状来ル。

二月二十六日（火）　晴

午前、授業如例。

帰途、歯科医澤氏ニ往キ歯ノ療治ヲ為ス。

真野氏ヨリ電話設置変更ハ九段、四谷ノ二局部内ニ限ル由、届書差出方見合呉レトノ電報来ル。

二月二十七日（水）　晴

午前、授業如例。

部長会アリ、午餐ヲ共ニス。

本年ノ卒業式ニハ渡辺暢氏ニ演説ヲ委嘱スルコトニ定メ、式後雨中体操場ニ於テ来賓ニ立食ヲ饗スルコトトナス。

日本橋教会牧師原田友太氏来訪ス。

二月二十八日（木）　晴

午前、授業如例。

帰途、歯科医ニ往ク。

午後、目黒夕日ケ岡ノ売地ヲ見ルベク往ク。

郷司氏来訪、三條公爵別邸前ノ明地ハ坪当百十円ニテ売却ノ意志アリトノ旨ヲ語ル。白金教会ハ其一部ヲ買ハントノ意志アリ。木村ノ為ニモ適当ノ地ナリ。

二月二十九日（金）　曇

午前、授業如例。

午後一時半、実行委員会出席。田川、ライシヤワ、ヒーク、都留、水芦、余ノ六人。高等部校舎修理ノ事ニ関シテハ更ニ図案ヲ取リテ警察ニ届出ルコト、礼拝堂モ同然ノコトト定ム。プレスビテリアンミシヨンハ本年五月迄ハ予算二割删減ノ赴報告アリ。リホームドミシヨンハ一割減ノ由。

三月一日（土）　晴

午前、授業如例。

午後三時、フエルプス氏方ニ往、青年会同盟会館再建築ニ付打合会ヲ開ク。丸ノ内比日［日比］谷附近ニ合同会館ヲ建ルノ議アリ。

午後五時ヨリ生命保険協会クラブニ於ケル山本邦之助氏ノ招待ニ依ル晩餐ニ列ス。植村、小﨑、元田、平岩、千葉、石川、松野等十数名ナリ。山本氏、東京市青年会総主事ヲ辞職シタルニ付、在職中受ケタル後援感謝ノ為ナリトノ事ナリキ。山本氏ハ青山学院高等部実業科々長ト成タリトノコト。

三月二日（日）　曇

松方公爵、昨日午前十一時死去シタリトノ報告アリシニ、本日ノ新聞ニ依レバ仮死状態ヨリ目覚テ稍々良好ナリトノコトナリ。

目黒三條公爵別邸前売地ノ事ニ付、木村ヘ書状並ニ図面ヲ郵送ス。今回ハ至極適当ノ住宅地ナリト思ハル。

三月三日（月）　晴

田川大吉郎氏ノ招ニ依リ帝国［ホテル］ニテ午餐ヲ共ニス。其時同氏ヨリ今回神学部角筈ニ移転スルニ付、之ヲ機トシテ部長及教授ヲ辞任シテハ如何トノ内談アリ。辞任後ノ待遇ニ就テハ規定ノ年俸三分ノ一ノ外ニ年俸ノ半額ヲ加フルコトトナシ、且当分ハ講師トシテ壱週数時間教授シ、ソレニ対シテハ別ニ相当ノ報酬ヲ呈スル考ナリトナリ。熟考ノ上確答スベシト答ヘテ分ル。

小石川新渡戸邸ニ於ケル京浜教役者会ニ出席シテ、去月廿一日首相邸ニ於ケル懇談会ノ感相［ママ］ヲ語ル。

帰途、フエルプス氏ニ往キ、開会中ノ主事会ニ挨拶ヲナシ、ソレヨリ斎藤、フエルプス二氏ト共ニ川井、中村ノ両書記官長ヲ訪問シ、在京中ＹＭＣＡヘノ寄附金五万円ノ事ニ付謝意ヲ表シ、且協議ヲ遂ゲタリ。

三月四日（火）　曇

午前、授業。

オルトマンス並ニライシヤワ二氏ニ昨日ノ田川氏ノ内談ニ付語リ、両氏ノ意見ヲ尋ネ、且辞任ノ待遇法ニ付了解ヲ求ム、何レモソノ至当ナルコトヲ認メタリ。

午後、教授会ヲ開キ、ステーグマン氏ノ受持ヲ新約及宗教［教］育学ト改メ、桑田氏ヲ専任教授ニ推挙スルコトニ異議ナキコトヲ確ム。而シテ後ニ自分ノ［ハ］田川氏ノ内談ニ依リ明日ノ理事会ニ辞任ヲ申出ル意志アル旨ヲ告グ。

山本氏ハ意外ノ感ニ打タレタルガ如シ。

三月五日（水）晴

午前九時ヨリ定期理事会開会、諸種ノ報告アリ。

午後、予算提出後、余ハ本学年限リ神学部長兼教授ノ任ヲ辞セント欲スル旨ヲ口頭ニテ開陳ス。其理由ハ今回角筈ニ移転セントスルニ際シ、其任ノ重キニ対シテ老齢之ニ堪ヘズ、且後進ノ為ニ途ヲ開クニアリ。暫時退席シタル間ニ理事会ハ評議ノ末、辞任ヲ受ケテ多年ノ勤労ニ対シテ特別感謝ヲ表スルノ書面ヲ贈ルコト、又年俸三分一ノペンシヨンノ外ニ年俸二分ノ一ノ年金ヲ終身送ルコトヲ議決シタル旨ヲ理事長ヨリ挨拶アリ。余ハ之ニ対シテ簡単ニ謝辞ヲ述ブ。

三月六日（木）晴

午前、授業如例。

山本秀煌氏モ余ト同時ニ退職スベキ筈ニテ、都留氏ト共ニ退職後ノ事ニ付相談ス。

帰途、歯医師ニ往ク。

三月七日（金）晴

西風強烈、沙塵ヲ揚ルコト甚シ。

午前、授業如例。

昨夜一時過迄安眠不能。服薬シテ漸ク眠ル。今日ハ気分引立ズ。

三月八日（土）晴

昨夜熟睡、今朝気分良シ。

午前、授業後、実行委員会アリ、閉会後、田川氏ニ山本秀煌氏ノ希望ヲ告ク。

午後、山本氏ヲ訪問シテ田川氏ノ意見ヲ伝ヘタルニ、同氏ハ成規ニ依リ受クベキ退職手当ノ外ニ年俸一ケ年分ヲ申受度希望ノ由ナリ。依テ今後ハ凡テ田川氏ト直接相談スルヤウ告ゲテ分レタリ。

旭川木村ヨリ雅子ノ写真ト祝ノ菓子ヲ送リ来ル。

三月九日（日）晴

午前、鶴田楨[禎]次郎氏、息義帍同道来訪。健次ヨリ来信ノ事等ニ就テ緩談アリ。

三月十日（月）晴

健次、片山とよ、木村良夫へ書面ヲ認ム。

三月十一日（火）晴

午前、授業如例。

文雄へ書面ヲ出シ、今回神学部長兼教授ヲ辞任シタルコトヲ告ク。

午後、山本秀煌氏来訪、田川氏へ書面シタル旨ヲ語ル。

海上ビルヂング中央亭ニ於テ山本邦之助辞職慰労晩餐会ニ出席、発起人トシテ挨拶ヲナス。長尾、アックスリング、藤田、河井道子、桐嶋ノ諸氏、慰労ノ意ヲ述ブ。山本氏ノ答辞アリ。来客者百二十余名、盛会ナリキ。

三月十二日（水）　晴

午前、授業如例。

午後四時ヨリ帝国ホテルニ於テ今回帰国セントスルフエルプス氏ノ為送別茶話［会］ヲ催ス。来客者内外六十余名。余、亦発起人トシテ挨拶ヲナス。フエルプス氏ノ答辞アリ。阪谷男爵、松平次官等モ見エタリ。

散会後、フエルプス、斎藤惣一両氏ヲ宅ニ招キ晩飯ヲ饗ス。食後ハ斎藤氏ノ東京ＹＭＣＡノ総主事ニ招聘［サ］レタル件ニ付三人ニテ腹蔵ナキ協議ヲナス。斎藤ノ意志モ未タ決セズ、実ニ難題ナレトモ詰リ斎藤氏ハ承諾スルナラント思ハル。

ピーク氏ヨリ余ノ辞任ニ関スル理事会決議文ノ写ヲ送リ来ル。

三月十三日（木）　雨

午前、授業如例。

午後四時、フエルプス氏宅ニ同盟常務委員会ヲ開ク。非公式ニ東京ＹＭＣＡヨリ斎藤惣一氏ヲ総主事ニ選挙シタル故ニ宜敷頼ムトノ旨申出タレトモ、本人ヨリ何モ申出ナキ間ハ委員会ノ問題ト為ス能ハズト報告シ置タリ。

丹羽氏提出ノ憲法改正案ヲ否決シ、大連ＹＭＣＡへ財産不動産寄附ヲ見合ス件其他議決ノ後閉会。

例ノカフエテリヤ式晩食ノ後、自働車ニテ送ラル。

三月十四日（金）　晴

午前、第二年級説教学学年試験ヲナス。

午後、荒川康夫、一高入学受験ノ為上京ス。今年ハ二回目ナリ。

角筈へ移転ノ為、学院ニ置タル書籍及書類ノ整理ニ着手ス。

三月十五日（土）　晴、寒気強、零度下三度八分

タイスマン著「イエスの宗教とパウロの信仰と」ヲ読始ム。

秋葉氏ヲ訪問シタレトモ不在ナリ。

三月十六日（日）　晴、寒気尚強

正午ヨリ花子同伴、横浜ニ赴ク。井深浩氏追悼会ニ出席セン為ナリ。
横浜モ漸クバラツクハ立懸タレトモ、極メテ粗悪不整頓ニテ未タ見ル影ナシ。遥カニ山ノ手辺ヲ見レバ、樹木ハ焼ケ斜面ハ潰レ更ニ復旧ノ跡ハナク、満目荒涼ヲ極ム。
追悼会ハ親戚朋友三十人余ノ会合、毛利牧師支障アリ不参、塚田氏一場ノ感話ヲナス。茶菓ノ饗応アリ。夕刻帰宅ス。
清見、神戸地方へ旅行ス。

三月十七日（月） 晴
午後二時、伝道局常務理事会並ニ五十年記念運動委員会ニ出席ス。
荒川康夫、小石川沼澤へ行ク。受験中滞在ノ為ナリ。
三月十八日（火） 晴
午前、別年二年、基督教第二年級ノ学年試験ヲナス。
三月十九日（水） 晴
出院如例、午後、実行委員会アリ。高等学部校舎修繕ノコトニ付協議アリ。三名ノ請負人ニ入札セシメ、壱万八千六百円ヲ限度トシテ引受シムルコトトナス。

三月二十日（木） 晴
午後三時、卒業生ノ為ノ説教アリ。説教者ハ金井為一郎氏ナリ。説教題ハ伝道者ノ使命ナリキ。金井氏ハ能弁ニハ非レトモ、熱心ニシテ有力ナル説教者ナリ。
説教ノ後、聖餐式アリ。神学部教授、学生並ニ構内ノ外国教師及家族出席ス。

三月二十一日（金） 曇
午前十時ヨリ教授会。第三年生ノ及落ノ件其他角筈へ移転ノ件等ニ就テ評議シ、後ニ東京学院高等科ト我ガ予科トノ合同及ビ将来神学部ノ協力ノ問題ニ就テ懇談シ、午後三時ニ及ブ。ライシヤワー氏ハ頻リニ米国ノ都合上経費節減ノ為、他学校ト協力又ハ合同ヲ力説シタリ。
オウバルン神学校へ副嶋信道ノ為推薦書ヲ出ス。
今年卒業ノ村上潤次郎、北村勲、宮木喜久男[雄]ヲ招キ晩餐ヲ饗ス。

三月二十二日（土） 晴
昨夜ハ久振ニテ降雨アリシモ今日ハ晴タリ。
午後二時ヨリ卒業式執行。渡辺暢氏ノ「本末論」ト云フ題ノ演説アリ。少シク旧式ナレトモ善キ話ナリキ。
余ハ式ノ了ラサル前ニ退席シテ東中野ニ赴キ、先ヅ伊藤一隆氏方ヲ訪問シ、次ニ隣家ノ長尾半平氏ヲ訪ネ、自分ノ今回部長兼教授辞任ノ顛末ヲ語ル。

引続キ復興部役員会アリ。青年会館敷地候補地ノ件及ビ斎藤惣一市ＹＭＣＡ総主事トシテ招聘ノ件ニ付懇談ヲナス。余ハ三年ヲ限リ兼任説ヲ提出シ、皆同意シタリ。長尾氏ハフエルプス送別ノ意ヲ以テ「牛鍋」ノ晩餐ヲ一同ニ饗シタリ。フエルプス、斎藤、千葉、筧、余ノ五人ナリ。

三月二十三日（日）

午後、勝治方ヲ訪問ス。

真野並ニ荒川へ書状ヲ出ス。

三月二十四日（月）　晴

学院ニ行キ、移転ノ為書類ヲ整理ス。

三月二十五日（火）　曇

扇城館ニ行キ撮影ス。是レ今回部長兼教授退任記念ノ為ナリ。

夫レヨリ学院ニ往キ、書類其他ノ整理ヲナス。数十年来積リタル書類中、捨ントシテ捨ルニ忍ビザルモノ尠シトセズ。

午後、オルトマンス氏来訪。部長詮考委員ハ直チニ部長トシテ推挙スベキ人物ヲ発見シ得ズ。都留氏ヲ当分部長心得トシテ推挙スルニ決定シタレバ、余ノ許可ヲ得タシトノコトナリキ。余ニ於テ何等異議ナキ旨ヲ告ゲタルニ、氏ハ感謝シテ去レリ。

三月二十六日（水）　雨

夜来大雨トナル。

約ニ従ヒ午前十時神田錦町ノＳＳ協会事務所ニ千葉勇五郎氏ト会見ス。都留氏後レ来ル。問題ハ神学予科合同ノ事ナリ。其趣旨ニハ双方異論ナキモ、来月ヨリ実施ハ到底不可能ナリトノ意見ニ一致シタリ。寧ロ神学部協同問題ヲ一層徹底的ニ解決スベシトノ説モ出タリ。

帰途、同盟事務所ニ立寄、帰宅。

三月二十七日（木）　晴

学院ニ行キ室内最後ノ整理ヲ為ス。

片山とよ子並ニ健次へ自分ノ退職ニ関シテ書状ヲ送ル。

三月二十八日（金）

朝晴後雪降リ、寒気強シ。

坂田ハ予テ托シタル室内ノ書籍類並ニ引出ヲ持来ル。又植木ノ手入ヲ為シ呉レタリ。

斎藤惣一氏来訪、我ガ同盟ト朝鮮青年会トノ関係ニ関スル年来ノ問題ニ付、モツト氏及ビ申興雨へ送ラントスル書信ヲ示シテ余ノ意見ヲ尋ヌ。余ハ異議ナキ旨ヲ答フ。

フエルプス氏ハ昨日、母堂同伴自働車ニテ横浜へ赴キタル由、斎藤氏ニ告別ノ一書ヲ托ス。

三月二十九日（土）晴、曇

昨日来寒気強。入浴後、風邪ノ気味ナリ。

荒川康夫、午后六時出発、帰省。

郷司氏来訪、中間ノ土地ヲ買フベキ相手未タ見付カラズ困難ノ旨ヲ語ル。

夜、秋葉省像氏来訪、ミシヨンヨリ解雇セラレタル其仕打ノ不当ナルコトヲ訴フ。

鷲山氏来訪、ウエブストルノ古辞典ヲ贈リタル謝礼ヲ述ブ。

三月三十日（日）晴

沼澤久仁子来訪。

正午前ヨリ横浜ニ赴ク。オルトマンス氏ノ依頼ニヨリフエリス女学校ニ於テ卒業生ノ為ノ説教ヲ為サンガ為ナリ。

午後二時、バラツク建ノ校舎ニ於テ説教ス。四隣荒涼、一本ノ青木モナク実ニ悲惨ナリ。学校前ノユニオンチヤルチノ崩解シタル光景ハ、今尚人ヲシテ寒心セシムルニ足レリ。

夕刻帰宅。留守中、勝治来訪、青山墓碑ノ修理済タル旨報告アリタル由。

一昨日来少シク風邪気ノ処、押シテ説教シタルガ為ニ咽喉ノ工合良カラズ。

三月三十一日（月）晴

今朝ヨリ漸々少シク春メキ来ル。

清見、神戸ヨリ帰宅ス。本日、卒業証書授与セラル。同窓ノ友人、之ヲ受取リ来ル。

四月一日（火）晴

午前、扇城館ニ行キ再ビ撮影ス。過日之撮影不結果ナレバナリ。

ソレヨリ渋澤子爵主催ノ今村、鵜飼、山本忠興三氏ノ送別午餐会ニ赴ク。来賓ハ右三人ノ外ニ阪谷、頭元〔本〕、小崎、鵜崎、千葉等ナリ。毎度ナガラ渋澤子爵ノ達者ニハ驚クノ外ナシ。之ニ反シテ小崎ノ老衰ハ著シク目立チタリ。自分モ其仲間カ。

今日ノ福音新報ニ余ノ退職ニ就テ一篇ノ社説ヲ掲ケ、四十有余年ノ功績ニ対シテ過分ノ讃辞ヲ与ヘタリ。植村氏ニ礼状ヲ出シタリ。

田川氏方へ行キ在職中ノ礼ヲ述ブ。

四月二日（水）雨

終日在宅休養。

四月三日（木） 晴

俄ニ暖気ヲ催ス。

午前、神学部教授会ニ出席。

秋葉氏住宅ノ件ニ付ライシヤワ氏ニ相談シタルニ、秋葉氏方へ同行ヲ請ハレ、而シテ直接協議ノ末、秋葉氏ハ立退料金三千円ヲ要望スル旨ヲ述ブ。ライシヤワ氏ハ買主ト交渉ノ上結果ヲ知ラシムル筈ナリ。

四月四日（金） 曇

午後、ＳＳ協会ニ行キ会計帳簿類ヲ検査ス。

片山ヘノ届物即チ乾海苔トかき餅トヲ今村氏ニ托ス。ソレヨリ同氏同伴、文部省へ往キ、宗教局ニテグラスコー大会ノコトヲ報告シ、文部大臣ノ祝辞ヲ求ム。

午後五時ヨリ、今村、鵜飼、山本忠興氏ノ為送別会ヲ宝亭ニ開ク。来会者三十人許、余モ一言送別ノ辞ヲ述ブ。

四月五日（土） 曇、晴

対支文化事務局長出渕勝治氏主催ノ余日章歓迎会ニ行ク。場所ハ帝国ホテルナリ。然ルニ汽船延着ノ為、余氏来ラズ。其結果主賓ナシノ歓迎会トナレリ。外務省側ヨリハ出渕氏ノ外、澤田節其他二名、支那ＹＭＣＡ幹事何庭流、山本邦之助、日華学会理事山井格太郎、丸山傳太郎等ナリ。

帰途、扇城館ニ立寄リ、写真ノプルーフヲ見ル。

セベレンス寄宿生、角筈ニ移転ス。

四月六日（日） 雨

午後二時半、余日章ノ為青年会ニ於開催ノ筈ナリシモ、汽船延着ノ為流会トナル。同人ハ糖尿病ニテ、休養ノ為渡米スルナリト。

四月七日（月） 曇

午後、青山ノ墓地ニ参ル。墓碑ハ建直サレタリ。

青山少年会館献堂式ニ出席ス。中々盛会ナリキ。但牧某ト云フ人アリ、馬鹿ニ大音ヲ発シテ演説ヲナシ、殆ント聞クニ堪へザラシメタシタ[ママ]リ。ソレニ三時ヨリ始リテ終リタルハ五時ニテ、少シク閉口シ、夜分モ寝兼タリ。

四月八日（火） 曇

在ロンドン片山へ今村氏紹介ノ書状ヲ発ス。

花子ヨリ文雄宛一書を送[ママ]る。

四月九日（水） 曇

午前九時、新宿角筈ニ於テ新学年ヲ開始ス。同時ニ自分ノ部長並ニ教授ノ職ヲ辞シタルコト［ヲ］告ゲ、都留氏ガ部長心得ニ挙ゲラレタルコトヲ告ゲテ、同氏ヲ紹介ス。開校ノ後、教授会アリ。

正午、フエルプス氏留守宅ニ於テ今回ハワイヨリ来リタル毛利氏ト会見シ、来年六月ホノルルニ開カルベキ汎太平洋ＹＭＣＡ会ノコトニ付協議ス。斎藤、藤田、筧、角倉、生江氏等出席。

旭川ヨリキヤベツ着ス。

康夫一高入学許可ノ電報来ル。

四月十日（木）晴

午前八時十五分前、宅ヲ出テ市電ニテ角筈ニ行ク、時ニ八時三十分過ナリ。省線ニテ行クト時間ハ同一ナリ。授業後帰宅。十二時半過ナリ。

午後二時過、木村良夫氏上京、宿泊。

今日ヨリ急ニ春暖ヲ催セリ。

四月十一日（金）晴

朝食後、木村氏ノ診察ヲ受ク。別ニ異状ナケレトモ腎臓《ジン》ニ故障アル疑アリトノ事、尿ノ検査ヲ要ストノコトナリ。木村、清見同道ニテ目黒ノ土地ヲ見ル。気ニ入リタル模様ナリ。

ハナフオド氏来訪、暫時閑談シテ辞ス。

午後、角筈ニテフランクリン、テニー、ベンニングホフ、ホルタム、千葉其他ノバプテスト派ノ連中ト神学校共同問題ニ付会見、時刻迫リタレバ自分ハ途中ヨリ退席シタリ。

花子、午後五時半、神戸ニ向出発。

夜、秋葉、郷司来訪ス。

四月十二日（土）曇

尿ヲ検査シタルニ毫モ蛋白質ノ痕跡ナシ。

午後一時過、荒川静江、康夫両人上京。

文雄ヨリ漸ク返書来ル。其文意ニ於テハ懇切ニシテ常ニ異ナル所ナシ。単ニ一時ノ筆不精ニ因リシ事ト察セラル。

四月十三日（日）雨

静江ハ荻窪ノ寄宿舎ニ赴ク。

良夫氏ハ横浜ニ赴ク。

午後、勝見行三氏来訪。

四月十四日（月）曇

午後、日曜学校協会常務理事会ニ出席。藤川監事ヨリ神村弁護士ノ驚クベク且悪ムベキ背信背徳行為ニ付詳細ナル報告ヲ聴取シ、善後ノ処置ハ同氏ニ一任シタリ。

右会後、山本忠興氏ヨリ神学社ト合同問題ニ付腹蔵ナキ内輪話アリ。交渉委員中、多田並ニ氏自身モ植村氏ノ態度ニハ不尠奮慨シツ、アリト云ヘリ。神学社理事ハ強キ反対ナク、要スルニ植村氏ガイヤ気ニ成タルナリト云ヘリ。又、植村、田川ノ間ニ少シク了解ヲ欠クト云ヘリ。

木村氏、横浜ヨリ帰京。

四月十五日（火）　晴

午前、授業如例。

神田青年会ニ於テ同会総主事ノ件ニ付有志ノ相談会ヲ開ク。同会ノ要求ハ斎藤氏ヲ専任総主事タラシムルニアリ。要スルニ同盟ノ事業ノ重要ナルヲ十分ニ諒解セザル者ノ如シ。余ハ自己ノ意見ヲ述ベズ、単ニ彼等ノ意見ヲ聴取スルニ留メタリ。

四月十六日（水）　雨、暖

午前、授業如例。

午後四時、フエルプス氏宅ニ赴キ、先ヅ斎藤氏ト会見シ其決心ヲ聞ント欲シタレトモ、未タ決心シ得ザルモノ、如シ。

四時過ヨリ常務委員会ヲ開キ、懇談会ノ形式ヲ以テ意見ノ交換ヲ行ヒタレトモ、一致点ニ達セズ。一方ハ市ＹＭＣＡヲ主トシ、他ノ一方ハ同盟ヲ主トスルモノナリ。遂ニ斎藤氏自身ノ決心ヲ聞テ後ニ決定スルコトト為シテ解散ス。斎藤氏ハ白羽ノ矢ヲ立ラレ、人身御供ニ上ゲラレタル恐アリ。主事連ノ心事果シテ如何。斎藤氏ノ為ニ同情ニ堪ヘズ。

ジヨンアルモツト氏ヘ宛、米国両院ノ決議ニ対シテ電報ヲ発シタリ。

四月十七日（木）　曇

午前、授業如例。

花子、神戸、天城ヨリ無事帰宅。

日米問題ニ付テハ甚タ憂フベキ徴候ナキニ非ズ。日本新聞ノ調ハ存外平静沈着ナレトモ、米国国会ノ乱暴ニ対スル憤激ハ可ナリ深甚ナリト察セラル。但、国務卿ヒーズノ公平ナル態度ト、米国東方ノ重立タル新聞ノ日本ニ対スル同情ト、駐日大使ウーヅ氏ノ好意ハ大ニ本邦人ノ感情ヲ暖〔緩〕和シツ、アルコト疑ナシ。

四月十八日（金）　曇

午後、秋葉氏ヲ訪問ス。

四月十九日（土）　曇、晴

秋葉氏来訪、買人ノ方ハ土地ノ一隅ヲカスコトモ移転料ヲ出スコトモ不諾トノコトナリ。

午後、病中訪問答礼ノ為、玉川ノ柴五郎氏ヲ訪問ス。折悪シク不在ナリキ。但家族並八十子殿ト閑談ノ後帰ル。玉川両岸ノ桃花満開ニテ花見連モ大分ニ見エタリ。

四月二十日（日）晴

午後、芝教会再築献堂式ニ出席ス。同教会ハ一昨年会堂ヲ新築シタルニ、昨年九月一日ノ大地震ノ為焼失シタリ。会員ノ丹誠ト内外同情者ノ助力ニ依リテ、半永久的ノ旧ニ比シテ余リニ見劣セザル会堂ヲ再築シタルハ感心ナリ。富田牧師ノ説教モ其言葉ハ地味ナレトモ、精神ハ充実シソノ思想モ着実ナリキ。

四月二十一日（月）晴

真野文二氏ノ招待ニヨリ花子同伴、ステイシヨンホテルニ往キ午餐ヲ共ニシ、緩談ノ後分カル。

余ハ夫レヨリ伝道局常務理事会並ニ五十年記念運動委員会ニ出席ス。

中村獅雄氏ヨリ図ラズモ快癒祝ノ印トシテ、コロー筆「春」ノ複写画ヲ額ニシタルヲ贈ラル。実ニ思ヒガケナキ贈物ニテ、復活祭ノ翌日、快気祝ニ「春」ノ画ヲ贈ルトハ中々抜目ナキ仕方ナリ。

清見、大森事務所員連ト共ニ信州松本附近ニ旅行シテ帰ル。

四月二十二日（火）晴

急ニ暖カニナリ初夏ノ如シ。

木村良夫氏出発、帰旭ノ途ニ登ル。

午前、授業如例。

本日、生来初メテペンシヨンナル者ヲ受領ス。年額壱千円、外ニ年金壱千五百円也。之ヲ月額ニシテ金弐百八円三十三銭也。我モ遂ニペンシヨンノ人トナレル哉。但当分ハ講義ヲ継続シテ其レ以外ニ五六十円ノ報酬ヲ受ル筈ナリ。

日本橋教会牧師原田友太氏来訪。来日曜日ノ説教ヲ依頼セラル。

四月二十三日（水）晴

午前、授業。

帰途、沼澤家訪問。

ソレヨリ加藤寛六郎氏訪問、但来客中ニテ緩話スルヲ得ズ。小川渉編会津藩教育考第一巻ノ原本ヲ借受ケテ帰宅。日新館制度ヲ知ランガ為ナリ。

四月二十四日（木）晴

午前、授業如例。

会津藩教育考ヲ読ム。懐旧ノ情禁ジ難シ。回顧スレバ日新館ニ入リテ文武ノ初歩ヲ学ビタル、既ニ六十年ノ昔トナレリ。当年同窓ノ友、今世ニ存スルモノ果シテ幾何カアル。

四月二十五日（金）　曇、風強シ

来日曜日、日本橋教会ノ為説教ノ草稿ヲ作ル。

四月二十六日（土）　晴

午後五時ヨリ学院同窓会評議員会アリ。廿五名中会スル十一名、幹事五名ヲ選挙ス。都留、小林、一色、塚田、岡本。出席者中、専任総理ヲ速カニ選定スルノ必要ヲ唱フル少カラズ。

四月二十七日（日）　晴

午後二時、日本［橋］教会礼拝ニ於テ説教ノ筈ナリシガ、教会ノ都合ニヨリ五月十一日ニ延期ス。

午後、岡本敏行氏ヲ訪問シ、帰途、宮地謙吉氏ノ病気ヲ見舞フ。

ドクトルアツキスリングヨリ排日案ニ関スル意見ヲ徴セラレタレバ簡単ニ之ヲ認メテ送ル。

四月二十八日（月）　曇

渡辺暢氏来訪、京城ニアル病メル信徒岡崎徳松ト云フ人ノ為ニ聖書ノ一句ヲ揮毫スルコトヲ需メラル。

四月二十九日（火）　晴

午前、出院授業。

学校ニ於テ弁当ヲ喫シ、斎藤惣一氏ノ依頼ニヨリ同氏ト共ニ電気局ニ長尾半平氏ヲ訪問シ、先般ノ懸案タル斎藤氏ヲ東京市ＹＭＣＡノ総主事トシテ同盟ヨリ譲ルコトニ付協議シタリ。約三年ヲ期シ同氏ヲ右ＹＭＣＡノ総主事タラシメ、是迄紊乱シタル内部ヲ整理シテ其基礎ヲ固ムルノ必要ヲ認ム。同盟ノ為ニハ犠牲ナリ。

帰途、加藤寛六郎氏方ヲ訪問シテ、会津藩教育考第一巻ヲ返シ、第二、第三ヲ借リテ帰ル。

四月三十日（水）　曇、風吹ク

出院授業如例。

トクトルスチウワルト氏ヨリ副嶋信道ニオリエンタル奨学金壱ケ年三百五十弗ヲ与フルコトヲ快諾ノ趣返事アリ。

健次ヨリ詳細ノ書翰来ル。無事研究シツヽアリ。

［五月中扉］

G. N. Kellog 氏ノ「朝食ノ道中」ト題スル一書ヲ読ム。可ナリ極端ナル菜食主義ト云フヨリモ実《ナッツ》食主義ナリ。胡桃ノ如キハ牛肉ニ勝レル滋養分アリト主張ス。例セバ胡桃《ウワルナツト》ノ一片ハ牛肉ノ四斤ニ匹敵シ、犢ノ五斤半、鶏肉ノ四斤、鶏卵ノ五斤ニ匹敵スト云ヘリ。但一言モ魚肉ノ事ニ触レザルハ不思議ナリ。

五月一日（木）　曇

授業如例。

角筈ニテ弁当ヲ認メテ、鶴田及ビ磯子ヲ訪問ス。磯子モ漸ク全快ノ如シ。子供ハ孰レモ大元気ナリ。重健、健明共ニ著シク発展シツヽアリ。

今日ヨリ市内電車復旧、乗換券ヲ出ス。依テ豊沢ヨリ往復シタリ。

五月二日（金）　曇

庭前ノツツヂ満開、正シク初夏ノ時候トナル。

副嶋信道来ル。オウボルン神学校長ヨリ同人入学許可並ニオリエンタルスコラーシップ三百五十弗授与ノ趣ノ書状トソノ証明書ヲ得タレバ、其証明書ヲ交渉〔付カ〕ス。校長スチウワルト氏へ宛謝状ヲ出ス。

シウメーカル氏ヨリノ贈金ヲ井上朋三郎氏へ郵送ス。

午後、秋葉氏ヲ訪問シ、書道研究ノ為一週一回通学ノコトヲ頼ミ、ソノ快諾ヲ得タリ。

旭川木村ヨリ電報アリ。輝子病気望ナシト。

五月三日（土）　雨

早朝、木村へ発電。テルコヘイユイノル。

午前、明日説教ノ準備ヲナス。

木村ヨリ再ビ電報来、輝子望ナシ、母上来ラレヌカ」ト。

相談ノ上、花子今夜十時出発ノコトニ決シ再ビ発電ス。

今夜十時ノ汽車ニテ花子上野ヨリ出発ス。

五月四日（日）　曇

俄ニ昨夜ヨリ冷気ヲ催ス。夫レ故カ又ハ昨日ハ終日説教ノ準備ヲシタル為カ、久振ニテ就眠シガタク、十二時ニ至リ薬ヲ服用シテ漸ク寝ル。

午前、外村氏ノ依頼ニ応ジ伝道義会ニ於テ説教シ、且二青年ニ洗礼ヲ行フ。

午後ハ白金教会ノ建設式ニ列席シ、郷司造〔慥〕爾氏牧師就職ノ祈祷ヲ捧ク。

右青年ハ大川秀吉、渡辺鷹良ノ二名ナリ。

五月五日（月）　曇

花子ハ今日午前十一時半過旭川着ノ筈ナリ。午後五時電報着、ブジツイタ、テルコイシキフメイ。

午後、沼澤久仁子来訪、去二日若松ヨリ帰京ノ由話アリ。

五月六日（火）　曇、晴

旭川へ慰安ノ電報ヲ発ス。

午前、授業如例。

午後、教授会アリ。明治学院、東京学院、聖学院ノ神学予科協力設立ノ件ニ付交渉委員ノ報告アリ。又、奨学金募集ノ件ニ付報告アリ。

水上静子氏、岡崎スミレヲ同伴来訪、米国ヨリ砂糖ヲ二斤バカリ土産ニ持来ル。

夜ニ入リ池田藤四郎氏、親戚医学士池田孝男氏同伴来訪、孝男氏ハ来十二日ノ汽船ニテメイヨークリニックニ赴クトノ事ナリ。

五月七日（水）　晴

午前、出院授業如例。

オルトマンス氏ヨリ、ロボルツルウルスオブオルドンヲ借覧ス。日本ニモ此ノ如キ手鑑ノ必要アリ。

夜九時半、旭川ヨリ電報アリ。テルコ今日午後三時永眠、来九日午後一時葬式ノ由。真ニ気ノ毒ノ至ナリ。

五月八日（木）　雨

午前、出院授業。

木村へ吊電ヲ出ス。

セベレンス館新舎監三間三郎挨拶ニ来ル。同人ハ学院中学部ヲ卒業シ、本年高等部商科ヲ出テ、同部ノ事務員トシテ舎監ヲ兼務スル由ナリ。中学ハ真澄ト同期ナリト云ヘリ。至極着実ラシキ青年ナリ。

五月九日（金）　晴

烈風砂塵ヲ揚グ。

健次ヨリ書状来ル。

午後、秋葉氏ニ行キ書法ヲ習始ム。但、今日ハ、ノ打方ノミヲ習ヒタレトモ、却々甘ク往カズ。

五月十日（土）　晴

健次ヘノ返書、里見氏ヘノ礼状ヲ認ム。里見氏ヨリ大阪ノ名物湯葉ト昆布各壱函ヲ贈呉タレバナリ。

午前、芝増上寺ニ行キ横山勝太郎ノ為ニ一票ヲ投ズ。反対ハ平久次郎トカ云フ実業家ナリ。両方共ニ運動員多数境内ニアリ、互ニ投票者ヲ味方ニ引付ント試ミツヽアリ。

ロンドン片山とよ並雪子ヨリ書状来ル。一同無事ノ赴ナリ。

旭川木村へ慰安ノ一書ヲ贈ル。左の一首を添ヘタリ。

幼児の我に来るを許せよと祝し給ひし主をこそ頼め

五月十一日（日）　晴、風

午前八時過、花子無事旭川ヨリ帰宅。春子モ其後存外アキラメタル由ナリ。

午後、日本［橋］教会ニ於テキリスト教家庭ニ就キ説教シ、且五名ノ小児ニ洗礼ヲ行ヒタリ。即チ吾妻八千代、本多君江、川嶋榮、上澤タエ子、原田美穂子ノ五名ニシテ、何レモ真ニ可愛ラシキ小児ナリ。

総選挙ノ結果、高橋是清氏盛岡市ニ於テ僅カニ四十九票ノ差ニテ田子一民ニ勝ツ。一時ハ大ニ危ク見ヘシガ、遂ニ勝利ヲ獲タルハ痛快ナリ。又中橋徳五郎ノ大阪市ニ於テ落選モ同ジク痛快ナリ。

五月十二日（月）　雨

明日ハ母上ノ命日ニ付青山ニ墓参ス。

午後、大会事務所ニ赴キ、中国並ニ四国応援伝道ノ日程ニ付交渉ス。

夜ニ入リ中山國三、和田方行、鈴木傳助、谷津善次郎諸氏へ書面ヲ認ム。

神学生村中常信来訪、ピーボディイ氏「イエスキリストと社会問題」ヲ繙訳セント欲スル旨ヲ告白ス。之ヲ奨励シ置タリ。

一両日来食量ヲ減ジタル結果、気分モ軽ク舌苔モ殆ンド消ヘタリ。

五月十三日（火）　晴、冷気

午前、授業如例。

不在中、勝治来訪ノ由。

田川大吉郎、押川方義、根本正、斎藤宇一郎氏等落選、気ノ毒ナリ。

五月十四日（水）　曇

午前、出院授業如例。

セベレンス館ヲ当分高等部ノ使用ニ供スル件ニ付、オルトマンス、ライシヤワ二氏ト共ニ委員会ヲ開キ、協議ノ末ジヨンセベレンス氏へ書面ヲ送リ、目下ノ事情ヲ陳べ、他日相当ノ代リヲ提供スルノ条件ヲ以テ当分高等部ノ用ニ供スルコトノ承諾ヲ求ムルコトトナス。

斎藤惣一氏来訪、明夕ノ臨時委員会ノ打合ヲナス。

帰途、いそ子方ヲ訪問ス。健次ヘノ届物ニ付相談アリ。同人事数日少々不出来ノ由ナリ、但シ深シキコトニ非ズ。

五月十五日（木）　雨

午前、出院授業如例。

午後、角筈ニテ暫時休憩。

五時、フエルプス氏住宅ニ同盟委員常務委員会ヲ開ク。

先般来ノ懸案タリシ斎藤惣一氏東京市ＹＭＣＡ総主事ノ

招聘ヲ受タル為、同盟総主事辞任ノ件ヲ評議ス。漸ク本人ノ決意ニ基キ、之ヲ聴容ルルコトニ決ス。但残務ノ整理ハ勿論、対外ノ要務ハ当分兼掌セラル、コトヲ条件トナス。

五月十六日（金）　晴

漸ク初夏ノ候トナル。方サニ青葉ノ世界トナレリ。

午前、長者丸マデ散歩ス。

午後、秋葉氏方ニ往キ書法ヲ学ブ。稍〻ノ打方ヲ覚ル。秋葉氏ハ図ラズモ余ニ一面ノ硯ヲ与ヘタリ。質ハ甲州雨畑石ニシテ、大サハ約七寸ニ三寸五分ナリ。其他ニ端渓ノ古硯ヲモ示シ、孰レニテ意ニ適シタル方ヲ取レト提供シタリ。硯トシテハ後者ノ方面白ケレトモ、少シク小形ニテ習字用ニハ不適当ナルガ故ニ、前者ヲ選ビタリ。

五月十七日（土）　晴後雷雨

午前、郷司氏来訪、教会敷地［ノ］コトニ付話アリ。

午後、鶴田氏来訪、いそ子追々快方トノコトナリ。

午後五時ヨリ東中野伊藤一隆氏宅ニ於テ復興部役員会アリ、出席。諸種ノ報告ノ後、斎藤惣一氏東京ＹＭＣＡ総主事トナリタルニ付、筧氏ヲ同盟主事トナシ而復興部主事兼務タラシムル事等ニ付協議アリ。伊藤氏ハ北海道料理ノ「魚飯」ヲ饗ス。一種ノ鯛飯ナリ。

五月十八日（日）　晴

広島教会献堂式説教ノ稿ヲ作ル。

荒川静江、同康夫来ル。

午後二時、興禅寺ニ於ケル会津藩家老萱野権兵衛追悼会出席。松平子爵、山田伯、柴五郎其他約五十名許出席。但自分ノ知人ハ十名ヲ出ズ、且自分ハ殆ンド年長者トナリタルモオカシ。

五月十九日（月）　晴

午前、勝治来訪、午餐ヲ共ニス。

午後、会津藩教育考二、三巻ヲ返サン為、加藤寛六郎氏方ニ往ク。但同氏若松へ赴キ不在中ナリキ。

真野咲子来訪。

五月二十日（火）　雨

午前、授業如例。

米国ヨリマリオンロウレンス氏巡回講演中、ポートランドニテ風邪ニ冒サレ、肺炎ニ変ジ遂ニ永眠シタリトノ報ニ接ス。同氏ハ極メテ友情ニ富メル人ニテツウリヒノ世界ＳＳ大会以来知人トナリ、余ノ誕生日ニハ必ラズ祝辞ヲ贈リタル人ナリ。年齢ハ七十四五才ナリト覚ユ。

五月二十一日（水）　雨

午前、授業如例。

午後二時、明治学院理事会ニ出席。日本人ノ理事ハ議長ノ外只二人、而シモ［ママ］議事中一回ノ発言モセズ、唯徒ラニ員ニ備ハルノミ。神学教育ノ他、神学校ノ協力ニ関シテピークトライシヤワトノ討論アリ。孰レモ正鵠ヲ失ヒタル議論ニテ、殆ンド聴クニ堪ヘザルモノアリキ。

夕食ノ後ハ帰宅シタリ。予算案ニ付議事アル筈ナリキ。

五月二十二日（木）　曇

午前、授業如例。

午後、汽車乗車券、寝台券等ヲ買フ為品川駅ニ往ク。

米国世界一周飛行機三台、霞ケ関ニ到着。

午後七時半、宅ヲ出発。八時二十九分、品川駅出発。広島、呉両市及四国応援伝道ノ途ニ就ク。列車ハ意外ニ混雑ニテ、余ノ寝台ハ増結車ナリキ。

五月二十三日（金）　雨

昨夜ハ寝台ノ動揺ト暖カ過キタル為ニ安眠シ難カリシ。

午前十時三分、神戸三宮着。谷津善次郎氏同車ス。神戸以西ハ汽車中モ大ニ楽ニナリ、幾分カ睡眠ヲ取返シタリ。

午後四時五十分、広島安着。和田牧師、長老某、渡辺弥蔵氏等ノ出迎ヲ受ケ、ヘレフオド氏ノ客トナル。曽テ大正三年協同伝道ノ時、同氏ノ客トナリタルコトアリ。同氏ハ南米アラバマノ人ニテ、極メテホスピテブルノ人ナリ。夫人モ亦然リ。

午後九時、入浴ト云フヨリモ行水ヲ遣ヒ寝ニ就ク。

教会ノ人々ハ明日ノ献堂式ノ為ニ多忙ナリ。長老芳我雄一、清水金之助ノ二氏来リ面会ス。

五月二十四日（土）　曇

昨夜ハスプリングベツトノ上ニ心地善ク安眠。今朝ハ五時前ヨリ目醒ム。

前通ノ電車ノ往来頻繁、一寸西洋ノホテルニ宿レル如キ気分ス。

五月二十五日（日）　快晴

昨夜安眠、今朝ハ気分宜シ。

午前、渡辺弥蔵氏、妻女子ヲ連レ面会ニ来ル。

午後二時過、献堂式執行セラル。会衆約二百五六十人、殆ンド余席ナシ。余ハ基督教会ノ基礎ト題シテ約四十分説教シタレトモ、意ノ外疲労セザリキ。

式後、ヘレフオード氏方ニ面会ノ為来レル人数名アリ。其中ニ沖野氏アリ。

午後八時二十分ヨリ約四十分、教会ノ使命ニ付講演ス。聴衆ハ重ニ青年学生ナリ。幸ニ甚シキ疲労モナク、十時、寝ニ就キタリ。

五月二十六日（月）　晴

午前八時前、ヘレフオフオド〔衍〕氏方ヲ辞シ、和田、谷津二氏同伴、厳島遊覧ヲ試ム。厳島及附近ノ風光ハ依旧如画、一タビ上陸スレバ真ニ幽邃ノ地ナリ。唯神社ニ至ル途中、両側ノ売店ハナクモガナト思ヘド、是ハ止ム得ヌ事ナラン。

島ヲ去ラントスル［時］仏領印度支那ノ総督メルラン一行ノ観光ニ来ルニ会ス。

和田、谷津二氏ニハ広島ニテ分レ、余ハ独リ呉ニ直行シ、中山牧師並長老数名ノ出迎ヲ受ク。教会ニテ四十分以上講話ヲ為シ、帰途二名ノ信徒ノ案内ニテ市街ヲ散歩シタリ。其繁華驚クニ堪ヘタリ。

五月二十七日（火）　晴

午前七時三十分、呉駅出発、長老会員多数駅迄見送ル。中山牧師、湯木、高亀ノ三氏ハ吉浦迄送来ル。一時［間］半余茶屋ニテ待チ、宇治奈〔ママ〕ヨリ汽船ノ来ルヲ待チ、九時半乗船、中山氏等ニ告別、谷津氏船中ニ在リテ余ヲ迎フ。微風アレトモ海上穏カニ、且ツ四方ノ風光明媚ニシテ神気爽快ナリ。呉湾内、音戸ノ瀬戸付附近最モ佳ナリ。

正十二時、高浜着船。ダスカル氏特ニ自働車ヲ以テ我等ヲ迎フ。鈴木傳助、小口季隆ノ二氏共ニ出迎フ。ダ氏ノ客トナリ、午餐後松山公園ニ往キ天主閣ニ登ル。四方ノ眺望絶景ナリ。

夜、教会ニ於テ講演、聴衆満堂百二三十人、土地トシテ盛会ナリ。今夜ハ約一時間演説シタレトモ差支ナカリキ。感謝々々。

五月二十八日（水）　晴

寸暇ヲ得、谷津、鈴木、小口三氏ト共ニ道後温泉ニ入浴ス。小ジンマリシタル温泉場ナリ。

午餐中、大橋五郎氏来訪。午後二時、ダスカル氏ノ自働車ニテ谷津氏ト共ニ出発、羊腸坂ノ犬寄セ峠ヲ越ヘ、五時大洲ニ着。牧師黒田賢一氏其他ニ迎ヘラレテ、土地ノ富豪家西山実弥氏ノ宅ニ客トナル。庭園ハ腕《ヒヂ》川ニ面シ、向ニ山ヲ望ミ、右手ニ鉄橋ヲ見シ〔テ〕自然ノ庭園ヲナシ、実ニ絶景ナリ。

夜、公会堂ニ於テ講演ス。聴衆約三百名、静聴シタリ。

小野惣一郎氏来訪。浅野一郎、絹ハンケチフヲ贈ル。

十時比宿ニ帰リ寝ニ就ク。

五月二十九日（木）　快晴

午前七時前、ダスカル氏ノ自働車ニテ帰途ニ就ク。途中ヨリ伝道者東山《トウヤマ》賎男氏同乗。途中ノ風景好シ。途中無故障、午前十時前、ダスカル氏ノ宅ヘ帰ル。行程十三里、昔日ノ一日路ナリ。

松山ニテ暫時休息、昼食ヲ摂リ再ビ今治ニ向ヒ自働車ニテ出発ス。鈴木、東山二氏同乗、三時前、今治ステーションニ着。今治教会及ビ市中ヲ見物。

三時、ダスカル氏其他ニ別ヲ告ゲ出発。

七時十二分、丸亀着。伝道者塩井信次氏等ニ迎ヘラレ同氏住宅ニ赴キ、夕食ヲ喫シ、八時半開会。余ハ九時ヨリ三十分演説ス。而シテ谷津氏ヲ後ニ残シ、先ヅ宇多津ノ原友安氏ノ家ニ招カラ〔ママ〕レテ客トナル。昨夜ノ聴衆ハ約弐百名以上、多数ハ青年ナリ。婦人モ可ナリ多ク、学校教員モ居シトゾ。

五月三十日（金）　快晴

昨夜ハ演説ヲ終リ、直チニ自働車ニテ一里程隔リタル宇多津新町原友安氏母堂ノ家ニ招カレテ客トナル。入浴ノ後就寝。閑静ニテ能ク眠リタリ。朝、家族ト共ニ礼拝ヲ為ス。

午前九時過、出発、十時五十分、高松教会ニ着。牧師高田銀造氏ノ案内ニテ蓮井旅館ニ投ズ。昼食ノ後、同氏ノ案内ニテ栗林公園ヲ見ル。能ク掃除行届キ心地好シ。津田、横山、文雄ヘ土産ノ為アジロ細工ノ茶盆ヲ買フ。亦自宅用ノ為塗盆五枚ヲ買ツテ記念トナス。

夜、教会ニ於テ講演約五十分。旅館ニ帰リ明晩〔朝カ〕出発ノ準備ヲナス。床ニ入リテ眠ル能ハズ、催眠薬ヲ服ス。

五月三十一日（土）　晴

午前八時二十分、聯絡船ニテ高松出発。高田、大川氏等見送ル。

僅カニ一時間ニテ宇野着。直チニ汽車ニ乗リ茶屋町ニテ下車、人力ニテ天城津田家ヲ訪問ス。老夫人ノ歓迎ヲ受ケ、加藤寿氏ト共ニ午餐ノ饗応ヲ受ケ、津田家ノ前途ニ就キ相談ヲ受ク。間モナク時刻迫リタレバ、老夫人ニ送［ラ］レテ天城駅ニ赴ク。

岡山駅ニテ横山夫人ノ出迎ヲ受ケ、同家ノ客トナル。直行氏ハ中々元気ナリ。孫子供八人ノ家庭ハ中々賑カナリ。

夕食ノ後、安眠ス。

六月一日（日）

午前九時三十五分ニテ出発、横山氏夫妻ノ見送ヲ受ク。

午後一時半、神戸駅着、文雄夫婦、正彦並吉田某ノ出迎ヲ受ク。電車ニテ和田宮通ノ社宅ニ向フ。電車ヨリ下リ人力車ニテ住宅ニ達ス。

先ツ入浴シテ後、按摩ヲ呼ビテ全身揉マシム。夕食ニハ日本料理ノ振舞アリ。早ク床ニ就ク。夜半ヨリ大風雨トナル。然レトモ能ク眠リタリ。正彦ノ生長シタルニハ驚キタリ。文枝モ大分オトナシクナレリ。幸子ハ少シク発熱不加減《[ママ]》ナリ。過食ノ結果ラシ。

六月二日（月） 雨

午前八時十八分、神戸駅出発。文雄駅迄来ル。大阪ヨリ満員トナリ究屈ナリキ。横浜ニテ電車ニ乗替ヘ九時半過帰宅。多少ノ疲労ハ勿論ナレトモ思ヒタル程ニハ非ラズ。感謝ノ至ナリ。

六月三日（火） 晴

午前、在宅休息。

午後、教授会ノ為、角筈マデ往キタレトモ、明日ニ延期シタル趣ニテ教員ハ一人モ居ラズ。

青年会同盟ノ筧氏来訪、次ノ常務委員会ノコトニ付相談アリ。

六月四日（水） 曇

午前、出院授業如例。

午後、教授会、本年ヨリ三学期制ヲ改メテ二学期トナスコト、即チ四月―十月ヲ一学期トシ、十一月―三月ヲ二学期トナスコトニ改ム。

ライシヤワ氏不在中、ワルソン氏ニ四時間講義ヲ頼ムコト等ヲ評決ス。

六時、ステーシヨンホテルニ於テ真野氏先考七回忌追悼ノ晩餐ニ招待セラル。花子同道ス。鄭重ナル晩食ヲ饗セラル。但極近親ノ人々ノミニテ、主客共ニ十二人ナリ。

六月五日（木） 曇

皇太子御成婚奉祝ノ為市内ノ学校凡テ休業ス。花子同道、三越ヘ買物ニ出懸タルニ、同所モ休業ナリキ。奉祝ノ為市中ノ人出夥敷。

六月六日（金） 曇

午後、筧光顕氏同伴、ハワイ大学教授リーブリツク氏ヲ帝国ホテルニ訪問シ、来年七月ホノルルニ開カルベキ汎太平洋ＹＭＣＡ大会ノ件ニ付協議ス。同人ハ未タ若キ人ナリ。従ツテ考モ若シ。

帰途、田丸屋テ煎餅ヲ買ヒ、本郷弥生町ノ池田孝男氏方ヲ訪ネ健次へ届方ヲ依頼ス。但同氏ハ田舎へ往キ不在ナリキ。序ニ櫻井氏ヲ訪ネタレトモ不在ナリキ。

六月七日（土）曇

午前八時半ヨリ花子同伴家ヲ出テ、西荻窪ナル東京女子大学新館落成式兼安井哲子嬢学長就任式ニ赴ク。式ハ十時半ヨリ始ル。多クノ演説アリタレトモ、安井氏就任演説ハ簡潔ニシテ要ヲ得上出来ナリキ。ソノ風采態度モ亦落付アリテ高慢ラシキ所モナク、女子大学長トシテ恥シカラヌ人物ト一般ニ認メラレタリ。ライシヤワ氏、校鍵贈呈ノ辞モ上出来ナリキ。

校舎ハ鉄筋コンクリートニテ堅牢ナレトモ、凡テ質素実用的ニテ外観ハ平凡ナリ。大学ラシキ威厳ハ少シモ見エズ。構内約三万坪ノ由、相当ノ広サナリ。ライシヤワ氏ノ得意思遣ラレタリ。

不在中、真野夫婦来訪ノ由。

六月八日（日）曇

午後、花子同道、真野夫婦ヲ大久保ニ訪問ス。文二氏ハ不在、咲子並ニ正雄夫婦在宅。帰途、益富氏方ヲ訪問ス。一昨夜帝国ホテルノ舞踏場ニ一団ノ大行社員ト称スルモノ突然入来リ、剣舞ヲ為シテ内外人ヲ驚カシメ、且米貨排斥、米国宣教師退去等ノ宣伝ビラヲ撒布シ去ル。

六月九日（月）曇、晴

午前、花子同伴三越ニ買物ニ往ク。

午後、秋葉氏へ習字ノ為往ク。同氏方ニ於テ報知ノ夕刊ヲ見ルニ、右ノ大行社員ナル者数名、銀座メソジスト教会ニ入来リ、礼拝中ニ発言シテ米国ノ補助ヲ受クベカラザルコトヲ宣べ、而シテ両陛下ノ万歳ヲ高唱シタルニ、牧師之ニ和セザリシ為ニ大ニ彼ヲ詰難シテ謝セシメタリトアリ。恐クハ今後モ之ニ類シタル暴行ノ繰返サル、コトナラン。

六月十日（火）曇

午前、授業如例。

二年級ニ於テ学生貸費ノ義務ニ付質問アリ。対米問題ノ為、心苦敷感ズル者ナリ。之ヲ改メテ奨学金ト為シ学院ヨリ与フルト為スノ必要アラン。

六月十一日（水）曇

午前、授業如例。

加藤内閣成立、高橋是清氏ガ曽テ総理大臣タリシニモ拘ラズ、平大臣トシテ入閣スルヲ甘ジタルハ頗ル高評ナリ。

其他ノ大臣モ概シテ気受ヨシ。

六月十二日（木） 曇

午前、授業如例。神学部ハ本週ニテ夏期休業ニ入ル筈ナリ。

帰途、大倉書店ニ赴キ、山口半峯著新按習字帖二冊ヲ求ム。

秋葉氏ニ往キ書ヲ習フ。

六月十三日（金） 曇

正午ヨリ霊南坂教会ニ於テ旧教会同盟役員会懇談会アリ。午餐ヲ共ニシ、且日米問題ニ付意見ヲ交換ス。小﨑氏、宣言書ノ草按ヲ読ミ意見ヲ陳ブ。余之ヲ賛成シ、且此際苟クモ軽挙スベカラザルコトト外国宣教師ト合同懇談会ヲ催スベキコトヲ陳ブ。

三時ヨリ教会堂ニ於テ別ニ懇談会アリ。小﨑、植村両氏ノ演説アリ。夫レヨリ内村氏ノ演説ノ始リタル時ニ辞去シタリ。帰途、ライシヤワ氏方ヲ訪問シ、木村清松氏ヨリ依頼ノ件ニ付相談ス。

東山荘ニ会合中ナル外人ＹＭＣＡ主事中ヨリ進退ニ関シテ打電アリ。

六月十四日（土） 晴

御殿場ニ会合ノ米国ＹＭＣＡ主事連ヘ返電ス。「委員ハ諸君ノ滞在ヲ冀望スルコトヲ確信ス、安心アレ」ト。

午後四時ヨリ神学部日本人教員ノ集会ヲ催シ、学院殊学部ノ前途ニ付各自意見ヲ披歴シ、都留、桑田、余ノ三人ヨリ近日田川氏ト会見シテ意見ヲ交換スルコトトス。夕食ノ後、雑談ニ時ヲ移シ一同満足ノ様子ナリキ。

六月十五日（日） 晴

早昼ニテ横浜ニ赴キ井深家ヲ訪問ス。おとせさん、泰子さん共ニ不在ニ付、養子兼秀氏ヲ招キ商店ノ近況並ニ将来ノ方針ヲ聞居タル所へおとせさん帰宅セラル。種々話ヲ聞タル後、自分ハ此際商店ハ整理ノ上、権利ヲ熊井氏ニ譲渡シテ全ク打切リ、兼秀ハ他ニ自活ノ道ヲ立テ、而シテ本家ノ生活費ハ現在ノ家ヲ貸家トシテ其方ヨリ得ル方安全ナラントノ意見ヲ述ベタリ。

六月十六日（月） 曇

午前、小﨑弘道氏ヲ訪問シ、去十三日対米問題協議会ノ結果ヲ聞ク。氏曰ク、議論区々ニシテ纏ラズ、遂ニ発起人五名ノ外更ニ五名ヲ加ヘテ宣言又ハ決議案ヲ起草セシメ、本日午後三時其委員会ヲ開ク筈ナリトノ事ナリ。

帰途、明治学院ニ立寄リ、長尾氏ニ電話ヲ以テ本日ノ委員会ニ出席シテ慎重ノ態度ヲ取ルヤウ尽力アランコトヲ依頼シ置ケリ。

六月十七日（火）曇

ジヤパンヱバンゼリスト記者メーヤー氏ノ委嘱ニ応ジ、今回ノ排日移民法ノ日本伝道ニ及ス影響ニ関シテ意見書ヲ認ム。

松野菊太郎氏来訪、昨日委員会ノ結果ヲ報告ス。即チ内村氏ハ米国宣教師ト全然関係ヲ絶ツベシトノ説ヲ主張シ、植村氏ハ米国ノ教会又ハミシヨントノ関係ヲ断ツベシ、但個人ハソレニ不及トノ説ナリ［シ］ガ、他ハ反対ニテ纏ラズ、遂ニ再ビ委員会ヲ開キテ後ニ更ニ集会ヲ催ス筈ナリトノ事ナリ。

六月十八日（水）曇

午後、学院ニ往キ田川氏ニ面会、昨日ノ基督教聯盟常務委員ノ日米問題ニ関スル評議ノ結果ヲ聞タルニ、極メテ穏健ナル宣言ヲ発スルコトニ一致シタリトノコトナリ。午後三時ヨリピーク氏方ニ於テ三学部内外人教員ノ親睦会アリ。田川氏ハ其席上ニ於テ基督教聯盟委員ノ決議シタル宣言書ノ趣意ヲ披露シタリ。婦人矯風会ニ於テモ評議ノ末、同趣意ノ宣言ヲ発セントスル由ナリ。

六月十九日（木）晴

昨夜降雨、今朝ハ晴レテ梅雨明ケタルガ如シ。

午後、加藤寛六郎氏ヲ訪問シテ、曽テ同氏ヨリ借受タル日本教育史資料壱巻ヲ返ス。維新当時ノ事ニ付種々ノ懐旧談アリ。帰ニ臨ミ河原勝治氏ノ思出の記ヲ贈ラル。

六月二十日（金）晴

帰途、沼澤ヲ訪問ス。無事ナリ。

午後四時、ＹＭＣＡ同盟学生部委員会、引続キ市部委員会、夕食後同盟委員会アリ。筧光顕氏同盟主事選任ノコト、斎藤氏ニ対外国通信事務取扱委託ノ件並ニ同盟ノ将来方針ニ関スル山本邦之助建議案等ニ付協議、九時半過、散会、自働車ニテ帰宅。斎藤氏ハ同車シテ宅迄来リ、米国行旅費ノ事其他ニ付話アリ。

六月二十一日（土）晴

午前ヨリ小林誠氏来訪、合同伝道委員実施準備ニ付植村氏ノ意向、近来特ニ反対ニナリシ為不一方苦心ノ旨ヲ告白ス。余ハ既定ノ順序ニ従ヒ着々準備ヲ為スノ外途ナカラントノ意見ヲ述ブ。

今日ハ年中最長ノ日ニテ愈夏至ナリ。

六月二十二日（日）　晴

午前快晴、俄ニ暑気ヲ増シ八十度以上トナル。

磯子方ヲ訪問ス。近来大分快方ニ赴キタレトモ未タ全治セズトノコトナリ。子供ハ三人共元気ナリ。

帰途、勝治方ヲ訪問シ、七八月留守居ノコトヲ委托ス。

六月二十三日（月）　曇

俄然暑気ヲ催シ八十二度ニ昇ル。再ビ梅雨ノ天気トナリ陰鬱ナリ。

六月二十四日（火）　晴

松山ノダスカ［ル］氏へ手紙ヲ出シ、去十一日書留小包ニテ差出シタル荷物ノ着否ヲ問合ス。今日迄何等ノ返答ナキハ不審ニ堪ヘズ。

午後一時ヨリ大隈［会］館ニ於テ基督教聯盟ノ主催ニ依ル日本人教役者並ニ外国宣教師ノ時局問題懇談会アリ。聯盟ガ起草シタル和英両文ノ宣言書ヲ朗読シ、而シテ数名ノ演説アリ。ドクトルオルトマンス氏ノ演説最モ適切ナリキ。一同撮影ノ後、茶果ノ饗応アリ。

六月二十五日（水）　晴

午後二時ヨリ伝道局常務委員及五十年記念伝道委員会ニ出席ス。

曩ニ開始シタル宇部ノ伝道ヲ記念伝道委員ヨリ伝道局ニ移スコト其他ニ付決議アリタルノミ。

ダスカル氏ヨリ礼状到着、安心シタリ。

木村ノ住宅建築ノ件ニ付相談ノ為清見旭川へ向ケ出発ス。

六月二十六日（木）　半晴

午前、三菱及正金銀行ニ往ク。

午後、郵便局ヨリ秋葉氏へ廻ル。

ピーク氏ヨリ四、五、六、三ヶ月分ノ報酬不足分六十円ヲ送来ル。ピーク氏ノ誤解ニ因ルト見ヘタリ。

六月二十七日（金）　曇、冷

都留仙次氏ヲ平塚村ニ訪ヌ。存外短距離ナリ。但附近一円ニ人家ノ出来タルニハ驚キタリ。帰途、山本秀煌氏ヲ訪問シ、同氏ニ対スル不足分モ払ヒタルヤ否ヲ確ム。

ソレヨリ麻布十番ノ青柳ニ往キ羊毫長鋒ノ筆一本ヲ求メ、且秋葉氏ヨリ貰受ケタル硯ノ蓋ヲ作ルコトヲ依頼ス。代価ハ三円五十銭乃至四円ナラントノコトナリ。

六月二十八日（土）　半晴

午後、秋葉氏ニ往キ筆法ヲ学ブ。

六月二十九日（日）　半晴

ライシヤワ氏一家休養ノ為本日出発帰国ニ付学院へ往キ

送別ス。

午後、花子同伴、稲垣陽一郎氏夫婦ヲ池袋ノ住宅ニ訪問ス。夫婦共元気ナリ。但未タ子女ナク何トナク淋シソウナリ。

帰途、水上貫一氏ヲ柏木ノ宅ニ訪問ス。同家モ無事、不相変賑カナリ。貫一氏ハ刀剣数口ヲ求メタリトテ示シタルガ、何レモ在銘ノ新刀ナリ。就中丹羽守吉道ノ刀ハ美事ナリ。

鶴田氏、義帍、重健二児ヲ携ヘテ来訪シタリシニ、我等両人不在ノ為面会セザリキ。

六月三十日（月）　朝曇、後晴

健次ヘ書状ヲ出ス。今月ニ入リ未タ書信ナシ。

松野氏来訪、野口末彦氏ノ代理トシテ来レリト云フ。来月五日、基仏神三教有志者ノ対米問題懇談会ヲ開ク為メ、ソノ発起人ノ一人タランコトヲ求メラル。他ハ小﨑、元田、波多野、千葉ノ四名ナリト云フ。

清見、旭川ヨリ無事帰宅ス。木村モ一家無事ナリトノコトナリ。

七月一日（火）　晴

神仏基有志対米問題発起人ハ不明ノ点アリ、且他教ノ発起人ノ姓名モ不明ニ付断リノ電報並ニ速達郵便ヲ松野氏ヘ出ス。

副嶋信道、渡米告別ノ為来ル。

午後、三浦老人来訪、二《（ママ）》時余雑談シテ帰ル。

今日ヨリ愈盛夏ノ時候トナル。

本日ヲ対米国辱日トシテ騒立ツ連中アリ。恰カモ支那学生ノ真似事ラシク、余リニ大人気ナキコト共ナリ。威厳アル抗議ニテ事足ルト思フ。

七月二日（水）　晴

副嶋信道来訪。来月渡米ノ筈。オウボルン神学校長スチウワルト氏ヘ宛紹介書ヲ与フ。

午後、秋葉氏ヲ訪問ス。愈明日ヨリ住宅ヲ取毀チ新築ニ取掛ルトノコト。工事中仮寓ノコトニ付帰途中山昌樹氏ヲ訪ネ交渉ス。ソノ結果、秋葉氏ハ夏中セベレンス館ニ寓居スルコトトナル。

昨日、米国大使館焼跡ニ揚ゲタル国旗ヲ窃去タル一青年アリ。警護ノ巡査之ヲ追捕セントシタルモ遂ニ見失ヒタリト。如何ニモ手緩キコトナリ。大使館ノ番兵モボンヤリナリト云ハザルヲ得ズ。

七月三日（木）　曇

ドクトルアッキスリングへ返書ヲ出ス。米国ニ於ケル同氏ノ活動ハ感謝ニ価スル者アリ。米国々籏ヲ盗ミタル青年ハ大阪ニ於テ逮捕セラレタリ。彼ハ国ノ為ニ之ヲ為シタリト豪語ストゾ。世間之ニ類シタル偽愛国者アルハ憂フベシ。

夕刻ヨリ東中野伊藤氏方ニＹＭＣＡ復興部役員会アリ。東京ＹＭＣＡ体育館仮修繕其他ノ件ニ付審議ノ末決定スル所アリ。十時、帰宅。

七月四日（金）曇

今日ハ我ガ七十一回ノ誕生日ナリ。余モ幸ニ天父ノ祝福ニ依リ古稀ノ齢ニ達シタルハ感謝ノ外ナシ。殊ニ昨年ノ大患モ平癒シテ今日アルハ何ノ幸福ゾヤ。願クハ余生ヲシテ有意義タラシメヨ。

花子、女子青年会ノ為、御殿［場］ニ赴ク。

午後一時、合同伝道委員会ノ日ヲ誤リテ事務所ニ往ク。恰カモ植村氏ノ紀州応援伝道ヨリ帰リタル所ナリキ。土産ノ蒲鉾一個ヲ貰ヒ帰ル。

井深兼秀氏来訪、片山ヨリノ荷物ヲ携ヘ呉レル。

来訪ノ者、都留仙次、秋葉省像。

今朝六時過、地震アリ。

七月五日（土）快晴

朝ヨリ夏ラシキ天気トナル。但南風徐ニ吹来リ、心地好シ。

片山夫婦ヘ贈物ノ礼状ヲ認ム。尚ドクトルアーサーブラオン並ニドクトルチヤンバルレーンヘ礼状ヲ出ス。

真澄、午後、軽井沢ニ向ヒ出発ス。

七月六日（日）晴、八十五度

午後、勝治来訪、留守居ノ打合ヲナス。

七月七日（月）晴、九十度

朝ヨリ蒸熱ク、日中ハ大暑ナリキ。

午前十時ヨリ合同伝道準備委員会ヲ大会事務所ニ開ク。先ヅ午前ハ日本人側ノミ、即チ植村、毛利、渡辺暢、小林及余ノ六［五］人ノミニテ協議ヲ為シ、午後一時ヨリ委員会ヲ開ク。即チ右ノ外ニノッス、ピーク、フルトンノ三氏来ル。審議ノ末、三ミシヨンノ寄附不十分ニ付来九月末迄実行ノ準備ヲ中止スルコトトス。

日本橋教会牧師原田氏来訪、先日五人ノ小児ニ授洗シタル記念トシテ腕時計一個ヲ贈呉レタリ。

井深とせ子殿、荒川康夫来リ泊ル。

七月八日（火）　朝曇、後晴

学院ニ行キ、会計ヨリ七、八、二ケ月分俸給ヲ受取ル。

軽井沢行ノ準備ヲ為ス。

三浦信乃来訪。

七月九日（水）　晴

朝六時過、自宅出発。品川ヨリ御殿［場］東山荘ニ向フ。国府津ニテ列車ノ都合ニテ一時間待合セ、正午過東山荘ニ着ス。今年ハ東山モ思ノ外熱シ。八十七度ナリ。

午後四時過ヨリ同盟委員会開会。委員中遅刻多シ。辛ジテ定足数ヲ得、午後六時半過マデ協議シ漸ク閉会ス。

夕食ノ後、同盟総会ヲ開ク。余亦議長ニ挙ゲラル。格別重要ノ問題ナシ。来十月学生大会開設ノ筈ナリ。十時前閉会。

荒川文六モ来会、面語ノ機会ヲ得タリ。

七月十日（木）　晴

八時ヨリ祈祷会、斎藤惣一氏司会、八時三十分ヨリ議事ニ入ル。

来十月ノ学生大会ノ予算、丹羽氏提出ノ憲法改正、時局ニ対スル決議案等ニ付協議ス。予算ハ可決。決議案、修正委員ニ附托。憲法改正案ハ調査委員附托トナル。十一時半議事結了、閉会。

十二時ヨリ斎藤惣一氏ノ送別ト筧光顕氏歓迎ノ意味ニテ午餐ヲ共ニス。

元来総会ハ終日ヲ要スル見込ナリシカ、存外早ク結了シタレバ、午後五十《［ママ］》四分ノ列車ニテ帰京ス。斎藤氏モ同行、汽車ニテ送別シタリ。

七月十一日（金）　晴

五時起床、出立ノ準備ヲナシ、六時三十分目黒駅ヲ発シ、池袋ニテ二十分以上待合セ漸ク赤羽ニ着シタル時ハ軽井沢行ノ列車ハ既ニ着シ居タリ。而カモ満員ナリト云フ。併シ無理ニ乗車シテ見レバ二等三等共ニギッシリニテ足ノ踏立場所モナキ位ナリ。ヤットノ事ニテ角力ト百姓ノ間ニ割込、漸ク少シク腰ヲ掛ケタリ。列車ノ寒暖計ハ九十度ヲ示セリ。

正午少シ過、軽井［沢］着。腕車ニテ田丸屋別荘ニ至ル。

一同無事、但花子少々下痢ノ気味ナリ。

軽井沢モ今年ハ雨不降、昨年ニ比シテ気温高シ。

七月十二日（土）　晴後曇

早朝、戸外ニ散歩ヲ試ム。天高気清、四囲ノ山ハ青ク、浅間ハ紫色ヲ帯ビ、一点ノ雲ナク亦煙モナク、爽快極マレリ。

然ルニ十時比ヨリ少シク熱気アリ、総身ミリ〳〵スル如ク不快ヲ覚ユ。依テ按摩ヲ呼ビテ総身ヲ操マシ［メ］タレバ、一時ハ気分好カリシモ脈搏八十四、体温亦三十八度二分ナルヲ発見シタリ。依テアスピリンヲ頓服シ安臥シ居タル。夕刻ニ至リ脈ハ七十一ニ減シタリ。夜食後再ビアスピリンヲ服シ寝ニ就ク。

グラスゴーノＳＳ世界大会ニ於テプール氏ハ会長ニ、小崎氏ハ副会長ノ一人ニ、余ハ名誉会長ノ一人ニ挙ケラレタリトノ電報アリ。

七月十三日（日）晴

気分引立ズ、終日臥床ス。但体温ハ昨日ヨリ低シ。三十七度二三分ナリ。

七月十四日（月）晴

気分大分宜シ。

朝食ノ時、真野氏ヨリ電報来ル。今日昼頃行クト。真澄ハ駅迄迎ニ行。花子ト余ハ軽井沢ホテルマテ出迎フ。真野氏ハ午後真澄ヲ同伴シテ蝶取リニ峠ニ行キ夕刻帰ル。

三筋蝶三四十ヲ獲タリトノコトナリ。

夕食ニハホテルニ招カラレ［ママ］食後緩談シ、八時半、辞去ス。

熱ハナケレトモ元気ナシ。

文雄へ中元贈物ノ礼状ヲ認ム。

七月十五日（火）曇

冷気過ル程ナリ。元気ナシ。

真野氏ハ再ビ真澄ヲ伴ヒ蝶取ニ出懸ケタリ。帰途我ガ寓居ニ立寄リ、ソノ捕獲シタル所ノ蝶三四十羽ヲ示シテ得々タリ。

午後三時出発、帰京之途ニ就ク。我ラ二人ハホテルニテ見送ル。真澄ハ駅迄送ル。

清見へ返書ヲ出ス。

昼頃ヨリ細雨トナリ、恰カモ梅雨ノ如シ。

七月十六日（水）雨

元気ナケレトモ幸ニ熱ハ去リタリ。

終日雨天。熱全ク去リタレトモ気分引立ズ、殆ンド終日臥床、但夕刻入浴後幾分カ心地好シ。

教友会講習会開カレタレトモ出席ノ元気ナシ。

七月十七日（木）雨

晴陰不定。午前、気分悪シ。

花子ヲシテオルトマンス氏ニ依頼シテドクトルマンローニ紹介書ヲ求メシメ、午後一時、ドクトル方ヲ訪ネタルニ、是レヨリ廻診ノ時刻ナレバ明朝十時半ニ来ラレタシトノ事ニテ空ク帰宅ス。

但午後ハ気分大ニ宜クナリタルニ依リ、散歩旁買物ニ出タリ。

東山荘ヨリ同盟委員会ノ写真来ル。

七月十八日（金）晴

午前、教友会講習会へ一寸出席シ、ソレヨリ花子同道、ドクトルマンロー氏宅ニ往キ診察ヲ受ク。ソノ結果、他ニ異条ナケレトモ咽喉ヲ害シタリ、且ツ少シクブロンカイチスノ気味アリトノ事ナリ。又心臓ガ少々拡大セリト。血圧ハ八十ヨリ一百五十六ナレバ年齢ニ対シテ別段高キコトナシト。咽喉ニ硝酸銀ヲ塗リ呉レ、而シテ日ニ二回沃度グリスリンヲ塗［ル］リベク命ジタリ。

午後ハ一時間運動ヲ試ミタリ。

七月十九日（土）晴、八十度

糞便及尿ヲドクトルマンロー氏方へ出ス。検査ノ為ナリ。

教友会講習会へ一寸出席。桑田氏、アウガスチンノ宗教論ノ末段ヲ聞ク。着眼ハ可ナレトモ未タ言語ノ熟セザル憾アリ。

植村、桑田同道来訪、神学部ト神学社ト合同ノ件及ビ明治学院ノ前途等ニ就キ談話セリ。植村氏ハ合同ハ神学社ノ為不利ナルガ故ニ不同意ナリトノ意見ナリキ。

勝治並秋葉氏ノ為ニ茶盆一枚ヅ、ヲ買求ム。

ロンドンノ片山へ書状ヲ出ス。

七月二十日（日）晴

午前九時、鶴屋旅店ニ開カレタル教友会修養会ノ聖餐式ニ列ス。植村牧師ノ司式ニテ列席者三十人許ナリキ。

午後、加古、川上二嬢ヲ招キ茶菓ヲ饗ス。真澄ノ一人居タル間世話ニ成タル礼ノ為ナリ。

夕食後、真澄同伴、野沢池ヨリマアーケツト迄散歩ヲ試ム。往復丁度一時間ナリ。

福岡幷ニ神戸へ絵はがきヲ出ス。

気分ハ全ク平常ニ復シタリ。

七月二十一日（月）晴

ドクトルマンロー方ヲ訪ヌ。患者多ク、十時ヨリ十二時近ク迄待セラル。糞ノ検査ノ結果、ウイプウオムノ卵アリ、但無害ナリト。尿ハ少量ノ糖分ヲ認ム。或ハアスピリンヲ服用シタル結果ナルヤモ知レズト云ヘリ。咽喉ハ尚塗薬ヲ用ユベシトノ事ナリ。牛肉ハ成ベク食セザルヲ可トス。野菜類トシ［ママ］菓［果］物トチース、豆腐ヲ食スベシトノコト。

教師試験ノ論文ト説教ヲ閲読ノ上、多田氏へ発送ス。

ハナフオード氏来訪。

花子ハ木村一家鎌倉仮住準備ノ為、真澄ハ木村家族出迎ノ為、午後十一時ノ列車ニテ帰京ス。

七月二十二日（火）　快晴

昨日モ今日モ土用入トシテ申分ナキ天気ナリ。

ＳＳ教師養成講習会へ一寸顔出ス。講師ハ和田富士子ト云フ人ナリ。児童心理学ト云フ題ナリキ。聴講者約六十名、過半ハ女学生ナリ。

今日午後四時半ニハ木村一家上野着ノ筈ナリ。

長尾半平氏へ電気局長辞職慰問ノ書状ヲ送ル。

七月二十三日（水）　曇、涼風、夕刻雨

マリオンロウレンス氏追悼ノ書状ヲ認メ、息ハロルドロウレンス氏ニ贈ル。

午後、ＳＳ講習会ニ行キ、草川宣雄氏讃美歌ノ教授ヲ聴キ、ソノ熟練ニ敬服シタリ。

野沢池迄散歩シタルニ往復五十分ヲ要ス。

木村良夫一同、鎌倉無事着ノ電報来ル。先以テ一安心ナリ。

七月二十四日（木）　晴

ドクトルモツト及ガレンエムフヒシヤル氏へ書状ヲ送ル。フヒシヤル氏ハ日本ニ再ビ来ラヌ決心ノ旨ノ通知ニ答ヘタルナリ。在米ノ吉川次郎、大川尽四郎、佐藤良雄へ返書ヲ出ス。

夕刻散歩ノ際、小坂順造氏夫妻ニ会フ。数日前来レリトノコトナリ。

七月二十五日（金）　半晴

午前五時半、花子［鎌倉］ヨリ帰ル。木村一家モ万事無滞鎌倉真野別荘ニ落付タル趣ニテ安心セリ。留守宅モ何等異条ナキ趣ナリ。木村ノ荷物ハ木村一家ト同日ニ品川着ノ旨駅ヨリ通知アリタル由、荷物モ無事寄宿舎ニ受取タル由。

長尾半平氏ヨリ返書アリ、辞職ノ理由ハ市会議ノ低級ニシテ無諒解ナルニ呆《アキ》レ果テ、投出シタル迄ノ事ナリト云ヘリ。但在職中、主ノ御用ハ応分ニ勤メタル考ヘナリト。大ニ同情スベキモノアリ。

昨日ハ少シク運動シ過ギタル感アリ。

七月二十六日（土）　晴、後雨

松宮氏ヲ訪問、挨拶ス。同氏ハ野尻村ヨリ昨夜帰リタルガ、氏ノ話ニヨレバ同所ノアメリカ村ハ中々発展ノ模様ニテ既ニ六十戸ニ達シタリト云フ。

スネード氏来訪、在米斎藤氏ノ電報ヲ示ス。米国ニ於ル募金ノ気受宜敷トノコト。長尾氏ヲ招ケ[キ]、日比谷ノ土地ノ交渉ヲ見合セ、神田ノ仮工事ハ可成丈節約セシムルノ趣意ナリ。長尾氏ハ丁度電気局長ヲ勇退シタル際ニテ、外遊ハ至極好都合ナリ[ル]ベケレバ、是非ソノ招ニ応ズルヤウスネード氏ニ一書ヲ托シテ送リタリ。

午後、花子同伴、マアーケツト迄散歩。途中、偶然田川大吉郎氏ノ寓ヲ発見シテ、一寸立談ヲシテ分レタリ。

七月二十七日（日） 晴曇

外人教会ニ行キ礼拝ス。ドウントカ云フ若イ宣教師ガ極端ナル非戦論ノ説教ヲ為シタリ。会堂ハ内外人ニテ満堂ナリキ。

健次ヨリ書状来ル。七月七日付ナリ。六月初旬ロチエスタルニ於テ全米国医学者ノ会合アリ、健次モ先生ノ命ニヨリ一同ノ前ニテ腎臓移植ノ手術法ヲ犬ニ於テ実験シ、又翌日モ他ノ学者ノ前ニ於テ犬ノ移植セル腎臓ノ尿ヲ分泌スル状態ヲ実地ニ示シ且説明シテ、大ニ面目ヲ施シタル趣ナリ。

七月二十八日（月） 晴

午前、ＳＳ講習会祈祷会ノ司会ヲ依頼セラレ、一場ノ奨励ヲナス。

健次ヘ返書ヲ出ス。

午後突然、中山昌樹、石橋近二[三]ノ二氏来訪。高等部文科商科卒業者無試験検定免許願書ニ学院役者トシテ余ノ捺印ヲ求ム。田川大吉郎氏ニ尋ネタルニ、余ニ依頼セヨトノ事ナリト云ヘリ。依ツテ捺印シテ与ヘタリ。

夕刻、花子同道、小阪順造夫人ノ招ニ応ジ同氏別荘ニ往キ、月見草ヲ見且ツ茶菓ノ饗応ヲ受ク。

七月二十九日（火） 晴

午前七時過、宿ヲ出テ、花子同道駅迄徒歩、八時二十分発汽車ニテ上田ニ往キ、和田仙太郎ヲ訪問ス。仙太郎ハ三児ヲ連レテ駅ニ出迎フ。健太郎ハ足指ヲ怪我シタリテ宅ニ居タリ。午餐ニハそば、鯉ノ甘露ノ振舞ヲ受ク。仙太郎ノ集メタル鍔類、幅類、画帖等ヲ展観ス。児玉果堂[亭]ノ画帖ヲ見ル。南画流ノ山水ハ美事ナリキ。

午後一時ヨリ三時過ハ九十三度ノ暑熱ナリキ。一日ノ歓ヲ尽シテ、五時二十三［分］ノ汽車ニテ帰ル。軽井沢ハ雷雨アリ、夜ニ入リテハ一段ノ涼味ヲ覚ヘタリ。

仙太郎ヨリ呂世宜ノ真筆一幅ヲ贈ラル。一応辞シタレトモ強テ云ハレ遂ニ甘受シタリ。

七月三十日（水）　快晴

午後、ドクトルオルトマンス氏ヲ訪問シ、先日来訪ノ厚意ヲ謝ス。

帰途、川添氏ヲ万松軒ニ、田川氏ヲソノ寓ニ訪問セシモ、何レモ不在ニテ面会セズ。然ルニ夕食後散歩ニ出タル後、田川氏来訪セシ由。

今朝ハ昨日仙太郎ヨリ貰ヒタル呂世宜ノ幅ヲ床ノ間ニ懸ケ、ソノ前ニ月見草、薊等ヲ活ケテ眺ム。

七月三十一日（木）　晴、雨

沖野岩三郎、中村獅子［ママ］雄両氏ノ招待ニ依リ、花子同伴、午前十時十二分ノ汽車ニテ千ゲ滝ニ往ク。右両氏ハ沓掛駅ニテ我等ヲ待受ケ、自働車ニテ直チニグリンホテルニ至ル。ホテルハ東京ノ帝国ホテルヲ真似テ造リタル者ノ如シ。但留客ハ極メテ少数ナリ。

食堂ニ於テ午餐ヲ喫了リタルトモ［トキ］、不図木村駿吉氏夫妻ニ逢フ。彼等ハホテルニ宿泊中ナリト云ヘリ。沖野、中村両氏ヲ紹介シ、共ニ語リ、且中村氏ハ記念ノ撮影ヲナシ、午後四時過辞去ス。軽井沢迄自働車ニテ送リ呉タリ。ソノ好意感謝スルニ余アリ。

午後二時比ヨリ雷雨トナル。

岡山市横山氏ヨリ水蜜桃壱函ヲ送来ル。

八月一日（金）　曇

午前、ＳＳ講習会ニ往キ川添氏最終ノ講演ヲ聞ク。

帰途、同氏ノ旅館ニ往キ、神学部ト神学社トノ合同ノ見込ナキ時ハ、此際大ニ我ガ学部ト教会トノ関係ヲ密ニスルコトヲ図ルト同時ニ、十年乃至十五年位ニ自給独立スルノ計画ヲ立テ、両ミシヨンボールドト協議スベキ意見ヲ述ブ。

午後、田川氏来訪、過日植村氏ト会見ノ模様ヲ語ル。大体過日ノ談話ト同様ナリ。但未タ全ク合同ヲ拒絶シタルニモ非ルモ、実際ハ打切ノ形ナリ。田川氏ハ更ニ別案ヲ基礎トシテ交渉スルモ亦一策ナラント云ヘリ。田川氏ノ話ニ、高倉氏ハ初メヨリ合併論ニテ、神学社ノ招聘モ之ヲソノ条件トシテ応ゼントシタリ。植村氏ハ夫レ［ママ］為ニ態々高倉氏ヲ故郷綾部ニ訪ヒ、漸ク兎モ角モ一学期間ダケ神学社ヲ助ルコトトナレリ。但シ高倉氏ハ今ハ宣教師ヲ理事ニ加ヘザルヲ条件トナス由。植村氏ハ最初ハ之ニ対シテ異議ナカリ［ママ］シガ、今日ハ同説ナリ。但教授中ニ加フルハ異議ナシトノコトナリ。

八月二日（土）　曇

教師試験答案説教並論文廿三、廿四両号ヲ読ム。相当ノ出来ナリ。

午後散歩ノ際、塩川三四郎氏別荘ヲ訪問シタルニ不在ナリシガ、帰途偶然同夫婦並松本夫人ノ一行ニ邂逅ス。

秋葉氏へ清書ト八月分ノ謝儀ヲ郵送ス。

長尾半平氏ヨリ返書来ル。米国行ハ最モ望ム所ナレトモ、第一旅費ナク、第二余リニ急ナルガ故ニ断ルトノ事ナリト。旅費ハ先方ニテ支弁スベキ筈ナリ。スネード氏ニ交渉ノ積ナリ。

八月三日（日）　快晴

外人会堂ニ往キ礼拝ス。ヨングト云フ人ノ説教アリ、神ノ国ノ理想ト云フ題ノ説教アリ。聯合ミシヨン年会議長トシテノ説教ナリ。説教ハ殆ント一時間ニ渉レリ。音声モ単調ニテ聴衆ヲシテ飽カシメタリ。思想ニ於テモ斬新ナル者ナカリキ。

八月四日（月）　晴、後雨

ミシヨン聯合年会ニ出席。ゼーシーマン氏ノ Ideals is conveil ト云フ題ノ論文朗読ヲ聞ク。頗ル穏健周到ナル意見ニテ申分ナシ。ドクトルオルトマンス氏ノ評論モ宜シカリキ。

午後、千葉、宮﨑ノ二氏来訪、緩談シテ辞去ス。二氏ハ日本キリスト教聯盟ノ代表者トシテ年会ニ出席シタルナリ。

午後四時比ヨリ降雨トナル。夜ニ入リテ不止。

八月五日（火）　雨

中村獅雄氏ヨリグリーンホテルニ於テ取タル写真数種ヲ贈リ来ル。直チニ礼状ヲ出ス。

コンフエレンスニ於テミスデフオレストノ基督教教育ノ理想ト題セル論文ト、之ニ対シテヴオリス、べーツ両氏ノ討論ヲ聞ク。ヴオリスノ批評ニハ当ラザル偏見少シトセズ。

午後、偶然岡本敏行氏来訪ス。直前通ニ一家屋ヲ借受ケタリトノ事ナリ。家賃ハ三百円也ト。

スネード氏来訪、長尾氏旅費ノ件ニ付ニウヨルクへ電信ヲ発シタリト云ヘリ。長尾氏へ其旨ヲ通信シタリ。スネード氏ニ招待セラレ米国ヨリ来リタルウキルコツクスト会見ス。

八月六日（水）　曇

清見ヨリ書状来ル。教会ノ方捗ラズ。為ニ木村ノ土地モ未タ登記了ラズ、建築ニ着手出来ザル由。又大森氏夫人病死ノ由。直チニ悔状ヲ出ス。

午後、コンフエレンスニ往キ、キリスト教興文協会トキリスト教聯盟トノ関係ニ付討論ヲ聞ク。別段議論ナキモ、手続上ノコトニ付壱時間以上ノ時ヲ費シタル、頗暢気ナリ。

塩川三四郎氏夫妻ト松本夫人来訪、緩談ノ後辞去ス。

グラスコー世界日曜学校大会ノ報告通信来ル。

八月七日（木）　晴、雨

秋葉氏ヨリ清書ト手本ヲ送来ル。点線共ニ進歩ヲ認ム、今一呼吸ナリ云々トアリ。七十ノ手習ニモ進歩ノ望アルヲ知ル。自ラモ多少呼吸ヲ覚ヘタル感アリ、従ツテ興味モ加ハリツ、アリ。

植村夫人、川戸夫人等ト共ニ来訪ス。

三浦老人、娘ト孫二人トヲ連レテ来訪、今年モ千ケ滝ニ来タリトノ事ナリ。

八月八日（金）　晴

ライク氏ヨリ書翰来ル。余ノ神学部長兼教授辞職に［ママ］対スルリフオームドミシヨン年会ノ感謝ノ決議文ヲ伝達シタルナリ。

午後三時比ヨリ俄カニ雷雨トナリ、夕刻ニ至ル。

夜、散歩ノ際、畠中博氏ニ会フ。

八月九日（土）　快晴

昨日ハ立秋ナリトカ、ソノ故カ今朝ハ一段ノ涼サヲ感ジタリ。

花子ハ下女ヲ携ヘ善行寺［光カ］見物ニ往ク。

木村清松氏来訪、ミツシヨン対秋葉氏ノ件ニ付話アリ。ミシヨンハ遂ニ更ニ樹木ノ代トシテ一千金ヲ出スベシ、但之ヲ秋葉氏ニ交渉スルト否ヤトハミスウエストノ意志如何ヲ尋ネタル上ノコトナリト。木村氏ハ之ニ不服ノ旨ヲ述ベタリト云ヘリ。

秋葉氏ヨリ清書ト手本トヲ送来ル。

八月十日（日）　快晴

午前、オウデトリアムニ於テ礼拝ス。某宣教師ノ説教ナリ。神ハ忍耐ノ神、慰安ノ神、又希望ノ神ナリトテ現代ノ困難、失望ニ対シテ大ニ奨励シタリ。

朝夕ノ散歩如例。早天原野ノ散歩ハ何トモ云ヘヌ程爽快ナリ。

磯子ヘ書状ヲ出シ、健次留守中一人ニテ三児ヲ養育シツ、アル労苦ヲ慰ム。
秋葉氏ヘ清書ヲ送ル。

八月十一日（月）　快晴

朝ハ六十四五度ノ気温ナリ。今朝ハ花子同道、東山方面ニ散歩シタリ。林間ニ鶯ノ囀ズル声ヲ聞キナガラ、朝露深キ小径ヲ履ンデ散歩スルハ、実ニ好キ心地ナリ。

在米池田孝男来状アリ。無事メヨークリニツク到着、健次ニモ面会ノ趣ナリ。

夕刻、小坂氏ノ別荘ヲ訪問。夫人及子女ト共ニ月ヲ見ナガラ茶菓ノ饗応ヲ受ク。主人公ハ政友数名ト共［ニ］万平ホテルニ往キ不在ナリキ。

八月十二日（火）　快晴

早朝、散歩ナガラ花子同伴、軽井沢駅ニ往キ、明早朝東京行ノ切符ヲ求ム。

秋葉氏ヘ又々清書ヲ送ル。

カイパル氏来訪、佐藤信雄、別府ニ於テ病死ノ赴、父ヨリ電報アリト告ク。依テ直チニ父ノ許ニ悔状ヲ出ス。

花子ヨリ北青木村成田久之助ヘ本年分墓掃除料金三円ヲ郵送ス。

磯子ヨリ返書来ル。三児ノ写真ヲ封入ス。何レモ元気ナリ。

植村氏来訪、合同伝道局ノ不可ナルヲ論ジ、不得止ハ自分ノ教会ハ孤立シテ伝道スル覚悟ナリト云ヘリ。

八月十三日（水）　快晴

午前三時半起床、四時十分、宿ヲ立チ駅迄徒歩ス。元来四時五十四分ノ急行車ニテ上京ノ積ナリシニ、四時八分発延着シタルガ為ニ之ニ乗車シ、十時半、角筈ニ着ス。

来会者ハ学校側六人ノ外、村田、藤本、馬場久成、中山、山本喜蔵、原田友太等ナリ。神学部ノ現状及将来ニ関シテ打解ケタル報告及ビ談話アリ。午餐ヲ共ニシ午後五時一旦閉会、夜ハ懇談ノ筈ナレトモ余ハ五時ニ辞去シタリ。有益ノ会合ナリキ。

午後六時、三光町ノ留守宅ニ帰ル。勝治夫婦、みよ子ノ外ニ真澄、清見アリ、又横浜ノ一男アリ、中々賑カナリ。

一同夕食ヲ共ニシ、九時半寝ニ就ク。

日中ハ九十二度ノ暑ナリ。

八月十四日（木）　快晴

午前六時、三光町ノ宅ヲ出テ、目黒ヨリ乗車シ、赤羽ニテ乗換ヘタル。車中ハ盆前田舎帰ノ人々ニテ大混雑ナリ。尤モ高崎以北ハ大ニ楽ニナレリ。十二時十分、駅着、同半、無事帰寓。東京ニ比スレバトンネル以北ノ空気ハ別天地ナリ。十四日ノ月、円カナリ。既ニ秋色ヲ帯ブ。

夜ニ入リ按摩ヲ呼ビテ取ラセタリ。

八月十五日（金）　曇

俄ニ冷気ヲ催ス。

秋葉氏へ清書ヲ送ル。

ランデス夫人来訪ス。

午後、離山ノ麓ニ散歩ス。

夜ニ入リ降雨トナル。

午前三時七八分過弱震アリ、東京ハ如何ト危ム。

八月十六日（土）　雨、六十五度

昨夜来冷気ヲ催シ、フランネルニ袷羽織ニテモ尚寒キ位ニテ、室内ニ火鉢ヲ入レタリ。

健次並ニ池田孝男氏へ端書ヲ出ス。

昨朝ノ地震ハ区域頗ル広く、東北ヨリ尾張辺ニ及ベリ。

荒川千代ヨリ夏密〔蜜〕柑ノ砂糖漬ト味噌煎餅トヲ贈リ来ル。

二品共ニ風味佳ナリ。

八月十七日（日）　雨

オウデトリアムニ行キ礼拝ス。或老婦人ガ礼拝ノ司会ヲナス。公礼拝ノ女司会者ハ初テ見ル所ニテ少シク妙ナ感情ヲシタリ。説教者ハ台南ノシングルトントヤラ云フ若キ宣教師ニテ、ソノ思想モ聖書ノ解釈モ極メテクルードナルモノナリキ。多数ノ宣教師中今少シク有力ナル説教者モアルベキ筈ナルニ。

荒川へ礼状ヲ認ム。

八月十八日（月）　半晴

自分ノ神学部長並ニ教授辞任ニ対シプレスビテリアンミシヨンノ年会ニ於テ深切ナル決議ヲ為シタリトテ、書記ドクトルダンロップ氏ヨリソノ写ヲ送リ来タレバ、之ニ対シテ礼状ヲ送ル。

午後、ダスカル氏ヲ訪問シタルニ、午睡中ニテ空ク帰ル。

ソレヨリ塩川三四郎氏別荘ヲ訪ヌ。

夕刻ヨリ再ビ雨天トナル。

八月十九日（火）　半晴、半雨

秋葉氏へ清書ヲ出ス。

午後五時半、真澄東京ヨリ来ル。

夕刻ヨリ大雨トナリ、雷鳴頻リニ起ル。

八月二十日（水）　晴、雨

花子同道、スネード氏夫妻ヲ訪問ス。フエルプス氏ヨリ返電未タ来ラザル由、多分何処カ避暑中ニテ電信未着ナラン。但数日前同氏ヨリ書状達シ之ニ依リテモット氏ト相談ノ上、長尾氏ヲ招キタルハ来年ホノルヽニ開カルベキ汎太平洋YMCA会議準備委員トシテ出席スルヲ第一ノ要務トシ、第二ニハ其序ヲ以テ募金ノ援助ヲ依頼セントスルニアリシ由ナリ。

夜ニ入リ又々雷鳴アリ。

森鷗外ノ「かげ草」中、戊辰昔語の〔ママ〕一篇ヲ読シ、当時ヲ追想シテ感慨無量ナリ。

八月二十一日（木）晴、雨

杉浦貞次郎氏来訪、数日前家族ヲ携ヘテ来リタル由ナリ。

秋葉氏へ清書ヲ出ス。

午後六時、鎌倉木村ヨリ電報アリ、曰、「アンザントモニブジ」ト。蓋亦女子ナラン。男子ナラバ男子出生ト云ハズニハ居ラザルベシ。

八月二十二日（金）曇

連日ノ雨天、未タ全ク晴レズ。鬱陶敷天気ナリ。

午前、オルトマンス氏夫婦来訪、緩談ノ後辞去ス。

秋葉氏へ清書ヲ出ス。

鎌倉木村へ安産ノ祝ヲ兼ネ下痢剤ノ処方箋ヲ求メテ書状ヲ送ル。

福音印刷会社専務取締役村岡儆三氏東京ヨリ来訪、米国バイブルソサイテイへ資本ノ援助ヲ求ムルノ書ニ賛成センコトヲ請フ。乃チ承諾シテ之ニ署名ス。同社ノ損害ハ総額五十万円ナリト云フ。但其株式ハ三十五万円ニシテ其他ハ借金ナリト。

八月二十三日（土）快晴

天気恢復、寔ニ爽快ナリ。早朝、壱時間郊外ニ散歩シタリ。

小林誠氏ニ昨秋ノ大震災ニ対シ追悼ノ書状ヲ出ス。

午前、オルトマンス氏方ヲ訪問シ、又岡本氏ヲ訪問ス。

午後ハ杉浦貞次郎、ドクトルフルトンヲ訪問シタルニ何レモ不在。ダスタ〔カ〕ル氏、木村氏ハ何レモ休息中ニテ面会セズ。

後ニ至リテダスカル氏夫婦来訪、頻リニ言解ヲナス。

八月二十四日（日）快晴

外人教会ニ於テ礼拝、説教者ハ在印度米国メソジスト教会ビシツプワルント云人、宣教師ニシテ六十以上ノ人ナリ。説教ノ趣意ハ印度ニ於ケルイエスキリストノ感化力ト云フコトニシテ、ヒントウ教ノ弊害ヲ指摘シ、ガンヂーノ思想ハイエスノ教訓ヨリ出ルコトヲ論ジタリ。如何ニモ老練ノ説教家ナレトモ冗長ニ失シ、且技巧ヲ用ヒ過タル嫌アリ。

木村ヨリ返事来ル。幸ニ出生ハ男子ナレトモ月不足ニテ八ヶ月ナリトノコト。且早産ニテ産婆間ニ合ハズ、ソノ来ル迄四十分間ソノ侭ニシテ置タリトテ、後ヲ気遣居ル趣ナリ。折角男子ガ生レタルニ、何トシテ健全ナラシメタキモノナリ。

八月二十五日（月）　雨

木村へ書状ヲ出ス。清見ヨリ書状来ル。木村ノ土地登記ハ去十九日ニ済ミタル趣ナリ。

初秋ノ歌一首ヲ読ミ、真野、津田、三浦、秋葉等へ送ル。曰ク、

秋来ぬと目にもさやかに見えにけり雲場が原の茅の穂波に

八月二十六日（火）　雨

昨夜ハ豪雨、今日モ終日降雨。夕刻ニ至リ少シク小降トナリタル間ニ、漸ク日課ノ散歩ヲ為シタリ。

八月二十七日（水）　雨、晴

今日ハ土地ノ祭礼日ナリ。生憎雨降ル。家主ヨリ赤飯ノ贈物アリ。

花子同伴、土屋老人ヲ訪問、過日ノ答礼トシテ荒川ヨリ贈タル夏密〔蜜〕柑ノ砂糖漬ヲ分贈ス。

老人ノ話ニヨレバ、最初軽井沢ノ避暑地ニ適スルヲ称シハ英国人デツソンナリ。但最初ニ住居ヲ設ケタルハ宣教師シヨンナリト。碓氷トンネルノ開通シタル［後カ］ハ、旧軽井沢ハ殆ンド破滅ノ状態ニテ百三十戸ノ駅ハ八十戸ニ減少シ、ソレモ殆ンド破産ノ状態ナリキ。然ルニ現今ニテハ表通ノ町ハ一坪百円相場ニシテ、元来荒地タリシ原野ニテモ四五円ヲ下ラズト。

夜、松宮氏来訪、半田氏ノ貸地ニ付話アリ。

八月二十八日（木）　晴

漸ク雨止ミ、再ビ暖カニナル。

健次ヨリ来信アリ、無事研究中ノ由。

今朝、狂歌一首ヲ得タリ。

世の中を離れ山辺の仮住ひ重荷おろして身も軽井沢

昨日ハ東京モ大雨ニテ浸水家屋六千六百、電話不通ノ所多シト。

春子ヨリはがき来ル。小児ハ無事ノ趣、生レタル時ハ五百二十目ナリシモ、既ニ三十目増シタル由。稔ト命名シタル由。多分成長スルナラント思ハル。

八月二十九日（金）　曇

健次へ返書並ニ写真ヲ送ル。

今日ハ浅間山押出シ岩見物ノ計画ナリシモ、軽井沢良風俗維持ノ為有志婦人ノ会アリ、花子之ニ出席ノ為延期ス。船尾曳太郎氏来訪、三井信托会社ニ勤務スル旨ノ話アリ。夜、岡本敏行氏ヲ訪問ス、野尻ヲ見物シタレトモ避暑地トシテ思ハシカラヌ旨ノ話アリ。

八月三十日（土）　半晴

真野氏ヨリ返歌アリ、曰ク、

文二　絵にみゆるす、きの穂波打よせてみやこに知らぬ秋風やふく

咲子　木の葉ちり尾花なみよる軽井沢むべ山風に秋のみゆらん

花子、真澄、離れ山へ登ル。留守中ニ沖野夫人、女学生二名ヲ連レ買物ノ序ナリトテ来訪ス。

八月三十一日（日）　晴

教会ニ於テ礼拝。アムブライト氏説教、馬太九ノ卅六以下ヲ本文トナシ、極メテ有益ナル説教ナリキ。即チイエスノ群衆ニ対スル愛憫ヨリ説起シテ、当時ノ民衆ト現代トヲ比較シテ大ニ反省スベキ点ヲ指摘シタリ。過度ナル愛国心、敵ガイ心、人種的憎悪、宗派分立、無感覚等ヲ責ム。

片山毅氏来訪ス。

松宮氏来訪、告テ曰ク、半田氏ハ自邸ノ真向ノ空地百五十乃至二百坪ヲ余ノ存命中ハ時価ノ半額ニテ貸スベシトノ話ナリト。其好意ヲ謝シ、熟考ノ上回答スベキ旨ヲ答フ。

［九月中扉］

先日送リタル初秋ノ和歌ニ対ニシテ津田榮子ヨリ返歌アリ

軽井沢静けき秋の初風に向が原の茅なびくらん

此までも涼くなりぬ軽井沢ゆかるく送るか秋の朝風

伊藤一隆氏より狂歌に対する返歌あり

汗か、ぬやうにつとめて汗をかく人をうらやむ夏の日ながし

九月一日（月）　晴

去年関東大地震ノ一周年ナリ。東京ニ於テハ盛大ナル追悼記念会執行ノ由。

午前十一時ヨリ外人教会堂ニ於テ追悼記念会アリ、我等モ之ニ出席ス。

一周年前ノ事ヲ追想シテ感激ニ堪ヘズ。我ガ一家及親戚ノ無事ナリシコト、亦自ラモ昨年ニ比シテ大ニ健康ヲ恢復シタルコトヲ意ヒテ感謝ノ念ニ堪ヘズ。正シク家財ノミナラズ親族マデ失ヒタル人々ノ心中ハ推察スルニ余アリ。

九月二日（火）　快晴

天気清朗、数日来ノ陰鬱一掃、神気爽快ナリ。

花子、真澄同伴、早昼ニテ千ケ滝ニ沖野岩三郎、中村獅雄二氏ヲ訪問ス。駅迄徒歩シ沓掛迄汽車、夫レヨリ自働車ニ乗ル。

沖野氏別荘ニテ暫時休憩、ソレヨリ直隣ノ中村氏ノ別荘ヲ訪ヒ同夫婦ニ会ヒテ後、沖野氏ノ案内ニテ千ケ滝温泉ニ浴シ、ソレヨリ冷シ素麺ノ振舞ヲ受ケテ辞去。徒歩ニテ約二十丁余ノ途ヲ徒歩シ、沓掛ヨリ再ビ汽車、駅ヨリ宿迄再ビ徒歩ニテ帰ル。少シク運動ノ過度ナリシ為カ、軽井沢ニ来リ始メテ睡兼、十時半過ニ至リ催眠薬ヲ服用シタリ。

九月三日（水）　晴

午後、花子同伴、島田孝一氏及母堂ヲ訪問ス。飲用水ノ事ヲ尋タルニ、半田氏ノ水ヲ用ユトノコト、且極メテ良質ナリトノコトナリ。帰途、半田氏ヲ訪問シタルニ、家ノ構造、間取等ヲ隈ナク示シ頗ル自慢ノ色アリキ。

トクトルマンローヲ訪ネ、診察料二回分金拾円ヲ払フ。

教文館ニ於テブラオンニングノ詩集並ニフオスヂツクノ祈祷ノ意義ヲ買フ。

九月四日（木）　半晴

隣家松宮氏ヘ我等三人共午餐ニ招カル。簡単ナル支那料理ノ饗応アリ。松宮夫人ハ目下支那人ノコツクニ就キ支那料理稽古中ナリトノ話ナリ。

秋葉氏ヘ清書ヲ送ル。

九月五日（金）　雨

終日降雨、軽井沢ノ避暑モ既ニ過キ、避暑客モ大抵帰途ニ就キ、頓ニ寂寥ヲ感ズ。句あり。

夏過きてもはや衣も軽井沢気も軽くして家に帰らん

松宮夫婦モ午後引揚テ帰家スルニ付午餐ニ招ク。昨日招待セラレタル返礼ノ為ナリ。

ロンドンの片山《[ママ]》へ書状ヲ出ス。千ケ滝記念ノ写真ヲ送ル。

九月六日（土）　雨

昨日来、降雨間断ナシ。

午後、野嶋進氏来訪、目下ヴオリス氏ノ秘書役ヲ勤メ、大ニ満足ノ態ナリ。夕食ヲ共ニシ、近江ミシヨンノ内情ニ関シテ種々談話アリ。

九月七日（日）快晴

漸ク雨晴レテ快晴ノ天気トナル。

オウデトリアムニ於テ礼拝、説教者ハエール大学神学校ノ教授ポートル氏ナリ。題ハキリスト者ハキリストノ手書ナリト云フ事ニテ、思想ハ可ナレトモ何分老人ニテ活気ナク、且説教者トシテハ老練トモ思ハレズ、又ソノ説教ニ一種ノクセアリテ、時々ウムーウムート唸ナルコトアルト、義歯ノ為カ口ヲ開ケバ乃チ上歯ヲ顕ハシ甚タ見［苦］シカリキ。

九月八日（月）快晴

午前四時半ヨリ起床、荷造ヲ始メ帰京ノ用意ヲナス。七時ニハ悉ク用意備ヒ、真澄附添ヘ、荷車ニテ鉄道駅ヘ送出ス。軽井沢ニテハ運送店ヲ便利屋ト称ス。

八時十四分発列車ハ満員ナリ。赤羽ト池袋トニテ乗替、午後二時半過無事帰宅。留守中何等異条ナシ。

沼澤くに子来訪。勝治夫婦、みゑ子、夕食後帰去。近日益宮《[宮益カ]》町ヘ転宅ノ由ナリ。

李春生氏逝去ノ電報アリ。

九月九日（火）晴

東京ハ残暑未タ去ラズ、再ビ夏ヲ迎ヘタル感アリ。蝉ノ音モ喧シ。

午後、筧氏来訪、同盟ノコトニ就キ相談アリ。

夜ニ入リ秋葉氏来ル。

李延禧氏ニ吊電ヲ出シ且吊状ヲ送ル。

中村獅雄、井上胤文二氏ニ礼状ヲ出ス。

青年会同盟主事筧氏来訪。

九月十日（水）快晴

午前、角筈神学部ニ行ク。本学期始業式アリ。教員ニテ出席者ハオルトマンス、都留、桑田、川添及ビ余ノ五人ナリ。山本氏ハ九州地方旅行中ノ由ニテ欠席、学生モ未タ帰ラザル者多シ。

今日ハ昨日ヨリモ残暑強シ。屋内八十五度ニ昇レリ。

木村良夫、佳寿江子ヲ連レテ来ル。佳寿江ハ内ヨリ普連土女学校ヘ通学ノ筈ナリ。

九月十一日（木）晴

神学部第二年級ニ授業ス。

九月十二日（金）雨

［記載なし］

九月十三日（土） 曇

明日、横浜指路教会創立五十年記念礼拝ノ説教ヲ委嘱セラレテソノ準備ヲナス。天国ハパン種ノ如シトノ譬ヲ本文トシテキリストノ感化ヲ論ジ、前途ノ希望ヲ堅固ナラシメントス。

今夜ハ仲秋名月ナリ。幸ニ天晴レテ月光ノ美ナル、譬ン二物ナシ。

九月十四日（日） 晴

午前十時、指路教会仮会堂ニ於テ教会創立［五］十年記念礼拝ノ説教ヲナス。毛利牧師、先ツ教会史ノ大略ヲ述ブ。創立ハ明治七年九月十三日ニシテ、会員ハヘボン夫人ノ英学塾ニ在タル十七名ノ学生ト南小柿洲吾氏ノ十八名ニシテ、牧師ハヘンリールミス氏ナリキト。現在ノ会員ハ一千弐百名ニシテ、過去五十年間ニ同教会ニ於テ授洗シタルモノ約二千人アラントノコトナリ。式後、旧教会堂ノ焼跡ニテ記念ノ写真ヲ取リ、ソレヨリ住吉町ノ或西洋料理店ニテ午餐会アリ。数名ノ感話アリ、盛会ナリキ。

九月十五日（月） 晴

秋葉氏ヘ清書ヲ出ス。文雄ヘ返書ヲ出ス。

午後一時ヨリ植村氏宅ニ於テ伝道局常務理事会アリ。来年度予算案其他ニ付相談アリ。会後、内外合同伝道ニ付意見ノ交換アリ。植村、両渡辺等無期延期ノ説ヲ述ブ。主ナル理由ハ自給独立ノ精神ヲ鈍ラスノ惧アルコトト対外関係上ニアリ。余ハ之ニ代フルニ他ノ協同伝道法ヲ案ジテ有終ノ美ヲナサシムベキコトヲ述ベタリ。

九月十六日（火） 大雨

角筈ニ行キ、一年級及ビ二年級ニ授業ス。但病気其他ニテ未タ帰校セザルモノアリ。

午後、教師試験小委員会ヲ開キ、答案評点ノ調査ヲナス。及第点ヲ取タル者十六名アリ。

九月十七日（水） 雨、晴

昨日ノ豪雨ニテ東京市内浸水戸数四万三千余トノ報告ナリ。本所深川方面、目黒大崎方面殊ニ甚シ。六郷川橋落ツ。東海道鉄道一時不通トナル。

今月ヨリ神学部出勤日ヲ火、木ノ両日午前ニ改メタレバ、今日ハ出勤ノ必要ナシ。

九月十八日（木） 晴

午前、出勤授業、但三年生未タ帰校セザルヲ以テ、ソノ時間ヲ利用シテ一寸鶴田一家ヲ訪問ス。一同無事。健次ノ子供モ三人共ニ元気ナリ。

午前十時十分、強震アリ、人々戸外ニ走リ出ツ。但自分ハ屋外ニ在リシ故ニ最初ハ気付ザリキ。

午後三時、市ヶ谷教会ニ於ケル阿部鞆音、新階敏子ノ結婚式ニ参列ス。

九月十九日（金）晴

今回東洋視察ノ為来朝シタルWYハイプス（シカゴYMCA会長、同市マーシヤルフヒールドデパートメントストアー卸売部長）夫婦ヲ正賓トシテ、飛鳥山渋澤子爵邸ニ午餐会ニ招カレテ往ク。来賓ハ添田壽一、古川男爵夫婦、藤山雷太、西野恵之助、倉知誠夫、長尾半平其他ナリ。

午後四時、精養軒ニ於テハイプス氏歓迎茶話会アリ。同氏ノ演説アリ、自ラ関係スル所ノストーアルトYMCAトニ就テ詳細ノ話アリ。市内ノ重立タル百貨店、三越、白木、太丸、松屋、高嶋等ノ重立タル店員来ル。

九月二十日（土）晴

午後、秋葉氏ヲ訪問ス、但不在。

帰途、目黒ノ普請場ヲ見ル。漸ク棟上ゲ丈ハ済シタリ。一見シタル所中々立派ナル住宅ナリ。

夕刻、今村正一氏来訪、SS部会ノ為札幌又ハ仙台へ出張講演ヲ依頼ス。但断リタリ。

九月二十一日（日）雨

午後二時、高輪教会ニ於テ山本喜蔵氏ノ牧師就職式ニ出席ス。司式者ハ芝教会牧師富田満氏ナリ。

九月二十二日（月）晴

午前、桑田秀延氏神学［部］教授就職告辞ノ草稿ヲ作ル。

午後、気分引立ズ、依テ明治学院ニ散歩シテ高等学部ノ修繕ヲ見ル。

夜ニ入リ発熱三十八度ニ上ル。依テ高木逸磨博士ヲ迎へ診察ヲ受タルニ、多分流行性感冒ナラントノ事ナリ。


［以下、九月二十三日から二十六日の頁に記載］

翌日ニ至ルモ熱去ラズ、益ス高ク四十度ニ達セントスルニ至リ、或ハ偏桃線炎ナラントノ診断アリ。依リテ塗抹薬、吸入湿布、含漱等種々ノ治療法ヲ試ミ、廿九日ニ至リ漸ク熱度モ平温ニ復シタリ。然レトモ食気進マズ、全体ニ元気ナク、気分モ引立ズ。

此如キ容体ニテアルコト一週間余ナリシガ、十月九日ニ至リ再ビ急ニ発熱シ三十八九度ニ至ルノミナラズ、発熱ノ直前ニハ悪寒ヲ感シ、音声ハ枯レ、眼球ハ充血シテ光線ニ堪ヘズ、甚タ苦痛ヲ感ジタリ。高木氏、木村良夫モ大ニ心配シ、或ハ壊血症ノ疾患ニハナキ乎ノ疑モ生ジタルラシク、乃チ血液ノ検査ヲ行ヒタレトモ、血液ニハ異状ナキモ、其日尿ヲ検査シタルニ蛋白質ヲ含ムノミナラズ、数種ノ菌ヲ含メルコトヲ発見シタリ。且ソレト同時ニ右腎ニ異状アルコトヲ発見シタリ。即チ腎臓ノ拡大シテ下部ニ下リタルコトヲ発見シタリ。其結果、病症ハ扁桃線炎ヨリ一変シテ腎盂炎トナリタルモノト診断セラレタリ。

依テ高木氏ノ意見ニテ、自己ワクチン注射ヲ試ムルコトトナリ、三日目又ハ五日目ニ之ヲ行フコト、前後十回ニ及ブ。最初ハ多少ノ反応アリ、注射局部ニ熱ヲ持ツノミナラズ、全体ノ温度モ三十九度位ニ昇リシモ、三四五回ノ後ニハ何等ノ反対《〔応〕》ヲモ感ゼザルニ至ル。而シテ菌ハ全然無クナリ、且ツ蛋白質モ次第ニソノ量ヲ減ジテ、全然ソノ痕跡ヲ収ムルニ至ル。

要スルニ高木博士ノ治療法宜キヲ得、神ノ恩寵ノ下、ソノ効ヲ奏シテ全快シタル訳ナリ。第一天父ノ御恩寵ハ申ス迄モナキコトナガラ、高木氏ノ深切ト努力トハ到底普通ノ医師ニ於テ見ル能ハザル所ナリ。

又、二ヶ月以上ニ渉リタル病気中、花子ノ不断ノ看護ハ感謝スルニ余アルコト共ナリ。

九月二十七日（土）～十二月六日（土）

［記載なし］

十二月七日（日）

今日ハ寒ク初雪降ル。

十二月八日（月）　晴

本日、愈全快之礼ニ高木氏宅ニ赴キ、金弐百円ト掛物壱幅ヲ呈ス。

花子ニハ看護ノ礼ノ心ニテ衣服料五十円ヲ贈ル。

本日ハ床払ノ心算ナリシモ、風寒キ故ニ見合セタリ。

夕刻、沼澤くに子来訪、夕食ヲ共ニス。

十二月九日（火）

今日モ曇、午前雪チラ〳〵降ル。

今日ハ終日階下ノコタツニテ送ル。

健次へ発病以来大体ノ容体ヲ記シテ書状ヲ送ル。

十二月十日（水）　前曇、後晴

青年同盟主事来訪、ジーエムフヒシヤル氏ノ功労ニ対シテ贈リタル感謝状ノ写真トソノ英文訳トヲ携ヘ来リ、又来十六日ニ開カルベキ常務委員会ノ事ニ付打合アリ。

午後、木村ヲ訪ヒ新築ノ住宅ヲ見ル。一見シタル処想像以上ノ成功ナリ。清見ノ処女作トシテハ確カニ成功ト謂テ可ナラン。間取ノ工合、採光ノ注意、亦々壁唐紙ノ色ノ調和等間然スベキモノナシ。若シ此子ニシテ大志アリ且将来更ニ研究ノ機会アラシメバ、必ラズ建築家トシテ頭角ヲ顕ハサン。

十二月十一日（木）　快晴

花子、早朝ステーションホテルニ真野文二氏ヲ訪レ、鎌倉別荘ノ一部借受ノコトヲ依頼シ快諾ヲ得タリ。文二氏、今朝出発帰省セラル。
同氏ヨリ過日ノ初雪に［ママ］付
老いぬれば数かさなりて初雪もめづらしからずなりにけるかな
ト読ミ送タレバ、直チニ
いつ迄ももたまほしきはをさなこの物めつらしき心なりけり
ト返シタリ。
今日ハ病後始メテ髪ヲ苅リ且ツ入浴シテ心地好シ。且灌腸ヲ要セズシテ便通モアリタリ。是レニテ愈全快ト云フベキカ。

十二月十二日（金）　晴

寒気強ク氷結ス。北陸地方大吹雪ニテ、四十哩間電信電話線切断ストノ報アリ。

浜松屋ニ往キ、神戸、岡山等ヘ送ルベキ荒巻数尾ヲ注文シタリ。

午後、山本秀煌氏来訪。

哲子来訪、木村ニテ玄関ニ置タル風呂敷包ヲ盗マレタル趣ノ話アリ。

十二月十三日（土）　快晴

寒気強、霜如雪。

午前、木村良夫来訪。

今年ハ例年ヨリ八度寒シトノ事ナリ。

十二月十四日（日）　晴

木村家ニ於テ東京移住披露ノ為、親類親友八十名ヲ中央亭ニ招キテ午餐ヲ供シタリ。木村夫婦自働車ニテ我等両人ヲ迎ニ来リ、帰リニモ同車ニテ送リ呉レタリ。招カレタル者ハ鶴田禎次郎氏夫婦、市橋氏、高橋氏夫婦、勝見、黒川ノ諸氏、其他ハ井深側ノ親類ナリ。

千代か崎なる木村家の新築を祝ひて

名にしおふ千代がみ崎の新すまゐ千代に八千代に栄えゆくらむ

狂歌

大崎の千代がみ崎の新築はおほさき〳〵もめてたかるらん

十二月十五日（月）　晴

木村夫婦来訪、昨日ノ為ニ異条ナキヤ否ヤヲ問フ。実ハ朝起床シタル時ヨリ少シク目惑ノ気味アリシガ、格別ノコトニモ非リシ故ニ何モ告ゲサリシガ、正午比ニ至リ急ニ気分悪シク脈搏百内外ニナリタレバ、真澄ヲシテ木村ヲ迎ヘシメ、且灌腸ヲ行ヒタリ。

木村夕刻ニ至リ来訪、診察シ呉レタルニ、多分腸ニガスノ発成シタル為ナラントノコトナリキ。且咽喉カタルモ又見ユトノコトナリ。実ハ数日来灌腸ヲ廃シ自然ノ便通ニ任セタル為、多少糞便ノ滞リタルト神経刺激ノ為ナリト察セラル。

十二月十六日（火）　晴

良夫来訪診察。終日平臥、安静ニス。気分宜シ。

久振ニテブラオンニングノ詩ソールヲ読ミ大ニ感ズル所アリ。

十二月十七日（水）　晴

朝、寒気強シ。

良夫来訪、診察。気分宜シ。唯一時的ノ故障ナリシト見ユ。

午後、更ニ遺言ヲ認メタリ。是ニテ先般来気懸ニ成タル一事済ム。

今朝、高木氏ヘ尿ヲ送リ、昨日ノ試験ノ結果ヲ尋ネシメシニ、昨日ノ尿ニハ何等ノ異条ナシトノコトナリ。

十二月十八日（木）　晴

寒気強烈、午後ニ至ルモ室内ニ於テ指先カヂカマント欲ス。

昨夜、神経昂奮シテ十二時ニ至ルモ寝ル能ハズ、催眠薬ヲ服用シタレトモ二時過マデ寝ルコト能ハザリキ。

夕刻、高木氏来診、何等異条ナシトノ事ナリ。且鎌倉転地静養モ可ナラントノ意見ナリ。先日贈リタル増祺将軍書幅ハ至極満足ノ様子ニテ、感謝ノ意ヲ表セラル。但記念ノ為是非函書セヨト乞ハレタルニハ閉口セリ。

十二月十九日（金）　晴

白霜如雪、但午後ハ無風。昨日ヨリハ幾分和ラギタリ。

自分ノ気分モ宜シ。但昨夜モアドリンヲ頓服シテ熟睡スルヲ得タリ。

鶴田夫人来訪、長崎カステラ一箱ヲ贈ラル。且磯子ヨリ自分ヘハ新調ノ丹前ヲ、花子ヘハ下駄、真澄、清見ニハ靴足袋ト商品券ヲ贈ル。常ナガラ用意行届ケルハ感心ナリ。

十二月二十日（土）　晴

本日、鎌倉ヘ転地ノ予定ナリシモ、支度整兼不得止明日ニ延期スルコトトナス。花子ハソノ用意及ビ留守中ノ事、且親類ヘ歳末贈物ノ用意ノ為多忙ヲ極ム。自分ハ単ニ身廻ノ用意ヲ為シタル耳。

留守中、重要書類一包ヲ木村家ニ委托ス。真澄ヲシテ之ヲ届ケシム。

十二月二十一日（日）　快晴

午前六時、起床出立ノ用意ヲ整フ。車夫ヲシテ荷物ヲ品川駅ニ運搬セシメ、真澄モ同時ニ往キ切符ヲ買ヒ、荷物預ケ等ノ世話ヲ為ス。花子ト自分ハ後ヨリ電車ニテ品川ニ往シニ、木村良夫モ横浜迄同行ストテ真澄ト共ニ待居タリ。

十時十三分発車、横浜ニテ木村ニ別レ、正午前阪下ノ真野別荘ニ到着ス。途中無事ナルノミナラズ気分モ良ク、実ニ感謝ニ堪ヘズ。唯、昼食後買物ニ出掛タル時少シク疲労ヲ感ジタルノミ。別荘ハ随分破レタレトモ屋根雨戸等ハ既ニ修理了リ住ムニ差支ナシ。

［欄外］天気ハ申分ナシ、微風ダニナク温和春ノ如シ。

十二月二十二日（月）　快晴

午前、無風快晴如春。冬至ノ天候トハ思ハレヌ程温和ナリ。

鎌倉銀行支店ニ赴キ当座預金ヲナス。

留守宅、木村、真野、都留ヘはがきヲ出ス。

午後、花子ト共ニ買物ニ出ヅ。途中、偶然稲澤謙一氏ニ会フ。目下諸処ノクリスマ［ス］祝会ニテ忙シト云ヘリ。

十二月二十三日（火）　快晴

快晴暖和如春。

午前、長谷郵便局ヨリ大仏ニ赴キシニ、目下一時大地震ノ為ニ傾キタル土台ノ修理中ナリ。大仏像ニハ何等ノ被害ナシ。但周囲ハ極メテ寂寥ナリ。僅カニ一人ノ警官ガ寺僧ト物語ツ、アルト、二三ノ学生ノ見物人アルノミ。

郵便局ハ震災ニ依リ焼失シ、改築セラレテ大ニ面目ヲ改メタリ。

午後、又花子同道、町ヘ買物ニ出ツ。町ノ植木屋ニテ小キ盆栽二個ヲ求ム。幾分ニテモクリスマス気分ヲ室内ニモ来ラシメン為ナリ。又菓子屋ニテ年末ノノシ餅二枚ヲ注文シタリ。

十二月二十四日（水）　快晴

快晴微風。

午前、午後共ニ散歩ス。海岸ニ往キタレトモ寒カラズ。山色連天ノ意ヲ以テ一首ヲ読ム。

相模の海かなた遥かに眺むれば雲井に浮ぶ三宅島やま

福音印刷会社ヨリ年賀ノ端書到着ス。即チ諸親類へ宛タル分二十余枚ヲ一束トシテ局ニ差出ス。

今日ハ少シク北風アリタレトモ、坂下最寄ハ丘ヲ北面ニ負フ故ニ寒カラズ。避寒ニハ屈竟ノ場所ナリ。

十二月二十五日（木）　晴

午前、鎌倉日本キリスト教会長老清水侯忠氏来訪。本日午後二時、同教会ニ於テＳＳ子供ノ為クリスマス祝会アルガ故来臨シテハ如何トノ招待アリ。幸好天気ナレバ花子同伴、午餐後出席ス。子供ハ七八十人アリ、満堂ノ盛況ナリ。之レガ為ニ図ラズモ幾分カクリスマス気分ヲ味フコトヲ得タリ。

夕刻、清水氏ヨリクリスマス祝トテ当地名産ハム一片ヲ贈ラル。是モ意外ノ賜ナリ。

昼ニハクリスマスジンナーノ心ニテ鳥鍋ヲ食シタリ。

十二月二十六日（金）　曇

午前ヨリ曇始メ、午後四時前ヨリ雨天トナル。今日ハ当地ニ来リテ始メテノ降雨ナリ。東京ハ或ハ雪ニテ非ルカ。

午後、市中ヲ散歩シタレトモ、寂寞トシテ年末ノ如キ景気ナシ。唯誰モ不景気トノミ云フ。恐ク東京モ同然ナラン。

十二月二十七日（土）　曇

昨夜ハ終夜降タレトモ今朝ハ雨休ミ、一時ハ日脚モ見ヘ懸ケタリ。然レトモ遂ニ晴ニハナラズ風モ吹キタリ。但其割ニ寒クハ感ゼズ。

正午少シ前、突然荒川康夫来ル。留守宅ヨリ書状雑誌等ト、津田ヨリ贈ラレタル「カステラ」ト、神戸ヨリ贈リタル牛肉ノ味噌トヲ持参ス。留守宅無事ノ趣ナリ。清見モ廿五日ノ夜ニ帰宅シタル趣ナリ。康夫ハ夕食ヲ給ベテ帰京ス。

在ロンドン片山へ書状ヲ出ス。

磯子ヨリ重健、健明二人ト自分トノ近影トテ送来ル。

十二月二十八日（日）　快晴

快晴温和、天ニ一点ノ雲ナク且微風ダニナシ。実ニ中分ナキ上天気ナリ。

午前十時、花子同道、鎌倉教会ニ往キ礼拝ス。牧師松尾氏ノ「キリストノ愛我ニ迫レリ」ト云フ題ノ説教アリ。解釈ニ少シク無理ナル点アリ、且言語発音共ニ不自然ナル所アリ。

今日ハ菓子屋ニテノシ餅ヲ搗シメタリ。

日暮レテ突然真澄来ル。即チ多田氏ヨリ送リタル蒲鉾甘鯛ノ乾物、外村氏ヨリ送リタル鯛ノ糟漬等持来ル。

十二月二十九日（月）　晴、曇

真澄、昨夜一泊、今朝帰京ス。

郵便局ニ往キ、伝道局ニ送ルベキ小為替ヲ求ム。

海岸通ヲ散歩シタレトモ、少シモ寒キコトナシ。

花子ハ隣家ノ千秋氏へ牛肉ノ味噌漬ト鯛ノ糟〔漬〕ヲ、池田宣次郎氏夫人へ蒲鉾ト甘鯛トヲ持テ見舞ニ往ク。

十二月三十日（火）　曇

曇タレトモ寒カラズ。鎌倉ハ避暑ヨリモ寧ロ避寒ノ地ニ適スルガ如シ。少クモ病後保養ノ人ノ為ニハ然リトス。

午前ハ花子同道、買物ニ出懸ケ、午後ハ一人ニテ極楽寺ヨリ稲村が崎、袖の浦ニ行、海上ヲ見ル。ソノ時、山色連天ト云フ勅題ニ因ミ

袖の浦に打出てみれは白妙の不二の高嶺は雲かくれつゝ

又同所より〔以下、ひらがなママ〕不二山を見たる絵はがきにしたゝめて真野氏に送る。

袖の浦に打いてゝみれは白妙の不二の高根は日に匂ひつゝ　海辺の黒人

十二月三十一日（水）　曇

一日曇天ニテ方ニ雨ナラント欲セシガ、遂ニ降ラザリキ。

花子ハ心バカリノ正月ノ用意ニテ忙シ。

木村ヨリ手紙来ル、伝研ノ方ハ真野氏ノ紹介ニ依テ研究生タルコトヲ得、来月ヨリ研究ニ着手トノコトニテ安心セリ。但、稔ハ風邪ノ為高熱ヲ出シ乳ヲ欲セズ、次第ニ衰弱ス。恐ク今一週間ハ保ツマジトノ報告ナリ。気ノ毒千万ナリ。然レトモドノ道助カラヌモノナラバ、余リ長ク苦マザル方反ツテ幸福ナラン。

其他ハ親族皆無事ニシテ越年スルハ感謝ノ至ニ堪ヘザル所ナリ。

[補遺]

折にふれて

夏の夜のゆめかとそ思ふ七十路の過に※し方をふりかへりみて
人の世はゆめにはあらじ天地をしろすめす神のいます限りは
ひとの世は夢にはあらじキリストの御足の跡し尋ね進まば
人の世をなとてゆめとや思ふらん
七十路の坂はこゆとも尚さきによづべき峰のありとこそ知れ

H. Katayama
2 Clements Inn
Strand, W.C.2
London.
H・カタヤマ
2　クレメンツ・イン
ストランド　WC2
ロンドン

[日記に挟まれた本人名刺の裏]

1　雨畑甲州石　鳩居堂
2　羅紋支那石　中橋中通　森尾
3　高嶋虎斑石

一九二五（大正十四）年

植村正久
井深とともに日本のプロテスタント界の指導者として大きな役割を果たした。
二人の出会いは 1871（明治 4）年、横浜修文館にさかのぼる。1925 年 1 月、
かけがえのない盟友植村の急逝は、井深にとって大きな衝撃であった

［冒頭余白］

詩篇第百三篇　我が霊魂よ、エホバをほめまつれ、我が衷なる凡てのものよ、そのきよき名をほめまつれ…エホバは汝が凡ての不義をゆるし、汝の凡ての病をいやし、汝の生命を亡びより贖出し給ふ…斯くて汝は壮やぎて鷲の如く新になる也

東海春秋七十二、更拝天恩又迎新

いつまでももたまほしきは青年《わか者》の世におくれさる心なりけり

一月一日（木）　快晴

昨夜ハ風吹キ、今日ノ天気ハ如何ト気遣ヒタルニ、夜明レバ天ニ一点ノ雲ナク日本晴ノ朗カナル天気トナル。例ノ如ク詩篇百三ヲ読ミ、二人シテ元旦ノ雑煮餅ヲ喫ス。午前十時ヨリ鎌倉教会ノ新年祈祷会ニ出席ス。出席者ハ牧師ト我ラヲ合シテ七八名ナリキ。帰途、徒歩ニテ海浜院ホテルニ至リ午餐ヲ食ス。今年ハ我ラガ結婚満二十五年ニ相当ス。即チ銀婚式ノ年ナリ。日ハ本月九日ナレトモ、今日ニ之ヲ繰上ケテ感謝記念シタルナリ。

一月二日（金）　晴

午前、如例散歩。

午後一時過、図ラズモフエルプス、斎藤惣一ノ両氏来訪ス。フ氏ハ米国ノ排日ニ就テ頻リニ遺憾ノ意ヲ表シ、自ラ努力シタルコトニ付縷々話アリ。

両氏来訪ノ要件ハ同盟事務及ビ筧氏ノ事ナリ。筧氏ニテハ手ニ余ルラシ、年若ノ主事等不満ノ様子ナリ。此問題ニ関シテハ、不日長尾、伊藤氏等ト相談ノ筈ナリ。

尚一ノ要件ハ朝鮮青年会ガ新ニ「ナアシヨナル」コンミチイナル名称ヲ冒シタルコトナリ。此件ニ付テハ、何等政治上ノ意味ヲ含マザルコトヲフリース氏迄明言シ置ケバ差支ナカラントノ意見ヲ宣置キタリ。

斎藤氏ハバロンニコライノ伝、フ氏ハハワイニ於ケル人種問題ノ一書ヲ示セリ。

一月三日（土）　快晴

木村ヨリ飛電アリ、ミノル今朝八時永眠スト。予期シタル所トハ云ヘ両親ノ為気ノ毒ノ至、同情ニ堪ヘズ。依テ花子ハ直チニ上京ノ用意ヲナシ、正午前出発ス。

午後、海岸ニ散歩ス。真ニ小春日和ニテ正月ノ気候トハ思ハレズ。浪ノ汀ニサラ〳〵ト打寄スル所、海上雲霞ノ

間ニ島ヲ見ル、真ニ絶景ナリ。

午後九時前、花子帰ル。同夜入棺式ヲ行ヒ、明日青山墓地へ仮埋葬ノ筈ノ由。

片山とよ子ヨリ来信アリ。愈二月廿八日伏見丸ニテ出発、四月十九日横浜着ノ由。

一月四日（日）　半晴

木村稔葬式ノ為、花子早朝上京ス。

一人ニテ丁度昼食ヲ喫セントスル際、長尾半平氏突然来訪ス。見舞旁、昨日斎藤、フエルプス二氏ニ面晤ノ結果ヲ報告センガ為ナリ。からすみヲ土産物トシテ贈ラル。

昼食を〔ママ〕共ニセンヲ奨メタレトモ、子供ヲステーシヨンニ待セタリトテ頓テ辞去ル。

午後、海辺ヲ散歩ス。好キ心持ナリ。

夜八時半過、花子帰ル。木村ノ葬式ハ無滞静カニ済ミタル由ナリ。

一月五日（月）　晴

午後、八幡前ノ清水氏ヲ花子同伴訪問ス。往キハ電車、帰途ハ買物ヲ為ナガラ徒歩シタレトモ毫モ疲労ヲ覚エズ。

斎藤氏ヨリ書状来ル。来九日当宅ニ於テ過日話ノ小会合ヲ為シタシト。依テ直チニ快諾ノ返事ヲ出ス。且彼レ是レトソノ時ノ計画ヲナス。当日ハ恰カモ我ラ結婚第二十五年ニ相当スルガ故ニ、彼等ノ為ニ一個ノサルプライスパーチート為サントノ計画ナリ。ソレガ為ニ富士屋支店ニ一個ノ西洋菓子ヲ注文シタリ。

一月六日（火）　晴

秋葉氏ヨリ清書返ル。封中同氏ノ聯句アリ、曰、千峰聳空翠似春涛連天。蓋勅題山色連天ノ意ヲ表ハサント欲スルナリ。

午前、ハナフオード氏来訪、快談一時間ニシテ辞去。明日帰京ストノ事ナリ。

夕刻、真澄来ル。年賀状百五十余枚ヲ出シ尽シタルニ復百余枚ヲ持来ル。

今日ハ寒ノ入ナレトモ存外ニ温和ナリ。

鵜飼、美山二氏留守中ニ来訪ノ由。

一月七日（水）　曇

終日曇ニテ少シク雪模様アリ。

真澄、午餐後帰京ス。

午後、稲澤謙一、松尾二氏来訪。

はがき百二十枚ヲ求メ再ビ年賀状ヲ書始ム。

一月八日（木）　快晴

再ビ小春日和ノ好天気トナル。

明日会合ノ準備ヲ為ス。

午後、藤沢利喜太郎氏ヲ訪問ス。小半時間快談ノ後辞去ス。数年前米国ヨリノ招聘ニ応ジテ、ウヰルリアムス大学ニ於テ病ヲ押シテ講演ヲ為シタルコト［ニ］関シテ得意話アリ。同氏ハ六十五才ナリト云ヘリ。

一月九日（金）　半晴

昨夜一時半、飛電アリ。植村正久、八日午後六時四十分脳溢血ニテ死スト。実ニ驚愕ヲ喫シタリ。驚ノ余リ眠ル能ハズ、アダリンヲ服用シテ三時過漸ク眠ル。

今日ハ予テ約束ノ会合ノ為、午前十一時半、東京ヨリ斎藤、フエルプス、伊藤、逗子ヨリ長尾来会、直チニ協議ニ入リ午餐ヲ供ニシナガラ協議ヲ進ム。同盟財務ノコト、パンパシヒツクコンフエレンスノコト、同盟事務及ビ事務主任等ノ件ナリ。

午後二時ヨリハ退座シテ植村家ニ赴ク。夕刻着。遺族並ニ多数ノ教会員ニ面会、死去ノ状況ヲ聞ク。実ニ突然ニテ夕食ヲ摂リツ、椅子ニ着キタルマ、寝ルガ如ク死シタリト云フ。

佐波氏ノ勧ニヨリ納棺式ヲ待タズニ帰宅、休息ス。

一月十日（土）　雪

初夜、三光町ノ家ニ帰ル。間モナク雨降リ始ム。

夕食後、九時過寝ニ就タレトモ神経昂奮シテ眠ラレズ。漸ク二時比ニ至リ夢ヲ結ビタリ。六時過、起床シタルニ、夜来雪降トナリ中々息マズ。朝食ヲ終リ直チニ人車ニテ目黒駅ニ至リ鎌倉ヘ帰ル。電車中混雑シテ難儀シタリ。

鎌倉モ雪降タレトモ午後ハ晴レタリ。

日高善一氏来リ、故植村氏ノ青年時代ノ経歴ニ付キ尋ル所アリ。自分ノ知ル丈ヲ話シテ聞カセタリ。茶菓並ニ阿部川餅ヲ饗ス。日暮辞去ス。

一月十一日（日）　曇

昨夜ハ心地好ク熟睡シタリ。明日、植村氏葬儀会葬ノ為、午後一時三十八分発汽車ニテ帰京ス。

帰宅後間モナク文雄ヨリ電報来ル。三枝子今夜八時立ツ、真澄、清見ノ中ニテ迎ニ出呉レヨト。ソノ何用ナルヤ分ラズ。清見ハ鎌倉ヘ往キ、真澄ハ学校ノ都合ニテ明朝ノ出迎困難ナル為、俄ニ鎌倉ニ赴キ、清見ニ大舟[船]ヨリ同車シテ出迎フ様依頼スルコトトナス。

一月十二日（月）　快晴

午前八時半、宅ヲ出テ、富士見町教会堂ニ赴ク。霊柩ヲ載セタル自働車ハ既ニ門前ニ着シ居タリ。案内セラレテ扣室ニ至リ、多田、南、毛利氏等葬儀ニ参加スル人々ト打合ヲナス。自分ハ祝祷ヲスルコトヲ依頼セラレテ承諾ス。

儀式ハ極メテ静粛ニ執行セラレタリ。葬儀ノ辞ハ多田氏之ヲ述べ、司会者ハ南氏ナリ。キリスト教界各方面ノ人々会葬シ、会堂ハ立錐ノ［余］地ナカリキ。式ハ十一時ニ了ル。遺体ハ直チニ幡ケ谷ノ火葬場ニ運ハレタリ。余ハ会堂ヨリ帰宅セリ。而シテ昼食後、一時五十二分品川発ノ汽車ニテ鎌倉ニ帰ル。最初ニハ如何ト気遣タレトモ存外疲レズニ済ミタリ。

一月十三日（火）　快晴

昨夜ハ寒気強ク、今朝ハ地上氷結シタリ。

真野氏へ礼状、又長尾氏、在米ノ健次へ書面ヲ出ス。

午後、海浜ヲ散歩シタルニ、海上浪静カニシテ絶景ナリ。

清水侯忠氏来訪、教会及青年会等ノコトニ付質問アリ。

三枝子上京ノ途次来訪ノ噂アリシモ遂ニ来ラズ。

一月十四日（水）　晴

終日来訪者ナシ。明日引払帰宅ノ準備ヲナス。早朝ハ寒気ナリシモ正午前ヨリハ快晴無風、実ニ暖和ナリ。

去月廿一日鎌倉ニ来リテヨリ二十有四日、其間風雨ノ日ハ殆ンド一日モナク真ニ幸運ナリシ。僅カニ三週間余ナレトモ、身体ノ工合ハ殆ンド一変シタル如キ感アリ。殊ニ咽喉ノ工合良シ。加フルニ真野別荘ハ日当良ク、西北ハ丘ニ蔽ハレテ寒風ヲ防キ、避寒ニハ屈竟ノ場所ナリ。

一月十五日（木）　晴

予報ニハ雪模様トアリタレトモ幸ニ晴天トナル。

帰京ノ準備整ヒ、午後一時愈鎌倉ヲ引払ヒ、四時無事帰宅ス。東京ハ余程ノ寒気ナラント予想シタレトモ、案外ニ暖カナリ。

木村春子、来訪シテ迎へ呉レタリ。

一月十六日（金）　曇

今日ハ曇天寒空故引籠静養ス。

午後、勝治、良夫来訪。

一月十七日（土）　晴

昨夜来北風吹テ寒気強シ。

午後四時比ヨリ晴タレバ、目黒駅附近マデ散策ヲ試ム。

午前十時、角筈神学部ニ往キ諸教授及ビ学生ニ挨拶ス。

帰途、木村ニ寄タレトモ夫婦共ニ不在ニテ空ク帰宅ス。

午後、久仁子来訪。多機燐［木］太郎モ来ル。

一月十八日（日）　快晴
午後、秋葉氏及ビ高木氏宅ヘ礼ニ往キタリ。
秋葉氏ハ新築ノ住宅ニ移住シテ頗ル満足ノ様子ナリ。
高木氏ハ突然文部省ヨリ欧州出張ヲ命ゼラレ、来三月中ニハ出発ノ趣ナリ。但余リニ突然ニ且短時日ノ通知ニテ頗ル迷惑ノ由ナリ。出張ハ往復時日ノ外、壱ケ年間トノコトナリ。

一月十九日（月）　晴
正金及三菱銀行ニ往キ、帰途丸ビル斎藤薬店テセキ止ボンボンヲ求ム。
左眼ノ左下一部ニ出血ノ徴アルヲ発見シタレバ、木村ニ往キ診察ヲ請ハン［ママ］タルニ不在ニテ空ク帰ル。然ルニ夜ニ入リ木村夫婦ニテ来訪シ診察シ呉レタルニ、矢張眼球ニ少シク出血アレトモ其他何等ノ異条ナシ、但便通ヲ良クスルノ必要アリトテ緩下剤ヲ服用スベシト命ジタリ。

一月二十日（火）　快晴
今日ハ大寒ノ入ニテ、朝ハ寒気強カリシモ晴天無風ニテ、午後ハ存外温和ナリキ。
今日ハ病後初メテ角筈ニ往キ、倫理及ビ説教学ヲ教授シタリ。
今日ハ下剤ヲ服用シ、特ニ散歩運動スルコトヲ見合ハセタリ。
今日ハ宮中御会始ニテ、皇族方其他ノ歌、夕刊ニ発表セラレタリ。但選歌中別段感服スベキモノナシ。愚詠ハ鎌倉滞在中ノ実感ニテ左ノ如シ。
相模の海海原遠くなかむれは雲間に浮ぶ沖津島山　（或ハ）
さかみの海ふりさけみれは久方の雲井に浮ふ三宅島山

一月二十一日（水）　晴
安田銀行ニ往キ、ソノ序ニ木村ノ新築祝ニ贈ルべキ額面ノ表装ヲ、今里町明治学院裏手芳陽堂ニ依頼ス。代金五円、本月中ニ出来ノ約束ナリ。

一月二十二日（木）　快晴
角筈ニ往キ午前三時間授業、別段疲労ヲ覚エズ。
帰途、鶴田家健次留守宅ヲ訪問ス。鶴田氏夫妻ハ外出中、磯子ニ面会ス。未タ全ノ健康ヲ恢復シ得ザルモノ、如ク気ノ毒ナリ。
井上公二氏ノ葬儀ニハ花子会葬ス。

一月二十三日（金）　晴
オルダム氏著キリスト教ト人種問題ヲ再読ス。

一月二十四日（土）　晴

木村夫妻及子供ヲ招キしる粉ヲ振舞フ。偶郷司氏モ来リ共ニ之ヲ食ス。

一月二十五日（日）　曇

健次ヨリ一月一日付ノ書状達ス。愈壮健ノ趣ナリ。テキサスニ於ル米国軍医会議ヨリ帰途、セントルイス大学ニ立寄リ外科教室ヲ参観シ、アラン教授ノ驚クベキ犬ノ心臓手術ヲ見テ大ニ感服シタル由。又自ラモ腎臓移植ヲ実施シテ頸部ニ腎臓ヲ有スル犬三頭ヲ所有ストアリ。二月末日ニハメヨークリニツクヲ終リテ、ジヨンスホプキンスニ赴キ、ソレヨリ四月比渡欧ノ筈ノ由ナリ。片山ニ会フ能ハザルハ互ニ残念ナラン。

荒川静江、来訪。

一月二十六日（月）　曇

寒気強シ。

健次ニ返書ヲ出ス。且同人ノ依頼ニヨリドクトルマンヘ感謝状ヲ出ス。同教授ヨリ不一方好意ヲ受タル由ナリ。

筧光顕氏、鎌倉ニ於ケル主事研究会ノ帰途来訪、ソノ模様及ビ来卅日ノ会議ノ件ニ付話アリ。又来月二日横浜YMCAニ於ケル主事研究会ノ為開会ノ辞ヲ述ルコトヲ依頼セラレ快諾ス。

スウトケース二個ノ修繕ヲ依頼ス。来月三日比出来ノ筈ナリ。

一月二十七日（火）　晴

出院授業、午前三時間。

午後三時、オルトマンス氏宅ニ於テ懇話会アリ。三年生伊藤道夫、霊性不滅ト題セル論文ヲ朗読ス。相当ノ出来ナリキ。

本日久振ニテ学院ニ行シニ、庭球場ノ跡ニ高等学部ノ校舎落成ニ近キツ、アリ。余ノ二十年来住居シタル総理宅モ遂ニ売却セラレ取毀シタルヲ見ル。構内ノ模様ハ一変シツ、アリ。

一月二十八日（水）　晴

［記載なし］

一月二十九日（木）　曇

雪模様アリ。

出院授業如例。

昼食後、帰途、目黒ノ木村ヲ訪問ス。良夫、先日来風邪ニテ下肢疼痛ヲ覚ヘ臥床中ナリ。今回「多摩」ニ墓地四坪ヲ求メタル趣話アリ。

貴山幸次郎、笹倉弥吉ノ二氏留守宅ニ来リ待シツ、由〔ママ〕ヲ真澄来リテ告グ。因テ直チニ木村ヲ辞去シテ帰宅ス。約一時間二氏快談ノ後辞去ス。貴山氏ハ満州伝道ノコトニ付話アリ。

一月三十日（金）　雪

夜来雪降リ始メ、東京ニ於テハ大雪トナル。夕刻迄ニ殆ンド尺余積ル。

午前十一時ヨリ神田ＹＭＣＡニ於テ同盟財団理事会アリ、之ニ出席ス。

十二時半ヨリ食堂ニ於テ米国大使バンクロフト氏及ビ弟ドクトルバンクロフト並ニ松平大使及ビ澤田節三氏ヲ正賓トシテ送迎ノ午餐会アリ。主人側ハ斎藤、長尾、フエルプスノ挨拶アリ。之ニ対シテバンクロフト氏、松平、澤田二〔三〕氏ノ答辞アリ。バンクロフト氏ノ演説殊ニ力アリキ。

二時ヨリ復興部委員会アリ。今回米国委員ヨリ寄贈セラレタル$775,000,00〔ママ〕ノ使途其他ニ付協議シタリ。

一月三十一日（土）　快晴

雪ノ翌日快晴、天地美観ナレトモ、寒気強ク且悪路ナレバ終日在宅、屋内散歩ヲナス。

二月一日（日）　快晴

昨日同然日本晴ノ好天気ナリ。但終日在宅、椽〔縁〕側ニテ運動ヲナス。

木村ノ新築祝ニ贈ルベキ表具成ル。代金五円也。文字ハ済世活人ノ四字ニテ、秋葉石墩ノ筆ナリ。揮毫料ニハ金五円ヲ贈リタリ。

今日ハ木村ニテ多摩ノ新墓地へ改葬ヲナスニ付、真澄ハ依頼ニヨリ春子ト同道セリ。

二月二日（月）　快晴

横浜ニ開カレタルＹＭＣＡ主事講習会ニ出席。同盟委員長トシテ一場ノ挨拶ノ詞ヲ述ブ。ライオン氏ノ講演ヲ聞キ、一同ト午餐ヲ共ニシテ帰京ス。来廿一日閉会式ノ時再ビ出席ノ筈ナリ。

今日往ナガラ電車ノ窓ヨリ沿路ノ景色ヲ眺メタルニ、今更ノ如クソノ近来非常ニ殺風景ニナリタルニ驚キタリ。只見苦シキ工場ヤ煙突ノミナラズ、所謂バラック式ノ住宅ヤ長屋ヤ実ニ目障ニナラザルハナシ。加フニ何人ノ像カ知ラザレトモソココニ見悪キ銅像ノ突立居ルハ一層殺風景ナリ。只独白妙ノ不二山ノ空ニ聳ヘタルハ貴カリシ。

二月三日（火）　快晴

出院授業如例。

帰途、勝治方へ訪問ノ積ナリシガ、少シク風邪ノ気味故帰宅シ、入浴ヲ見合ハセテ静養ス。

学院ヨリ帰途、塩町ノ角ニテ時計ノ修繕ヲ頼ム。

二月四日（水）　快晴

終日在宅、静養ス。目下感冒流行シ余病併発、之レガ為ニ死スル者甚タ多シ。

二月五日（木）　晴、曇

二日間静養ノ結果、風邪ヲ防キ得テ気分宜シ。故ニ出校授業シタリ。

新聞紙ニ司法大臣横田千之助、昨夕死去ノ報出ツ。同人ハ政友会代表ノ大臣ニテ、ソノ死ハ同政党ノ為大打撃ナル由。卑賤貧困ノ中ヨリ身ヲ起シテ、遂ニ国務大臣迄ニ立身シタルハ一偉人ト云フベキカ。最初星亨ニ見込マレ、次ニ原敬ニ信用セラレ、遂ニ高橋是清ノ片手ト成リタルナリ。

二月六日（金）　細雨

終日細雨降ル。在宅。

昨夜、文雄ヨリ書信アリ。愈六甲山麓ニ地所ヲ求メ、地盛ヲナシ井戸ヲ堀リ、近々建築ニ着手ノ由ナリ。清見ソノ設計ヲ托セラル。

午後、大嶋正健氏来訪。在鮮中日米人間ノ協調ニ尽力シタル自慢話アリ。本年六十七才ノ由ナレトモ一見五十才位ニ見ユ。但談話ノ工合ニテハ頭ハ大分老タルガ如シ。三年前細君ヲ失ヒ、今全ク一人トナリ、長男ト同居シツ、アリトノコトナリ。近頃旧友ヲ訪問シツ、アリトノ話ナリ。

二月七日（土）　曇

曇、細雨如春雨。少シク暖気ヲ帯ヒ来リ、地上ノ雪消ユ。

終日在宅、静養。

午後、木村良夫来訪、夕刻辞去。明日ハ輝子ノ遺骨ヲ多摩ノ墓地ニ埋葬ノ由話アリ。

沼澤くに子、風邪ノ由。

二月八日（日）　晴

漸ク快晴。但風邪ノ気味未タ全ク去ラズ。終日在宅、静養。

午後、荒川康夫来ル。緩々談笑、夕食ヲ共ニシ九時比辞去ス。

二月九日（月）　晴

午後、小使ヲシテ額面ヲ携ヘシメ木村ニ至リ之ヲ贈ル。

二月十日（火）　曇、晴

出院授業如例。

午後、教授会アリ出席。来年ハ明治学院創立五十年ニ相当スルヲ以テ、適当ニ之ヲ記念スベキコトニ付当局者ノ注意ヲ促シタリ。

二月十一日（水）　晴

昨夜来西北ノ風吹荒レ、寒気強シ。

在支外国宣教師ヨリ支那政府ガ近時反キリスト教的法規ヲ以テキリスト教主義ノ学校ヲ圧セントスルニ付、日本ノ宗教々育問題ノ始末ヲ尋来ル。キ教聯盟ヨリモ同問題ニ付助言ヲ求メ来ル。

午後、都留氏並山本秀煌氏ヲ訪問シタレトモ何レモ不在ナリキ。

田川大吉郎氏総理就任式ハ文部省ノ認可ナキ為延期トナル。

二月十二日（木）　晴

出院授業。

帰途、宮増《[益]》坂ノ勝治宅ヲ訪問ス。一家無事。勝治、カナリヤヲ飼ヒ楽ミトナス。

二月十三日（金）　曇、晴

早朝、花子出勤後、原六郎夫人来訪。約半時間談話ノ後、辞去。末女ノ女子大学ニ於ケル学業成蹟ノコトヲ尋ン為ニ来リタルナリ。六郎氏ノ疾患ノ祈ニ依テ不思議ニ全快シタル事、又自分ノ近年全ク一日一食ヲ持続シテ健康ナル等ニ付話アリ。

牧野実枝治来訪、教師試験推薦ヲナス。

木村良夫来訪、夕食ヲ共ニス。

秋葉氏へ清書ヲ出ス。

二月十四日（土）　晴

午後、くに子ヲ訪問ス。最早熱モ去リ、咳モ多ク出ズ、大ニ快方ナリ。ウエルチ葡萄汁二瓶ヲ見舞ニ贈ル。

二月十五日（日）　晴

夕刻、不図真野文二氏来訪。九大農科製バタ一斤ト静岡産イチゴ小箱ヲ土産ニ貰フ。真野氏ハ秩父宮来十九日九大へ啓行セラル、由電報アリ、依テ俄カニ帰福ノ必要アリ。来十八日出発ノ筈ナリ。

二月十六日（月）　晴

広尾町七十六富田屋安太郎方ニ往キ、井戸ポンプノ修繕ヲ依頼ス。即チ午後職工来リテ修繕ヲ為ス。管ハ竹管ニ非ズシテ堅固ナル鉄管ナルコトヲ発見ス。損所ハ鉄管ト木管ノ接続ノ離レタルト、皮ノスリヘリタルノミナルヲ知ル、依テ之ヲ修繕シタリ。最初大工ノ考ハ間違ナリキ。

二月十七日（火）

早朝ヨリ降雪トナル。再ビ道路ハ泥濘トナル。但出院、授業シタリ。

二月十八日（水）曇

井戸ポンプ修繕ノ始末ニ付ピーク氏へ書状ヲ出ス。

二月十九日（木）曇後雪

出院授業如例。

午後、帰途、益富政輔〔助〕氏方ト植村氏方ヲ訪問ス。益富氏細君ハ風邪平臥ノ由ニテ面会セズ。植村後室ハ近来健康ヲ恢復シ思ノ外元気ナリ。

二月二十日（金）晴

［記載なし］

二月二十一日（土）曇

横浜ニ於ケルＹＭＣＡ主事講習会閉会式ニ臨ミ、一場ノ式辞ヲ述ブ。式後一同撮影、午餐ヲ共ニス。

帰途、本牧ノ井深家ヲ訪問ス。とせ子殿ハ大ニ快方ニテ殆ンド全快ノ如シ。商店ハ却々前途困難ラシク心配モノナリ。

夕刻帰宅。良夫来訪、夕食ヲ共ニス。

二月二十二日（日）

昨夜ヨリ又々降雪。

ピーク氏ニ「クラッシオブカラー」ヲ日本訳ニスルコトニ付一書ヲ送ル。

二月二十三日（月）雨

泥濘益甚シ。ゴム長靴壱足ヲ求ム。代価七円五十銭。

二月二十四日（火）晴

授業如例。

ＹＭＣＡ主事講習会講師ドクトルライオン氏慰労ノ意ヲ兼ネ、来年ノ講習会ノコト協議ノ為、呉服橋外末広島屋ニ於テ午餐ヲ共ニス。出席者、同氏ノ外パトルソン、筧、村上、小林ト余ト合セテ六名ナリ。

二月二十五日（水）曇、晴

余寒尚強ク、今朝モ結氷セリ。

日露新条約批准ナリ、両国間ノ国交恢復セラル。将来露国思想ノ我ガ国民生活上ニ及ス影響如何ハ重要ノ問題ナリ。

二月二十六日（木）曇

出院授業如例。第三年級ノ授［業］ハ今日ヲ以テ終トス。来週ヨリ卒業試験ニ入ル筈ナリ。都留氏ヨリ来学年ノ授業時間ニ付協議アリ。従来週六時間ヲ半減セントスルモノナリ。之ニ対シ三年生ノ説教学ハ二時間トナスヤウ注意ヲ与へ置タリ。他ノ二時間ハ一年級ノキリスト教倫理学ノ筈ナリ。同時ニ来学年ヨリ村田四郎氏ヲ教会歴史教授ニ招聘スル考ノ由話アリ。

二月二十七日（金）　晴

午後、久振ニテ日曜学校協会事務所ヲ訪レ、今村並ニコールマン氏ヲ訪問ス。午後四時半ヨリ青年会同盟委員市部、学生部委員会ノ後、常務委員会ヲ開キ、フエルプス氏帰省中募金成功ニ対スル感謝ヲ表スル為晩餐ヲ共ニシ、後再ビ議事ニ移リ、本年七月ホノルルニ開カル、汎太平洋会議ニ派出スベキ人物ノ選定ハ委員ニ指名ヲ托スルコトニ決ス。夜ニ入リ帰宅セントスルヤ俄カニ降雪トナル。但フエルプス氏ハ自働車ニテ宅迄送リ呉レタリ。

二月二十八日（土）　晴

寒気強シ。夕刻、木村良夫来リ食ヲ共ニス。

三月一日（日）　曇後晴

雪後寒気強シ。昨夜来少シク下痢ノ気味ナリ。午後、沼澤くに来訪、病気全快之由。木村ノ子供二人敬子ト肇来ル。三月節句ノ「豆イリ」ト蒸菓子トヲ携来ル。夜ニ入リヒマシ油ヲ服用ス。

三月二日（月）　曇、晴

腹ノ工合良シ。普選案漸ク衆議院ノ議題［ト］ナル。政友会ノ修正九分通容レラル。山本秀煌氏来訪。夜ニ入リ、荒川文六上京、宿泊。

三月三日（火）　晴

下痢止マズ。為ニ出勤ヲ見合シ、研究所へ使ヲ遣シテ木村ヨリ下痢止ノ処方ヲ貰ヒ之ヲ服用ス。荒川ハ今夜木村家ニ招カレテ一泊ス。

三月四日（水）　晴

下痢尚止マズ。明治学院理事会ノ出席スル予定ナリシモ気分引立ズ、故ニ出席ヲ見合ハセタリ。

午前、木村来診シ呉ル。

夕刻、荒川再ビ来リ、宿泊ス。

三月五日（木）　半晴

午後、俄カニ晴気ヲ催シタレトモ又々西北ノ風トナリ寒シ。

今朝、木村再ビ来診。咽喉ニタダレタル部分アリトノコトナリ。

今日ハＹＭＣＡ同盟小委員会ニ出席シテ、本年七月ホノルルニ開カル、汎太平洋会議ニ派出スル人選ニ付協議スル筈ナリシモ、気分引立ズ出席ヲ見合セタリ。尤自分ノ意見ハ荒川ニ話置キタリ。

三月六日（金）　晴

夜来西北風強シ。

下痢未タ止ラズ、夜半一回下痢ス。

昨夜、荒川帰宅、委員会ノコトヲ報告ス。元田、伊藤、宮﨑、斎藤、フエルプス出席、長尾欠席。評議ノ末、左ノ十名〔ママ〕ヲ指名シタル由。姉﨑、鶴見、長尾、井深、フエルプス、神﨑、乾、斎藤、丹羽、尚其他在米ノ小松、在ホノルルノ原田、松澤ヲ代員トスルコト、旅費ハ一人宛二千円ノ見込ニテ二万円ヲ募金スルコト、之レガ為ニ汎太［平］洋協議会ヲ起スコト、渋澤子若クハ徳川公ヲ以テ会長トナスコト等。

三月七日（土）　曇

下痢未タ止マズ。昨夜三時比一回、今朝二回行キタリ。

昨日、健次ヨリ書状来ル、無事ニテ目下ハ研究材料ノ整理ニ忙敷由。直チニ返書ヲ出ス。ドクトルスピヤ及大堀篤ヘ宛タル自分ノ紹介状ト、ワルサル氏ヨリソノ兄弟ニ宛タル紹介書ヲ同封ス。

昨夜、木村夫婦来リ、十時比迄緩話シテ帰ル。

三月八日（日）　晴

在ロンドン片山夫妻ヨリ書状来ル。豊子、ゆき子、道雄ハ二月廿日出発、途中パリイヲ見物シ、三月七日マルセイユニテ伏見丸乗込、四月十九日横浜発〔着カ〕ノ由。寛ハ一船後レテ出発、五月中帰朝ノ由ナリ。何レモ元気ノ様子ナリ。

午後、勝治来訪、夕食ヲ共ニシテ緩話シテ辞去ス。

昨夜、カラシ湯ニテ腰部ヲ暖メタルニ効果アリ、今日ハ余程腹工合良シ。

三月九日（月）　晴

夜、木村夫婦来訪。

三月十日（火）晴

出院授業ス。本学期最後ノ授業ナリ。

午後、授業〔教授カ〕会アリ、来学年ノ受持科目ニ付評議ス。自分ハ来学年ヨリ一年級キリスト教倫理ト三年級説教学各二時間、合セテ一週四時間、報酬四十五円トナル。

三月十一日（水）晴

西風強ク黄塵高ク屋内ニ飛来ス。

井深とせ子殿来訪、偶然同時ニ沼澤くに子来訪、午餐ヲ共ニス。

夜、宅ニ白金教会ノ家庭会アリ。

三月十二日（木）雨

春雷、雹降ル。久振ノ降雨、樹木ノ為ニ良シ。又雪降リ、午後晴天トナル。実ニ珍ラシキ天気ナリキ。

今朝九時三十分、孫文北京ニ死去ノ電報、夕刊新聞ニ見ヘタリ。

三月十三日（金）晴

午後、秋葉氏ニ往キ、行書ノ筆法ヲ学ブ。

三月十四日（土）晴

午前十時、青山学院卒業式ニ列ス。

真澄ハ高等部優等卒業三名中第一ニテ、全級総代トシテ卒業証書ヲ授〔受〕領シ且賞品ヲ授与セラレタリ。

式後、院長及両部長ニ挨拶シタリ。

帰途、川添氏ヲ病床ニ見舞フ。

磯子、重健、健明二人ヲ携ヘテ来リ、午餐ヲ共ニス。

真澄ノ受領シタル賞品ハ銀時計ナリ。

三月十五日（日）雨

春雨降ル。

又々少シク下痢ノ気味ニテ再ビ服薬ス。

三月十六日（月）晴

木村春子来訪、午餐ヲ共ニス。

午後、花子同伴、木村家ヲ訪問ス。菓子折ト額面一個ヲ先日来診察ヲ受タル謝礼トシテ贈ル。

三月十七日（火）晴

真澄ハ四五日間休養ノ為、鎌倉姥ヶ谷ノ稲澤氏ニ赴ク。

午後、小幡信愛、数日前帰朝シタル赴ニテ挨拶ニ来ル。

三月十八日（水）晴

同盟主事筧光顕氏来訪、相良主事辞任申出ノ件其他ニ付協議アリ。

三月十九日（木）　晴

本年度神学部本科卒業生伊藤道夫、村中常信二人ヲ招キ夕餐ヲ饗ス。伊藤ハ木更津ニ、村中ハ柳川ニ赴任ノ筈ナリ。

夜ニ入、木村夫婦来リ、緩話ノ後辞去ス。

三月二十日（金）　晴

午後二時、神学部ニ於テ卒業説教及聖餐式アリ。説教者ハ千駄ケ谷教会牧師中川景輝氏ナリ。思想、精神共ニ甚タ善シ。但発音及ビ言振ハ極メテ拙ナリ。到底大衆会ニ対シテノ語ルコト困難ナルベシ。

夕刻、真澄鎌倉ヨリ帰ル。僅カニ四五日ノ休養ナレトモ大ニ益ヲ得タリト云ヘリ。

三月二十一日（土）　晴

午前十時、東京神学社校長高倉徳太郎氏就職式ニ列ス。鵜澤総明氏司会、高倉氏ヲ紹介ス。高倉氏就職演説ハ其趣旨、精神共ニ上出来ナリキ。植村氏ハ良後継者ヲ得タリト云フベシ。

午後ハ明治学院ノ卒業式ニ列シタリ。卒業者、神学部本科二名、別科五名、高等部文科十一、商科四十八、中学部九十名ナリ。田川氏ノ告辞ハ長キニ失シテ倦怠ヲ感ゼシメタリ。

帰途、宮地謙吉氏ヲ伝研病院ニ見舞フ。病患ハ肋膜炎ナリ。

三月二十二日（日）　晴

午後、秋葉氏ヲ訪問ス。

清見来ル。

真澄ハ石原三子次郎氏ノ推薦ニ依リ、イリス商会映画輸入部ノ店員トシテ半日ヅヽ働クコトヽナル。

三月二十三日（月）　雨

朝ヨリ春雨降ル。

阪田来リテ盆栽ノ植替ヲ為ス。

和田仙太郎来訪、午餐ヲ振舞フ。

午後三時ヨリフエルプス氏方ニ於テ同盟常務委員会アリ。汎太平洋人種問題協議会ニ出席スベキ代表者候補ノ報告アリ。長尾氏ハ病気再発ノ為不可能ラシク、有吉氏モ不明ナリ。費用募集ハ見込立タル由、サレバ余ノ往クコトモ略確定シタリト云フベキカ。

三月二十四日（火）　晴

一男氏、商大専門部入学試験ヲ卒ヘ帰宅ス。

三月二十五日（水）　曇

正午ヨリ神田青年会館ニ於テ汎太平洋［協議］会準備委員［会］ヲ開ク。協議ノ結果、余ニ一場ノ講演ヲ為スベキコトヲ要求セラレ、考慮スベキ旨ヲ答フ。

午後二時ヨリ復興部理事会ニ出席ス。

三月二十六日（木）　晴、曇

午後三時、帝大山上御殿ニ開カレタル太平洋問題研究会ニ出席ス。姉崎氏ヲ座長トシテ協議ニ移ル。先ヅ斎藤氏、太平洋協議会ノ発起及ビ経過ヲ報告ス。ソレヨリ質問ノ後、兎ニ角臨時研究会ヲ設ケ、1移民人種、2経済実業、3宗教倫理等ノ三部ヲ置キ研究ヲ進ムルコトニ決ス。出席者ハ有吉、佐武利並ニ大学ノ助教授等合セテ廿四名ナリキ。

帰ラントシテ玄関ニ出タル時ヨリ右眼ニ一種ノチラチラトキラメキ様ノモノヲ感ズ。多分疲労ノ結果ナランカ。

三月二十七日（金）　曇、雨

午前十一時ヨリ山本秀煌氏宅ニ旧友会ヲ催ス。来会者、真木重遠、吉岡弘毅、押川方義、三浦徹、瀬川浅ノ外山本及ビ余ノ七人ナリ。稲垣信ハ差支、星野光多ハ病気ノ為不参。午餐ヲ共ニシ、余ノ携ヘタル記念帖ニ各自署名シ雑談ノ後、余ハ一足先ニ辞去シタリ。一昨日来連日ノ委員会ノ為ニ少シク疲労ヲ感ジタルガ故ナリ。

三月二十八日（土）　晴

斎藤惣一氏ヨリ自働車ヲ以テ迎ヘ来リ、同伴シテ渋澤子爵ヲ滝川王子ノ邸ニ訪フ。子爵ハ病後ナルニモ拘ラズ、寝室ニ於テ我ラニ面会、太平洋協議会ニ付自己ノ意見ヲ開陳セリ。依テソノ厚意ヲ謝シ、且実業界方面代表者選定並ニ費用募金ノ件ヲ依頼シタリル［ママ］ニ快諾シタリ。

帰途、斎藤氏同乗シ来リ、長谷川氏ヲ吊慰シ、ソノ帰途、宅ニ寄リ協議会ノコトニ付話アリ。

花子同伴、木村家ヘ夕食ニ招レテ行ク。今日ハ良夫、春子結婚第十五回年ニ相当スト。小児六人一家団欒ノ幸福、美シキ事共ナリ。

三月二十九日（日）　細雨

春雨如煙、但気候ハ後レ勝ニテ桜ハ未開。

休養ニ一日ヲ送ル。

三月三十日（月）　晴

午前九時八分、品川発ノ汽車ニテ斎藤惣一氏同伴、逗子ナル長尾半平氏ヲ訪問ス。是レ数日前ノ復興部理事会ノ決議ニ依ルナリ。然ルニ長尾氏ハ既ニ軽快ニ赴キ、今日ハ上京シタリトノコト。亦夫人、長谷川女子ノ葬儀ニ列セン為ニ共ニ上京ノ〔衍〕トノコトニテ空ク帰京スルコトトナレリ。但逗子養神亭支店ニ於テ暫時休息シ、午餐ヲ喫シテ午後三時比帰宅。

普選案両院協議会妥協ニテ漸ク通過シタリ。

三月三十一日（火）晴

午後、研究所ニ木村ヲ訪ネタレトモ不在ノ由ニテ面会ヲ得ズ。

山本秀煌氏ヲ訪ヒ、先日旧友会ノ為種々周旋ノ労ヲ謝ス。且当日山口教会建築費寄附ノ為借用シタル金五円ヲ返ス。帰途、木村ニ立寄ル。

四月一日（水）晴

秋葉氏ヲ訪問シ書画帖ニ題詞ヲ需ム。

夜ニ入リ水芦氏ヨリ使者ヲ送リ、真澄ヲ招致シテ今学年ヨリ宮地氏辞職ニ付中学部英語教員タランコトヲ交渉シタル由。但真澄ハ既ニ青山学院ノ方ヲ断リ、且先輩ノ厚意ニ依リイリス商会ノ方ニ半日勤務ノ約束ニテ好位地ヲ以テ今更其方ヲ断ハル訳ニ行カザル旨ヲ以テ辞退シタル趣ナリ。

四月二日（木）曇、晴

午後ヨリ漸ク春ラシキ気候トナル。

木村ノ子供等来ル。運動ナガラ彼等ヲ裏通ヨリ送リ帰ル。皆愛ラシキ子供ナリ。

片山着京ノ時日ヲ電報スベキ旨ヲ文雄ヘ依頼ノはがきヲ出ス。

四月三日（金）晴

俄カニ暖気ヲ催シ漸ク陽春ノ時候トナル。

午後、秋葉氏ニ赴キ筆法ノ教授ヲ受ク。

四月四日（土）曇

又々春雨ヲ催ス。

曽テ田中次郎氏ヨリ依頼セラレタル揮毫ヲ漸ク今朝試ミテ送付シタリ。乃チ曰ク「自彊不息而不知老之既至」。

木村良夫四人ノ女ヲ携ヘ来ル。午餐ヲ共ニス。

午後、花子、婦人矯風会大会ノ為金沢市ニ向ヒ出発ス。

高橋是清氏ハ政友会総裁並ニ農商大臣辞職ノ意志ヲ首相其他ニ発表シタリ。其心中察スルニ堪ヘ〔ママ〕タリ。元来此人ハ我ガ邦今日ノ政界ニハ余リニ正直ナル人ニテ、敬スベク且愛スベキ人物ナルカナ。

四月五日（日）雪、曇

夜来降雪、寒気強烈。

今日、井深（横浜）家ノ追悼会ニ出席スベキ筈ナリシガ、寒気ノ為少ク腹痛ヲ覚ヘタレバ至急電報ヲ以テ断ハリタリ。

郷司牧師夫人ヨリ伊豆名産ノ椎茸ト乾うどんヲ真澄ニ托シテ贈来ル。

四月六日（月）晴

散歩ノ序、明治学院構内ヲ通過シタル。高等部校舎ハ殆ンド落成シ、正門ハ南側杏樹ノ西ニ建ラレタリ。而シテ旧総理住宅ノ跡ハテニスコールトニ使用セラルル筈ニテ、地ナラシ最中ナリキ。学院構内モ昔日幽スイノ風致ハ全ク消滅シ去リタリ。極メテ殺風景ノ場所ト成レリ。

四月七日（火）曇

花子ヨリ金沢安着之はがき来ル。五日ニハ同市モ降雪ノ由ナリ。

四月八日（水）曇

今日ヨリ神学部新学年開始。新入生ハ十名ナリ。余ハ今学年ヨリ一年級ニクリスチアン倫理二時間、三年級ニ説教学二時間授業スルコトトナレリ。

午後、吉田信好氏ノ「告別式」ニ往ク。式ハ仏式ナリ。日本最初ノキリスト教会創立者ノ一人ニシテ、遂ニ信仰ヲ終迄保ツコトナク如此状態ニ堕シタルハ悲惨事ト云フベシ。

四月九日（木）晴

西北風寒且強シ。

授業如例。

午後、片山尚来リ、告テ曰ク、伏見丸横浜入港ハ来十九日ノ筈ノ処、十六日比着ノ旨会社ヨリ通知アリ、又寛ノ横浜着ハ六月一日ナリト。

木村良夫来訪、夕食ヲ共ニス。

一男氏来ル。高山［ママ］学院高等部商科ニ入学ヲ許サレタル旨ヲ告ク。且在学中保証人タルコトヲ委嘱セラル。

四月十日（金）晴

漸ク快晴、桜花開始ム。

午後十一時、花子金沢ヨリ無事帰宅ス。

四月十一日（土）曇

午後三時、帝大御殿ニ於ケル太平洋問題協議会ニ出席ス。阪谷男座長ニ挙ゲラル。姉崎氏ノ宗教及文化問題ニ関スルノ発題アリ。次ニ山田三良氏ノ移民法問題ニ関スル発題アリ。其他二三者ノ発題アリ。次会テ部門ヲ分チテ研究討論スルコトトシテ夕刻解散ス。

四月十二日（日）雨

白金教会ニ往キテ礼拝ス。

午後、高松夫婦来訪。

神戸港片山トヨ子宛ニテ帰朝歓迎ノ電報ヲ出ス。

四月十三日（月）晴

赤十字社病院ニ往キ鶴田氏ノ紹介ニヨリ耳鼻咽喉科主任岡部氏ノ診察ヲ受ク。叮寧ニ診察ノ後曰ク、唯咽喉ノ奥ニタヾレタル所アルノミニテ他ニハ何ノ異条ヲ認メズ、但シ念ノ為尚一回来リテ見テハ如何ト。依テ来十五日（水曜）午後一時、再ビ往テ診察ヲ受ル筈ナリ。

四月十四日（火）晴

歯科医澤氏方ニ往キ診察ヲ受ク。

高輪教会ニ開カレタル東京中会ニ一寸出席ス。

午後、現代名士余技展覧会ナル者ヲ見ル。出品者三百名以上、巧拙一様ナラザレトモ、夫々苦心ノ痕ハ看出スルニ足ル。

とよ子ヨリ電報並ニ書状到着ス。去十二日神戸安着。来十七日午後三時、横浜入港ノ趣ナリ。

四月十五日（水）雨

午後、神学部教授会ニ出席。

電話ニテ真野夫妻ト話ヲナス。咲子ハ来月十日過迄滞在ノ由。

沼澤くに子、八重子同伴来訪、午餐ヲ共ニス。

夕刻、荒川文六来訪、夕飯ヲ共ニス。

折角満開ノ桜花モ今日ノ雨ニテ散々ナリ。

四月十六日（木）快晴

午前、神学部授業如例。

午後一時、赤十字社病院ニ立寄リ再ビ岡部剛二氏ノ診察ヲ受ク。ソノ結果、単ニ左ノ仮声帯ガ少シク拡大シタル為ニ声帯ノ妨ヲナスノミニテ、何等悪性ノ病患ナシコト〔衍〕ノコトナリ。手当トシテハ吸入ヲナスコトト、成ルベク声ヲ多ク使用セザルコトトノ事ナリ。

四月十七日（金）快晴

早昼ニテ片山とよ子一行出迎ノ為、横浜へ赴ク。花子ハ学校ヨリ、真澄、清見ハ事務所ヨリ夫々別ニ出赴ク。伏見丸ハ午後二時入港ノ筈ナリシガ、岸壁ニ着タルハ殆ンド四時半ナリキ。とよ子始子供四人皆無事健康ナリ。感謝々々ニ不堪。沼澤くに、真野咲子、いそ子其他親類ノ人々約二十人ニテ賑カナリ。とよ子ハ歓喜ノ涙ニムセビタリ。夕刻帰宅。

四月十八日（土）　快晴

午後二時、学院礼拝堂ニ於テ田川新総理ノ任職司［式］アリ。理事毛利官治氏任職ノ告辞ヲ為シ、予ハ任職ノ祈祷ヲ捧ケ、新総理就任ノ辞アリ。要点ハ前総理ノ主義方針ヲ継承スルコト、紳士ヲ養成スルヲ目的トスルコト、現在ノ教育ニ欠陥アルヲ充実スルノ使命ノ三点ナリキ。青山学院長石坂氏、立教学院総理ライフスナイデル氏代理ノ祝辞アリ。

引続キ高等部新校舎献納式アリ。新校舎ハ「井深ホール」ト命名セラレタリ。

六時ヨリ同窓会アリ。又田川氏歓迎ノ晩餐会アリ。

四月十九日（日）　晴

午後ヨリ片山とよ子来訪、木村夫婦モ来リ、筍子飯ヲ振舞フ。

とよ子欧州旅行中ノ面白キ経験談アリ。美事ナルテーブル掛ノ土産ヲ貰フ。不相変賑カナル談振ナリ。

四月二十日（月）　晴

午後、神田ＹＭＣＡニ於テ太平洋協議会第三部即チ宗教倫理文化問題研究会ヲ開ク。澤柳、姉崎、支持［ママ］ノ諸氏、婦人側ニテハ河井、羽仁、花子ノ三人。四時ヨリ六時過マデ、先方ヨリ遣ハシタル質問書ノケ条ニ付討議シタリ。日本ヨリ出ス代員未ダ確定セズ、河井道子氏ニモ是非出席セラル、ヤウ勧告シ置キタリ。ＹＭＣＡ中央委員中ニ不諒解ノ人アルラシ。

四月二十一日（火）

午前、出院授業ス。但第一時間ハローレンツト云フ聖楽家ノ講演ノ為ニ譲タリ。同氏ハ七十二才ノ由ナレトモ、却々元気旺盛ニテ、伝道ノ心モ亦盛ナリ。

帰途、神田ニ廻リ高木氏ノ餞別ニスベキケーンアンブレラヲ購入シタリ。

四月二十二日（水）　雨

昨日求メタルケーンアンブレラヲ携ヘテ高木氏ヲ訪ネ、餞別トナシタルニ事ノ外喜バレタリ。

午後三時、フエルプス氏方ニ於テ同盟常務委員会アリ。復興部規定及ビ米国ヨリノ寄附金割当等重要ノ協議アリ。フレチヨルブロツクマン参列、質素ナル夕飯ヲ共ニシテ、余ハ歓迎且感謝ノ挨拶ヲ陳べ、之ニ対シテ丁寧ナル答辞アリ。

帰リニフエルプス、ブロツクマン両氏同乗シテ自働車ニテ門前迄送呉レタリ。

四月二十三日（木）　雨

出院授業。

帰途、青山南町三丁目岡部剛二耳鼻咽喉医ノ方ニ往キ、過日診察ヲ受ケタル礼ヲ陳ブ。

四月二十四日（金）　晴

午後三時、神田青年会館ニ開カレタル太平洋協議会ニ出席、出席者約三十名。阪谷男座長席ニ就キ、諸種ノ報告及協議アリ。

議事結了後、ブロックマン氏ノ挨拶アリ。晩餐ヲ共ニス。今夕モ亦フエルプス、ブロックマン両氏同乗ニテ宅ニ迄自働車ニテ送呉レタリ。花子モ同車シタリ。

四月二十五日（土）　晴

午前、花子同伴、初台ナル渡辺荘氏夫婦ヲ訪問ス。荘氏ハ最早大ニ軽快ニ赴キタリトテ快ヨク面会シ、十四五分緩談シタリ。花子ハ過日還暦ノ祝物ノ返礼トシテ九谷ノ菓子器ヲ贈ル。

午後、歯科医澤氏宅ニ往キ歯ノ「補強」ヲ依頼シタルニ、過チテ前歯ヲ一枚抜取テ了イタリ。依テ不得止入歯ヲスルコトト為セリ。入歯ハ生レテ初メテナリ。

荒川千代、二女英子ト末女春枝ヲ連レ、午後九時半到着。六年振ノ面会ナレトモ少シモ変ラズ。

四月二十六日（日）　雨

朝ヨリ木村春子、荒川康夫、静江等来リ、午後ヨリ片山とよ子モ来リ、俄カニ賑カニナル。笑声不絶。

四月二十七日（月）　晴

午後、神田青年会館ニ太平洋会第三部委員会ヲ開キ、日本ヨリ提出スベキ諸種ノ問題并ニ関係書類等ニ付討議シ、担任ヲ定ム。

夕刻、高木逸磨氏暇乞ニ来ル。明日出発ノ筈ナリ。

四月二十八日（火）　晴

午前、授業如例。

午後、日本クラブニ於テ開キタル太平洋第二部委員会ニ出席。出席者小数ナリ。一層ノ熱心ヲ要ス。

四月二十九日（水）　曇

午後三時、帝大御殿ニ於テ第一部会アリ。山田三郎氏座長トナリ協議ヲ進メ、渡辺金蔵ト云フ人ノカリフオルニヤ移民事情ノ話アリ。

午前、ＡＢテイラル洋服店ノ主人来ル。夏服二着ト夏外套一枚ヲ注文ス。代価二百二十円ナリ。

四月三十日（木）　雨

出院授業如例。

午後、秋葉省像氏ヲ訪問シタルニ、五日前ヨリ脳溢血ノ気味ニテ引籠静養中ノ由、特ニ面会セズシテ辞去シ、他人ニモ可成面会セズ絶対安静スベキヤウ妻君ニ注意シ置キタリ。

五月一日（金）晴

早朝、青山墓地ニ詣デ、花ヲ祖父母上並ニ勢喜子、彦三郎ノ墓前ニ花〔衍〕ヲ供ヘタリ。

午後ハ明日ノ追悼紀念会ノ為、父上母上、勢喜子並ニ彦三郎ノ写真ヲ二階ノ床ノ間ニ安置シ、其他ノ用意ヲナシタリ。

五月二日（土）半晴、半曇

朝ノ中ハ寒気強カリシモ、正午比ヨリ日足モ見エ暖カニナレリ。

午後ハ片山とよ子少シ後レタル故ニ三時前マデ待合セテ式ヲ始ム。讃美、聖書、祈祷、讃美ノ後一言挨拶ヲナシ、ソレヨリ一同ニカヒー、サンドウイチ、菓子、果実、すし等ヲ饗シ、種々談笑ノ中ニ半日ヲ送リ、一同大満足ノ様子ニテ夕刻ニ至リ夫々辞去シタリ。

来会者ハとせ子様、勝治夫婦、おくに、おさく、千代、とよ、木村夫婦、和田たき子、磯子ノ十一名、内ノ者ヲ合セテ十五名ナリ。文雄ヨリハ出席不可能ノ電報来ル。

五月三日（日）曇、風吹ク

昨日ハ暖和無風申分ナキ天気ニテ幸運ナリキ。且此ノ如キ和気靄然タル親類ノ集会ヲ為得タルハ感謝之至ナリ。

午後、千代ヲ見送ル為ニ一寸木村ニ往ク。千代ハ七時二十分東京駅ヨリ出発ス。同人ノ上京ハ六年振ナリ。

五月四日（月）晴

夜来ノ大雨休ミテ晴天トナル。

ＡＢテイロル主人、仮縫ヲ持来ル。

午後、明治学院中学部青年会主催第一年級歓迎会ニ出席、一場ノ話ヲ為ス。新入生約二百名アリ。

帰途、秋葉氏ヲ訪問シタルニ軽快ニ赴キツ、アリ。但血圧ハ尚二十十〔ママ〕五度ナリ。発病後漸ク十五度下リタルノミトノ事ナリ。慢性ノ腎臓炎ナラントノ事ナリ。

五月五日（火）晴

出院授業如例。

帰途、品川駅ニ津田榮子刀自ヲ迎ヘ、同道シテ家ニ帰ル。

五月六日（水）晴

午前、原田友太、筧光顕二氏来訪。

俄カニ暖気ヲ催シ、午後ハ七十六度ニ昇ル。今年ハ著シク気候不順ナリ。

五月七日（木） 曇

午前、授業如例。第二年級中病人多シ。

五月八日（金） 曇

［記載なし］

五月九日（土） 晴

近日帰国セントスルランデス夫人ノ為、ウオルサル氏方ニ於テ送別ノ茶話会アリ、之ニ出席シテ同夫人ニ送別ス。

五月十日（日） 曇

今上帝、銀婚式挙行セラル。

内ニテハ孫共ヲ招キテ此日ヲ祝ス。来ル者、荒川静江、康夫、英子、片山ゆき子、文子、チヅ子、道雄、豊子、木村かずゑ、敬子、ちゑ子、肇、百合子並ニ春子、井深磯子、重健、健明ナリ。津田老人モ同席セラレ、家族四人ヲ合セテ廿二人、共ニ食卓ニ就キ、サンドウイチ、すし、菓子、果物等ヲ饗シ、一同打解ケテ半日ノ歓ヲ尽シテ夫々帰宅ス。

夜、津田老人ヨリ自分、花子両人ニ後事ニ付懇談アリ（別記ヲ見ヨ）。

五月十一日（月） 晴

本日モ銀婚式ノ為一般休業ナリ。

午前、ステーションホテルニ真野文二氏ヲ訪問ス。今夕、咲子同道、伊勢山田ヲ経テ帰福ノ由。此序ヲ以テ自分等ノ今夏ホノルル行ノ話ヲ為シ、暇乞ヲ為シタリ。

五月十二日（火） 晴

午後、秋葉氏ヲ訪問ス。最早快愈[癒]シテ来週ヨリ出勤シタシト云ヘリ。

来十六日太平洋協議会委員会ニ於テ読ムベキ論文ヲ脱稿ス。即チ人種問題ノ解決案ニ関シテノ発題ナリ。

五月十三日（水） 晴

青年会同盟事務所ニ筧氏ヲ訪ネ、修繕工事ヲ見タル後、斎藤氏ト同道シテフエルプス氏方ニ赴キ、太平洋会議ニ付問合セタルニ、最早[前カ]ノ話トハ幹部ノ考ニ多少ノ変化アルヲ発見シタリ。依テ明日更ニ会合シテ研究スルコトト為セリ。

帰途、斎藤氏ト共ニ渋澤事務所ニ増田氏ヲ訪ネ、ソノ努力ヲ謝ス。旅費ハ既ニ三万円ハ募リ得タリトノコトナリ。但代員未タ決定セズ、困却ノ様子ナリ。

五月十四日（木） 晴

午後十二時半ヨリ日本クラブニ於テ長尾、斎藤、フェルプス、筧、高木八尺ノ五氏ト会同シ、午餐ヲ共ニシ、太平洋協議会ニ代員トシテ出席スベキ人ノ事ニ付相談ス。現在決定セルハ、学者側ニテハ姉崎、高柳、市橋倭ノ三名、信者側ニハ斎藤、フェルプス、丹羽、神崎、井深、原田助、婦人ハヴォーリス牧子《[満喜]》、井深花子ノ二人、其他ニ高木八尺、澤柳政太郎、頭本元貞、山田三郎《[良]》、阪井徳太郎、小田切満《[万]》寿之助等ノ候補アリ。且長尾ハ如何トノ話モ出タリ。同氏ハ一身上ノ都合ニテ困難ナリト云ヘリ。尚別ニ鶴見祐輔氏ヘ電報ヲ発スベク決シタリ。

五月十五日（金）　雨

終日在宅。

五月十六日（土）　曇

村岸清彦、唐牛正ノ二氏相続テ来訪、今回東山荘ニ於ケル修養会ノ話アリ。

午後三時ヨリ神田青年会館ニ於テ太平洋問題研究会総会アリ。山田三郎《[良]》氏ハ法律問題ニ付、余ハ人種問題ニ付、出井氏ハ経済問題ニ付発題シ、之ニ対シテ諸方面ヨリ意見ノ発表アリ。討議ノ進ムニ従ヒ、余ハクリスチアント非クリスチアンノ間ニ渡リ難キ深渕ノ横ハルコトヲ感ジタリ。我ラハ飽マデモ正義人道ノ理想ヲ主トシテ、彼等ハ国権国利ヲ目的トシテ外交的手段ヲ主トスル傾向アルヲ見タリ。夕餐ヲ共ニシ、ハワイノ事情ニ付毛利、筧二氏ノ話アリ。八時比散会シタリ。

五月十七日（日）

[記載なし]

五月十八日（月）

片山ヲ本郷弥生町三番地ほノ十号ニ訪問ス。閑静ナル住宅ナリ。序ニ桜井女塾ヲ訪問ス。ちか子氏ハ近来神経衰弱ニカヽリタリトノコトナリ。

五月十九日（火）

出院授業。

午後、教授会ニ出席。来六月十五日ホノルルニ向ケ出帆ノ事ヲ声明ス。

五月二十日（水）

[記載なし]

五月二十一日（木）　晴後雨

午前、授業如例。

午後、太平洋協議会第三部委員会出席、夕刻帰宅。

五月二十二日（金）　晴

午後、太平洋協議会第二部委員会ニ出席、夕刻帰宅。

五月二十三日（土）　晴

午後、上野美術学校内ニ開カレタル唐時代ノ書画展覧会ヲ見ル。王羲之、米芾、蘇東坡等ノ真筆実ニ美観ナル者数点アリ。

三時半ヨリ大学山上御殿ニ於テ太平洋協議会第一部会ヲ開ク。日本ノ人口統計ニ関シテ調査ノ報告アリ。

午前十一時過、関西地方殊ニ城ノ崎温泉及ビ豊崎町被害甚シトノ電報夕刊ニ見ユ。

五月二十四日（日）

午後、秋葉氏ヲ訪問シタルニ、大ニ軽快ニ赴キ既ニ学校へ出勤シ始メタリトノ事ナリ。

旅券願ノ為必要ナル写真ヲ過日扇城会［館］ニ於テ取リタルモノ出来セリ。

昨夜十二時十五分前、可ナリノ地震アリ。

五月二十五日（月）　晴

［記載なし］

五月二十六日（火）　晴

午前、出院授業如例。

午前八時十五分、津田刀自出発、帰省セラル。七十五才ノ老人トシテハ却々心身共ニ達者ナリ。

五月二十七日（水）　雨

片山寛、午後八時半無事東京駅ニ着ノ由。花子、真澄、清見出迎フ。自分ハ雨天ノ為見合ハセタリ。

五月二十八日（木）　雨

午前、出院授業如例。

午後五時、神田青年会館ニ於テ代員打合会アリ。阪谷男ヲ座長トシテ協議ヲ進メ、澤柳政太郎ヲ委員長トナシ、各部分担ヲ定ム。自分ハプロクラム並ニ起草委員トナリ、且宗教倫理文化ノ部ニ加ハルコトトナル。終ニ晩餐ヲ共ニシ、旅費ヲ受取ル。其中汽船賃六百円ヲ渡シ、残額ヲ斎藤惣一氏ニ委托ス。花子ノ分モ同様ナリ。

五月二十九日（金）　曇

午後、片山家ヲ訪問シ、寛氏無事帰朝ヲ祝ス。

ソレヨリフエルプス氏方ニ於ケル青年会同盟常務委員会ニ出席、夜ニ入リ帰宅ス。

右席上、米国ニ於テ大震災後ノ募金ヲ援助シタルクリントン氏夫妻並ニクツク氏夫妻ヲ歓迎シタリ。

五月三十日（土）　曇、後晴

小川洋服店ニ往キ、タキシドー〔ママ〕新調仮ヌイノ試ヲナシ、ソレヨリ銀座服部時計店ニ往キ時計ノ手入ヲ頼ミ、ソレヨリ神田青年会［館］ニ往キ、太平洋総委員会ニ出席、夜ニ入リテ帰宅。

五月三十一日（日）　晴

急ニ暖気加ハル。

午後、秋葉氏夫妻ヲ訪問ス。秋葉氏ハ大ニ快方ニ赴キ最早横浜ヘモ出勤ヲ始メタリト云ヘリ。但細君ハ未タ血圧高シトノコトナリキ。

六月一日（月）　晴

午後、勝治ヲ訪問シ、夫レヨリ鶴田家ヲ訪問シテホノルル行ノ暇乞ヲナス。

午後五時ヨリ神学部ニ於テ自分ノ為教授達晩餐ヲ共ニシ、送別ノ意ヲ表ス。

六月二日（火）　晴

午前、出院授業如例。

正午、帝国ホテルニ於テクリントン氏ノ為ニ歓迎会ヲ催サル。東京青年会理事ノ主催ナリ。出席者ハ実業ノ外ニ宮内次官、貴族院書記官長等モ見ヘタリ。

六月三日（水）　曇

昨夜半二回下痢ヲ催シ、今朝ハ元気ナシ。

片山寛無事帰朝祝ヲ兼、片山、木村夫婦ヲ招キ晩餐ヲ共ニスル筈ナリシ処、荒川文六モ丁度公用ニテ上京シタレバ共ニ招キ、五人ヲ客トシテ晩餐ヲ饗シ愉快ナル一夕ヲ送リタリ。自分ノ元気モ夕刻ヨリ大ニ出来レリ。

六月四日（木）　晴

出院授業如例。

午後五時ヨリフエルプス氏方ニ復興部理事会アリ。帝大青年会［館］改築設計及ビ予算請負ノ件ハ建築委員ニ一任スルコトトナセリ。

斎藤氏ハ宅迄自働車ニ同乗シ、今回ノ代員選定其他ニ付不少苦心アル旨ヲ打明ケタリ。中々苦シキ立場ニテ同情ニ不堪。

六月五日（金）　雨

文雄上京、午前十時過着。入浴後、種々談話。山手ノ借宅ニ再ビ転ジタル由。又曽テ六甲村ニ求メタル土地ハ地ナラシヲ為シ且井戸ヲ掘タルノミニテ、経費調達ノ都合上暫時建築ハ見合セタル由。

六月六日（土）　晴

学院ニ往キ田川氏ニ暇乞セントシタレトモ、名古屋ヘ出張中ニテ空ル〔ク〕帰ル。

午後、花子同道、神田青年会〔館〕ニ往キ、帰路船賃ヲ差引タル金額ヲ受取リ、正金銀行ニ往キ信用状ヲ買ヒ、夫レヨリ三越ニ往、買物ヲナス。

夕刻、帰宅シタルニ、沼澤くに子及ビ木村夫婦来訪シタリ。

六月七日（日）　晴

来訪者、勝治、三浦太郎、斎藤勝次郎、鶴田夫人、水芦幾次郎。

六月八日（月）　晴

文雄、午後七時ノ特急ニテ帰神ス。

学院ニ往キ会計ヨリ三ヶ月分ノ受取ルベキ者ヲ受取ル。

洋服師小川、タクシドウトエンビ服ヲ持来ル。

六月九日（火）　曇晴

外務大臣官邸ニ於ケル午餐会ニ招カレテ往ク。来客ハ今回布哇行ノ一行ト会議ニ関係セル長尾、山田三郎〔良〕、河井、増田等ナリ。婦人ハ花子ノ外ニハ高柳、高木、鶴見ノ三夫人ノミ。主人ハ大臣ノ外ニ次官、局長等ナリ。大臣ノ態度ハ至極打解ケテ自由ニ歓談シタリ。

午餐後、代員等ノ打合会ヲ開キ、出発時刻其他ノ件ニ付協議シタリ。

六月十日（水）　晴

午前、学院ニ田川大吉郎氏ヲ訪ネ、対米対支問題ニ付意見ヲ聞キ、別レヲ告ク。

覚、小林両氏ノ招待ニ依リ、フエルプス、スネード両氏ト共ニ末広亭ニ於テ鳥料理ヲ食ス。

山本秀煌氏、来訪ス。

六月十一日（木）

出院授業例ノ如シ。但本学期ハ今日ヲ以テ終トナス。学生中病者多キ為カ、兎角教室ニ於テ活気乏シキヲ遺憾トス。今一層ノ熱心ヲ要ス。

六月十二日（金）　晴

漸ク初夏ラシクナレリ。

今日ハ帝国ホテルニ於ケル汎太平洋倶楽部ノ午餐会ニ他ノ代員ト共ニ招カル。丁度出懸ケニ来客ノ有タル為ニ少シク遅刻シタリ。一同既ニ着席シタル後ナ〔リ〕キ。徳川公爵、井上子爵等主人側ニテ、食卓ニ就キタル人々内外人合ハセテ百三四十人アリ。

井上子爵送別ノ辞ニ対シ澤柳政太郎及ビフエルプスノ挨拶アリ。澤柳ノ英語ハ随分拙カリキ。フエルプスハ上出来ナリ。

帰途、米国総領事事務所ニ往キ、旅券ノ裏書ヲ依頼ス。領事不在ニ付明日出来ル筈ナリ。

秋葉省像氏暇乞ニ来ル。

六月十三日（土）　晴

日米関係委員会ヨリ一行ノ男子ト共ニ午餐会ニ招カル。場所ハ銀行集会所、主人側ハ阪谷男（渋澤子代理）、藤山雷太、出渕外務次官、佐武利局長等ナリ。客主合セテ約三十人ナリキ。日米関係委員会ハ今回ノ協議会ニハ最モ深ク興味ヲ有シ、最モ能ク後援ノ実ヲ挙ゲタリ。渋澤老子爵ノ熱誠ハ感謝ノ外ナシ。

六月十四日（日）　雨

夜ニ入ル迄来訪者アリ。

旅装全ク整フ。

六月十五日（月）　雨、晴

午前十時前、タクシー自働車ニテ清見同伴東京駅ニ赴ク。

一行ノ見送人多シ。新聞社ノ写真班ノ攻撃盛ナリ。

横浜駅各自自働車ヲ雇ヒピヤーニ向フ途中、水上警察ニテ旅券ノ検査ヲ受テ後、ウキルソン号ニ乗込ム。船室一〇〇号ハ少シク狭ケレトモ浴室附ニテ便利ナリ。

花束、花籠ノ贈物数個アリ。親戚友人ノ見送人多シ。幸ヒ正午ヨリ雨止ミ、出帆ニ際シテ船上ヨリタープヲ投ケ陸上ノ人ト別ヲ惜ム。

予定通午後三時出帆シタリ。日没ノ景色美ナリ。又不二山ノ空ニ聳フルヲ見タリ。

六月十六日（火）　半晴

花子ハ乗船後船曇〔暈〕ノ為寝台ヲ出ズ、室内否床中ニ在テ少々ノ飲食ヲ摂ルノミ。自分ハ何事モナシ。一行中ノ婦人ハ三人共ニ食堂ニ出ズ。

晩食後、我等代員ノ総会ヲ開キ、協議会四部ノ分担ヲ定メ、各部研究ノ結果ヲ明晩ノ総会ニ報告スルコト、又明日午後四時同船ノ支那、朝鮮及ヒリピンノ代員ヲ招待［シ］テ茶話会ヲ開クコトヲ決ス。

今夕ハ三浦氏ヨリ贈リタル塩煎餅ヲ開キテ一同ニ振舞ヒタリ。

六月十七日（水）　半陰、半晴

五時起床、入浴ヲ試ミ心持好シ。

食前、乾氏ノ Unsolved Problems of the Pacific ヲ二十ページ程読ム。大ナル努力ノ跡ハ明白ナレトモ、ソノ意見ノ不熟生硬ナルト、スタイルノペダンチツクタル感ヲ免レズ。

朝食後、一部委員会ヲ開キ、宗教文化教育ニ関スル質問ノ答案ヲ議決ス。

花子ハ強ヒテ甲板ニ出タリ。

船医ノ室ニ於テ各自種痘ノ検査ヲ受ク。

支那、朝鮮、ヒリピンノ代員ヲ招キ茶話会ヲ催ス。名刺ヲ交換ス。

夜、委員会ヲ開キ、乾氏ノ本ヲ閲読シタル批判ヲ為ス。不精確ニテ物足ラヌト云フ評多シ。依テ代員全体トシテ推奨ヲ見合スコトト為シタリ。

六月十八日（木）　雨

五時半起床、入浴。但雨天ニテ甲板上ノ運動不便ナリ。

午前、部会ヲ開キ教育文化上ノ問題ヲ議ス。

夜、総会ヲ開キ、部会ノ報告アリ。四人ノ婦人代員モ始メテ出席ス。

六月十九日（金）　雨、晴

夜来ウネリアリ、船動揺ス。

午前、人種問題ニ付神崎、高木ノ両氏ト協議シ、総会ニ出スベキ報告ヲ神崎氏ノ担当ト定ム。引続キ宗教及ヒ文化ニ関スル問題ヲ議ス。

夜ハ総会ヲ休ミ自由懇談ヲナシ、明治初年以来文学上ノ変化ノ著シキコト等ニ就テ各自ノ所感アリ。又維新当時ノ話モ出タリ。

六月二十日（土）　曇

昨日来ノ風尚止マズ、船動揺ス。花子ハ未タ元気出ズ。

午前、人種問題ニ付小委員会ヲ開キ、答案ヲ議定ス。

午後、船客一般ノ遊戯アリ。夜ハ仮装イタリヤデンナール及ダンスアリ。但我等ハ別室ニ於テ十一時ニ至ル迄人種優劣及ビ移民問題ニ付テ報告及討議ヲナス。

船客中ニイタリヤカーニバル祭ノ晩餐ト仮装行列アリ。極メテ無邪気ナル茶番狂言的ノモノナリ。

午後ハ各国代員ノ懇話会アリ。日本ハ斎藤惣一、支那ハ陳立廷ノ演説アリ。支那ノコトニ付テ種々ノ質問アリ。

六月二十一日（日）

午前十一時、ソーシアルホールニ於テメソジストビシップミッチエル氏ノ説教アリ。題ハ神ノ国ハ飲食ニ非ス、義ト和ト聖霊ニヨル喜ナリトテ其意義ヲ解説シタルモノナリキ。集会セル者四五十名ト見受ク。日曜日ハ静粛ニ守ラレタリ。

六月二十二日（月）　快晴

出航後始テノ快晴ナリ。心地好シ。海モ亦平穏ニシテ今日ハメソジアンデイナリ。

午前ニ（C）部ニ対スル演説即チ人類及ビ移民問題ニ対スル発題ノ起草ヲナス。

夜ハ総会ヲ開キ、各部ニ於テ起草シタルモノヲ合セテ一篇トナシ、意見ヲ交換ス。

午後ハ朝鮮ノ申興雨トヒリピン人ベニネトノ演説アリ。ヒリピンニ付テ種々ノ質問アリ。

二十二日、今日ハ第二ノ日曜日ナリ。晴天海色美麗ナリ。留守宅、神戸、福岡等へ書状ヲ認ム。

船客ノ仮装晩餐、行列、舞踏アリ、夜半過ニ至ル。実ニ暢気極ル事ドモナリ。

花子ノ気分大ニ宜シ。

六月二十三日（火）　快晴

午前、上陸前最終ノ打合会ヲ開キ、新聞記者応接委員其他ノ分担ヲ定ム。

午後、島山二三ヲ見ル。ソノ前ニ鳥島ト称スル小島ヲ過ル。カモメノ群夥シ。

夫々上陸ノ用意ヲナス。

晩餐後、遊戯賞品ノ授与ニ続キコンサルトアリ。日本人ノ代表トシテ高柳夫人ハ「保名ノ狂乱」ヲ踊ル。鳴物ナカリシ為ニ引立ザリシモ、中々手ニ入タルモノナリ。但シ少シク単調ニ失スルノ感アリキ。但他国ノ素人芸ニ対シテハ毫モ遜色ナカリキ。

十二時過、寝ニ就ク。

六月二十四日（水）　快晴

五時、起床。入浴後荷物ヲ整フ。

六時、一同甲板ニ出テ検疫、種痘、旅券等ノ検査ヲ受テ後上陸シタルニ、税関ノ検査意外ニ手間取リ、漸ク終了シウエーバル氏ノ厚意ニヨリ某夫人ノ自働車ニテプウナホー学院カツスルホールニ落付タルハ十一時比ナリキ。

午餐ノ後、「布哇ノ女子」達ノ招待ニヨリ、一同故女王ヱンマノ家ニ往キ、ハワイノ唱歌及ビ舞踏ヲ見ル。蓋亡国ノ調アリ。茶菓ノ饗応アリ。松澤氏ノ自働車ニテ澤柳、丹羽、斎藤ノ三人ト共ニ市街及ワイキキ浜通ヲ巡視シテ学院ニ帰ル。

夕食後、当地委員ト打合会アリタレトモ欠席シタリ。

六月二十五日（木）　晴

アメサルトン氏ノ好意ニテ、自働車ヲ自由ニ使用シ得ルコトトナリ、高柳夫婦及鶴見夫人ト共ニ正金銀行ニ往キ円ヲ弗ニ換フ。百円三十九弗何ガシノ所ヲ特ニ四十一トナス。

ソレヨリ途中ニテ絵葉書ヲ求メ、一旦宿ニ帰リ服装ヲ改メテ後、総領事青木ノ午餐会ニ赴ク。我等一行トホノルル日本人牧師並僧侶同席ニテ、極メテ叮嚀ナル日本料理ノ饗応アリ。殊ニ西瓜、パインアップル、カンタロープ最モ佳ナリ。

食後、別席ニテ我等打合ヲナス。委員長ノ演説草案ニ付意見ノ交換アリ。

ソレヨリ一同コックス夫人ノ歓迎茶話会ニ赴ク。庭ノ一部ヲ日本風ニ作リ誇トナス。故コックス氏ハ日本ヒイキノ人ナリシト。背後ノ山モ日本ノ趣アリ。

六月二十六日（金）　晴

朝、礼拝後代員約五十名自働車ヲ連レテ「島巡リ」ニ出ツ。先ツヌーアヌー谷ヲ登リ、パアリー峠ニ達ス。峠ヨリ東方海岸一帯絶景ナリ。又吹来ル風強ク殆ンド立留難キ位ナリ。又峠ノ道ノ立派ナルコト感服ノ外ナシ。

正午、ハレイワホテルニ着。午餐後、ガラス底ノボートニテ海底ノサンゴヲ見ル。奇ナリ。ホテルニ着スル前ニカススル氏ノ夏別荘ヲ見ル。実ニ幽スイ風佳ノ場所ニテ、彫刻、絵画等見ルベキ［モ］ノ不少。途中、製糖所ヲ見ミ［ママ］又兵営ヲ見、パインアップル畑十哩ノ中ヲ通リ、赤土ヲカブリテ五時過帰ル。

六月二十七日（土）　晴

午前九時ヨリ非公式ノ協議会アリ。準備委員長アーサルトン氏、幹事デビス氏ノ発起以来ノ経過報告及ビ申訳ノ演説アリ。ソレヨリユウライス氏ノ討議問題採用法ニ付種々ノ質問意見アリ。遂ニ各代員志望ノ部ＡＢ並ニ適当ト認ムルトピックヲチエックシテ提出スルコトトナシ、最初ノ如クストロウヴオートハ取ラザルコトトナル。

此協議会ニ臨ム前ニ頭本氏ヨリ、朝鮮内話ニ関シ朝鮮人代員ニ発言ヲ許スコトニ付異議アリ。之ニ関シテ種々ノ意見出タリ。

午後、姉崎ニ無線ヲ送ルコトニ付相談アリ。

夜ハアサルトン氏夫人及子女ノ合奏アリ。

六月二十八日（日）　晴

前十一時　Went to the Union Church not far from the Punahou School. A fine Church[,] well attended. The preacher was Dr. Carl Pattern of Los Angellos[sic] who preached on the "Bigger Gospel" He speaks very clearly and is very easy to follow. After the service[,] Harada took me & Niwa, Kanzaki to the University Club where Mrs. Harada & Hana were waiting us and treated us to a simple luncheon.

We saw the Governor's office which was formerly the Hawaiian King's residence. From there we took city car and went to Harada's house which is just behind the school.

午前十一時。プナホウ・スクールからほど近いユニオン・チャーチに行く。立派な教会で、出席者も多かった。ロサンゼルスのドクター・カール・パターンが「より大きな福音」をテーマに説教した。非常に明晰に話してくれ、聴きやすかった。礼拝の後で原田が私と丹羽、神崎を大学クラブに連れて行ってくれる。ミセス原田と花が待っていて、簡単な昼食会を開いてくれた。

元はハワイの王の住まいだったという準州知事の執務室を見学。そこからシティカーで、学校のちょうど裏手にある原田の自宅へ行く。

六月二十九日（月）

Wrote my little speech for the Pan Pacific dinner or Luncheon today and had it type written.

Went to the Alexander Young hotel and sat on the right of the Governor Farrington and made my speech. After lunch was over several people came to me and thanked me for it.

Prof. Anezaki arrived at in the afternoon gave a talk on the contrast between West and East[,] criticizing the restlessness of the former and pleading for the[sic] more quiet and restful outlook of life. Interesting but not conclusive. He confessed that he had no solution on[sic] this problem.

太平洋会議の午餐あるいは昼食会での短いスピーチを書き、タイプライターで清書してもらう。

アレクサンダー・ヤング・ホテルに行き、ファリントン準州知事のすぐ向かいに座って私がスピーチをした。昼食後に数人がやってきてわざわざ礼を言ってくれた。

プロフェッサー・姉崎が到着、午後に西洋と東洋の違いについて語り、前者の行動にとかく落ち着きがないことを批判、ものごとに対しもっと静かな平穏な見方ができないものかと訴えた。興味深いが、決定的ではない。彼はこの問題に解決策を持たないことを認めた。

六月三十日（火）　曇

After breakfast we met with the Japanese delegates who came from [the] States 市橋倭、小松隆、鶴見祐輔 and discussed over general statement. To be read by 澤柳

At 3 P.M. opening of the Institute. See the record.

At 8 P.M. Reception at the Governor Farrington's Residence. [A] crowd of people came. Regular Tower of Babel[,] it seemed. There were Hawaiian women singing as hard as they could but they [could] not be heard for the noises of the loud talking of the crowd. Punch and cakes were served in the side rooms.

朝食後、私たちは米国から来た日本代表団市橋倭、小松隆、鶴見祐輔に会い、澤柳が午後３時の調査会の開会時に読むべきステートメントについて話し合った。

記録を参照。

夜８時にはファリントン準州知事の邸宅でのレセプションへ。大勢の人が来た。例によってバベルの塔状態である。ハワイの女性たちが声をはり上げて歌ってくれたが、人々の話し声のやかましさにかき消されてしまったほどだ。パンチ酒とケーキが周囲の部屋でふるまわれた。

七月一日（水）

Morning meditation. Small group. Chinese lawyer read passages from Confucius & Bible.

Morning session of which opening statements by Austria[sic], Hawaii, China & New Zealand read. In the afternoon, Korea, Japan, Philippine[sic], Canada and United States.

Evening Forum. Discussion on the statements made in morning & afternoon. Ichihashi asked why Australia felt so uneasy of[sic] Japanese. The reply was fear among the unthinking people. The Philipines[sic] between Williams and Benitez. Jaison challenged Japanese delegates to answer China. Zumoto did so but not very well. Harada summed [it] up better.

朝の瞑想。少人数で。中国人の弁護士が孔子と聖書の一節を朗読した。

朝の会合でオーストラリアと中国、ニュージーランドが開会のステートメントを読んだ。午後には韓国、日本、フィリピン、カナダと米国が読んだ。

夕方のフォーラム。午前と午後に発表されたステートメントについて議論された。市橋が、なぜオーストラリアは日本をここまで警戒するのかと問うた。答えは思慮のない人々の恐怖にあるとのこと。フィリピンについてウィリアムズとベニテスが発言。ジェイソンが日本代表団に中国への回答を求めた。頭本が答えたが、あまりうまくなかった。原田がもっと上手にまとめた。

七月二日（木）

Round Table Application of teaching of Jesus[,] Buddha and Confucius. Paper by Anezaki, Chen and Fleming. Discussion in which I took part.

Lunch at Young Hotel invited by the Japanese Residents in Honolulu.

Afternoon Round Table Racial Superiority. Paper by Roberts & other discussion not important.

Evening Bishop Hall. Addresses by Komatsu, Au-Young and Batchelder which was very good.

円卓会議。イエスとブッダ、孔子の教えを応用することについて。姉崎とチェン、フレミングによる論説。参加した議論。

ホノルル日本人会に招かれて、ヤング・ホテルで昼食。

午後は人種的優越の観念についての円卓会議。ロバーツらの論文と、重要性の低い問題の議論。

晩はビショップ・ホールへ。挨拶したのは小松とオーヤンとバチェルダー、この人の話が非常に良かった。

七月三日（金）

Round Table 3. The International Aspects of Industrialization.

Lunch at the University club invited by Pro. Dean to talk about the status of Japanese Language Schools for Japanese children.

Afternoon session. Several Forum. Statements on Immigration Policies by representatives of various groups. Shulenburg, Labour agitation.

Evening Round Tables. Racial aspects of immigration.

円卓会議の3。国際的見地からの工業化。

大学クラブでの昼食にプロフェッサー・ディーンに招かれ、日本人児童のための日本語学校の現状について話し合った。

午後のセッション。複数の会議があった。さまざまなグループの代表が移民政策について意見を出す。シュレンブルグの労働争議。

夜からの円卓会議。移民の人種的考察。

七月四日（土）

Fair Went to Thomas Square to see the 4th of July Celebration.

Pro. Wilber addressed the audience.

Were invited to lunch by Mrs. Dones With Mrs. Owen who are both Holyoke Graduates.

In the afternoon to Round Table on Culture and Religion & Immigration. Asked some questions. In the evening went to hear Park speak on Races in the Pacific Area. His lectures were disappointing.

晴天。7月4日の独立記念日の祝いを見にトーマス・スクエアへ行く。プロフェッサー・ウィルバーが聴衆に向けて演説した。

ミセス・ドーンズとミセス・オーウェンから昼食に招待される。2人ともマウント・ホリヨーク大学の卒業生である。

午後は移民と文化・宗教の円卓会議。私もいくつか質問をした。

晩にはパークが太平洋地域の民族について話すのを聴きに行く。内容には失望してしまった。

七月五日（日）

Fair Mr. Ford took us in his car to the Kawaiaha'o Church which is a large one and was fairly well filled. There [were] two Hawaiian Ministers in the pulpit. The older one read and prayed. The younger one preach[ed] first in English on the text "ye are the salt of the earth" and then he began to preach again in his native tongue. Mr. Castle an old gentleman showed us round the place and brought us to Punahou in a hired auto car.

Counsel[sic] General Aoki and his wife took us and other to the Aquarium and took round the city and then took us to 塩湯 and back to Punahou. They are extremely kind [to] us.

臨岸青山花織錦、入窓青盤（青）海浪翻銀

ミセスアダムス

[欄外] Saw for the first time moon light Rainbow.

好天。ミスター・フォードが自家用車でカワイアハオ教会に連れて行ってくれた。大きな教会だが、かなりの席が埋まっていた。ハワイ人牧師が2人、説教壇に上がった。年長のほうが聖書を読み上げ祈りを捧げた。若手の牧師は最初に英語で「あなたがたは地の塩である」の一節について説教し、次にまた土地の言葉で話し始めた。

ミスター・キャッスルという老紳士が教会内を見せてくれ、自動車を呼んでプナホウまで送り届けてくれた。

青木日本総領事と夫人が私たちも含めた一行を水族館に案内し、町をめぐってから塩湯のところに、プナホウへと帰るまで同行してくれた。とても親切にしてもらった。

臨岸青山花織錦、入窓青盤（青）海浪翻銀
ミセスアダムス
［欄外］月虹というものを初めて見た。

七月六日（月）

In the morning we discussed the question of the advisability of having a Korean in the organization. Agreed to do so on condition of having a Philippino[sic] also.
General Forum. The effect of industrialization of the Far East. Photographs of members of the Institute and different groups taken.
Round Table Race and Culture attended.
Beyer of Philippine Univ. spoke.
午前中は韓国人を１名この組織に加えることの妥当性について話し合った。フィリピン人も入れるという条件で合意した。
全体会議。極東の工業化の影響について。調査会のメンバー、またグループごとの記念撮影。
民族と文化についての円卓会議に出席。フィリピン大学のベイヤーが演説した。

七月七日（火）

Reported in organization committee to Japanese group.
Round table in the function of Religion in bringing about the solution of Pacific Problem.
Went to the Rotary Club Luncheon. Good addresses by Wilber and White.
Subcommittee on Executive organization. Condileff[e,] Maddux & myself.
Reception at Japanese tea & Odori. By Mrs. 高柳
Very well received.
Invited the New Zealand delegates to Shioyu for Sukiyaki which they enjoyed immensely.
組織委員会で日本人グループに対し報告を行った。
太平洋問題解決に対する宗教の職務に関する円卓会議。
ロータリークラブの昼食会に出た。ウィルバーとホワイトの演説が良かった。
幹部組織について小委員会。コンドリフ、マダックスと私。
日本の茶と踊りの宴。ミセス・高柳主催。大変好評だった。
ニュージーランド代表団を塩湯のすき焼きに招くと、とても喜んでくれた。

七月八日（水）

Morning

Round Table no. 2 The foreign missionary as interpreter between peoples.

Mrs. Vories, Harada & Ibuka spoke.

Table no. 4 "Extra[-]territoriality" Zumoto spoke.

Afternoon.

Committee on professional organization. National group a unit.

Foreign Loans the topic. Addresses in Bingham Hall. Mr. Ishii spoke on the Japanese loans in China. Other speakers Chen and Jenks.

Jenks was quite frank and fair in his views of the loans to China.

午前。円卓会議その2。諸国民間の通訳としての外国宣教師。ミセス・ヴォーリズ、原田と井深がスピーチ。

円卓の4。「治外法権」について頭本が話す。

午後。専門機関に関し委員会。国ごとのグループ単位。

議題は外債。ビンガム・ホールで何人かの演説。ミスター石井が日本の中国への借款について話した。他にチェンとジェンクスがスピーチ。中国への借款に対するジェンクスの見解はきわめて率直で公正だった。

七月九日（木）

General Forum on Religious and Educational conditions in the Pacific.

Round Table no. 2 Treatment of Residents Alliens[sic] in the Pacific.

Chinese tea served. Chinese music and dance.

A few members met Prof. Park who spoke about the importance of studying the Family in different levels.

Addresses by Saito, Ichihashi and Tsurumi. Which were very successful. We went to a Yatai Udon and had a[n] enjoyable time, and drove around the Diamond Head.

太平洋地域の宗教と教育の状況に関する全体会議。

円卓会議2。太平洋の在住外国人の扱い。

中国茶が出た。中国の音楽と舞踏も披露される。

少人数でプロフェッサー・パークに会う。彼はいろいろなレベルで家族を研究することが大切だという趣旨で話した。

斉藤と市橋、鶴見によるスピーチ。すべて首尾よくいった。皆でヤタイ・ウドンに行って楽しく過ごし、車でダイヤモンドヘッドを一周した。

七月十日（金）

General Forum on Extra territoriality. After discussion recommitted to the chairman of the committee.

Round Table. Fundamentals of Immigration Policies discussed.

In the afternoon went to the Bank and had 600 yen exchanged to dollars, which was 41/1/4

Then went to Davis whole sale company and bought water fountain pens etc. etc.

Enjoyed a Japanese dinner at Dr. 嶋本市太郎 house.

Public addresses by Duncan Hall, Miss Wooley and Dr. Gregory of Bishop Museum.

治外法権に関する全体会議。議論の後に委員会の議長に再委託。

円卓会議。移民政策の基本について話し合う。

午後には銀行に行き、600円をドルに換えた。41と1/4ドルだった。

その後、デイヴィス商店へ行き万年筆を買った、などなど。

ドクター・嶋本市太郎宅で日本料理を楽しんだ。

ダンカン・ホールとミス・ウーリー、ビショップ博物館のドクター・グレゴリーが演説を行った。

七月十一日（土）

General Forum. Report of Institute Committees made and adopted. Reports of Round Tables made and discussed. International Round Table Room 2. Cooperation in Religion in the Pacific.

Afternoon tea at Mr. Castle[‘s] summer house on the hill

Fine drive up the hill.

Japanese dinner Giunabe at “Shioyu” given by the Japanese.

Went to Y.M.C.A. Gymnasium to hear Ichihashi and Sawayanagi address Japanese audience.

全体会議。調査会委員会の報告書が作成され、採択された。円卓会議の報告書の作成と議論。国際円卓会議　部屋2。太平洋での宗教における協力。

丘の上にあるミスター・キャッスルの別荘でアフタヌーン・ティー。丘までのドライブは快適だった。

日本料理の晩餐牛鍋を日本人が「塩湯」で主催。

YMCAに行く。体育館で市橋と沢柳の日本人聴衆に向けたスピーチを聴く。

七月十二日（日）

Intended to go to the church of the Cross Road but owing to a misunderstanding about conditions I did not [go].

In the afternoon went.

In the evening preached in the Cross Road Church to the union meeting of the Japanese Churches in the city. Met Mr. Suzuki.

チャーチ・オブ・クロスロードにいくつもりであったが、条件の行き違いがあり、行かなかった。

結局午後に行った。

晩にはクロスロード教会で市内の日本人教会の連合集会で説教。ミスター・スズキに会った。

七月十三日（月）

General Forum in the morning

Luncheon at the Japanese Consulate General with some leading American members of the Institute.

Dinner at Mr. and Mrs. Whilkington with Glaister of New Zealand and Cowen of Canada. They are lawyers.

Presided at the evening meeting of the Bishop Hall. Speakers were Prof. Wilson, Sharrenberg & Chester Rowell. The last speaker was very good.

午前中は全体会議。

日本総領事館で、調査会の重要なアメリカ人メンバー数人も加えて朝食会。

ウィルキントン夫妻による晩餐、ニュージーランドのグレイスターとカナダのコーウェンも一緒だった。2人とも法律家である。

ビショップ・ホールの晩のミーティングで議長をした。発表したのはプロフェッサー・ウィルソン、シャレンバーグとチェスター・ローウェルである。最後のローウェルが特に良かった。

七月十四日（火）

General Forum in the morning.

In the afternoon Mrs. Fukao Took us to Davis and other stores for shopping.

In the evening there was a peasent [sic] in front of the Bishop Hall representing the parable of the ten virgins. Then the closing exercises took place in the Hall at which Davenport

A Congressman, Nelson Canadian newspaper man, Zumoto, Chun and Chairman Dr. Wilber spoke. Tsurumi made a motion for a vote of thanks for the Residents in Hawaii is. Successfully closed.

午前中に全体会議。

午後はミセス・フカオが私たちをデイヴィスその他の店に買い物に連れて行ってくれる。

晩にビショップ・ホールの前で、十人の処女たちのたとえの屋外劇が披露された。次にホールの中で閉会式が行われた。スピーチをしたのはダヴェンポート下院議員、カナダの新聞社のネルソン、頭本、チャン、そして会長のドクター・ウィルバー。鶴見がハワイ島の人々に感謝の決議をすることを提案した。成功裏に閉会となった。

七月十五日（水）

~~Went〔on a〕drive down to the some~~

~~To see an institute for the feeble minded~~

~~Young people on the hill.~~

Went to the Shioyu again to take the Sukiyaki again with Chinese and Korean delegates. Who seemed to enjoy it very much. In the evening we were invited to dine with Mr. & Mrs. Suzuki Masakichi at their home. They were delighted to see us.

~~丘の上にある青年知的障害者施設を見にその近くまでドライブした~~

再び塩湯に行き、中国と韓国の代表団にすき焼きをふるまう。大変喜んでもらえたようだ。

晩にはスズキ・マサキチ夫妻に夕食に招かれ、夫婦の家で歓待される。

七月十六日（木）

Mrs. Kishimoto, Mrs. Cowper took to the Institute for the feeble[-]minded young people on the hill. Dr. Bliss has charge of the place and showed me through the place.

Went luncheon at the International Y.M.C.A. on〔the〕invitation of the 木曜会 Consul General Mr. Arata Aoki presided.

In the after packed up our things.

ミセス・キシモト、ミセス・クーパーと共に、丘の上にある青年知的障害者施設へ。ドクター・ブリスが担当しており、施設内を案内してくれる。

総領事のミスター・青木新が主宰の木曜会に招待され、国際 YMCA の昼食会に出た。

その後、荷物をまとめた。

七月十七日（金）

Called on Mr. & Mrs. Aoki to express our thanks and say good bye to them. Then went to Davis Company once more and bought a water [fountain pen] and other things.

Finished packing at last.

Mr. & Mrs. Aoki called and offered to take us to the boat[,] which we gladly accepted.

Many friends came to see us off on board the steamer and put on us wreaths and beads expressing their Aloha. The boat left the pier at 7 P.M.[,] and we were rather sorry to leave Honolulu[,] which was so delightful.

青木夫妻を訪問して感謝を伝えるとともに暇乞いをする。それからデイヴィス社に再び出向いて万年筆その他を買った。

やっと荷造りが終わる。

青木夫妻が来て船まで連れて行ってくれるというので、ありがたくお願いした。

多くの友人が汽船の上まで見送りに来てくれ、「アロハ」の印のリースとビーズをかけてくれる。船は午後7時に離岸、ホノルルが非常に楽しかったので、皆ここを去るのをすこし寂しく感じた。

七月十八日（土）

今日ヨリ再ヒ邦文ニ帰ルコトトス。

昨夜ハ海上極メテ穏カナルニモ拘ラズ、室内熱クシテ安眠シ難カリシ。依テ今朝反対側ノ十一号室ニ移転シタリ。

天気快晴、微風アリ、浪不立。理想的ノ天気ナリ。

Manece《[Menace]》 of Colour by Gregory ヲ読ム。主トシテ欧州人対アフリカ人種ヲ論ジタルモノナレトモ、書中引用シタル所ノグリフイステーラル氏ノアジヤ人ハ南欧人種ニ優レリトナシ、濠州ニアジヤ人ヲ入レテ人種改良ヲ謀レトノ論ハ面白シ。

七月十九日（日）　快晴

午前十一時、ドリウ神学校教授バツク氏ノ司会ニテ礼拝アリ。同氏ノ説教ハ簡ニシテ要ヲ得タリ。同氏ハ印度ニ於ケル宣教師ノ子ニテ、東洋ノ事情ニハ稍通暁スル者ノ如シ。

昨日十二号ヨリ十一号室ヘ移転ノ際、花子ノ衣類二枚即チ白カスリノカタビラト銘仙ノ単衣紛失ス。斎藤氏ヲ経テチーフスチウワルドニ話シタルニ、往船ノ際ニモ着物《キモノ》紛失シタル故ニ能ク吟味セントノ由。

七月二十日（月）

ホノルル出帆以来実ニ珍ラシキ平穏ナル天気ナリ。船中一人ノ船気アル者ナシ。但暑気ハ中々高ク、少シク運動スレバ総身汗バミ来ルヲ覚ユ。

七月二十一日（火）　快晴

［記載なし］

七月二十二日（水）

［記載なし］

七月二十三日（木）

今日ハ一日飛ンデ木曜日トナレリ。往航ニ一日ヲ得テ帰航ニ一日ヲ失フ、差引損益相殺ノ勘定ナリ。

太平洋協議会報告書ヲ認メテ、高木八尺氏ニ交附ス。

ベルリン日本大使館気付ニテ、健次ヘ書信ヲ発ス。

七月二十四日（金）

今日モ快晴ナリ。

ホノルルノアーサルトン氏夫妻ヘ感謝状ヲ出ス。又高木逸磨氏ヘモ書状ヲ出ス。

七月二十五日（土）　快晴

今夕ハ例ノ仮装行列、舞踏アリ、其狂態殆ンド見ニ堪ヘズ。之ヲ以テ現代ノ米国風俗ヲ表明スト為セバ実ニ慨嘆ノ至ナリ。米国人中ニテモ心アル人ハ頻リニ言訳ヲナシ居タリ。支那人、朝鮮人ハ大ニ憤慨シ居タリ。而シテ或ハロマ帝国ノ末路ニ似タリト云ヒ、或ハ近キ将来ニ於テ米国ニ大地震アラン抔ト言居タリ。

七月二十六日（日）

米国宣教師ネルソント云フ人ノ説教アリ。極メテ平凡ナル話ナリキ。

今夕ハ船長ノ主催ニテ特別ノデンナルアリ。船穏ニシテ一同上機嫌ナリ。

銘々、上陸ノ用意ヲナス。

七月二十七日（月）

午前十時前ヨリ日本ノ陸地ヲ見ル。

午後四時、寸分違ハズ横浜桟橋ニ着ス。真澄、清見ヲ始メ片山夫婦、木村夫婦其他ノ出迎人アリ。一応挨拶ノ後、自働車ニテ横浜駅ニ至リ、暫時休息ノ後、五時四十二分ノ汽車ニテ品川着。ソレヨリ自働車ニテ帰宅。

此行殆ンド一ケ月半、無事壮健任務ヲ果シテ帰朝シタルハ実ニ天父ノ御恩寵ト感慨ノ至ニ堪ヘズ。留守中又皆無事ナリシコト［ママ］ヲ感謝ノ至ニ堪ヘエ［ママ］ズ。

東京ノ気候ハ思ノ外涼シ。

七月二十八日（火）

正午、帝国ホテルニ於テ帰朝シタル一行ハ東京新聞記者連ト午餐ヲ共ニシテ、太平洋研究会ノ模様ヲ語リ、例ノ如ク撮影ヲナス。

七月二十九日（水） 晴

午前八時、タックシーヲ呼ビ、花子同伴先ツ片山ニ傾[赴]キ借用ノカバンヲ返シ、且少々ノ土産物ヲ贈ル。ソレヨリ下落合ニ三浦氏ヲ訪フ。老人ハ咽喉癌ノ由ナリ。臥床セザレトモ大分衰弱ノ様子ナリ。ソレヨリ木村ニ赴キ留守中ノ礼ヲ述べ、且ツ少シノ土産物ヲ贈ル。片山ニテモ木村ニテモ子供等大喜ビナリ。木村ニテざるそばノ御馳走ニナリ、午後三時帰宅ス。

今日ハ八十四五度ノ暑ナリ。

康夫、今夜出立帰福。荒川及ビ真野ヘノ手土産物ヲ托ス。

七月三十日（木）

秋葉氏ヲ訪問シ、ホノルル鈴木政吉夫妻ヨリ委托セラレタルキンデー[ママ]とカヒート[附カ]ヲ交渉シ、且手土産トシテカフスボタンヲ贈ル。

神戸文雄一家族ニ土産物ヲ出ス。

七月三十一日（金）

工業倶楽部ニ於テ日米関係委員会主催ノ歓迎午餐会アリ。阪谷男、渋澤子爵ニ代リ慰労兼歓迎ノ辞ヲ述ブ。食後、別室ニテ柳澤[澤柳]、石井、余及小松ノ四人、夫々報告ヲナス。出席者、主人側トシテ阪谷男ノ外、井上準之助、出渕外務次官、佐武利通商局長、団琢磨、串田萬吉、堀越、服部其他実業家ナリ。

八月一日（土）

勝治及鶴田氏来訪。

正金銀行及三菱銀行ニ往ク。帰途、三井信托会社ニ往キ、若干金ヲ托ス。

八月二日（日）

[記載なし]

八月三日（月）

英国ＹＭＣＡ全国委員長少佐フランクヨング氏歓迎午餐会ニ出席ス。

八月四日（火）

[記載なし]

八月五日（水）

同盟委員及東京ＹＭＣＡ理事主催ノ歓迎午餐会ニ出席ス。

軽井沢鶴屋ホテルヨリ返電アリ。空間アレトモ壱週四十円以上トノ趣、余リ不廉故軽井沢ハ断念シ、御殿場ノ東山荘ニ往クベク決定。小林十平氏ニ先方ヘ打電ヲ依頼ス。明朝出発ノ用意ヲ為ス。

八月六日（木）

雨天ニ付東山荘行ヲ延期シ、明朝ニ出発ノ趣、小幡氏ヘ打電ス。

八月七日（金）　快晴

午前七時半、自宅出発。品川駅ヨリ八十［時］三十八分ノ列車ニテ御殿場東山荘ニ来ル。汽車中藤沢ヨリ国府津迄ハ八十八九度ノ暑ノ如ク感ジタリ。御殿場ノ夏風ハ依然涼シク心地善シ。

東山荘ハ大分姿ヲ改良シタリ。食堂其他ホテル式トナル。但掃除ノ行届ザルハ一大欠点ナリ。

夕刻ヨリ小供ノ会アリ。無邪気ノ遊戯アリテ久振ニテ腹ヲカ、ヘテ大笑シタリ。

宿泊人ハ約四十名、過半ハ子供ナリ。菊地鋳太郎氏孫等ト共ニアリ。

図ラズ松山高吉氏来訪、旧ヲ語リテテ［衍］尽キズ。平安女学校ノ舎監タル一女ト共ニ富士岡荘ニ滞在中ナリトノ事ナリ。

夕刻、富岳ノ英姿ヲ仰ク。イツ見テモ尊キ姿ナリ。

八月八日（土）　快晴

朝食前、池ノ周囲ヲ散歩ス。今年ハ水浅ク漸ク子供ノ水泳ニ堪ユル位ノミ。

留守宅ヘ書信ヲ認ム。

午後、富士岡荘（ＹＷＣＡノ夏季学校所ヲ訪問。河井道子嬢ノ案内ニテ構内ヲ一巡ス。構内七千坪アリトノコト。地面ニ少シク高低アリ。檜林アリ。水泳所アリ。講堂、食堂ノ外ニ寄宿舎アリ。井深花子記念ノ杉木モ見タリ。

松山高吉氏ニ会ヒ暫時談話シテ後辞去ス。東山荘ヨリノ距離ハ人力車ニテ約四十分ナリ。

夕食後アメリカ村マデ散歩ス。長尾峠ノ登口ニテ好個ノ避暑地ナリ。

八月九日（日）　快晴

五時起床、朝食前、御殿［場］街道ノ半バ頃迄散歩ス。

今朝、富岳全体晴渡リテ一点ノ雲ナシ。不二登山ニハ最好ノ日ナラン。

午前九時ヨリ礼拝式アリ。小幡「村長」ノ依頼ニヨリ太平洋問題協議会ニ付一場ノ話ヲナス。

午後ハ驟雨来リ蒸熱シ。寒暖計八十四度半。

八月十日（月）

午後一時ヨリ二時迄、食堂ニ於テ太平洋協議会ニ付有志者ノ為一場ノ座談ヲナス。

八月十一日（火）

留守宅及ビ和田、津田等へ手紙ヲ出ス。

八月十二日（水）晴、夕ヨリ雨

真野氏へ書状ヲ出ス。

宅ヨリ小包来ル。単物二枚ト缶詰二個来ル。

「江戸から東京」第一篇ヲ読了。近頃面白敷読物ナリ。大体固ヨリ正史ニハ非レトモ亦出鱈目ノ講談ニモ非ス。大体ニ於テ事実ヲ伝フルモノノ如シ。亦著者ノ軽口ハ屢々人ヲシテ捧腹ニ堪へザラシム。実ニ銷夏ノ好読物ナリ。

八月十三日（木）晴

例ノ如ク五時起床、散歩ス。富岳ハ絶頂ニ綿帽子ノ如キ白雲ヲ戴キタルヲ見ル。

散歩中偶然ヘレフオード氏ニ会フ。同氏ニ連レラレテ二ノ岡及ビアメリカ村ヲ一巡ス。同氏ハ二ノ岡ヨリ「エキステンシヨン」ニ移居シタリトノ事。次ノ日曜日ニ午餐ニ招カレタリ。

夕食後、ＹＭＣＡ夏期学校ノ起源及発達ニ付一場ノ話ヲナス。

八月十四日（金）雨

不二山ガ笠ヲ冠ルハ雨ノ前兆ナリトノ諺ニ偽ナク、昨夕ヨリ雨トナリ今日モ雨天ナリ。何故ニヤ必ラズヤ気象学上ノ説明アリ。

八月十五日（土）雨

午前一時間余名古屋ＹＭＣＡノ事ニ付同地ノ八木［数字分空白］氏ト談話ヲナス。中々感心ナル人物ナリ。

午後三時過、花子東京ヨリ来ル。東京モ雨天ノ由。

八月十六日（日）雨

今日ハヘレフオルド氏ノ招ニ応シ二ノ岡教会ニ行キ、ソレヨリ「クラブ」ニテ午餐ヲ共ニスル筈ナリシモ、如何ニモ夜来ノ豪雨ニテ外出困難ニ付、乍残念見合ハセリ。

朝ノ礼拝ニハ由木某ト云青年ノ説教アリ。

八月十七日（月）雨

昨夜ハ大雨ナリキ。今日モ尚不止。池ノ水ハ一杯ニナリタレトモ濁水ナリ。

八月十八日（火）雨

［記載なし］

八月十九日（水）　晴

雨漸ク休ム。ヘレフオード氏ヲ二ノ岡エキステンシヨン（新二ノ岡）ノ居宅ニ訪問ス。同氏不在、夫人ニ会ヒ、去日曜日ニハ大雨ノ為招ニ応ジテ午餐ニ来リ得ザリシコトヲ断ル。

新二ノ岡ノ地位ハ好キニ拘ラズ、何故カ更ニ発展セズ。但所謂アメリカ村ニ漸次日本人ノ別荘ガ建チツ、アルヲ見ル。

八月二十日（木）　晴

筧夫婦、小幡夫婦、松澤夫婦並ニ横山主事ヲ招キ、特ニ洋食ノ晩餐ヲ饗ス。筧氏ニハ曩キ[三]送別会ニ招カレシ返礼ノ意、松澤氏ニハホノルルニ於テ世話ニ成タル礼、小幡、横山ニハ今回東山荘ニ於テ世話ニ成タル礼ノ為ニテ、孰レモ同盟関係ノ人々ナリ。

夕刻、木村良夫来訪、勝見氏妻ノ為東山荘ノ都合ヲ聞合ハセ、直チニ帰京ス。

八月二十一日（金）　雨、晴

午前九時半、東山荘ヲ辞去シ、十時三十二分御殿場発車、午後三時前、無事帰宅ス。留守宅ハ無事。

夜ニ入リ、真澄、清見夫々事務所ヨリ帰宅。共ニ元気ナリ。

八月二十二日（土）、八月二十三日（日）

［記載なし］

八月二十四日（月）

荒川文六ヨリ書信アリ。静江ト小泉猶一氏ト婚約整ヒ結納ヲ交換シ、挙式ハ来春ノ積トノコト。小泉家ハ代々姫路藩ノ家来ノ由。父猶二郎氏ハ熊本ニ在テ歯科医開業ノ由。本人ハ医学士ニテ九大医科助手ノ由ナリ。

又、文六ハ急ニ欧米出張ヲ命ゼラレ、米国バンダビルト大学創立五十年祝賀式ニ九大代表者トシテ列席ヲモ命ゼラレタル趣。出張時期ハ往復六ケ月ノ由ナリ。

八月二十五日（火）

［記載なし］

八月二十六日（水）

終日豪雨、浸水家屋約四万五千ナリト云フ。就中渋谷川、古川沿岸被害最モ甚シ。内ハ多少ノ雨洩ノミテ損害ヲ免レタリ。雨量ハ壱坪弐石六斗。電車、電話一時不通トナル。但風ハ強烈ナラザリキ。

八月二十七日（木）

雨止ミ漸ク晴ル。

早朝、真野文二氏ヲステーションホテルニ訪フ。然ルニ同氏ハ昨夜来俄カニ腹痛ヲ覚エ、今朝稲田博士ノ診察ヲ受ケタルニ、盲腸炎ノ初期ナラントノコトナリキ。帰途、三越ニ行キ紅茶道具一組ヲ求メ、斎藤氏ヘ謝礼ノ印トシテ贈ル。

午後、花子、真野氏ヲ訪問シタルニ、稲田氏再診察ノ結果東大病院ニ入院ヲ決シタル趣ナリ。

岡山市横山氏ヨリ水蜜桃壱箱ヲ贈来ル。実ニ美観ナレトモ味ハ昨年ノニ劣レリ。

八月二十八日（金）

花子、帝大病院ニ真野氏ヲ訪問ス。診察ノ結果、急性盲腸炎ト決定シタリトノ事。但予テ糖尿病アリ且年齢ノ関係上手術ハ不可能ナリトノコト。福岡へ発電、咲子ノ上京ヲ促シタリトノコト。

昨日来、残暑酷烈トナル。気象台ハ正午九十二度トノ報告アリ。清見ノ事務所ハ九十六度ナリシ由。宅ハ八十八度ナリ。

八月二十九日（土）

真野氏ヲ病院ニ訪問ス。稲田氏診察中ナリキ。昨日正午ヨリ熱下リ、昨夜ハ安眠シ、今日ハ余程気分宜敷様子ナリ。片山夫婦見舞ニ来ル。

帰途、同家ニ寄リ午餐ノ饗応ヲ受ク。

帰途、銀座ニ廻リ、服部時計店ニ時計ノ修繕ヲ依頼ス。「ヒゲ」ニ錆ヲ生ジタルナリトノ［コト］ナリ。

暑気却々烈シ。

八月三十日（日）

真澄、清見二人、真野氏ヲ病院ニ訪問ス。稍々軽快ノ由。

咲子、昨夜九時上京ノ由。

残暑尚強シ。

斎藤惣一氏来訪、夕食ヲ共ニシテ辞去シ、清朝末路秘史ヲ貸ス。

八月三十一日（月）

花子同伴、真野氏ヲ訪問ス。益ス軽快ノ趣ニテ一同愁眉ヲ開ク。

昨日午後二時過、九大医科大学研究室ヨリ発火、図書室、教室、病室数棟焼失、四時半鎮火ノ由、今朝ノ新聞ニ見ユ。真野氏ヘハ昨日午後四時、右ニ付電報到着シタレトモ之ヲ聞テ格別ノ異条モ惹起セザリシ由。出火ノ原因ハ尚不明。或ハ放火ナラントノ説アリ。

残暑甚シ。

九月一日（火） 晴

今日ハ大正十二年大震災第二周年ニ相当ス。且二百十日ナリ。自然多少不安ノ念ヲ以テ迎ヘラレシモ、幸ニ無事平穏ナリキ。但残暑却々強烈ナリ。本所被服廠跡ニ於テ当年罹災者ノ為追悼会営マル。増上寺大僧正某ハ飛行機ニ乗リテ経文ヲ読ム。兎角奇ヲ好ム世ノ中ナル哉。

斎藤惣一氏夫妻ト同ニ温世珍《ウエン》氏ニ招カレ、ステイシヨンホテルニ於テ晩餐ヲ共ニス。温氏ハ如才ナキ外交家ナリ。食後、京都ニテ買求メタル七宝、漆器等数点ヲ示シテ大ニ得意ナリキ。

九月二日（水） 晴

秋葉氏ヲ訪レ書道ノ教授ヲ受ク。「書ハ遠勢無ケレバ筆死ス」。是レ書道ノ秘訣ナリトノ話アリ。凡テ学芸ハ皆然リ。精神ハ本、形容ハ末ナリ。

又雅号ノ事ニ付同氏ノ意見ヲ尋タル上、ヨハネ伝四ノ十四ニ拠リ湧泉又ハ涌泉コソ佳ケレト定ム。

又氏ハ人ノ依頼ニ応ジテ揮毫セヨト勧告シタリ。上手ニ成リテ揮毫セント欲スルハ間違ナリト云ヘリ。

夜ニ入リ、木村夫婦来訪。涼風ヲ楽ミツヽ、緩談シテ辞去ス。

九月三日（木） 雨

日米協会長ノ招ニ応シ、帝国ホテルニ於ル午餐ニ列ス。会長徳川公爵不在ニ付、樺山伯代理司会ス。我ラ一行中出席者ハ斎藤、市橋、小松及ビ余ノ四人ノミ。其他客トシテハ米国通信記者ハワード夫婦等ナリ。太平洋会議ニ就キ市橋氏一場ノ話ヲナシタリ。但自負万々ニテ少シク厭気ヲ生ゼシメタリ。英語ハ達者ナレトモアクセントニ癖アリテ聞苦シキ所アリ。

九月四日（金） 雨

殆ンド終日、観樹将軍回顧録ヲ読ム。読去読来テ興味不尽。明治時代ノ一傑物タルヲ失ハズ、同長州人ナレトモ井上ヤ山縣トハ稍タイプヲ異ニス。彼ガ容レラレザリシハソレガ為カ。彼ガ政治的手腕ハ知ラザレトモ、人物トシテハ山縣ヤ井上ヨリハ一段上ノ様ナリ。彼ガ松平家ノ為ニ同情シ努力シタルガ如キ、恐ク他ノ長州人ニハ為シ難キ所ナラン。但彼ガ生涯ノ大失策ハ朝鮮事件ナリトス。是丈ハ何トモ弁護ノ余地ナカラン。固ヨリ彼ノ動機ニ於テハ責ムベキ所ナカラン。

九月五日（土） 曇

真野氏ヲ病院ニ訪問ス。先日来腸ハ稍軽快ナリシニ、耳

［下］線[腺]炎ヲ併発シソレガ為ニ再ビ発熱、昨夜ハ安眠セザリシトノコト。然トモ今朝ハ便通アリシ為ニ気分宜シテ[衍]トテ十四五分閑談シテ辞去シタリ。医士達ハ耳下線[腺]炎ノ為ニ手術ノ必要ナキカト懸念シツ、アリトノ事ナリ。

夕刻、井深とせ子刀自参ラル。話ヲ聞クニ見世ハ目下不景況ヲ理由トシテ六月以来仕送ヲ中絶シタリトノコト、又本牧ノ住宅ハ代価壱万壱千円ニテ某外人ニ売渡ノ契約済ミ、本月中引払ノ筈ノ由ナリ。右二件共ニ余ノ最初ヨリ懸念シ預言シタル所ナリ。同家ノ前途懸念ニ堪ヘズ。又故常七郎氏ノ遺骨ヲ今回横浜久保山ノ墓地ニ改葬シタリトノコト、石碑ハ伊豆山ノ自然石ヲ用ヒタル為ニ総計金三百円ニテ済ミタリトノコトナリ。

とせ子刀自存命中ニ右処置ヲ取ラレシハ好都合ナリ。何トナレバ横浜井深家ノ将来ハ如何ナルベキ乎、頗ル問題ナレバ也。恐ク見世ノ方ハ成功困難ナルベク、養子兼秀モ信頼スルニ足ラズ。一男ハ未タ少年ニテ前途未知数ナリ。頗ル心許ナキ事共ナリ。実ニ同情ニ堪ヘザルハとせ子老人ナリ。何トカ余リニ悲境ニ陥ラズニ天命ヲ完フセシメタキモノナリ。

九月六日（日）

［記載なし］

九月七日（月）　快晴

午前、都留、山本両氏ヲ訪問ス。都留氏へ布哇みやげトシテウワルノ泉筆一本ヲ贈ル。

花子、真野氏ヲ訪問ス。昨日来熱ハ少シク下リタレトモ漸ク衰弱ヲ来シツ、アリ、兎ニ角ニ長引クラシ。大事ニ至ラザランコトヲ祈ル。

午後、古田（鷲山）氏並ニ勝治来訪。

九月八日（火）　晴

千葉勇五郎氏来訪。曰ク、今夏ノ同盟委員会ニ於テ筧氏ノ申出ニ由リ斎藤氏ノ同盟「コルレスポンデングセクレタリー」ヲ解任スルコトニ決シ、小生ヨリ之ヲ同氏ニ告グルコトトナリ左様為シタルニ、斎藤氏ハ自分ニハドウデモ宜シケレトモ、同盟ノ為果シテ如何トノ質問アリタリ。依テ石川林四郎等ト謀リタルニ、決議ハ少シク軽忽ナリシガ如シトノ事ナリ。余ハ之ニ対シテ熟考ノ上回答スベシト答ヘテ別レタリ。筧氏ハ予メ委員長ニ謀ラズ、突然之ヲ同盟委員会ニ提出シタルハ順序ヲ過レリ。又委員会ガ直チニ之ヲ決議シタルモ早計タルヲ免レズ。

九月九日（水）　曇

午前、真野氏ヲ見舞フ。僅カニ二三分間面会ス。腸ノ奥部ニ膿化セル所アル様子ニテ、或ハ切開ノ必要アラントノ事、熱未タ去ラズ、食慾弱ク次第ニ衰弱ノ気味、昨日ハ脳貧血ヲ起シタル由。今朝ハ熱三十六度ニ下リタレトモ、夜ハ亦昇ラントノコト。文雄ヨリノ見舞金五円ヲ出ス。

帰途、青年会同盟ニ立寄リ、諸職員ニ面会、工事ヲ見ル。横山砂氏ニ篆刻ヲ依頼シタリ。

花子ハ井深家訪問ノ為横浜ニ往ク。

九月十日（木）　雨

神学学〔衍〕部始業ニ付角筈ニ行ク。

礼拝後教授会アリ。学生中病者少カラズ。依テ今後、予科、本科共ニ入学ノ際、更ニ厳重ナル健康診断ヲ行フベキコトヲ議決ス。

片山とよ子、ゆき子ヲ携ヘテ来リ、午後三時過帰ル。ゆき子、聖心女学院ニ転学試験ノ為ニ来リタル帰途ナリ。

午後九時過、突然高柳氏夫妻、散歩序ナリトテ来訪ス。去三日帰朝シタル由、会議後ホノルル滞在ノ模様抔緩話シテ十時過辞去ス。夫婦共ニ好人物ナリ。

九月十一日（金）　風曇

枡富安左エ門氏ヨリ朝鮮産西洋梨九個ヲ贈来ル。美観ナレトモ風味ハ左程宜シカラズ。過日岡山ヨリ来リタル水蜜桃ト好一対歟。但其厚意ハ深謝スルニ余リアリ。

畳表取替ノ必要ニ迫リ、畳屋ヨリ見本ヲ取寄セ見積ヲ取リ、会計ピーク氏ニ要求シタリ。近日実行委員ニ一応相談ノ上回答ストノコト。

九月十二日（土）　晴

残暑烈シ。

日本クラブニ於テ長尾半平氏ト会見、先日千葉氏ノ来談セル件ニ付相談ス。

十四日午後、斎藤氏ト両人ニテ会見ノ約束ヲナス。

角倉賀道氏夫人咲子ノ葬儀ニ列ス。

九月十三日（日）

筧光顕氏来訪、斎藤氏同盟コルレスポンヂングセクレタリー解任ノ決議ニ付説明アリ。過日千葉氏ノ話ニハ明白ニ誤解アルモノノ如シ。動議者ハ筧ニ非ズ、大村タルコトハ記録ニ明白ナリ。

木村ニ依頼シテ家族一同コレラ予防注射ヲナス。但清見ハ不在。横浜とせ子老人モ来リ合セタルヲ以テ同時ニ注射ヲ受ク。横浜井深ニテハ弥近日三光町聖心女学院裏へ移転ニ決シタル赴ナリ。

九月十四日（月）晴

片山寛来訪、今回再ビ外務省ヨリノ嘱托ニテ、支那司法調査会ノ為二ケ月間滞在ノ予定ニテ上海ニ出張スル趣ナリ。

午後、真野氏ヲ病院ニ訪問シタルニ、去十一日ノ夜自然ニ膿ガ下リ、ソノ結果体温モ卅六度台ニ下リ、手術ノ必要ハ去リ、真ニ幸運ナリトノ話ナリ。

帰途、美土代町ＹＭＣＡニ於テ長尾氏ト共ニ斎藤氏ニ面会、先日来ノ件ニ付事実ヲ質問ス。ソノ結果、尚千葉勇五郎ト一応相談スルコトト為ス。

九月十五日（火）晴

出院授業。学生中病者多シ。

帰途、鶴田家ヲ訪問ス。健次留守宅無事。ロンドン発ノ書信到着、無事英国ニ渡リタル趣ナリ。

千葉勇五郎氏、角筈ニ来訪ス。依テ斎藤氏嘱托解任云々ノ決議ハドウ考ヘテモ早計ナリシガ故ニ、再議ニ附スルノ動議ヲ起シ而シテ三分ノ二以上ノ賛成［ア］《衍》ラバ此件ハ常務委員会ニ一任スルノ動議ヲナスヲ為スノ得策ナルベキヲ談ジタルニ、同氏ハ賛成シ当時ノ議長木村重治氏ト協議スベシトテ辞去シタリ。

九月十六日（水）晴

明治学院ニ赴キ田川大吉郎氏ニ面会シテ、同氏ノ朝満及ビ支那地方遊歴ノ話ヲ聞キ、又ホノルルニ於ル太平洋協議会ノ話ヲ為ス。且住宅ノ畳表替ノ件ニ付承諾ヲ得、帰途畳職宮川方ニ立寄リ、明日ヨリ着手スベキ旨ヲ命ズ。

午後ヨリ荒川文六来訪。夕食ヲ共ニシ緩々談話シテ九時前辞去ス。来廿日、春洋丸ニテ渡米ノ筈ナリ。

九月十七日（木）雨

授業如例。

午後六時、澤柳政太郎氏主催星ガ岡茶寮晩餐会ニ出席ス。来会者ハ太平洋協議会ニ出席シタル澤柳、姉﨑、石井、市橋、小松、高柳夫婦、斎藤、高木、鶴見夫人及ビ我等両人ノ外、之レガ為ニ尽力シタル佐分利氏夫妻、増田ホノルル領事、吉田、松澤並ニ支那代表ノ温世珍氏ニテ凡テ十八名ナリ。料理ハ美食クラブ一流ノモノニテ支那式ヲ加味シタル改良日本料理ナリ。風味佳ナルノミナラズ、器物等モ頗ル「コリタル」モノニテ普通トハ大ニ趣ヲ異ニス。一同大満足ニテ九時過散会シタリ。

往キハ人車ニテ行キタレトモ、帰リニハ石井氏ノ自働車ニ霞町迄同乗シ、ソレヨリ電車ニ乗代ヘタリ。

九月十八日（金）大雨

青年会同盟主催ニテ荒川文六ノ為帝国ホテルニ於テ送別会アリ。同盟側ニテ筧、小林、小幡、松澤ノ四人出席ス。余ハ相伴役ナリキ。

午後三時過、貴族院議場ヨリ出火、忽地ニシテ衆議院諸共焼失ス。発火ノ原因ハペンキ屋ガ古ペイントヲ瓦斯ニテ焼取ル時、ソノ火ガ壁板ノ裏ニ燃抜タルニ気付ザリシ為ナリトノ事。一時ハ怪火ナラントノ風説アリ。ホテルノ角ニハ、兵隊ガ警固シ居リ何トナク物々シク見ヘタリ。

荒川静江上京、宿泊ス。

九月十九日（土）晴

畳屋三人来リ、畳替ニ着手。先ヅ二階八畳及四畳各二間ヲ終ル。畳表ハ備後上等ニテ一枚弐円二十銭、ヘリ及ビ手間壱円十銭、合セテ三円三十銭ナリ。畳表ノ質ハ上等ニテ従前ノ者ノ比ニ非ズ。

ハナフオド氏来訪、太平洋協議会ニ付談話ヲ為シ、夕刻辞去ス。

九月二十日（日）晴

昨夜、貴族院議長徳川公爵邸炎焼ス。昨日貴族院焼失ノ翌日ノ出来事故、或ハ其間ニ何カ関係アランカトノ疑惑モアリタレトモ、詮議ノ結果漏電ノ確証アリトノ事ナリ。損害百五十万円以上トノコト。

荒川文六、正午、春洋丸ニテ出発、船迄見送ル。此船ハ政府ヨリ金貨四百万円ヲ乗セテ往ク。

九月二十一日（月）晴

午後、真野氏ヲ訪問ス。引続キ快方ナリ。本月末ニハ退院、帰福シテ可ナラント医師ノ話アリタリトノ事ニテ、約三十分閑話シテ辞去ス。

帰途、片山及ビ沼澤ヲ訪問ス。片山ノ上海行ノ出発ハ何日トナルカ未定ナリトノコト。

九月二十二日（火）

出院授業ス。

九月二十三日（水）晴

午後五時ヨリ同盟事務所ニ於テ常務委員会ヲ開ク。上海ヨリ同盟事務応援ノ為来リタルウヰルバル氏及ビ今回同盟主事嘱托ト成タル松澤光義二氏ヲ紹介ス。其他ハ通常ノ事務ニ過ギズ。

同盟ノ建物七分通竣工シタリ。表通ニ増築ノ部ハ目下工事最中ナリ。地盤不良ノ為松杭ヲ更ニ多ク且深ク打込ム必要ヲ発明シタリト。

九月二十四日（木）　曇

出院授業。

帰途、九段下玉川堂ニ往キ、青タンケイノ古硯壱面ヲ求ム。代価金拾円、此拾円ハ過日東山荘ニ於テ修養中ノ東京市役所給仕等五六十名ノ為ニ為シタル講話ノ謝礼トシテ市長ヨリ贈リタルモノナリ。

九月二十五日（金）

濱尾新氏ハ自邸ノ庭ノ片隅ニテ落葉ヲカキ集メ、穴ノ中ニテ焼キツ、アリタル際、過ツテソノ中ニ落入リ大火傷ヲ受ケ、一旦入院ノ後遂ニ落命シタリ。真ニ不幸ノ最後ト云フベシ。

神学部教授晩餐会アリ。余ハ太平洋協議会ノ事、ライシヤワ氏帰省中ノコトニ付談話ヲナシタリ。

九月二十六日（土）　晴、雨

午前、真野氏ヲ訪問シ、鶏肉煮付及マシトポテトウヲ贈ル。同氏日増ニ快方ニ赴キ、両三日中ニハ入浴ヲ許サル筈ナリトノ事。

午後、秋葉氏ヲ訪問シ、今回求メタル硯ノ鑑定ヲ需メシニ、未タ曽テ此種ノ硯ヲ見ズトノコトニテ、同氏ノ先生仙州翁ノ鑑定ヲ乞フベシトノ事ナリ。

九月二十七日（日）　晴

横浜本牧ノ井深家、芝区白金三光町四百八番地ニ借家シテ、本日移住ス。内ヨリハ海苔巻及ビニギリ飯等ヲ贈ル。家ハ二階屋ニテ上六畳二間、下ハ六畳、四畳半、二丈、三丈、台所等ニテ家賃一ケ月四十五円ナリ。

九月二十八日（月）　曇

沼澤久仁子、昨日若松ヨリ帰京ノ趣ニテ来訪ス。

午後、三浦徹氏ヲ病床ニ訪フ。約一ケ月［前］ニ訪問シタル時ニ比シテ容態甚シク不良ナリ。最早舌モツレテ言語明カナラズ。何事カ云ハントト欲スレトモ解シ難シ。述懐ノ和歌二首ヲ示シ、信仰ト忍耐トヲ勧メ簡単ニ祈祷シタル。落涙シテ喜ビタリ。恐ク今後一ケ月ハ保チ難カラン。

帰途、片山ヲ尋ヌ。明日上海ニ出張スル由ナリ。

九月二十九日（火）　雨

出院、授業如例。

千葉勇五郎氏、角筈へ来訪。木村重治氏ト交渉ノ結果、斎藤ノ嘱托ニ関スル件ハ「其適当ノ任期ヲ決定スルコトヲ常務委員会ニ一任ス」ト修正シテ如何トノ相談ナリ。

厳重ニ言ヘバ修正ニシテモ先ヅ再考ノ動議ヲ要スル筈ナリ。然レトモソノ手数ヲ省略スルノ意味ニ解釈スレバ、敢エテ不可ナカラント答ヘ置タリ。

片山寛、午後八時三十分上海ニ向ヒ出発ス。滞在一ヶ月ノ見込ノ由。

九月三十日（水）　大雨

昨夜来ノ豪雨不止、市内浸水家屋、例ニ依テ一万以上ノ由。適当ナル下水工事ハ急務中ノ急務ナリ。

丹羽清次郎氏夫人、来訪。花子ノ旧友ニテ、午餐ヲ共ニシ緩談ノ後辞去ス。十数年振ノ会見ナリトノ事。

荒川静江、八時十分ノ汽車ニテ帰省ス。

夜ニ入リテ豪雨尚不止。

明治学院小使大久保来リ、三浦氏ノ電話ヲ取次テ曰ク、徹氏ハ遂ニ本日十二時逝去シタリト。

［十月中扉余白］

卅日午後ヨリ十月一日未明ニ懸ケ稀有ノ豪雨アリ。実ニ五十年来ノ大雨ニテ、気象台創立以来ノレコードナリト報ゼラル。東京市内外浸水家屋四万以上ヲ算シ、東京及ビ横浜ニ於テ崖崩レノ為死傷アリ。

東海道汽車一時不通トナル。午後八時十分東京駅ヲ出発シタル静江ハ途中停車ノ目ニ逢ヒタルニ非ズヤト懸念ス。幸ニ大雨ノミニテ大風ノ伴ハザリシハ不幸中ノ幸ナリキ。

十月一日（木）　晴

昨夜ヨリ今晩ニカケ非常ノ豪雨アリ。

午前、三浦家ヲ訪問シ弔意ヲ表シ、花料五円ヲ贈ル。徹氏ノ遺書中ニ葬儀執行順序書アリ。其中ニ説教及祈祷ヲ余ニ委嘱シ度トノ件アリ、太郎氏ノ依頼ニ依リ之ヲ承諾シタリ。自叙伝様ノ原稿十数冊ヲ見ル。葬儀ハ来三日午後四時、高輪教会堂ニ於テ執行ノ筈。

午後二時、角筈ニ於テ村田四郎氏神学教授任職式アリ。余ハ任職ノ告辞ヲ述ベタリ。村田氏ノ「アタナシウスノ受肉観及ニカヤ信条」ハ生硬ニシテ遺憾ナリキ。来会者ハ大会前ノコトトテ存外多数ナリキ。余ハ講演中々座シテ帰宅セリ。

十月二日（金）　曇

午前九時、明治学院講堂ニ於テ第三十九回、日基教会大会開会。正議員八十余名、員外六十余名。聖餐式ノ後、議長多田氏ノ我等ハ血肉ト戦フニ非ズ、悪ノ霊ト戦フ者ナリトノ本文ニ就キ有力ナル説教アリ。多田氏議長ニ再選セラル。十二時過、散解。

午後ハ逗子ニ於テ教職者修養会アル筈ナリ。但自分ハ帰宅、静養シタリ。昨日ノ村田氏任職式告辞ヲ為シタル為カ、幾分カ疲労ノ気味ナリ。

十月三日（土）　快晴

午前、教職者会ノ為、大会休会。

午後二時ヨリ大会ニ出席、三時ヨリ高輪教会ニ赴キ、三浦徹氏葬儀ニ列ス。且故人ノ遺言ニ依リ式辞ヲ述ブ。会葬者満堂、但シ牧師ノ不馴ナル為ニ思フヤウ静粛ニ行ハレザリシハ遺憾ナリキ。遺骨ハ故郷沼沢町外ノ寺院ニ埋葬セラル、由。

十月四日（日）　快晴

午後、秋葉氏ヲ訪問ス。

少シク身体太儀ニ感ジ、気重ハ胃ノ働キノ鈍クナリタル為ナラント察ス。或ハ食物ヲ加減スルノ必要アラン乎。

十月五日（月）　晴、雨

午前、大会ニ出席シタレトモ格別ノ議題モナク、且少シク疲レ気味故十一時前ニ退場、帰宅ス。書記小林誠氏ヨリ教会聯盟委員タルコトヲ承諾スルヤウ懇請アリ。亦明朝植村氏ノ為追悼ノ辞ヲ述ルコトヲ依頼セラレタリ。

磯部房信氏ヨリ「愛ノ遺言」ト題スル亡妻ノ遺言ニ依リ再婚スルニ至レル始末ヲ記シタル書物ヲ贈来ル。トヨ子夫人ノ信仰及品性ハ敬服ニ価スルモノ不尠。

十月六日（火）　曇

午前、大会ニ出席、大会伝道局創立第三十年記念会アリ。植村、貴山、徳澤三氏ノ功労ニ対シテ各又遺族へ金子一封宛ヲ贈ル。引続キ本年死去シタル教職者十一名ノ追悼会アリ。余ハ植村正久君ノ為ニ簡単ナル追悼ノ辞ヲ述ベタリ。先ヅ植村君ノ多能多角形ノ人物ナリシ為ニ、其一方ノミヲ見タル人ノ為ニ誤解セラレタルコト、余ハ五十年間ノ交ノ結果ソノ両方面ヲ見ミ〔衍〕、勉メテソノ長所ニ注目シテ短所ニ留意セザリシコトヨリ、教会ノ役立者、牧師、伝道者、神学教育者、新聞記者トシテノ事業ニ就テ一言シタリ。

帰途、三好務ヲ招キ招〔衍〕キ昼食ヲ共ニス。

十月七日（水）　雨

原六郎夫人、一昨日塩原ノ別荘ヨリ帰京シタリトテ来訪ス。塩原ノ空気ノ極メテ清新ナルヲ賞讃ス。

先般米国ニ於テ新移民排日ノ法律ニ対シテ盛ニ活動シタルドクトルアキスリング氏ニ謝礼ノ書状ヲ出ス。又ラットガルス大学新総長就職式ノ招待状ニ対シテ返書ヲ出ス。

十月八日（木）　雨

日本基督教聯盟第三回総会ニ出席ス。常務委員長鵜崎庚[午]五郎氏開会ノ説教アリ。諸種ノ報告アリ。

午後ハ賀川豊彦氏ノ教会ト社会問題ノ講演アリ。

其後、ミシヨン同盟ヨリ提出シタル教会合同ヲ促進セントスルノ件ニ付議論百出ノ末、遂ニ新常務委員ニ托シテ更ニ考量研究セシムル事ニ決ス。

夜ハ懇談会ニ付帰宅ス。

十月九日（金）　雨

今日モキリスト教聯盟総会ナレトモ、昨日ノ疲労ト今日ノ雨天ノ為出席ヲ見合ハセタリ。

昨夜ハ催眠薬ヲ服用シテ就眠シタリ。

花子ハ神戸女学院創立五十年祝典参列ノ為、午後七時三十分ノ汽車ニテ出発ス。

十月十日（土）　雨

午前、帝大病院ニ真野氏ヲ訪問ス。同氏ハ愈全快、明日退院、正雄方ニテ一日静養シ、十二日発帰福之由。今朝ハ自働車ニテ世話ニ成タル医師達ノ自宅ヘ礼廻ヲナシタリトノ事ナリ。

帰途、片山ニ立寄、昼食ノ饗応ニ預リ、午後帰宅ス。

終日陰鬱ナル天気ニテ気重シ。

十月十一日（日）　曇

六日以来ノ雨漸ク止ム。但未タ晴天ニ至ラズ。

午前、白金教会ニ於テ礼拝ス。郷司牧師少シク不快ニ付、桑田氏代テ説教ス。

帰途、木村ニ立寄リ昼食ノ饗応ヲ受ク。

午後ハ秋葉氏ヲ訪問ス。

十月十二日（月）　快［晴］

漸ク本当ノ秋晴ノ天気トナリ、赤トンボガ群リ飛ビ始メタ［リ］、陽気ノ力ハ争ハレヌモノナリ。

午前、筧光顕氏来訪、同盟ノ件ニ付報告ス。

宮地謙吉氏ノ長男利彦氏ノ結婚式ハ一昨夕ナリシニ、今夕ト取違ヒ途中迄行テ気付引返シ帰宅シタリ。申訳ナキコトヲ為シタリ。

花子、神戸ヨリ無事午後十時帰京。神戸ニ於テハ文雄一家無事ノ趣。

十月十三日（火）　晴

午前、出院授業。

午後、宮地謙吉氏ヲ訪問シ、長男利彦氏結婚ノ祝儀ヲ述ブ。謙吉氏ハ快方ニハ赴キタレトモ、尚外出歩行困難、時々発熱ノ気味ナリトゾ。

神戸ヨリ贈リタル松茸ニテ松茸飯ヲ焚キ、一家之ヲ賞翫ス。清見モ帰リ食ヲ共ニシタリ。

十月十四日（水）快晴

午前、日本橋教会牧師就職十五年祝典ノ説教ヲ依頼セラレ、其用意ヲ為ス。

午後、神学部教授会ニ出席ス。帰途、勝治ヲ見舞タルニ漸ク痛去リ軽快ノ趣ナリ。

教授会ニ出席前、時間ノ余裕アリタレバ、今回新築開店ノ新宿三越支店ヲ見ル。四階ノ屋上迄昇降シタル為ニ稍々疲労ヲ覚ヘタリ。

十月十五日（木）快晴

出院授業。

午後、習字ノ清書ヲ秋葉へ郵送ス。近頃ニ至リ漸ク字ラシキ字ガ書ケルヤウナ心持ニナレリ。今一段ノ努力セバドウヤラ人ノ需メニ応ズル事ヲ得ベキ乎。

午後三時半、花子御殿場ニ於ケルＹＷＣＡノ総会ニ列席ノ為出発ス。

十月十六日（金）曇

午後、徳澤信一ノ葬儀ニ参列ス。享年三十三才。歯ノ療治ガ原トナリ遂ニ心臓病ニテ死セリトノコト。気ノ毒ノ至ナリ。

帰途、神田青年会［館］ニ寄リ、来廿二日夜ノ演説ヲ断リタレトモ聴カズ。

十月十七日（土）雨

渡辺勇助来訪。五年級ヲ卒ヘ京都奈良地方ヘ旅行シテ帰リタル所ナリトテ、松茸壱籠ヲ持来ル。ソノ芳志愛スベシ。直接伝道ニ従事セザルヲ恥チテ、自然トシキヱ《［ママ］》高クナレリト云ヘリ。依テ決シテ心配スル勿レトテ再来ヲ促シ置ケリ。

荒川ヨリホノルル着前ニ認メタル航海無事ノはがき到着。今日ハバンダルビルト大学祝典ノ第一日ナリ。サレバ最早ナシビル市ニ到着ノ筈ナリ。

十月十八日（日）曇

午後、木村ヲ訪問ス。昨日渡邉氏ノ齎シタル松茸ヲ分配シタリ。春子ハ健康ナレトモ大分身重ノ様子ナリ。子供等皆元気ニテ中々賑カナリ。

ホノルルヨリ太平洋協議会ノ記録壱部トミツドパシフヒツク雑誌ヲ送リ来ル。数日前ニハデバンポールト氏ノ論説ヲ載セタル「アウトルツク」雑誌三部ヲ送来ル。

十月十九日（月）　半晴、半曇

原胤昭、小﨑弘道、大儀見氏等ノ発起ニテ、今日午後、元柳原町原氏方ニ旧友会開カル。会スル者右三人ノ外、吉岡弘毅、稲垣信、和田秀豊、湯浅次〔治〕郎、山中笑、古澤繁、山本秀煌、山鹿旗之進等ナリ。茶菓、汁粉等ノ饗応アリ。一同撮影ヲ為シ、且記念ノ為主ノ祈ヲ一人一句ツ、寄セ書キシタリ。全ク耳ノ聾シタル人モアリ、話ガ不通ナル場合アリタルハ是非モナシ。最年長者ハ大儀見氏ニテ八十二才、次ガ吉岡氏ニテ八十一ナリ。今後、年ニ春秋二回会合スルコトニ定メ、次ノ委員ハ山本、山鹿ノ二名ト為ス。

帰途、中通守尾店ニテ唐紙ヲ求ム。

十月二十日（火）　晴

午前、出院授業如例。

午前〔後カ〕一時過、花子御殿場富士岡荘ヨリ無事帰宅。女子青年会総会出席者百名以上ニテ盛会ナリシ由。河井道子嬢ハ愈本年限総幹事辞任ヲ申出タル由。地名〔ママ〕女子青年会幹事及理事ト総幹事トノ関係円滑ナラザル由。

夜ニ入リ、八幡大嶋氏ヨリ如例年松茸壱貫目送リ来ル。時節晩レタル為カ例年ニ比シテ小形物多シ。但風味ハ佳ナリ。

十月二十一日（水）　快晴

終日、明日ノ太平洋関係研究会ノ為、人種問題報告原稿ヲ作ル。

午後、一寸秋葉氏ヲ訪問シ、習字ノ手本ヲ貰来ル。其帰途、銀行ニ立寄ル。

清見モ呼ビ家族一同ニテ牛肉ト松茸ニテ夕食ヲ楽ム。風味頗ル良シ。

十月二十二日（木）　曇

神学生大洗地方へ遠足ノ為臨時［休］業トノ通知アリ。

午後二時ヨリ神田青年会［館］ニ於テ太平洋関係研究会報告会兼解散式アリ。阪谷男司会、高木八尺、余、石井徹、頭本元貞四名ノ報告演説ノ後、晩餐ヲ共ニシ、夫レ［ヨリ］会堂ニ於テ公開演説会アリ。斎藤惣一、阪谷男、余、国民新聞記者某、頭本ノ順序ニテ講演ヲ為ス。余ハ報告会及公開講演会ニ於テモ人種問題ニ［付］テ述ベタリ。徳川公爵モ出席シテ晩餐ヲ共ニセラレタリ。高柳氏ハ風邪ノ為欠席シタリ。

都留氏へ杷ハノ木、無花果木、アンヅノ木各一本ヲ贈ル。

十月二十三日（金）　曇

在ホノルルミス氏へ宛礼状ヲ出ス。先般来、雑誌並報告書ノ贈与ヲ受タルガ為ナリ。

長崎キリスト教会ニ宛献堂式ノ祝電ヲ発シタリ。

十月二十四日（土）

夕刻、沼澤久仁子来訪。

長崎ＹＭＣＡ理事長田川精一郎氏へ報告書受領ノ返書ヲ出ス。

斎藤惣一氏へ来廿八日夕飯招待ノ書状ヲ出ス。

十月二十五日（日）　曇、晴

午後二時、日本橋教会原田牧師在職十五年記念礼拝アリ。余ハ依頼ニヨリ説教ヲ為ス。礼拝後、吾妻亭ニ於テ晩餐ノ饗応アリ。

午前、勝治病気全快ノ趣ニテ来訪ス。

三浦太郎氏来訪。亡父徹氏ノ片見［ママ］トシテ百科辞典二冊ヲ贈ル旨ヲ告タル由。自分ハ留守ニテ面会セザリキ。

十月二十六日（月）　快晴

午後、服部時計店ニ行キ、時計ノ修繕ヲ依頼ス。

帰途、伊藤［東カ］文房具店ニ於テ原稿ヲ、鳩居堂ニ於テ墨壱挺ヲ求ム。墨ハ横山砂氏へ彫刻ノ礼ノ為ナリ。

十月二十七日（火）　快晴

南廉平氏来訪。来月一日富士見町教会ニ於テ聖餐式ノ説教ヲ依頼ス。ソノ依頼ニ応ズベキ旨ヲ答フ。

清見来リ、夕食ヲ共ニス。明日ヨリ当分木曽ノ上杉駅ニ於ル病院ノ建築工事監督ノ為出張スルコトヲ依頼セラレタリトノコト。

十月二十八日（水）　晴

午後一時、神田ＹＭＣＡニ於テ長尾、宮崎二氏ニ会見シ、長崎ＹＭＣＡ理事長田川精一郎氏ヨリ提出シタル陳情書ノ件ニ付協議ノ結果、近日同盟委員会開催ノコトニ決シ、其旨ヲ同盟事務所ニ申入ル。

高柳謙三氏夫婦、斎藤惣一氏夫妻ヲ夕食ニ招キ鰻飯ヲ饗ス。孰レ［モ］大好物ノ由ニテ心地好ク食シ、楽シタ［ク］一夕ヲ送リ九時過辞去ス。

熊野未亡人来訪、葡萄壱籠ヲ持来ル。

十月二十九日（木）　曇

出院、第一年級ノ学期試験ヲ行フ。第三年級ニハ説教ノ梗概ヲ出サシメタリ。

午後、花子同道、初台ノ渡辺荘ヲ訪問シタルニ、夫婦共ニ鵠沼ニ赴キ不在ナリキ。ハワイ土産トシテスプーン壱打ヲ贈ル。

十月三十日（金）　半晴

午前、筧光顕氏来訪、彼ノ斎藤氏ノコルレスポンデング主事嘱托解任云々ノ其後経過報告アリ。詰ル所、余ヨリ再ビ千葉氏ニ照会スルコトト為ス。

尚長崎市ＹＭＣＡヨリ提出シタル陳情書ノ件ニ付注意ヲ与ヘ、来四日ノ常務委員会ニ於テ先ツ任意的ニ手数［続カ］上ノ釈明ヲ為スベキ旨ヲ忠告シタリ。

午後、秋葉氏ヲ訪問シ、手本ナシニ書キタル五言絶句三枚ノ［以下、欠］

十月三十一日（土）　快晴

今日ハ真ニ小春日和ナリ。秋葉氏同道、上野公園ニ於ケル書画展覧会及ビ美術協会展覧会ヲ見ル。格別ノ作品モ見ヘザレトモ、参考品中ニハ中々面白キモノアリ。

帰途、秋葉氏ノ好ミニヨリ池ノ端ニテ藪そばヲ喫シテ、午後一時過帰宅ス。

今日ハ久振ノ快晴ニテ市ノ中外共夥シキ人出ナリキ。神宮外苑ノミニテ十五万人ト夕刊ニハ見ユ。

十一月一日（日）　雨

午前、富士見町教会ニ於テ説教ス。乍例会衆ノ静粛ナルト諸長老ノ忠実ナル働キ振リニハ敬服ノ外ナシ。説教題ハ永遠不変ノキリストナリ。説教ノ後聖餐式行ハル。会衆ハ約三百名ト見受ケタリ。三分ノ二ハ男子ナリ。前牧師ノ感化ノ長ク継続センコトヲ祈ラザルヲ得ズ。

十一月二日（月）　雨

終日在宅。揮毫ト読書ニ日ヲ送ル。夕刻、木村良夫来訪。花子同道、神田青年会［館］ニ進化（天体及生物）論ノ映画ヲ見ニ往ク。

清見ヨリ無事ノ趣、端書来ル。

神戸関西学院教授吉崎彦一氏死去ノ飛電ニ接ス。

十一月三日（火）　快晴

昨日ノ雨全ク息ミ、再ビ美シキ秋晴ノ十一月三日トナル。午前ヨリ花子同伴、上野公園ノ帝展ヲ見ル。本年ノ洋画ハ不振ノ情態ニテ目ニ留ル程ノ出品ナシ。但美観ナラザル裸体画ノ多キハ今年ノ特徴トスベキ乎。同裸体婦人ニテモ中村不折ノハ見所アリ。石橋和訓ノ渋澤老ノ肖像モ成功ナリ。彫刻ハ毎年失望ノ種トナルノミ。日本画ハ総ジテ進歩シタリト云フベキ乎、但洋画化ノ傾向ハ益ス著明ナリ。

留守中ニ三浦太郎氏来リ、父君ノ遺品新百科辞典二冊ヲ贈ラル。礼状ヲ出ス。

十一月四日（水）晴、雨

午後四時、同盟ニ於テ常務委員会ヲ開ク。諸報告ノ後、長崎ＹＭＣＡヨリ提出ノ陳情書ニ対［シ］特別委員ヲ挙ルコトトナリ、長尾、宮崎、阿部ノ三名ヲソノ委員トナス。

食事後、例ノ斎藤惣一氏ノコルレスポンテング書記解任云々決議ニ関スル曲折ヲ開陳シ、種々懇談ノ末、長尾、井深二人ヨリ斎藤氏ト交渉ノ結果、同氏ハ任意的ノ一年千円ノ報酬ハ辞退スルコトトナリ、而シテ之ニ基キテ例ノ決議ノ実行ヲ次期ノ同盟委員会迄保留スルコトニ修正スベキ［コトヲ］大村、石川、藤田、阿部四人ヨリ発議シテ、他ノ同盟委員ノ賛成ヲ要ムルコトニ決ス。

横山砂氏ニ依頼シタル篆刻成ル。美事ナリ。

十一月五日（木）晴

出院、授業如例。

木村方ニ招カレ、花子同伴夕刻ヨリ赴キ、鰻飯ノ御馳走ニナリ、後六人ノ子供ト共ニ遊戯ヲナシ、八時、辞去ス。真ニ一家団欒、和気靄然タルモノアリ。

十一月六日（金）快晴

午前、習字揮毫。

午後、秋葉氏ニ往キ清書ノ是正ヲ乞フ。同氏所蔵ノ法帖中ノ文徴明ノ明妃曲、明河帖ヲ見ル。実ニ美観ナリ。之ヲ見テハ菘翁ノ筆ハ幾分平凡ニ属スルノ感ヲ免レズ。

夕刻ヨリ片山豊子来訪。夕食ヲ共ニシ緩話数刻ニシテ辞去ス。依例活溌ナリ。寛ハ本月十日帰京スルナラントノ事ナリ。

十一月七日（土）快晴

花子同伴、玉川ノ柴家ヲ訪問ス。近頃開通ノ現天寺〔天現寺カ〕ヨリ玉川電車ニテ往ク。往復費一人四十五銭、時ハ片道約一時間ナリ。五郎氏ハ不在、但夫人ニ面会シ且於八十さんノ方ニテ中食ノ持成ヲ受ケ緩話ノ後辞去ス。

序ニ木村丑徳氏ヲモ訪問シタリ。同氏ハ至極元気ニ見受タリ。

十一月八日（日）快晴

花子同道、白金教会ニ往［キ］礼拝ス。青年四名受洗アリ。小会堂ナレトモ余席ナシ。益々発展ノ色アリ。只惜ラクハ牧師ノ説教、今一段ノ準備ト堪〔鍛〕練トヲ要ス。

十一月九日（月）快晴

清見、木曽上ゲ松町ヨリ帰京、午食ヲ共ニシテ大森事務所ニ往ク。今夜又々出発、十二月廿日過帰京ノ筈、ツグミ十数羽ヲ土産ニ持来ル。

午後、三浦、沼澤ノ両家ヲ訪問ス。何レモ無事ナリ。

十一月十日（火）晴

午前、授業如例。

正午ヨリウヰルバル氏方ニ於テ長尾半平、スニード及ビ余ト四人ニテ午餐ヲ共ニシテ、先日来問題ノ斎藤氏ト筧氏トノ関係ニ付委細ノ事情ヲ語リ、今後ノ処置ニ付打合ヲ為ス。長尾氏ハ斎藤、筧ノミナラズ大村、石川、藤田、村上トノ間ニ意志ノソ通ヲ謀ル筈ナリ。斎藤ニ対シテ主事及ビ同盟委員中ニ反感アルコトハスニード氏等モ疾ニ承知シ居タリ。

途上、九段下ニテ文徴明行書蘭亭記ノ法帖ヲ求ム。代価二円五十銭、但初ノ部略十字欠字アリ。何故カ不明ナリ。

十一月十一日（水）雨

陰鬱ノ天気ナリ。終日在宅、揮毫及読書、通信ニ日ヲ送ル。

真澄ハ会社用ニテ今夕大阪ニ出向キタリ。此機会ニ於テ断然会社トノ関係ヲ解キ、専心研究ニ従事スルヤウ為ス筈ナリ。

支那ニ於テ張憑ノ間ニ戦争切迫シ、王正庭[延]ハ辞任シ、段執政ハ天津ニ逃レントシ関税会議ノ前途甚暗タンタリ。

真澄ハ午後ヨリ腸カタルニテ腹痛ヲ覚エ、大阪行キ見合セ夕刻帰宅、臥床シタリ。

十一月十二日（木）晴

午前、出院授業。三年級ノ為ブラオンニング詩集ノ講読ヲ始ム。是レ彼等ノ懇請ニ縁ル。

午後五時ヨリ四国町東洋軒ニ於テ、田川氏ハ学院教職員一同ノ為ニ晩餐ヲ饗ス。来会者五十余名。卓上ニ於テ田川氏ノ挨拶ニ対シテ、余、一同ニ代リテ謝意ヲ表シ、ソレヨリ数名ノ感想談アリ。余ハ明後年ハ学院創立五十年ニ相当スルガ故ニ有意義ノ祝賀式ヲ挙ゲラレンコトヲ希望セリ。

十一月十三日（金）雨

雨天ノ為、終日在宅。読書、揮毫ニ日ヲ送ル。

真澄ノ腸カタルハ極メテ軽症ニシテ、最早平癒セリ。

十一月十四日（土）晴

午前、中通守尾ニ往キ小唐紙壱反ヲ求ム。代価五円五十銭也。

帰途、銀座江嶋ニテ極製朱印肉廿五匁ヲ求ム。代価三円五十円［銭］也。是ニテ弥揮毫ノ道具整ヒタリ。亦自信モ漸ク生シ来レリ。

午後、オルトマンス氏ノ招待ニ由リ神田青年会館ニ往キ、米国癩病ミシヨンノ幹事ダンネルト云フ人ノ話ヲ聞ク。氏ノ説ニ依レバ世界中ノ癩患者約二百万人アリ。米国ニモ四十八州中三十二州迄ハ癩患者アリト。日本ニハ一万四五千人ナラントノ事ナリ。

十一月十五日（日）　快晴

珍ラシキ和カナル天気ナリ。

秋葉氏ヲ訪タレトモ不在ニテ空ク帰ル。

支那ノ内乱、憑張ノ戦争モ段執政仲裁ニ由テドウヤラ中止トナリ、関税会議モ継続シツヽアリ。

片山寛、本日午前上海ヨリ帰京ノ筈。

十一月十六日（月）　快晴

今日モ珍シキ好天気ナリ。

午前、在宅。文徴明行書蘭亭記ヲ臨書ス。

午後、日比谷公園ニ於ケル菊花展会ヲ見ル。例年ニ劣ラヌ出来ナリ。就中懸崖ノ野菊最モ佳ナリ。中輪ニモ上品ニシテ美事ナル者アリ。但大輪物ハ俗ニテ面白カラズ。

赤坂新町大会事務所ニ開カレタル永井直治氏私訳新約全書完成慰労会ニ出席ス。司会者ノ依頼ニヨリ最初ノ新約全書翻訳委員ノ事業ニ付話ス。其後、永井氏ハ自己ノ新約ヲ原文ヨリ訳セントスル動機其他ニ付話ヲ為シテ、夕食ヲ共ニス。来会者約三十名。我ガ教役者ナリ。

十一月十七日（火）　曇

午前、授業如例。

途中ニテ昼食ヲ喫シ、上野公園美術協会ニ開カレタル日本書道作振展覧会ヲ見ル。出品数百点中ニ美観ノ筆蹟アレトモ、陳列法ニ何等ノ系統ナク乱雑ニテ甚タ見苦シ。若シ之ヲ流派別トナスカ又ハ書体別ト為セバ、比較研究ノ為頗ル便利ナルベシ。参考品中ニ明、清朝支那人ノ物アリ。美観ナリ。

帰途、片山ヲ訪タレトモ両人共ニ不在ニテ、唯玄関ニテ雪子ニ逢ヒタルノミニテ帰ル。

十一月十八日（水）　雨

昨夜来雨トナル。午前、揮毫。

午後、秋葉氏ニ往キ、清書ノ是正ヲ受ク。又文徴明朋［ママ］河帖ヲ借受ク。

十一月十九日（木）　快晴

午前、出院授業。昨日ノ降雨ニテ道路泥濘甚シ。

午後二時、望月龍太郎氏母堂つま子刀自ノ告別式ニ往ク。式場ハ青山斎場ニテ、何ノ儀式モナク単ニ参列者各自焼香ノ後、両側ニ起立セル親戚ノ人々ニ挨拶シテ直チニ辞去スルノミ。至極簡単ナル方法ナリ。

塚本不二子夫人来リ一泊ス。花子ノ友人ニテ、明治廿三年、余渡米ノ際偶然同船シタル人ナリ。爾来面会セズ三十五年振ノ面会ナリ。

十一月二十日（金）　晴、曇

午前、揮毫。

大町一二氏妻秀子、遂ニ昨朝逝去ノ報知アリ。大震災後健康ヲ失シ、遂ニ肺病トナリ斃ル。気ノ毒ノ至ナリ。

塚本夫人辞去ス。

十一月二十一日（土）　晴

午前、揮毫。

午後、日本橋ヨリ銀座ニ往キ買物ヲナス。

十一月二十二日（日）　快晴

午前、桜井近子刀自ヲ病床ニ訪フ。神経衰弱、動脈硬化等ニテ一時ハ大分重体ナリシモ、近頃ハ幾分軽快ノ方ノ由ニテ、約十分間談話シテ慰メタリ。本年七十才ノ由ナレトモ大分衰弱シ居ルヤウニ見受ク。自分葬儀ノ時ハ是非説教ヲ頼ムトノ話アリ。

片山家ヲ訪問シ、午餐ノ饗応ヲ受ク。寛在上海中ノ話ヲ聞ク。

帰途、小川義綏氏未亡人ヲ訪問ス。八十一才トノコト。唯一人ニテ自ラモ今日カ明日カト死ヲ待チツ、アリト云ヘリ。但思ノ外元気ナリ。

十一月二十三日（月）　晴

午前、高橋清一氏来訪。桜井女史及ビ同女塾ノ将来ニ就テ話アリ。

午後、木村ヲ訪問ス。春子ヨリ左眼ニ充血アルコトヲ注意セラル。

高柳賢三氏ヨリ、同氏論文記載「改造」十二月号ヲ寄贈セラル。

十一月二十四日（火）　曇

出院授業如例。

午後、秋葉氏ニ往キタレトモ不在ナリキ。

夕刻ヨリ高松求己来リ、清見ノ実印ノ必要ヲ告ク。但真澄不在ニテソノ所在不明。夕食ヲ饗シ緩話シテ辞去ス。

今日ヨリ急ニ寒気加ハル。

十一月二十五日（水）　曇

真野文二氏ヨリ自筆ノ書状来ル。漸次軽快ニ赴ケドモ未タ局所ニ痛ヲ感ズトノコト。近々再ビ上京シテ稲田、塩田ノ診察ヲ受ントストノコトナリ。

夕刻、高柳氏夫妻突然来訪。暫時談話シテ辞去ス。

寒気急ニ加ハリ、始メテストウブヲ使用ス。

十一月二十六日（木）　快晴

午前、授業。

十一月二十七日（金）　晴

午前、筧氏来訪。同盟ノ事務其他ニ付打合アリ。来月四日夜、大阪ＹＭＣＡ会館落成式ニ同盟委員長トシテ列席シ祝詞ヲ述ベキコトニ付依頼アリ。

「頭」ノ末来リ、土手ノ石垣及棒杭ノ破損ヲ修理ス。

午後四時ヨリ明治学院ニ於テ宮地謙吉氏病気引退ニ付慰労兼見舞金募集ノ相談アリ。卒業生中来会者二十余名集リ、種々ノ意見アリ。但大体ハ皆異議ナク、実行委員委托トナル。

十一月二十八日（土）　雨

午前、揮毫。

秋葉省像氏ヲ招待シテ夕餐ヲ饗ス。書道ニ付種々ノ話アリ。且午前ニ揮毫シタル者ノ是正ヲ受ク。

十一月二十九日（日）　快晴

白霜降ル。

十一月三十日（月）　快晴

田川大吉郎、ライシヤワ両氏ヲ招キ夕食ヲ饗ス。鰻蒲焼ニ茶碗蒸、白味噌汁ニホウレン草ノ浸シニ過ギサレトモ両氏共ニ満足ノ様子ニテ、食後緩談ニ時ヲ移シ九時比辞去ス。最初オルトマンス氏モ招キタレトモ、差障アリテ来ルヲ得ザリシハ遺憾ナリキ。

十二月一日（火）　晴

午前、出院授業如例。

学院ニ於テ弁当ヲ喫シテ後、大久保百人町ニ真野氏ヲ訪問シタレトモ、父子共ニ不在［ナ］リキ。

磯子ヨリノはがきニ依レバ、健次ハ十二月八日ニ仏国ヨリ米国ニ渡航シ、来年三月二日米国出発、同廿日比帰朝ノ預定ノ由ナリ。尤モ陸軍省ヨリノ通知ニヨレバ、十二月廿四日ベルリン出発、英仏米ヲ経由シテ来年二月末帰朝ノ旨電報来レリトノコト。恐ク最初ノ通知ハ変更セラレタル者ナラン。

筧、松澤二氏来訪、大坂行ノコト其他ニ付談話アリ。

十二月二日（水） 晴
午前、清見、突然木曽ヨリ帰ル。

午餐ヲ共ニシ、後高松氏方へ往ク。

午後、秋葉氏ヲ訪ネ清書ノ是正ヲ乞フ。同氏方ニ於テ翁同和ノ美観ナル石版刷ノ四福〔幅〕対ヲ見ル。

夕刻ヨリ木村良夫来リ、夕食ヲ共ニス。

十二月三日（木） 晴
出院授業如例。
午後五時ヨリ明治学院総理室ニ於テ、明後年ノ学院創立五十年記念祝典準備懇談会アリ。出席者ハ田川、都留、水芦、和泉、ライシヤワ、ピーキ及ビ余ノ七人ナリ。学院五十年史編纂委員並ニ学院発展策研究委員ヲ挙ルコトト為ス。歴史委員ハ田川、オルトマンス、ライシヤワ、井深、山本ノ五人、発展策委員ハ田川ヲ長トナシ其他ハ同氏ノ指名ニ一任スルコトトナス。学院ト教会トノ関係ニ付種々ノ意見交換ヲ為シタリ。

十二月四日（金） 晴
午後七時過、宅ヲ出発シ、日吉坂ヨリ乗合自働車ニテ東京駅ニ向フ。同所ニテ筧光顕、藤田逸男、斎藤惣一、ウヰルバル氏等ト同車ニテ大阪ニ向フ。横浜ヨリハ村上氏モ同車ス。孰レモ明日挙行セラレントスル大阪基督教青年会館献堂式ニ参列センガ為ナリ。

十二月五日（土） 晴
午前九時二十分、大阪駅着。直チニ「ドウビルホテル」ニ赴ク。

十二時ヨリ大阪クラブニテ青年会当局者主催ノ午餐会ニ出席。後藤子爵、中川知事、市長林、池上前市長等出席ス。食後撮影、夫レヨリ直チニ新会館ニ往ク。

二時三十分ヨリ開館式アリ。建築委員長ノ報告、挨拶ニ続キ後藤子爵其他ノ祝辞アリ。余ハ同盟委員長トシテ祝辞ヲ述ブ。

式ノ前後、会館ヲ視ル。中々能ク整ヒ且装飾モ美ナレトモ、規模ハ大ナラズ。講堂ハ五百人位ヨリ以上ハ容ルベカラズ。経費ハ五拾万以上ト云フコトナリ。筧、藤田ト共ニドウビルホテルニ帰リ一泊ス。

十二月六日（日） 晴
昨日来西風烈シク沙塵ヲ揚ク。且寒シ。
午前九時前ホテルヲ立チ、九時十二分ノ下列車ニテ神戸ニ向ヒ、十時、三宮駅ニ着。文雄ト吉田ノ出迎ヲ受ケ、文雄ノ宅ニ投ズ。午餐後、文雄ノ案内ニテ六甲ノ地所ヲ見ル。中々善キ場所ノ如シ。

帰途、片山俊氏ノ借宅ヲ訪問シ、夫レヨリ河原勝治氏ヲ訪問シタルニ、大ニ歓ビ我等二人ヲ迎ヘ自分ノ子息ヲ招キテ引合ハセ、種々互ニ旧事ヲ語リ、他日再会ヲ期シテ辞去ス。

一旦帰宅ノ後、文雄ノ案内ニテ「菊水」ニ往キ「スキ焼」ノ御馳走ニナリ、数奇ヲコラシタル種々ノ部屋ヲ見物シテ帰ル。

十二月七日（月）　晴

午前八時廿五分、三宮駅発、午後十時、無事帰宅ス。留守中無異条。

車中不図和田英作氏ニ逢フ。村上、小林両主事モ名古屋ヨリ上《ママ》乗車シタル赴ニテ横浜迄同車ス。

十二月八日（火）　晴

午前、休業休息。

午後、教授会出席。来学年授業上ノコトニ付協議アリ。

キリスト教倫理及現代社会問題ニ付意見ヲ開陳シタリ。

十二月九日（水）　晴

午前、揮毫。

午後、秋葉氏ヲ訪問シタルニ不在。序ヲ以テ瀬川浅氏ヲ訪問ス。同氏八年ニ似合ハヌ元気ナリ。週ニ四回朝六時半ニ家ヲ出テ、横浜共立女子神学校ニ往クトノ話ナリ。

夜ニ入リ文雄突然来ル。社用ヲ帯ビ横浜ニ来タル序ナリトノコト。

今朝、健次ヨリ長文ノ手紙来ル。無事元気ニテ諸方見学、本月八日ベルリン発仏国ヨリ米国ニ渡リ、来年三月廿日比帰朝ノ赴ナリ。

十二月十日（木）　晴

午前、出院授業如例。

午後、真野文二氏来訪、快方ニ赴キタレトモ未タ局部ニ痛ヲ感ジ、歩行意ノ如クナラズ。且ツ夜中安眠シ難シトノコトナリ。目下義歯ノ取替中トノコトナリ。

夜ニ入リ、文雄突然来訪。社用ニテ今朝横浜ニ来リ、又阿部氏ヲ訪問シテ一身上ノ事モ尋ネタリトノ話アリ。夕食ヲ喫シテ後辞去ス。

十二月十一日（金）　晴

田中義一氏、荒川文六ヘ書状ヲ出ス。

神戸、福岡荒川、横山、津田ヘ出ス新巻ヲ求ム。壱尾弐円八十銭ナリ。

午後、揮毫。六時、ライシヤワ氏ニ招カレテ花子同伴往ク。田川、都留両氏夫人同伴来ル。晩食ヲ共ニシテ懇談ノ後八時半辞去ス。

十二月十二日（土）　晴

昨日求メタル新巻ヲ荷造シ、花子同道、白金台町郵便局ニ携帯シ、文雄、千代、横山、津田ノ四軒ニ発送ス。

午前ヨリ磯子三人ノ子供ヲ連レテ来ル。且ツ銘々ニ歳暮ノ贈物ヲ持来ル。重健、健明大喜ヒノ様子ニテ元気ナリ。三男ノ貞雄モ成長早シ。

午後、鶴田夫人モ見エ、三時過、共ニ辞去ス。

益富夫婦来訪。夕食ヲ饗シ懇談、十時半過辞去ス。鉄道青年会部内ノ悶着及ビ同潤会トノ関係等ニ付種々ノ苦心談アリ。同氏ハ愈同潤会教育部長ヲ辞シテ鉄道青年会常務理事専任トシテ全力ヲ尽ス決心ノ由ヲ語ル。

十二月十三日（日）　晴

健次へ米国ワシントン宛ニテ書状ヲ出ス。

十二月十四日（月）　晴

午前、揮毫。

午後、三浦信乃、子供二人ヲ携ヘ来ル。

午後四時ヨリ今回暫時来朝シタルフエルプス氏歓迎ノ茶話会アリ。其途中、神田青年会［館］ニ往キ、小橋氏ニ新年賀状ト名刺ノ印刷ヲ依頼ス。

フエルプス方ニ於テ筧、斎藤、長尾氏ニ面会ス。長尾氏ヨリ同盟会計ノ事ニ付話アリ。

十二月十五日（火）　曇

午前、出院授業如例。

後藤子爵ヨリ来十七日モツト氏陪賓トシテ晩餐ニ招待状来ル。

十二月十六日（水）　晴

午前、揮毫。午後、秋葉氏ニ往キ、ソノ斧正ヲ受ク。書ハ其道ニ入ルニ従ツテ益々ソノ難キヲ覚ユ。秋葉氏ニ歳暮トシテメリヤスシヤツヲ贈ル。

十二月十七日（木）　晴

昨夜ノ西風ノ為ニ寒気俄カニ加ハル。

今日ヨリ冷水ヲアビルコトヲ止メ、冷水摩擦トナス。

午前、授業如例。但本日ニテ授業納ナリ。

ドクトルモツト、午後着京ス。七時半ヨリ後藤子爵邸ニ同氏一行ノ為歓迎晩餐会アリ。花子ト共ニ招待セラレテ出席ス。主賓ハモツト氏夫妻及令息フレデレツキ、次ニブロツクマン、フエルプス、ウイルバル。日本人側ニテハ主人役トシテ子爵ノ外ニ鶴見夫婦、長尾、関屋夫婦、斎藤夫婦、筧総主事。子爵トモット氏ノ間ニ挨拶、意見ノ交換アリ。共ニ辞令ノ妙ヲ極ム。

十二月十八日（金）　晴

モット夫婦ノ為外務大臣官邸ニ於テ叮鄭ナル午餐会催サル。余及花子モ招カレテ参列ス。同夫婦ノ外ブロックマン、フエルプス、ウイルバーノ三氏並ニ長尾夫婦、斎藤惣一氏モ招カル。主人側ハ大臣夫婦、次官、出渕夫人其他斎藤、加藤等ノ官吏ナリキ。

午後五時ヨリ同盟委員常務委員会ヲ開キ、例ノコルレスポンデンスセクレタリーノ問題ヲ解決ス。

会後、モット、ブロックマン両氏ヲ主賓トシテ歓迎晩餐会ヲ開ク。盛会ナリキ。余ノ挨拶ノ後、右両氏ノ熱誠ヲ込メタル奨励演説アリタリ。

十二月十九日（土）　晴

午前、揮毫。

後藤子爵邸ニ於テモット氏ノ為ニ再ビ晩餐会アリ。来賓ハモット氏ノ外、牧野内大臣、岡田文相、埴原大使、阪谷男、平塚府知事、中村市長、團、大倉、浅野等ノ実業家連。外国人ハフエルプス、ウイ［ル］バル、スネードナリ。長尾、斎藤及ビ余ハ信者側ノ客ナリ。

後藤子ノ挨拶ニ対シ、モット氏ノ卓上演説アリ。川尻氏之ヲ通訳シタリ。趣意ハ世界ノ大勢ヨリ説起シ、ＹＭＣＡノ事業及ビ精神ニ及ビタリ。卓上スピーチトシテハ少シク長キニ失シタリ。通訳モ三四回要点ヲ誤訳シタリ。甚タ気ノ毒ニ感ジタリ。

十二月二十日（日）　晴

午前、丹羽清次郎、村上正治、奥村ノ三人来訪。同盟総主事問題ニ付縷々訴ル所アリ。彼等ノ誤解ヲ正シ尚適当ニ解決スベキコトヲ告ク。

午後二時ヨリ青山青年［会］館ニ於ル学生聯合クリスマス礼拝ニ出席ス。先ニ賀川氏ノ話アリ。次ニモット氏ノ大演説アリ。実ニ盛ナル演説ニテ、満堂二千人ノ聴衆ヲシテ一時［間］三十分以上謹聴セシメタリ。自分ハ坐ロニ感涙ヲ禁ジ能ハザキリ。モット氏ノ人格ト信仰ノ無遺憾流露ナリキ。

十二月二十一日（月）　風雨

昨夜ヨリ大風雨トナル。午前、風雨ヲ犯シテ鎌倉ニ赴ク。品川駅ニテモット氏一行ト同車、十二時半過、鎌倉着。直チニ海浜院ホテルニ投ズ。

一時、歓迎午餐会ニ於テ小崎弘道並ニシユネーダー氏歓迎辞アリ。之ニ対シテモツト氏ノ答辞アリ。三時ヨリ協議会ニ移リ、夜ニ入リ諸種ノ問題ニ付意見ノ交換アリ。問題ハ過激思想、軍国主義、教化運動、キリスト教々育、キリスト教会館及文学、宣教師協力等ナリ。

風烈シク安眠シ難カリキ。

十二月二十二日（火）　晴

午前、祈祷会アリ。ブロックマンノ奨励アリ。

モツト氏ヨリ二三ノ質問アリ。即チ三四年ノ内ニ万国キリスト教聯盟会ヲヱルサレムニ開キテ諸大問題ヲ協議スルノ件是レナリ。

其レヨリ国際、教育、社会及ビ教化、財政ノ四分科委員ニ分レテ調査研究ヲナス。自分ハ教育、国際ノ両委員トナリタレトモ、国際ノ方ニ出席シタリ。夜ニ入リテ尚委員会ヲ継続ス。

大司教セルギアスノ話ハ人ヲシテ真ニ感服セシメタリ。宛ガラ昔日ノ使使〔徒カ〕ヲ偲ハシムルモノナリ。真ニ敬スベキ人物ナリ。

十二月二十三日（水）　晴

青天白日、理想ノ天候トナル。

先ヅ祈祷会ニ於テビシヨプウエルチノ有力ナル奨励アリ。各部委員ノ報告アリ。万国キリスト教聯盟大会開催ノ件ハダンロツフ氏一人ノ反対アリシノミニテ満場一致ニテ可決シ、各部委員ノ報告モ可決セラル。最後ハモツト氏ノ閉会演説アリ、有力ナリキ。

午後十二時半ノ汽車ニテ帰京。

六時ヨリ工業倶楽部ニ於テモツト氏ノ歓迎ノ晩餐アリ。再ビ同氏最後ノ大演説アリ。即チＹＭＣＡノ使命、必要ニ就テ雄弁ヲ振ヒ、満堂ノ人ヲシテ感嘆措ク能ハザラシメタリ。

十二月二十四日（木）　晴

中山昌樹氏来訪、学院文芸科卒業生就職ノ為ＹＭＣＡニ紹介ヲ依頼ス。

午後、後藤子爵並外相官邸ヲ訪問シテ過日招待ノ答礼ヲ述ブ。

ソレヨリ駿ケ台正教会堂ニ赴キ、本日特ニモツト氏夫婦ノ為ニ大司教セルギアスノ催シタル聖楽ヲ聴ク。ソノ荘厳ニシテ優美ナル、実ニ聴者ヲシテ感嘆措カザラシム。全部声楽ニテオルガン其他ノ楽器ナシ。

ソレヨリ宮崎氏ト共ニ多可楽亭ニテ晩食ヲ喫シ、東京駅ニテモツト氏一行ヲ見送ル。

帰途、寒気強シ。

十二月二十五日（金）快晴

午後、木村ヲ訪問ス。春子ハ去廿日夜半、安産、男子出生。其後母子共ニ健全ニテ一家大喜ナリ。

十二月二十六日（土）晴

小石川へ往キ背広ノ仕立ヲ依頼ス。表切地三十円ニ対シ、仕立裏地共五十円也ハ少シク権衡ヲ失スレトモ、不得止依頼シタリ。

午後、揮毫ヲ試ム。

奉天ノ反将郭松齢ハ一敗地ニマミレテ夫人ト共逃去中生捕ラレ、極メテ残酷ニ殺サレタリトノ報アリ。是レニテ満州ノ戦乱ハ一段落ヲ告ゲタル訳ナレトモ、今後如何ニ治ルベキカ容易ニ測度スベカラズ。

十二月二十七日（日）晴

午前、白金教会ニ於テ礼拝ス。

ソレヨリ花子並ニ於トセさん同道ニテ片山ノクリスマス午餐ニ赴ク。豊子ノロンドン仕込ノ西洋料理ニテ中々上出来ナリ。於國モ共ニ招カル。片山ヘクリスマス贈物ヲ少々持参シタルニ一同大喜ナリ。半日ノ歓ヲ尽シ、夕刻帰宅ス。

十二月二十八日（月）曇

フエルプス氏ヲ訪問シ、ウヰルバル氏モ偶同席シ、同盟総主事問題ニ付意見ヲ交換ス。フ氏ノ意見ハ筧ト協力スルニ何等異議ナキモ、直チニ総主事トナスコトハ反対ナリ。又対外通信ハ同盟委員長ヲシテ当ラシムルヲ可トナストノ意見ナリキ。斎藤氏ガ同盟ニ帰ルヲ期待スルヤ否ヤハ、自分ヨリ尋ルヲ可トストノ意見ナリ。

夜ニ入リ、清見、木曽ヨリ帰宅ス。無事ナリ。

十二月二十九日（火）曇

霧深シ。急ニ暖気ヲ帯ヒタル為ナラン。

フエルプス氏明後日帰省ニ付、又鶴見氏先日帰朝ニ付、両氏ノ為帝国ホテルニ於テ送迎ノ為午餐会催サル。

食後、太平洋問題研究会組織ニ付協議アリ。出席者、右両氏ノ外ニ斎藤、頭本、高木、松澤、鶴見夫人ノ〔衍〕ト余ナリ。

右協議会結了後、フエルプス氏ト共ニ再ビ同盟総主事トシテ帰ル期待アルヤ否ヤニ付斎藤氏ノ意見ヲ尋ネタレトモ、強テ早答ヲ促ザリキ。斎藤、筧両人懇談ノ後、再会ノ筈ニシテ分ル。

真澄、平尾氏ト同道、休暇中信州ニ旅行ス。片山とよ、沼澤國来訪。

十二月三十日（水）　晴

久方振ニテ内ノ新年ヲ迎フル用意ニ障子ノ切張ヲナス。昨年モ一昨年モ年末ニハ病後ニテ、ソレラノ事ヲナスノ元気ナク、殊ニ昨年ハ年末年始ノ繁雑ヲ避ル為ニ鎌倉ニ転地静養シタルヲ追想シ、斯ク迄健康ヲ恢復シタルハ寔ニ神ノ恩寵ナリト感激ニ堪ヘズ。

天城津田氏ヨリ例ノカステラ蒲鉾三個ヲ送リ来ル。

十二月三十一日（木）　快晴

昨夜ハ強風ナリシモ今日ハ申分ナキ晴天ニテ、此上ナキ好キ大晦日ナリ。

高知多田氏ヨリ国産ノ蒲鉾ヲ贈来リタルニ依リ、其返礼トシテ味附海苔壱函ヲ贈ル。

横山氏ヨリ又々岡山市横山製ノカステラ蒲鉾ヲ贈来ル。依テ狂歌一首ヲ読ミテ送ル。

聞て好し見て好し食ふて更ニ好シ横山製の鮮魚カステラ

勝治来訪。蜜柑壱箱ヲ携来ル。

清見帰宅。共ニ年越ノ晩食ヲ共ニス。

［補遺欄］

一月八日午後六時三十五分、自宅ニ於ケル植村正久ノ頓死ハ日本基督教界ノ一大損失ニシテ、ソノ欠陥ヲ直チニ補充スルコト頗ル困難ナルベシ。第一、富士見町教会ノ牧師ノ後任、第二、東京神学社校長、第三、福音新報社主及主筆、第四、日本基督教会伝道局理事長、何レモソノ後任ヲ得ルコト容易ナラザルベシ。

個人的ニハ植村ノ死ハ即チペルソナル損失ナリ。

回顧スレバ、明治五年比横浜ニ於テ彼ニ邂逅シテ以来五十有余年、始終同労者トシテ交際シタルハ彼一人ナリ。固ヨリ其間彼ト意見ヲ異ニシタルコトアリ。内外協力伝道ノ事、又之ニ関聯シテ神学社設立ノ事等ニ就テ然リトス。又彼ノ所為ニ就テ賛成シ難キ事モナキニ非ズ。然レトモ最終迄互ニ友誼ヲ維持シタルハ真ニ感謝スル所、殊ニ晩年ニ至リテハ彼モ余ニ対シテ好意ヲ抱キタリト信ズベキ理由少シトセズ。一例ヲ挙レバ、余ノ病中、彼ノ門下生ニシテ彼ノ注意ニ依リ態々見舞ニ来リタル者一ニシテ足ラズ。彼ハ人ニ対シテ随分無遠慮ナル批評否悪口ヲ云フ男ナリシモ、余ニ対シテハ未タ曽テ左様ナル言ヲ放チタルコトナシ。尤モ事業上ノ事、例ヘバ今一層著述ニ努力スベキコト等ニ就テハ再三再四忠告ヲ受ケタルコトアリ。

植村ノ日本ノ初代キリスト教会ガ生ミタル有数ノ人物タルコトハ何人モ異論ナキ所ナラン。固ヨリ彼ニハ種々ノ欠点アリタリ。彼ハ短気ナリキ、傲岸ナリキ、人ヲ評スルニ或ハ苛酷ナリシコトモアラン。故ニ人ノ反感ヲ買ヒタルコト少カラザルベシ。然レトモ彼ハ熱情ノ人、直情ノ人ニシテ、婉曲ニ物ヲ言フコトハ頗ル不得手ノ方ナリキ。

概評スレバ、
一、彼ハ教会ノ建役者、牧師トシテハ日本ニ於テハ第一ニ屈指セラルベキ人ナリ。単ニ富士見町教会ノミナラズ、市ケ谷、大森、渋谷其他各地ニ於テ彼ノ後援努力ニ由テ起リタル教会多数アリ。例ヘバ市ケ谷、大森、白金等ノ如シ。
二、神学教授、伝道者養成ノ功績。初メ明治学院神学部教授、後ニ東京神学社設立、現今我ガ教会有力ノ牧師中ソノ薫陶ヲ受ケタル多シ。神学社設立ノ時、余ハ極力学院ニ留ランコトヲ勧メタレトモ、遂ニ聴カザルノミナラズ、自分ニモ学院ヲ辞スベキヤウ忠告シタリ。何トナレバ、彼曰ク、明治学院ハ将サニ沈マントスル舟ナリト。Sinking Ship。此ニ於テ余ハ彼ト立場ヲ異ニスルノミナラズ、主義ヲ同フセザル故ニ涙ヲ揮ツテ別レタリ。
三、福音新報創立者及主筆トシテノ功績。信仰上及神学上ノ指導者。彼ノ文章及批評。
四、伝道局ノ事業、画策及ビ第一線ニ立テ奮闘シタルコト。彼ハ闘将タリシコト。
要スルニ彼ハ傑物ニシテ而モ多角形ノ人物タリシコト。其性格ニ矛盾ト見ユル方面多々アリ。一方極メテ大胆ニシテ他方チミツドナリシ事、会議ニ於テハ屡々躊躇シタルコト、亦聴衆ニ面シテ眼ガチラ〳〵シテ困ルト自白セシコト。亦一方極メテ無頓着ナルガ如クニシテ、詳細ノ事ニ気ガ付シコト。例ヘバ人ノ衣服ノ事等ニ付テモ能ク気付キタリ。
○大正十四年五月十日夜、津田榮子殿、自分並ニ花子ニ後事ヲ語リタル要旨
一、孫、太郎ノ教育監督ヲ自分ニ托シ度、自分之ニ当リ難クナル時ハ真澄ニ托シ度
二、太郎名義ノ財産、現在五万九千円アリ。其内三万ハ京城ノ安田銀行ニ、二万円ハ同第一銀行支店ニ定期預金

トス。残九千円、農工銀行株券又ハ債権トス
三、若シモ太郎未タ一人前ノ男トナラザル中ニ死去スル時ハ、真澄ヲシテ津田家ヲ相続セシメ度事
四、あや子ノ為ニ五千円ヲ与フルコトハ親族会議ニ於テ決定シタリ。而シテ津田氏死後更ニ五千円ヲ同氏ノ所持金中ヨリ之ニ加ヘテ壱万円ト為シテ生活ノ安定ヲ得シムルコト
五、太郎ニハあや子ヲ実母同様ニ敬愛セシムベキヤウ別ニ遺書ヲ認メアリトノコト　　以上

［知人名簿欄］

井深健次

Kaiserich［sic］ Japanische Gesandtschaft Wien, Oesterreich

日本帝国公使館、ウィーン、オーストリア

高木逸麿　同上

荒川文六伝言　市橋倭、毛利官治

秋葉省像氏伝言　鈴木政吉妻　鈴木しげ

Als, Stabsarzt K. Ibuka

b/ Herrn oberst Watanabe

（Japanaishe Militar Attache）

Berlin. Charlottenburg

Sybel Strasse 11.

Deutschland.

軍医　K・井深

渡辺大佐（日本国駐在武官）方

ベルリン、シャルロッテンブルグ

ジーベル通り 11 番

ドイツ国

日本橋浜町三丁メ一番地　高松求己

電話浪花三〇三〇、風間酒屋取次

大森事務所　銀座四六〇八、大森茂

汎太平洋問題協議会

[**支出録**]

支度費	470.00	2000.00
船賃其他	120000	
滞在中雑費	35300	
	¥202300	

Brunght over	10100	繰越	10100
$251.45（or）	¥60480	$251.45（もしくは）	¥604.80
	70580		70580

以上二人共同ノ分

	10780		10780
watch	3615	腕時計	3615
Tie clasp	150	ネクタイピン	150
Car fare	150	車代	150
Cabin boy	75	キャビンボーイ	75
Offering	75	献金	75
Deck Sports Contr	200	甲板スポーツの寄付	200
	15045		15045
Shoe boy	100	靴係り	100
	15145		
花子ニ渡ス	10000		
	25145		

Underwear	300	下着	300
Canvas shoes	300	ズック靴	300
4 colars［sic］	80	［シャツの］カラー 4 枚	80
Haircutting	50	散髪	50
Postage stamps	50	切手	50
Fountain pens fee	7125	万年筆代	7125
Laundry	30	クリーニング	30
"Orie"	1000	"オリエ"	1000
Laundry	150	クリーニング	150
"Telescope"	260	「望遠鏡」	260
Photograph	100	写真	100
Car fare	50	車代	50
GIillette Safety［Razor］	450	ジレット安全剃刀	450
Rattling stopper［?］	270	輪留め［？］	270
Shaving stick	35	ひげそり用固形石鹸	35
9 colars［sic］	180	カラー　9 枚	180
Neck ties 4	200	ネクタイ　4 本	200
Garter 5	75	靴下留め　5 本	75
Carbona 1	20	カルボナ	20
Knives 3	105	ナイフ　3	105
Ice-Pricks［?］4	100	アイスピック［？］4	100
	10780		10780

太平洋協議会旅装費

5.12	レインコート	6500
	夏服一着	7500
	黒背広トヅボン	8000
21	シヤツ二枚	1300
	手袋ネツクタイ	500
	米靴一足	1500
	写真六枚	7500
	洋傘	1600
	ネツクタイトボタン	44
	ノートブツク	27
	カラーダース	500
	靴直シ	70
	洋服直シ	1600
	灌腸器機	200
	タツクシード	9500
	エンビ直シ	4050
	薬数種	350
	ブラツシ、ガータル	280
	ネツクタイボタン	165
	皮ヒモ	200
	名刺入	110
		450.96
	服直シ	19.50
		470.46

June

~~13 Brought over~~	~~45096~~
~~春服直シ~~	~~1950~~
15 自働車汽車其他	1200
Cabin & table boy	3000
	~~48246~~
Bath boy	500
Table boy	2000
Cabin boy	2000
自働車三台	800
汽車七人前	500
赤坊	100
	~~56146~~
	¥10100

1925（大正14）年

1月20日～

General & Lecture	~~12500~~	一般とレクチャー	~~12500~~
Pension	~~8000~~	年金	~~8000~~

General	125	一般	125
Pension	80	年金	80
Lecture	45	レクチャー	45
	~~275~~		~~275~~
	250		250

［ポケット中の紙片］

病中偶感

よもすがらヤボクの河のほとりにて神と角力ひし人をこそおもへ

エリエリ、ラマサバクタニ今ぞ知りぬるこの呼ひかな

主召さは今ゆきなんとおもひつゝなとて別れのかくもつれなき

うなたるゝわか魂よ何事ぞ空にかゝやく十字架をみずや

ぬは玉のあやめもわかぬ暗のうちにひとりさやけし十字架のかげ

この刺をとりさりてよと三たびまでさけびし人の心をぞ知る

一九二六（大正十五）年

井深梶之助揮毫「山光照檻海色入窓」
6月5日に長男文雄の新居落成祝いに贈ったとの記述がある

［一月中扉余白記載］
神を俟望む者は新なる力を得ん亦鷲の如く翼を張りて昇らん走れども疲れず歩めども倦さるべし（イザヤ書四十の三十一）
神よ願くは今年も更に新なる力を与へ鷲の翼を張りて大空に昇るが如く向上努力せしめ給へ

一月一日（金） 快晴
例の〔ママ〕如く〔ママ〕家族感謝ヲ以テ新年ノ雑煮餅ヲ食ス。但真澄ハ友人平尾ト同ニ信州ニ旅行シ不在ナリ。昨年ハ自分病後ノ為鎌倉ニ転地シテ越年シタリシガ、今年ハ自宅ニ於テ新年ヲ迎ヘタルハ感謝ニ堪ヘズ。
午前九時、宅ヲ出テ松平子爵邸ニ赴キ子爵ニ年賀ノ詞ヲ述べ、ソレヨリ沼澤、勝治、木村等ヲ訪問シテ帰宅。
秋葉、木村、牧野、鷲山等来訪。片山寛来訪、夕食ヲ共ニシテ帰去ス。

一月二日（土） 快晴
午前、揮毫ヲ試ミ、天高気清ト和気満堂ノ二額面ト先神之国与其義是求ト不喜非義乃喜真理ヲ書シ、午後、秋葉氏ニ赴キ年賀ヲ兼ネソノ是正ヲ乞フ。今日ハ「書初」ナリトテ、数名ノ弟子等各ソノ「試筆」ヲ携ヘ来ル。秋葉氏自ラモソノ揮毫ヲ示ス。就中、行草体ノ四枚続最モ上出来ト見受タリ。

一月三日（日） 晴
益富政輔〔助〕氏ニ贈ル為ニ「宜以善勝悪」ト「先神之国与其義是求」ノ二枚ヲ揮毫シタレトモ意ノ如クナラズ。
午後ハ鶴田氏、高松夫婦其他ノ年賀客アリ。
夜ニ入リ寒気強烈トナル。

一月四日（月） 快晴
福音新報社員熊野氏来訪、故植村氏ノ明治十二年名古屋伝道時代ノ遺墨ヲ見テ、来八日一周年記念ノ為写取テ帰ル。

午後、鶴田家ヲ訪問シ、磯子並子供ニモ面会ス。一同元気ナリ。

ソレヨリ植村未亡人ヲ尋ネ、水上、益富ノ両家ヲ訪問シ、夕刻帰宅。

真澄、信州野沢温泉ヨリ帰宅。

真澄ヨリ渡米留学ノ志アル旨話出ツ。彼国ニ於テ相当ノスコラルシツプヲ得ルノ方法アラバ可ナルベキ旨ヲ告グ。

一月五日（火）　晴

午前、益富氏ノ為ニ再ビ揮毫ヲ試ム。

年賀はがき二百五十枚ヲ印刷シ、之ヲ出尽シテ更ニ七十枚ヲ出シタルニ尚足ラズ、尚五六十枚ヲ要スルラシ。人ノ厚情ハ謝スルニ余アレトモ、殆ンド其煩ニ堪ヘズ。

夕刻、珍シク三浦七之介来訪、二十年前同人ガ牛乳配達ヲ為シタル時分、内ニテ世話セシヲ忘レズ漸ク一人前ノ人間ニ成タリトテ礼ニ来レルナリ。今ハ相当ノ財産ヲ作リ、貸家賃ノミニテモ一年一万円ノ収入アリト云ヘリ。

一月六日（水）　快晴

快晴、珍ラシキ好［天］気ナリ。

午前ヨリ片山とよ子四人ノ子供ヲ携ヘ来ル。一同ニ雑煮餅ヲ振舞ヒ大満足ナリ。

午後三時半、彼等ト共ニ片山ニ赴キ夕食ヲ喫シテ、片山夫妻並ニ三人ノ女ト共ニ駿河台正教会ノクリスマス礼拝式ニ参列ス。式ハ六時ヨリ始リ、唱歌、読経、祈祷、焼香等頗ル鄭重ナル儀式ナリ。大司教以下教職ノ法服モ立手《〔ママ〕》ヤカナリ。音楽ハ二回ノ故カ先夜《〔ママ〕》ノ方優レタリト思ハル。自分ハ七時半中途ニシテ辞去シ、八時半過帰宅シタリ。正教会クリスマス礼拝式ニ列シタルハ生レテ始メテナリ。

一月七日（木）　晴

午前、又々年賀状五十枚以上認メ出ス。午後、揮毫。

小川望次郎氏、仮縫ヲ持来リテ試ム。序ニ種々昔話ヲシテ帰去ス。今年六十五才ナルガ、十四才ノ時ヨリ洋服仕立ヲ学ビタリト云ヘリ。同人ハ中々一国ニテ天狗ノ方ナリ。依テソレトナク「ヒント」ヲ与ヘタル。頭ヲ掻テ笑ヒ居タリ。

一月八日（金）　晴

午前、揮毫。

午後、富士見町教会ニ於テ故植村正久氏一周年追悼会アリ。南廉平氏司会、親戚ノ挨拶、次ニ南氏ノ追悼ノ辞アリ。又山本秀煌其他三四名ノ感想アリ。未亡人ノ謝辞ニテ式ヲ了リ、茶菓ノ饗応アリ。来会者百余名アリ。極メテ静粛ナル記念会ナリキ。去年今夜々半過、鎌倉ニ於テ植村死去ノ飛電ニ接シ、驚愕ヲ喫シタルコトヲ追想シ、転感慨ニ堪ヘザル者アリ。

一月九日（土）　晴

今朝戸ヲ開キタル、地上ニ薄雪ヲ見ル。昨夜降雪セルモノト見ユ。

昨夜本多嘉エ門氏ヨリ書状来リ、母胃癌ニテ壱ヶ月前ヨリ築地田村病院ニ入リテ療養中ナレトモ、次第ニ衰弱甚シク回復ノ見込ナシ、祈祷ヲ依頼ストノコトナリ。依テ今朝訪問シタルニ、余程ノ重体ニ見受ケタリ。但意識ハ鮮明ニシテ種々話サレタリ。余モ数言ヲ陳べ、且祈リテ辞去シタリ。

午後、秋葉氏ヲ訪問フ。揮毫ノ是正ヲ請フ。書道モ入レバ入ル程ソノ難キヲ覚ユ。小野道風ノ故事思遣ヤ［衍］ラレタリ。

一月十日（日）晴

阿部圭一氏ヲ訪問シ、文雄ニ対スル日頃ノ好意友誼ヲ謝シ且ツ将来ノ指導ヲ求メタルニ、種々懇ロニ語リ呉レタリ。即チ自己ノ知ル限リ前途ヲ懸念スコトナク現在ノ地位ニ在リテ努力スルヲ可トス。支那ニ事業ヲ開始スル云々ハ近キ将来ニハ現実スルコトナカラン。或ハ学閥ニ対スル不平モアランガ、ソノ点ハ自ラモ同情スル所ナリ。然シ之モ忍耐スル方智カルベシ云々。

一月十一日（月）晴

荒川へ静江子結婚祝ノ印トシテ金三十円ヲ贈ル。

健次ヨリニウヨルク発ノはがき到着、東部諸大学見学ノ後再ビロッチエスタルニ往キ、而シテ三月四日横浜着ノ天洋丸ニテ帰朝ノ筈ナリ。

午後、長尾半平氏ヲ日本クラブニ訪ヒ、ドクトルモット氏ヨリノ来信即チ今年デンマルク及フヒンランドニ開会ノ青年会同盟ニ斎藤惣一氏ノ出席ヲ促セル件ニ付協議シ、ソレヨリ神田青年会［館］ニ斎藤氏ヲ訪ネ、同件ニ付意見ヲ尋ネタルニ大抵出席可能ノ見込ナリ。又同盟ニ帰ルコトモ若シ其時招アル［衍］レバ帰ラン、但同盟委員ノ空気一変ヲ要スト云ヘリ。

一月十二日（火）晴

授業如例。

哲子来訪、みよ子縁組ニ付相談アリ。但先方ノ本人ヲ全ク知ラザルガ故ニ賛否ノ表シヤウナケレトモ、書類ヲ一見シタル所ニテ何等ノ異論ヲ唱フル理由ナキ旨ヲ答フ。然レトモ他事ト異ナリ娘一生ノ幸福ニ関スルコトナレバ、十分ノ吟味ヲナス方然ラントノ注意ヲ与ヘ置タリ。

本科一年生鈴木胖、茅ヶ崎ニ於テ危篤ノ赴電報来ル。オルトマンス氏、教授会ニ代リ慰問ニ行ク。

一月十三日（水）晴　暖

本多氏ヨリ母孝子今朝二時三十分永眠ストノ飛電アリ。

牛込廿騎町二十番地ノ寓居ヲ訪ネ遺族ニ吊意ヲ表ス。終焉二十分前迄意識鮮明ナリシト云フ。

午後二時ヨリ同盟事務所ニ於テ長尾、伊藤並余三人立合ノ上、同盟会計事務上ノ事ニ付検査掛藤本氏ノ報告ヲ聞キ又筧氏ノ説明ヲ聞キ、二三不都合ト思ハル、点ニ付注意ヲ与ヘ、最後所置ハ他日ニ譲ルコトト為ス。

帰途、九段下ニテ五體字類並ニ王義子［義之］十七帖ヲ購求ス。

一月十四日（木）　晴

昨日来春暖ノ気候トナリ、寒中トハ思ハレズ。恰カモ春ノ彼岸比ノ如シ。

授業如例。但一年生ハ台湾人及朝鮮人ヲ除ク外ハ悉ク鈴木胖死去ノ為欠席ス。

本多新三郎氏来訪、母ノ葬式ハ明日午前十時ヨリ日本橋教会ニ於テ執行ニ付一場ノ吊詞ヲ陳ルコトヲ嘱托セラル。

一月十五日（金）　曇天

午前十時、日本橋教会ニ於テ故本多嘉エ門氏夫人孝子ノ葬式アリ。遺族ノ依頼ニヨリ余ハ簡単ナル吊詞ヲ述べ、ソノ健気ナル雄ハ信仰ノ人トシテ子孫ニ範ヲ垂レタルコトヲ力説シタリ。

午後ニハ芝教会ニ於テ神学生鈴木胖ノ葬式アリ。同人ハ八幡多利吉氏ノ孤児ニシテ、甚タ不幸ノ身ナリシモ父ノ遺志ヲ継キ伝道士タルノ志ヲ立テ学院中学部ヨリ神学部ニマデ進ミタリシモ、遂ニ肺患ノ為ニ逝ケリ。

一月十六日（土）　曇

筧光顕、松澤光義ノ二氏来訪、東洋キリスト教学生大会ヲ日本ニ於テ開ク件其他ニ付談話アリ。該問題ハ頗ル鄭重ニ考量スルノ必要アル旨ヲ語置タリ。

午後、揮毫。

一月十七日（日）　曇

米国ニウブランスウイク町マルレイ夫人ヘ返書ヲ認ム。同夫人ハ本年一月九十三才ナリトソノ名刺ニ自筆ニテ書送ラレタリ。真ニ驚クベキ達者ノ老夫人ナリ。乍序真澄渡米志願ノ事ヲ書添ヘタリ。若シモ同夫人ノ援助ヲ得バ大幸ナリ。

秋葉氏ヲ来訪シ、揮毫ノ是正ヲ乞フ。

一月十八日（月）　曇

今日コソハ雪カト思シニ降ラズ。只地上ノ霜ノ雪ノ如ク白キノミ。

真澄米国留学志望ノ件ニ付ドクトルスピーヤ氏ヘ長文ノ書状ヲ認メ、ソノ援助ヲ求メタリ。

健次ヨリクリスマス認〔ママ〕メニウヨルク発ノ書状到着。愈健康、米国東部諸大学見学ノ上、再ビロチエスターヘ赴キ或未了ノ実験ヲ完成シ、二月十四日発ノ天洋丸ニテ帰朝ノ趣ナリ。

午後三時、昨日死去セル和泉弥六氏ノ葬儀ニ会葬ス。同氏、神学部卒業ノ後三四年伝道ニ従事シ、尓来実業界ニ身ヲ投シタル人ナリ。性質温和親切ノ人ナリ。

一月十九日（火）　雨後晴

久振ニテ雨降ル。

授業如例。

健次ヘ長文ノ返書ヲ出ス。

木村良夫々婦ヨリ乍延引クリスマス祝トシテ羽根蒲団一枚ヲ贈来ル。

ドクトルスピヤ氏ニ宛真澄渡米遊学ノ志望ニ付長文ノ書簡ヲ出ス。若シモ同氏ノ紹介ニ依リ遊学ノ便宜ヲ得バ幸甚ナリ。

一月二十日（水）　快晴

珍ラシキ好天気ナリ。

真澄俄ニ発熱、四十度ニ昇ル。

春子産後初メテ新年旁礼ニ来ル。良夫氏モ研究所ヨリ来ル。共ニ雑煮ヲ食ス。春子ハ「実腹」ナリトテ喜ビ食セリ。

良夫ノ診察ヲ受ケタルニ、真澄ハ多分流感ナラントノコト、何等ノ症状ナシトノコトナリ。

ニウゼイランドノガウ氏ヨリ雑誌ヲ贈リタルニ対シテ礼状ヲ出シ、又ホノルルノフオード氏ヘモ礼状ヲ出ス。

一月二十一日（木）　晴

寒気加ハル。今日ハ大寒ノ入ナリ。

出院授業如例。

宮地謙吉氏退職見舞トシテ自分ヨリ十円、真澄、清見ヨリ各五円ヲ贈ル。

真澄ノ熱稍下ル。三十八九度ノ間ニアリ。食気更ニナク時々嘔吐ヲ催ス。

一月二十二日（金）　快晴

寒気強。

午前、揮毫。

小林盛政氏来訪。

鷲山氏ノ依頼ニヨリ明治学院中学部ＹＭＣＡ主催五年級送別会ニ出席、一場ノ講話ヲナス。ドクトルシヨンアールモツトノ話ヲ為ス。

田嶋進氏来訪、依例楽天的ノ好人物ナリ。

夕刻、木村良夫来訪、真澄ヲ診察ス。別ニ異条ナシ。発汗ハアスピリンノ為ナルベケレバ、之ヲ廃シ健胃剤ニ代ルコトトナス。

一月二十三日（土）　晴

寒気強。

スタンフオード大学教授市橋倭氏、シカゴ大学生佐藤良雄ヘ宛、日本人学生ノ為スカラルシツプノ設ケアルヤ否照会ノ書状ヲ出ス。

山本秀煌氏来訪、大会ノコトニ付非難ノ話アリ。

青年同盟学生部委員会ニ出席ス。太平洋学生協議会ヲ日本ニ開クベキヤ否ヤノ問題ハ、調査不充分ニ付再調査ノ上常務委員会ニ提出セシムルコトトナス。

一月二十四日（日）　快晴

郷司氏、真澄ノ病気見舞ニ来ル。木村良夫来診、尿験査ノ結果、他ニ別段ナケレトモ、只黄疸ノ初期ニ非ズヤト思ハルト［ノ］コトナリ。熱ハ漸ク下リ三十七度台トナリタレトモ、食気進マズ絶エズ啖ヲ吐キ時ニ嘔吐ヲ催セリ。

荒川康夫来ル。荒川ニテハ来三月半、白山丸ニテ帰朝ノ由ナリ。

一月二十五日（月）　快晴

珍ラシキ天気続ナレトモ寒気ハ中々強シ。室内ニテモ零気下三度ナリ。洗面所ノ水道、朝ノ内ハ出デズ、午後ニナリテ漸ク出始ム。

下女雇入ノコト問合ハセノ為勝治方並ニ山家氏ヲ訪問シ、其序ニ柏木ノ水上家ヲ訪問シ、過日依頼シタル篆刻ニ果ヲ受取リ帰ル。


真澄ハ殆ンド平熱ニ復シタリ。但未タ食気出ズ。

一月二十六日（火）　快晴

出院授業如例。

午後、田川氏室ニ於テ明治学院五十年記念史編纂委員会ヲ開ク。協議ノ結果、英文史料ノ蒐集ハドクトルオルトマンス、日本文ハ山本秀煌氏担任ノ事トナス。

良夫氏来診ノ結果、真澄愈黄疸ト決定ス。花子終日外出ニ付、於登世さん来リテ看護シ呉［ママ］ラル。


一月二十七日（水）　快晴　寒気少シクユルム

斎藤惣一、筧光顕両氏同道来訪、午後二時ヨリ四時迄懇談ノ結果、同盟総主事ノ将来ニ関シテ両氏ノ間ニ完全ノ諒解ニ達シタリ。即チ斎藤氏ノ将来ハ将来ノ事トシテ、専心東京青年会ノ総主事トシテ努力スルコト、而シテコルレスポンデングセクレタリーノ肩書ハ辞退シ、普通ノ同盟委員トシテ援助ヲ借[惜]マザルコト、筧氏将来ノ事ハ別問題トシテ現在ノ地位ニ在テ同盟ノ為ニ努力スルコト、而シテ他日他ニ適当ノ地位ヲ与ヘラル、時ハ敢エテ之ヲ辞セザルコト、右諒解アルコトヲ自分ヨリ同盟ノ職員ニ話スコト。

一月二十八日（木）　晴

授業如例。

鷲山氏来訪、序ヲ以テ学院ＹＭＣＡ同盟加入ノコトヲ語ル。

加藤首相ハ数日来病臥引籠中ノ処、昨日ハ大ニ軽快トノ報告ナリシモ、夜ニ入リ急性肺炎ヲ発シ、病勢一変シ今朝八時四十分過遂ニ逝去シタリ。夫レガ為政界ハ大混雑ノ様子ニテ、帝国議会モ五日間停会トナル。後継内閣ハ何人ニ由テ組織セラル、カ、風説憶測区々ナレトモ恐ク若槻ノ外ニ非ルベキカ。

一月二十九日（金）　曇、晴

澤全雄氏長男ノ葬儀ニ付吊電ヲ発ス。

午後、青年会同盟ニ於テ東山荘盗難事件ニ付委員ノ調査報告ヲ聞キ、次ニ財団理事会ヲ開キ、年報ヲ調査シ且諸預金ノ委托証ヲ検査ス。最後ニ同盟常務委員会ヲ開キ、長崎青年会ノ陳情ノ件ニ付宮崎氏ノ報告ヲ聞キ、委員ノ進言ヲ採用ス。斎藤氏ノコルレスポンデングセクレタリー辞任ヲ受容シ、ソノ功労ヲ感謝シ、ヘルシングフオールス会ヘ出席代員ノ候補者ヲ定メ、太平洋学生大会ヲ日本ニ招クコトハ叮嚀ニ断ルコト等ニ付議決ノ後、九時前閉会ス。

一月三十日（土）　曇

予期ノ如ク愈今朝若槻礼次郎氏内閣組織ノ命ヲ受ル筈ノ由。若槻内閣愈成立、他大臣皆留任、内相ハ兼任。

同盟総主事将来ノ件ニ付丹羽清次郎氏ヘ、長崎青年会館ノ件ニ付田川精一郎、佐々木二一両氏ヘ書面ヲ出ス。

木岡英三郎氏来訪、将来益教会音楽発展ノ為努力スベキ志ヲ語ル。

一月三十一日（日）　曇

一時ハ雪空トナリ将サニ降ランカト思ヒシガ、只霧雨ニテ頓テ亦晴レタリ。

文雄ヘ造船所出張所主任ニ転タルニ付、一層勉励スルノミナラズ、従前トハ違ヒ引取関係上種々誘惑モ来ルベケレバ予メ覚悟ヲ要スルコトヲ注意ス。
二月一日（月）　晴
同盟学生部主事小幡信愛氏来訪、本年三月限辞任シ度旨ヲ申出ツ。理由ハ生活上ノ都合ト同僚トノ折合上ノ二点ナリ。即チ一五〇円ニテハ家族ノ維持困難、又松澤氏ト協力困難ト云フコトナリ。種々懇談ノ上暫時決定ヲ猶予スベキヤウ勧告シ、午後此件ニ付相談センガ為斎藤氏ヲ神田ニ尋ネタレトモ不在、同盟ノ筧ニ電話ヲ懸ケタレトモ東山荘ニ往キ一週間不在ノ由ナリキ。
二月二日（火）　晴
午前、授業如例。
午後、教授会。来学年ノ学科課目其他ニ付協議アリ。部長ノ原案ニハ不了解ノ点ナキニ非ズ。例ヘバ説教学ハ各級毎ニ受持教師ヲ異ニスルガ如キ、不都合ニシテ一時ノ窮策ノ外ナシ。
二月三日（水）　曇
今日ハ大寒明ケテ節分ナリ。此冬ハ昨年十二月以来殆ンド無雨無雪ニテ実ニ珍ラシキ冬ナリキ。
日本クラブニ於テ長尾、斎藤二氏ト午餐ヲ共ニシ、而シテ青年会同盟職員ノコトニ関シテ意見ヲ交換ス。小幡信愛氏ノ辞任ハ承認スルノ方針、小林十平ハ事務整理上ノ都合ニ依リ解任ノ件ヲ筧ニ協議スルコト、中津親義氏ニ斎藤氏ヨリ内意ヲ聞クコト等ニ付テ語ル。
二月四日（木）　曇
授業如例。
二月五日（金）　晴
立春第二日、少シク春メキ懸タリ。
昨夜二時頃、豊沢停留所附近ニ火事アリ。自分モ起テ香蘭女学校正門前迄往キタレトモ漸ク鎮火ノ勢故、帰途、阪下ノ井深ヲ訪ネテ帰リ再ビ寝ニ就ク。
荒川文六ヨリロンドン発ノ書状、高木逸磨氏ヨリローマ発ノはがき来ル。
真野氏へ総長辞任ノ慰問ノ書状ヲ出ス。
木村良夫来診、夕食ヲ共ニス。
二月六日（土）　晴
昨夜八時半、寄宿舎裏ニ二人組ノ追剥現ハレテ、通行ノ一青年ヲ脅迫シ金品ヲ強奪シタリト朝日新聞ニ見ユ。依テ時事新報ニ警察ヘ注意ノ投書ヲ寄ス。
フエルプス氏、書記白鳥氏来訪、同盟事務所内部ノ現状ニ付職員中不満不平ノ空気アルコトヲ告ク。殊ニ小林主事ノ開拓社ノ取引上ノコト其他ニ付テ種々不審ノ点アルコトヲ告グ。筧氏ノ事ニ付テモ不審ノ点アルコトヲ告ク。依テ取調ノ上適当ノ処置ヲ為スベキ旨ヲ告ク。

瀬川浅氏来訪。伝道者森田某ノ為ニ画帖ニ揮毫ヲ依頼シテ辞去ス。

二月七日（日）　晴

益富氏ヨリ真澄ノ為蜆壱箱寄贈セラル。蜆ハ何故カ黄疸ノ薬ナリト云フ。

木村家ヲ訪問ス。

二月八日（月）　曇

過去五年間忠実ニ勤メタル下女秋葉きそ、老母看護ノ為今日千葉市ニ帰リ母ト同居スル筈。依テ千葉教会牧師森岡氏へ同人ヲ紹介ス。

午後、瀬川浅氏ヲ訪問シ、過日依頼セラレタル書画帖ヲ返ス。揮毫甚タ不出来ナリシ故ニ別ニ二枚揮毫シテ申訳ニ代ヘタリ。瀬川氏亡父ノ遺書ヲ見ル。中々美事ナル書跡ナリ。横文モ達者ナリシガ如シ。篠﨑小竹、頼山陽等ト交リタリ。

二月九日（火）　快

授業如例。

中学部ＹＭＣＡ同盟加入ノ件ニ付、鷲山、渡辺二氏来訪ス。同盟主事小幡氏へ紹介書ヲ与フ。

木村夫妻、郷司牧師等、真澄見舞ニ来ル。

二月十日（水）　雨

旧臘以来始メテ雨ラシキ雨降ル。

草木ノ為ニハ必要ナレトモ、道路忽チ汚レタリ。

小林同盟主事及開拓社事業ノコトニ付、同盟事務所ニ於テ長尾氏ト共ニ筧氏ノ意見ヲ尋ネ、一応開拓社委員ノ意見ヲ尋ネタル上、筧氏ヨリ本人ニ旨ヲ諭スコトニ定ム。

二月十一日（木）　晴曇

明治学院講堂ニ於テ如例紀元節祝賀式ニ出席ス。田川氏ノ講演アリ。式後、中学部教員会ニ於テ暫時談話ノ後辞去ス。

午後、秋葉氏ヲ訪問シ、書道ヲ学ブ。

夕刻、少シク雪ヲ催シタレトモ暫時ニシテ止ム。

市中ニ於テハ「建国祭」ト云フ新名称ノ下ニ男女学生ノ行列催サレタリ。何故ニ紀元節ヲ棄テ、建国ト云ハントスルヤ。

二月十二日（金）　快

ドクトルアツキスリング氏ノ外国宣教師ノ必要ナルヤ否

ヤノ質問ニ対シテ返書ヲ認ム。問題ハ現今ノ日本ニ宣教師ヲ必要トスルヤ、必要トスレバ如何ナル仕事ガアルカ、又宣教師ノ資格ハ如何ト云フニアリ。

午後、宮崎小八郎氏来訪、田川大吉郎氏ヨリ日基大会ノ主事ニ為リテハ如何トノ話アレトモ如何ニスベキ乎トノ相談ナリ。聯盟ノ方モ財政頗ル困難ノ模様ニテ、此際去ルハ如何ナルモノニヤトノ話アリキ。

二月十三日（土）　晴

アツキスリング氏ヘノ返書ヲ浄書シテ郵送ス。余ノ意見ハ、現今及ビ将来モ尚宣教師ノ必要アリ、教会ハ幸ニ独立自給ノ境ニ達シタレトモ、未タ国民教化ノ大業ヲ全ウスルノ資力ト人トヲ有セズ、但宣教師ノ人物如何ガ問題ナリトス。

真野文二氏来訪、先般購入シタル幡ヶ谷ノ地所ニ移転スルカ、当分鎌倉ノ別荘ニ入ルカソノ利害得喪ニ付種々話アリ。余ハ幡ヶ谷ノ隣地ニ借家スル方利益多カルベシトノ意見ヲ述ベタリ。

二月十四日（日）　曇

少シク風邪ノ気味ニテセキ出ヅ。用心シテ引籠リ居ル。

二月十五日（月）　晴曇

午後、帝国ホテルニ於テ太平洋問題調査会組織相談会アリ。理事七名、評議員約二十五名ヲ選挙スルコト、但渋澤子爵ヲ評議員会長トナシ、理事ハ同子ノ指名トナスコトニ一決ス。

引続キプリンストン大学教授コンクリンク氏及ビ妻子女、並ニロックフエロルフアンデーシヨンノEmbrie氏歓迎会アリ。且六時ヨリコンクリン氏ノ為プリンストン関係者ノ会アル筈ナレトモ、少シク風邪ノ気味故断リテ辞去シタリ。

二月十六日（火）　晴

授業如例。

午後、揮毫。

木村良夫来訪、真澄ヲ診察ス。夕食ヲ共ニシテ緩話シテ帰ル。

二月十七日（水）　晴

昨夜来風強ク再ビ結氷ヲ見ル。

午後二時ヨリピーク氏方ニ於テ田川氏ノ招待ニテ神学部教員ノ茶話会アリ。都留氏ノ発言ニテ神学社ト合同問題ニ入リ談話アリ。ライシヤワー氏ヨリ角筈不動産ニ関スルボールドノ提供ノ話アリ。ピーク氏ハリフオルドムミ［ムド］

シヨンノ委員トシテ意見ヲ述ブ。其態度二人共ニ面白カラズ。種々討議ノ後不得要領ニテ五時散会ス。

二月十八日（木）　晴

授業如例。

但少シク風邪ノ気味ニテセキ出ヅ。故ニ乍遺憾明後日ノ東山荘ＹＭＣＡ主事修養会行ハ断リタリ。

花子モ風邪ニテ臥平、学校ヲ休ム。

二月十九日（金）　曇晴

風邪ノ為気分不勝。

東山荘主事修養会へ不参ノ電報ヲ発ス。

デーンブラオンノアートオブプリーチングヲ読ム。何等新シキ思想モナケレトモ、極メテアメリカ式ノ皮肉タップリノ形容比喩多ク、所謂現代的ノ書ナリ。

二月二十日（土）　晴

午前七時、突然清見木曽ヨリ帰宅ス。元気ナリ。朝食ヲ共ニシテ後、直チニ事務所ニ往ク。

二月二十一日（日）　晴

勝治、於国、春子来訪。

夜ニ入リ、良夫氏診察ニ来ル。花子ハ矢張軽症ノ気管支炎ナリ。自分ノ口中荒ハ多分ノ空気旱燥ノ為ナラントノコト、オキシフルヲ点沫スベシトノコト。

十時過、清見帰ル。

二月二十二日（月）　曇雨

午後五時ヨリＹＭＣＡ同盟ニ於テ長尾、筧、石川、千葉ノ四人ト共ニ開拓社ノ現状並ニ主任小林ノ事ニ付協議ヲ為ス。種々話ノ末、同人ハ同盟ノ会計トシテハ不適任ナルコトハ何レモ認ムル所トナル。依テ筧主事ヨリ旨ヲ諭シ、自ラ辞任ノ手続ナサシムルコトトナス。開拓社主任ハ英語研究所トノ関係ノ為、当分其侭ニテ能ク監督スルコトトナス。

二月二十三日（火）　雨

昨夜来ノ雨ニテ再ビ悪路トナル。

授業如例。

二月二十四日（水）　晴

清見帰宅。

木村氏来訪、夕食ヲ共ニス。

二月二十五日（木）　晴

午前、出院授業。

午後、教授会ニ於テ本年卒業スベキ三年生ノ中、日下、四方、永橋、林四名ノ口頭試験ヲ行フ。

三時半ヨリ田川氏モ来リ、神学部ノ前途ニ関シテ種々意見ノ交換ヲ為セリ。種々意見モ出タレトモ纏リタル者ナシ。余ハ此際更ニ神学社ノ態度ヲ確メテ、若シ真ニ合同ノ意アラバ相当ノ条件ヲ以テ之レガ達成ヲ謀ルコト、一、若シ其意志ナクバ我ハ単独ニ大会ト提携シテ独立ノ基礎ヲ定ムルノ得策及必要ヲ力説シタリ。

二月二十六日（金）　曇

ブラオンノアートオブプリーチングヲ読ム。

二月二十七日（土）　曇

綱嶋佳吉氏ヲ訪問シタレトモ不在ニテ夫人ノミニ面会。

午後、秋葉氏ヲ訪問、書道ノ教授ヲ受ク。

二月二十八日（日）　晴

柴田久之輔氏、去廿六日病死ノ趣通知ニ接ス。意外且気ノ毒ノ至ナリ。

清見、木曽上松ノ出張先へ帰ル。

三月一日（月）　曇

綱嶋氏ヲ訪問、米国遊学ノ件ニ関シ尋ネタレトモ何等確実ノ事ヲ得ザリキ。

三月二日（火）　曇、晴

帰途、木村家ヲ訪問シ、柴田久之輔氏ノ病死ヲ伝ヘタリ。

午前、授業如例。

学校ニテ弁当ヲ喫シテ後、若林村ナル柴田家ノ葬儀ニ赴ク。同家住宅旧臘久之輔氏ノ新築シタル所ナリトノコト。然ルニ去月始ヨリ発病熱度高[ク]ノ漸クウイリシユ病タルコト明白トナリ、遂ニ不起、去月廿六日逝去シタリトノコト。遺児男二人女三人アリ。気ノ毒ノ至ナリ。

三月三日（水）　晴

午前十時ヨリ明治学院理事会ニ出席ス。大正十五年度予算案ヲ議了シタリ。総額十二万円余、神学部ハ一万五千円余ナリ。来年十一月創立五十年記念祝賀会開催ヲ可決シ、ソレガ為ニ特別委員会ヲ挙ゲ、且其節ハ米国両ボールドヨリ代表者ヲ派遣セラルコトヲ申込ムコトヲ可決シタリ。

三月四日（木）　曇

本日、健次帰朝出向ノ為休講。

午後三時入港ノ筈ナリシガ五時ノ趣、留守宅ヨリ伝言アリ。依テ花子、沼澤くに、片山とよ、荒川康夫同道、四時前横浜桟橋ニ往キタレトモ、中々入港ノ模様ナク、六時ニ漸ク桟橋着船ス。ソレヨリ半時間以上待チテ上陸ス。健次至極元気ナリ。一同同車シテ帰京、我等二人ハ品川ニテ下車帰宅ス。
健次ハ三等軍医正ニ昇進ノ旨、昨日ノ官報ニ出タル由。無事帰朝ト同時ニ昇進ハ一段ノ吉事ナリ。

三月五日（金）　曇

午後三時、学院旧神学部ニ於テ神学部懇話会アリ。四方氏論文朗読ノ筈ノ処、病気欠席ニ付単ニ懇談、祈祷ヲ為シテ後、ドクトルオルトマンス方ニ於テ簡単ナル夕食ノ饗応アリ。
オルトマンス氏ハ本学年限リ教授退職ノ筈ニ付、特ニ此会ヲ催シタルモノナリ。ミセスオルトマンス並令息令嬢ハドクトルト共ニ食事ノ世話ヲ為シ且共ニ食事シ、真ニ美シク楽シキ夕食会ナリキ。食後ハ遊技ヲ試ミ、一同満足ノ様子ナリキ。

三月六日（土）　半晴

午後三時ヨリ霊南阪教会ニ於テ旧教会同盟常議員ノ談話会アリ。集会者ハ小崎、湯浅、松野、西嶋、千葉、平岩、中嶋、小平、稲沼等ナリ。格別ノ問題モナク、近来宗教会[ママ]ノ傾向、本郷中央会堂ノ問題等ニ付談話アリ。七時、辞去ス。

三月七日（日）　雨

午後、健次来ル。米国土産トシテ花子ト余ニハ万年筆、真澄ト清見ニハ独逸製ノ絵本等ヲ贈ル。晩餐ヲ共ニシ極メテ愉快気ニ語リ、大元気ニテ九時少シ前辞去ス。尚土産トシテ持参シタルサンキストオレンジノ風味極メテ佳ナリ。
鷲山第三郎氏来訪、中学部三年級日渡某ノ教員荻原某ニ対スル失言ノ故ヲ以テ論旨退学ヲ命ズルコトニ付、職員会ニ於テ不賛成ノ意見ヲ述ベタレトモ遂ニ容ラレズ、且部内ノキリスト教ニ対スル空気不良ナルガ故ニ辞任スルノ覚悟ナリトノ話アリ。余ハ先ヅ総理ニ事実ヲ開陳シ、而シテ後進退ヲ決スベク忠告シテ分レタリ。

三月八日（月）　曇

午後、秋葉氏ニ往キ、書道ノ教授ヲ受ク。

三月九日（火）　晴

午前、出院授業。
帰途、健次方ニ立寄ル。鶴田氏ハ夫妻共ニ不在ナリキ。
午後、真野来訪。愈代々幡ニ新築ニ決定、既ニ縄張ヲ了シタリトノコト、又尚侯爵ノ邸宅ノ重要部八十坪ヲ坪当九十円ニテ買取リ、而シテ之引移ス計画モ定メタリトテ図案ヲ示サル。鎌倉ノ別荘ニ[ヲ]金弐円[万]七千円ニテ売渡シタリ［ト］テ大ニ得意ナリ。
夕刻、鷲［山］氏来訪、愈辞表ノ副本ヲ水芦部長ニ差出シタルニ、大ニ狼狽シテ頻リニ留任ヲ乞ヒタレトモ、自分ノ意志ハ動スベカラズ、再ビ之ヲ差出シタリトノコト。田川氏ニハ未タ面会ノ機会ヲ得ズ。不得止小林氏迄辞表ヲ差出シ置タリトノコトナリ。

三月十日（水）　雨

正午、工業クラブニ於テ神田ＹＭＣＡ館建築費募集ノ件ニ付後援会評議員会アリ。午餐ヲ共ニシテ後、会長阪谷男ノ挨拶アリ。渋澤子爵ノ賛成アリ。実行委員五名ヲ挙テ実行ヲ托ス。米国側ヨリ一．〇〇〇．〇〇〇円ノ寄附申込アリ。之ニ対シテ六〇〇．〇〇〇円ヲ募集セントスルモノナリ。三井、三菱其他富豪家又ハソノ代表者出席スル者約三十名。
二時ヨリ神学部教授会ニ出席ス。

三月十一日（木）　晴

出院授業如例。但学年試験始マル。
花子、放送局ノ依頼ニヨリ家庭講話ヲ為ス。帰リテノ話ニハ存外話易カリシトノコトナリ。余モ曽テ宗教講話ノ委托ヲ受ケタレトモ、咽喉ノ工合悪シキ為ニ謝絶シタリ。

三月十二日（金）　晴

赤坂氷川町伊澤氏方ニ行キ、神戸文雄方ヨリ送来リタル「ラジオセット」ヲ受取ル。
午後、一色乕次氏来訪、明治学院同窓会幹事長トシテ学院内ノ近況ニ就テ実際ヲ聞度トノコト。而シテ中学部長ハ寧ロ勇退スル方学院ノ為ニ非ルヤトノ意見ヲ述ブ。但最近鷲山氏辞表提出ノ件ハ未タ知ラズトノコトナリ。依テソノ概略ヲ語リ、目下ハ助言ヲ為スノ時機ニ非ルベキヲ語リテ分ル。

三月十三日（土）

プロフエソルアダムスノキリスト教倫理書ヲ一瞥ス。何等創始的ノ意見解釈ナシト雖モ、教科書トシテハ相当ニ能ク纏メタル者ナリ。但一般倫理ノ部ハマケンゼイノ倫理書ニ拠リ、「クリスチアンエセックス」ノ部ニ於テハマルテンゼン及アレキサンドルニ則リタルモノ、如シ。ドクトルライシヤワノ新著タスクインジヤツパンノ第一第二章ヲ読ム。二章共ニ着眼宜シキヲ得タリ。只現時ノ宣教ノ目的ハ今一層ノ説明ヲ要ス。此点ニ於テ少シク物足ラヌ所アリ。

三月十四日（日）　曇

白金教会ニ出席、礼拝ス。
神戸へ宛荒川文六無事帰朝ノ祝電ヲ出ス。
三月十五日（月） 晴
神田ＹＭＣＡ会館ニ於テ近日休暇帰国セントスル少年部指導者パタルソン氏夫婦ノ送別会ニ出席、同盟委員ヲ代表シテ一言挨拶ヲ述ブ。同氏ハ本邦ニ於ケルＹＭＣＡ少年部事業ノ基礎ヲ置キタル人物トシテ其功少シトセズ。同労者等ハ一般ニハ同氏ノ誠実ニシテ万事研究的ノ態度ニ敬服セリ。
三月十六日（火） 晴
出院如例。第一年級キリスト教倫理学ノ学年試験ヲ行フ。
三月十七日（水） 晴
午後、本年卒業ノ神学生日下一、林正雄、小栗襄三、四方謙三郎、山下操六、「永橋卓介」ノ六名ヲ招キ茶菓、酢飯等ヲ饗シ緩談ヲ為ス。永橋ハ風邪ノ為不参。任地モ夫々略決定ノ由、小栗ハプリンストン神学校ニ入学ノ由。
三月十八日（木） 曇
午後五時ヨリ青年会同盟常務委員会ヲ開キ諸種ノ報告アリ。小幡信愛辞職其他ニ付協議ス。同人ノ留学後日尚浅キニ付、単ニ一身上ノ都合ニヨリ辞任ヲ申出ルハ道徳上無責任ナリトノ異議出タレトモ、自発的ニ遺憾ノ意ヲ表セシメテ辞任ヲ承認スルコトニ決ス。而シテ学生部専任主事トシテ藤田氏推薦ノ件ハ、出席者少数ナルガ故ニ次会迄延期スルコトト為ス。
三月十九日（金）
スヒヤ氏ヨリ返書来ル。真澄ノスコラーシツ［プ］ノ為ニ喜ンデ尽力スベシトノ趣ナリ。又シカゴ佐藤良雄氏ヨリモ返書来ル。但シカゴノ方ハ望マシカラズ。
午後二時、神学部ニ於テ卒業級ニ対スル説教アリ。而シテ一同聖餐式ヲ守ル。其後卒業級ヨリ謝恩ノ意味ニテ茶菓ノ饗応アリ。
其後、田川総理ヨリ別室ニ於テオルトマンス、ライシヤワー、ピーク、ハナフオード、都留及ビ余ノ六人ニ今回ノ鷲山ノ辞任願及ビ中学部長ノ問題ニ付相談アリ。何レモ鷲山ノ辞任ハ乍遺憾聴入レ、而シテ此際中学部長問題ヲ断然解決スル必要アリトノ意見ニ一致セリ。
三月二十日（土） 雪
昨夜九時過ヨリ雪降リ始、今日ハ一日降リツヽアリ。
午前、一色甫児ヲ先日来訪ノ答礼旁訪問シ、昨日総理ヨリ話ノ大要ヲ話ス。是レ同窓会ニ於テ事ノ真想ヲ誤ルコトナカラン為ナリ。

午後二時ヨリ明治学院第四十一回卒業証書授業[与式]アリ。神学本科卒業六名、同予科九名、高等部四十一名、中学部百十一名卒業ス。斎藤惣一氏、来賓トシテ頗ル有益ナル訓話ヲ為シタリ。

三月二十一日（日）　晴

晴但寒気強。

午後、秋葉氏ヲ訪問ス。

不在中、竹林立齊子息愛作氏ト同道来訪ス。面会ノ機ヲ失シ遺憾ナリ。

三月二十二日（月）　曇

木村ヲ経テ片山ヨリ電話アリ。曰、本朝、桜井女史ノ孫倉辻明毅逝去ス、故ニ明後日葬儀ノ説教ヲ依頼スト。

午後五時ヨリ角筈ニ於テドクトルオルトマンス退任又北村氏辞任ノ為送別ノ意ニテ晩餐会開カル。食後種々ノ懐旧談アリ、八時過解散ス。

オルトマンス氏ノ温厚ナル人格ハ何人モ敬服スル所ナリ。同氏ハ来月退任後ハ主トシテ癩患者ノ為ニ努力スル由ナリ。

三月二十三日（火）　晴

午前、スピーヤ氏へ礼状ヲ出ス。アイグルハート氏ノ推薦状ヲ同封ス。

ソレヨリ倉辻家ヲ訪問シ両親ニ面会、明日葬儀ノ打合セヲ為シ且桜井女史ニモ面会シテナグサメタリ。

ソレヨリ片山ニ往キ、午餐ノ振舞ヲ受ケ、帰途、沼澤ヲ訪問シタルニ墓参ニ往キタル由ニテ不在ナリキ。

夕刻ヨリ木村夫婦来リ、風呂ニ入リ緩々話シテ帰ル。

三月二十四日（水）　晴

磯子、来訪。

倉辻明毅《アキタケ》氏葬儀説教ノ草按ヲ作ル。

早昼ニテ宅ヲ出テ、午後一時十分過、先方ニ着ス。葬儀ハ女塾ノ教室ニ於テ執行セラル。会葬者満堂立錐ノ[余]地ナシ。履歴及ビ学友ノ弔詞ヲ聴キテモ真ニ惜シキ青年ノ音楽家ニシテ、性質モ善良、信仰モ確実ナリシコト明白ナリ。桜井女史ノ悲痛ハ見ルモ気ノ毒ナリキ。

三月二十五日（木）　晴

今日ノ来訪者ハ井深とせ、沼澤くに、多木燐太郎、松澤光義、内海孝夫ノ諸人ナリ。

女子学院卒業式ニテ終日外出。

開会以来愧態ヲ極メタル第五十回ノ衆議院ハ今日ニテ結

了、明［日］閉院式トノコト。「泥試合議会」「手盛議員」等新語ヲ生ミ出シタリ。然レトモ流石歳費倍額案丈ハ撤回セラレタリ。

三月二十六日（金）曇

鷲山氏ヲ訪問シ、同氏辞任後東京女子大学校就職望少キ様子ヲ語ル。就テハ明治学院高等部ニ於テ或ハ講師タルノ道アラントノ話アリ。

帰途、同道シテ山本秀煌氏ヲ訪問ス。同氏ノ新著江戸キリシタン屋敷史蹟並ニフランシスコサビエー伝ヲ恵与セラル。

夜ニ入リ鷲山氏来リ、都留氏トモ話ノ上、米国ニ遊学スルノ志ヲ立タリト語ル。

午後四時ヨリ雪紛々トシテ降始ム。夜ニ入リ止ム。

三月二十七日（土）晴

風吹キ寒気強ク氷結ス。

文徴明詩感帖ヲ臨書シテ秋葉氏ニ持参シ、訂正ヲ乞フ。

帰途、山本秀煌氏ト共ニ山下岩太郎、瀬川浅宅ヲ訪問ス。

山下氏ハ胃癌ニテ入院中ナリ。

三月二十八日（日）晴

健次ヲ訪問ス。少シク風邪ニテ臥床中ナリ。

三月二十九日（月）晴

正午ヨリ南風吹キ、急ニ暖カニナレリ。

神戸塚本［女］史及津田、横山両家ノ為揮毫シテ、明日出発ノ花子ニ托スルコトトナセリ。人ノ為ニ揮毫シテ落款シタルハ今回ヲ以テ初トス。漸ク文字ラシキ者ガ出来ルヤウニ成タルハ秋原石瞰氏ノ錫［賜カ］ナリ。

三月三十日（火）晴、風

俄カニ南風吹キ、気温六十七度ニ昇ル。

荒川、小泉両家ノ為揮毫ス。

午後、ライシヤワ夫婦来訪、過日ハ非常ニ多忙ニテ面会シ難カリシ申訳ヲ為ス。

夜ニ入リ井深とせ子老人来訪。横浜ノ地所ハ愈六十三坪七合、手取一万円ニテ売却シタリトノ話アリ。

三月三十一日（水）晴

午前七時三十分、花子神戸ニ向ケタツキシイニテ出発、東京駅八時十五分特急車ニテ出発ノ筈。真澄駅迄見送ル。

水芦氏来訪、鷲山辞任引留、渡米見合ノ件ニ付縷々話アリ。鷲山ノ決心モ存外堅固ナラズ、今更思止ルナラ何故ニ辞表ヲ提出シタルカ。

勝治来訪。みよ子ノ縁組愈成立ノ旨話アリ。

四月一日（木）　晴

急ニ暖気ヲ加フ。

午後、木村ヲ訪問シタレトモ夫婦共ニ不在。

留守中ニ柴八十子、木村丑徳氏妻来訪。土産物等持来リシニ、誰モ内ニ居ラズ空シク帰ラシメタルハ気ノ毒ノ至ナリ。

四月二日（金）　晴

昨夜一時五分、可也ノ地震アリ、熟睡中ユリ起サレタレトモ亦直チニ寝ル。

荒川家並小泉家ノ為ニ揮毫シテ郵送ス。今回結婚ノ祝ヒノ為ナリ。

午後、尾嶋真治氏妻伊呂子夫人ノ葬儀ニ会葬ス。

留守中植木屋来リテ柿木ニ接木ヲ為シケル。予テノ約束ヲ果シタルナリ。

四月三日（土）　雨

今日ハ予報ニ反シ最初ハ煙ノ如キ春雨ナリシガ、遂ニ「本降」トナレリ。

若シモ天気ナラバ田村氏ノ懇切ナル招ニ応ジ、同氏ノ巣鴨教会創立五十年紀念会ニ出席ノ心組シガ、昨日来少シク風気ナルト雨天ノ為ニ遂ニ断状ヲ出シテ終日加養シタリ。

益富政輔〔助〕氏ノ為ニ揮毫ス。

四月四日（日）　晴

漸ク晴レタレトモ風気ノ為気分引立ズ。依テイエスターサンデーナレトモ外出ヲ見合セタリ。

昨夜、花子ヨリ天城安着ノ端書来ル。

阿部圭一氏来訪、子息明治学院中学部ノ為河西氏へ紹介ヲ求ム。

高木氏ノ縁者ナル桑原大輔ト云フ人来リ「アンテナ」ノ取付ヲ為ス。ソノ方法ハ存外簡単ナリキ。乃チ六時三十分ヨリノ放送ヲ聞シニ相当ニ聞得タリ。器械ハ「セット」ニテ十四五円位トノコトナリ。

四月五日（月）　晴

松澤氏ヨリ電報ニヨリ、帝国ホテルニ往キホノルルヨリ来リタル日系アメリカ市民五名ニ会見シ、斎藤、ウヰルバー、デビス氏等ト朝食ヲ共ニス。右五名ハ米国法学士築山長松、同歯科医栗崎市樹、同工学士山城榮一、日布時事編修長丸山信治、布哇副収税官西川勇ニテ、孰レモ相当ノ教育アル人々ナリ。

四月六日（火）　晴　寒強

福岡ノ荒川、名古屋市ノ婦人矯風会大会及ビ木浦ノ北口秀隆氏へ夫々祝電ヲ発ス。

花子ヨリ名古屋安着ノ書状来ル。

渋澤子爵ノ招待ニ依リ銀行集会所ニ往キ、太平洋調査会評議会ニ出席。同時ニモルレー、デビス氏歓迎午餐会アリ。出席者ハ渋澤子、阪谷男、井上準之助、澤柳、頭本、添田、石井、高柳、高木、鶴見、斎藤及ビ余ナリ。

四月七日（水） 晴

澤歯科医ニ往キ歯ノ治療ヲ受ク。

穂積枢密院議長死去。明治時代ノ真面目ナル法学者ノ一人トシテ一般ニ惜マル。

四月八日（木） 晴

午前九時、神学部始業式アリ。ライシヤ氏ノ講演アリ。題ハ今日霊的戦争ノ「スピヤポイント」ニシテ頗ル有益ナル講演ナリキ。式後、教授会アリ。本科新入生ハ九名アリ。

四月九日（金） 晴

西南ノ強風吹キ沙塵ヲ飛バシ、室ニ入リ不快甚シ。階上階下共ニ縁側ハ紅塵ニ蔽ハル。但南風ノ為ニ桜花ハ一時ニ開キタリ。

四月十日（土） 雨

風ノ方向西北ニ転ジテ遂ニ雨トナル。

午前、理事会ノ吊意同情ヲ表明セル決議ノ写ヲ以テ、和泉弥六氏遺族ヲ訪問シテ後室ニ之ヲ交附ス。

帰途、益富氏方ヲ訪問シ、真澄ノ病臥中ノ好意ニ対スル謝意ヲ表シ、且揮毫二種ヲ与フ。

正午帰宅、稲垣信氏去九日午前一時半死去ノ通知ニ接シ、一驚ヲ喫シタリ。

四月十一日（日） 晴

小崎弘道氏ヲ病床ニ訪フ。一時ハ肺炎トジン臓炎ニテ頗ル危険ナリシガ、幸ニ漸次軽快ニ赴キツ、アリトノ事ナリ。

市ヶ谷教会堂ニ於ケル稲垣信氏ノ葬儀ニ列席ス。山本秀煌氏、司会ス。日基教会ノ教師多ク参列シタリ。信氏ハ嘉永元年ノ生故享年七十九才ナリ。病気ハ肺炎ナリ。

花子、今朝無事帰京ス。

四月十二日（月） 晴

歯科医ニ往キ治療ヲ受ク。

夫レヨリ秋葉氏ニ往キ、書道ノ教授ヲ受ク。

夕刻、鷲山氏入来、先日来水芦、河西二氏ノ懇請ニ依リテ遂ニ辞任ヲ取消スベク承諾シ、而シテ田川総理ニ其旨ヲ告白シタル処、同氏ハ其順序ノ不都合ニシテ総理ニ対シ礼ヲ失シタルヲ立腹シタリ。然レトモ其後大ニ心ヲ柔ゲ、遂ニ留任ヲ許容シ、而シテ中学部ノ講師兼学院三十年史編修者タルベキ旨ヲ告ゲラレ、自ラモ之ヲ甘受シタル旨ヲ語ル。之ニ対シ余ハ、最初ノ忠告ヲ受ケズシテ軽[々]シク辞職シタレ[ル]ヲ遺憾トスル旨ヲ告ク。

四月十三日（火）　快晴

午前八時半、宅ヲ出テ目黒ヨリ玉川電車ニテ横浜ニ往ク。是日天朗気清、沿道ノ桜花桃花満開、玉川辺迄ハ田園ノ間ヲ走リ、不二山ハ白雪ヲ戴テ青天ニ聳ヘ、何トモ云ハレヌ風景ニテ、宛モ桃源ヲ探ルガ如キ心地シタリ。洗足並調布附近最モ佳ナリ。夏日玉川ニ遊ブニハ最モ佳ナラン。

東京中会ハ海岸教会仮会堂ニ於テ開カレタリ。議長金井為一郎氏ハ吾人ハ須ク時代ノ檕ヲ解脱スベキコトヲ説キ好感ヲ与ヘタリ。

聖餐ノ後、議長ノ選挙アリ。金井氏再選セラル。昼食弁当ハ海岸教会ヨリ出シ、午後ハ教師試補九名ノ准允式アリ。ソレヨリ懇談会ニ移ル。自分ハ三時半中会ヲ辞シ、午後帰宅セリ。

四月十四日（水）　晴

午前、晩翠軒ニ赴キ碑聯集榻[搨]、定武蘭亭、唐懐仁聖教序、唐争座序三部ヲ購フ。代価一部金二円八十銭也。

帰途、明治学院図書室ニ赴キ書物ヲ借リント欲シタレトモ、図書掛ハ不在唯小使ガ室内ヲ掃除シツヽアリタリ。図書掛ハ居ラヌカト尋ネタルニ、近来一向見エズト云フ。依テカタローグノ引出ヲ見タレトモ、不秩序ニシテ更ニ用ヲ為サズ。実ニ失態至極ナリ。総理ハ之ヲ知ラザルカ。教員モ生徒ニモ図書室ハ無用ノ長物ナルガ如シ。嗚呼。

四月十五日（木）　晴

風寒ク指先カジカム。春ヨリハ冬ノ寒ナリ。

出院授業ス。

銀行集会所ニ開カレタル太平洋問題調査会理事兼評議員会ニ出席、予算並ニデビテス氏ヨリ提出ノ問題ニ付評議ス。来年ノ「インスチチウト」ハ再ビホノルルニ開クノ説多シ。朝鮮ヨリ代員ヲ出スト出サヾルトハ日本ノ調査会ニ一任スル方針ノ由報告アリ。デビスハ朝鮮ニハ立寄ラザル由。出席者ハ井上、阪谷、頭元[本]、高柳、鶴見、石井、坂井、小野英二郎、斎藤及ビ余ノ外ニデビスハ来賓トシテ列席シタリ。

東山荘第五号館即チ在来ノ百姓家番人ノ過失ニヨリ出火焼失ス。幸ニ他ノ建物ハ災厄ヲ蒙［免カ］レタリ。

四月十六日（金）　晴

芝増上寺ニ於ル松浦和平氏ノ葬式ニ列ス。胃ガンニテ死セリトノコト。

午後、同盟事務所ニ於テフレッチヱルブロックマン氏ニ面会シタルニ、先般ノ鎌倉コンフエレンスニ関スルダンロップ氏ノ非難ト之ニ対スルモット氏ノ書翰トヲ示シテ意見ヲ求メラル。依テ此問題ハ一般ト云フヨリモプレスビテリアンミシヨン内ノ問題ナレバ、先ツライシヤワ氏ト相談スベシト忠告シタリ。其上ニテ余モ亦相談ニ参加スベシト答ヘタリ。

四月十七日（土）　晴

午後、秋葉氏ニ行キ書道ノ教授ヲ受ク。

四月十八日（日）　晴

白金教会ニ往キ礼拝ス。今日ノ郷司氏ノ説教ハ成功ナリキ。思想アリ熱アリ有力ナル説教ナリキ。

四月十九日（月）　晴

午前、歯科医ニ往ク。

午後ヨリ片山夫婦来ル。夕刻ヨリ木村夫婦モ来リ、福岡ヨリ荒川康夫モ帰京、静江結婚当日ノ祝宴ノ菓子、新夫婦並ニ調度品ノ写真等ヲ携ヘ来ル。一同ニ筍飯ヲ振舞ヒ、其席ニテ右祝宴ノ菓子ヲ分配シ、歓声如沸思掛ナキ賑カナル会合ナリキ。千代子ノ満足想像ニ余アリ。

四月二十日（火）　晴

午前、出院授業。

十一時比ヨリ西南ノ烈風起リ、黄塵ヲ吹揚ケ、為メ［ニ］空ハ赤色ヲ帯ビ黄塵全都ヲ蔽フ。宅ニ帰レバ雨戸ヲ閉チアルニ拘ラズ縁側ハ砂塵ヲ以テ蔽ハル。向側ノ空地ヨリハ絶ヘズ黄塵ヲ吹揚ケ、為ニ日光モ遮キラル。午後四時ニハセベレンス館ノトタン吹メクラレ、急ニ頭ヲシテ応急ノ手当ヲ成サシム。夜ニ入リ風ハ益ス烈シク、十時ニ至リ例ノ如ク寝床ニ入タレトモ騒々シクシテ寝ル能ハズ。十二時過、寝床ヲ階下ニ移シテ漸ク少シク眠ル。

四月二十一日（水）　晴

今暁ハ一時風休ミタレトモ、正午ヨリ又北風吹始ム。但風力ハ昨日ノ半バニ至ラズ。

東京ＹＭＣＡ学生部主事土居譽雄氏来リ、ドクトルブラオンノ伝記ノ口授ヲ筆記ス。今日ハ其第一回ニ過ギズ。

四月二十二日（木）　晴

出院授業。二年級キリスト教ト人種問題、三年級説教批判。

夜ニ入リ田嶋進氏来訪シテ曰ク、田村直臣氏ハ同氏ノ巣鴨長老教会創立五十年記念会ニ際シ種々感激スル所アリ、熟考ノ上無条件ニテ日基教会ニ復帰シ度トノ希望ヲ声明シタリ。依テ教会ノ元老トシテ第一ニ先生ノ意向ヲ尋ン為ニ来レリ云々。之ニ対シ余ハ、第一個人ニ対シ何等思怨ナシ、若シモ田村氏ニシテ真実教会ニ帰ラント欲セバ、之ヲ受ルノ道ヲ講ズルハ当然ノコトナルベシ。但大会ノ決議ハ尚厳トシテ存スルガ故ニ、之ヲ無視スル訳ニハ行カザルベシ。故ニ先ヅ中会常置委員ノ意向ヲ尋ヌベシト。

四月二十三日（金）　晴

土居氏来リ、再ビドクトルブラオンノ伝記ヲ口授シ、ソノ本国ニ於テヱルマイラ女学校創立ノ件迄ニ及ブ。

午後四時、オルトマンス氏方ニ於ケルステーグマン氏夫婦歓迎茶話会ニ招カレ、花子同道出席。

余ハ一足先ニ退席シ、帝国ホテルニ於ケル井上準之助氏主催太平洋関係調査会ノデビス氏歓迎兼各新聞社員招待茶話会ニ出席。

夕刻、帰宅。

オルトマンス氏方ニテ山本秀煌氏ニ会ヒ田村氏ノ件ヲ尋ネタルニ、同氏ト巣鴨教会トノ金銭上ノ関係ニ不審ノ点アリト云ヘリ。同教会長老ヨリノ話ニ依ルトノコトナリ。

四月二十四日（土）　雨

今日ハ漸ク春雨トナル。

中通守尾店ニ行キ、小唐［紙］壱反六円五十銭、雅セン紙小中各拾枚金弐円ヲ求メ、帰途鳩居堂ニテ「双舞」壱挺金四円、朱肉油壱瓶壱円三十銭ヲ求ム。

午後、エチケイミロル氏来訪、神田教会移転問題其他ニ付意見ヲ求ム。同氏ハ同教会移転ニハ反対ノ意見ニテ、余ノ賛成ヲ求ムル者ノ如シ。余ハ之ニ対シテ駿河台ニ移ルノ可否ハ事情ヲ詳知セザルガ故ニ賛否ヲ表シ難シト雖、商業地ニ踏留テ教会ノ根底ヲ固ムルノ必要ヲ述ベタリ。

四月二十五日（日）　曇

午後、秋葉氏ヲ訪問ス。

四月二十六日（月）　雨、霆

午前、モルレイデビス氏来訪。太平洋調査会ノ事ニ付種々無腹蔵意見ヲ交換シ、余ハ三四ケ条ノ注意ヲ与ヘ置キタリ。氏ハ大ニ之ヲ多トシタリ。

午後、斎藤氏同伴、東宮御所ニ珍田伯ヲ訪ネ、近ク来朝ノ筈ナルサーアーサルヤップ氏優待ノコトヲ要望シタリ。帰途、上野桜木町ニ服部俊一氏ヲ訪問シ、東京ＹＭＣＡ館建築ノ為寄附ヲ求メタル。直チニ快諾シテ金壱千円ヲ寄附シタリ。同氏ハ余ヨリ一年々上ノ由ナルガ大分老体ニ見受タリ。

四月二十七日（火）　晴　風寒シ

午前、講義如例。

十二時半ヨリ銀行集会所ニ於テ東京ＹＭＣＡ館建築費募集評議会アリ。渋澤、後藤両子爵、阪谷男其他実業家連ノ会合ニテ内務省ヨリ十万円ノ補助金アル筈ノ報告アリ。一同大ニ励マサレ、或ハ一万、或ハ三千、或ハ千円ト夫々申込アリ。

会後、斎藤氏同道、第百銀行ニ原邦造氏ヲ訪問シ、寄附ヲ依頼シテ帰ル。

四月二十八日（水）　晴

土居氏来リ、ブラオン翁伝筆記口授第三回ヲ書取ル。

午後、歯科医ニ往キ入歯ヲ為ス。是ニテ二本目ナリ。

今夕ハ東京ＹＭＣＡニ於テ新館建築費募集ノ相談会アル筈ナレトモ、風邪ノ気味ニテ欠席ス。

四月二十九日（木）　雨

風邪ノ為咽喉ノ工合悪シ。故ニ不得止学院ノ講義ヲ休ム。亦今夕ノ青年同盟財団法人理事会ヲモ断リ欠席シタリ。

四月三十日（金）　晴、風

揮毫。

清見、木曽ノ出張所ニ帰ル。

五月一日（土）　晴

漸ク春暖ノ気候トナル。

午後、秋葉氏方ニ行キ書道ノ教授ヲ受ク。

五月二日（日）　晴

午前、白金教会ニ於テ礼拝、聖餐式アリ。

午後二時、斎藤勝次郎氏長男春雄ノ葬儀ニ会葬ス。肺病ノ為死シタル由。享年十九才、気ノ毒事共ナリ。

五月三日（月）　晴

マルレイテビス氏不日帰国ニ付、井上準之助氏ハ同人ノ為銀行集会所ニ送別午餐会ヲ催シ、余モ招カレテ列席ス。例ノ如ク渋澤子、阪谷男等太平洋評議会員等十名余列席ス。デビズ氏ハ今回来朝シテ各方面ヨリ多大ノ好意ヲ受タルコトヲ感謝シ、子爵ハ之ニ対シテ挨拶シタリ。

五月四日（火）　晴、曇

午前、授業如例。

真野氏夫妻愈福岡ヲ引払、今日上京ス。午後ステーショ
ンホテルニ訪問シタルニ、真野氏ハ大元気ニテ例ノ如ク
快談セリ。咲子ハ少々旅ノ疲レノ様子ナリ。尤モ是ヨリ
代々幡ノ借宅ヲ見分ニ往カントスル所ナリト云ヘリ。

大英国ニ今暁ヨリ近年稀ナル総ストライキアリ。罷業者
三百六十万人ト称セラル。殆ンド戦時ノ状態ラシ。其影
響重大ナラン。

五月五日（水）　雨後晴

花子同道、代々幡ナル真野氏ノ借宅ニ引移手伝ノ為往ク。
ニギリ飯、煮シメ、肴等ヲ持往ク。家ハ荷物ニテ一杯ニ
テ整理中ナリキ。文二氏ハ不在故余ハ正午過辞去シ、花
子ハ後ニ留リテ手伝ヒタリ。

午後、河原勝治氏来訪。種々懐旧談ヲ為シ、五時過辞去
ス。少年時代ノ事ハ能クモ記憶セリ。

英国ノゼネラルストライキハ益々重大ニテ、宛然戦時ノ
如シトノ電報ナリ。

五月六日（木）　曇

午前、出校授業如例。

五月七日（金）　風雨

午後五時ヨリ同盟常務委員例会ヲ開ク。

五月八日（土）　晴

今日ハ快晴ニテ急ニ暖カニナレリ。

午後二時ヨリ木村ニ於テ照子並稔ノ追悼会ヲ開キ、親戚
ノ人々ヲ招キ酢飯茶菓ヲ饗シタリ。木村夫婦ノ依頼ニヨ
リ余ハ聖書ヲ読ミ祈祷ヲ捧ケタリ。

正午、荒川ヨリ電報アリ、今朝千代子安産男児出生、母
子共ニ無事ナリト。直チニ祝賀ノ返電ヲ出ス。

五月九日（日）　晴、風

午前、前田慧雲氏ノ放送、修養談ヲ聞ク。極メテ拙劣ニ
テ殆ンド聴クニ堪ヘザルノミナラズ、宣伝メキタル為カ
途中ニテ切断セラレタリ。之ニ反シ中山昌樹氏ノ母性愛
ノ講演ハ思想、組立、言葉、口調共ニ申分ナク上出来ナ
リキ。数年前ノ同氏ノ説教ニ比シテ著シキ進歩ナリ。

午後、瀬川、秋葉両氏宅ヲ訪問シタルニ二人共不在ナリ
キ。

五月十日（月）　晴

午後二時ヨリ下落合村星野光多氏宅ニ旧友会開カル。会
シタル者瀬川浅、真木重遠及ビ余ノ三人ノ外ニ大儀見、

田村ノ二人客員トシテ出席シタリ。星野氏ハ十日程前ニ軽症ノ脳溢血ニ陥リ臥床中ナリシニハ驚キタリ。即チ隣室ニ臥床シテ談話ヲ聴居タリ。隣地ニアル徳川男爵邸内ノ牡丹園ヲ見ル。目下満開ニテ見観ナリ。茶ヲ喫シ夕食ヲ共ニシタル後、日暮辞去シタリ。大儀見氏ハ八十三才最年長者ナリ。耳聾シテ対話困難ナリ。田村氏ハ狭心症ニテ歩行困難ナリ。

五月十一日（火）曇

午前、登校授業如例。

午後三時ヨリキリスト教聯盟事務所ニ於テ、本年文部大臣ヨリ議会ニ提出セントスル宗教法調査会ニ関シテ懇談会アリ。聯盟ノ招ニ応ジ集ル者内外人合セテ約二十名。鵜崎氏司会、祈祷ヲ以テ開会、宮崎氏ヨリ開会ノ趣旨ヲ述ベタル後、宗教局長下村氏ヨリ宗教法案ノ大要ヲ説明シ、之ニ対スル質問ニ答ヘ懇談ニ及ブ。簡単ナル夕飯ヲ喫シテ後散会。

宗教家代表者ハ仏八名、神三名、基二名ニテ、其任選ハ既ニ決定セリトノ事ナリキ。新聞ニ依レバ其二名ハ鵜崎、元田ノ二人ナル。文部省ガ元田ヲ挙ゲタルハ恐ク監督ト云フ名称ノ為ナラン。日基ヨリ大会議長ヲ出スガ当然ナルニ之レナキハ遺憾トス。

五月十二日（水）曇

午後、田川氏ヲ総理室ニ訪問シ、学院五十年史編修委員会ノ件、又学院ＹＭＣＡ同盟委員選挙ノ件等ニ付談話シタルニ、田川氏ヨリ水芦氏ハ愈辞表ヲ提出シ、目下之ヲ預リ置キ適当ノ機会ニ於テ受納ル、心底ナリト内輪話アリ。但シ水芦氏ガ引ケバ河西其他二三ノ教員モ自然辞職スルラシゲ《[ケ]》レバ、ストライキ等ナキ様用心シツ、アリトノ事ナリキ。汝ニ出テ、汝ニ帰ルノ古語、人ヲ欺カズ。

○スピヤ氏ヘ三四月ノ書状ヲ出ス、

五月十三日（木）曇

英国総ストライキ止ム。政府ノ勝利ニ帰ス。

午前、授業如例。

午後五時ヨリ本郷帝大ＹＭＣＡ会館復興改築落成開館式挙ケラル。余ハ同盟委員長トシテ一言祝意ヲ表シ、且創立以来ノ本台町ニ於ル最初ノ会館、並ニ復会館及今回ノ改築開館ニ渉リテ三回ノ開会式ニ列シテ祝辞ヲ述ブルノ幸運ヲ感謝シタリ。式後、カフエテリヤ式ノ夕飯ノ饗応アリ。新会館ハ感ジノ好キ便利ナル建築ナリ。

○花子、午後七時二十分ノ急行車ニテ神戸ニ往ク。

五月十四日（金） 曇
昨日来時候外レノ寒ナリ。再ビ冬期ニ入タル感アリ。
宗教制度調査会委員発表セラル。仏八名、神三名、基二名中一人ハ天主公教会司祭早坂久之助ト云フ人、他ノ一人ハ基教聯盟委員長鵜崎庚[午]五郎氏ナリ。新聞紙ニテ元田作之進トシタルハ過ナリキ。

五月十五日（土） 曇
朝鮮人申興雨歓迎ノ為、帝国ホテルニ於テ斎藤氏主催ノ午餐会アリ。出席者ハ日本人側ニテハ澤柳、頭元[本]、高柳、高木、斎藤及ビ余ノ六名。
食後、別室ニテ太平洋問題調査会ノ組織ヲ国民的単位トナスヤ将個人的ト為スヤニ付、申興雨ト頭元[本]氏トノ間議論アリ。又高柳氏ノ意見モ出タレトモ、要スルニ中央委員ニ於テ目下研究中ニテ未定ノ問題ナレバ、今之ヲ決スルコト不能ナリトノ意見ヲ述ベテ退席シ、ライシヤワ氏方ノラモット氏夫婦歓迎ノ園遊会ニ赴キタリ。

五月十六日（日） 晴
午前、富士見町教会ニテ川崎義敏氏牧師就職式ヲ行フ。
郷司氏説教シ、余ハ就職式ヲ司レリ。
午後、興禅寺ニ於テ菅野国老殉死追悼会ニ出席ス。青年等ノ懇請ニヨリ菅野国長[老]最後告別ノ物語ヲ為ス。父上ト菅野氏トハ同年ニテ竹馬ノ友ナリ。且開城後共ニ芝赤羽根ノ?久留米藩邸ニ御預ケトナリタルナリ。
右会後、柴五郎、木村丑徳二氏宅ニ来リ、共ニ旧事ヲ語ル。

五月十七日（月） 晴
アーサルヤツプ氏上京歓迎準備相談ノ為同盟事務所ニ赴キ、斎藤氏ヲ招キ、筧、スネード、ウヰルバル氏等ト協議シ、同盟委員主催ノ歓迎会ハ来廿日夕ト定ム。十八日午後同氏ハ宮城ニ於テ拝謁、而シテ午後四時新宿御苑拝観ノ筈ナリ。
午後、松澤氏来リ、共ニ聖心女学院裏ノ貸家ヲ見ル。少シク手狭ナレトモ善キ家ナリ。松澤氏ハ明後日細君同伴再ビ来ル筈ナリ。

五月十八日（火） 曇
午前、授業如例。
午後六時、教友会ノ招ニ応ジ駿河台主婦ノ友社楼上ニ赴ク。長老其他教会員、牧師、宣教師等集ル者約六十名。
七時一同食棹[卓]ニ就キ食後座長ノ挨拶アリ。余ハ日基教会ト教派合同問題ノ沿革ニ付一場ノ話ヲ為シ、夫レヨリ大江女史、瀬川浅、吉岡弘毅氏等追懐談アリ。一同満足シテ十時散会ス。花子モ同伴出席シタリ。
英国ＹＭＣＡ総主事ソルアーサルヤップ、今朝上京ノ筈ナレトモ、余ハ神学部ニ於ケル授業ノ為出迎ルコト不能。

五月十九日（水）晴

ヤップ氏ハ本日午後宮城ニ於テ摂政宮殿下ニ謁ヲ賜ハリ、四時ヨリ新宿御苑ニ於テ御茶菓ヲ賜リタル筈ナリ。是ハ過日斎藤氏ト共ニ珍田伯ニ交渉ノ結果ナリ。

五月二十日（木）曇

午前、出院授業如例。
午後七時ヨリ同盟ニ於テソルアーサルヤップ並ニミストルポンスフォードノ為ニ歓迎晩餐会ヲ催ス。出席者廿名余、食後、余、先ヅ歓迎ノ辞ヲ述べ、山本邦之助、佐嶋啓介之ニ次ギ、而シテポンスホールド先ヅ之ニ答へ、而シテヤップ氏ノ答辞アリ。両人共ニ今回ノ日本旅行殊ニＹＭＣＡ職員ニ相交リ、ソノ事業ヲ目撃シタルコトヲ非常ニ満足ノ様子ナリ。二人共ニ立派ナル英国紳士ナリ。同盟ノ晩餐会ニモ大満足ヲ表シ居タリ。卓上ノ飾付並ニ料理モ質粗ナガラ上出来ナリキ。散会後ホテル迄同車シ、而シテ帰宅。

五月二十一日（金）曇雨

午後六時半ヨリ工業クラブニ於テ東京ＹＭＣＡ主催ノヤップ氏及ポンスフオールド氏歓迎晩餐会アリ。陪賓ハ阪谷男、府知事内田嘉吉其他合テ四十名許ニテ、長尾氏歓迎ノ辞ヲ述べ、ポ氏、ヤ氏答辞ヲ述べタリ。ヤ氏ハカイギヤクヲ交ヘナガラ青年会ノ為ニ大ニ訴フ所アリタリ。

五月二十二日（土）雨

午後、秋葉氏ヲ訪ヒ書道ノ教授ヲ受ク。同氏ハ庭造リニ熱中セリ。植木屋二人ヲ相手ニ単衣一枚ニテ働キツ、アリ。
夕刻ヨリ豪雨トナル。

五月二十三日（日）雨

スピーヤ氏ヨリ返書来ル。プリストン大学ノ方ハ未タ総長ヒビンス氏ヨリ廻答ナシトノコト。恐クハ六ケ敷カラント察セラル。他ノ大学モ既ニ申込ノ時機ヲ失シタル為ニ今年ハ六ケ敷ソウナリ。

五月二十四日（月）晴

午後二時、斎藤勇氏来訪。聖書和訳ノ歴史ニ付質問アリ。余ノ知ル所ヲ語リ、且神学部ヨリ借来タルグツラフ訳約翰伝福音並ニゴブル訳馬太伝等ヲ示ス。

五月二十五日（火）　曇

午前、授業如例。

北海道十勝国硫黄山大爆発シ、死傷者多シ。

五月二十六日（水）　晴

午前、土居譽雄来リ、ドクトルブラオン伝ノ続キヲ筆記ス。第一回ハ既ニ青年会学生部雑誌ニ載セラレタリ。

午後、学院ＹＭＣＡ副会長斎藤茂夫氏ヲ訪レ、同盟委員選出ノ件ヲ聞ク。

総理室ニ於テ創立五十年紀念準備委員会アリ。其序ヲ以テ田川氏ヨリ中学部長水芦氏辞表提出ノ件、神学社ヨリ合同申込ノ件等報告アリ。

五月二十七日（木）　半晴

午前、授業如例。

学校ヨリ幡ヶ谷真野氏宅ヲ訪問ス。新築ノ設計図案ニ付種々ノ話アリ。午餐ノ振舞ヲ受ケ、且真野氏近頃ノホベータル陶器標本ヲ見、午後三時過辞去。

帰途、健次方ヲ訪問ス。幸鶴田氏夫婦モ在宅、健次夕刻帰宅、強テ引留メラレ三人夕食ヲ共ニシ七時頃辞去ス。

健次ハ至極元気ノ様子ニテ三人ノ小児モ元気ナリ。

五月二十八日（金）

［記載なし］

五月二十九日（土）　雨

今日ハ同盟関東部会ニ出席スル積ナリシガ、雨天トナリタル為ニ見合ハス。

五月三十日（日）　雨

終日降雨。恰カモ梅雨期ニ入タルガ如シ。

五月三十一日（月）　曇

午後二時、京浜教役者会ニ於テ独逸シヤーレルテンベルグノ牧師デバンヌ氏ノ講演ヲ聞ク。演題ハ独逸ニ於ケル近代神学思想ノ傾向ト云フコトナリキ。大戦後カトリツク教会ノ盛ナルニ比シテ、プロテスタント教会ノ甚タ不振ノコト、並ニ近来テオソフヒストノ盛ナルコト、亦教会内ニバルト及ビゴーガーラン等ノ新潮流ヲ起サントスル努力アルコトヲ説ケレリ《ママ》。

六月一日（火）　晴

午前、出院授業。

帰途、熊野氏方並ニ勝治方ヲ訪問シタリ。

松宮一也氏来訪、ヘルシングフオールス出張ノ件ニ付尋ル所アリ。同盟事務所ニテ調査ノ上返答スベキ旨ヲ答フ。

夕食ヲ共ニシ緩談シテ後辞去ス。

六月二日（水）晴
午前、土居氏来ル。ブラオン伝ノ続ヲ口授筆記セシム。
午後、斎藤惣一氏来ル。松宮一也旅費ノ件、ウイルバー氏日本滞在任期延期ノ件、中津親義任用ノ件等ニ付談話シテ辞去ス。

六月三日（木）曇
午前、授業、但三年級ハ休講ス。
文雄上京ニ付早目ニ帰宅シタルニ、真野文二氏夫妻来訪中ニテ折好ク文雄ニモ面会ス。文雄、咲子、昼食ヲ共ニス。食事中、文雄ヨリ上海ニ三菱造船所設立ノ計画ニ付話ヲ聞ク。但未確定ノ問題ナリ。
夕刻、帝大Y〔YMCA〕ニ於テ今回来朝ノジヤフエルソン氏ト〔ヲ〕歓迎ノ小晩餐会アリ。食後、同氏ノ講演アリ。演題ハキリスト教ノ根本義ト云フコトナリ。講演半バニシテ辞去。
帰宅後、例ノ吉田ノコトニ付懇談忠告ヲナス。

六月四日（金）晴
午後、神田青年会ニ斎藤氏ヲ訪レ、ミロル氏ヨリ依頼ノ美土代町近辺ニ神田教会移転地ノ件ヲ問合ハス。
夜ニ入リ村中常信来訪。今回リフオームドミシヨンノ勧メニ依リ本月渡米、ニウブランスウイツク神学校ニ入学ノ筈ノ由ナリ。
芝区二級市会議員選挙ニ往キ、未知ノ人物ナレトモ藤原久人ト云フ人物ニ投票シタリ。政友会系ノ人ニ投票スルヲ好マザル為ナリ。何トナレバ総裁ノ人格ヲ信ゼザル故ナリ。

六月五日（土）曇
午後、秋葉氏ニ往キ書道ノ教授ヲ受ク。
熊野氏夫人来訪、緩談ノ後辞去ス。
文雄辞去、帰神ス。文雄六甲山麓之新居近日落成ノ趣ニ付、祝ノ印トシテ家具代金五拾円ヲ贈リ、且額幅各一枚ヲ揮毫シテ与ヘタリ。額ハ文雄ノ望ニ依リ和気靄然ノ四字、幅ハ山光照檻海色入窓ノ八字ナリ。

六月六日（日）半晴
正午過、ジヤフオルスン氏ノラジオ講話ヲ聞ク。題ハ「我ガクリスチアンタル理由ト云フ事ナリシガ、極メテ簡明ナル講話ナリキ。
午後四時ヨリハ渋谷ノ外人教会ニ於テ同氏ノ説教アリ。題ハ前哥林十三年ニテ頗ル有益ナル解釈的説教ナリキ。流石老練ノ説教者ナリト思ヘリ。百人以上ノ外人聴衆アリ、日本人モ少数見ヘタリ。

六月七日（月）　晴

午後三時ヨリ早稲田大隈会館ニ於テキリスト教聯盟主催ニテドクトルゼツフエルスン氏歓迎会アリ。綱嶋氏和英両語ノ紹介ノ後（何故両語ヲ用ヒタルカ、人之ヲ怪ミ或ハ笑フ）、ゼ氏ノ感話アリ。其要点ハ国際聯盟モ可ナレトモソレヨリモ先ツ各国人ガ心ノ聯盟ヲ結ブニ若カズト云フニアリ。心カラ日本人ノ歓迎ヲ感謝シタリ。集会者約百名、茶菓ノ後撮影シテ散会ス。ゼ氏ノ老練ナル演説振ニハ聴者皆感服シタリ。

六月八日（火）　晴

午前、授業如例。

午後、教授会アリ。格別ノ問題ナシ。

暑気俄カニ加ハリ、七十七度ニ昇ル。愈初夏ノ気候トナル。

六月九日（水）　晴

午後、土居氏来ル。ブラオン伝ノ続キヲ口授筆記セシム。

午後、桜井近子女史ヲ病床ニ訪フ。壱週前ヨリ頗ル重態ニ陥リ到底恢復ノ見込ナシ。既ニ意識朦朧タリ。

帰途、片山ヲ訪問、一同無事。尚沼澤ヲ訪問シ、夕食ノ饗応ヲ受ケテ夜ニ入リ帰宅ス。

六月十日（木）　晴

出院授業。今学期ノ授業ハ今日ヲ以テ終ル。

李王ノ為国葬行ハル。

磯子、重健、健明二人ヲ同伴来訪ス。二児共ニ達者ナリ。重健ハ暁星小学ノ制服ニテ得々然タリ。童心当ニ左モアルベシ。

午後四時半、木村ヨリ四人ノ子供ト片山ノ四児ト同勢八人、ドヤ〳〵ト押寄来リ、一時ハ中々ノ繁昌ナリ。先ヅ磯子一行ニ夕食ヲ与ヘテ帰ラシメ、ソレヨリ八人ノ子供ニ夕食ヲ与フル為ニおばーサンハテンテコ舞ヲ為シタリ。

尚其間ニ玉川ヨリ勝己来リ、岩浪ノ老婆モ来リ近頃珍敷賑ナリキ。

今日ハ八十度以上ノ暑気トナル。初テ単衣ヲ着タリ。

六月十一日（金）　晴

愈真夏ノ陽気ナリ。早朝ヨリ七十五度ニ昇ル。午後ハ八十五度ニ昇ル。

勝治来訪、午餐ヲ共ニス。

六月十二日（土）　雨

午後三時頃ヨリ驟雨トナリ、一時雷鳴大雨トナル。為ニ温度急ニ下ル。

花子、横浜ニ行ク。婦人教化運動講演ノ為ナリ。

午後ヨリ秋葉氏ニ往キ、書道ノ教授ヲ受ク。

六月十三日（日）　雨

［記載なし］

六月十四日（月）　大雨　冷気

青年会同盟ニ於テスネード、ウヰルバル、筧並ニ弁護士福場某ト会見、今回在京朝鮮人ＹＭＣＡノ為裏猿楽町ニ土地ヲ購入スル事ニ関シ相談ヲ受ケ、何等異論ナキコトヲ答フ。

夫レヨリ午餐ヲ喫シテ後、筧氏同伴、キリスト教聯盟事務所ニ往キ、宗教法案ニ関スル懇談会ノ席上、鵜崎氏ヨリ同法案調査委員会経過ノ報告ヲ聞キ、種々質問アリ。

四時半過、辞去ス。

六月十五日（火）　晴　七十五度

午前、佐波氏来訪、明治三十二年八月ノ宗教々育ニ関スル文部省令第十二号ノ件ニ関シテ尋ヌ。之ニ対シテ当時ノ事情ヲ語ル。之ヲ知ル者ハ余ノ外ニハ殆ンド無シ。

午後、田嶋、郷司両氏来訪、予而余ノ質問シタル教職者会規則ニ付答ン為ナリ。答弁ハ不充分ナレトモ、此上追究スルモ大人気ナシ。只親展書ニ対シテ書記ニ答ヘシメタルハ重々詫ビ居タリ。

六月十六日（水）　晴

土居氏来ル。今日ハブラオン先生伝ノ序ニ、横浜修文館ノ略史及ビブラオン家塾ノ始末ヲ口述ス。

午後、木村ヲ訪レタレトモ夫婦共ニ不在ニテ空シク帰ル。

ドクトルスヒヤーヨリ来信アリ、プリンストン大大［衍］学ハ奨学金受領者既定後ニテ今学年ハ如何トモ致方ナシト。

六月十七日（木）　半晴

俄ニ思立チ早昼ニテ花子同伴、玉川ノ柴五郎氏ヲ訪問ス。

幸ニ夫婦在宅ス。約壱時間緩談シ、李鴻章ノ肉印並柴家々宝ノ兜等ヲ見テ辞去シ、夫レヨリ柴老夫人並木村夫婦ヲ訪ヒ、夕刻帰宅。柴氏ヨリ無花果樹ノ苗二本ヲ貰受ケ持帰ル。

日暮ヨリ木村夫婦来訪、序ヲ以テ真澄ノ渡米費ニ関スル申出ノ好意ヲ謝シ、渡米後万一ソノ必要生ズル場合ニハ援助ヲ受クベキコトヲ告ク。

六月十八日（金）　晴

田嶋進氏へ書状ヲ出シ教職会員タルコトハ暫時見合スベキコト、然レトモ同労者共済ノ趣意ハ固ヨリ賛成ナルガ故、随時寄附金ヲ為スベキ旨ヲ告グ。同時ニ会計ヘ拾円ヲ郵送シタリ。

明治学院ニ往キ偶然田川氏ニ会シタルニ、神学社ト合同問題ニ付話アリ。又水芦中学部長ハ今月末位ニハ愈辞任ノ意志ア［ル］ラシキ由ヲ語ル。後任ハ衛東幹太郎ト云フ人ニスル考ナリトノ話モアリ。

六月十九日（土）　半晴

昨夜、ドクトルバチエロルノ日本地名ニ関スルラジオ講話ヲ聞ク。アサマ山ノアサマハアイヌ語ニテ焼ル底ノ意味ナリト。利根川ノトネモアイヌ語ナリト。

日支聯合書画展覧会ヲ観ル。場所ハ上野美術館ナリ。支那人ノ書ハ見事ナレトモ画ハ観ルニ足ラズ。佐藤慶太郎氏寄附ノ美術館ハ立派ナリ。

阪下ノ井深ニテハ本日麻布霞町七番地へ転居ス。真澄、手伝ニ行ク。

花子ハＹＷＣＡ主催活動写真会ノ為、日本青年会館ニ赴ク。

六月二十日（日）　晴

真野咲子、昨朝脳貧血ニテ卒倒シタリトノ報ニ接ス。電話ニテ訪［尋］ネタルニ極メテ軽症ニテ、快方ニ向ヒツ、アリトノコトナリ。

午後二時、日本橋教会ニ献堂式挙行セラル。牧師ノ依頼ニヨリエペソ書二ノ廿ヲ題トシ、神ノ建築物タル教会ニ就テ説教ス。花子同伴ス。会堂ノ附近ハ区画整理最中ニテ頗ル混雑セリ。

教会ハ改築ノ為壱万二千円余ヲ費シタリトノ事。式後別室ニテ鰻飯ノ振舞アリ。夕刻、帰宅。

清見、陸軍点呼ノ為、木曽ヨリ一時帰宅。

六月二十一日（月）　曇

青年会同盟ニ行キ、筧氏等ト来廿八日ノ工事落成開館式執行順序ニ付相談ヲ為ス。

帰途、真野氏ヲ訪問ス。咲子モ今日ハ前日ヨリモ幾分カ軽快ノ様子ナリ。稲田氏診断ニ依レバ、脳溢血ノ症状ハ見ヘザレトモ、万一長引ク様ナレバ小脳ニ少シク差障ヲ出［生カ］ジタルヤモ知レズトノコト、乍然多分数日ヲ経バ全快セントノ事ナリ。

六月二十二日（火）　晴

今日ハ夏至ニテ一年中ノ最長日ノ由、嗚呼今年モハヤ半バヲ過シタリ。

午後、霞町七番地ノ井深家ヲ訪問ス。以前ノ借家ヨリハ幾ラカ体裁好キ家ナリ。且出入ノ便利ナル上ニ附近モ静カナリ。

六月二十三日（水）　半晴

土居氏来リブラオン翁伝ノ続キ、即チ新約聖書翻訳ノ事ヲ筆記ス。

夕刻ヨリ木村良夫［夫］婦来訪、真澄ノ健康診断ヲ受シニ肋膜炎ノ初期故当分安静ヲ要スル旨ヲ警告セラル。但其他ニハ何モ異条ナシトノ事ナリ。

六月二十四日（木）　晴

明治学院ニ行キ田川氏ニ面会、明日協議会ノ問題ヲ尋ネタルニ、神学社ト合同ノ件ニテ同社理事協議会情況報告ノ為ナリ。田川氏ノ所見ニテハ、合同ハ当分見込ナシ。何トナレバ理事全体ノ意見ハ殆ンド一致ニテ、第一理事ハ邦人ニ限ルコト、第二教授モ亦同然ノコト、但講師ハ別、第三校長ハ理事会ニ於テ選挙シ、而シテ教授ノ任免ハ校長ノ専権ト為ス事トアリ。尚右ノ条件ヲ山本忠興氏起草シ、高倉、千屋二氏ニ示シタル上、多田氏ニ送ル筈ノ由。理事ハ渡辺荘、鵜沢聰明、高倉、千屋、佐波、山本忠興ノ外、田川ノ七人ナリ。何人ガ考ヘテハ［モ］詰リ出来ヌ相談ナリ。合同トシテハ。

六月二十五日（金）　晴

午後二時、秋葉氏同伴、原胤昭氏方ニ開カレタル老人旧友会ニ行ク。出席者ハ大儀見、真木、栗村左衛八、阪野嘉一、和田秀豊、平岩愃保、本間重慶、山中笑、小方仙之助、土屋彦七［六カ］、湯浅治郎、山本秀煌、山鹿、古澤等十五六名ナリ。会名ハ旧友会ト定メ、春秋ニ集会ヲ開キ先輩ノ回顧談ヲ聞キ、又キリスト教史料ノ蒐集保存ノ方法ヲ研究スルコトトナセリ。

夕飯途中ニテ辞去シ、青年会同盟会館ニ赴キ、斎藤、奥村、松宮三氏ヘルシングフオールスヘ旅行送別ノ晩餐会ニ臨ム。

六月二十六日（土）

［記載なし］

六月二十七日（日）　晴

午後、秋葉氏ヲ訪問ス。

六月二十八日（月）　雨

午後四時、青年会同盟会館修繕落成開館式挙行。讃美、聖書、祈祷ノ後会館受領ノ儀アリテ、筧氏工事経過報告、更ニ祈祷ノ後、余、開館式辞ヲ述ベ、特別ノ尽力者ニ対シテ記念品ヲ贈呈シ、式後階下広間ニ於テ来賓一同ニ茶菓ヲ呈ス。来賓約七十名、盛会ナリキ。準備相当行届キ、一同満足ノ体ナリキ。又階上ノ陳列品写真統計表等モ整頓シタリ。凡テ好評ナリ。紀念品ハ金ノメダルニテ、表ニハ会館ノ図ヲ出シ、裏ニハ会館復興ノ為奉仕記念云々ノ文字ヲ書セリ。但シ少シ大キ過ルノ嫌アリ。

六月二十九日（火）　雨

午後、青年会同盟ニ往キ、来賓ノ応対ヲ為シ、夕刻帰宅。但来客ハ僅カニ数十名ニ過ギズ。

六月三十日（水）　雨

霖雨。土居氏来訪、ブラオン氏伝ノ続ヲ口授ス。大町咲子来訪、大堀ヨリ送金不充分ナルガ為ニ勧告スルコトノ依頼アリ。

頃日欧州ヨリ帰リタル長澤正雄氏来訪、緩談ノ後辞去ス。今夕ノピーク氏送別会ノ出席ハ電話ニテ断ハリタリ。

七月一日（木）　晴、雨

午後、花子同伴、真野家ヲ訪問ス。文二氏ハ外出不在、咲子ハ大ニ軽快、階上ノ客室ニテ応対、一時間余談話ノ後辞去ス。

帰途、驟雨ニ会ヒタレトモ、帰宅ノ頃ニハ再ビ晴ル。去年ノ今日ハホノルルニ於テ太平洋会開会ノ日ナリ。同地ノ風景、花卉ノ美モ尚目前ニアリ。

七月二日（金）　晴

筧光顕氏来リ、来十九日ノ同盟委員及ビ廿日同盟総会ノ諸問題ニ付協議ス。

午後、三越ニ往キ料紙其他ヲ買フ。同店ハ目下一部修繕中ニテ却々雑踏ナリ。或ハ中元前ノ為モアランカ。何セヨ此処ニ来テ見レバ、世間ハ不景気トハ思ハレズ。

夕刻、帰宅。昨日来少シク下痢ノ気味ナリ。

七月三日（土）　晴

昨夜雷鳴降雨アリ。ソノ結果カ、今日ハ意外ノ晴天トナリ、愈真夏ノ陽気トナル。

七月四日（日）　雨

今日ハ我ガ七十三回ノ誕生日ナリ。片山ヨリ祝意ノ菓子ヲ送来ル。

既往ヲ顧ミ実ニ感激ニ堪ヘズ。維新ノ際、会津籠城中ノ事ヨリ今日迄ノ事ヲ思ヘバ、我ナガラ実ニ不思議ナル神ノ摂理タルヲ感ゼザルヲ得ズ。四年前ノ大患ヨリ恢復シテ、今日ノ健康ヲ得タルモ亦一ツノ不思議ナリ。

荒川文六、公用ノ為上京、午後来訪。偶健次来訪且木村良夫ニモ予而案内シ置タル為ニ同人モ来リ共ニ晩餐ヲ饗シテ、図ラズモ賑カナル誕生日ヲ持ツコトヲ得タリ。料理ハ蒲焼ノ外ニ茶碗蒸其他ノ手料理ナリ。

七月五日（月）　曇

土居氏来リ、ブラオン伝ノ続ヲ口授シ、殆ンド終結シタリ。今一回ニテ全ク終結ノ見込ナリ。

東京ＹＭＣＡ復興建築費募集ニ対シ、金六十円寄附ノ予約ヲ為ス。

午後、秋葉氏ヲ訪問ス。

七月六日（火）　曇

ドクトルスピヤヨリ書翰来着、但今年ハヱール、コルネルモ望ナキ赴ナリ。

大町氏ノ依頼ニヨリ大堀氏ニ宛忠告ノ書状ヲ出ス。

片山、木村両家ノ為、額面並ニ半切各一枚ニ揮毫ス。

村中常信来訪、来十三日渡米出帆ノ由。ニウブランスウヰク神学校ニ於テ一年六百弗ノスコラーシツプヲ受ケ、三ケ年修業ノ由。同地ノ老マルヒー夫人ヘ宛紹介書ヲ与フ。

七月七日（水）　曇、晴

土居氏来訪、ブラオン伝口授ヲ結了ス。来九月ヨリハヘボン伝ヲ口授スル約束ナリ。

午後ハ予テ揮毫シタル額面ト半切トヲ携ヘテ片山ニ往キ、之ヲ与フ。

同所ヨリ電話ニテ桜井女史ノ容体ヲ尋ネタルニ、近頃軽快ニ向ヒツ、アリトノ事ナリ。

七月八日（木）　晴

スピヤ氏ヘ真澄ノ件ニ付長文ノ書状ヲ出ス。

午後六時ヨリ山王星ヶ岡茶寮ニ於テ、今回帰朝ノ青木新氏夫妻ノ為、及ビ近日欧州ニ出張スル斎藤惣一氏ノ為送迎会ニ花子同伴出席ス。主催者ハ太平洋会理事長井上氏ナレトモ病後ノ為欠席、阪谷男之ニ代リ挨拶ス。出席者ハ同会関係ノ人々ニテ約二十人、極メテ愉快ナル会合ナリキ。

七月九日（金）　晴

学院ニ行、七八月分ノ俸給ヲ受領ス。

総務部ニテノ話ニ水芦氏ハ愈々去六月限辞任シタル由。此ニ一段落ヲ告ゲタル次第カ。

文雄ヨリ六甲山下ノ新築落成、既ニ新宅ニ移転シタル赴申来リタリ。之ニ対シテ悦ビノ返書ヲ出ス。過日与ヘタル半切及額面モ表装シタル由申来ル。

斎藤惣一氏ノヘルシングフオルス行ヲ東京駅ニ見送ル。

七月十日（土）晴

木村ノ為揮毫シ、午後之ヲ携ヘテ訪問ス。

オベルリン大学ヨリ真澄ヘ入学許可証ヲ添ヘテ書状来ル。之ニ対シ直チニ小﨑道雄氏ヘ礼状ヲ出ス。

伊東多度作来訪。今回フレンド教会委員ノ推選ニヨリ米国ニ遊学スルコトトナリ、来月七日出帆ノ赴ニテ暇乞ニ来タルナリ。

七月十一日（日）晴

加藤咄堂ノ「死及死後」ト題スル放送講演ヲ聞ク。発音明晰ナレトモ声ハ少シクサビ気味ニテ感好キ声ニ非ス。話ノ筋道ハ能ク一貫セリ。結局ハ道徳観念及ビ信仰ニ由テ此問題ヲ解決スルノ外ナシト云フニアリ。句アリ曰ク、

飛込んだ力で浮ぶ蛙哉

要スルニ自力仏法ノ意ナリ。

午後、秋葉氏ヲ訪問シ、不二形ニ造リタル信楽ヲ贈ル。「中元」ノ微意ヲ表セン為ナリ。

山川男爵ヨリ会津白虎隊十九士伝及附録一部ヲ贈与セラル。一読シ去リ当時ヲ偲ビテ感慨無量ナリ。

七月十二日（月）雨

青山ノ墓地ヘ詣テ、生花三種ヲ墓前ニ供ス。先年植タル「モツコク」樹ノ繁茂シタルニハ驚キタリ。事務所ニ立寄リ、本年分掃除代金四円五十銭ヲ納付ス。彦三郎ノ墓地ノ為ニハ別ニ金壱円五十銭ヲ納付ス。

秦庄吉氏来訪ス。渡米後十六年ナリト云フ。今回母堂死去ニ付後始末ノ為帰朝シタリトノ事ナリ。

七月十三日（火）晴

同盟委員学生部委員会ニ出席ス。

七月十四日（水）晴

午後三時前、霊南坂教会ニ往キ小﨑道雄ヲ訪ネ、真澄オベルリン大学入学許可ニ関シテ謝意ヲ表シ、ソレヨリ今回支那ニ往ク途次東京ニ立寄タルルウフアスジヨーンス氏ノ講話会ニ出席ス。委員ノ依頼ニヨリ余先ヅ歓迎ノ辞ヲ述ベタル後、同氏ノ欧米近時ノ思想ノ傾向即チ唯物主義ノ跋扈ノコト、之ニ対スル反動ノ徴候及ビ新ミスチシズムノ事等ニ就テ話アリ。但余リ新シキ話ニモ非ズ。

七月十五日（木）晴

真澄オベルリン大学入学許可証ノ来リタルコトニ付スピーヤ氏ヘ書状ヲ出ス。

大阪商船ノコトニ付文雄ヘ書状ヲ出ス。

明治学院ニ往キ真澄ノ証明書ヲ受取ル。

沼澤久仁、来訪。

愈盛暑ニ入ル。午後、八十七度以上ニ昇ル。

七月十六日（金）晴

朝ヨリ八十度ノ暑ナリ。

川口湖扇ケ崎キャンプニ於テ来十八日ニ為スベキ説教ノ準備ヲ了ル。

午後二時ヨリ三時迄ハ九十二度強ノ大暑トナリ、近年稀ナル暑気ナリ。

七月十七日（土）晴

午前六時、人車ニテ目黒駅ニ至リ、新宿駅ニテ暫時待チ、七時十八［分］ノ名古屋行列車ニテ大月ニ向フ。途中トンネル多ク、蒸暑クシテ不愉快ナリ。十時十六分、大月ニ着、直チニ乗合自働車ニテ吉田町ニ逢《〔向カ〕》フ。同所ニ［テ］乗替船津村ニ迎《〔向カ〕》ヒ十一時半着。土居氏出迎居ル。暫時休息ノ後、共［ニ］モートルボートニテ扇ケ崎ニ向ヒ、鵜ケ島ニテ小舟ニ乗替ヘ、大倉氏別荘前ニテ上陸、数丁徒歩シテ漸ク梶原七郎氏ノ別荘ニ着、八九名ノ学生ニ会フ。

昼食後、湖上ニ小舟ヲ浮ベ四方ノ風景ヲ楽ミ、夕食後、湖辺ニ於テカンプアア《〔ママ〕》ヤヲ焚キ、之ヲ囲ミテ祈祷感話ヲ為ス。

七月十八日（日）晴

昨夜ハ蚊軍ニ襲ハレテ安眠セズ。今朝早ク起キ、湖水ニテ身ヲ浄ム。

朝食後、一行十二人小舟ニテ湖水ヲ横キリ、対岸ノ敷島松林ニ上リ礼拝式ヲ行フ。余、イエストガリラヤ湖辺ノ伝道ト題シテ説教ヲ為シタリ。足下ニ湖水ヲ見ミ《〔衍〕》、一面ニハ富岳ヲ仰キ見、松風ヲ聞キツ、静カニ神ヲ拝シタルハ印象深キ礼拝ナリキ。

昼食ヲ喫シテ後、モートルボウトヲ雇ヒ、学生等ハ小舟ニテ途中迄送リ、別ヲ告ケテ帰ル。船津ヨリ吉田迄自働車、ソレヨリ亦乗合自働車ニテ御殿場ニ到ル。途中霧深ク辛ジテ山中湖ヲ見ル。御殿場ヨリ腕車ニテ東山荘ニ到レバ、筧、松澤氏等既ニ東京ヨリ来居レリ。入浴、晩食シテ寝ニ就ク。

七月十九日（月）晴、雨

昨日ハ暴風模様ニテ、昨夜ハ夜中風吹テ騒カリシモ、今朝ハ日光ヲ見ル。

午前、静養ス。

午後一時半ヨリ同盟委員会、報告並ニ数種ノ議案議了シ、五時半ニ至リ休息ス。

七時半ヨリ再ビ議事ニ入リタルニ、主事退職給与及遺族扶助規程案ニ付議論百出、主事側ト理事代表側ト見解ヲ異ニシ議事容易ニ進捗セズ。遂ニ此案ハ協議ノ末、未了案トシテ継続同盟委員会へ引継事ニ決シテ閉会シタリ。時十時半ナリ。議論ハ双方共ニ腹蔵ナカリシモ気分ハ良好ナリキ。

七月二十日（火）　半晴

午前九時ヨリ丹羽氏指導ニテ祈祷会アリ。

十時ヨリ総会議事ニ入ル。余、再ビ総会議長ニ挙ラレ、長尾、木村両副議長トナル。議事ハ午後六時迄継続シ、円満ニ結了閉会ス。

正午休憩中、一同撮影ヲ為ス。総会代員ハ七十三名ニテ、近来珍ラシキ多数ナリ。相当ニ議論モアリタレトモ脱線ハ少ク、且空気ハ終始良好ニテ和気藹々ノ裏ニ結了シタルハ真ニ感謝ニ堪ヘズ。

自分モ昨日ノ同盟委員ヨリ引続キ、炎暑ノ際終日ノ議事ニ議長ヲ勤メタリシモ、拵外ニ疲労ヲ覚エズ。夜ノ夏季学校開校式ニモ列席シタリ。今日ハ非常［ニ］蒸暑ク、一同苦ミタリ。

七月二十一日（水）　晴

午前八時半ヨリ新同盟委員組織会ヲ開ク。先ヅ木村重治氏ヲ座長ニ推シ、而シテ議長選挙ニ取懸ラントセシ［ニ］、突然片山哲氏ハ事重大故候補者指名委員三名ヲ座長ノ指名ニテ挙ルコトヲ動議シタリ。此ニ某方面運動ノ片鱗ヲ見タリ。指名委員ハ石川、水﨑、井深ノ三人ヲ指名シ、投票ノ結果、井深九票、石川九票ニテ同点タリ。依テ一般慣例ニヨリ井深当選ト決シタレトモ、何トナク変ナ心地シタルガ故ニ、余ハ当選ヲ石川氏ニ譲リタレトモ委員会ハ承知セズ。依テ固辞ズ［ス］ルモ大人気ナキコトト遂ニ承諾シテ、一言ノ挨拶ヲ為シテ委員長ノ席ニ就キタリ。蓋此ハ昨年総会ノ時ノ運動ノ余波ナルベシ。

但其後ノ議事ハ極順潮ニテ十一［時］半閉会シ、大急キテ旧新同盟委員一同特別ニ用意セラレタル食卓ニ就キタル。汽車ノ時間切迫シタレバ、正午食事ヲ半途ニシテ自働車ヲ走ラセ、零［時］十八分発ノ列車ニ投ジ、木村、宮﨑、三浦ヨシ美ノ三氏ト共ニ帰京ニ来ル［ママ］。汽車中ニテ三人ノ感想ヲ聞キタル［ニ］三人モ余ト同感ナリキ。

四時過、帰宅シタルニ一同無事也。

七月二十二日（木）　曇、晴

文雄へ礼状ヲ出ス。大阪商船ハ真澄ノ為ニ割引ヲ為シ呉レル筈ナリ。

丸ノ内中央亭ニ開レタル原田助氏歓迎会ニ出席ス。出席者約四十名、盛会ナリキ。

七月二十三日（金）　晴、雷雨

坂田ヲ頼ミ、青山墓所ノ樹木ノ手入ヲ為ス。炎熱高キ上ニ藪蚊ニ攻メラレテ難儀シタリ。

午後ニナリテハ炎熱益々甚シク九十度近ク、殆ンド堪難キ程ナリシガ、三時過俄然雷雨起リ、ソレヨリ幾分凌易クナリタリ。

真澄東京府庁海外旅券下附願ヲ出ス。

七月二十四日（土）　曇

秋葉氏ニ往キ書道ヲ学ブ。同氏ハ過労ノ結果再ビ血圧昇リタリト云ヘリ。西郷南洲ノ敬天愛人四文字ノ写真ヲ借受テ帰ル。

七月二十五日（日）　曇

数人ノ来客アリ。

高輪警察ヨリ高等係間普菊次ナル人来リ、真澄渡米旅券下附願ニ付経歴並ニ内ノ資財収入等ノ事ヲ聞ク。

磯子来ル。子供等百日咳ノ様子ナリ。

七月二十六日（月）　曇

午後、伊藤一隆氏ヲ東中野ニ訪問ス。宿痾ノ皮膚尚未タ不癒、随分困難ノ様子、見ルモ気ノ毒ナリ。

序ニ長尾氏ヲ訪問シタレトモ出懸ケノ所故数分ニシテ辞去シタリ。

帰途、水上氏ヲ訪問シタリ。一家無事ノ由ナレトモ、老人生存ノ時トハ室内ノ様子一変シ、諸事乱脈ニテ折角造リタル庭等モ草茫々タリ。貫一氏ハ橋村商会トヤラ「云フ」電池ヲ売ル店ニ出勤シ居ル由ナリ。

七月二十七日（火）　半晴

午後、山本秀煌氏ヲ訪問シ、ヘボン氏伝ヲ借受ク。

帰途、木村ニ立寄リ、夜ニ入リ木村夫妻来訪、緩談シテ九時過辞去ス。

七月二十八日（水）　曇

朝ヨリ蒸暑シ。昨夜ハ珍シク蒸暑クシテ、床ニ入リテモ寝リ不得、夜半過湯殿ニ行キ冷水ヲアビ、催眠薬ヲ服シテ漸ク睡ル。

朝、大会書記小林氏来訪、来月十六日スピヤ氏来朝、九月二日ヨリ軽井沢ニ於テミシヨン対教会其他重要問題ニ関シテ協議会アル筈ニ付、自分ニモ大会及ビミシヨン両常置委員ノ請求ニ依リ出席ヲ乞フ旨ヲ語ル。依テ承諾ノ意ヲ表シタリ。

七月二十九日（木）　曇

押川方義氏ヲ芝公園内ノ寓ニ訪問ス。寓ハ古寺ナリ。増上寺大門ト三門ノ中間ニアリ。一時間余横浜時代ノ事ヲ相語ル。転感慨ニ堪ヘザル者アルガ如シ。談遂ニ新嶋襄氏帰朝ノ際、植村ト二人ニテ同氏ト約三時間論議シタルコトヲ物語ル。植村ハ会見ノ結果、新嶋ノ学識ノ全ク深ラザルヲ看破シタルコト、又新嶋ハ最初ヨリ飽迄アメリカンボールドト提携シテコングリゲイシヨナル教会ヲ建設スル考ヘナリシコト、而シテ極度ノアメリカ崇拝ナリシコト等ヲ語レリ。押川ノ風采ハ依然タル老書生ノ夫レナリ。

七月三十日（金）　晴、雨

白南薫来訪、朝鮮近況ニ付雑談約一時間ニシテ辞去ス。京城大学ハ朝鮮人間ニハ好評ナラント思ノ外、種々ノ点ニ於テ不評ノ由ヲ語レリ。

七月三十一日（土）　晴

真澄、海外旅券下附セラル。

午前、勝治方ヲ訪問シ、夫レヨリ乗合自働車ニテ真野ヲ訪問シタルニ、文二氏ハ不在、咲子ハ病気全快元気ナリ。帰途、健次方ヲ訪問ス。健次ハ出勤不在。鶴田氏ニ面会、昼食ヲ馳走ニナリテ帰宅ス。

八重子来訪、身体健康ノ様子ニテ気分モ稍快活ニ見ヘタリ。

八月一日（日）　晴

朝ヨリ八十五度ニテ、午後三時ニハ九十三度ニ昇ル。

夜、健次来訪、緩談ニ時ヲ移シ、十時過辞去ス。中々談客トナレリ。

夜ニ入リテ暑熱甚シク、十二時ニ至ルモ床ニ就クコト能ハズ。近来稀ナル暑熱ナリ。

大倉喜八郎氏ハ九十才ナルニ南アルプス赤石峰揬嶮ノ為一行六七十人ヲ率ヘテ本日出立ス。其意気旺盛ナリト云フベシ。但山中ハ山カゴニテ登ルトノコト、左モアリナン。

八月二日（月）　晴

昨日午後三時、気象台ハ九十七度五分ノ暑熱ニテ、下町ハ百度以上、実ニ明治十九年以来ノ大暑トノコトナリ。

自分ハ二時過ニ起キテ汗ヲ流シ、漸ク少シク眠リタリ。

津田榮子殿ヨリ真澄渡米ノ餞別金弐百円、ソノ外ニ八百円、花子へ貸金ノ名義ヲ以テ送金セラル。其厚意ニ報ハン為ニ、有功卿ノ不二山ノ自画自賛ノ小軸ト知紀、清綱、正風ノ短冊ト容保公ノ短冊トヲ添へテ礼状ヲ出ス。

八月三日（火） 晴

午前六時、宅ヲ出発、品川駅六時卅八分発車、東山荘ニ来ル。汽車中ハ思ノ外楽ナリシガ、東山荘ハ思ヒシ程涼シカラズ。午後三時ニ八十五度ナリ。宿泊者ハ六十名内外ニ〔衍〕ニテ食堂ハ殆ンド満員ナリ。

六時三十分、散歩シテ内ニ入ラントセシ際、突然地震アリ。婦人連ハ驚イテ屋外ニ飛出タル程ノ強サナリキ。

八月四日（水） 晴

朝ヨリ終日風アリ、為ニ凌易シ。

今日ハ午前後共、系譜ヲ調査シテ本家ノ初代ヨリ三代茂右衛門重光マデノ事ヲ略記シ、而シテ我ガ家ノ先祖清太夫重堅殿ノコトニ及ビタレトモ、不明瞭ノ点アリテ簡潔ニ之ヲ記述スルコト困難ナルヲ覚ユ。

正午八十五度ナレバ、恐ク東京ハ九十度以上ナラン。

大村益荒氏へ同盟委員記録委員トシテ尽力セラレタル労ヲ謝スル一書ヲ送ル。

八月五日（木） 晴

回顧録ヲ始ム。系譜ト日新館ノ事ハ別記ト為ス事ニ定ム。

今日ハ昨日ト変リ無風八十五度ニテ、午後ハ暑熱ヲ感ジタリ。

夜、講堂ニ於テ極メテ無邪気ナル親睦会アリ。

八月六日（金） 晴

午前五時起床、朝食前ニ回顧録数枚ヲ書ク。朝食後十一時迄書ク。

午後、暑気強ク遂ニ八十九度ニ昇リ、何事モ為ス元気ナシ。四時過入浴シテ後、漸ク元気ヲ回復ス。

慶応大学塾長林毅陸氏、富士登山ノ途次同教授嶋村氏ヲ尋ネテ来ル。嶋村氏ノ紹介ニ依リ談話ヲ為ス。五十前後ニテ一見紳士タルコトヲ知ル。

八月七日（土） 曇

昨夜来降雨、俄カニ涼シクナリ、昨日トハ雲泥ノ差ナリ。

新聞紙ニ依レバ東京ハ九十一度ニ過ギス、但静岡ハ百六度ニテ四十年来ノ大暑ナリシト云フ。

朝食前ヨリ回顧録ニ筆ヲ走ラシ、少年時代ノ遊戯ノ事共ヲ記述セリ。

福岡子爵来訪セシモ面会セザリシガ、夕刻散歩ノ際偶然途上ニテ出会タリ。

明日ノ説教ヲ依頼セラレ、午後ハソノ準備ノ為ニ費シタリ。

八月八日（日）晴

昨日ハ朝食前ヨリ午前迄回顧録ニ筆ヲ取リ、午後ハ習字ヲ試ミ又説教ノ準備ヲ為ス等、少シク頭ヲ用ヒ過ギタル為カ十二時ニ至ルモ眠ラレズ、故ニ明日ノ説教モアリト思ヒテ催眠剤ヲ服用シテ寝ニ就キタリ。然ル処目醒テ見レバ身体フラ〳〵シテ気分宜敷カラズ。

然レトモ《［ママ］》朝飲ハ食セズ、押シテ説教ハ為シタレトモ、殆ンド夢中ナリキ。催眠剤ハ「ルミナール」ニテ初メテ試ミタル者ナルガ、反応ノ強キ者カ或ハ全ク自分ノ身体ニハ合ハザルモノト見ユ。夜半ニ下痢ヲ起シテ閉口シタリ。

八月九日（月）曇

今日ハ終日臥床シタレトモ気分ハ大分好良ナリ。朝ハトウスト、昼ト晩トハ粥トスウプトヲ食シタリ。松澤、菊池氏等屢々宅ニ見舞ヒ呉ル。賄モ至テ深切ナリ。内ヨリ自製ノ菓子一函送来ル。

八月十日（火）晴

今朝ハ昨日ヨリモ余程元気出テ、食堂ニモ出始メタリ。

然レトモ未タ何事ヲモ為ス勇気ナシ。「ルミナアール」ニハ実ニコリ〳〵シタリ。寧ロ終夜寝ラザルモ之ヲ服用セザリシ方宜カリシト思ヘドモ詮ナシ。但夕刻ニハ池ノ周囲ヲ散歩シ、入浴ヲモ為シタレトモ異条ナシ。腹ノ工合モ平常ニ復シタルガ如シ。

筧氏、東京ヨリ来ル。ニウヨルクヨリ書状来ル。乍遺憾長崎ＹＭＣＡ白蟻被害修繕二万円ハ当分六ケ敷赴ナリ。上海余日章ヨリ返書来ル。ウヰルバル今一年滞在ハ承諾セリ。

八月十一日（水）晴

今朝ハ晴天無風ニテ富岳ノ姿美観ナリ。

少シ元気常ノ如クナラザレトモ、朝食前ニ散歩ヲ試ミタリ。

午後ヨリハ元気恢復シ、帰京ノ支度ヲ整ヘタリ。東京へみやげ物ニセント欲シテ態々戸沢迄唐モロコシヲ買ヒニ行キタレトモ、未タ熟セズトテ空ク帰リタリ。

八月十二日（木）晴

午前七時過、腕車ニテ東山荘ヲ出発シ、七時五十四分御殿場発、正午過無事帰宅シタリ。

宅ニハ大嶋一雄氏、沼澤くに子来居リ、且清見モ木曽ヨリ帰居タル為ニ賑カナリ。

但東京ノ暑熱ハ未タ九十度以上ナリ。

大嶋氏ハ神経痛ノ由ナレトモ思ノ外元気ナリ。今回ハ初孫ノ顔ヲ見ルベク上京シタリトノ事ナリ。

八月十三日（金）　晴

大暑九十一度強。

午後五時ヨリ日基教会大会事務所ニ於テ大会常置委員会アリ、招カレテ出席ス。

近日ドクトルスピヤー及ビカル氏来朝ニ付、ミシヨン対教会ノ諸問題ニ関シテ協議アリ。来十七日歓迎会ニ於テ歓迎辞ヲ述ルコトヲ依頼セラル。

横山八十子殿へ真澄ヘノ餞別五百円ニ対シテ礼状ト蒔絵ノ棗並祝賀ノ木杯一個ヲ感謝ノ印トシテ贈ル。

八月十四日（土）　晴

昨日ヨリモ暑熱強ク九十二度強トナル。

横山直行氏へ礼状ヲ出ス。山川健次郎男へ返書ヲ出ス。

花子、真澄ト共ニ青山学院教師マーチン夫妻方へ晩食ニ招カレ、庭ニテ簡単ナルカフエテリー式ノ食事アリ。夫妻共ニ至極深切ナル人ナリ。序ヲ以テ院長石坂氏並課長村上氏ノ舎宅ヲ訪ヒ、真澄ノ為ニ挨拶シ置キタリ。

八月十五日（日）　晴

夕刻ヨリ片山夫婦来ル。晩食ヲ共ニシ、四方山ノ緩談ニ時ヲ移シ、九時過辞去ス。幸ニ清見モ木曽ヨリ帰居タレバ自然真澄ノ送別ノ晩餐トモナレリ。片山ヨリハ真澄ノ渡米ニ付皮ノトランク（古物）ト夏冬ノ寝巻トヲ贈呉レ大ニ重宝シタリ。

横山八十殿ヨリハ五〇〇、津田ヨリハ二〇〇、文雄及ビ木村ヨリハ二〇、健次ヨリハ皮ノ手カバント一五、沼澤ヨリ一〇、真野ヨリハ五〇其他ノ餞別ヲ貰フ。荒川一〇トハンカチフ、荒瀧一〇、和田五等ナリ。

八月十六日（月）　曇

午前四時起床、五時出発、ドクトルスピヤア一行出向ノ為、真澄同伴、横浜ニ赴ク。エムプレスオブカナダ号午前六時着トノ報告ナリシモ、約二時遅レテ着岸シタレバ、其間立継ケニ待居テ少シク疲レタリ。

漸クスピヤア氏ヲ見付ケ歓迎ノ意ヲ述べ、且真澄ヲ紹介シテ帰宅シタリ。

留守中、日匹信亮氏来訪、待居タリ。要件ハエデンボラーニ於テ植村ノ二女環女史ノ為ニ奨学金ヲ得ルヤウスピヤア氏ニ依頼ノ件ナリ。

真野夫婦モ来居リ、午餐ヲ共ニシテ帰ル。

八月十七日（火）　雨

午後二時ヨリ大隈会館ニ於テドクトルスピヤー及ビカルノ為歓迎会ヲ開ク。スピヤー夫人及ビ令嬢モ出席ス。来会者、我ガ教会ノ牧師、長老、外国宣教師等約六七十人。毛利官治氏司会、余ハ英語ニテ歓迎辞ヲ述べ、而シ［テ］スピヤー氏之ニ対シテ答辞ヲナス。同氏ハ三十年前ト十七年前ト二回日本ニ来リタルコトアリトテ、ソノ当時ノ事情ヲ語ル。能クモ人名等ヲ記臆セリ。郷司氏通訳ス。次ニドクトルカルノ答辞アリ。氏ハ初メテ東洋ニ来レル由、外国伝道ノ反射的効果ニ就テ語ル。村田氏通訳ス。ソレヨリ茶菓ヲ饗シ、四時過散会ス。相当ノ盛会ナリキ。

八月十八日（水）　晴

残暑酷シ。午前十時ヨリ九十度ニ昇ル。

真澄同伴、トウリストビウローニ往キ、金二・二〇〇円ヲクツクノ旅行切手及ビアメリカンエキスプレスノ夫レトニ換フ。弗ノ相場ハ百円ニ対シ四十七弗八分ノ七ニテ大正以来ノレコードナリト云ヘリ。偶々社長猪俣氏余ヲ見付ケテ色々深切ニ世話シ貰［呉］レタリ。

夫レヨリ三越ニ往キ、真澄ノ為スウートケース及ビ化粧ケース各壱個ヲ求ム。

清見、ペンキ屋ヲ連レテ上松ニ往ク。来月半バニハ愈工事落成、帰京ノ見込ナリ。清見ニ時計一ツヲ与フ。是ハ先年スウヰスニテ求メテ、余ノ日常使用セル者ナリ。

八月十九日（木）　雨

昨夜ヨリ大雨トナリ、急ニ涼気ヲ催。昨日ハ九十度強、今日ハ七十度弱。一日ニシテ二十度ノ差ナリ。殊ニ夜ニ入リテハ涼気ヲ越ヘテ冷気ヲ感ジタリ。

午後、霞町井深ニ往キ、井深守之進一家並ニ井深数馬ノ後継者其他ノ件ニ付山川健次郎氏ヨリ問合ノ件ニ付、登世子夫人ト打合ノ上返事ヲ出ス。

八月二十日（金）　曇

木村夫婦来訪。花子、真澄ハ三越ニ買物ニ行キ不在。午餐ヲ共ニシ緩話シテ辞去ス。

真澄ノ乗船切符ヲ買フ。弗ノ相場ハ前日ト同ジク四十七・八分ノ七ナリ。

都留仙次氏来訪。来廿八日午后五時、宅ニ於テ神学部日本人教員相談会ヲ催スコトヲ定ム。

八月二十一日（土）　曇

プリンストン大学総長ヒベン氏ヘ真澄入学依頼ノ書状ヲ

出ス。

又オベルリン大学総長キング氏ヘノ紹介書ヲモ認ム。プリンストン大学ハオベルリン卒業ノ上、来秋クラジユエートスクールニ入学ノ積ナリ。

八月二十二日（日）晴

白金教会ニ於テ真澄ノ為礼拝後、送別ノ午餐会アリタリトノ事ナリ。

八月二十三日（月）晴

岡崎福松、嶋津両氏ヘ紹介書ヲ認メテ真澄ニ与フ。

夜ニ入リ秋葉省像氏来訪ス。

今夜ハ満月ニテ月光明ナリ。

八月二十四日（火）晴

大嶋秀雄氏、田部氏等暇乞ニ来ル。真澄今日出発ト誤解シタルナリ。

今日ハメツキリ風涼シク、何トナク立秋ノ気アリ。

夜ニ入リ健次夫婦、真澄ノ暇乞ニ来ル。

真澄告別ノ為平尾来リ一泊ス。平尾都次ハ真澄無二ノ親友ナリ。

八月二十五日（水）晴

真澄ノ手荷物、革トランク、スートケース、手提鞄各壱個、ジヤツパンエキスプレス会社ニ托シアフリカ丸ニ出ス。賃金合セテ七円也。

八月二十六日（木）晴

真澄出発準備ノ為何トナク気忙シ。

真澄ハ殆ンド終日プリンストン大学入学願書書式書入レノ為ニ忙ハシ。

八月二十七日（金）半晴

早昼ヲ済シ、真澄出発ニ付特ニ祈祷ヲ捧ク。勝治、久仁子モ参列シタリ。

十一時四十分、宅ヲ出テ目黒ヨリ横浜ニ赴ク。途中電車内ニテ強風ノ為真澄ノ帽子ヲ吹飛サル。依テ横浜ニテ仮リニ冬帽ヲ買ヒ、水上警察ノ査証ヲ済シテ愈乗船ス。船ハ可ナリノ大サナレトモ、客船ナラザル故ニ何トナクムサクルシ。船迄見送タル人ハ親類側十五名、友人十五六名ニテ中々賑カナリキ。

予定通リ午後正三時、真澄モ至極元気ニ出発シタリ。但西南ノ風強キ故ニ港外ニ出テハ船ノ動揺ハ免レザリシナラン。午後六時、花子同道帰宅ス。

八月二十八日（土）晴

津田、横山、神戸文雄並ニ真澄見送ノ人々ヘ礼状ヲ出ス。

午後五時ヨリ都留、村田、桑田、山本、川添、松尾ノ六人来会、神学校ノ前途、宣教師問題等ニ付意見ヲ交換シ、夕食ヲ共ニシ九時頃辞去ス。

残暑強ク恰カモ真夏ノ如シ。

八月二十九日（日）晴

小石川松平子爵家へ男子出生ノ祝意ヲ表ス。暑気強シ。ソレヨリ沼澤ニ往キ、暫時休息シテ片山ニ往ク。然ルニ寛夫婦ハ木村へ往キタル趣ニテ、子供等ニ会ヒ暫時休息シテ帰宅ス。

昨日ノ暑サハ九十度強、今日モ殆ンド同様ナラン。

八月三十日（月）晴

残暑尚強シ。

夕食後、花子同伴、木村ヲ訪問シテ真澄ノ病中又今回ノ渡米ニ付テ受ケタル礼ヲ述ブ。序ヲ以テ婦人之世界雑誌ニ出タル神山復生病院訪問記ノ事ニ付話ス。彼ノ記事ハ不完全ニテ不満ノ点アレトモ、左リトテ弁解スル訳ニモ往カズ、黙殺スルノ外ナカラン。

八月三十一日（火）晴

スピヤ氏ノ真澄ノ為ニ尽シタル厚意ニ対シ、絹「ドイレイ」半打ヲ感謝ノ印ニ贈ルコトトナシ、之ニ添ヘテ送ルベキ書状ヲ認ム。

青山学院村上精一氏へモ礼状且推薦状ノ依頼書ヲ出ス。

プリンストン大学研究所長ウエスト氏へ来年入学及ビスコラーシップノ願書ヲ書留郵便ニテ出ス。

九月一日（水）晴

今日ハ二百十日ナル上ニ大震災満三年ノ記念日ナリ。三年前ノ今日ヲ追懐シテ、一家無事ナリシコト又自分ノ病ノ不思議ニ全快シタルコト等ヲ憶ヒテ感謝ノ至ニ堪ヘズ。

午前五時半、家ヲ出テ六時目黒ヨリ乗車、池袋及赤羽ニテ乗替、正午軽井沢駅ニ着シ、ソレヨリ人車ニテ鶴屋旅館ニ投ズ。軽井沢ノ避暑客ハ大半帰タルモノト見エ、町モ旅館モ甚タ寂莫ナリ。

松宮氏ヲ訪問ス。五時頃、多田素氏来ル。夜ニ入リ渡辺、河本両人並濱田嬢来訪ス。

夜ニ入リテハ急ニ冷気ヲ催シタリ。

九月二日（木）晴

軽井沢ホテルニスヒヤ氏ヲ訪ネタレトモ、外出中ニテ面会ヲ得《〔ズ〕》テ。依テ書状ト贈物トヲ帳場ニ委托シテ帰ル。

ソレヨリアイグルハアト氏ノ宅ヲ訪ネタルニ、氏モ亦不在、依テ真澄ノ為ニ名刺ヲ置テ帰ル。

午後二時ヨリタンロップ氏方ニ於テ協議会始マル。スピヤ氏先ヅ感話ヲ為ス。題ハ「静ナル小サキ声」ニテ、我等ハ数ヤ宣伝ヤ金ヤ組織ニ信頼セズ、只神トキリストノ十字架ニノミ信スベキヲ説ク。

祈祷終リテ協議会ニ入リ余ハ座長ニ推薦セラル。先ヅ多田氏協力問題ニ付意見ヲ宣べ、ダンロッフ氏之ニ次キ、ソレヨリ討論ニ移リ、ブロカ氏ノ意見ニ対シ多田氏ノ弁駁アリ、釈明アリテ他ノ点ニ移ル。最後ニスピヤ氏ノ意見アリ。田川氏明朝帰京ニ付、プログラムヲ変更シテ教育問題ヲ議ス。

［以下補遺欄「九月二日ミシヨン及教会聯盟協議会ノ記事続キ」］

先ヅ神学教育ニ付金井氏意見ヲ述ブ。学院神学部ト神学社合同ノ問題ニハ触レズ。只一ノ高等ノ神学院設立ノ必要ヲ主張スト同時ニ、専門学校程度ノ一段劣等ノ学校ヲ置テ、特別ノ才能アルモノヲ養成シ、之ヲ実地ニ試ミタル上ニ選科生トシテ高等ノ学校ニ入ラシムルノ法ヲ設クベシト。

ライシヤー氏モ意見ヲ述べタレトモ、何等加フ所ナキノミナラズ、「大阪神学院」ノ存廃ニ対シテハ甚タ曖昧ナル態度ヲ取レルハ同氏ノ特徴ヲ露ハシタルモノカ。自ラ人ヲシテ其言ノ誠意ヲ疑ハシム。

之ニ次キミスモンク及ビ毛利氏ノ普通教育ニ関スル意見アリタレトモ、中心問題ニハ触レズ。

田川氏ハ大阪青少年ノ宗教ヲ引テ楽観的意見ヲ述べタリ。教育事業ニモ今一層内外協力ノ必要ヲ力説セラル。十時散解ス。

旅館ニ帰リ、寝ニ就キタレトモ能ク眠ラズ。多田氏ヨリアダリン錠一個ヲ貰受テ漸ク眠ル。

九月三日（金）　雨

午前九時、開会。ドクトルカルノ勧告祈祷ヲ以テ始ム。ミシヨンノ個人問題ニ付協議ヲ進メテ種々意見ノ交換アリ。会ノ空気ハ前日ニ比シテ大ニ改良セラレタリ。フアインデングス委員ヲ挙グ。即チスピー［ア］、ダンロッフ、多田、毛利ノ四人ノ外ニドクトルカル及ビ余モ之ニ参加シ、ホテルニ於テ昼食ヲ共ニシ、スピヤノ起草セル者ニ日本人ヨリ宣教師ノ必要ニ関スル項ヲ追加シテ、一同異議ナク之ヲ採用。

午後、協議会ニ報告シ審議ノ上些少ノ修正ヲ加ヘテ全部採用シ、而シテ之ヲダンロップ、井深ノ辞句修正委員ニ一任シテ公表スルコトトナシテ円満ニ協議会ヲ結了ス。

但財産問題ハ次期ニ延期シタリ。

九月四日（土）　曇

午前八時、笹倉、金井両氏ト共ニ自働車ニテ鶴屋ホテルヲ立チ、八時三十二分ノ列車ニテ軽井沢ヲ出発ス。十一時頃ヨリ暴風ノ徴候アリ、上野着ノ比ハ真ノ暴風雨トナレリ。上野ニテ横浜行ノ電車ニ乗換タルニ、電車不通トナリ日村〔ママ〕駅ニテ一同下車スルノ止ムナキニ至リ、不一方混雑ヲ生ジ、笹倉氏ニ助勢セラレテヤツテ〔下〕山手線ニ乗カヘ、目黒駅ニテ下車シ漸ク無事帰宅ス。

二時比ニハ東京ハ二十一メートルノ速力ニテ電信電話不通トナリ、地方ニハ死傷者モ不少由ナリ。乍然余ハ安然ニ帰宅スルヲ得シハ感謝ノ至ナリ。暴風ハ夕刻ニ至リテ止ム。

九月五日（日）　晴

午前ヨリ片山ゆき子来ル。午餐ヲ共ニシテ四時過辞去ス。

早イモノナリ、同人モ最早成人トナレリ。

夕刻ヨリ健次来ル。数日前、一同二ノ宮ヨリ帰京、元気ノ由、例ノ如ク快談数刻、九時過辞去ス。

今日モ中々残暑強シ。

九月六日（月）　晴

今日モ暑強シ。

早昼ニシテ、花子同道、ピウリングトン嬢出向ノ為横浜ニ赴ク。品川ニテ約壱時間待チテ、ミセステンニート同行、汽船会社ニテ着船ノ時刻ヲ問合セタルニ五時過ナラント云フ。依テ丸善書店ニ行キ買物ヲナシ、ソレヨリさむらい商会ニテ暫時休憩シ、四時半ヨリ波止場ニ向ヒタフト号ノ着ヲ待ツニ、五時過漸クピーヤニ着シタリ。ピウリントン、グリーン両女史安着、大喜ナリ。汽船ノ大ナル割ニ船客ハ甚タ少数ナルガ如シ。七時過、帰宅ス。

九月七日（火）　曇

今朝ハスツカリ秋メキ来ル。虫声モ刻々秋ヲ告ゲツ、アリ。

九月八日（水）　曇

ブラオン先生伝口述ノ草稿訂正ヲ青年会ニ送ル。

午後、久振ニテ秋葉氏ヲ訪ヒ、書道ヲ聞ク。

夕刻、とせ子刀自来訪、昨日久仁子同道神山ニ赴キ、八重子ニ面会シテ、先頃婦人世界ニ見エタル問題ニ付キ懇々注意ヲ与ヘ来タル旨ヲ告ク。同人仏国行ノ事ハ十二月前ニハ不分ノ由ナリ

九月九日（木）曇、晴

北伐軍ノ為ニ漢口武昌共ニ陥ス」、呉佩孚逃去或ハ自殺スノ報アリ。何レニセヨ支那ノ政界ハ是ヨリ益多事ナルベク、英国ハ大打撃ヲ受タリ。而シテ赤露ノ勢力ハ漸次旺ナルベシ。

今日ハ真澄シヤタル着ノ日取ナリ。大阪商船会社支店へ安着シタルヤ否ヤ問合ノ葉書ヲ出ス。

都留来訪、軽井沢ニ於ケル協議会ニ付テ尋ヌ。大略ヲ語ル。神学部ハ愈明日ヨリ開始ノ趣ナリ。

九月十日（金）晴

ピウリングソン、グリーン二嬢、日光見物ノ案内役トシテ花子今朝出発ニ付、上野駅迄見送ル。午前七時五十分ノ列車ニテ出発セリ。上天気ナレトモ朝ヨリ中々暑シ。

正午ニハ八十七度ナリ。

大町咲子来訪、子供ヲ聖心女学院へ入学セシムル旨ヲ語ル。

午後、中山昌樹、石橋近三両氏来訪。高等学部講堂ノ為、地塩世光ノ四字ヲ揮毫センコトヲ需ム。

夜ニ入リライシヤワー氏来訪、先日ノ軽井沢協議会ニ於ケル多田氏ノ意見ニ付疑義ヲ質問ニ来ル。即チ同氏ガ教会ノ補助ヲ要セズト云ヒシハ如何ナル意義ナルカト云フニアリ。

九月十一日（土）半晴

大阪商船会社ヨリアフリカ丸ハ去九日無事シヤタル到着ノ報ニ接ス。先以テ一安心ナリ。真澄ハ今晩ハシカゴニ向テ出立シタルナルベシ。

中山、石橋二[三]氏依頼ノ地塩世光ノ揮毫ノ下書ヲ試ム。

午後七時四十三分、ピ、グ二女史並花子無事日光ヨリ着。自分ハ上野駅迄出迎へ、花子ハ省線ニテ直チニ帰宅、自分ハ自働車ヲ雇ヒ青山学院迄二女史ヲ送届テ帰宅。二人共日光見物ヲ喜ビ且我ラノ世話ヲ感謝セリ。

九月十二日（日）半晴

午後、秋葉氏ヲ訪問ス。

九月十三日（月）晴

ミスピウリングトンヲ宅ニ招待シテ茶菓ヲ饗応シ、且審美書院ヨリ出版シタル日本古画ノ石摺二葉ヲ日本ニ来リタル記念トシテ贈リタルニ、大ニ満足ノ意ヲ表シタリ。

午後五時過辞去ス。花子、自働車ニテ青山女学院マデ同乗シテ送リタリ。ミスグリーンモ共ニ招待ノ積ナリシモ、疲労ノ為ニ辞シテ来ラズ。

九月十四日（火）　半晴

今朝ヨリ神学部秋季ノ授業ヲ始ム。

午後、教授会アリ。ライシヤワ氏ハ支那ニ於ケルプレスビテリアン宣教師協議会出席ノ為十一月末マデ休業ノ由、ステーグマン氏ハ夏中盲腸炎ニ罹リ軽井沢ニ於テ手術ヲ受ケ、結果良好ナレトモ未タ全快セズ、本月下旬ヨリ出講ノ筈。

昨日モ今日モ八十七度強ノ大暑ナリ。

米国聖書会社支配人オレル氏来訪、本年ハ同会社ガ日本ニ開業以来満五十年ニ相当スルニ付祝典ヲ挙ル由ナリ。時ハ来月十五日、十八日、場所ハ大隈会館ト青山会館ノ由。聖書和訳ト余ノ関係ニ付尋ル所アリ。

九月十五日（水）　曇

筧光顕氏来訪、同盟委員事務ニ付相談アリ。来廿五日委員会開会ノ筈。

河西銀之助氏来訪、愈本日限学院を［ママ］辞シ東洋英和女学校ノ講師トナル筈ノコト。同氏ハ明治三十四年以来先日ニテ満廿五年勤続シタリト云ヘリ。

木村春子来訪、昼食ヲ共ニシテ帰ル。

男爵都築馨六伝ノ寄贈ヲ受ク。同人ハ横浜修文館時代ノ同窓ニテ、ソノ伝記編修ノ為多少ノ材料ヲ供シタル返礼ノ意味ナルベシ。

九月十六日（木）　半晴

昨夕、雷鳴豪雨アリ。幾分カ残暑ヲ洗去リタルノ感アリ。

午前、出院授業。

昨夜、田村直臣氏ヨリ書状来ル。教会復帰ノ件ニ付心配ヲ懸ケタレトモ、今回思フ所アリ中止セリトノコト。恐ク前非ヲ悔悟シテ復帰ノ意志ナキモノナラン。

都筑男爵へ昨日受領シタル故馨六氏伝記ノ礼状ヲ出ス。

九月十七日（金）　雨

今日ヨリ再ビ回顧録ニ筆ヲ執始ム。今少シ早クヨリ之ニ着手セシナラバ、更ニ精確ノ事ヲ録スコトヲ得タランモ、今ハ当時ノ事ヲ尋ヌベキ人モ皆故人トナリ、自分モ幼年ノ事トテ詳知セズ、只記臆ノ侭ヲ録スノ外ナ［衍］ナキハ遺憾ナリ。

夕刻ヨリ豪雨トナリ、一時ハ大暴風タラントスル惧アリシモ、幸ニ東京ハソノ厄ヲ免レタリ。但気温ハ急ニ下リ七十度以下トナレリ。

九月十八日（土）　曇

午后二時ヨリ大隈会館ニ於テ今般来朝ノストルジ博士夫

婦ノ為ニ歓迎会アリ、花子ト共ニ出席ス。来会者約百名、内数名ノ外国宣教師モ見ヘタリ。千葉勇五郎氏司会、都留、額賀、松野、小﨑等数名ノ歓迎又ハ感謝ノ辞アリ。ス博士及夫人ノ答辞アリ。ス氏ハ在米日本人ノ為ニ尽スコト茲ニ四十年、其間日本ニ来朝スルコト今回共ニ三回、何レモ日本人ニ依テ送ラレタルコトヲ喜ブト申サレタリ。且我ハ日本人ヲ愛ス。若シソノチヤンスアラバ日本人ノ為ニ死スルコトモ辞セズト明言シタリ。真ニ日本ノ友人ト云フベキナリ。

九月十九日（日）　晴

午後、秋葉氏ヲ訪問ス。

九月二十日（月）　晴

午後二時ヨリ帝国ホテルニ於テドクトルストウジ古稀祝賀会アリ。出席者約百名、渋澤子祝辞ヲ読ミ、小畑之ヲ英訳、而シテ日本名画ノ石版二帖ノ贈呈アリ。ストウジノ答辞アリ。ソノ精神ハ強トスベキモ少シク言過タル嫌ナキニシモ非ズ。

暫時休憩ノ後、同氏講演会ニ移ル。余ソノ司会者トシテ簡単ニ同氏ヲ紹介ス。演説ハ国際親和ノ障害ハ国語、宗教、貨幣ノ相違ニ在リテ存ストナシ、而シテ自家ノ立場ヲ告白シタリ。

而シテ亦暫時休息ノ後、歓迎晩餐会ニ移ル。出席者約二百名。阪谷男司会、挨拶、伊澤市長同断、博士答辞ノ後、若槻首相ノ発声ニテ博士ノ万歳ヲ三唱シ、而シテ博士ノ発声ニシテ陛下ノ万歳ヲ三唱シテ首尾能ク散会シタリ。

九月二十一日（火）　晴

午前、出院授業。

午後、真野氏ヲ訪問シ、工事中ノ住宅ヲ見ル。日本館ノ方ハ七分通出来、洋館ハ未タ四五分通ト云フ所ナリ。日本館旧ノ尚侯爵ノ御殿ダケアリ中々シツカリシタル建物ナレトモ古キダケニ引立ズ、且少シ広過テ今ト成リテハ少シク持余ノ気味ラシク、維持保存ノ経費モ案外ニ多額ナラントスルニ当惑ノ様子ナリ。寧ロ最初ヨリ全部新築ニシテ今少シチンマリトシタル住宅ニ為シタル方得策ナリシナラント思ハル。

九月二十二日（水）　晴

午前八時過ヨリ正午迄回顧録ヲ書ク。即チ会津籠城中ノ記事ニテ感慨無量ナリ。

九月二十三日（木）　雨

午前、出校授業如例。

午後二時ヨリ松平家ニ於テ戊辰殉難者祭典執行ノ旨、藤澤正啓氏ヨリ通知アリタレバ出席ノ積ニテ花料ノ用意マデナシタレトモ、不天気ノ為乍残念見合ハセタリ。

木村夫婦ヲ招キ晩食ヲ饗ス。北海道古田ノ娘モ来リ合ハセ食ヲ共ニス。

伊東痴遊ノ西郷南洲ト征韓論ヨリ辞職、帰省迄ノラヂオ講演ヲ聞ク。中々面白シ。要スルニ西郷ハ勇気余アレトモ智謀ノ人ニ非ズ、到底政治家トシテハ大久保ノ敵ニ非ズ。

九月二十四日（金） 曇

昨日午前三時過、広島市以東中野駅附近ニテ豪雨ノ為鉄道破損シ、下リ特急車脱線顛覆シ即死者三十余名、負傷者数十名アリ。メソジスト教会伝道局長波多野傳四郎氏モ即死シタリ。

花子ヨリプウリングトン女史ニ贈ル羽織昨夜出来、今朝松山市へ宛郵送ス。

九月二十五日（土） 半晴

数日来ノ曇、午後ニ至リ漸ク晴ル。

木村春子来リ午餐ヲ共ニス。且曰ク、健次モ愈医学博士ノ学位ヲ得タル由、去十八日ノ医学雑誌ニ見エタリト。多分事実ナルベク欣然ノ至ナリ。

午後五時、青年会同盟常務委員会ヲ開キ、諸種ノ報告ヲ聞キ、且諸常任及ビ特別委員ヲ選定ス。本年改選ノ結果、同盟委員約半数更迭セシモ、常務委員ハ大抵元ノ人ナリ、独リ新キハ水崎基一、山本忠興ノ二人ナリ。

九月二十六日（日） 晴

鶴田禎次郎氏来訪、緩々談話ニ時ヲ移シテ辞去ス。

健次、医学博士云々ノ事ヲ尋ネタルニ、一週間前教授会ニ於テ決定シタルモ未タ官報ニハ発表ナシトノ事ナシトノコト〔衍文〕ナリ。

午後、健次夫婦、健明を連れて〔ママ〕来訪ス。今日ハ帰朝後始メテ青山ニ墓参シ、ソノ序ニ立寄レリトノ事ニテ、暫時閑談ノ後辞去ス。

九月二十七日（月） 晴

午後、秋葉氏ヲ訪問シ、黄山苔〔谷〕筆行書摺物十二幅対ヲ見ル。筆勢磊落ニシテ目ノ醒ルバカリナリ。文徴明ノ書ハ之ヨリ出タリト思ハル。

九月二十八日（火） 晴

午後、出院授業如例。

帰途、真野氏ヲ訪問シ、学院内住宅記念ノ為保存シタルステーンドグラスノ見本二種ヲ携ヘ行テ之ヲ示シタリ。大ニ之ヲ喜ビテ玄関或ハベランダノ欄間ニ用ヒ度ト云ヘリ。

同家ニテ午餐ノ饗応ヲ受ケ、帰途、勝治方ヲ訪問シテ若松籠城ノ時ノ話ヲ聴取ス。

九月二十九日（水）　晴

午後、回顧録籠城中ノ事、殊ニ内ノ家族城中ニ避難当時ノ状況ニ付、勝治ヨリ聞タル事ヲ其侭記録ス。

青年会同盟ニ於テ京浜主事会主催ノ斎藤惣一氏ノ歓迎会アリ。一同鰻飯ヲ共ニシ、余ハ一場ノ歓迎ノ辞ヲ述べ、而シテ同氏ノ答辞ヲ兼ネタル報告アリタリ。要スルニ諸会合共ニ成功ニテ、大ニ勇気付ラレテ帰リタリ。会後、同氏ト共美土代町会館ニ至リ、更ニ詳細ノ報告ヲ聞ク。同氏ヨリ土産トシテドクトルモットノ自署シタル写真絵はがきヲ貰フ。

九月三十日（木）　曇雨

午前、出院授業。

真澄ヨリ九月十日付シヤトル発ノ書状来ル。内容ハ船中ノ情況ヲ詳述シタルモノ（但途中迄）ニ過ギス。一等客ハ十三人ニテ外人三名他ハ邦人、内三名ハ紹介セラレタル人即チ一人ハ高橋某ト云フ組合教会ノ牧師、二人ハ金子ト垣永ト云フ立教ノ助教ニテケンヨン大学ニ行ク者、何レモ真面目ナル人物。其他ノ船客モ何レモ飲酒家ハ一人モナク真ニ心地好シ。四人ノ信者ハ毎朝祈祷会ヲ致シ居ルトノコトナリ。

午後三時、青山学院ニ於テメソジスト教会伝道局長波多野伝四郎氏ノ葬儀アリ。会葬者約千名、盛ンナル葬儀ナリキ。列車顛覆ノ為非命ノ死ヲ遂ゲタルガ故ニ諸方ノ同情ヲ受タル也。鵜崎氏ノ説教成功ナリシガ、只此死ヲ殉教的死ト称シタル当ラズ。伝道ノ為ニ斃レタル勇士トスル善シ。然レトモ迫害ノ為ニ殺サレタルニ非ザレバ、殉死者ト云フハ当ラザルナリ。

十月一日（金）　曇

大工来リ戸袋其他ノ損所ヲ修繕ス。

木曽上松町新吾妻旅館ヨリ松茸志めじ茸及柴粟ヲ送リ来ル。

十月二日（土）　晴

在台南士川正氏ヨリ依頼ノ件ニ付、角筈ニ付《［ママ］》都留氏ニ証明書ヲ田嶋氏ニ送ルコトヲ依頼ス。又杉森此馬氏ヨリストルジ博士宮島遊覧ノ件ニ付来意ノ趣ヲ宮崎小八郎氏ニ伝フ。

十月三日（日）　快晴

今日ハ本当ノ秋晴トナル。赤トンボガ群リ来ル。

午後七時半、神田神保町支那人基督教青年会ニ往キ、人種問題トキリスト教トニ付一場ノ講話ヲ為ス。聴衆ハ留学生約四十人ナリ。幹事ノ馬伯援氏ハ帰省中不在ナリキ。

十月四日（月）　晴

快晴無風、昨日ニモ勝レル秋晴也。

午後二時、桜井近子刀自ヲ訪問シタル。案外元気ニテ約十五分閑話シタリ。同刀自ノ横浜共立女学校ニ入リタルハ明治四年ニテ、洗礼ヲ受ケタル［ハ］同七年於東京タムソン教師ヨリナリト云ヘリ。又最初番町御厩谷ニ女塾ヲ開キタル時ハ家賃五円ノ借家ナリト云ヘリ。

四時ヨリ片山家ニ往キ、花子並ニ於とせさん、おくにと共ニ晩餐ノ饗応ヲ受ケ、片山自製ノロンドン市中ノ幻燈ヲ見テ辞去ス。

内ニ帰リタルニ、清見無事帰宅シ居タリ。漸ク工事落成、首尾能帰京シタルハ欣喜ノ至ナリ。本人モ至極元気ナリ。

十月五日（火）　晴

出院授業如例。但教会ノ大会ノ為、明日ヨリ十二日迄ハ休業トナレリ。

午後、小林格氏来訪、息喜久七ノ結婚司式ノ件ニ付依頼アリ。時ハ十一月二日午後二時、場所ハ両国教会トノコトナリ。小林氏ノ話ニ依レバ、東京中会ハ田村直臣氏復帰願ヲ許可スベク決シタリ。但シ予メ大会ノ意志ヲ尋ネタル上之ヲ実行スルコトトノ条件ヲ附シタル趣ナリ。是レ固ヨリ当然ノ処置ナリ。

十月六日（水）　曇

午前、スネード氏来訪、一身上ニ付相談アリ。即チ昨年六月夫人ト同伴帰国セシメタル息（十五才）、目下カリフオルニヤ海岸ニアリ療養中ニテ、多少軽快ノ方ナレトモ急ニハ全快ノ見込立タズ。且自分モ大震災以来大分疲労シタレバ、来年六月ノ休暇ヲ早ヤメテ本年十一月ニ帰省シ度トノ希望ナリ。依テ無論左様シタル方宜敷カラント答タリ。スネード氏ハカナダノ人ニテ温厚ノ人物ナリ。

午後、秋葉氏ヲ訪問シ、顔真卿三表帖臨書ノ教授ヲ受ク。

十月七日（木）　雨

終日雨降ル。

回顧録ニ殆ント一日ヲ費ス。今日ハ猪苗代幽閉ヨリ解除セラレテ水谷地村ニ帰リ、塩川町ノ仮日新館ニ通学シタルコト及ビ東京遊学ノ命ヲ受タル迄ノ事ヲ叙ス。当時ヲ追懐シテ感慨無量殆ンド執筆ニ堪ズシテ止ム。
今日ノ時事新報、ストルジ老夫婦和服ヲ着シテ今回摂政殿下ヨリ恩賜ノ七宝ノ小箱ヲ眺メツ、アル写真アリ。曰、同氏ノ言トシテ「我ハ今日本ノキモノヲ着居レバ、我ガ心モ日本人ト異ナラズ」［ト］記シタリ。真ニ感激ニ堪ヘザル者ノ如シ。

十月八日（金） 曇

殆ンド終日、回顧録執筆ニ費ス。

十月九日（土） 雨

今日回顧録ニ半日以上ヲ費ス。既往ヲ追懐スル毎ニ感慨無量ナリ。

十月十日（日） 晴

漸ク雨晴ル。
午前、高輪教会ニ於テ説教ス。題ハ神ノ国ヲ去ル遠カラズ」ト為セリ。牧師不在ニ付宮地利彦司会ス。最早教会ノ「長老」ナリ。
午後、木村及河西氏ヲ訪問、孰レモ不在。
帰宅シテ見レバ真野氏来訪シタリシト。又沼澤くに子来リ、晩食ヲ共ニス。龍雄ノ負債ニ付迷惑シ居ル話アリ、不得止勉ト相談ノ上二千円出スコトト為シタリトノ由。
夜ニ入リ木村夫婦来訪。蜂蜜壱瓶壱個ヲ持来ル。

十月十一日（月） 半晴

回顧録ニ筆ヲ走ラス。
昨夜突然、トセ子刀自八重子同伴来訪、頃日京都ノ同窓ヨリ書状来リ、神山ニ八重子ノ献身的事業ニ従事シ居ルヲ或雑誌ニヨリ知ルコトヲ得テ同情ニ堪ヘズ云々トアルガ如何ニスベキカ、居所ノ知レタル以上ハ姓名ヲモ明スベキ乎、又ハ京都迄往テ説明スベキヤトノ相談アリ。自分ハ之ニ対ヘテ、書面ニテ一応答ヘタル方宜カラン、其レガ為ニ態々京都迄行ク必要ナカラント答ヘタリ。尚仏国往ヲ奨励シ置キタリ。

十月十二日（火） 半晴

昨夜来少シク咽喉ノ工合悪シク、発熱ノ気味ナリ。アスピリン錠ヲ服用シタルニ、今朝ハ熱下レリ。然レトモ咽喉悪シキ故ニ、木村良夫ニ伝研ヨリ帰途立寄リテモライ診察ヲ受ケシニ、咽喉ヲ少シク損シタリトテ塗抹薬ト過サンソ水素ニテ日ニ数回ガンソウスベキコトヲ命ジタリ。

十月十三日（水） 晴、風

午前九時ヨリ霊南坂教会ニ於テ第四回キリスト教聯盟総

会アリ。自分ハ特別議員ニ推薦セラレタレトモ、我ガ教会ヨリ代議員ニ選挙セラレタレバ前者ハ辞退シタリ。鵜﨑氏、議長ニ重任ス。岡田文相来リ一場ノ演説ヲ成シタリ。ソノ態度ハ昔日トハ大ニソノ趣ヲ異ニシ、キリスト教ヲ諒解シ且現今ノ思想悪化ニ対シテ懇ロニキリスト教者ノ援助ヲ求メタリ。近頃一大進歩ト云フベシ。

明後年夏ヱルサレムニ開催ノ宣教大会ニ参加ノ件モ満場一致ニテ可決シタリ。

風邪ノ為午後四時退場、帰宅ス。

十月十四日（木）　晴

一昨夜来ノシヤクリ未タ全止マズ。依テ午前ハ在宅シタリ。

真澄ヨリ詳細ノ書状来ル。船中ニテ眼充血シテ困難シタル由、但上陸ノ際ハ無事通過シタル由、税関二弗余ニテ済タル由、オベルリンハグラジエートコールスニ編入セラレ、奨学金二百弗ヲ貰フコトト成タル由ナリ。

咽喉悪シキ為、午前ハ在宅休養ス。

午後、キリスト教聯盟総会ニ出席、閉会ノ礼辞司会ヲ為シ、一言今昔ノ感ヲ述べ感謝ト希望トヲ以テ勇進スベキコトヲ奨励ス。

会後、常務委員会ニ於テ固辞シタルニモ拘ラズ委員長ニ選挙セラル。不得止承諾シタリ。

十月十五日（金）　曇

昨夜ハシヤクリノ為安眠セズ。今朝、木村良夫来診。他ニハ何等異条ナキモ、唯声ノ枯レタルハ咽喉ノ奥ノ方ニ故障アル為ナルヤモ不知、依テ耳鼻咽喉専門医士ノ診察ヲ受ルヲ可トス［ト］ノコトナリ。帝大ノ増田博士ニ依頼スル積ナリ。

今朝ノ時事新報ニ、健次医博受領ノ趣記載アリ。

明日ハ大隈会館ニ於ケル米国聖書協会事業開始五十年祝賀会ニ於テ一場ノ話ヲ為スベク依頼セラレタレトモ、不快ノ為断リタリ。

十月十六日（土）　雨

木村良夫ノ紹介ニヨリ、帝大耳鼻咽喉科専門増田胤治［次］教授ノ診察ヲ受ク。ソノ結果、左ノ声帯ガ少シ赤ク成居ルダケデ何等心配スルヤウナ症状ナシ。唯日ニ二三回吸入トガンソウヲスレバ宜シカ［ラ］ントノ事ナリ。シヤクリノ方ハ内科ノ方デナ［ケ］レバ能ク分ラズトノコトナリ。

花子同伴、午後一時過帝大ニ赴キ、正一時診察ヲ受ケ、二時過帰宅。極メテ手軽ニ済ミタリ。自分ノ考ニテハシヤクリハ胃ヨリ来リタルモノナラン。秋口ニテ近頃食事ノ不知不識進ミタル結果、過食シタルナラン。昨夜カン腸シタル後、大ニ楽ニナリタルハ即チ其証拠ナリト思フ。

十月十七日（日）　曇、晴

昨夜、食後ニ再ビシヤクリ出タレトモ、寝ニ就テ後ハ今朝迄知ラズニ済ミ、起床後モ出デス。咽喉ノ工合モ大分宜シ。

但午後ノブース大将ノ演説会ニ出席スルコトハ断リ、花子ヲ代理ニ出ス積ナリシモ、気分宜キ故花子同伴青山会館ニ赴キ、大将ニ紹介セラレ且ソノ演説ヲ聞ク。大将ハ如何ニモ温和ナル容貌ノ人ニテ、音声モ高カラズ。然レトモソノ中ニ自ラ鋭キ片鱗ヲモ見セタリ。演説ハ決シテ能弁ニハ非レトモ大成功ナリキ。山室氏ノ通訳モウヰルリアムブース大将ノ来タル時程ノ元気ハナカリシヤウニ覚ヘタリ。日本人デハ若槻首相、阪谷男爵、徳富猪一郎ノ演説アリ。非常ノ盛会ナリキ。

十月十八日（月）　半晴

午後一時ヨリ霊南坂小﨑弘道方ニ老人旧友会ヲ開ク。来会者十六七名、今日ハ特ニ聖書翻訳ニ従事シタル松山高吉氏及ビ三十年以上社会事業ニ従事シテ政府ヨリ表彰セラレタル原胤明、佐竹音次郎、和田秀豊其他ノ老人ヲ招待シテソノ回想又ハ感想談ヲ開キ、且席上揮毫等ヲナシ夕食ヲ共ニシテ分レタリ。松山氏ハ八十一才ナレトモ中々元気ナリ。如何ニシテ自分ガ聖書翻訳ニタヅサハルニ至リシヤ、其由来ヲ語レリ。

十月十九日（火）　晴

午前、授業如例。筧氏来談アリ。

午後二時ヨリ教授会アリ。

帰途、赤十字社病院ニ南廉平氏ヲ訪問シタル。余程ノ重態ニテ面会スル能ハズ。但夫人ニ面会シテ容態ヲ聞タルニ、胆石ナルカ胆嚢炎ナルヤ未タ判然セズトノコト。昨日滋養灌腸ノ結果、今日ハ少シク力ヲ得タレトモ、未タ手術ニ堪ユル丈ノ力ナシトノコトナリ。

十月二十日（水）　晴

午後六時、青年会同盟学生部委員会アリ出席。来夏支那ニ開カルベキ太平洋学生協議会ノ件及ビ東京キリスト教学生聯盟ノ件ニ付協議アリ。種々ノ議論アリ。

澤田、横山、文雄、千代ヘ真澄オベルリン入学ノ模様ヲ詳述シタル書状ヲ出ス。

健次、学位受領祝ノ為、花子、鮮魚ヲ持行ク。

十月二十一日（木）快晴

午前、授業如例。

午後二時ヨリ明治学院ニ開会中ノ第十五回キリスト教教育同盟年会ニ赴キ、キリスト教聯盟及ビ青年会同盟ヲ代表シテ一場ノ挨拶ヲ為ス。晩餐会ニ招カレタレトモ断リタリ。

十月二十二日（金）晴

午後三時ヨリ同盟会館ニ於テ斎藤惣一、フエルプス、ジヨルゲンセンノ為歓迎、スネード氏ノ為送別ノ意味ノ茶会ヲ催シタリ。筧氏不在ノ為、ウヰルバルト、松澤トニ趣意徹底セズ、送迎ノ意ヲ表明スル機会モナク有耶無耶ノ中ニ終ル。

夕食後、同盟会館委員会ヲ開キ、事務室貸渡ノ事、ソノ方針等ノ問題ヲ協議シタリ。横山砂氏ハ三週前ニ軽症ノ脳溢血ニ罹リタル趣ヲ聞キ、一驚ヲ喫シタリ。

十月二十三日（土）晴

午前十一時ヨリ同盟［会］館ニ於テキリスト教聯盟役員会ヲ開ク。会スル者、自分ノ外ニ松野、小林誠、アッキ［ス］リリング、マケンゼイノ四人ナリ。宮﨑氏ハストルジ氏随行ノ為不在ナリ。聯盟事業ノ拡張、明後年ヱルサレム会議ノ件ヲ協議シ、一時半散会ス。

昨夜、八幡町ノ大嶋氏ヨリ松茸壱貫目ヲ送リ来ル。

十月二十四日（日）晴

午後二時、横浜指路教会復興ノ献堂式アリ。自分ハ常置委員ノ依頼ニヨリ大会ヲ代表シテ祝辞ヲ述ブ。

会堂ハ美観且堅牢ニ便利ニ建設セラレタリ。ゴセック式ニテ、鉄筋コンクリート三階造、延坪三〇四余ナリ。経費建築拾三万一千三百廿七円、設備壱万四千二百四十三円、其他家具楽器等合セテ拾六万一千五百八十一円也。建築及設備費ハ全部成毛金次郎氏ノ寄附ナリト聞ク。前ト違ヒ反響ハ少シモナク、且正面入口ノ階段モ立派ニテ、全体ニ大成功ナリ。有吉市長モ心ヨリノ祝辞ヲ述ベタリ。

十月二十五日（月）晴

過日診察ヲ受ケタル謝礼ノ為、増田胤次氏ヲ西大久保二二五番地ニ訪ヒ、三越呉服店商品券五円ヲ贈ル。帰途、木村良夫方ニ立寄リ礼ヲ述ブ。

十月二十六日（火）晴

神学部休業ニ付、上野帝展ヲ見物ス。日本画、西洋画共ニ是レハト思ハルル者一モナシ。唯石橋和訓ノ徳川公爵ト若槻主［首］相ノ肖像ガ真面目ノ作ト思ハレタリ。今年ハ裸婦ノ画馬鹿ニ多ク、何レモ見ルニ足ラズ。日本画ハ益ス西洋画化シテ写生的トナリ、日本画ノ気品高キ所ハ次第ニ消往クガ如シ。彫刻モ例年ノ通リ、唯朝倉ノ永ノ猛者ノミハ心地好キ作ナリ。

帰途、片山ニ寄リ、午餐ノ饗応ヲ受テ帰ル。

十月二十七日（水）　晴

午後三時、聯盟常務員会アリ。諸種報告ノ後、各部委員分担、新幹事三名選定。明後年ヱルサレム宣教大会出席者銓衡委員ノ指名等ヲ協議シ、六時結了、晩餐ヲ共ニシテ散会ス。拡張ノ為ノ新幹事ハ小林誠、松野菊太郎、竹中勝男ノ三人ヲ当分兼任幹事トナシ、追テ専任幹事ヲ得ルコトヲ謀ルコトトナス。ヱルサレム会議代表者銓衡委員ハ田川、石川、額賀、藪田、久布白、テニー、メーヤーノ七人ヲ指名シタリ。

津田家ヨリ西条柿壱箱送来ル。風味佳シ。木村［へ］分配ス。

十月二十八日（木）　雨

フエルプス氏来訪、談話二時間半ノ後辞去ス。話題ハ長崎ＹＭＣＡ負債ノ償却法ノ件、学生太平洋会ノ件、筧氏身上ノ件、附中津親義氏ノ件、ジヨルゲンセン氏事業負担ノ件及ビ米国ニ於ケルＹＭＣＡ事業ニ対スル寄附金減少ノ原因等ナリ。互ニ腹蔵ナキ意見ノ交換ヲ為シタリ。米国ニ於テ近来中央委員対地方部委員ノ問題続出シテ困難ノ由ナリ。目下シカゴニ於テ予算ノ討議中ナリトノ事ナリ。其結果ニ由テ将来ノ大勢ヲトスルヲ得ン云々ノ話アリ。

十月二十九日（金）　曇

午前中、回顧録ニ筆ヲ走ラス。横浜修文館時代ノ事ヲ記ス。

午後、学院創立五十年祝典準備委員会ニ赴キタルニ、書記ガ時日ヲ過テ通知シタル為ニ空シク帰ル。

未丁年者井深一男所有家屋売却ノ件ニ付、親族会議ノ決議録ニ署名捺印シタリ。但シ開会ノ手続ヲ省略シタルモノナリ。

清見ハ大森建築事務所ノ同僚ト共ニ身延山ニ遠足ノ為出発。次ノ日曜ノ夜帰宅ノ筈。

十月三十日（土）　晴

汎太平洋学術会議開会式ニ特別傍聴券ヲ得テ出席ス。会場ハ東大ノ大講堂ナリ。外観ノ醜ナル割ニ内部ハ中々立派ナリ。二千人ハ優ニ座スルヲ得ン。余ハ正面ノガラリー二座シタリ。閑院宮ノ合詞、若槻首相ノ祝辞、桜井会長ノ開会ノ辞ニ続テ、米、英、仏、蘭、チリー、ペルウ、支那、露等代表者ノ挨拶アリ。頗ル盛会ナリ。

帰途、斎藤惣一氏ト同乗シテミロル氏宅ニ至リ、ジヨルマンリフオームドミシヨンノドクトルクライツ氏ト面会、晩餐ノ饗応ヲ受ク。元田作之進氏モ共ニ招カレタリ。クライツ氏ハ如才ナキ人物ト見受ラル。成功ノ牧師ラシ。

午前、朝鮮ノ佐瀬熊鉄来訪ス。

十月三十一日（日）　快晴

咽喉ノ工合ニ付相談ノ為、早朝木村ヲ訪ヒタルニ、遠足ニ行タリトテ不在ナリキ。

一旦帰宅ノ上、先頃脳溢血ニ羅リタル横山砂氏ヲ小石川原町一〇七ノ宅ニ訪問ス。果実壱籠ヲ贈ル。稍快方ナリトノコトナリ。

帰途、沼澤ヲ訪レタレトモ、於くには《[ママ]》大森ノ龍雄方ニ往キ不行《[在]》ナリ。和田たき子ニ面会シ、若松産ノ柿ヲ数個貰ツテ帰ル。

大山吉郎氏へ細君ノ逝去ニ付吊慰状ヲ送ル。

十一月一日（月）　快晴

午前、衆議院議事堂ニ開カレタルパンパシヒツク学術会議ヲ傍聴ス。今日ハ太平洋全体ニ関スル研究ノ報告ニテ、格別ノ興味ヲ起スニ足ル問題ナシ。日本人代表ノ学者ノ英語ハ極メテ拙劣ナリキ。

火災後新築ノ議事堂ハ始メテ見レトモ、存外落付タル好建物ナリ。音響ノ工合モ宜敷、但議長及ビ他ノ報告ノ声低クシテ階上ニテハ能ク聞ヘザリキ。

午後三時、小林喜久七氏来リ、明日ノ結婚式ノ打合セヲ為ス。

十一月二日（火）　晴

午前、出院授業如例。

午後二時、小林格氏自働車ヲ以テ迎ヘニ来リ、両国教会ニ赴キ、小林喜久七、大石深雪ノ結婚式ヲ司式ス。来賓約四十余アリ。静粛ニシテ而モ喜バシキ結婚式ナリキ。

木村良夫来訪、咽喉ヲ診察シ呉レタルニ何等異条ナシ。只声帯ニ少シクキンシ《[チ]》ヨウヲ起シタルヤウナレバ、一日ニ数回吸入ヲ試ムベシトノ事ナリキ。

十一月三日（水）　快晴

午前十時ヨリ明治学院理事会ニ出席。

正午ニハ田川、里見ノ二氏ト共ニラモツト氏方ニテ午餐ノ饗応ニナリ、理事会ノ方ハ断リ、キリスト教聯盟事務所ニ赴キ、アツキスリング、松野、小林ノ三氏同席ニテ竹中勝男氏ニ兼任幹事嘱托ノ事及ビ事務上ノ事等ヲ声明シタリ。同氏ハ主トシテ社会部調査ニ当ル筈ナリ。右了リテ後、復興部建築委員会ニ一寸出席、四時過辞去シ、夕刻帰宅ス。

真澄ヨリ無事勉学ノ旨通信アリ。

十一月四日（木）　晴、雨

午前、出院授業如例。

午後、荒川文六来訪。末子弘文満五ヶ月ノ写真ヲ携来ル。丸々シタル愛ラシキ小児ナリ。約二時間緩話シテ辞去ス。夜ニ入リ、真澄へ返書ヲ認ム。

十一月五日（金）　快晴

昨夜ノ雨ハ一過シテ快晴トナル。

午前、瀬川浅氏ヲ病床ニ訪ヌ。自分ニハ左マデ衰弱ヲ感ゼザレトモ、医師ハ到底再起ノ望ナシト宣告シタリトノコト。病気ハ心臓ニアリト。

午後六時、花子同道、太平洋問題調査会主催、今回ノ汎太平洋学術会議ニ出席ノウヰルバー氏夫妻、フオド氏等外国学者夫妻十数名招待晩餐会ニ出席ス。会場、工業クラブ、来会者約百名。官吏、政治家、学者、実業者等ニテ、婦人モ多ク盛会ナリキ。来賓中ニ学生同盟ノトクトルラツトガルスノ弟モアリ。廿一年前ザイストニ於テ余ニ面会シタリト云ヘリ。

十一月六日（土）　晴

終日在宅。数回吸入ヲ為シ、咽喉ノ治療ヲナス。

時々揮毫ヲ試ム。

十一月七日（日）　晴

午前、南廉平氏ヲ赤十字病院ニ訪問ス。頗ル重態ナリ。数分間面会シタレトモ果シテ予ヲ認識シタルヤ否ヤ疑ハシ。昨日ハ昏睡状態ナリシ由。恐クハコ、数日ノ寿命ナラン。

夫レヨリ健次方ヲ訪問シ、家族一同ニ面会シ、午餐ヲ共ニシ、夫レヨリ真野家ヲ訪問ス。来客中故暫時ニシテ辞去ス。来月十五日迄ニ新宅ニ移住シ度トノコト。帰途、勝治方ヲ訪ネタルニ、哲子とみよ子［ママ］ハ未ダ京都ヨリ帰ラズ、独リ茫然タリ。寂寞ノ情、寧ロ同情ニ堪ヘタリ［ママ］。

十一月八日（月）　晴

午前、汎太平洋学術会議人類学及ビ人種学科ヲ傍聴ス。但余ノ興味ヲ惹ク如キ問題ナク、且何等ノ討議モナカリキ。

午後、秋葉氏ヲ訪問ス。

南廉平氏、昨日六時半死去ノ通知ニ接ス。

十一月九日（火）　快晴
午前、授業如例。

ドクトルテニー氏夫妻ニ招カレ、花子同伴、同氏宅ニテ午餐ノ饗応ヲ受ク。ペテー老夫人モ同席シタリ。

午後二時、神学部教授会ニ出席ス。

十一月十日（水）　晴
午前、揮毫。

午後、中通ノ守尾ヘ小唐紙ヲ求メニ行ク。瑕物ニテ一反代価金三円五十銭也。外ニ玉版紙中二枚ヲ求ム。代価壱枚三十八銭也。試ミニ羅紋の硯ヲ聞タルニ、中形蓋付ニテ金十一円九十銭也ト云ヘリ。過日清見ニ托シテ甲府ニテ求メタル雨畑ニ比シテ高価ナラズ。

帰途、比日谷〔日比〕公園ニテ市主催ノ菊会ヲ見ル。例年ニ異ナラズト云フヨリモ、野菊ノ外ハ稍見劣リスト言タシ。以前ノ如ク華族若クハ富豪家ノ出品ハ何故カ全然見当ラズ。震災後ノ一現象カ。

十一月十一日（木）　雨
富士見町教会牧師〔南〕廉平氏ノ葬儀ニ列ス。式ハ至極静粛ニ挙行セラレタリ。有力ナル数名ノ長兵〔老〕ノ注意行届キ、毎度ナガラ感服ノ外ナシ。青年牧師川﨑義敏ノ葬儀ノ辞モ至極適当ナリキ。南氏ハ伊予松山ノ人、享年五十一才、随分苦難奮闘ノ一生ナリキ。

午後、渡瀬寅次郎氏ノ葬式アレトモ、少シク疲レタレバ参列ヲ見合ハセタリ。

大森茂、高松求巳両氏ヲ招キ晩餐ヲ饗ス。食後、緩談ニ時ヲ移シ、二人共ニ満足ノ様子ニテ辞去ス。

十一月十二日（金）　晴
午前、回顧録ニ筆ヲ執ル。

午後、花子ノ作リタル菊花一束ヲ以テ青山墓地ニ参詣。父上、母上、世喜子、彦三郎其他ノ墓前ニ供ス。

帰途、霞町井深ヲ訪問シタレトモ、登世子刀自ハ不在ナリキ。

十一月十三日（土）　快晴
早朝、瀬川氏ヲ訪問シ、梨子数個ヲ贈ル。容体ハ数日来体温三十八度二三分ニ上リ、食気減退ストノコトナリ。

今朝ハ面会ヲ故ラニ求メザリキ。

午後三時ヨリ日基旧友会ヲ内ニ開ク。来会者、大儀見、真木、吉岡、山本、田村、秋葉ノ六人ナリ。例ノ如ク懐旧談ニ耽リ、紅茶ヲ喫シ、晩食ヲ共ニシテ八時頃散会ス。例ニ依テ田村ハ賑カナリ。吉岡ハ著シク姿勢衰ヘ且耳聾シ、大儀見モ耳遠シ。真木モ稍耳遠クナレリ。老人会ハ何トナク寂寞感ヲ免レズ。

十一月十四日（日）　晴

早朝、瀬川浅氏ヲ訪問シタルニ、昨夜ハ夜中苦ミ、熱ハ三十九度以上ニ上リ、総身ニ震ヒガ来タル由、何様重態ナリ。

原田助氏夫婦、安井哲子、小野英二郎氏夫人ヲ招キ晩餐ヲ饗ス。食後、木村良夫モ来リ、共ニカヒーヲ喫シ、快談シテ八時過大満足ノ様子ニテ辞去ス。原田夫婦ハ来月九日サイベリヤ号ニテホノルルニ帰任ノ由ナリ。

十一月十五日（月）　晴

午前十一時ヨリ基［督］教聯盟役員会ヲ開キ、幹事ノ報告ヲ聞キ且社会部調査ノ件及設備品調度等ノコトヲ協議ス。

午後四時ヨリ牛込教会ニ於テ田村直臣氏復帰歓迎教役者会アリ。二三名歓迎ノ辞ヲ述べ、田村氏ノ答辞アリ。弁当ヲ共ニシテ後臨時中会アリタレトモ、自分ハ其前ニ退席シタリ。

今日ハ西北ノ風吹テ寒頓ニ加ハリタリ。

十一月十六日（火）　晴

出校授業如例。

十一月十七日（水）　曇

昨夜来俄カニ寒気加ハリ、愈冬ノ気候トナレリ。

古洋服ノ背広、フロツクコート、オバーコート等数着ヲ売払フ。勿驚代金十九円也。然レトモ思ヘバ大抵ハ裏返シマデシテ十数年着用シタル者ノミナレバ、高価ニ買ハザルモ無理ナキコトトナリ。

木村良夫ヲ招キ、木曽上松ノ大工ヨリ清見へ贈来リタルツグミノ焼鳥ヲ振舞フ。

十一月十八日（木）　半晴

授業如例。

磯子来訪、牡蠣、林檎ヲ土産ニ持参［ス］ル。

午後、春子、子供ヲ二人連レテ来訪、緩談シテ辞去ス。

十一月十九日（金）　晴

午後二時ヨリ聯盟常議員臨時会ヲ開キ、今回来朝ノライオン氏ヨリモツト氏ノ伝言使命ヲ聞キ、之ニ付協議スル所アリ。日本代議員ノ資格ニ付四ヶ条ノコトヲ述ベタリ。

一、真ニ日本キリスト教代表的人物、三〔ママ〕、決シテ金銭上ノ都合ニ依リ人ヲ選挙スベカラズ、二〔ママ〕、英語ヲ能クスル者、四、会後直チニ帰省シテ其精神ヲ伝ヘ得ル者。

晩餐ヲ共ニシテ歓迎ノ意ヲ表シ、且同時ニウヰンライト氏ヲ招キ送別ノ意ヲ表シタリ。同氏ハ自己ノ経歴ニ付面白キ話ヲナシタリ。

十一月二十日（土）　晴

午前十一時、巣鴨田村直臣氏方ノ日基教役者招待会ニ赴ク。来会者十八九名ナリ。所謂「瘤《コブ》寺」ノ称アル教会堂ヲ見ルニ、宛然寺院ノ如シ。其薄暗クシテ日中電灯及ビ蝋燭ヲ使用スルガ故ニ、益ス斯ノ感ヲナサシム。ツルウ夫人紀念ノ小図書室アリ。又附属幼稚園ノ設備ヲ見ル。園児百人アリト云ヘリ。一同教場ニ於テ弁松ノ弁当ヲ振舞ハル。予ト原田氏トハ高輪教会ニ於ケル日下一氏ノ結婚式ニ列スル為ニ中座辞去シタリ。

日下氏ノ結婚式ハ村田氏ノ司式ニテ静粛ニ行ハレタリ。但五名ノ祝辞演説ニハ少カラズ当ラレタリ。

十一月二十一日（日）　快晴

瀬川浅ヲ訪問ス。衰弱次第ニ加ハリ時ニ意識不明ノ由ナリ。

午前、ラジオニテ杉村陽太郎氏ノ世界ノ大勢ト国際聯盟ト題セル演説ヲ聞ク。其着眼、理想共ニ高ク、近頃痛快ノ演説ナリキ。日本ノ政治家輩モ今少シク斯ノ如キ見地ヨリ大勢ヲ察スルノ必要アリ。

目下帰朝中ノ秦庄吉氏ヲ招キ晩餐ヲ饗ス。食後、緩談数刻、満足ノ意ヲ表シテ辞去ス。桑港ニ於テ百余名ノ信徒ヨリ成合同教会ノ牧師トシテ相当ニ成功シ居ル様子ナリ。

十一月二十二日（月）　晴

播州別府多機氏ヨリ贈タル蠣ヲ木村家ニ分配スベク同家ニ往ク。

回顧録ニ執筆ス。

十一月二十三日（火）　雨

終日在宅。回顧録ニ執筆ス。

降雨ノ上西北ノ風吹キ、寒気俄カニ加ハル。箱根附近降雪アリ、例年ヨリ十日間早シトノ由。

十一月二十四日（水）　快晴

前夜ノ雨晴レテ珍ラシキ好天気トナル。

午前ハ回顧録ニ執筆シ、午後ハ三越ニ買物ニ行キタリ。

花子、宅ニ婦人矯風会地方部会ノ集会ヲ催ス。

十一月二十五日（木）　曇

午前、出校講義如例。

瀬川浅氏、遂ニ本日午前八時死去ノ趣電話アリ、午後、吊問ス。未亡人ノ話ニ依レバ、殆ンド苦痛モナク安然ニ睡ルガ如クニ世ヲ辞シタリトノコトナリ。サモアリナン、死シタル容貌ヲ見ルニ真ニ平和ノ表情アリ、恰カモ安眠セル者ノ如シ。長男ハ欧州航路ノ郵便船長ニシテ今ロンドン滞在中ノ由ナリ。孫子女五人来リテ居タリ。都留、郷司等専ラ斡旋シツヽアリ。

十一月二十六日（金）　快晴

瀬川家ヲ慰問シ花料金三円ヲ贈ル。郷司、都留氏等ノ尽力ニ依リ昨夜納棺式モ済ミタル由ニテ、葬儀ノ準備モ整ヒタリ。

嗣子直一ヘハ郵便会社ヨリ発電シタリトノコト。

十一月二十七日（土）　快晴

真澄ヘ書状トクリスマスノ印ニ英文日記帳ヲ送ル。

櫛部老夫人来訪、種々懐旧談ヲナシ、午餐ヲ共ニシテ喜ンデ辞去ス。

瀬川氏葬儀ハ午後二時ヨリ高輪教会ニ於テ静粛ニ行ハレタリ。郷司氏司式、都留氏葬儀ノ辞ヲ述べ、両人共上出来ナリキ。会葬者満堂、故人ニ対スル同情ノ厚キヲ思ハシメタリ。

十一月二十八日（日）　晴

午後、基督教青年会同盟館ニ於テ東京禁酒会長伊藤一隆禁酒誓約記名五十年記念祝会挙行セラル。余モ花子同伴列席ス。長尾半平氏司会、青木、村松氏等ノ祝辞アリ。日本禁酒会同盟ヨリ金一封、東京禁酒会ヨリ美事杖ノ贈呈アリ。伊藤氏ハ対ヘ而シテ祈祷ノ後式了リ、茶菓懇談ノ後散会シタリ。伊藤氏夫婦ハ感謝ニ堪ヘザル者ノ如ク見ヘタリ。

永見徳太郎ト云フ人ノ切支丹ト長崎ト題スル面白キ講話アリ。何人ナルカ初メテ其名ヲ見ル、但頗ル詳細ニシテ其態度モ公平ニシテ同情アリ。

十一月二十九日（月）　快晴

午後三時ヨリ同盟館ニ於テ今般万国学生キリスト教同盟ノ幹事トシテ来朝シタルニウゼーランドノ人ヘーズレットト氏ト会見シ、来年八月北京ニ於テ開カントスル太平洋学生協議会ニ付種々質問シタルニ、執行順序及ビ指導者ノ選択共ニ改善ノ余地少カラザルヲ発見シタリ。要スルニ種々言訳ハアリタレトモ、計画甚タ未熟ナリト云ハザルヲ得ズ。此方ノ出席者ハ余ノ外ニ泉哲ト松澤、中原、ジヨルケンセン、ワイルバーアリシノミ故、明日改メテ懇談スルコトトナセリ。女子青年会ノ人モ三名見エ、一同晩食ヲ共ニシタリ。支那ノ委員等ハ自国ノ内乱ニハ無頓着ノ由、不可解ノ事共ナリ。

十一月三十日（火）　晴

午前、授業如例。

荒川康夫来リ、昼食ヲ共ニス。

真野文二氏来訪、予而自分ヨリ提供シタルステーンドグラスノ件ニ付話アリ。工事稍進捗シ洋館ハ未落成ナレトモ年内ニハ新宅移転ノ積ナリトノ事ナリ。

永橋、林ノ二人来年オーバルン神学校入学希望ニ付推薦依頼ノ為来ル。

午後四時過ヨリ準備委員ト共ニ再ビヘーズレット氏ト会見シタルニ、前日余ノ批評ノ結果プログラムヲ大ニ変更シテ再提出ヲ為シタリ。依テ日本ノ委員側ノ意見モ大ニ緩和セラレ、懇談ノ後晩餐ヲ共ニシテ後散会シタリ。今夕モＹＷノ委員数名列席シタリ。

十二月一日（水）　雨

午前、来三日ノ夜、ロンドン監督イングラム氏に［ママ］対スル歓迎辞ノ草稿ヲ認メ、午後、聯盟事務所ニ往キ、宮崎氏ニ之ヲ一応ドクトルアッキスリング氏ヘ見セタル上タイプライターニ附センコトヲ依頼ス。

其時、同氏ヨリ来廿五日ニハ是非共クリスマスニ付放送講演スルヤウ依頼ヲ受ク。如何ニ為スベキ乎、再三再四ノ依頼故、今回ハ不得止乎。

十二月二日（木）　晴

午前、授業如例。

宮崎氏ヨリ演説ノ草稿ヲタイプライタルニ附シテ郵送シ来ル。

午後、王義之聖教序ノ臨書ヲ始ム。同心経ノ臨書ハ頗ル有益ナル［リ］シヲ覚ユ。

十二月三日（金）　晴

荒川文六、公用ノ為上京シタリテ来訪、夕食ヲ饗ス。但自分ハロンドン監督イングラムノ報知社講堂ニ於ケル講演ノ席上、基督教聯盟ヲ代表シテ歓迎辞ヲ述ルノ約アリ、且其前元田、津荷等ト夕食ヲ共ニスルノ約アルガ故ニ四時半外出シタリ。

午後七時ヨリノ会ニ於テ自分ハ英語ヲ以テ歓迎ノ辞ヲ述べ、阪谷男ハ日本語ニテ挨拶シ、遂ニ監督ハ国際聯盟ノ成蹟ニ付極メテ簡単平易ナル話ヲナセリ。要スルニ同氏ハ能弁家ニ非ズ、寧ロ事業ノ人ナルベシ。但ソノ風采高ク且温容ハ自ラ人ヲシテ敬服セシムルニ足ル者アリ。年数六十八才ナレトモ、中々元気ナリ。但今夕ハ疲労ノ跡明白ナリキ。通訳ハ小嶋氏。聴衆ハ満堂七八百ト見受ケタリ。

十二月四日（土）　晴

義之聖教序ヲ臨書ス。

水芦、河西両氏退職ニ付慰労寄附金ヲ村井五郎氏ニ郵送ス。

十二月五日（日）　晴

今日ノジヤツパンタイムスヲ見ルニ、去三日夜ノロンドン監督ノ演説ノ大意ヲ記載セリ。其中ニ頗ル滑稽ナルコトアリ。即チ同氏ハ元田氏ヲ指シテ My Lord Bishop 又 The Bishop of Tokyo ト云ヘリ。察スルニ元田氏ヲロンドンニ於ケル自己ノ地位ト同一ト考ヘタル者カ、彼ノ如キ賢明ナル人ニシテ如此誤解アリ。一般外人ノ我ガ国ノ事情ヲ解セザル不足怪也。加フニエピスコパル流ノ連中ノ僭越振ハアキルルノ外ナシ。先年ビシヨフヒツカテスは［ママ］公然 Edward of Japan ト署名シテ物議ヲ惹起シ、遂ニ Edward Bickersteth Bishop in Japan ト改メサセラレタル事実アリ。

十二月六日（月）　曇、晴

聖上御不例ニ付、天機伺ノ為キリスト教聯盟並ニ青年会同盟ヲ代表シテ葉山御用邸ニ伺候ス。御容態ハ一進一退ニテ安堵難成トノコトナリ。

帰途、偶然関屋宮内次官ト同車シ、同氏ノ紹介ニテ朝鮮政務総監湯浅倉平氏、同事務官小河正儀氏トモ名刺ヲ交換シタリ。

十二月七日（火）　曇、雨

午前、授業。

正午ヨリ聯盟役員会ヲ開キ、諸種の［ママ］報告ヲ聞キ且協議ヲ為シ、午後三時ヨリ常議員会ヲ開キ、幹事事務分担ノ件其他事項ヲ議シ、遂ニヱルサレム会議代表者詮衡委員報告ヲ開キ、指名候補十六名ニ就キ投票ノ結果左ノ如シ。外人、アツキスリング、ベーツ。婦人、久布白。邦人男、畠中博、鵜崎庚五［午］郎、長尾半平、田川大吉郎、賀川豊彦ノ五名。次点ハ千葉勇五郎、石川角次郎、高倉徳太郎、今泉真彦等ナリ。自分ノ意見トシテハ、日基ヨリ多田氏ヲ出シ、聯盟幹部中ヨリ誰カ一人ヲ出スガ当然ナリトス。

帰途、驟雨ニ逢ヒ、途中ニテ雨傘ヲ求メ十時比帰宅セリ。

十二月八日（水）曇

真澄へはがきヲ出ス。

午後、書道作振展覧会ヲ上野美術会館ニ見ル。先ツ驚キタルハ其出品数ノ多クシテ且優秀ナル者亦多キ事ナリ。之ヲ見レバ日本ノ書道ハ衰ヘタリト云フベカラズ。女性ノ出品中ニモ中々雄勁ノ筆跡アリ。参考品中ニモ楊守敬又ハ文徴明其他支那人ノ筆跡及ビ硯、印等数多アリ。但シ観ルニ足ラザルハ特別室ノ所謂大官連ノ筆跡ナリ。只美観ナルハ大倉喜七郎氏ノ楷書ナリ。是レ丈全ク支那人以上ト云フモ可ナラン。

十二月九日（木）晴

昨夜西北風強ク、寒気急ニ加ハリ、今朝ハ地上ノ霜如雪、亦霜柱立テリ。

午前、登校授業如例。

昼ニハ支那視察ヨリ帰途滞在ノドクトルカル氏ヲ招キ、図書室ニテ教授講師ト共ニ「牛鍋」ヲ振舞フ。同氏ニハ最初ノ経験ノ由ナレトモ、ドウヤラ二椀ヲ食シタリ。食後雑談ノ後、牧師ノ生活ニ付同氏ノ極メテ適切有益ナル講演アリキ。氏ノ活動ノ多方面ナルハ意外ナリ。日本ノ牧師ノ到底及ブ所ニ非ルベシ。

文雄、三菱社造船所参事ニ昇級シタル趣書面アリ。直チニ祝ノ書状ヲ出ス。

十二月十日（金）晴

小崎弘道氏ヘウインライト氏ヨリ批評ヲ依頼セラレタルキリスト教ノ儒教的方面ト題セル原稿ヲ郵送ス。

午後二時ヨリ聯盟役員会ヲ開キ、予算細目其他ノ件ヲ協議ス。ヱルサレム会議代員選定ノ結果ニ付役員中不満ノ感強シ。第一、日基ノ牧師ヲ加ヘザルコト、第二、幹部ノ代表ノ洩レタルコト。依テ発表前ニ更ニ考量スルコトニ定ム。

四時半ヨリ同盟財団理事会ヲ開キ、補欠選挙ヲナシ且役員ヲ定ム。五時ヨリ常務委員会ニ移リ諸種ノ報告アリ。遂《［ママ］》ニ太平洋学生協議会ノ件ニ付不満不安ノ説多シ、遂ニ条件付ニテ参加スルコトニ決シタリ。

十二月十一日（土）晴

来廿五日放送スベキ「クリスマスト地上ノ平和」ニ付原稿ヲ起ス。但聴衆ノ判然セザル為ソノ趣向ニ苦心ス。

十二月十二日（日）晴

午後二時、青山会館ニ於テ東京府下学生ＹＭＣＡ聯合クリスマス礼拝式アリ。川添、山室両氏ノ説教アリ。前者ハ世界ノ謎ヲ解ク者ハキリストナルコトヲ力説シ、後者ハ人生ノ午前九時ト題シ、青年男女ノ早ク身ヲキリストニ献ケテ有意義ノ生活ニ入ルベキコトヲ説キテ最モ有力ナリキ。余ハ司会者ノ依頼ニヨリ特ニ聖上陛下御快癒ノ祈祷ヲ捧ゲタリ。聴衆男女ノ学生満堂、約二千少クモ千七八百、頗ル静粛ニシテ緊張シタル礼拝式ナリキ。

十二月十三日（月）曇

川添氏来訪、宗教法案反対同志会ノコトヲ語、且ツ聯盟ノ意見ヲ質ス。

ラモット氏方ニ招カレ、スピヤ、コル両博士及ビ田川、都留氏ト午餐ヲ共ニシ、ソレヨリ大隈会館ニ赴キ、右両氏並ニ今日来朝ノドクトルグリフヒス歓迎会ニ出席ス。余、聯盟ヲ代表シテ歓迎ノ挨拶ヲナシ、次ニスピヤー、コル二氏ノ有益ナル支那観察談アリ。最後ニグリフヒス氏ノ極メテ元気ナル、五十三年前日本ニ来リタル時ノ追懐談アリ。終ニ記念ノ撮影ヲナシ、茶菓ヲ饗シテ散会ス。

十二月十四日（火）曇、雨

午前、授業如例。

一昨日来寒気急ニ加ハリタル為、冷ヘ腹ノ気味ニテ下痢ヲ催ス。聖上陛下追々御重態ラシク、今朝ハ御体熱三十九度御脈搏百二十トノ事ニテ、摂政殿下モ葉山御滞泊ナリ。愈時ノ問題ナラン。

十二月十五日（水）雨

小﨑弘道氏ノ紹介ヲ以テ東方書院常務坂戸彌一郎ト云フ人来訪。宗教講座ノ為、日基教会ノ歴史、信仰、政治等ニ付百ページノ論文ヲ寄稿センコトヲ依頼ス。有益ノ事業ラシケレバ考量の〔ママ〕上返答スルコトト為セリ。

新聞ノ号外アリ、陛下ノ御容態ハ益不良ナルガ如シ。

在米松宮一弥〔也カ〕氏へ真澄ノ安否ヲ尋ル為はがきを出ス〔ママ〕。真澄自身ヘモ同様はがきヲ出ス。

夕刻ヨリ雨ニ交リテ雪降ル。今年ノ初雪ナリ。

十二月十六日（木）曇

午前、授業如例。

午後、沼澤くに子来訪。

今日午后一時半、主上ノ御病気急変、頗ル御重態ニテ、入澤待医頭注射ヲ施シタル旨東、朝ノ号外出ヅ。

夜ニ入リ、青年会同盟ノフエルプス氏ヨリ使者来ル。米国大使館ニ於テ聞タルニ、陛下ハ今日午后崩御セラレタリトノコトナルガ、同盟トシテ何ヲ為スベキカト。依テ明朝同盟ニ赴キ、万事打合スベキ旨返答シタリ。

十二月十七日（金） 曇、晴

青年会同盟ニ行キ、筧、フエルプス両氏ニ面会、現下ノ事情ニ付協議シタレトモ、同盟トシテハ公表ヲ待ツノ外ナカルベシトノ結論ニ達シ、更ニ来夏ノ北京学生協議会ニ付意見書ニ署名シ、且別ニ私信トシテモツト氏ニ送ルベキ書面ノ草案ヲ認ム。

聯盟ノ方ハ宮﨑、小林、松野氏ト協議ノ上、至急諸教会ヘ此際特ニ皇室ノ為祈ルベキコトヲ勧ル書面ヲ発送シ、其後ノコトハ公表ヲ待ツコトトナセリ。且クリスマス放送ノコトハ問合呉ル、ヤウ依頼シタリ。

帰途、三菱造船部長濱田彪氏ヲ訪問シテ、文雄ニ対スル同氏ノ好意、殊ニ今回参事ニ昇級セラレタルコトヲ感謝ス。

十二月十八日（土） 曇

昨夜、渡辺百合子、父壽太郎氏同伴来訪、一色乕次氏ト結婚ノ媒酌人タランコトヲ依頼ス。承諾ヲ与ヘ且都合ニ依リテハ司式ヲモ為スベキ旨ヲ告ク。

勝治歳暮ノ為来訪、午餐ヲ共ニシテ辞去ス。

午後、真澄ヨリ長文ノ書状到着ス。愈壮健ニテ勉学ノミナラズ近頃ハ大分肥ヘタル趣、大ニ安心シタリ。又自写ノ写真数枚ヲ送来ル。

十二月十九日（日） 曇

一時御重態ニテ御危篤ヲ伝ヘラレタル聖上陛下、不思議ニモ今日ハ稍御平静ニ復セラレタル御様子ナリ。

真澄ヘ長文ノ返事ヲ出ス。

木村良夫ヘクリスマス祝ヲ兼数回診察ノ礼トシテ戎[絨]タン壱枚ヲ送ル。亦例年ノ如ク神戸、福岡、岡山、天城ヘハ新巻其他、若松ヘハ白砂糖ヲ送ル。片山ヘハ林ゴ壱函ヲ送ル。

十二月二十日（月） 晴

陛下ハ愈御小康ヲ保セラルル旨公表アリ。

一色氏来訪、結婚司式並芝教会堂借用ノ件、牧師ヘ交渉ノ依頼アリ。

早朝ヨリ今日ハ来廿五日ノ放送ノ準備ヲナス。

薩摩ト佐賀ノ武士道ニ付テ横山健堂ノ講話ヲ聞ク。「関ケ原合戦秘訣」ト「葉隠レ」一名佐賀論語ノ話ナリ。

十二月二十一日（火） 曇

午前、授業如例。

正午ヨリ事務所ニ於テ聯盟役員会ヲ開キ、三時ヨリ常議員会ヲ開キ、今般来朝ノ米国教会同盟東洋関係部長ドクトルフランクリン氏ト会見シ、ソノ使命ヲ聞ク。而シテ之ニ対シテ挨拶ヲ述べ、尚先方ノ書簡ニ対シテ適当ノ返書ヲ送ルベキコトヲ決議ス。又賀川豊彦氏ノヱルサレム会議へ代表辞退ヲ承認ス。但補欠選挙ハ次回ニ譲ルコトトス。

十二月二十二日（水）曇

放送局ヨリ多田不二ト云フ人来リ、来廿五日夕ノクリスマススノ話ノ梗概ヲ求ム。丁度之ヲ認メタル処故之ト小照トヲ交附ス。

午後、神学部ニ於テクリスマス礼拝式アリ。松尾氏説教ス。思想ハ宜シケレトモ、エロキウシヨン甚タ拙ニシテ聞苦シ。気ノ毒ナリ。式後別室ニ於テ茶菓アリ。

小川義綏氏未亡人きん子永眠ノ趣、牧師鷲津氏ヨリ通知アリ。

十二月二十三日（木）晴

木村良夫来訪。先日ノ贈物絨毯ノ礼ヲ述ブ。

ラヂオ新聞ノ記者又都新聞ノ記者来リテ、来廿五日ノ放送講話ノ大意ヲ書取テ辞去ス。

十二月二十四日（金）晴

午前、漸ク明夕ノラヂオ講話ノ原稿ヲ脱ス。

午後、花子同伴、新宿三越分店ニ行キ、健次ノ子供ノ為ニ文房具、鶴田家ノ為西洋菓子壱折ヲ求メ、有合ハセノクツシヨン壱個ト共ニ健次方ニ行キ、クリマス兼移転祝ノ印トナス。今回ノ住宅ハ東南ニ開キ、日当リ宜シク極メテ暖キ家ナリ。只少シク手狭ナレトモ当分ハ十分ナラン。

午後八時ノ公表ニ依レバ、聖上頗ル御危篤。温度四十・二、脈十六《〔ママ〕》十、呼吸六十トノ事ニテ、恐ク絶望ノ御容体ナラン。

十二月二十五日（土）晴

聖上陛下、遂ニ今朝一時廿五分、心臓麻痺ニテ崩御トノ公表アリ。摂政殿下即チ践祚アリ、年号ハ昭和ト改元セラル。今廿五日ヨリ五日間廃朝ヲ仰出サレ、同日間歌舞音曲ヲ禁止セラル。

花子同伴、一色氏ヲ訪問シ相談ノ結果、氏ノ結婚式ハ来三十日ニ変更シ、且晩餐会ハ明春ニ延期スルコトトナス。

崩御ニ付真澄へ書状ト新聞紙ヲ発送ス。

十二月二十六日（日）晴

礼服ニ喪章ヲ附シ、基督教聯盟並ニ青年会同盟ヲ代表シテ午前十時参内、天機ヲ奉伺シ且皇后及皇太后陛下ノ御機嫌ヲ伺ヒ奉ル。

真澄ヘハ昨日ト今日ノ新聞数種ヲ送ル。

一色甯児氏、渡辺百合嬢来訪。結婚式ノ打合ヲナス。且式日ハ来卅一日午前十時三十分ト改ムルコトニ決定ス。

十二月二十七日（月）　晴

午前十時ヨリ事務所ニ於テ役員会ヲ開キ、諸教会へ宗教局ヨリ注意ノ義ヲ通知スル。又聯盟ヨリ奉悼文ヲ奉呈スルコト等ヲ議決ス。青年会同盟ヨリモ同ジク奉悼ヲ奉呈スルコトト〔ヲ〕筧氏ト相談ノ上決定ス。

帰途、高島屋家具部ニ立寄リ、クスシヨン二個ヲ求メ真野文二氏新館ニ届ルヤウ命ジタリ。代金十三円也。

貴山幸次郎氏来訪、新年一月八日ノ祈祷会ニ内国伝道ノ勤ヲナスベク依頼アリタレトモ、壮年ノ牧師ノ方然ルベシトテ辞退シタリ。

十二月二十八日（火）　曇、晴

午後一時、聯盟及同盟ヲ代表シ、宮内省ニ出頭シテ奉悼文二通ヲ呈ス。宮内官ハ之ヲ鄭重ニ受領シタリ。

帰宅ノ後、服装ヲ改メテ真野文二氏ノ新邸ヲ訪問ス。文二氏ハ不在ナリシモ、咲子ハ少々風気ニテ在宅セリ。同人ノ案内ニテ一通リ屋内ヲ一巡シタルニ、洋館日本館共ニ却々贅沢ナル普請ナリ。洋館ノ家具及ビカーペットノミニテモ数千円ヲ費シタリトノ事ナリ。普請ノ結果ハ予想シタルヨリモ良好ナリ。但夫婦キリノ真野家ノ為ニハ広過ギテ困ルナラントハ何人モ懸念スル所ニテ、経済ノ点カラハ成功ト云フベカラズ。

十二月二十九日（水）　晴

午前、益富氏、妻君、次女ヲ連レ歳暮ニ来ル。

午後、銀座伊東ニ往キ原稿紙ヲ求メ、大徳ニテ帽子ヲ求ム。不景気々々ト申セドモ、銀座街ハ却々混雑ニテ不景気トモ見エズ。

夕刻、木村良夫来訪、晩食ヲ共ニシ緩々談話、九時比辞去ス。

岡山横山ヨリ見事ナル焼河魚、津田ヨリハ鮮魚カステラ、神戸ヨリコヒーポットと〔ママ〕白絹壱反ト赤絹少々ヲ送来ル。

上田市仙太郎ヨリハそば粉ト水飴ヲ送リ来ル。

十二月三十日（木）　晴

津田刀自及ビ荒川へ年末贈物ノ礼状ヲ出ス。

内ハ障子張替ノ為混雑ナリ。

一色氏へ結婚祝ノ印トシテ紅茶々碗壱組ヲ贈ル。

十二月三十一日（金）晴

午前十一時、芝教会堂ニ於テ一色乕次氏、渡辺百合子嬢ノ結婚式ヲ挙ク。司式者ハ自分ニテ、媒酌人ハ門野重九郎氏夫婦ト我等夫婦ナリ。諒闇中ニ付立合列席者両家ノ近親ノミニ限ラレ、凡テ十五六名ナリキ。式後、我等夫婦ハ特ニ一色家ヘ招カレ、渡辺家父母並ニ一色家兄姉等ト共ニ午餐ノ饗応ヲ受ケタリ。式ハ至極静粛裏ニ済ミ、一同満足ノ様子ナリキ。

［補遺］

青年会同盟新選ノ常務委員ハ長、井深、副長、市部ハ水崎基一、学生部石川林四郎、市部委員ハ村上正治、山本忠興、斎藤惣一、松村敏夫

学生部　藤田逸男、笹尾粂太郎、栗原基、阿部義宗

推薦委員ハ丹羽清次郎、石川良美、長尾半平、新嶋善直、小林弥太郎、星嶋二郎

［住所録］

下渋谷七三二　真木重遠

字下落合六七九　星野光多

代々幡町大字代々木字本村八一七　四谷五六三　真野文二

President Henry Churchill King, Oberlin College, Oberlin, Ohio

George M. Jones, Secretary

President John Grier Hibben, LL. D.

オハイオ、オベリン、オベリン大学

学長　ヘンリー・チャーチル・キング

ジョージ・M・ジョーンズ主事

学長　ジョン・グリアー・ヒベン法学博士

下荻窪三五一　富田満

解題

一　大正期井深梶之助日記の書誌情報

現在、明治学院歴史資料館が所蔵する井深梶之助の日記は、全部で四十四冊（明治期十九冊、大正期十三冊、昭和期十二冊）、井深が三十二歳であった一八八六（明治十九）年から八十四歳となる一九三八（昭和十三）年までの五十二年間に書かれたものである。日常を綴った日次日記のほか、伝道先での活動を記録した伝道日記、外国への渡航の際に記した外遊日記が含まれている[1]。

本書には大正期の日記を翻刻して収録する。日記各冊の書誌は以下の通りである。

一九一三（大正二）年〔日次日記〕　資料 ID:1201610430

装丁　洋装　縦十五・〇㎝、横九・〇㎝。

表紙　焦茶色革張り表紙。前表紙に「Pocket Diary TAISHO II.」と箔押しあり。

奥付　編輯兼発行者大橋新太郎、博文館発兌、大正元年十月二十日発行。

備考　本文はペン書き。前遊紙に「K. Ibuka. 1913. Tokyo. Japan.」とあり。巻末に附録および広告あり。

一九一四（大正三）年　〔日次日記〕　資料ID:1201610431
装丁　洋装　縦十五・〇㎝、横九・五㎝。
表紙　焦茶色革張り表紙。前表紙に「Pocket Diary TAISHO III.」と箔押しあり。
奥付　編輯兼発行者大橋新太郎、博文館発兌、大正二年十月八日発行。
備考　本文はペン書き。巻末に附録および広告あり。

一九一五（大正四）年　〔日次日記〕　資料ID:1201610432
装丁　洋装　縦十五・〇㎝、横九・〇㎝。
表紙　焦茶色革張り表紙。前表紙に「Pocket Diary TAISHO IIII.」と箔押しあり。
奥付　編輯兼発行者大橋新太郎、博文館発兌、大正三年十月八日発行。
備考　本文はペン書き。巻末に附録および広告あり。

一九一六（大正五）年　〔日次日記〕　資料ID:1201610435
装丁　洋装　縦十六・〇㎝、横九・三㎝（箱　縦十六・三㎝、横九・五㎝）。
表紙　焦茶色革張り表紙。前表紙に「Pocket Diary TAISHO V.」と箔押しあり。
奥付　編輯兼発行者大橋新太郎、博文館発兌、大正四年十月八日発行。
備考　本文はペン書き。巻末に附録および広告あり。箱あり。

一九一七（大正六）年　〔日次日記〕　資料ID:1201610437
装丁　洋装　縦十六・〇㎝、横九・三㎝（箱　縦十六・五㎝、横九・七㎝）。

表紙　焦茶色革張り表紙。前表紙に「Pocket Diary TAISHO VI.」と箔押しあり。
奥付　編輯兼発行者大橋新太郎、博文館発兌、大正五年十月五日発行。
備考　本文はペン書き。巻末に附録および広告あり。巻末に紙片二枚挟み込みあり（大正六年九月九日山本喜蔵宛書簡控え、喜多方町長原平蔵宛井深八重関係書類写し）。箱あり。

一九一八（大正七）年　〔日次日記〕　資料 ID:1201610438

装丁　洋装　縦十五・八㎝、横九・三㎝（箱　縦十六・三㎝、横九・五㎝）。
表紙　焦茶色革張り表紙。前表紙に「Pocket Diary TAISHO VII.」と箔押しあり。
奥付　編輯兼発行者大橋新太郎、博文館発兌、大正六年十月四日発行。
備考　本文はペン書き。巻末に附録および広告あり。箱あり。

一九一九（大正八）年　〔日次日記〕　資料 ID:1201610442

装丁　洋装　縦十五・五㎝、横九・五㎝。
表紙　焦茶色革張り表紙。前表紙に「Pocket Diary Taisho VIII.」と箔押しあり。
奥付　編輯兼発行者大橋新太郎、博文館発兌、大正七年十月四日発行。
備考　本文はペン書き。巻末に附録および広告あり。

一九二〇（大正九）年　〔日次日記〕　資料 ID:1201610443

装丁　洋装　縦十五・六㎝、横九・四㎝（箱　縦十六・〇㎝、横九・五㎝）。
表紙　焦茶色革張り表紙。前表紙に「Pocket Diary TAISHO IX.」と箔押しあり。

奥付　編輯兼発行者博文館、大正八年十月四日発行。
備考　本文はペン書き。前遊紙に「K. Ibuka. Tokyo.」とあり。巻末に附録および広告あり。箱あり。

一九二一（大正十）年〔日次日記〕資料 ID:1201610445
装丁　洋装　縦十五・五㎝、横九・五㎝（箱　縦十六・七㎝、横九・八㎝）。
表紙　焦茶色革張り表紙。前表紙に「Pocket Diary TAISHO X.」と箔押しあり。
奥付　編輯兼発行者博文館、大正九年十月四日発行。
備考　本文はペン書き。巻末に附録および広告あり。後見返しに「東京京橋区南伝馬町中川文林堂」の貼紙あり。
箱あり。

一九二二（大正十一）年〔日次日記〕資料 ID:1201610447
装丁　洋装　縦　十五・二㎝、横九・三㎝。
表紙　焦茶色革張り表紙。前表紙に「Pocket Diary TAISHO XI. 上半期」と箔押しあり。
奥付　なし。
備考　本文は鉛筆書きおよびペン書き。

一九二四（大正十三）年〔日次日記〕資料 ID:1201610448
装丁　洋装　縦十五・三㎝、横九・三㎝（箱　縦十六・〇㎝、横十・〇㎝）。
表紙　焦茶色革張り表紙。前表紙に「POCKET DIARY 1924」と箔押しあり。
奥付　編輯兼発行者博文館、大正十二年十月四日発行。

備考　本文はペン書き。巻末に附録および広告あり。後見返しのポケットに井深梶之助の名刺あり（裏に硯石に関するメモあり）。箱あり。

一九二五（大正十四）年　〔日次日記〕　資料 ID:1201610449

装丁　洋装　縦十五・三cm、横九・三cm。
表紙　焦茶色革張り表紙。前表紙に「POCKET DIARY 1925」と箔押しあり。
奥付　編輯兼発行者博文館、大正十三年十月四日発行。
備考　本文はペン書き。巻末に附録および広告あり。後見返しのポケットに「病中偶感」と題する短歌六首が書かれた紙片あり。

一九二六（大正十五）年　〔日次日記〕　資料 ID:1201610450

装丁　洋装　縦十五・三cm、横九・四cm（箱　縦十六・〇cm、横十・〇cm）。
表紙　焦茶色革張り表紙。前表紙に「POCKET DIARY 1926」と箔押しあり。
奥付　編輯兼発行者博文館、大正十四年十月四日発行。
備考　本文はペン書き。巻末に附録および広告あり。箱あり。

（松本　智子）

二　大正期の井深梶之助―一九二四（大正十三）年を中心として―

大正期の井深日記には一九二三（大正十二）年のものが欠けている[2]。井深梶之助の目に関東大震災直後の社会がどのように映っていたか興味のあるところで残念だが、欠本の事情について翌二四年（大正十三）の日記冒頭に次の説明がある。

大正十年[3]１９２０年、我ガ東京ニ第八回世界日曜学校大会ヲ開キタル時、非常ニ多忙ヲ極メタル為ニ年来日記ヲ作ルノ慣習ヲ破リ、其後今日ニ至リシガ、今年復興第一年ヨリ復日記ヲ復興スルコトト為ス。

第八回世界日曜学校大会は一九二〇（大正九）年の十月に東京で開催された。海外からの来訪者だけでも約一千名という大規模な国際会議で、児童・年少者に対するキリスト教教育の拡充という一義的な目的を超えて、第一次世界大戦後の世界平和再構築の機会ともとらえられていた。したがって政財界の関心も高く、井深は小崎弘道などとともに膨大な量の運営指揮を執りながら、大隈重信、阪谷芳郎、渋沢栄一等との会合を重ねていた。多忙な生活のなかで日記の習慣が破られたこともあり得べきことといえよう。

この大会終了後から一九二三（大正十二）年末の間の井深の動静は詳らかでないが、彼は二三年二月[4]以降に重病を患ったようである。日記二四年七月四日の条には

今日ハ我ガ七十一回ノ誕生日ナリ。余モ幸ニ天父ノ祝福ニ依リ古稀ノ齢ニ達シタルハ感謝ノ外ナシ。殊ニ昨年ノ大患モ平癒シテ今日アルハ何ノ幸福ゾヤ。願クハ余生ヲシテ有意義タラシメヨ。

とある。世界日曜学校大会前の日記には、成功にかける井深の熱意とともに焦慮不安も見出される。そのストレスは想像に難くない。身体的な衰えも当然ある。それらが複合して重病につながったとしても不思議ではないだろう。

ちなみに、発災時の動静については後年の日記にいくつかの記載がある。一例をあげれば、一九二八（昭和三）年のものには、

九月一日ハ東京大震火災ノ第五週年記念日ナリ。五年前ノ今日ハ当地（引用者注：軽井沢）ニアリ病後静養中ナリキ。（略）自分ハ午餐前散歩中、東南ノ方角ニ当リテ一種ノ遠雷ノ如キ響音ヲ聞クト同時ニ激震ヲ感ジタレバ、早々ニシテ宿ニ帰リタルガ何等ノ異条モナカリキ。但夜ニ入リテ東京全滅ノ流言アリ。

とある。井深は軽井沢にいて静養中で被災を免れたようである。

そして、一九二四（大正十三）年の元旦に井深は日記の再開を宣言する。「今年復興第一年ヨリ復日記ヲ復興スルコトト為ス」と。しかし考えてみれば、一九二一（大正十）年も翌二二年も日記は元旦から始まる（二二年は英文）にもかかわらず、そこにはことさら日記再開の宣言はない。そうであれば、彼がふたたび日記を始めると宣言するにいたる直接の契機は、やはり関東大震災にあったといえないか。つまり、「日記ヲ復興スル」というややこなれない言い回しが意味するところは、井深にとって日記の再開が大震災からの「復興」と重なりあっているということなのではないか。震災がなくとも日記の再開はあり得たかもしれないが、震災なくして「日記ヲ復興スル」というような宣言はなかっただろうと思われる。

震災後、「復興」は流行語であった。「帝都復興に関する詔書」、「復興院」の創設など公的分野での用語にとどまらず、民間でも「復興節」が流行するなど(5)、「復興」の語はちまたにあふれていた。しかもそのなかで力説されたのは「精神復興」のスローガンであったという(6)。おそらくその背景には、震災を驕りたかぶった人心への天罰ととらえる言説（「天譴《てんけん》論」）をみることができるのであろう。その唱導者のひとりが井深も旧知の人、渋沢栄一であった。渋沢は新聞紙上につぎのように述べている(7)。

大東京の再造についてはこれは極めて慎重にすべきで、今回の大しん害は天譴だとも思はれる。明治維新以来帝国の文化はしんしんとして進んだが、その源泉地は東京横浜であつた。それが全潰したのである。しかしこの文化は果して道理にかなひ、天道にかなつた文化であつたらうか。近来の政治は如何、また経済界は私利私欲を目的とす

る傾向はなかつたか。余は或意味に於て天譴として畏縮するものである

震災を人倫再建の好機ととらえる「精神復興」の語は、自他に対して高度の倫理的実践を求めた井深の意に適うものであったろうし、いみじくも内村鑑三が高説した[8]ように、これをキリスト教界にとっての好機ととらえる意識もあったのかもしれない。

ともあれ、井深日記一九二四（大正十三）年元旦の「日記ヲ復興スル」という声明は、井深の「精神復興」宣言であった。上記引用の記述にさきだって、「斯くて汝は若やぎて鷲の如く新たになるなり」等の聖句を引き、九十歳の臨終にしてなお画業への意欲を示した葛飾北斎の逸話を書き留めていることからもそれは首肯され得よう。古稀を迎えて、井深の「精神復興」にかける思いはまさに燃え上がろうとしていた。

では、その結果はどうであったか。一九二四年の井深日記をひもとくかぎり、井深の「精神復興」の前には「老い」というあらがえない自然の摂理がまちかまえていて、前途はかならずしも容易でなかったようだ。

一九二四（大正十三）年三月三日、彼は明治学院の神学部長および教授職からの勇退を勧奨される。

田川大吉郎氏ノ招ニ依リ帝国「ホテル」ニテ午餐ヲ共ニス。其時同氏ヨリ今回神学部角筈ニ移転スルニ付、之ヲ機トシテ部長及教授ヲ辞任シテハ如何トノ内談アリ。（略）熟考ノ上確答スベシト答ヘテ分ル。

井深は熟考すると答えたのだが、翌日には教授会で「明日ノ理事会ニ辞任ヲ申出ル意志アル旨ヲ告グ」ことを予告し、その通り三月五日に理事会で退職を表明する。

余ハ本学年限リ神学部長兼教授ノ任ヲ辞セント欲スル旨ヲ口頭ニテ開陳ス。其理由ハ今回角筈ニ移転セントスルニ際シ、其任ノ重キニ対シテ老齢之ニ堪ヘズ、且後進ノ為ニ途ヲ開クニアリ。

このときの田川大吉郎による勇退勧奨を井深が事前に予期していたかどうか、日記によって推測するかぎり、井深にとってそれがこのタイミングであろうとは予期せぬことであったように思われる。

井深はこれよりさき一九二〇（大正九）年に学院総理を辞任している。明治学院史という観点からは、上記二四年の退職よりも総理辞任の方が重大な事件であって、『明治学院百五十年史』も第三章「大正デモクラシー下の明治学院」中に第四節「総理の交代」をもうけて、井深の辞任から田川の就任に至る経緯を述べるところである。そしてそこではこの総理辞任は井深自らが決断したものであったとされているのだが[9]、それは日記からも確かめられる。すなわち一九二〇年五月五日の理事会で「予メ用意シタル総理ノ辞表ヲ提出」するにさきだって、四月三十日に、

夜、山本、水芦、都留、宮地、河西等ノ教員ヲ宅ニ招キ、愈辞職ノ覚悟ヲ定メタル旨ヲ告ゲ、将来益学院ノ為ニ努力センコトヲ依頼ス

と教員仲間に通告したことが記載されており[10]、また五月二日には神戸在住の長男文雄に「書状ヲ認メ、近々総理辞職ノ覚悟ヲ告ク」と家族への報告も事前に済ませたことが記されている。

これに対して、一九二四（大正十三）年の退職については、本人が自発的に言い出したことでないのはもちろん、情報が本人の耳に届いていた形跡も見当たらない。退職勧奨の計画は、田川（当時総理代行、のち第三代総理）を中心に内密かつ周到に準備されたものと思われる。井深から同僚への報告は田川との面談後であったし[11]、文雄への報告も三月十一日に「書面ヲ出シ、今回神学部長兼教授ヲ辞任シタルコトヲ告ク」と事後になっている。やはり井深にとってこの日の田川の勧奨は想定外のことだったのではないか。もちろん年齢からいってもいずれ引退の時が迫っていることは自身も承知のことであっただろう。しかしそうであっても、それを自ら決断することと他人に迫られることにはおおきなちがいがある。

しかも今回の退職は、非常勤講師のような立場で神学部の授業を週二、三コマ担当するとはいえ、明治学院の首脳部からはやや遠いところに身を置くことを意味していた。二〇年に総理を辞任してなお、井深が明治学院の中心にいたことにかわりはない。大正期の学院では中学部長や高等学部長人事などをめぐって教師間のさや当てめいたものがつづいていたが、総理辞任後もそれらの内紛調停の中心には井深がいた。それがいまや外縁部に立つことを余儀なくされつつ

あるのである。井深心中の寂寥感は容易に察せられる。

井深のショックは日記からもうかがえるようである。三月七日の記事を引いてみよう。

　昨夜一時過迄安眠不能。服薬シテ漸ク眠ル。今日ハ気分引立ズ。

「気分引立ズ」という言い回しは大正期井深日記では八例あるが、この日を初出とする。ただし意味としては、多くの場合発熱等で気分がすぐれないことをいうから、深読みは避けるべきかもしれない。また右の引例も睡眠剤の服用による漠然とした不調をいったものとも解される（彼はたまに睡眠剤を用いている）のだが、それを踏まえてもなお、井深が「安眠不能」と書くその状況がなにに起因するものであったか、やはりそこには三日の退職勧奨が影響しているといわざるを得ないだろう。

また同年の九月二十二日には、

　午前、桑田秀延氏神学［部］教授就職告辞ノ草稿ヲ作ル。
　午後、気分引立ズ、依テ明治学院ニ散歩シテ高等学部ノ修繕ヲ見ル。

ともある。この「気分引立ズ」についてもそのあとにつづく腎盂炎発症の予兆とも受け取れるが、それにしても「気分引立」ざる井深がなぜ「明治学院ニ散歩」するのか、いいかえれば「気分引立ズ」と「明治学院ニ散歩」がなぜ「依テ」でつなげられ得たのか。この問いにあえて答えを用意するならば、そこに退職後半年を経てもなお断ち切れぬ学院への愛着があったことを言い得よう。

あるいは同年の四月一日にはつぎのような記述もある。

　午前、扇城館ニ行キ再ビ撮影ス。過日之撮影不結果ナレバナリ。
　ソレヨリ渋澤子爵主催ノ今村、鵜飼、山本忠興三氏ノ送別午餐会ニ赴ク。来賓ハ右三人ノ外ニ阪谷、頭元［本］、小﨑、鵜﨑、千葉等ナリ。毎度ナガラ渋澤子爵ノ達者ニハ驚クノ外ナシ。之ニ反シテ小﨑ノ老衰ハ著シク目立チタリ。自分モ其仲間カ。

ここには自らの老いにかかわる痛切な気づきが書かれている。「自分モ其仲間カ」。いうまでもなく、このとき井深が凝視しているのは老いた小崎弘道ではなく自分自身である。

井深は明治という時代を青年期から壮年期のうちに駆け抜けた。それにつづく大正期は、まさに壮年から老年への切り替わりのときにあたる。せまりくる「老い」はだれにとっても切実な問題である。しかし井深当人にどの程度その自覚があったかというと、震災以前の日記を閲するかぎり稀薄だといわざるを得ない。先掲三月三日の記事には、退職事由として「其任ノ重キニ対シテ老齢之ニ堪ヘズ」と書かれていたが、じつは彼が明示的に自身の老いを記述する箇所は、大正期の日記中ではこの日にはじまるといってよいのである。彼は明治学院においても、キリスト教学校教育同盟においても、そして井深家においても人々の集う中心にいつづけた。エネルギー溢れる壮年のキャプテンでありつづけた井深梶之助が、いまようやく「老齢」を認め（認めさせられ）て引退を宣言する、それが一九二四年三月の退職劇であった。

付言すれば、興味深いことに「老齢」の語はこれに先だって別の箇所で一度だけ用いられている。それは一九一九（大正八）年二月十日、井深率いる明治学院の番頭役ともいうべき熊野雄七に井深が退職を勧奨する場面で、日記にはつぎのようにある。

遂ニ午後、水芦氏ト共ニ熊野氏ニ今ヤ同氏勇退ノ時機タルコトヲ懇談ス。氏ハ頗ル意外ノ様子ナリシガ、暫時シテ辞職ヲ決心シタル旨ヲ語ル。但公式ノ辞表ハ他日ニ譲リ、後任者ノ定リ次第何時ニテモ辞表ヲ提出スベキ旨ヲ明言シタリ。理由ハ固ヨリ老齢、中学部長ノ劇職ニ堪ヘズト云フコトナリ。実ニ気ノ毒ナレトモ事実ハ不得止。

気の毒ではあるが事実は事実、と井深は書く。おおきな組織を牽引する者として非情に徹する強さも必要であったのだろう。しかしそれにしても、この一九年の場面と先掲二四年三月三日のそれとはよく似た情景であるように思われる。まもなく立場をかえて自分が退職を勧められると思わなかったのかと他人事ならば言うのもかんたんであるが、井深は

「自分モ其仲間カ」と感じたその日に、ようやく自らの老いを実感をもって知ったということなのかもしれない。

ところで、一九二四（大正十三）年にいたってそのように「老い」が前景化するにあわせて、井深日記に頻出するようになる人物名がある。それは秋葉省像、(12) 井深の書道の師である。日記によれば最初の稽古日は五月九日で、これ以降、井深は秋葉宅を足繁く訪れ、または自宅で清書したものを頻繁に届けて指導を乞う。

熱心な研鑽の結果として、彼がはじめて揮毫をなし得たのが翌二五（大正十四）年の四月四日で、その日の日記には、

　曽テ田中次郎(13)氏ヨリ依頼セラレタル揮毫ヲ漸ク今朝試ミテ送付シタリ。乃チ曰ク「自彊不息而不知老之既至」。

と書かれている。このとき井深の選んだ字句の出拠については寡聞にして知らない。あるいは自ら創作したものかとも思われるが、いずれにせよ比較的よく知られた古典の字句をつなぎあわせたもので、「自彊不息」は易経を原拠とし熟語としても周知のもの、「不知老之既至」は論語に「不知老之将至」と出てくるものの応用で、この句は書道史上の傑作とされる王羲之の「蘭亭序」にも引かれている。一句を読み下せば「自《みずか》ら彊《つと》めて息《や》まずして老いの既に至るを知らず」。「彊む」の字義は「励む」に等しいから、「たゆまぬ努力のうちに月日がながれ、既に老いつつある自らを知らなかった（いまになって老いた自分を知った）」の意となる。まさに井深の心境を古典に拠りながら言い当てたものといえるだろう。

おなじ一九二五（大正十四）年の九月二日には、雅号を定めたことが記される。

　秋葉氏ヲ訪レ書道ノ教授ヲ受ク。「書ハ遠勢無ケレバ筆死ス」。是レ書道ノ秘袂〔訣〕ナリトノ話アリ。凡テ学芸ハ皆然リ。
　精神ハ本、形容ハ末ナリ。
　又雅号ノ事ニ付同氏ノ意見ヲ尋タル上、ヨハネ伝四ノ十四ニ拠リ湧泉又ハ涌泉コソ佳ケレト定ム。
　又氏ハ人ノ依頼ニ応ジテ揮毫セヨト勧告シタリ。上手ニ成リテ揮毫セント欲スルハ間違ナリト云ヘリ。

さらにこの雅号の落款を付した初の揮毫は、翌二六（大正十五）年の三月二十九日で、

神戸塚本［女］史及津田、横山両家[14]ノ為揮毫シテ、明日出発ノ花子ニ托スルコトトナセリ。人ノ為ニ揮毫シテ落款シタルハ今回ヲ以テ初トス。漸ク文字ラシキ者ガ出来ルヤウニ成タルハ秋原石瞰氏ノ錫［賜カ］ナリ。

と記されており、これ以降、彼は知友親族に求められて、あるいは自らすすんで揮毫するようになるし、また在宅時には古典の臨書に没頭する様子が日記からうかがわれる。

さて、二四（大正十三）年五月からはじまるこの書道への熱中はなにを意味するものだろうか。彼に若い頃から書道に対する関心があったことは、一九二九（昭和四）年の日記[15]から確認できるのであるが、人に勧められてのことであったにせよ、なぜ彼の書道への取り組みがこの年に始まったのか、あえていえばそこには病後のリハビリといった実際的な目的とともに、井深の精神の深部において、震災後の社会の変化に対する失望感があったともいえるのではないかと考えている。

それはどういうことか。

関東大震災が都市の景観を一変させたことはいまさらいうまでもない。井深日記にも震災後半年を経た横浜の様子がつぎのように記されている。

横浜モ漸クバラツクハ立懸タレトモ、極メテ粗悪不整頓ニテ未タ見ル影ナシ。遙カニ山ノ手辺ヲ見レバ、樹木ハ焼ケ斜面ハ潰レ更ニ復旧ノ跡ハナク、満目荒涼ヲ極ム。（二四年三月十六日）

正午前ヨリ横浜ニ赴ク。オルトマンス氏ノ依頼ニヨリフエリス女学校ニ於テ卒業生ノ為ノ説教ヲ為サンガ為ナリ。午後二時、バラツク建ノ校舎ニ於テ説教ス。四隣荒涼、一本ノ青木モナク実ニ悲惨ナリ。学校前ノユニオンチヤルチノ崩解シタル光景ハ、今尚人ヲシテ寒心セシムルニ足レリ。（同三月三十日）

震源地に近い横浜は井深の住む東京山手地域よりも被害甚大であったというが、右をみればその惨状が想像される。しかしそれでもそのなかから人々は遑しく生活の再建をはかっていたようだ。それからほぼ一年後の二五年二月、井深は横浜に向かう車窓にその情景を見て、つぎのように書いている。

横浜ニ開カレタルＹＭＣＡ主事講習会ニ出席。同盟委員長トシテ一場ノ挨拶ノ詞ヲ述ブ。（略）今日往ナガラ電車ノ窓ヨリ沿路ノ景色ヲ眺メタルニ、今更ノ如クソノ近来非常ニ殺風景ニナリタルニ驚キタリ。只見苦シキ工場ヤ煙突ノミナラズ、所謂バラック式ノ住宅ヤ長屋ヤ実ニ目障ニナラザルハナシ。加フニ何人ノ像カ知ラザレトモソココニ見悪キ銅像ノ突立居ルハ一層殺風景ナリ。只独白妙ノ不二山ノ空ニ聳ヘタルハ貴カリシ。（二月二日）

ここにいう「殺風景」は彼の常套句で、醜悪なものに対する拒否感の表出とでもいうべき語である。文脈上は白妙の富士の「貴」さと対比をなす。工場や煙突、バラック住宅はぎりぎりの生活の必要から生まれたもので、目障りと書かれるのは気の毒な気もするが、乱雑なことがきらいな井深のいつわらざる感情であったのだろう。あちこちに立つ銅像というのが具体的になにを指すのかはわからない。奇を衒った自己顕示の世相を忌み嫌ったものであればいかにも井深らしいと肯けるところである。同年九月一日の日記に、

今日ハ大正十二年大震災第二周年ニ相当ス。（略）本所被服廠跡ニ於テ当年罹災者ノ為追悼会営マル。増上寺大僧正某ハ飛行機ニ乗リテ経文ヲ読ム。兎角奇ヲ好ム世ノ中ナル哉。

とあるものと同断であろう。[16]

ちなみに、発災後まもない九月二十七日に帝都復興院が復興計画の骨格を定めたが、その計画は次第に縮小されてしまったという。復興院の総裁は後藤新平、井深も面識ある人物である。畑中章宏は前引の著書において、震災は〈近代化〉の絶好の機会であったと書き、「ここでいう〈近代化〉とは（略）建築・街路といった外面だけではなく、社会制度、社会政策、ひいては人びとの内面が〈近代化〉すること」であったはずだがそれは果たされなかったと指摘している。[17]後藤の復興構想の根底にあった思想は、渋沢栄一が天譴論の見解のなかで「大東京の再造については極めて慎重にすべき」だと述べたことと軌を一にするものかと思われるが、実際の復興はそのように進行しなかったのである。井深が目撃した林立する銅像なども、その証左といえるのかもしれない。

もとより井深が後藤や渋沢の原構想とその矮小化の経緯・結果をどの程度知っていたかについて確たる情報はない。後藤も渋沢も井深の敬愛する人物であったから、新聞報道をみて歯がゆい思いを共有していた可能性はあるが、そうでなくとも三者には、明治半ばから大正にかけての国家建設の拙速とその結果としての人心の紊乱について共通する認識があったものかもしれない。

いずれにしても、井深が車窓に見た情景はグランドデザインを欠いた都市再建の「現実」であった。彼はそれを「殺風景」と唾棄するように記録する。そしてそれと好対照をなすのが純白の富士山の美しさである。

この時期の井深にとって、書道とはこの富士のようなものではなかったか。日記には、

午後、上野美術学校内ニ開カレタル唐時代ノ書画展覧会ヲ見ル。王羲之、米芾、蘇東坡等ノ真筆実ニ美観ナル者数点アリ。（一五年五月二十三日）

午後、秋葉氏ニ往キ清書ノ是正ヲ乞フ。同氏所蔵ノ法帖中ニ文徴明ノ明妃曲、明河帖ヲ見ル。実ニ美観ナリ。（同、十一月六日）

などとあって、井深が書道芸術の中に高度な美を見出していることがわかる。車窓から見た堂々たる富士の偉容、時間を超越したその美と同様、井深がその精神世界において仰ぎみていたものこそ、書聖王羲之をはじめとする古人の芸術作品であったということができるのである。

「殺風景」な現実に背を向けるかのように「書」の世界に没入することが、一九二四（大正十四）年に明治学院を退職した井深梶之助の日常の一面であった。そして、記念すべき初の揮毫が「不知老之既至」であったように、そこで彼は自分の「老い」と向き合うことになる。その意味で、書道はたんなる一老人の余技の域を超えて、井深が豊穣な精神世界に入るための扉の鍵のようなものであったといえる。

とはいえもちろん、それまでの彼に内面的な欠如があったということではけっしてない。そもそも彼は篤実なクリス

チャンであった。活発にして豊かな精神生活が彼の人生を支えていた。数多くの説教や演説をおこない、何人もの人を信仰に導いた。

ただ、おしむらくは、彼は自らの信仰、つまり内面的な真実を言語化し、著述というかたちで人々に示すことをほとんどしなかった。そして、そのことをいみじくも指摘したのが植村正久である。

植村正久こそは明治以来の日本キリスト教界を共に牽引した同志であり、明治学院のかつての同僚でもあり、個人としても親交のあつい、まさに盟友というべき人物であった。その意味では、一九二五（大正十四）年正月早々に届いた植村急逝の報は、井深にとってきわめておおきな衝撃だったといえる。

一月九日深夜、井深は植村急逝の電報をうけとる。病気療養のため鎌倉に滞在中のことであった。

昨夜一時半、飛電アリ。植村正久、八日午後六時四十分脳溢血ニテ死スト。実ニ驚愕ヲ喫シタリ。驚ノ余リ眠ル能ハズ、アダリンヲ服用シテ三時過漸ク眠ル。

今日ハ予テ約束ノ会合ノ為、午前十一時半、東京ヨリ斎藤、フエルプス、伊藤、逗子ヨリ長尾来会、直チニ協議ニ入リ午餐ヲ供ニシナガラ協議ヲ進ム。同盟財務ノコト、パンパシヒツクコンフエレンスノコト、同盟事務及ビ事務主任等ノ件ナリ。

午後二時ヨリハ退座シテ植村家ニ赴ク。夕刻着。遺族並ニ多数ノ教会員ニ面会、死去ノ状況ヲ聞ク。実ニ突然ニテ夕食ヲ摂リツ、椅子ニ着キタルマ、寝ルガ如ク死シタリト云フ。

佐波氏ノ勧ニヨリ納棺式ヲ待タズニ帰宅、休息ス。

井深のショックはまことに大きい。いつの記載かは明記されていないが、二五年の日記末尾補遺欄には植村を喪った「損失」について記した文章が残されている。

回顧スレバ、明治五年比横浜ニ於テ彼ニ邂逅シテ以来五十有余年、始終同労者トシテ交際シタルハ彼一人ナリ。固ヨリ其間彼ト意見ヲ異ニシタルコトアリ。内外協力伝道ノ事、又之ニ関聯シテ神学社設立ノ事等ニ就テ然リトス。

又彼ノ所為ニ就テ賛成シ難キ事モナキニ非ズ。然レトモ最終迄互ニ友誼ヲ維持シタルハ真ニ感謝スル所、殊ニ晩年ニ至リテハ彼モ余ニ対シテ好意ヲ抱キタリト信ズベキ理由少シトセズ。一例ヲ挙レバ、余ノ病中、彼ノ門下生ニシテ彼ノ注意ニ依リ態々見舞ニ来リタル者一ニシテ足ラズ。彼ハ人ニ対シテ随分無遠慮ナル批評否悪口ヲ云フ男ナリシモ、余ニ対シテハ未タ曽テ左様ナル言ヲ放チタルコトナシ。尤モ事業上ノ事、例ヘバ今一層著述ニ努力スベキコト等ニ就テハ再三再四忠告ヲ受ケタルコトアリ。（全文は本書五八七頁～）

「今一層著述ニ努力スベキコト」。おそらくそのような率直な忠告は、植村以外のだれも井深に対してなし得なかったはずである。「再三再四」というから、植村はともに日本基督教会を率いていくはずの同志井深梶之助に不足する点がそこにあると考え、友情を以て学術研究への取り組みを口をきわめて勧めたのであろう。

植村の指摘はただしい。井深梶之助が明治大正期日本キリスト教界の牽引者として歴史に名をとどめながら、その足跡と功績についての研究がこれまで進展してこなかった理由のひとつに、彼にまとまった著作のほとんどないことをあげることができる。とはいえ、彼に論理的な思考力に欠ける面があったわけではない。自らの思考を言語化することが苦手だったわけでも、筆無精だったわけでもない。生前の井深に接した者の回想を読めば(18)、原田友太は「頭脳明晰」「条理透徹」といい、沖野岩三郎は「局外中立」「時として冷酷」とまでいい、斎藤惣一は「謹厳端正、一語一句もいやしくせられなかった」といっている。また、鷲山第三郎によれば、「どんな小さな集会でも、必らず、手帳に話されることの要項を誌して来られ、それを見ながら順序よく述べられるのであった」というから、むしろ著述に適した性格と能力をもっていたといえる。

それにもかかわらず井深にまとまった著作物のすくないのは、結局のところ彼が忙しすぎたからだろうとしかいいようがない。井深日記をみれば、明治から大正期にかけて、きわめて多数の者が多様な「相談」と「依頼」の用件をもって彼のもとを訪れている。そしてそのほとんどについて彼は叮嚀に、誠実に応じている。

端的にいって、壮年期の井深はつねに「現場」の人であった。

先掲、植村についての補遺欄の文章にはつぎのような興味深い一節がある。

神学社設立ノ時、余ハ極力学院ニ留ランコトヲ勧メタレトモ、遂ニ聴カザルノミナラズ、自分ニモ学院ヲ辞スベキヤウ忠告シタリ。何トナレバ、彼曰ク、明治学院ハ将サニ沈マントスル舟ナリト。Sinking Ship。此ニ於テ余ハ彼ト立場ヲ異ニスルノミナラズ、主義ヲ同クセザル故ニ涙ヲ揮ツテ別レタリ。

両者が袂を分かつのは一九〇三(明治三十六)年のこと。植村正久は明治学院を辞めて、東京神学社を設立する。そのとき彼が明治学院を「沈マントスル舟」だと述べた事由は判然としない。ただ、それが例の文部省訓令第十二号の一件のあとであることを考えると、植村は当時の天皇制に基づく国家主義のなかでのキリスト教主義教育とその学校経営の前途に困難のきわめて大きいことを肌で感じ取っていたのではないかと思われる。神学社設立の前年から、彼は自宅で神学の勉強会をつづけていたという。自己の信仰を神学として明らめ、世に問い、たえず検証することによってさらに高めていくようなキリスト教指導者としての自己のあり方を思い描いていたのではないか。そして彼は井深にもその才能があることを認めていたからこそ、行動をともにすることを呼びかけたのではないか。

しかし、井深は「現場」に残った。訓令第十二号のときには、有力政治家や官僚のもとに通い、他大学の首脳と協議を重ね、学院という大きな船の沈没を避けるべくキャプテンとして最後までとどまることを選択した。彼が踏みとどまったことは学院にとっては幸いであったし、彼自身もそのことで周囲のおおきな信頼を得ることができたわけであるが、植村の忠告と誘いは、その一方で彼がそれとひきかえに手にすることができないものについての予言でもあったと理解できる。

ともあれ、震災を経た一九二三(大正十二)年以降、井深の日常生活はおおきく変化した。すでにみたように「現場」を退いた彼は書を習った。秋葉省像の初日の教授は「、」の打ち込み方から始まった[19]というから、まったくの初心者同然であるが、天性の美質というべきか、井深の学ぶ姿勢は熱心で謙虚であったから上達も早かったのであろう。彼の書の芸術的価値についてここで評論することはできない。しかし、後年彼が多くの人から揮毫を求められていることを思えば、その書になにほどかの魅力があることは疑い得ない。そして、その魅力の正体が井深の精神の深いところから発せられるものであるなら、井深は植村の忠告すなわち著述せよ、著述をもって自己を高めよという忠告に、著述ではなく書道によってようやく応えたということもできるのではないか。

そういう彼にはまた、これまでの「現場」とはちがった仕事の場所が与えられもした。一九二五（大正十四）年にはじまる太平洋問題調査会がそれである。同会は、前年に米国で成立したいわゆる排日移民法などを念頭に、環太平洋地域の相互理解を目的として設置された国際的な学術交流団体であるという。ＹＭＣＡの国際連帯運動を始点としていたこともあって、第一回ホノルル会議の代表委員に井深梶之助、花のふたりも選ばれた。

日記にこの件についての記述がみえるのは、二四年四月九日が最初で、

フエルプス氏留守宅ニ於テ今回ハワイヨリ来リタル毛利氏ト会見シ、来年六月ホノルルニ開カルベキ汎太平洋ＹＭＣＡ会ノコトニ付協議ス

とある。これが政財界要人をくわえて太平洋問題調査会に発展し、翌二五年七月のホノルル会議にむすびつく。もちろん井深も同年三月以降の準備会に参加するが、彼にはそのなかで特別な役割が与えられたようである。日記から主だった記事を抜粋してみる。

正午ヨリ神田青年会館ニ於テ汎太平洋会準備委員ヲ開ク。協議ノ結果、余ニ一場ノ講演ヲ為スベキコトヲ要求セラレ、考慮スベキ旨ヲ答フ。（二四年三月二十五日）

午後三時、帝大山上御殿ニ開カレタル太平洋問題研究会ニ出席ス。姉崎氏ヲ座長トシテ協議ニ移ル。先ヅ斎藤氏、太平洋協議会ノ発起及ビ経過ヲ報告ス。ソレヨリ質問ノ後、兎ニ角臨時研究会ヲ設ケ、1移民人種、2経済実業、3宗教倫理等ノ三部ヲ置キ研究ヲ進ムルコトニ決ス。（同、三月二十六日）

午後、神田ＹＭＣＡニ於テ太平洋協議会第三部即チ宗教倫理文化問題研究会ヲ開ク。（略）。四時ヨリ六時過マデ、

先方ヨリ遣ハシタル質問書ノケ条ニ付討議シタリ。日本ヨリ出ス代員未ダ確定セズ、河井道子氏ニモ是非出席セラル、ヤウ勧告シ置キタリ。ＹＷＣＡ中央委員中ニ不諒解ノ人アルラシ。（四月二十日）

来十六日太平洋協議会委員会ニ於テ読ムベキ論文ヲ脱稿ス。即チ人種問題ノ解決案ニ関シテノ発題ナリ。（五月十二日）

午後三時ヨリ神田青年会館ニ於テ太平洋問題研究会総会アリ。山田三郎[良]氏ハ法律問題ニ付、余ハ人種問題ニ付、出井氏ハ経済問題ニ付発題シ、之ニ対シテ諸方面ヨリ意見ノ発表アリ。討議ノ進ムニ従ヒ、余ハクリスチアント非クリスチアンノ間ニ渡リ難キ深渕ノ横ハルコトヲ感ジタリ。我ラハ飽マデモ正義人道ノ理想ヲ主トシテ、彼等ハ国権国利ヲ目的トシテ外交的手段ヲ主トスル傾向アルヲ見タリ。（五月十六日）

井深は「第三部即チ宗教倫理文化問題研究会」に属しながら、「人種問題ノ解決案」について報告をおこなったという。それがどのような内容のものであったか、文書未見ゆえわからないが、その主張が彼のクリスチャンとしての信念にもとづいた「飽マデモ正義人道ノ理想ヲ主トシ」たものであったことは察せられる。

なにごともなおざりにしない井深はここでも熱心に取り組んでいたようで、その「自彊不息」ぶりを示す記事が四月二十八日の日記にある。

午後、日本クラブニ於テ開キタル太平洋第二部委員会ニ出席。出席者小数ナリ。一層ノ熱心ヲ要ス。

右の「第二部」は「第三部」の書き間違いかとも考えたが、そうではないようだ。というのも五月二十一日から三日連続でつぎのような記事がある。

午後、太平洋協議会第三部委員会出席、夕刻帰宅。（二十一日）

午後、太平洋協議会第二部委員会ニ出席、夕刻帰宅。（二十二日）

三時半ヨリ大学山上御殿ニ於テ太平洋協議会第一部会ヲ開ク。日本ノ人口統計ニ関シテ調査ノ報告アリ。（二十三日）

これをみると、どうやら井深はすべての部会に顔を出して勉強をしていたようなのである。第二部は「経済実業」である。仕事柄多忙でやむを得ず出席できない委員もあったかと思われるが、彼は「一層ノ熱心ヲ要ス」と容赦ない。「自彊不息」の人井深の面目躍如というべきか。

さらに、第一回のホノルル会議後も太平洋問題調査会は常置化され、活動は継続されていたようで、同年十月には、

終日、明日ノ太平洋関係研究会ノ為、人種問題報告原稿ヲ作ル。（二十一日）

午後二時ヨリ神田青年会［館］ニ於テ太平洋関係研究会報告会兼解散式アリ。阪谷男司会、高木八尺、余、石井徹、頭本元貞四名ノ報告演説ノ後、晩餐ヲ共ニシ、夫レ［ヨリ］会堂ニ於テ公開演説会アリ。斎藤惣一、阪谷男、余、国民新聞記者某、頭本ノ順序ニテ講演ヲ為ス。余ハ報告会及公開講演会ニ於テモ人種問題ニ［付］テ述ベタリ。徳川公爵モ出席シテ晩餐ヲ共ニセラレタリ。高柳氏ハ風邪ノ為欠席シタリ。（二十二日）

とあって、ここでも井深は「人種問題」について報告をおこなっている。内容についてはわからない。ただ、先掲のものとあわせてふたつの報告は、もはや教会堂での説教や伝道のための講演会といった場を超えて、より広い視野で問題の理解と解決の提案を求められるものであったことはたしかだろう。そしてそのことをよく理解していたからこそ、彼はわざわざ一部や二部の研究会にまで足を運んでいたのだろうと思われる。

震災後にはじまったこの学びの場は、井深になにをもたらしたであろうか。書の修得と同様、それが井深にめざすべきあらたな高みを与えてくれたのだとすれば、「老い」の実感にときに打ちひしがれながらも、彼の「精神復興」はそれなりに緒に就いたといえるのかもしれない。植村正久が井深の引退と時を同じくしてポキッと折れるように逝ってしまったのと好対照に、井深梶之助は自らの老後の日常をしたたかにさぐりあてようとしている。

（嶋田　彩司）

（1）明治学院が井深日記を所蔵するまでの経緯その他については『井深梶之助日記　明治編』解題を参照のこと。

（2）『井深梶之助書簡集』（一九九七年、明治学院）の年譜には、「井深の日記は空白のままであった」と書かれている。日記帳は用意されていたものかと思われる。

（3）正しくは大正九年。

（4）一九二四年の日記、二月三日の条に「今日、昨年発病ノ満壱週年ニ相当ス」とある。

（5）畑中章宏『関東大震災　その100年の呪縛』（二〇二三年七月、幻冬舎）。

（6）注5の著書において、畑中は廣井脩『災害と日本人―巨大地震の社会心理』（時事通信社）を援用しつつ説明している。

（7）九月十日付『報知新聞』。

（8）内村は渋沢の言説を肯定的に受け止めつつ、これを日本再生の好機と主張した。「大正十二年九月一日午前十一時五十五分に、江戸文明は滅びて、茲に善か悪かは未だ判明しないが、何れにしろ日本国の歴史に新紀元が開かれたのである。（略）滅亡は度々人類に臨む。然し滅亡の為の滅亡ではない。救ひの為の滅亡である。世の終末と聞けば恐ろしくあるが終末ではない。新天地の開始である。之に由て東京と日本とが亡びるのではない。より善き、より義しきより潔き東京と日本が現れんとしているのである」（『聖書之研究』二七九号）。

（9）『明治学院百五十年史』には「井深は自分の背負うべき時代の終わりを自覚した」と書かれている。

（10）五月三日の日記にも「財務委員会ヲ開ク。其席上、ピーク、ダンロツプ二氏ニモ総理辞職ノ意アルコトヲ告ク」とある。

（11）三月四日の日記に「オルトマンス並ニライシヤワ二氏ニ昨日ノ田川氏ノ内談ニ付語リ、両氏ノ意見ヲ尋ネ、且辞任ノ待遇法ニ付了解ヲ求ム」とある。最初の相談相手がこの二人であったのは、主要な日本人教師には根回し済みとの認識があったものとも思われるし、井深にとって外国人教師の意向を聴取するに際して、改革派・長老派両ミッションのバランスに配慮することが身にしみついていたゆえのことと思われる。

（12）明治学院神学部を一八八七（明治二十）年に卒業し、その後、聖書学館において聖書や神学を教え、頌栄女学校、フェリス和英女学校、東京女子大学では習字を教えた。また、明治学院では聖書釈義を教えた（「明治学院歴史資料館ニュースレター No. 8」明治学院歴史資料館発行、二〇一七年四月）。

（13）信徒仲間。住居（目黒、長者丸）で集会を開き、井深も説教したことなどが日記にある。

（14）塚本ふじについては、一九二五（大正十四）年十一月十九日の日記に「塚本不二子夫人来リ一泊ス。花子ノ友人ニテ、明治廿三年、余渡米ノ際偶然同船シタル人ナリ。爾来面会セズ三十五年振ノ面会ナリ」とある。津田、横山家は妻井深花の親戚筋。

（15）同年の日記の末尾には、「余、少年ノ時ヨリ習字ニ興味ヲ有シタリ。然レトモ十五才ノ時戊辰ノ戦争トナリ（略）書法ヲ学ブノ余暇ナク」とあり、続けて大病後に「静養スル時ソノ一法トシテ習字ヲ始メテハ如何ト忠告セル人アリ」という事情で書道を学び始めたと書かれている。

（16）明治学院出身でのちに学院で教鞭をとった鷲山第三郎は「先生の一般生活は几帳面そのものであつた。総理室の机はいつもきちんと片づいてゐて、曾て乱雑になった様子はなかった。第一何物も机の上に置き放しのものはなかつた」と書いている（『明治学院歴史資料館資料集【第一集】―井深梶之助生誕一五〇年記念号―』、明治学院歴史資料館編、二〇〇四年）。

（17）注3の著書。

（18）以下すべて注16の資料集中の文章。

（19）「午後、秋葉氏ニ行キ書法ヲ習始ム。但、今日ハ、ノ打方ノミヲ習ヒタレトモ、却々甘ク往カズ」（二四年五月九日）。

本書の編纂と刊行に関わる重要事項は「井深梶之助日記　翻刻・公開プロジェクト　編集委員会」において決定した。

委員会の構成員はつぎのとおりである（五十音順）。

明治学院歴史資料館　小暮修也、細井守、眞島めぐみ

明治学院大学キリスト教研究所　植木献（委員長）、嶋田彩司、田中祐介、松本智子

事務局　亀元円、小杉義信、三上耕一、山田真嗣

日記記事の翻刻と校正および索引の作成については左記の者が分担し、嶋田彩司が補訂した。

植木献、岡村淑美、柿本真代、小暮修也、嶋田彩司、PRONKO Michael、細井守、眞島めぐみ、松本智子

井深梶之助日記　大正編

2025年3月31日発行

編　　者　明治学院歴史資料館・明治学院大学キリスト教研究所

発 行 者　鶫殿博喜

発 行 所　学校法人明治学院
〒108-8636 東京都港区白金台 1-2-37

制作販売　合同会社かんよう出版
〒530-0012 大阪市北区芝田 2-8-11　共栄ビル 3 階
電話 06-6567-9539　FAX06-7632-3039
info@kanyoushuppan.com

印刷・製本　亜細亜印刷株式会社

 ISBN 978-4-910004-61-7　C0016　Printed in Japan

人名索引（日本語文）

ア

イ

ウ

エ

ク

コ

サ

シ

ス

セ

ソ

タ

チ

ツ

テ

ト

ナ

ニ

ヌ

ノ

ハ

ヒ

フ

ミ

ム

メ

モ

人名索引（英文）

A

B

C

G

H

I

K

M

N

S

T

W

Z